KB033372

파시즘

The Anatomy of Fascism

파시즘

열정과 광기의 정치 혁명

로버트 O. 팩스턴 ─ 손명희 · 최희영 옮김

| 일러두기 |

1. 이 책은 2004년에 출간된 The Anatomy of Fascism을 완역한 것이다. 1~4장은 최희영, 5~8장은 손명희가 번역하였다.
2. 외국 고유명사는 외래어 표기법에 따라 표기하였으며, 해당 고유명사가 처음 나올 때 괄호 안에 원어와 인물일 경우 생몰연대를 병기하였다.
3. 본문에서 괄호 안의 설명 중 본문보다 작은 글씨로 표기된 부분은 번역자와 편집자 주이며, 본문 크기로 표기된 괄호 안 설명은 저자의 부가 설명이다.
4. 일련 번호가 붙은 주는 저자의 주이며, 모두 후주로 처리했다.

| 머리글 |

파시즘 논쟁에 종지부를 찍는 결정판

아직 깊지 않은 국내의 파시즘 연구계에 묵직한 저술 한편이 추가되었다. 이 분야 연구의 결정판인 《파시즘(원제 : The Anatomy of Fascism)》이 한국어로 출간된 것이다. 이 책은 오늘날 학문의 출판 세계에서 '…의 해부(The Anatomy of …)'라는 제목으로 이어지는 일련의 지적 전통을 계승하고 있다. 우리에게 잘 알려진 노스럽 프라이(Northrop Frye)의 《비평의 해부》, S. 페조비치(Svetozar Pejovich)의 《자본주의의 해부》, 크레인 브린튼(Crane Brinton)의 《혁명의 해부》 등을 얼른 떠올릴 수 있을 것이다.

로버트 팩스턴은 이미 1970년대에 프랑스 비시 정권 연구로 전 세계의 주목을 받았던 현대사의 대가이다. 이번에 번역된 팩스턴의 이 저작은 책의 원제가 암시하듯 역사서이자 동시에 파시즘의 사회과학적 분석서이다. 연대기적으로 파시즘의 역사를 서술하면서 각 시대별 사회 · 경제적 조건과 정치적 행위자 간의 상호작용을 명료하게 파헤치고 비판하고 종합하고 있다.

카멜레온의 역사

파시즘을 간명하게 정의하기란 불가능에 가깝다. 우선 뚜렷한 교의와 공인된 정전(canon)이 없다. 자본주의의 애덤 스미스, 자유주의의 존 스튜어트 밀, 사회주의의 카를 마르크스에 해당하는 '시조'가 파시즘에는 존재하지 않는다. 게다가, 쓰는 사람마다 주관적이고 자의적으로 용어를 남용하는 바람에 오늘날 파시즘이라는 말은 우파 권위주의 진영에 무조건 덮어씌우는 일종의 상투구가 된 듯한 느낌마저 든다. 따라서 사람들이 모두 합의할 수 있는 파시즘의 엄격한 개념 정의를 구하기는 쉽지 않다.

그러나 녹록지 않은 이러한 사정을 감안하면서도 팩스턴은 역사적 현실로서의 파시즘 논쟁에 종지부를 찍으려고 작심한 듯하다. 그래서인지 이 책은 파시즘을 하나의 '이즘'으로 접근하면서 그것의 역사적 맥락을 덤으로 얹어주는 게 아니라, 파시즘으로 흔히 인식되는 일련의 핵심적 운동과 정권을 역사적으로 철저히 살펴본 후 그것으로부터 파시즘의 실체를 귀납적으로 추출하는 방식을 취한다. 이런 접근을 통해 독자는 자연스럽게 20세기 파시즘의 복잡한 지도 제작술을 익히게 되고 결론부에 이르러 파시즘의 일반적인 특징과 교훈을 음미할 수 있게 된다.

이 책의 마지막 페이지를 넘길 때쯤이면 물 속에 산다고 모두 물고기가 아니듯, 모든 군부 독재 또는 모든 권위주의가 반드시 파시즘은 아니라는 사실을 독자는 새삼스레 깨닫게 될 것이다. 곧, 파시즘은 실로 대단히 특정한 역사적 조건 속에서 발생했던 대단히 특정한 정치 운동임을 명확히 이해함과 동시에, 그것이 또한 천의 얼굴을 한 카멜레온임을 발견하게 되는 것이다.

파시즘(Fascism)은 고대 로마의 집정관이 시가 행진을 할 때 맨 앞에 내세웠던 나뭇가지 다발에 싸인 도끼, 즉 파스케스(fasces)에서 유래했다. 19세기 말까지만 해도 주로 좌파에게 사용되던 이 말은 20세기 전반부 특히 1차 세계대전과 2차 세계대전의 중간 시기에 유럽에서 극단적으로 급진화된 민족주의를 뜻하게 되었다. 세상에 수많은 '이즘'들이 있지만 그 출생년도가 명확한 이즘은 아마 파시즘이 유일할 것이다. 팩스턴에 따르면 파시즘은 무솔리니와 그의 지지자들이 이탈리아의 밀라노에서 1919년 3월 23일에 "사회주의와의 전쟁을 선포"한 데서 시작되었다고 한다.

파시즘은 1차 세계대전과 러시아 혁명에 대한 반동으로 태어났다. 제1차 세계대전은 일반 대중이 정치적으로 악용되기 쉬운 이상적인 발효 조건 — 불만, 불안, 불신, 동요 — 을 만들어냈고, 러시아 혁명은 보수 엘리트에게 사회주의만 아니라면 그 어떤 정치 체제도 허용할 수 있다는 그릇된 인식을 조성하기에 이르렀다. 이 당시 그리고 그 이후 시대에 오스트리아, 헝가리, 루마니아, 스페인, 벨기에, 영국, 핀란드, 프랑스, 일본 등지에서 파시즘적인 운동이 꼬리를 이었다. 최근에도 중국의 후진타오 주석이 2005년이면 일본 파시즘이 패망한 지 60년이 된다고 공개적으로 언급했던 사실을 우리는 기억한다.

그러나 가장 순수한 형태의 파시즘은 이탈리아의 베니토 무솔리니가 창설한 파시즘 국가(1922~1943), 그리고 독일의 아돌프 히틀러가 주도한 국가사회주의 나치 국가(1933~1945)에서 찾아볼 수 있다. 학자에 따라서는 비시 프랑스, 포르투갈의 살라자르 정권, 또는 과거 브라질이나 남아프리카를 유사 파시즘('mimetic' fascism)으로 보기도 한다. 파시즘과 유사 파시즘의 차이는 근본적인 사회 혁명을 주창하느냐의 여부에 달려 있다. 파시즘은 그 출발선상에서 근본적인 사회 혁명을 목표로 제시했다. 그러나 이러한 근본주의적 성격과는 상관없이 '진짜' 파시즘조차도 하나의 체계 있는 사상이라기보다는 대중 정치 시대에 급조된 어떤 새로운 정치적 발명품 정도로 보아야 한다. 강령이 따로 없고 어떤 일관된 사고 체계도 없으며 — 파시스트들이 만일 사고한다면! — 어떠한 보편적 가치도 부정한다는 점에서 특히 그러하다.

파시즘은 다양한 얼굴을 지니고 있지만 파시즘의 사상적 연원은 19세기 말 자유주의와 실증주의에 대항하는 반지성주의, 전투적 민족주의, 생기론 등에서 비롯되었다는 게 정설이다. 무솔리니가 스스로 주장한 것처럼 파시즘은 '국가주의적 생디칼리슴'의 색채가 강하다. 팩스턴의 좀 더 정교한 개념 정의에 따르면 파시즘은 "공동체의 쇠퇴와 굴욕, 희생에 대한 강박적인 두려움과 이를 상쇄하는 일체감, 에너지, 순수성의 숭배를 두드러진 특징으로 하는 정치적 행동의 한 형태이자, 그 안에서 대중의 지지를 등에 업은 결연한 민족주의 과격파 정당이 전통적 엘리트층과 불편하지만 효과적인 협력관계를 맺고 민주주의적 자유를 포기하며 윤리적 · 법적인 제약 없이 폭력을 행사하여 내부 정화와 외부적 팽창이라는 목표를 추구하는 정치적 행동의 한 형태"이다. 그런데 이 말이 정확히 무엇을 뜻하는가? 여기서 우리는 팩스턴의 견해에 기초해 기존 파시즘 연구자들의 여러 논의를 종합하여 파시즘을 개략적으로나마 이해하고 싶은 욕구를 느끼게 된다.

파시즘이란 무엇인가

우선 파시즘은 '부정'의 사고 · 행동 체계이다. 다른 것들을 철저히 부정하면서 자신의 존재 의의를 입증하려 했기 때문이다. 따라서 파시즘을 규정하려 들기보다 파시스트들이 반대한 목록을 통해 파시즘의 거울 이미지를 살펴보는 것이 더 정확할지도 모른다. 그러나 이러한 파시즘의 '타자 부정성'이 파시즘의 이해를 더욱 어렵게 만드는 측면도 있다. 너무도 다양하고 이질적인 타자들을 부정하기 때문이다. 예를 들어 파시즘은 이념적으로 좌우의 기존 질서에 모두 반대한다. 파시즘은 어떤 타자들 때문에 국가가 쇠퇴하고 도탄에 빠지게 되었다고 전제한다. 이렇게 보면 파시즘은 타자에게 책임을 전가하는 '희생양 만들기'의 사상이다.

파시즘은 민주주의 원칙을 경멸하고 조롱하며 마르크스주의적 평등주의와는 본디부터 척을 졌다. 게다가 자유주의와 개인주의도 파시즘에겐 눈엣가시와도 같다. 또한 물질주의를 반대하는가 하면 국제주의에도 생래적인 알레르기 반응을 나타낸다. 이렇게 수많은 적들을 창조해놓고선 대중의 공포를 조장한다. 자본주의 질서의 파탄에 따른 대중의 불안과 증오를 선동하고 이들의 공포에 편승한다. 거기에 사회주의 혁명의 위협과 헌정 질서의 불안정, 그리고 파시스트 행동대들이 길거리에서 자가 발전한 테러의 공포를 확산하면서 대중의 마음속에 믿을 거라곤 그래도 강력한 지도력밖에 없다는 '대안 부재론'을 유포하는 것이다. 지푸라기라도 잡고 싶은 대중은 무질서를 파시즘적 질서로, 민주적 비효율을 신속한 결정으로, 이성을 의지로, 국론 분열을 국민 통합으로, 평등주의를 위계적 리더십으로 대체하겠다는 파시즘의 선전선동에 너무도 허망하게 넘어가버린다. 파시즘은 이렇게 좌우를 막론하고 부정하는 '좌충우돌'의 사상으로 탄생했지만 역설적이게도 우파와 전술적 동맹을 맺기도 하고 우파를 권력 쟁취의 숙주로 이용하기도 했다. 이러한 전력으로 인해 파시즘은 지금껏 기형적인 우익 사상으로 취급되고 있는 것이다.

이렇게 원칙 없는 타자 부정의 사고 체계만으로 대중을 흡인하는 데에는 한계가 있을 수밖에 없다. 그래서 파시즘은 끊임없이 어떤 독특한 상징을 만들어놓고 그것을 과시했다. 모든 '이즘' 중에서 파시즘만큼 특징적인 행동과 행태에 매달린 이즘도 없다. 예컨대 자본가, 자유주의자, 사회주의자들이 주로 어떤 옷을 즐겨 입고, 주로 어떻게 행동하는가? 이 질문에 얼른 대답하기란 쉽지 않지만 우리는 파시스트들이 검은색이나 갈색의 몰취미한 복장을 하고 불유쾌한 거위걸음으로 백주에 로마와 뮌헨의 거리를 활보하며 조폭 같은 위협과 폭행을 일삼았음을 잘 알고 있다. 운동의 양식과 조직의 특성, 상징 조작성 등으로 미루어 파시스트들은 자기 도취적 스타일리스트였다.

이들이 창조한 카리스마적 지도자상을 생각해보라. 강력한 개인 숭배는 파시즘의 전매특허였다. 심지어 이들은 지도자를 부르는 명칭까지 따로 만들어냈다. 무솔리니는 두체(Il Duce), 히틀러는 퓌러(Die Führer), 프랑코는 카우디요(El Caudillo)라고 불리면서 마치 신처럼 군림했다. 파시즘이 본디 잡탕의 사상인 것처럼 그 지지 기반 역시 한마디로 규정하기 어렵다. 이탈리아와 독일만 놓고 봐도 하나로 묶기 힘든 이질적 세력들이 파시즘의 지붕 아래에서 기묘한 동거를 하였다. 파시즘이 중하층 계급을 주요 지지 기반으로 삼은 점은 명백하지만 이것과 함께 보수 엘리트의 (마지못한) 지지를 이끌어내면서 동시에 아래로부터 대중을 성공적으로 동원했다. 도시 노동자, 대학생, 농민들까지 파시즘의 자장으로 끌려 들어갔다.

이렇게 모여든 대중을 묶어두기 위해 파시즘은 비인도적이고 전체주의적인 가상 공간을 창조해야만 했다. 끊임없는 대중 동원을 통해 공적 영역과 사적 영역의 차이가 소멸된 기이한 정치적 매트릭스를 제공한 것이다. 이 매트릭스 안에서 군사주의적 정치 문화가 전파되고 폭력이 미화되었다. '어떻게 대중을 영구적으로 동원할 수 있을까?' 라는 질문에 대한 응답으로 전쟁을 수행하였다. 당연히 가부장적인 남성 지배 원칙이 강조되었고 낯간지러운 영원한 청춘을 예찬하였다.

파시즘은 애당초 일관성 있는 철학 따위에는 관심이 없었으므로 편의주의가 그들의 강력한 무기였다. 따라서 어떤 이념, 어떤 사상과도 손쉽게 결합했다. 말로는 기성 정치를 반대하면서 실제로는 국가를 강화시킨 것을 보면 파시즘은 외곽을 때리는 노련한 '반정치적 정치' 세력이었다. 그리하여 관념주의 철학이 현대의 아방가르드 예술과 별 무리 없이 공존했고, 신화와 신비를 강조하면서도 현대 기술문명으로 무장한 새로운 엘리트 계급이 국가의 중추를 이루었다. 계몽주의적 이성을 극단적으로 부정하면서도 계몽주의의 기술적 산물을 적극적으로 받아들였으니 파시즘 안에서는 말 그대로 '비동시적인 것들의 동시적 공존'이 모순 없이 달성되었다고 하겠다.

파시즘의 이러한 형태적 특징을 관통하는 전체적인 목표는 무엇이었을까? 정치적 목표 없이 동원을 위한 동원, 열광을 위한 열광만을 할 수는 없는 노릇이다. 여기서 도탄에 빠진 국가를 구원하고 부흥시킨다는 '국가 갱생주의(palingenesis)'의 주장이 나왔다. 이런 식의 전투적 국가주의 · 민족주의는 보수와 급진 세력 양자에게 다 같이 호소력을 발휘하였다. 국가의 총체적 추락을 경험한 대중은 국가 갱생이라는 목표를 메시아적인 신앙으로 받아들였다. 국가를 갱생하려면 그것의 원류를 찾아야 하고, 그에 따라 민족의 역사 · 문화적 뿌리와 우월성을 강조하는 기획이 대대적으로 추진되었다. 아리안 민족의 독일, 로마제국 후예로서의 이탈리아를 만들기 위해 원초적 감정과 민족 탄생 신화를 조작하고 부풀렸다. 이러한 문화 이데올로기와 함께 새로운 형태의 규제된 경제 구조를 창출하겠다는 경제 개혁 목표가 제시되었다. 이런 배경에서 노사 모두에 어필하는 국가조합주의, 국가사회주의, 또는 국가주의적 생디칼리슴이 주창된 것이다. 파시즘은 시간이 흐르면서 민족 중심에서 제국주의적 팽창 경향까지 띠게 되었다. 대략 이러한 현상들이 역사적 파시즘의 거친 소묘라 할 수 있다.

파시즘의 교훈

팩스턴이 말하듯 파시즘은 20세기의 중요한 정치적 혁신이자 고통의 근원이었으므로 21세기에 그것을 피해야 함은 두말할 필요가 없다. 그런데 파시즘이 특정한 역사적 산물이라면 역사박물관에 전시하면 될 터인데 우리가 왜 그것을 지금 경계해야 하는가? 실제로 2차 세계대전 이후 파시즘이 본격적으로 재등장한 역사가 없지 않은가? 여기서 우리는 파시즘이 대단히 친화력이 강하고 어떤 사조와도 쉽사리 결합하곤 하는 '문어발 이념' 임을 다시 상기해야만 하겠다. 한때 파시즘과 결탁했던 과거가 있는 사상 또는 운동들, 예컨대 군국주의, 기술 관료제, 전원 예찬주의, 제국주의, 신고전주의, 아방가르드 예술, 생디칼리슴, 국가사회주의, 신낭만주의, 정치화된 기독교, 이교주의, 신비주의, 생태주의, 반유대주의, 사회진화론, 뉴에이지 운동 등을 냉정하게 주시해야 하는 것이다. 그런 점에서 파시즘이 똑같은 겉모습의 재현이 아니라 기능적인 등가물로 부활할 수도 있다는 팩스턴의 지적은 오늘 우리를 위한 유효한 경고이자 충고가 아닐 수 없다. 파시즘은 이 점에서 사회 · 정치적 현상을 설명함에 있어 역사적 경험이 중요함을 가르쳐주는 좋은 사례라고 할 만하다.

예컨대 지구화 시대에 일국적 자본주의 국가 체제의 위기가 파시즘 전야를 예고하지는 않는가? 게다가 9 · 11 사태 이후 우리가 목도하고 있는 국가 안보 지상주의의 부활, 그리고 종교 근본주의와 국가 근본주의 간의 충돌이 전지구적 파시즘의 부상으로 이어질 가능성은 없는가? 발전한 민주주의 사회에도 퇴행적 민족주의나 대중주의적 민족 우월주의가 존재할 수 있음을 우리는 기억해야 할 것이다. 물론 파시즘은 극단적 구호만으로 성립될 수 없고 정치적 기회 구조들이 공교롭게 맞아떨어져야 한다. 그러나 이 같은 조건이 성사되지 않도록 주의해야 함은 모든 정치인의 몫이며, 위기가 닥쳤을 때 정상적인 정치 과정으로 그것을 극복할 수 있다는 자신감은 시민 모두의 몫이다.

그렇다면 오늘의 한국사회에서도 파시즘이 과연 위협적인 요소인가? 근자에 불붙었던 '일상적 파시즘' 또는 '우리 안의 파시즘' 논쟁을 기억한다면 우리 사회에도 미시적 억압 구조에 대한 주의 환기, 그리고 파시즘에 대한 조기 경보 시스템을 구축하려는 시도가 학계를 중심으로 일고 있다고 볼 수 있다. 이것은 그 자체로서 환영할 만한 진전이다. 또한 '대중 독재론'과 파시즘 사이에 어떤 관계가 있는지를 놓고 일각에서 치열한 논전이 현재 진행형으로 벌어지고 있다. 그러나 위에서 지적했듯이 대중 독재 체제가 모두 파시즘은 아니며, 군부 독재가 모두 파시즘인 것도 아니다. 이렇게 봤을 때 예를 들어 스탈린이나 박정희가 대중 독재적 요소를 갖춘 권위주의 체제이긴 했으나 이들을 역사적 의미의 파시즘 체제였다고 보기는 어렵다.

이 책을 읽고 나면 '일상적 파시즘'이나 '대중 독재' 등의 논의가 왜 파시즘의 이해를 명료하게 해주기보다는 오히려 흐리게 하는지 알 수 있을 것이다. 파시즘이란 개념이 기호로서의 의미(signified)는 사라지고 기호의 표현(signifier)만 남은 무의미한 말이 되고 말았다는 지적이 있는데, 우리 사회의 파시즘 논의도 그렇게 될 우려는 없을까? 파시즘을 정확한 기술적 용어로 쓰지 않고 일종의 유행어로 안이하게 남발하는 것은 파시즘을 예방하기보다는 오히려 파시즘의 독성에 무감각해질 가능성을 높일 수 있다. 또 그럼으로써 '진짜' 파시즘이 출현하더라도 우리 모두가 이미 양치기 소년 증후군에 중독되어 파시즘을 알아보지 못하게 될 우려도 있다. 이 책은 레토릭 차원에서 통용되고 있는 파시즘 개념으로부터 과도하게 부풀려진 거품을 제거하는 데 준거 구실을 할 수 있을 것이다.

한마디 덧붙이자면 한국에서 보수 우파와 파시즘 세력 간의 결합이 현실적으로 충분히 가능하다는 주장에도 귀 기울일 필요가 있다. 팩스턴은 보수주의자들의 '협력'이 없었다면 파시즘이 성공할 수 없었을 것이라는 중요한 지적을 하고 있다. 시대 변화를 두려워한 보수 엘리트들의 비겁함과, 좌파를 막기 위해서는 악마와도 손을 잡겠다는 거꾸로 된 사고방식이 파시즘을 초래했다는 진단은 우리 사회에서도 진지하게 음미할 만한 대목이다. 더 나아가 파시즘 그 자체만큼이나 '파시즘적 경향성'도 중요하다는 가정을 해보아야 할 것이다. 왜냐하면 한국사회가 정치적으로 발전할수록 이것을 궁극적으로 사회주의 프로젝트의 확장으로 해석하는 보수 자본주의 세력의 선택이 문제시될 것이기 때문이다. 직설적으로 말해, 정치적 방황을 거듭하고 있는 한국의 보수 우파 세력이 '파시즘적 경향' 및 그 세력의 현실적 유혹에 어떻게 대처할 것인가가 향후 한국의 민주주의 그리고 한반도 평화에 결정적인 변수가 될지도 모른다. 정치 전면에 직접 나서지는 못하지만 보수 우파의 그늘에 기생하면서 여러 경로로 일정한 영향력과 거부권을 행사하는 '제한적 파시즘'의 존재, 그리고 그들과 결별하지 못하는 보수 우파에 대해 보수주의 스스로가 냉정한 자기 성찰을 해볼 일이다. 히틀러가 독일의 우파 세력을 어떻게 이용했고 이들을 종국에 어떻게 파멸시켰는지를 한국의 보수 우파는 타산지석으로 삼아야 할 것이다.

로저 그리핀(Roger Griffin)은 일찍이 다음과 같이 예견한 바 있다. “모든 파시즘은 필연적으로 패배한다. 국가 갱생과 부흥이라는 협소한 진리 체계로는 현대의 다원주의 사회를 지탱할 수 없기 때문이다.” 이러한 파시즘이 일정하게 생명을 부지하거나 퇴행적인 영향을 발휘하지 않도록 경계하라는 교훈이 바로 팩스턴 교수가 이 책에서 실증적으로 밝혀낸 역사적 진리의 핵심이라 할 것이다.

조효제(성공회대학교 사회과학부 교수)

| 저자의 말 |

나는 여러 해 동안 대학에서 파시즘에 대해 가르쳤다. 대학원 세미나일 때도 있었고 학부 세미나일 때도 있었는데, 파시즘에 대한 연구서를 읽고 학생들과 토론을 할수록 점점 더 혼란스러웠다. 무솔리니의 이탈리아나 히틀러의 독일, 혹은 그 비슷한 부류들의 특정 측면에 대해서는 아주 상세하고 뛰어난 논문이 수없이 많지만, 파시즘을 다룬 책들은 — 전반적으로 보아 — 학술논문과 비교할 때 추상적이고 고리타분해서 생생한 느낌이 들지 않았다.

이 책은 파시즘에 대한 전문 학술 논문을 좀 더 일반적인 논의로 끌어내리는 동시에 파시즘의 다양성과 복잡성을 명확하게 설명해 보려는 시도이다. 이 책은 파시즘이 실제로 어떻게 작동했는지를 알아내고자 한다. 학계의 일반적인 관행과 달리 파시스트들의 말보다는 행동에 초점을 맞춘 것도 그 때문이다. 이 책은 또한 파시즘의 동맹 세력과 협력자들을 살피고 파시즘 정권들이 (자신들이 변화시키려 들었던) 더 큰 사회체들과 상호 작용한 방식을 설명하는 데 많은 지면을 할애하였다.

이 책은 백과사전이 아니라 소론(小論)에 불과하다. 자기가 좋아하는 주제가 기대했던 것보다 피상적으로 다루어져 있다는 사실을 발견하는 독자들도 많을 것이다. 그런 독자들이 다른 책을 더 찾아 읽는 계기가 되기를 바란다.

파시즘이라는 주제를 여러 해 동안 연구하느라 지적으로나 개인적으로나 많은 빚을 졌다. 록펠러 재단(Rockefeller Foundation)은 1945년 4월에 무솔리니가 처형당한 코모 호수 바로 건너편에 있는 빌라 세르벨로니에서 초고 수정 작업을 할 수 있게 도와주었다. 파리의 사회과학고등연구원(École des Hautes tudes en Sciences Sociales), 피렌체의 유럽 대학 연구소(Instituto Universitario Europeo), 미국의 여러 대학들은 세미나실과 강의실에서 책의 뼈대가 되는 생각의 일부를 논해볼 수 있는 기회를 주었다. 컬럼비아대학 학생들은 나의 해석에 도전해 오기도 했다.

필리프 버린(Philippe Burrin), 폴 코너(Paul Corner), 파트리치아 돌리아니(Patrizia Dogliani), 헨리 애시비 터너 주니어(Henry Ashby Turner Jr.)는 이 책의 초고를 검토하는 친절을 베풀어주었다. 캐럴 글룩(Carol Gluck), 허버트 S. 클라인(Herbert S. Klein), 켄 루오프(Ken Ruoff)도 원고 일부를 검토해주었다. 이들은 모두 낯뜨거운 실수로부터 나를 구해주었고, 나는 이들의 제안을 대부분 받아들였다. 그 제안을 모두 받아들였다면 이 책은 지금보다 더 나은 저작이 되었으리라. 드루 하인즈(Drue Heinz), 스튜어트 J. 울프(Stuart J. Woolf), 스튜어트 프로핏(Stuart Proffitt), 브루스 로더(Bruce Lawder), 카를로 무스(Carlo Moos), 프레드 웨이크먼(Fred Wakeman), 제프리 베일(Jeffrey Bale), 조엘 콜튼(Joel Colton), 스탠리 호프먼(Stanley Hofmann), 후안 린스(Juan Linz), 컬럼비아대학 도서관 직원들이 준 온갖 도움에도 감사를 표하고 싶다. 그럼에도 불구하고 책에 오류가 남아 있다면 이는 순전히 나의 잘못이다.

마지막으로 흔들림 없이 나를 지지해주었으며 비평적 독자로서 현명하고 통찰력 있는 조언을 아끼지 않았던 세라 플림프턴(Sarah Plimpton)에게 감사를 표한다.

차례

머리글 – 파시즘 논쟁에 종지부를 찍는 결정판(조효제)

저자의 말

1장 운동하는 파시즘

파시즘의 발명 • 25

파시즘의 이미지 • 38

파시즘의 전략 • 52

이제 어디로 갈 것인가? • 63

2장 파시즘의 탄생

분노의 시대 • 73

직접적 배경 • 83

지적 · 문화적 · 정서적 뿌리 • 90

장기적 전제조건 • 110

파시즘의 전조 • 115

새로운 지지 세력 • 125

기원을 통해 파시즘 이해하기 • 132

3장 뿌리 내리기

파시즘의 개선 행진 • 139

(1) 이탈리아의 포 계곡, 1920~1922 • 146

(2) 독일의 슐레스비히홀슈타인 주, 1928~1932 • 159

실패로 끝난 프랑스의 파시즘, 1924~1940 • 166
실패한 파시즘의 또 다른 사례 • 177
비교와 결론 • 182

4장 권력 장악

무솔리니와 '로마 진군' • 205
히틀러와 '비밀 음모' • 214
가지 않은 길 : 선거, 쿠데타, 단독 승리 • 225
연합전선 구축 • 230
파시즘이 기득권 세력에게 제공한 것 • 237
파시즘 집권 전의 위기 • 241
집권 후의 혁명 • 244
비교와 대안 • 254

5장 권력 행사

파시즘 통치의 성격 : '이중 국가'와 무형의 역동성 • 273
파시스트들과 보수 세력의 주도권 다툼 • 292
지도자와 당의 갈등 • 298
당과 국가의 권력 투쟁 • 302
동조, 열광, 공포 • 307
파시즘 '혁명' • 321

6장 급진화인가, 정상화인가?

급진화와 정상화의 딜레마 • 337
어떤 요소가 급진화를 부추기는가? • 347
홀로코스트를 어떻게 이해할 것인가? • 359
이탈리아의 급진화 : 사회 질서, 에티오피아, 살로 공화국 • 372
마지막 고찰 • 382

7장 다른 시대, 다른 장소의 파시즘

파시즘은 지금도 가능한가? • 391
1945년 이후 서유럽 • 398
소련 붕괴 후 동유럽 • 423
비유럽권의 파시즘 • 430

8장 파시즘이란 무엇인가?

파시즘의 정의 내리기 • 463
상반된 해석들 • 465
파시즘의 경계 • 482
파시즘은 무엇인가? • 487

주석 • 491
파시즘 연표 • 577
용어 찾아보기 • 587
인명 찾아보기 • 597

1장 | 운동하는 파시즘

파시즘의 발명

파시즘은 20세기의 주요한 정치적 혁신인 동시에 고통의 근원이었다. 파시즘 외에 현대 서양 정치 문화의 주요 흐름으로는 보수주의, 자유주의, 사회주의를 들 수 있는데, 세 가지 모두 18세기 중반에서 19세기 중반에 걸쳐 원숙한 형태를 갖추었다. 그러나 파시즘은 1890년대 후반까지도 미미한 존재였다.

1895년 프리드리히 엥겔스(Friedrich Engels, 1820~1895)는 카를 마르크스(Karl Marx, 1818~1883)가 저술한 《프랑스의 계급 투쟁(The Class Struggles in France)》 개정판 서문에서 선거권의 확대는 틀림없이 좌파에 대한 지지율 상승으로 이어질 것이라고 예견했다. 엥겔스는 시기적으로나 수적으로나 상황이 사회주의자에게 유리하다고 확신했다. "사회주의자에 대한 지지가 이런 식으로 계속 늘어난다면 금세기(19세기) 말에는 우리[사회주의자]들이 사회 중간계급과 프티 부르주아, 영세농민 대다수의 지지를 받을 것이며 이 땅의 압도적인 세력으로 성장할 것이다." 또한 보수주의자들은 사회주의 합법화가 자신들에게 불리하게 작용하고 있다는 사실을 이미 알아챘다고 엥겔스는 말했다. 그리고 "우리[사회주의자]들은 이 합법화 아래서 힘을 얻었고 활기를 찾았다. 우리의 생명은 영원할 것이다. 보수주의자들이 할 수 있는 일이란 그들 스스로 법을 어기는 일밖에 없다."[1]라고 주장했다. 엥겔스는 좌파의 적들이 선제공격을 감행할 것이라고 짐작했지만, 1895년에는 그들의 공격이 대중의 지지를 동반하리라고는 미처 상상하지 못했다. 그 후 한 세대가 채 지나기도 전에 파시즘은 대중적 열광 속에 반(反)좌파 독재를 조직해내는 행태로 전혀 예상치 못한 일을 해내고 말았다.

독재가 열광적인 지지를 얻으리란 징조는 희미하게 있을 뿐이었다. 그 중 하나는 호기심 많은 프랑스의 젊은 귀족, 알렉시스 드 토크빌(Alexis de Tocquevile, 1805~1859, 《미국의 민주주의》를 저술한 자유주의 정치 사상가)에게서 비롯되었다. 토크빌은 1831년 미국을 방문했을 때 많은 것을 보고 감탄했지만, 독립적인 사회 엘리트층이 없는 상태의 민주주의에서 다수의 힘이 사회적 압력을 행사함으로써 개인의 순응을 강요한다는 점에 우려를 표했다.

> 민주주의 사회에서 살아가는 시민들을 위협하는 이러한 종류의 억압은 세계 역사상 유례를 찾아볼 수 없는 것이다. 이 시대를 살아가는 우리 중 누구도 기억 속에서 그런 이미지를 찾을 수 없을 것이다. 나 역시 그 개념을 정확히 보여주거나 담아내는 표현을 찾지 못했다. 전제정치와 독재라는 오래된 용어도 적합하지 않다. 이 새로운 현상에 이름을 붙일 수 없기 때문에 더더욱 정확히 정의를 내려야 한다.[2]

또 다른 징조는 훗날 사회 비평가로 변신한 프랑스의 엔지니어 조르주 소렐(Georges Sorel, 1847~1922, 폭력론을 주장한 생디칼리슴 이론가)이 독재와 대중적 열광이 만나기 직전에 한 말에서 찾을 수

총통에게 경례를 하는 대중들(1934년). 대중의 열광을 통해 좌파에 대항하는 독재를 조직하는 일은 19세기에는 아무도 예상하지 못한 20세기의 독특한 현상이었다.

있다. 1908년, 소렐은 "몰락의 시대에 이룩한 혁명이 다시 과거로 후퇴하거나 심지어 보수적 사회 상태를 이상으로 여기는 상황에 봉착할지도 모른다."[3]라는 사실을 알아채지 못했다는 이유로 마르크스를 비판했다.

파시즘(fascism)이라는 말의 기원은 원래 묶음이나 다발을 의미하는 이탈리아어, '파쇼(fascio)'에서 찾을 수 있다. 좀 더 오래 전으로 거슬러 올라가면 '파스케스(fasces)'라는 라틴어가 있다. 파스케스는 고대 로마의 집정관이 시가 행진을 할 때 맨 앞에 내세우던 나뭇가지 다발에 싸인 도끼를 가리키며 국가의 권위와 결속을 상징한다. 1914년 이전에는 고대 로마의 파스케스가 좌파의 상징물로 쓰

1792년 만들어진 프랑스 공화국 최초의 국새(왼쪽)와 미국의 25센트 동전(오른쪽)에 새겨진 파스케스. 고대 로마의 집정관이 시가 행진을 할 때 맨 앞에 내세우던 나뭇가지 다발에 싸인 도끼를 가리키며 국가의 권위와 결속을 상징한다.

였다. 19세기에는 프랑스 공화정의 상징인 마리안(Marianne)이 파스케스를 손에 들고 귀족과 성직자에 대항하여 공화정의 결속력을 보여주는 모습으로 묘사되고는 했다.[4] 파스케스는 영국의 건축가인 크리스토퍼 렌(Christopher Wren, 1632~1723)이 설계한 옥스퍼드 대학의 셸도니언 극장에 새겨져 있기도 하다. 또 파스케스는 1932년 미국의 25센트 동전에 새겨졌고 워싱턴에 있는 링컨 기념관에도 등장했다.[5]

19세기 후반 이탈리아의 혁명가들은 혁명을 위해 몸과 마음을 다 바친 투사들의 결속을 다지기 위해 '파쇼'라는 용어를 사용했다. 1893~1894년 지주에게 대항해서 봉기한 시칠리아의 소작농들은 스스로를 '파시 시칠리아니(Fasci Siciliani)'라 불렀다. 1914년 말, 좌익 민족주의자들을 비롯하여 곧 이 세력에 합류하게 될 사회주의의 이단아 베니토 무솔리니(Benito Mussolini, 1883~1945)[6]는 이탈리아가 연합군 편에 서서 1차 세계대전에 참전하도록 하기 위해 힘을 쏟을 때 자신들이 벌이는 운동의 열정과 결속력을 널리 알리기 위한 목적으로 '파쇼 리볼루치오나리오 다치오네 인테르벤티스타(Fascio Rivoluzionario d'Azione Interventista, 정치 참여를 위한 혁명동맹)'[7]라는 단체명을 사용했다. 1차 세계대전이 끝날 무렵 무솔리니는 당시 그의 주위에 몰려들던 민족주의 성향의 퇴역군인과 주전론(主戰論)을 내세우던 생디칼리스트[8] 혁명론자의 분위기를 나타내기 위해 '파시스모(fascismo, 파시즘)'라는 말을 고안해냈다. 하지만 그때까지만 해도 파쇼라는 말은 무솔리니의 전유물이 아니라 다양한 정치 색깔의 활동 단체들이 일반적으로 사용하는 표현이었다.[9]

공식적으로 파시즘은 1919년 3월 23일 일요일 밀라노에서 탄생했다. 그날 아침 참전 퇴역군인과 전쟁을 찬양하는 생디칼리스트, 미래파 지식인[10], 언론인, 단순 가담자 등 약 1백여 명 이상[11]의 군중이 산세폴크로(San Sepolcro) 광장이 내려다보이는 밀라노 상공업연맹 회의실에 모여 "민족주의에 반하는 사회주의와의 전쟁을 선포"하였다.[12] 그때 무솔리니는 자신의 운동을 '전우단'이라는 뜻의 '파시 디 콤바티멘토(Fasci di Combatimento)'라 불렀다.

그로부터 두 달 후 퇴역군인들의 애국주의와 급진적인 사회적 실험인 일종의 '국가사회주의(national socialism)'가 교묘하게 결합된 파시즘 강령이 발표되었다. 민족주의 측에서는 몇 달 전 1918~1919년의 파리평화협정에서 좌절을 맛보기는 했지만, 이탈리아가 지중해 주변국과 발칸 반도에서 추구하던 이탈리아의 팽창주의 목표를 달성할 것을 요구했다. 한편, 급진파들은 여성과 18세 이상 성년에게 선거권을 부여하고, 상원을 폐지하며, 이탈리아 헌법을 새로 제정하기 위해 제헌의회를 소집하고(군주정을 배제한 상태일

1차 세계대전에 참전한 무솔리니. 퇴역군인들의 우두머리였던 그는 애국주의와 사회주의가 결합한 국가사회주의 강령을 발표하면서 파시즘 운동을 탄생시켰다.

것으로 추정된다), 1일 노동시간을 여덟 시간 이하로 제한하고, '산업의 기술적 경영'에 노동자들을 참여시키며, 자본에 무거운 누진세를 부과하여 '모든 형태의 부(富)를 부분 몰수'하고, 전쟁 수익[13]의 85퍼센트를 압수할 것을 주장했다.

무솔리니의 운동은 사유재산 공격과 민족주의 주창에 그치지 않았다. 그가 내세운 사상은 폭력주의와 반(反)지성주의, 타협주의 비판, 기성사회를 향한 경멸로 부글부글 끓어올랐다. 이 모든 것은 세 부류의 무솔리니 초기 추종 세력을 특징짓는 것이었는데, 즉 참전 퇴역군인들과 전쟁을 주장한 생디칼리스트, 미래파 지식인들이었다.

무솔리니 자신도 과거에는 온몸에 난 마흔 군데의 상처[14]를 자랑하는 군인이었으며, 퇴역군인들의 우두머리로서 정치에 복귀하기를 바랐다. 무솔리니를 추종하는 세력의 중심에는 최정예 부대의 전투 경험으로 다져진 아르디티(Arditi) 출신들이 있었는데, 이들은 자기들이 조국을 구했기 때문에 직접 다스릴 권리도 있다고 생각했다.

전쟁을 주장하는 생디칼리스트들은 1915년 5월 이탈리아의 1차 세계대전 참전을 성사시킨 투쟁에서 무솔리니의 최측근 역할을 했다. 생디칼리슴은 1차 세계대전 이전에 유럽의 의회사회주의에 대항하여 노동계급을 대표하던 세력이었다. 1914년까지 대부분의 사회주의자들이 당을 조직하여 의석을 차지하려는 경쟁을 벌였던 반면, 생디칼리스트들은 노동조합, 즉 '신디케이트(syndicates)'에 뿌리를 두고 있었다. 의회사회주의자들이, 마르크스주의 법칙이 예견한 대로 역사의 발전이 자본주의를 몰락시킬 때까지 기다리면서 점진적인 개혁을 이루기 위해 힘썼다면, 생디칼리스트들은 의회 차원의 타협과 단계적인 진보를 위해 대부분의 사회주의자들이 바친 헌신적 노력을 비웃으면서 자신들의 의지로 자본주의를 뒤엎을 수 있다고 믿었다. 그렇기 때문에 각 조합의 세세한 작업 환경 문제보다 혁명적인 최종 목표에 집중함으로써 '거대한 단일조합'을 결성하고 이를 통해 결정적인 총파업 한 번을 통해 자본주의를 한꺼번에 완전히 무너뜨릴 수 있다고 생각했다. 자본주의가 몰락한 이후 '신디케이트' 내에서 결성된 노동자 조직은 자유로운 집산주의(개인을 국가·민족·인종·사회계급 등 사회적 집합체에 종속되는 존재로 보는 여러 형태의 사회 체계) 사회에서 유일하게 생산 기능을 수행하고 물품을 교환할 수 있는 단위가 될 것이었다.[15)]

1915년 5월까지 이탈리아의 모든 의회사회주의자와 대부분의 생디칼리스트들은 1차 세계대전에 참전하는 것을 강력하게 반대했지만, 무솔리니를 따르던 몇몇 열성주의자들은 전쟁에 참여하는 것이 중립으로 남는 것보다 사회 혁명에 더 가까이 갈 수 있는 길이라는 결론을 내렸다. 바로 이들이 '국가주의적 생디칼리스트(national syndicalist)'들이다.[16)]

무솔리니를 따르던 최초의 파시스트들 중 세 번째 부류는 젊은 반(反)부르주아적 지식인들을 비롯하여, 미래파 같은 탐미적 예술가들이었다. 미래파란 필리포 톰마소 마리네티(Filippo Tommaso Marinetti, 1876~1944)의 '미래파 선언(Futurist Manifestos)'을 신봉한 예술가와 작가들이 만든 느슨한 연합 세력이었다. '미래파 선언'의 초판은 1909년 프랑스의 일간지 〈피가로(Le Figaro)〉에 발표되었다. 마리네티의 추종자들은 박물관과 도서관, 미술관에 소장된 과거의 문화 유물을 무시하고, 속도와 폭력이 주는 자유와 넘치는

미래파를 선언을 통해 미래파 운동을 이끈 필리포 톰마소 마리네티. 속도와 폭력이 주는 자유와 활기를 찬미한 그들은 무솔리니의 주요 지지 세력이었다.

활기를 찬미하며, "달리는 자동차가…… 승리의 여신 사모트라케의 상(뱃머리에 내려와 서 있는 날개 달린 여신상. 헬레니즘 시대의 대리석 조각)보다 아름답다."[17]라고 주장했다. 1914년 이들은 이탈리아의 참전을 강력히 주장하였고 그 후 1919년에도 계속해서 무솔리니를 따랐다.

그 밖에 무솔리니를 따른 지식인 중에는 이탈리아 의회주의의 허울뿐인 타협을 비판한 사람들이 있었는데, 이들은 '제2의 리소르지멘토(Risorgimento, 부흥)'를 꿈꾸었다.[18] 이들은 '제1의 리소르지멘토(이탈리아 통일 운동)'로 인해 이탈리아가 편협한 과두정치의 손에 내맡겨졌으며, 과두정치가 표방하는 영혼 없는 정치 게임은 이탈리아의 문화적 위신과 위대한 야망에 적합하지 않다고 여겼다. 이들에게는 지금이야말로 '국민 혁명'을 완수해 이탈리아를 새로운 국가로 탄생시킬 적기였다. 이 새로운 국가는 열정적 지도력과 시민의 의지, 그리고 통일된 민족 공동체를 하나로 결속할 역량을 지닌 그런 국가였다.

'제2의 리소르지멘토'를 주창한 사람들 대부분은 피렌체의 문화 비평지 〈보체(La Voce)〉에 글을 실었다. 〈보체〉의 애독자였던 젊은 무솔리니는 이 잡지의 편집장이던 조반니 프레촐리니(Giovanni Prezzolini)와 편지를 주고받을 정도로 가까운 사이였다. 전쟁이 끝난 후 파시즘 운동은 이들의 승인을 받아 당당히 부상하였고 중간 계급 민족주의자들 사이에서 급진적인 '국민 혁명'이라는 인정도 받았다.[19)]

곧 이어 1919년 4월 15일 파시즘의 발기 모임이 산세폴크로 광장에서 열렸고, 마리네티를 비롯하여 아르디티의 지도자 페루치오 베치(Feruccio Vecchi) 등 무솔리니의 동료들은 무솔리니가 예전에 일하던 사회주의 신문 〈아반티(Avanti)〉의 밀라노 사무실로 쳐들어가서 인쇄기와 장비를 부숴버렸다. 그 과정에서 군인 1명을 포함해 4명이 목숨을 잃고, 39명이 부상을 당했다.[20)] 이탈리아의 파시즘은 그렇게 사회주의와 부르주아의 합법성에 맞서 더 높은 국가의 선(善)을 추구한다는 명목으로 폭력 행위와 함께 역사 속으로 뛰어들었다.

파시즘이란 말은 이탈리아에서 처음 비롯되었고 첫걸음도 이탈리아에서 내딛었다. 그러나 무솔리니는 외로운 모험가는 아니었다. 전후 유럽에서 파시즘과 유사한 운동이 일어나기 시작한 것이었다. 비록 무솔리니의 파시즘과 아무런 관계가 없었지만 부르주아와 사회주의에 맞서 민족주의, 반자본주의, 의지주의(voluntarism), 능동

1921년 밀라노에서 열린 파시즘 집회에 나온 무솔리니(가운데). 퇴역군인과 생디칼리스트, 미래파 지식인들을 결집해 그가 이끈 파시즘 운동은 기성사회를 향한 경멸로 부글부글 끓어올랐다.

적 폭력을 결합한 것이라는 점에서는 같았다(이에 대해서는 2장에서 더 넓게 다루어보도록 하겠다).

산세폴크로 광장의 모임으로부터 3년이 지난 후, 이탈리아에서는 무솔리니의 파시스트당(국가파시스트당(Partito Nazionale Fascista, PNF))이 권력을 잡았다. 그로부터 11년이 지난 후 독일에서 또 다른 파시스트당이 정권을 잡았다.[21] 얼마 지나지 않아 유럽을 비롯한 세계 각국에서는 독재자를 열망하는 목소리와 자신들이 무솔리니나 히틀러(Adolf Hitler, 1889~1945)처럼 권력으로 향하는 길을 걷고 있다고 믿는 무리의 외침이 울려 퍼졌다. 그리고 6년 후, 히틀러는 유럽에서 시작해 전 세계를 전쟁의 소용돌이 속으로 몰고 들어간다. 전쟁이 끝나기까지 인류는 기술의 발전과 광기로 전례 없는 수준까지 다다르고 만 전쟁의 야만을 겪게 되며 민족 전체와 문화, 기억마저 말살시키려는 조직적인 대량 학살에 몸서리를 치게 된다.

전직 교사이자 자유분방한 이류 소설가였으며 한때 사회주의 연설가와 편집자로도 활동했던 무솔리니와 전직 군인이자 미술대학 낙방생인 히틀러는 똑같은 셔츠를 유니폼처럼 입은 무뢰배들과 함께 유럽의 두 강국을 손에 넣었다. 많은 예민한 지식인들조차 그 현상을 보고 "야만인 무리가 나라 안에 천막을 세워놓았다."[22]라고 단순하게 생각했다. 소설가 토마스 만(Thomas Mann, 1875~1955)은 히틀러가 독일 총리에 취임한 지 두 달 뒤인 1933년 3월 27일자 일기에서 이전에 한 번도 본 적이 없는 종류의 혁명을 목격했다면서, "내재된 이념도 없이 다른 이념을 무조건 반대하며, 고상하고 선량하고 점잖은 것에는 모두 반대하고 또 자유와 진실, 정의에 반대하는 혁명이다."라고 기록했다. 그리고 '저속한 인간 쓰레기'들이 '대중의 열렬한 환호를 동반'[23]해서 권력을 잡았다고도 했다.

자기 나라 안의 땅 나폴리에서 망명 중이던 베네데토 크로체(Benedetto Croce, 1866~1952)는 이탈리아의 저명한 철학자이자 역사가였는데, 경멸 섞인 어조로 무솔리니가 아리스토텔레스가 주장한 세 가지 정부 형태 — 참주(僭主)정치, 과두정치, 민주정치 — 에 말만 많은 얼간이들이 세운 나쁜 정부라는 뜻의 '당나귀정치(onagrocracy)'를 보탰다고 말했다.[24] 이어 크로체는 이탈리아 역사에서 파시즘은 '괄호 안의 삽입구'에 불과하며, 1차 세계대전의 혼란 때문에 증대된 도덕적 타락이 낳은 일시적 결과에 불과하다는 결론을 내렸다. 히틀러가 독일에 재앙을 불러온 이후, 독일의 자유주의 역사가 프리드리히 마이네케(Friedrich Meinecke, 1862~1954)는 무지하고 천박한 기능공들(Machtmenschen)이 자극에 굶주려 있던 대중의 지지를 받아 균형 잡히고 합리적인 교양인들(Kulturmenschen)에게 승리를 거두는 도덕의 퇴락 속에서 나치즘이 발흥했다고 생각했다.[25] 크로체와 마이네케 모두 그런 상태에서 벗어나는 길은 '가장 뛰어난 자'가 다스리던 예전의 사회로 돌아가는 것이라고 여겼다.

그러나 다른 사람들은, 갑자기 떠오른 불량배 무리라는 말보다 훨씬 더 의미심장한 어떤 일이, 그리고 옛 도덕 질서의 몰락이라는 말로는 설명하기 어려운 훨씬 더 중요한 어떤 일이 막 벌어지고 있음을 처음부터 알고 있었다. 마르크스주의자들은 파시즘의 첫 먹잇감이 되었는데, 그들은 경제 영역 내부의 계급적 충돌로 야기된 커다란 변화가 사회 전반으로 널리 퍼져나가는 것이 곧 역사라는 사상에 익숙했다. 마르크스주의자들은 무솔리니의 권력이 공고해지기 이전부터 파시즘을 정의할 준비가 되어 있었는데, 그들은 파시즘을 "프롤레타리아를 억누를 수 있는 국가의 합법적 수단이 불충분하다고 판명되었을 때, 대(大)부르주아지가 프롤레타리아와 싸우는 데 동원한 도구"라고 정의했다.[26] 스탈린이 집권한 이후에는 이러한 생각이 더욱 굳어져 반 세기 동안 결코 깨지지 않는 공산주의의 정설이 되었다. 즉, "파시즘은 노골적인 테러리즘 독재이며 금융자본 가운데 가장 반동적이고 가장 국수적이며 가장 제국주의적인 세력이다."[27]라고 주장했다.

산세폴크로 광장의 모임이 열리고 80년이 넘게 흐른 지금까지 파시즘에 대한 수많은 해석과 정의가 존재해왔다. 하지만 그 중에서 파시즘을 만족스럽게 해석함으로써 보편적인 동의를 얻은 것은 하나도 없었다. 파시즘은 분명한 출처도 없이 갑작스레 생겨났고, 다양한 형태로 나타났으며, 민족적 용맹이라는 이름 아래 증오와 폭력을 찬양했다. 또 특권을 지닌 교양 있는 정치가와 기업가, 전문가, 예술가, 지식인들에게 호소력을 발휘했다. 이 책의 마지막 장인 8장에서 나는 파시즘에 관한 수많은 해석들을 재검토할 것이다. 하지만 그 전에 먼저 우리의 주제에 대해 폭넓은 지식을 쌓아야 한다.

어떤 사람들은 파시즘 운동의 양상이 나라마다 완전히 다르기 때문에 파시즘이라는 용어에는 욕설 이상의 다른 어떤 의미도 담겨 있지 않다고 주장한다. 또 파시즘이라는 용어가 너무 헤프게 사용돼왔기 때문에 권력을 쥐고 휘두르는 사람은 모두 다른 누군가에게 파시스트라고 여겨지기도 했다. 그래서 파시즘이라는 용어를 아예 없애버리자는 주장도 나올 법하다.[28)]

이 책의 목표는 파시즘을 바라보는 새로운 관점을 찾아냄으로써 파시즘이 지닌 고유한 매력과 그것의 복잡한 역사적 경로, 그리고 파시즘이 지닌 극단의 공포를 더욱 명료하게 설명하고, 이를 통해 파시즘이란 개념을 의미의 남용으로부터 구출하는 것이다.

파시즘의 이미지

사람들은 파시즘이 의미하는 바를 잘 안다고 생각한다. 모든 정치 형태 중 가장 강력한 시각적 호소력을 발휘하는 파시즘은 다른 무엇보다 먼저 다음과 같은 선명한 이미지로 나타난다. 무아경에 빠진 군중 앞에서 열변을 토하는 광신적 애국주의 선동정치의 모습, 한치의 흐트러짐도 없는 젊은이들의 행진 장면, 악마로 둔갑한 소수자들에게 폭력을 행사하는 특정 색깔의 셔츠를 입은 극렬분자들, 새벽녘의 갑작스런 가정 침입, 함락된 도시를 행진하는 규율 잡힌 병사들이 바로 그것이다.

하지만 좀 더 자세히 살펴보면, 파시즘의 그런 낯익은 이미지 중 일부는 경솔한 오해를 불러일으키기도 한다는 것을 알 수 있다. 즉 권력을 독점한 독재자의 이미지는 파시즘을 인격화함으로써, 그 독재자를 면밀히 살펴보아야만 파시즘을 온전히 이해할 수 있다는 잘못된 인상을 준다. 파시즘의 그러한 이미지는 오늘날까지도 효력을 발휘하고 있는데, 이는 바로 파시즘 선전원들이 거둔 최후의 승리다. 또 그 이미지는 파시즘 지도자를 승인하고 용인한 국가에 핑곗거리를 제공하고, 그 지도자를 도와준 개인, 단체, 제도로 향하는 관심을 다른 곳으로 돌리는 역할을 한다. 우리에게 필요한 것은 파시즘 지도자와 국가, 그리고 파시스트당과 시민사회의 상호작용을 탐구하는 훨씬 더 정교한 파시즘 모형이다.

환호하는 군중의 이미지는 몇몇 유럽 내 민족들이 선천적으로 파시즘적 경향을 띠고 있으며, 그런 민족적 특성 때문에 파시즘에 열광적으로 반응한다는 가정에 힘을 실어준다. 이 가정으로부터 한 나라의 결함 있는 역사가 파시즘을 탄생시켰다는 겸손한 듯 오만한 믿음이 따라 나온다.[29] 이러한 믿음은 쉽게 파시즘을 방관하는 국가들의 알리바이로 바뀔 수 있다. 즉, 자기네 나라에서는 그런 일이 발생할 리가 없다는 것이다.

우리에게 익숙한 이런 이미지를 넘어 좀 더 자세히 살펴보면, 파시즘의 실체는 훨씬 복잡하다는 것을 알 수 있다. 예를 들면, 파시즘이라는 용어를 처음 만들어낸 이탈리아의 무솔리니 정권은 권력

대중 앞에서 열변을 토하는 히틀러와 무솔리니. 강력한 독재자의 이미지는 파시즘을 인격화함으로써 모든 원인을 지도자에게로 돌리는 우를 범하게 한다.

을 잡고 16년이 흐르기까지 반(反)유대주의를 언급한 적이 없었다. 더구나 초창기부터 무솔리니에게 재정적인 도움을 주었던 대기업가와 대지주 중에는 유대인들이 상당히 많았다.[30] 무솔리니에게는 파시스트당의 투사였던 알도 핀치(Aldo Finzi, 1897~1945), 유대인 정부(情婦), 그의 첫 자서전을 쓴 마르게리타 사르파티(Margherita Sarfatti, 1880~1961) 같은 가까운 유대인 친구들이 많았다.[31] 로마 진군(1922년 10월 말 무솔리니가 이탈리아에서 권력을 잡게 된 무혈 쿠데타. 검은 셔츠단의 로마 점령으로 사회주의자와 자유주의자가 이끌던 의회정치 체제가 끝나고 파시즘 통치가 시작되었다)에 참여한 유대인 수만 해도 대략 2백여 명이었다.[32] 하지만 이와 대조적으로 공격적인 반유대주의 정책을 표방한 페탱 장군(Henri Philippe Pétain, 1856~1951)의 비시 프랑스 정권(1940~1944)은, 앞으로 다루게 되겠지만, 다른 여러 가지 근거로 볼 때 파시즘 정권이라기보다는 권위주의 정권[33]이었다고 할 수 있다. 그렇기 때문에 격렬한 반유대주의를 파시즘의 본질이라고 규정할 경우 문제가 생길 수 있다.[34]

또 다른 파시즘의 본질적 특성으로 여겨지는 것 중에는 반자본주의, 반부르주아 경향이 있다. 초기의 파시스트들은 부르주아적 가치와 "돈, 돈, 더러운 돈을 벌려고만"[35]하는 사람들을 경멸했다. 그리고 사회주의자들을 공격할 때만큼이나 요란하게 '국제 금융자본주의'를 비난했다. 심지어는 애국적인 수공업적 숙련공들을 위해서 백화점 소유주의 재산을, 그리고 영세농민들을 위해서 대지주의 땅을 몰수하겠다는 공약을 내놓기도 했다.[36]

하지만 권력을 잡은 파시스트당이 이러한 반자본주의적 위협을 실현하기 위해 정책을 실행한 적은 없었다. 오히려 극도의 폭력과 철저함으로 무장하고 사회주의를 겨냥한 위협적 정책을 실시했다. 젊은 공산주의자들과 세력권을 놓고 길거리 패싸움을 벌인 것도 강력한 선전 이미지의 하나였다.[37] 권력을 잡은 후 파시즘 정권은 파업을 금지했다. 또 독립적인 노동조합을 해산하고, 임금노동자들의 급여를 깎고, 군수산업에 막대한 자금을 지원함으로써 고용주들의 강력한 지지를 받았다. 자본주의에 관한 파시즘의 말과 행동이 이처럼 큰 모순을 드러내자 학자들은 서로 정반대의 결론을 내리기에 이르렀다. 일부 학자들은 파시즘을 극단적인 반자본주의의 한 형태로 보았고,[38] 마르크스주의자들을 비롯한 여러 학자들은 파시즘이 어려움에 빠진 자본주의를 지원하려고 등장했으며, 비상수단을 이용해서 소유권 분배 제도와 사회적 위계질서를 둘러싼 기존 체제를 공고히 했다고 전혀 다른 주장을 했다.

이 책에서는 파시스트들이 내세운 주장을 그대로 전하고 있다. 최소한 그들이 실제로 말한 대로 전하려고 한다. 파시스트들의 주장이 결코 무시되어서는 안 되는 까닭은 파시즘의 매력을 이해하는 데 그들의 주장이 반드시 필요하기 때문이다. 하지만 가장 과격할 때조차 파시스트들의 반자본주의적 수사(修辭)는 선택적으로 사용되었다. 파시스트들은 투기적인 국제 금융을 비난한 반면(또 그 밖의 국제주의 · 세계주의 · 세계화의 모든 형태도, 그것이 사회주의적이건 자본주의적이건 비난의 대상이었다), 다시 활기를 찾게 된 국가의 사회적 기반을 형성할 생산자들의 재산은 존중해주었다.[39] 그들이 부르주아 계급을 비난한 까닭은 국가를 강성하게 하는 일에서 부르주아의 의지가 박약하고 이기적이라는 데 있었지, 노동자들이 생산한 가치를 약탈했다는 데 있지 않았다. 그리고 착취 때문에 자본주의를 비판한 것도 아니었다. 그들이 자본주의를 비판한 것은 물질주의, 국가에 대한 무관심, 대중의 영혼을 고양하지 못하는 무능력 때문이었다.[40]

여기에서 좀 더 깊이 들어가면, 파시스트들은 경제력이 역사를 움직이는 주된 동력이라는 개념을 거부했다. 그들은 1차 세계대전과 2차 세계대전 사이에 기능이 마비된 자본주의를 근본적으로 다시 구축할 필요가 없다고 여겼다. 자본주의의 병폐는 완전고용 달성과 생산성 증진에 자신들의 넘치는 정치적 의지를 적용하는 것만으로 얼마든지 치유할 수 있다고 믿었다.[41] 권력을 잡은 파시즘 정권들은 정적(政敵)과 유대인, 외국인의 재산만을 몰수했다. 또한 목숨을 걸고 앞장섰던 사람들을 고위직으로 쏘아 올린 것 말고는 어떤 파시즘 정권도 사회의 위계질서를 바꾸지 않았다. 기껏해야 국가가 시장을 대신하여 경제를 주도했을 뿐이었다. 하지만 대공황에 빨려들고 있었기 때문에 대부분의 기업가들은 즉각 국가의 경제 관리에 찬성했다. 만일 파시즘을 '혁명적'이라 한다면, 1789~1917년 사이에 통용되던, 사회 질서를 뒤엎고 정치·사회·경제적 힘을 재분배하는 '혁명'의 의미가 아닌 다른 특별한 의미일 것이다.

만일 '혁명'이라는 말에 또 다른 의미를 부여한다면, 권력을 잡은 파시즘은 확실히 '혁명적'이라고 불릴 만한 몇몇 커다란 변화를 추진하기도 했다. 한창 세력을 떨치던 때의 파시즘은 공(公)과 사(私)의 경계를 허물어, 그 이전까지는 접근할 수 없었던 사적인 영역을 크게 줄였다. 파시즘은 시민권의 행사를 헌법상의 권리와 의무를 누리는 것에서 지지와 순응을 위한 대규모 기념 행사에 참여하는 것으로 바꾸어버렸다. 그리고 개인과 집단의 관계를 새롭게 정립해서 공동체의 이익 밖에서는 개인이 어떤 권리도 누릴 수 없게 했다. 또 완벽한 지배권을 장악하기 위해 당과 국가의 권력을 강화했다. 그리하여 마침내 파시즘은 그때까지 유럽에서 전쟁이나 사회 혁명 중에만 나타났던 공격적 감정들을 자유롭게 풀어놓았다. 때때로 이런 변화는 가족, 교회, 사회적 위계, 재산에 뿌리를 둔 보수주의자들과 파시스트들 사이에 대결을 낳기도 했다. 앞으로 다루게 될 내용[42]에서 알게 되겠지만, 자본가들과 권력을 잡은 파시스트들 사이에 존재하는 공모, 동조, 적대의 복잡한 관계를 상세히 살펴본다면 파시즘을 단순히 보수주의의 근육질적 형태로 볼 수는 없을 것이다. 비록 파시즘이 소유와 사회적 위계의 기존 체제를 그대로 유지했다고는 해도 말이다.

일반적인 정치판의 좌파, 우파 지도에서 파시즘이 어디쯤 놓이는지는 말하기 힘들다. 파시즘 지도자들도 처음부터 이러한 사실을 알고 있었을까? 1919년 3월 무솔리니가 산세폴크로 광장에 동지들을 불러 모았을 때에는 그가 좌익인 이탈리아사회당(Partito Socialista Italiano, PSI)의 옛 동료들과 경쟁하려는 것인지, 아니면 오른쪽에 서서 사회주의자들을 정면으로 공격하려는 것인지 명확하지 않았다. 무솔리니가 때때로 '국가주의적 생디칼리슴(national syndicalism)'이라고 불렀던 그 파시스트 집단이 이탈리아의 정치 스펙트럼에서 차지하는 위치는 과연 어디일까?[43] 파시즘에는 언제나 그런 모호함이 담겨 있었다.

하지만 파시스트들이 확신했던 한 가지는 자신들이 좌익과 우익의 중간은 아니라는 사실이었다. (적극적으로 권력을 추구하던 파시스트당이 중도파 엘리트들과 힘을 합쳐 공동의 적인 좌파에 대항하는 공동 대의를 찾아야 할 필요가 있었는데도) 유약하고 자족적이며 타협적인 중도파를 파시스트들은 전적으로 경멸했다. 파시스트들은 자유주의적 의회주의와 해이한 부르주아 개인주의를 경멸했고, 민족의 병약과 분열을 치유해야 한다며 급진적 목소리를 냈다. 이러한 태도는 파시즘이 좌파 국제주의에 대항해서 민족주의적 보수주의와 실질적인 동맹을 맺어야 한다는 현실적 관점과 늘 충돌하였다. 좌파, 우파를 나누는 정치 지형도에 대해 파시스트들이 보인 궁극적 반응은 자신들이 '좌파도, 우파도 아닌' 위치에서 그러한 구분을 초월하여 국민을 통합함으로써 좌파, 우파의 분류를 구

시대의 유물로 만들어버렸다고 주장하는 것이었다.

파시즘의 수사와 실제 사이의 또 다른 모순은 지방 인구의 도시 이주, 산업화, 분업화, 사회의 세속화, 기술의 합리화와 같은 근대화에 관련된 것이었다. 파시스트들은 종종 얼굴 없는 도시와 물질주의적 세속화를 비난했으며, 도시 생활의 뿌리 없음과 갈등, 부도덕이 제거된 유토피아적 농촌을 찬양했다.[44] 하지만 파시즘 지도자들은 자신들의 빠른 자동차[45]와 비행기[46]를 숭배했고, 최신의 선전선동 기술과 무대 연출 기술로 자신들의 주장을 확산시켰다. 그리고 권력을 잡은 후에는 재무장을 위해서 산업 발전에 박차를 가했다. 그런 모순 때문에 파시즘의 본질이 반근대적 반동[47]에 있다고 단정하기도, 근대적 독재[48]에 있다고 단정하기도 힘들다.

해답은 양 극단 어디에서도 찾을 수 없으며, 복잡한 역사적 여정을 거쳐온 근대화와 파시즘의 관계를 살펴봄으로써만 답을 찾을 수 있다. 근대화와 파시즘의 관계는 역사적 단계마다 극적으로 다른 형태를 보였다. 초기의 파시즘 운동가들은 급속한 산업화와 세계화로 인해 희생된 사람들, 즉 근대화에서 낙오된 사람들의 반발 심리를 이용했다. 하지만 파시스트들이 사용한 선전 양식과 기법은 극히 현대적이었다.[49] 이와 동시에 깜짝 놀랄 만큼 많은 '모더니스트' 지식인들이 파시즘의 '최첨단적' 인 외양과 근대성에 대한 반발이 묘하게 어울린다고 생각했고, 전통적인 부르주아 취향을 경멸하는 파시즘이 미적으로나 정서적으로 매우 흥미롭다고 생각했다.[50]

훗날 권력을 잡은 파시즘 정권은 산업 집중으로 생산성을 높이는 노선을 단호히 택했다. 그럼으로써 고속도로[51]를 건설하고 군비를 증강했다. 재무장을 통해 팽창주의 전쟁을 벌이고 싶었던 파시즘 정권의 욕망은 초기 파시즘 운동의 대중적 기반을 이루었던 가난한 숙련공들과 농민들의 유토피아적 꿈을 서둘러 옆으로 치워버렸다. 파시즘 운동 초기의 농촌 향수[52]를 상징하는 것으로는 초가지붕을 얹은 유스호스텔과 히틀러의 주말용 가죽 바지, 무솔리니가 가슴을 드러내고 추수를 하면서 찍은 사진만이 남았을 뿐이다.

파시즘과 근대성의 모호한 관계 때문에 파시즘의 유일한 본질이 무엇인지 찾던 사람들은 난관에 부닥쳤다. 둘의 관계를 밝히려면 파시즘이 걸어간 길을 총체적으로 살펴보는 수밖에는 없다. 파시스트들 중에는 자신만의 길을 걸어간 사람들도 있었다. 베를린 샤를로텐부르크 공과대학의 교수인 하인리히 테세노(Heinrich Tessenow)의 제자였던 알베르트 슈페어(Albert Speer)는 — 단순하고 유기적인 건축에 대한 신념을 지니고 있었으며, "현대적이지는 않지만 어떤 의미에서는 다른 어떤 것보다 더 현대적이라고 할 수 있는" 건축가 — 1931년 1월 나치당에 합류하였으며, 1930년대에 히틀러를 위해 기념비적인 도시를 건설하는 일에 참여했다. 그리고 1942~1945년에 군수장관으로서 독일의 경제적 자원과 인력을 배분하는 일을 최후까지 수행했다.[53] 파시즘 정권이 추구한 것은 대안적인 근대성이었다. 즉, 근대성에서 비롯되는 긴장과 불화가 파시즘의 통합과 지배의 힘에 묻혀버린 기술 선진 사회를 꿈꿨다.[54]

파시즘이 보여준 극단적인 전시(戰時) 급진화(radicalization), 특히 유대인 학살을 보고 근대적 합리성을 부인한 야만으로의 회귀라고 생각하는 사람들이 많다.[55] 하지만 그보다는 파시즘의 대안적 근대성이 통제력을 잃고 광기를 부린 것으로 보는 것이 더 설득력 있다. 나치의 '인종 청소'는 20세기 의학과 공중보건의 순결화

1934년 뉘른베르크에서 열린 나치당 대회. 파시즘은 근대화에서 낙오된 사람들의 반발 심리를 이용했지만 그들이 사용한 선전 양식과 기법은 극히 현대적이었다. 그리고 많은 지식인들이 이 모호한 관계가 묘하게 어울린다고 생각하였다.

충동과 부적격자와 불결한 자들을 쓸어내버리려 한 우생학자(인종개량학자)들의 열정[56], 완벽한 몸을 선망하는 육체 미학, 그리고 도덕이라는 잣대를 불합리한 것으로 간주하는 과학적 합리주의[57]의 토대 위에 세워진 것이었다. 과거의 학살 방식으로는 2백 년은 걸렸을 일을 기술의 발달 덕분에 3년의 홀로코스트(Holocaust, 유대인 대학살)로 해냈다는 주장도 있었다.[58]

파시즘과 근대성의 복잡한 관계는 한꺼번에 풀 수 없으며 간단히 '예, 아니오'로 대답할 수 없는 문제이다. 이 문제의 해답은 파시즘이 권력을 획득하고 행사해가는 과정을 풀어가면서 그 답을 찾아야 한다.[59] 이 문제에 관한 해답을 찾는 가장 만족스러운 방법은 어떻게 근대화에 반대하는 분노 어린 감정이 방향을 틀어 약화됐는지를 추적하는 것이다. 그 분노는 '대안적 근대성' 영역 속에서 작동하던, 그보다 훨씬 더 큰 실용적이고 지적인 힘의 압박 속에서 특정한 법이 만들어질 때마다 조금씩 조금씩 방향을 바꾸고 흐려졌다.[60] 파시즘을 명확하게 이해하려면 먼저 파시즘이 실제로 어떻게 움직였는지를 알려주는 파시즘의 경로 전체를 살펴볼 필요가 있다.

파시즘이 지닌 기존의 상투적인 이미지의 문제점은 로마 진군이나 독일 제국의회 의사당 방화 사건(1933년 2월 27일 밤에 일어난 의문의 방화 사건. 히틀러는 이 사건을 반대파에 대한 탄압의 계기로 삼았다), '수정의 밤(Kristallnacht)' 사건(1938년 11월 9일 밤에서 10일 새벽에 걸쳐 독일 전역의 유대인이 습격당한 사건. 산산조각난 유리 파편이 거리를 뒤덮어 수정처럼 빛났다고 해서 이렇게 불린다)과 같이 파시즘의 전체 행로 중에 극적인 순간에만 집중했지, 일상적인 경험의 구체적인 모습이나 파시즘 체제의 성립과 기능에 보통 사람들이 어떻게 협력했는지는 전혀 고려하지 않았다는 것이다. 보통 사람들, 심지어 인습적으로 착한 사람들의 조력이 없었다면 파시즘 운동은 절대로 성장하지 못했을 것이다. 그리고 국가 지도자나 당 지도자, 정부 고위 관료와 같은 전통적 엘리트층의 묵인 또는 적극적 동의가 없었다면 파시스트들은 결코 권력을 잡지 못했을 것이다. 비록 엘리트층의 상당수가 파시스트 행동대원들의 조잡한 행동에 대해서는 적잖은 혐오감을 느꼈지만 말이다.

권력을 잡은 파시스트들의 과잉 행위 역시 행정관료들과 경찰관료, 군 장교, 사업가 등 기존 사회 주류층의 폭넓은 협력을 필요로 했다. 파시즘 정권이 어떻게 작동했는지 철저히 이해하려면 평범한 사람들의 삶까지 파고들어 그들이 일상생활에서 어떤 선택들을 했는지 살펴보아야 한다. 그런 일상생활의 선택들은 외관상 정도가 덜한 악행을 용인한다거나 어떤 과잉 행위로부터 의도적으로 눈을 돌리는 것을 의미했다. 그러나 비록 처음에는 그렇게 파괴적이지 않아 보여서 조금씩 받아들이게 된 것들이 결국에는 점점 더 강도가 커져 끔찍한 파국을 낳고 말았다.

예를 들어, '수정의 밤' 사건에 대해 일반 독일인들이 보인 반응을 한번 생각해보자. 1938년 11월 9일 밤 나치당의 행동대원들은 나치의 선전장관 요제프 괴벨스(Joseph Goebbels, 1897~1945)가 당 지도자들 앞에서 한 선동적인 연설에 자극받아 독일의 유대인 공동체를 습격한다. 폴란드의 유대인 청년이 독일로 이민 간 부모가 추방당하자 이에 격분해 파리에서 독일 외교관을 살해한 사건은 이 습격의 좋은 빌미가 됐다. 그들은 수백 채의 유대교 회당을 불태우고, 7천여 개의 유대인 상점을 때려 부수었으며, 2만여 명의 유대인을 수용소에 몰아넣고, 91명의 유대인을 그 자리에서 죽였다. 또 독일에 살던 유대인에게 집단적으로 10억 마르크에 달하는 벌금을 부과했고 보상 보험금을 몰수하여 그 사건에서 피해를 입은 비유대계 사람들의 소유물을 변상하는 데 썼다.

자신들의 눈앞에서 그런 만행이 일어났다는 사실에 일반 독일인들이 불쾌해한 것은 분명하다.[61] 그리고 그런 만행을 저지른 나치 패거리를 끔찍해했음도 확실하다. 하지만 이런 광범위한 혐오감은 일시적인 것이었으며 오래 지속되지 못했다. 왜 그런 만행에 대해

1933년 유대인 상점 앞에서 유대인 물건을 사지 말자는 전단을 돌리고 있는 나치 돌격대. 파시즘 정권이 어떻게 작동했는지 이해하려면 평범한 사람들이 일상생활에서 어떤 선택을 했는지 살펴보아야 한다.

어떠한 소송도, 법적 · 행정적 조사도 없었던 것일까? 우리가 1938년 11월의 히틀러에게 제동을 걸 사법 제도의 결핍이나 종교적 · 시민적 권위의 결핍, 또는 시민 저항의 결핍을 이해할 수 있다면, 개인적 · 제도적 묵인의 광범위한 악순환을 이해하기 시작한 셈이 된다. 묵인의 악순환 속에서 과격한 사회적 소수는 모든 금지에서 완전히 풀려나 지금까지 세련된 문명사회로 알려진 나라에서 인종 학살이라는 야만을 수행할 수 있었던 것이다.

왜 이런 만행에 대한 사회적 추궁이 없었는지는 참으로 대답하기 난감한 질문이다. 그리하여 이 질문은 우리를 고독한 독재자와 환호하는 군중이라는 단순한 이미지 너머로 이끌어준다. 이런 질문들은 파시즘에 대한 산뜻한 일반적 정의를 내려줄 수 있으리라는 이른바 '모든 파시즘을 아우르는 최소한의 공통점', 곧 단 하나의 본질을 찾아내려 할 때 발생하는 여러 난점 가운데 몇 가지를 드러내준다.

정의는 본래 한정하는 성질을 지니고 있기 때문에, 움직임을 통해 파악해야 더 잘 이해되는 대상을 틀 안에 끼워 넣음으로써 정적인 그림으로 만들기도 하고, 과정을 살펴보아야 이해할 수 있는 대상을 '고정된 조각상'[62]의 모습으로 만들어내기도 한다. 파시즘의 일반적 정의를 앞세우면, 강령 문구를 파시즘의 본질적 구성요소로 착각하거나 그들의 행동보다는 그들의 말에서 파시즘의 정체를 파악하는 것과 같은 지식인들이 흔히 빠지는 유혹에 너무나 자주 굴복하게 된다. 파시즘을 정교하게 갈고 닦아 하나의 어구로 축소함으로써 파시즘의 완벽한 정의를 찾는 것은 파시즘의 기원과 발달과정을 묻는 질문에 답을 하기보다는 질문 자체를 막아버리는 것과 같다. 이는 마치 실제로 살아 움직이는 사람 대신 마담 투소의 밀랍인형 전시관(런던에 있는 유명한 인형 전시관)에 가서 인형들을 관찰하거나 서식지에서 살고 있는 새들 대신 유리상자 안의 박제를 관찰하는 것과 같다.

물론 논쟁의 어느 시점에 가면 파시즘이 무엇인가에 대한 일치된 개념에 도달하지 않고서는 그 이상의 토론이 불가능해질지도 모른다. 이 책은 하나의 정의에서 시작하지 않고 마지막 장을 덮을 때쯤이면 그러한 개념에 도달하게 되는 방식으로 이야기를 풀어 나갈 것이다. 지금부터는 정의를 내려야 한다는 의무에서 벗어나 일반적으로 파시즘적이라고 인식되는 일련의 핵심적 운동과 정권(이 책에서는 이탈리아와 독일을 주요 사례로 삼았다)이 어떻게 살아 움직였는지 살펴볼 것이다. 나는 어떤 고정된 본질의 표출이 아니라 시간의 흐름에 따라 변모해간 과정으로서 파시즘의 역사적 궤적을 추적할 것이다.[63] 그럼, 정의가 아닌 전략에서 시작해보자.

파시즘의 전략

파시즘을 어떻게 해석할 것인가에 관한 의견들은 그 의견들이 어떤 지적 전략 위에 서 있느냐에 따라 크게 달라진다. 즉, 코끼리의 어느 부위를 살펴보아야 하는가? 파시즘의 씨앗과 그 씨앗이 싹트는 모습을 관찰하려면 근대 유럽이나 미국의 경험 가운데 어느 부분을 주의 깊게 보아야 할까? 어떤 상황에서 파시즘이 가장 폭발적으로 성장했는가? 파시즘의 경험 중 어떤 부분이 복잡한 현상의 본질을 가장 명확하게 드러내는가? 기원인가? 성장 과정인가? 아니면 권력을 잡은 후의 행동인가?

파시즘이 대체 무엇인지 질문을 한다면, 대부분 사람들은 주저 없이 '파시즘은 이데올로기'[64]라고 대답할 것이다. 파시즘 지도자들은 스스로를 항상 이념을 전파하는 선지자라고 주장했으며 물질만능주의적인 자유주의자와 사회주의자들과는 다르다고 했다. 히틀러는 '세계관(Weltanschauung)'이란 말을 끊임없이 사용했는데, 이 어울리지 않는 단어로 어쨌거나 전 세계의 관심을 끌어내는 데 성공했다. 무솔리니는 파시즘의 신조가 지닌 힘을 한껏 자랑했다.[65] 이러한 시각에서 보면, 파시스트란 파시즘 이데올로기를 신봉하는 사람이다. 이데올로기는 단순한 이념 이상의 의미를 지니며, 세계를 개조하는 원대한 계획을 갖춘 총체적인 사상 체계다.[66]

파시즘을 다룬 책은 거의 자동적으로 지금 우리가 파시즘이라고 부르는 사상의 태도와 패턴을 처음으로 조합한 사상가들에게 논의를 집중해왔다.

그런 종류의 책들은 이를테면, "몇몇 주요한 파시즘 운동의 강령과 교의와 선전을 살펴보는 데서 시작해 주목할 가치가 있는 딱 두 종류의 파시즘 정권(히틀러와 무솔리니의 정권을 말한다)의 실제 정책과 그 정책의 수행을 검토하는 데로 나아간다."[67] 이와 같은 책들이 강령을 앞세우는 것은 책에서 밝히지 않은 어떤 '추정적 가설'을 믿기 때문이다. 다시 말해 보수주의 · 자유주의 · 사회주의 등 근대 세계의 다른 거대한 정치 체제처럼 파시즘도 하나의 '이즘(ism, 체계화된 정치 이념)'일 것이라는 가설을 전제하고 있는 것이다. 이상하리만큼 이 가설은 당연하게 받아들여지고 있지만, 실제로는 면밀히 검토해봐야 할 문제이다.

보수주의 · 자유주의 · 사회주의와 같은 '이즘'들은 정치가 교양인의 일이었던 시대에 처음 만들어져, 상대방의 감성과 이성에 호소하는 교육받은 사람들이 모인 가운데 끈질기고 학구적인 의회 토론을 거치면서 구체적인 형태를 갖추었다. 고전적인 '이즘'은 그 사상을 뒷받침하는 철학과 그 이즘들의 강령을 검토함으로써 설명하는 것이 아주 자연스럽다.

하지만 이와 대조적으로 파시즘은 대중 정치 시대에 급조된 새로운 고안물이었다. 파시즘은 세밀하게 연출된 의식과 감정이 가득 실린 수사(修辭)를 적절히 사용하여 사람들의 정서에 주로 호소했다. 파시즘의 강령과 독트린(교의)이 어떤 역할을 했는지 자세히 살펴보면 보수주의 · 자유주의 · 사회주의에서와는 근본적으로 달랐음을 알 수 있다. 파시즘은 분명 정교한 철학 체계에 바탕을 두고 있지 않다. 대신에 지배민족과 그들에게 할당된 부당한 몫과 약소민족에 대한 지배의 정당성에 관한 대중의 정서를 기반으로 삼았다. 파시즘에는 다른 정치 제도를 창시한 사람들, 예를 들면, 카를 마르크스, 유명한 비판적 지식인인 존 스튜어트 밀(John Stuart Mill, 1806~1873), 에드먼드 버크(Edmund Burke, 1729~1797), 토크빌 같은 사람들이 세운 지적 토대가 없었다.[68]

고전적인 '이즘'과는 전혀 달리, 파시즘이 올바르냐 하는 문제는 그 명칭에서 먼저 나타나는 명제의 진리성과는 무관하다. 즉, 추상적이고 보편적인 이성의 관점에서가 아니라, 진화론적 투쟁(Darwinian struggle) 속에 다른 민족들과 함께 갇힌 상황에서 선택된 인종, 민족, 핏줄의 운명이 파시즘을 통해 실현되는 한에서 파시즘은 '진리'인 것이다. 초기 파시스트들은 이에 대해 전적으로 솔직한 입장을 취했다.

> 우리[파시스트들]는 이데올로기란 진리를 왕좌에 앉히는 방식으로 해결할 수 있는 문제라고 생각하지 않는다. 하지만 그렇다고 해서 이데올로기를 위한 싸움은 단순히 껍데기만을 위한 싸움을 의미할 뿐인가? 이데올로기를 판단할 때 독특하고도 효험 있는 심리·역사적 가치에 입각해 그것을 따지지 않는다면 물론 그렇다. 이데올로기의 진리는 이상과 행동을 향해 인간의 능력을 얼마나 발휘하게 할 수 있느냐에 달려 있다. 이데올로기가 우리 안에서 살아 숨쉬며 우리의 능력을 완전히 소진시킬 수 있을 때에만 그 이데올로기는 절대적으로 진리다.[69]

새롭게 탄생한 파시스트로 하여금 다른 사람들을 지배하게 하는 것, 그리고 선택된 민족을 승리하게 하는 것이면 무엇이든 진리인 것이다.

파시즘은 독트린의 진리성에 의존한 것이 아니라 대중의 역사적 운명과 지도자 사이의 신비적 합일에 의존했다. 다시 말해, 민족의 역사적 중흥이라는 낭만주의적 이상과 예술적 천재나 정신적 천재 같은 특출난 개인에 대한 낭만주의적 이상 따위의 관념에 의존하고 있었다. 비록 파시즘이 다른 점에선 자유분방한 개인의 창조성에 대한 낭만주의의 환호를 인정하지 않았지만 말이다.[70)]

파시즘 지도자는 국민들을 한층 높은 정치 영역으로 이끌어, 그들로 하여금 정체성과 역사적 운명과 힘을 완전히 자각한 하나의 인종에 속한다는 격앙된 느낌, 거대한 집단적 창조 행위에 참여하고 있다는 흥분, 서로 공유하는 느낌의 물결 속에 푹 잠겨서 전체의 선(善)을 위해 개인의 사소한 이해관계 따위를 잊어버리게 해주는 데 대해 감사하는 마음, 그리고 지배자가 됐다는 느낌이 일으키는 전율을 그야말로 육감적으로 경험하게 해주려고 했다. 파시즘은 이성적인 논쟁을 직접적인 감각의 경험으로 교묘히 바꿔침으로써 정치를 미학으로 변형시켰다. 나치를 피해 프랑스로 망명한 독일의 문화 비평가 발터 벤야민(Walter Benjamin, 1892~1940)은 이를 처음으로 지적한 학자였다. 1936년 벤야민은 파시즘의 최종적인 미학적 경험은 전쟁이 될 것이라고 경고했다.[71)]

파시즘 지도자들은 강령이 따로 없다는 사실을 숨기지도 않았다. 무솔리니는 오히려 이를 크게 자랑했다. 무솔리니는 1920년 5월 〈파시즘 강령의 기본 원리(Postulates of the Fascist Program)〉에서

"파시 디 콤바티멘토는 다른 어떤 특정한 독트린 형식에도 매여 있지 않다."[72]라고 주장했다. 무솔리니는 이탈리아의 총리가 되기 몇 달 전 그에게 강령이 무엇인지 묻는 비평가에게 공격적으로 대답했다. "전 세계(Il Mondo)의 민주주의자들이 우리의 강령을 알고 싶어하는가? 우리의 강령은 전 세계 민주주의자들의 뼈를 부러뜨리는 것이다. 그리고 그것은 빠를수록 좋다."[73] 1920년 한 파시스트 투사는 "주먹이야말로 우리 이론의 종합이다."[74]라고 단언하기도 했다. 무솔리니는 자신이 곧 파시즘 그 자체라고 선언하기를 좋아했다. 현대의 인민에게 필요한 것은 두체(Duce, 무솔리니의 칭호로 '지도자' 라는 의미)의 의지와 지도력이지, 독트린이 아니었다.

두체가 권력을 잡고 10년이 지난 1932년, 즉 무솔리니가 자신의 정권을 '정상화(normalization)' 하려고 할 무렵에야 비로소 그는 (철학자인 조반니 젠틸레(Giovanni Gentile, 1875~1944)에게 일부를 대필하도록 해서) 새로 발간한 《이탈리아 백과사전》[75]에 파시즘의 독트린을 상세히 설명했다. 권력이 먼저 나왔고, 그 다음에 독트린이 나온 것이다. 한나 아렌트(Hannah Arendt, 1906~1975)는 무솔리니가 "공식적인 강령을 의식적으로 거부하고 영감을 받은 지도력과 행동만으로 강령을 대신한 최초의 당 지도자일 것이다."[76]라고 말한 바 있다.

히틀러는 강령(1920년 2월에 발표한 25개 조항)을 제시하기는 했는데, 그것을 불변의 강령이라고 선언하면서도 실제로는 그 조항 가운데 많은 부분을 무시했다. 비록 강령이 발표된 날을 해마다 기념하기는 했지만, 이는 행동 지침이라기보다는 이제 당내에서 논쟁은 없다는 신호였을 뿐이다. 히틀러는 독일 총리로서 한 첫 대중 연

1936년 베를린 올림픽 경기장에 총통이 도착하자 경례를 하는 군중들. 파시즘 지도자는 국민들을 한층 높은 정치 영역으로 이끌어 거대한 집단적 창조 행위에 참여하고 있다는 흥분을 육감적으로 경험하게 해주려 했다.

설에서 '강령을 자세히 알려 달라는 사람들'을 조롱하면서, "나는 민족(Volk)을 향해 나아가다 말고 싸구려 약속들을 늘어놓은 적이 없다."라고 말했다.[77]

파시즘과 독트린의 이런 특별한 관계로부터 몇몇 중대한 결론이 도출됐다. 중요한 것은 충직한 사람들의 의심 없는 열정이었지 이성에 바탕을 둔 동의가 아니었던 것이다.[78] 강령은 걸핏하면 이리저리 흘러갔다. 사유를 경멸하는 운동과 지식인들 사이의 관계는, 공산주의와 함께 움직이던 지식인들과 공산주의 사이의 신경질적인 관계보다 훨씬 더 어색했다. 성공적인 파시즘 운동이 동맹 세력을 얻어 권력을 장악하는 데 필요한 타협책을 구사하자 초기의 파시즘 운동에 참여했던 상당수 지식인들은 아예 탈퇴를 하거나 반대세력으로 향했으며, 파시즘의 야만적인 반지성주의를 폭로하는 일에 뛰어들기도 했다. 그때 파시즘과 관계를 끊은 지식인들을 앞으로 차차 만나게 될 것이다.

파시즘이 진리를 한낱 수단으로 떨어뜨렸다는 사실은 파시스트들이 자신들의 강령을 바꿀 때 비록 궤변에 가깝다 하더라도 뭔가 변명을 해야 한다는 의무감을 전혀 느끼지 않은 이유를 설명해준다. 파시스트들은 천연덕스럽게 자주 강령을 바꾸었다. 스탈린(Iosif Stalin, 1879~1953)은 자신의 정책이 마르크스와 레닌(Vladimir Illich Lenin, 1870~1924)의 원리를 따른다는 것을 증명하려고 끊임없이 글을 썼다. 히틀러와 무솔리니는 이론적 정당화 문제로 머리를 싸맨 적이 없었다. 누가 옳았는지는 혈통(Das Blut 또는 la razza)이 입증할 것이었다. 그렇다고 해서 초기 파시즘 운동의 이데올로기적 뿌리가 중요하지 않다는 의미는 아니다. 파시즘을 창시한 사람들의 지적 · 문화적 역사가 파시즘을 이해하는 데 어떤 도움을 줄 수 있으며, 또 도움이 안 되는 부분은 무엇인지 명확하게 밝힐 필요가 있다.

초창기 지식인들은 몇 가지 중요한 영향력을 발휘했다. 우선, 계몽적 가치관에 대한 엘리트층의 애착을 약화시킴으로써 파시즘 운동이 일어날 수 있는 공간을 만들어주었다. 그때까지도 계몽적 가치관은 입헌 정부와 자유사회에서 구체적인 형태로 수용돼 널리 적용됐다. 그런 시기에 일부 지식인들은 사람들이 파시즘을 상상하는 것을 가능하게 해주었던 것이다. 로제 샤르티에(Roger Chartier, 1945~, 《프랑스 혁명의 문화적 기원》을 쓴 아날학파의 제4세대 역사학자)가 프랑스 혁명의 '원인'으로 문화적 준비를 언급한 것은 파시즘의 역사에도 마찬가지로 적용된다. "프랑스 혁명에 '문화적 기원'이 있다고 말한다고 해서 그것이 곧바로 혁명의 원인을 확정한다는 뜻은 결코 아니다. 오히려 혁명이란 것을 사람들이 마음속으로 충분히 상상해볼 수 있도록 조건을 만들어주었다는 뜻이다."[79] 요컨대, 지식인들은 분노로 가득 찬 사람들과 변화의 꿈에 도취된 사람들이 더는 좌파에만 호소할 수 없다는 거대한 감정적 동요를 느끼게 되는 데 중요한 역할을 했다.

파시즘의 이데올로기적 기반은 전시에 파시즘의 급진화를 거들고 이끄는 역할을 하였으며 마지막 단계에서 다시 중요한 위치로 올라섰다. 파시즘의 핵심 세력들은 전쟁터의 최전선이나 점령한 적의 영토에서 보수주의 동맹 세력으로부터 자유로워지자 자신들이 품고 있던 인종적인 혐오와 자유주의와 휴머니즘적 가치관에 대한 경멸을 리비아, 에티오피아, 폴란드, 소련과 같은 학살의 땅[80]에서 거듭 드러냈다.

파시즘 이데올로기 연구가 파시즘의 시작과 끝을 명백히 밝히는 데 도움이 되는 것은 사실이라 하더라도, 파시즘 역사의 중간 단계를 이해하는 데에는 그다지 큰 역할을 하지 못한다. 파시즘 지도자들은 정치적으로 중요한 인물이 되기 위해 또 권력을 잡고 휘두르기 위해서 동맹 세력을 구축하고 정치적인 타협을 하는 데 주저하지 않았다. 그렇게 함으로써 자신들이 주장한 강령의 일부를 저버리게 되었고, 초기 급진 세력 일부가 탈당하거나 주변부화하는 것을 그대로 용인했다. 그 부분에 대해서는 3장과 4장에서 좀 더 자세히 다루어보도록 하겠다.

파시즘을 연구하기에 좋은 전략은 파시즘이 탄생해서 자라나는 전체 과정을 살펴보는 것이다. 파시즘에 대한 몇몇 접근법은 파시즘 탄생의 토양이 된 어떤 위기에서 시작하는데, 그것은 위기를 곧바로 하나의 원인으로 만들고 마는 위험스러운 일이다. 가령 마르크스주의자들은 자본주의의 위기가 파시즘을 낳았다고 주장한다. 시장이 계속 팽창할 것인지, 원료를 필요한 대로 계속 조달할 수 있을 것인지, 값싼 노동력을 계속 얻을 수 있을 것인지에 대한 확신이 사라지자 자본가들이 강권을 동원해서라도 그들의 목적을 달성할 새로운 길을 찾지 않을 수 없었다는 것이 마르크스주의자들의 설명이다.

또 다른 사람들은 1914년(1차 세계대전이 발발한 해) 이후의 세계가 당면한 문제들을 해결하지 못한 자유 국가와 자유사회(당시에 통용되던 자유방임주의적 의미에서)의 무능을 위기의 근간으로 보기도 했다. 전쟁과 혁명은 의회와 시장이라는 주요한 자유주의적 해결사로는 풀 수 없을 것만 같은 문제들을 양산했다. 즉, 전시의 중앙 통제 경제는 왜곡되었고, 동원 해제로 인해 실업률은 늘어만 갔고, 물가는 치솟았고, 사회적 갈등은 증가했고, 사회 혁명을 외치는 목소리는 커졌고, 시민의 책임을 져본 적이 없는 교육받지 못한 계층에까지 투표권이 확대되었고, 전시의 선전 효과로 대중의 열광이 고조되었고, 전쟁 부채와 환율 파동으로 국제 교역이 일그러졌다. 파시즘은 이런 문제들에 새로운 해결책들을 내놓았다. 3장에서 이런 중요한 문제들을 살펴보겠다.

루마니아의 파시즘 지도자인 코르넬리유 코드리뉴. 각 나라의 파시즘은 근본적인 성격이 달랐다. 코드리뉴가 이끈 대천사 미카엘 군단은 종교적 메시아주의 정당이었다.

파시스트들은 사회주의자를 혐오하는 만큼이나 자유주의자도 혐오했다. 하지만 그 이유는 각각 달랐다. 파시스트에게 국제주의자와 좌익 사회주의자는 적이었고 자유주의자는 적과 공모한 한패였다. 무간섭으로 일관하는 정부, 열린 토론의 문제 해결력에 대한 정부의 태평한 믿음, 대중의 여론을 휘어잡지 못하는 정부의 무능력과 무력 사용에 대한 망설임 등등, 파시스트의 눈에 자유주의자들은 사회주의자들이 진두지휘하는 계급 전쟁에 맞서 국가 수호자로서 해야 할 일을 전혀 못하는 비난받아 마땅한 존재였다. 한편, 여기저기서 포위 공격을 받던 중간계급 자유주의자들은 좌파의 성장을 두려워하면서도 대중에게 호소할 수 있는 비법은 없었고, 20세기가 던져준 탐탁지 않은 선택에 직면한 상태였다. 그 와중에 그들은 때때로 보수주의자들과 마찬가지로 파시스트들에게 협력할 준비를 갖추기도 했다.

파시즘을 제대로 이해하기 위한 전략은 나라마다 사정이 크게 달랐다는 사실을 있는 그대로 받아들이는 것이다. 여기서 중요한 질문은 파시즘이 여타 '이즘'과 정말 본질적으로 다른가 하는 점이다.

이 책은 파시즘을 다른 '이즘'들과는 정말 본질적으로 달랐다고 보는 관점을 취한다. 왜냐하면 파시즘은 승리자가 되기 위한 진화론적 투쟁에서 선택된 민족들이 승리하는 것 외에 다른 어떤 보편적 가치도 거부하기 때문이다. 파시즘적 가치에서는 공동체가 인간 개인보다 앞서며, 개인의 권리나 법적 절차를 존중하기보다는 민족(Volk 또는 razza)[81]의 운명을 먼저 생각한다. 그러므로 각 나라의 파시즘 운동은 그 나름대로의 문화적 특수성을 잘 표현해준다. 다른 '이즘'들과 달리 파시즘은 다른 나라로 퍼뜨리기 위한 것이 아니었다. 자기 민족의 부흥을 위한 비법을 지키기 위해 경계했으며, 파시즘 지도자들은 다른 나라의 '사촌'들에게 어떤 친밀감도 느끼지 않는 듯했다. 그렇기 때문에 파시즘 '국제 조직'[82]의 성립은 불가능한 일이었다.

각 나라에서 나타난 파시즘이 모두 근본적으로 다르다는 사실에 지레 포기하고 손을 놓아버리는 대신, 그 이질성을 이용해 파시즘에 대한 이해를 높이도록 해보자. 이러한 이질성을 유용하게 활용하자는 이야기다. 왜냐하면 서로 다르다는 사실은 서로를 비교하는 기회를 제공해주기 때문이다. 바로 그 차이점 때문에 히틀러의 나치즘과 무솔리니의 파시즘이 구별되는 것이며, 나치즘과 파시즘이 루마니아의 코르넬리유 코드리뉴(Corneliu Codreanu, 1899~1938, 루마니아의 신비주의적 파시즘 지도자. 한때 정권을 잡기도 하였으나 왕권 독재를 선포한 카롤 2세에게 살해당하였다)가 이끈 대천사 미카엘 군단(Legion of the Archangel Michael, 철위단(Iron Guard)으로도 알려진 파시즘 정당)의 종교적 메시아주의와도 구별되는 것이다.

마르크 블로크(Marc Bloch, 1886~1944, 아날학파의 창시자. 독일의 침략에 대항해 레지스탕스로 활동하다 잡혀 처형당하였다)가 우리에게 일깨워주었듯이 비교는 차이점을 이끌어내는 아주 유용한 방법이다.[83] 우리는 비교를 그러한 방식으로 이용할 것이다. 나는 어떤 정권이 파시즘의 본질적 정의에 포함되는지를 결정하는 것 같은 유사점을 찾는 작업에는 별로 흥미가 없다. 그런 종류의 분류법은 파시즘에 관한 문헌들 속에 폭넓게 나타나지만 그렇게 큰 도움이 되지 못한다. 그보다는 그 차이로 인해 빚어진 결과 뒤에 어떤 이유들이 숨어 있는지 가능한 한 자세히 살펴보도록 하겠다. 1차 세계대전이 끝난 후 스스로를 파시스트라 부르거나, 무솔리니를 모범으로 삼은 사람들은 유럽의 여러 나라에서 찾아볼 수 있었으며, 어떤 경우에는 유럽 바깥에서도 그러한 운동들이 있었다. 비슷한 영감으로 일어난 운동들이 왜 각각 다른 사회에서 각각 다른 결과를 낳았을까? 이러한 방식으로 비교를 하는 것이 이 책의 핵심 전략이 될 것이다.

이제 어디로 갈 것인가?

파시즘의 엄청나게 다양한 모습과 '파시즘의 최소한의 공통점'의 모호함에 맞닥뜨려 세 종류의 반응이 있어왔다. 앞에서 보았듯, 일부 학자들은 흔하게 사용되는 파시즘이라는 용어의 부적절함에 크게 분노하며, 파시즘에는 어떤 유용한 의미도 담겨 있지 않다고 주장했다. 그들은 파시즘을 무솔리니라는 특정 경우에만 한정시킬 것을 진지하게 제안했다.[84] 그들의 의견을 따른다면 히틀러의 정권은 나치즘, 무솔리니의 정권은 파시즘, 그리고 그들과 친족관계인 다른 정권들은 모두 각각의 이름으로 불러야 할 것이다. 또 각각의 정권을 모두 별개 현상으로 취급해야 할 것이다.

이 책은 그런 명목론을 거부한다. 파시즘이라는 용어는 함부로 쓰여서는 안 되며, 또 그렇게 쓰여 왔다고 해서 폐기되어서도 안 된다. 파시즘이란 용어는 없어서는 안 될 것으로 남아야 한다. 파시즘은 실로 20세기의 가장 중요한 정치적 창조물로서 좌파와 자유주의적 개인주의에 맞서는 대중 운동이었다. 이 일반적 현상을 가리키는 포괄적인 용어가 필요하다. 파시즘을 유심히 살펴보면, 20세기가 19세기와 어떻게 달랐는지, 또 21세기가 피해야 할 것은 무엇인지 극명히 알 수 있다.

이미 살펴본 대로 파시즘의 다양성 때문에 그 용어를 포기해서는 안 된다. 러시아, 이탈리아, 캄보디아에서 '공산주의'라는 말의 의미가 심각하게 다르다고 해서 총칭으로서 '공산주의'라는 말의 유용성을 부정하지는 않는다. '자유주의'라는 용어가 자유무역을 하고 《성경》에 대고 맹세하던 빅토리아 시대의 영국과 보호무역을 부르짖고 교회 권력에 반대하던 프랑스의 제3공화정, 비스마르크가 통일한 호전적인 독일제국에서 모두 다르게 쓰인다고 해서 그 용어를 폐기하지는 않는다. 사실 '자유주의'란 말이 '파시즘'에 비해 폐기 대상으로는 더 적합할지도 모르겠다. 왜냐하면 미국인들은 '자유주의자'를 좌파로 보지만 유럽인들은 '자유주의자'를 마거릿 대처(Margaret Thatcher, 1925~), 로널드 레이건(Ronald Reagan, 1911~2004), 조지 W. 부시(George W. Bush, 1946~) 같은 아무런 정부 간섭도 없는 방임주의적 자유시장의 신봉자라고 보기 때문이다. 파시즘은 그만큼 혼란스럽지는 않다.

두 번째 반응은 파시즘의 다양성을 받아들이고 그 다양한 형태를 백과사전 방식으로 나열하는 것이다.[85] 백과사전식의 설명은 아주 재미있는 세부 사항까지 다 제공하기는 하지만, 나무로 깎아 만든 후 겉모습에 따라 분류해서 나무나 바위같이 양식화된 배경에 고정시켜놓은 중세 목각인형들의 생기 없는 모습을 떠올리게 한다.

세 번째 반응은 어떤 경우에도 정확히 들어맞지는 않는 '이상적(이념적) 유형'을 만듦으로써 파시즘의 다양성을 교묘하게 처리하는 것이다. 하지만 이 경우엔 일종의 복합적인 '본질'을 상정해야 한다. '이상적 유형'으로 가장 널리 받아들여지고 있으며 가장 간결한 파시즘의 정의로 인식되는 것으로는 영국 학자 로저 그리핀이 주장한, "파시즘은 정치 이데올로기의 일종이며, 그 이데올로기의 다양한 변형 속에 존재하는 본질적 핵심은 대중주의적 초국가주의(populist ultranationalism)다."[86]라는 명제를 들 수 있다.

이 책은 목각인형이나 본질 같은 것은 잠시 옆으로 밀어두라고 제안한다. 그러지 않으면 파시즘을 고립시켜서 보게 되는 고정된 시각과 관점에 휘둘릴 수 있다. 우리는 살아 움직이는 파시즘을 보아야 한다. 탄생 순간부터 격변을 맞으며 생을 마치는 마지막 단계까지 파시즘과 사회가 형성한 복잡하게 얽힌 상호관계 속에서 파시즘을 보아야 한다. 파시즘에 힘을 보탰거나, 파시즘을 거부했지만 실패하고 만 일반 시민들, 그리고 정치 · 사회 · 문화 · 경제적 힘을 지닌 사람들 모두가 이야기의 등장인물이 될 것이다. 이 일을 다 하고 나면 파시즘을 한층 적절한 표현으로 정의내릴 수 있게 될 것이다.

파시즘의 두 주요 동맹 세력이었던 자유주의자들과 보수주의자들에 대한 명확한 이해도 필요하다. 이 책에서는 '자유주의(liberalism)'를 원래의 의미대로 사용할 것이다. 즉, 앞에서 언급했듯이 최근의 미국에서 사용되는 의미가 아니라 파시즘이 반발했던 자유주의의 당시 의미 그대로 사용할 것이다. 20세기 초의 유럽 자유주의자들은 그보다 한 세기 전의 시점에서 진보였던 것, 다시 말해 프랑스 혁명의 먼지가 채 가라앉지 않았던 시절에 진보였던 가치를 그대로 고수하고 있었다. 그리고 보수주의자들과는 달리 자유주의자들은 혁명의 목표인 자유, 평등, 우애를 받아들였다. 하지만 그 세 가지를 교육받은 중간계급에 어울리는 방식으로 적용했다. 고전적인 자유주의자들은 자유를 개별적인 개인의 자유로 해석했고, 19세기 초의 중상주의적 개입 정책이 됐든 그 뒤에 나타난 사회주의적 개입 정책이 됐든 어떤 종류의 정부 개입도 받아들이지 않고 제한된 정부와 자유방임경제를 지지했다. 그리고 그들은 교육을 통해 재능을 얻을 수 있는 기회를 평등으로 보았다. 이들은 성취의 불평등을, 그리고 그에 따른 권력과 부의 불평등을 당연한 것으로 생각했다. 마지막으로 우애, 다시 말해 형제애를 자유로운 남자들의 정상적 조건이라고 생각했다(그리고 그들은 공적인 사건을 남자들의 일로 보는 경향이 있었다). 그리하여 자유주의자들은 인위적인 개입이나 보강 따위는 불필요하다고 생각했다. 왜냐하면 그들이 보기에 경제적 이해관계는 자연스럽게 조화를 이루며 진리는 사상의 자유시장에서 승리할 수밖에 없기 때문이었다. 이 책에서 '자유'라고 하는 것은 바로 이러한 의

미이며 오늘날 미국에서 사용하는 '좌파'의 의미가 결코 아니다.

보수주의자들은 질서와 평온을 바랐고 재산과 신분을 그대로 물려주는 사회적 위계질서가 유지되기를 바랐다. 그들은 파시즘의 대중적 열광으로부터도 파시스트들이 잡으려 애썼던 총체적 권력으로부터도 멀찍이 떨어져 위축돼 있었다. 그들이 원했던 것은 대중의 순종과 복종이었지, 위험스러운 대중 동원이 아니었으며, 국가를 '야경(夜警) 기능'으로만 제한하기를 바랐다. 즉, 전통적인 엘리트층이 재산, 교회, 군대, 세습된 사회적 영향력으로 세상을 다스리고 국가는 단지 질서만 유지해주기를 원했던 것이다.[87)]

더 일반적으로 보면, 유럽의 보수주의자들은 1930년 당시 여전히 프랑스 혁명에서 내세웠던 주요 독트린을 거부했고, 자유보다는 권위를, 평등보다는 계급을, 우애보다는 복종을 선호했다. 그들 중 대다수는 당시 사회를 지배하던 자유주의자들과 새롭게 부상한 좌파에 대항한 싸움에서 파시스트들을 쓸모 있는 존재라고, 심지어는 필수불가결한 존재라고 생각했다. 하지만 다른 일부 보수주의자들은 파시즘 세력의 의제(agenda)가 자신들의 의제와 전혀 다르다는 걸 날카롭게 알아차리고 있었고, 그 거칠고 난폭한 아웃사이더들에게 혐오감을 느꼈다.[88)]

보수주의자들은 단순한 권위주의만으로 충분한 곳을 더 좋아했다. 일부 보수주의자들은 반파시즘적 태도를 끝까지 고수했다. 하지만 대다수 보수주의자들은 공산주의가 파시즘보다 더 나쁘다고 확신했다. 그들은 좌파의 승리를 저지할 수 있다면 파시스트들과 협력할 뜻이 충분했다. 보수주의자들은 시칠리아 귀족 가문의 몰락을 다룬 주세페 디 람페두사(Giuseppe di Lampedusa, 1896~1957)의 위대한 소설《표범(The Leopard)》속의 반항적인 젊은 귀족 탕크레디(Tancredi)의 정신에서 파시스트와 함께할 공통의 대의를 찾았다. 탕크레디는 이렇게 말한다. "현 상태를 유지하기 위해서는 반드시 그 상태를 변화시켜야 한다."[89)]

지금까지 우리는 파시즘이 겁에 질린 자유주의자들과 기회주의적인 기술관료 및 보수주의자들의 도움으로 권력을 잡은 후 다소 어색한 협력관계를 유지하면서 국가를 통치했다고 알고 있었다. 파시즘 운동이 파시즘 체제로 바뀌어 가는 과정에서 협력관계의 변화 양상을 시간에 따라 수직으로 나열하고, 또 파시즘 운동과 체제가 각국의 특수한 처지와 그때 그때의 기회에 적응하는 과정에서 협력관계의 변화 양상을 공간에 따라 수평으로 나열하려면, 운동과 체제로 나누는 기존의 이분법보다 더 정교한 작업이 필요하다.

여기서 나는 파시즘의 일대기를 다섯 단계로 나누어 살펴볼 것을 제안한다. (1) 파시즘의 탄생, (2) 정치 제도 안에 뿌리 내리기, (3) 권력 장악, (4) 권력 행사, (5) 파시즘 정권이 급진화나 정상화 중 한 가지를 선택하게 되는 장기 지속 기간. 각 단계는 다음 단계로 나아가는 데 필요한 선결조건이기는 하지만, 파시즘 운동이 다섯 단계를 다 밟으라는 법도 없고, 꼭 한 방향으로만 나아가라는 법도 없다. 대부분의 파시즘은 어느 한 단계에서 다음 단계로 나아가지 못했거나, 뒤로 후퇴하였다. 또 여러 단계가 한꺼번에 나타난 경우도 있었다. 20세기 거의 모든 사회가 파시즘 운동을 탄생시켰지만 파시즘 정권이 존재했던 나라는 얼마 되지 않는다. 나치 독일만이 파시즘 정권의 마지막 단계인 급진화 상태에까지 나아갔다.

파시즘을 다섯 단계로 나누는 것에는 몇 가지 장점이 있다. 우선,

동등한 발달 단계에 있는 각 나라 파시즘 운동이나 정권들을 설득력 있게 비교할 수 있다. 또 정태적 관점에서 벗어나 파시즘이 과정과 선택의 연속이었음을 이해할 수 있게 해준다. 다시 말하면, 지지자를 끌어모으고, 동맹 세력을 구축하고, 권력을 얻으려 온갖 수단을 쓰고, 그렇게 잡은 권력을 행사하는 그런 과정과 선택과 연속이 파시즘인 것이다. 바로 이런 이유로 한 단계를 조명하는 개념 도구가 반드시 다른 단계에도 적용되는 것은 아니다. 이제 이 다섯 단계를 순서대로 차근차근 살펴볼 때가 되었다.

2장 | 파시즘의 탄생

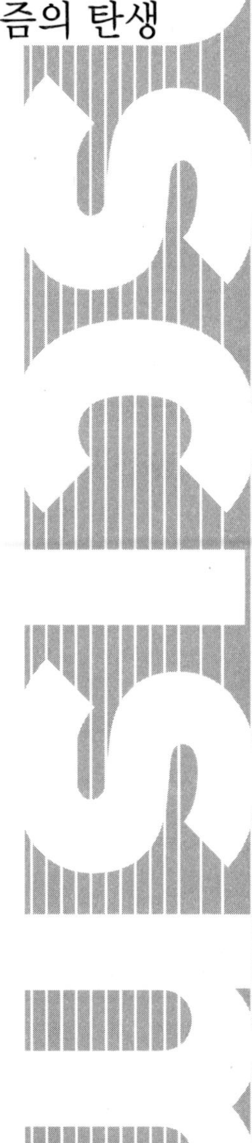

분노의 시대

이름을 얻으면서 하나의 존재가 시작된다고 말할 수 있다면 파시즘의 시작은 매우 분명한 셈이다. 즉, 1장에서 언급했듯이 1919년 3월 23일 일요일 아침 밀라노의 산세폴크로 광장에서 열린 모임이 바로 파시즘의 시작이 될 것이다. 하지만 무솔리니의 '파시 디 콤바티멘토'는 홀로 있지 않았다. 한층 광범위한 일이 일어나고 있었던 것이다. 유럽의 다른 곳에서 무솔리니와 아무런 상관 없이 비슷한 성격의 단체가 만들어지고 있었다.

헝가리는, 아직 그 자체로는 파시즘이라 할 수는 없지만, 파시즘과 한 가족이라 부를 만한 어떤 것이 (다른 어떤 것도 모방하지 않고) 자생적으로 자라나기에 썩 적합한 환경을 갖추고 있었다. 1차 세계대전 후, 헝가리는 다른 어떤 참전국보다도 심각한 영토 손실로 고통받고 있었다. 심지어는 독일의 경우보다 심했다. 전쟁 전의 헝가리는 합스부르크제국이라고도 알려진 강력한 오스트리아-헝가리 이중제국의 공동 통치자였다. 제국의 절반을 차지했던 헝가리 왕국에서는 남슬라브어를 비롯하여 루마니아어, 슬로바키아어 등의 여러 언어가 사용되었는데, 그 중에 헝가리어 사용자가 가장 큰 특권을 누리고 있었다. 1차 세계대전이 끝날 무렵의 몇 달 동안 합스부르크제국을 구성하던 민족들이 각각 독립을 주장하면서 제국은 해체되고 말았다. 한때 다민족 제국의 최대 수혜자였던 헝가리는 이 해체로 최대 피해자가 되고 말았다. 전쟁에서 승리한 연합국은 1920년 6월 4일, 헝가리로 하여금 처벌적 성격이 짙은 트리아농 조약(Treaty of Trianon)을 받아들이도록 밀어붙임으로써 헝가리는 전쟁 전 자기 영토의 70퍼센트와 전체 인구의 3분의 2를 잃어버렸다.

1918년 11월에 정전(停戰) 협정이 이루어진 후 극심한 혼란이 지속되었다. 그 동안 오스트리아-헝가리제국의 헝가리 쪽 지역에 속해 있던 민족들, 즉 루마니아인들과 남슬라브인들, 슬로바키아인들은 연합국의 보호를 받으며 자신들의 영토를 직접 다스리기 시작했다. 이런 분열에 불만을 품은 진보 성향의 귀족 미할리 카롤리(Mihaly Karolyi, 1875~1955) 백작은 극적인 개혁을 통해 헝가리 국가를 구해내려고 했다. 카롤리는 헝가리 연방에 소속된 민족들이 광범위한 자치를 누리는 가운데 완전한 민주주의가 확립된다면, 연합국의 적개심은 완화될 것이고 헝가리의 옛 국경을 그대로 인정받게 될 것이라고 생각하여 성패를 건 모험을 했다. 하지만 그는 실패하고 말았다. 프랑스와 세르비아 군대가 헝가리 영토 남부 3분의 1을 차지하고 있었던 반면에, 연합국의 지원을 받은 루마니아 군대는 트란실바니아의 넓은 평원을 점령해버리고 이어서 계속 진군할 태세였다. 루마니아 군대의 영토 합병 행위는 끝없이 계속될 것만 같았다. 프랑스 당국에 루마니아 군대를 물리쳐 달라고 설득하는 데 실패한 카롤리 백작은 1919년 3월 말, 겨우 유지하던 권력에서 결국 손을 떼고 만다.

그러고는 사회주의와 공산주의 연합 세력이 부다페스트에서 정권을 잡았다. 유대인 출신의 지식인 혁명가 벨라 쿤(Béla Kun, 1886~1939)이 지휘하는 새로운 정부는 헝가리가 살아남으려면 연합국보다 볼셰비키 러시아에 의지하는 편이 낫다고 공약함으로써 장교들에게서조차 즉각 지지를 얻었다. 하지만 소련의 지도자 레닌은 헝가리를 도울 수 있는 처지에 있지 않았다. 쿤 정부는 슬로바키아 점령 지역의 일부를 되찾는 동시에 급진적인 사회주의 조치를 택하였다. 1919년 5월 쿤은 부다페스트에 소비에트 공화국 성립을 공포했고, 6월 25일에는 프롤레타리아 독재를 선포하기에 이르렀다.

영토 해체와 사회 혁명이라는 전례 없는 사태를 동시에 맞게 된 헝가리 엘리트층은 영토 해체보다는 사회 혁명에 더 적극적으로 맞서 싸우기로 마음을 먹었다. 이들은 프랑스와 세르비아의 점령하에 있던 남서쪽 지방도시 세게드(Szeged)에 임시 정부를 세웠고, 1919년 8월 초 루마니아 군대가 부다페스트로 진격해 들어오는 동안 잠자코 지켜보고만 있었다. 쿤은 이미 부다페스트에서 몸을 피한 후였다. 뒤따라 유혈로 낭자한 반(反)혁명이 일어났다. 이 반혁명에서 쿤의 소비에트 정권 아래 목숨을 잃은 사람들보다 열 배 정도 많은 5천~6천 명의 희생자가 생겨났다.

헝가리의 반혁명은 양면성을 지니고 있었다. 지도부의 제일 높은 자리는 기존의 엘리트층이 차지하고 있었는데, 그 중에서도 오스트리아-헝가리제국 해군의 마지막 사령관이었던 미클로시 호르티(Miklós Horthy, 1868~ 1957) 제독이 주요 인물로 부상했다. 지도부를 구성하는 두 번째 세력은 전통적 권위로는 더는 헝가리의 비

헝가리의 민족주의 운동 지도자 귤라 굄뵈스. 그가 주도한 반볼셰비키 위원회는 전통적 권위를 부정하고 대중의 민족주의적 열정을 정치에 동원하는 파시즘의 성격이 짙은 운동을 이끌었다.

상 사태에 대처할 수 없을 것이라며 근심하던 사람들이었다. 귤라 굄뵈스(Gyula Gömbös, 1886~1936) 대위의 지휘하에 젊은 장교들이 주축을 이루었던 이 집단은 파시즘의 성격이 짙은 운동을 시작했다.

굄뵈스를 따르던 장교들은 전투적인 민족주의적 혁신 운동에 대중을 동원하고 싶어했다. (카롤리 백작의 민주주의가 쿤의 소비에트만큼이나 평판이 좋지 않았기 때문에) 장교들의 운동은 의회자유주의와 전혀 달랐고, 또 위로부터 아래로 지배하는 옛날 방식의 독재와도 달랐다. 그들의 반볼셰비키 위원회는 증오심에 가득 찬 반유대주의를 내세웠다(벨라 쿤뿐만 아니라 그의 밑에 있던 45명의 인민의원 중 32명은 유대인이었다).[1] 굄뵈스를 따르던 장교들은 전통적인 권위의 복구를 바라지 않았다. 그 대신 대중의 민족주의적 열정과 강렬한 외국인 혐오에 뿌리를 두고 있으며, 전통적인 헝가리의 상징과 신화에 표현되어 있는 좀 더 역동적인 어떤 것으로 권위를 대체하고 싶어했다.[2] 굄뵈스가 1932년부터 1935년까지 호르티 제독 밑에서 총리직을 역임하면서 점점 커지고 있던 독일의 힘에 대항하려고 무솔리니와 손을 잡기는 했지만 한동안 호르티 제독과 보수주의자들은 젊은 장교들의 도움 없이도 국가를 다스릴 수 있었다.

합스부르크제국의 오스트리아 쪽 절반에서는 독일 민족주의자들이 1차 세계대전 전부터 체코를 비롯한 다른 소수 민족들이 행정과 언어의 자치권을 키워가는 것에 경계심을 품고 있었다. 1914년 이전부터 게르만 민족주의자들은 증오심으로 가득 찬 노동계급 민족주의를 퍼뜨리고 있었다. 독일어를 쓰는 노동자들은 체코어를 쓰는 노동자들을 동료 프롤레타리아가 아닌 민족적 경쟁자로 여겼다. 1차 세계대전이 발발하기 직전에 이미 합스부르크제국 내의 보헤미아 지역에서는 민족이 계급에 승리한 상태였다.

합스부르크제국의 게르만 민족주의자들은 19세기 후반부터 게오르크 폰 쇠네러(Georg von Schönerer, 1842~1921)의 대중주의적 범(凡)게르만주의에 의지하여 세력을 키우고 있었다. 쇠네러에 대해서는 3장에서 간략히 다룰 예정이다.[3] 1897년 카를 뤼거(Karl Lueger, 1844~1910)가 오스트리아의 수도 빈의 시장이 되었을 때, 게르만 민족주의자들은 효과적인 정치적 힘을 손에 넣은 셈이었다.

뤼거는 반유대주의와 반부패 캠페인, 수공업적 숙련공과 소상인 보호, 사람의 마음을 끄는 슬로건과 노래, 효율적인 시(市) 행정 서비스 따위의 대중적인 혼합물에 기반해 자신의 시장직 장기 집권을 공고히 했다.

아돌프 히틀러는 오스트리아 제3의 도시인 린츠로부터 강 상류 쪽으로 80킬로미터 떨어진 지역 출신으로 일정한 거처 없이 떠돌아다니던 미술대학 지망생이었다. 그는 뤼거가 장악한 빈의 분위기를 한껏 빨아들였다.[4] 그는 혼자가 아니었다. 민족주의 색채가 짙은 독일노동자당(Deutsche Arbeiter Partei, DAP)은 빈의 법률가와 철도 노동자가 이끄는 당이었는데, 1911년에 이미 오스트리아 의회에서 의석 3개를 차지한 상태였다. 그리고 1918년 5월 국가사회주의독일노동자당(National-Sozialistische Deutsche Arbeiter-partei, NSDAP, 나치당)으로 거듭나서, 갈고리 모양의 십자가(Hakenkreuz) 즉, 스와스티카(swastika)를 상징으로 삼기 시작했다.[5]

전후 독일은 대중에 기반을 둔 반사회주의적인 국가 재건 운동이 자라나기에 더없이 좋은 토양이었다. 독일은 1918년의 패전으로 뿌리까지 흔들릴 정도로 큰 타격을 받았다. 패배하기 몇 주 전까지 독일의 지도자들은 승리를 장담하였기 때문에 독일인들이 받은 정서적 충격은 훨씬 가혹했다. 믿을 수 없는 패배는 쉽게 반역자들에 대한 증오로 나타났다. 1914년의 오만한 강대국에서 1918년, 충격에서 헤어 나오지 못하는 비참한 패배자로 독일의 운명이 급전직하하자 독일인들의 긍지와 자신감은 산산이 부서져버렸다. 남미의 독일 학교에서 수년간 교편을 잡아오다가 1921년에 고향인 독일로 돌아올 때 느꼈던 감정을 빌헬름 슈파나우스(Wilhelm Spannaus)는

오스트리아 수도 빈의 시장 카를 뤼거. 그는 숙련공과 중하층계급의 많은 지지를 받았는데, 이것은 그들의 공포가 그의 반유대주의 · 민족주의 대중 선동 속에 반영되어 있었기 때문이었다.

훗날 이렇게 묘사했다.

마치 스파르타쿠스가 라인란트에서 난을 일으킨 직후 같았다. 내가 독일로 들어올 때 탔던 기차의 유리창은 모두 깨져 있었고 인플레는 실감이 나지 않을 정도로 아찔한 수준이었다. 나는 독일이 빌헬름 제국의 영광 속에서 최강대국의 지위를 누리고 있을 때 고향을 떠났다. 하지만 다시 돌아왔을 때 조국은 사회주의 공화국 아래서 비틀거리고 있었다.[6]

빌헬름 슈파나우스는 그의 마을에서 존경받는 시민으로서 첫 나치당원이 되었고, 지식인 지도자로서(그는 지역 서점을 운영했다) 다른 시민들을 이끄는 역할을 했다.

복무하던 부대가 완전히 해체되는 바람에 일자리는 물론이고 식량조차 구할 수 없었던 퇴역군인들은 좌파나 우파의 극단 세력이 얼마든지 끌어들일 수 있는 처지였다. 그 중 일부는 1919년 봄 짧게 존재했던 뮌헨 소비에트 공화국에서처럼 자신의 느낌에 따라 볼셰비키 러시아로 눈길을 돌렸다. 또 일부는 1차 세계대전 당시 선전 운동을 주도했던 '조국전선(Fatherland Front)'으로 인해 독일 내 널리 퍼져 있던 민족주의에 매달렸다. 이런 민족주의적인 퇴역군인들 중 일부는 정규군 장교들이 독일 내부의 적으로 지목한 세력과 싸울 목적으로 조직한 용병단인 '자유군단(Freikorps)'에 합류했다. 그리고 그들은 1919년 1월, 혁명의 소용돌이 한가운데 있던 베를린에서 사회주의 지도자인 로자 룩셈부르크(Rosa Luxemburg, 1871~1919)와 카를 리프크네히트(Karl Liebknecht, 1871~1919)를 암살했으며, 이듬해 봄에는 뮌헨 등지의 사회주의 정권을 타도했다.

연합국에 사로잡힌 독일군 포로들. 패전 후 고향으로 돌아온 그들을 맞은 것은 산산이 부서진 민족적 긍지였다.

다른 자유군단 부대는 1918년 11월에 휴전이 선포되고 한참 후까지, 아직 분리되기 이전인 발트 해 연안의 국경을 따라가며 소련과 폴란드의 군대와 계속해서 싸움을 벌였다.[7)]

상병 아돌프 히틀러[8)]는 독일 패배의 충격으로 인한 히스테리성 실명에서 회복되자, 뮌헨의 제4군 사령부로 복귀해 활발히 임무를 수행하였다. 그러다가 1919년 9월 전후의 혼란 속에서 싹트고 있던 수많은 민족주의 운동 중 하나를 조사하라는 군(軍) 정보부의 명령을 받았다. 독일노동자당(DAP)은 전쟁이 끝날 무렵, 애국심에 불타던 자물쇠 제조공 안톤 드렉슬러(Anton Drexler)가 창설한 정당이었다. 민족주의의 대의를 향해 진군하는 노동자들에 대한 꿈은 있었지만 그 실행 방법은 알지 못하던 소수의 숙련공들과 언론인들을 발견한 히틀러는 곧바로 그들과 합류해, 당원증 제555번을 받으며 입당했다. 히틀러는 곧 당내에서 가장 유능한 연설가가 되었고 지도 위원회의 위원으로 일하게 되었다.

1920년 초, 히틀러는 독일노동자당 선전부 책임자가 되었다. 히틀러는 에른스트 룀(Ernst Röhm, 1887~1934) 대위 같은 당에 호의적인 군 장교들과 뮌헨의 부유한 후원자[9)]들의 도움을 받아 당의 지지자들을 급속히 늘렸다. 1920년 2월 24일, 뮌헨의 커다란 맥주홀인 호프브로이하우스에 모인 2천 명에 가까운 사람들 앞에서 히틀러는 그와 동지들이 추구하고 있는 운동에 새로운 이름을 부여했다. 짧게 나치당이라는 이름으로 더 유명한 국가사회주의독일노동자당(National-Sozialistische Deutche Arbeiter-partei, NSDAP)이 바로 그것이었다. 그리고 민족주의와 반유대주의 그리고 백화점과 국제자본 공격 등을 포함한 25개 조항의 당 강령을 발표했다. 4월 1

1차 세계대전에 참전한 아돌프 히틀러 상병(아랫줄 왼쪽에서 첫 번째). 모든 기존 질서에 순응할 수 없었던 그는 군대에서 비로소 '제2의 고향'을 찾았다.

일, 히틀러는 군대를 떠나 나치당에만 전념하게 되었다. 그러면서 점차 나치당의 지도자, 즉 총통(Führer, 퓌러)[10]으로 인정받기에 이르렀다.

전후 즉각적으로 닥쳤던 혼란이 가라앉자 나치당과 같은 행동주의적 민족주의 분파는 유럽에서 별로 환영을 받지 못하게 되었다. 유럽의 정부들은 합법성에 토대를 두고 단계적으로 수립됐다. 여러 국가들의 국경선도 확정되었다. 볼셰비즘 운동은 그 발상지인 러시아에만 남게 되었다. 유럽의 대부분 지역도 평화시의 정상 상태를 겉모습이나마 되찾았다. 그런 상황에서도 이탈리아의 파시스트들, 헝가리의 군 장교들, 오스트리아와 독일의 국가사회주의자들은 계속 세력을 유지하고 있었다. 프랑스[11]와 다른 지역에서도 비슷한 운동이 일어났다. 그런 운동들은 전쟁이라는 최후의 발작을 동반하는 민족주의의 순간적 폭발보다는 훨씬 더 오래 지속될 어떤 것을 명백하게 표출하고 있었다.

직접적 배경

사회주의와 자유주의 모두에 맞서 규합된, 대중에 기반을 둔 민족주의적 행동주의의 정치 공간[12]은 1914년에는 매우 협소해 보였지만 1차 세계대전을 치르면서 엄청난 속도로 넓어졌다. 1차 세계대전은 파시즘을 직접적으로 야기했다기보다는 파시즘이 탄생할 수 있는 문화 · 사회 · 정치적 기회를 제공하는 역할을 했다고 할 수 있다. 우선 문화적으로 볼 때, 전쟁 때문에 미래에 대한 낙관적이고 진보적인 전망이 불신당하게 되었고, 자연스러운 인류의 조화에 대한 자유주의적 가정에도 의혹이 드리워졌다. 그리고 사회적으로 볼 때, 전쟁은 불안에 떠는 퇴역군인들(과 그들을 뒤따르는 젊은 형제들)[13]을 양산했는데, 이들은 낡은 법이나 도덕을 무시하고 자신들의 분노와 환멸을 표현할 길을 찾아 나섰다. 또 정치적으로 전쟁은 기존의 제도 — 자유주의건 보수주의건 간에 — 가 지닌 역량으로는 해결할 수 없는 커다란 사회 · 경제적 긴장을 야기했다.

1차 세계대전의 경험은 파시즘이 탄생하는 데 결정적이고 직접적인 전제조건이었다. 이탈리아를 참전으로 이끈 1915년 5월(파시스트들은 이를 '찬란한 5월'이라 불렀다)의 운동은 이탈리아 파시즘의 기초가 되는 요소를 처음으로 한데 불러 모았다. 1919년 3월 무솔리니는 파시 디 콤바티멘토 창립식에서 "정치적 상속권은 우리에게 있다. 이탈리아를 전쟁으로 이끌어 승리를 거두게 한 세력이 바로 우리들이기 때문이다."[14]라고 선언했다.

무솔리니가 한 말에 덧붙여야 할 부분은 볼셰비즘에서 표현주의 회화에 이르기까지 종전 후 세계에서 폭력과 분노로 들끓던 여러 운동의 뿌리에 그 세계대전이 자리잡고 있었다는 사실이다. 실제로 일부 저자들은 세계대전 그 자체만으로도 파시즘과 볼셰비즘을 충분히 설명할 수 있다고 주장한다.[15] 산업 기술을 동원한 4년간의 대량 학살로 유럽의 고유한 유산은 거의 남지 않게 되었고, 미래도 완전한 불확실성 속으로 떨어졌다.

1914년 이전에는 유럽인들 중 누구도 세계에서 가장 문명이 발달한 유럽에서 이런 야만적인 일이 일어나리라고 상상도 못했다. 19세기 유럽에서는 전쟁이 드물었고, 있다 하더라도 국지적이고 기간도 짧았으며, 정규군이 수행하는 전쟁은 시민사회에 거의 영향을 끼치지 않았다. 유럽은 미국의 내전(남북전쟁)이나, 1864년에 발발해 1870년까지 이어진 3국동맹전쟁 — 브라질, 아르헨티나, 우루과이가 동맹을 맺어 파라과이를 상대로 한 전쟁으로, 종전 후 파라과이의 인구는 절반으로 줄었다. — 같은 것들로부터 자유로운 곳이었다. 1914년 8월에 발칸 반도에서 일어난 사소한 충돌이 걷잡을 수 없이 커져 유럽의 열강이 모두 참가한 전면전으로 발전하고, 그 후로 4년이 넘는 기간 동안 참전국들이 결국 모든 젊은 세대를 죽음으로 몰아넣는 대량 학살을 경험하게 되었을 때, 앞날에 평화와 발전만 있을 것이라고 기대했던 유럽인들은 자신들의 문명이 실패로 끝났다고 생각했다.

세계대전은 또한 도시화된 산업국가들에서 예상되는 것보다 훨씬 더 길어졌다. 대부분의 유럽인들은 도시로 몰려든 고도로 분화된 인구가 대규모의 소비재 교역에 의지하고 있기 때문에 지속적인 대량 파괴를 견뎌내지 못할 것이라 생각했다. 미발달된 사회들만이 장기간의 전쟁을 버틸 수 있다고 생각한 것이다. 그러나 그런 예상과는 정반대로 1914년 즈음 유럽인들은 산업 생산력과 인간의 의지를 어떻게 동원해야 긴 세월의 희생을 버틸 수 있는지 깨닫기 시작했다. 참호전이 인간을 인내의 한계에까지 밀어붙였듯이 전시(戰時) 정부도 국민의 삶과 사상을 극한의 규율 상태로 밀어붙였다.[16)]

전시 정부는 모두 여론 조작을 실험했다. 그중에서도 독일이 '조국전선' 아래 민간인 전체를 동원하려는 목적으로 시도한 여론 조작은 가장 강압적인 사례로 꼽힌다. 이런 여론 조작은 결국 시민들의 지식과 의견을 국가의 뜻대로 만들어내는 데 효과를 발휘했다. 참전국들의 경제와 사회 역시 매우 심하게 변형되었다. 유럽인들은 처음으로 겪게 된 전국민적 병역 의무와 식량 · 연료 · 의복의 배급제, 국가의 총체적 경제 관리라는 장기간의 시련을 견뎌냈다. 하지만 이렇듯 전례 없는 노력에도 불구하고 어떤 참전국도 목표를 이루지는 못했다. 확실한 결과가 있는 단기간의 전쟁이 아닌, 노동력이 집중적으로 투입된 길고 긴 살육은 참전국 모두의 피폐와 환멸로 끝을 맺고 말았다.

1차 세계대전은 통합이 가장 잘 돼 있고 통치가 가장 잘 이루어지고 있는 나라조차도 해결하기 힘든 어려운 문제들을 양산했다. 통합도 안 되고 통치도 엉망인 나라들이 그러한 과제를 해결할 수 없었음은 물론이다. 영국과 프랑스는 물자를 배분했고, 의무를 부과했으며, 또 나라를 위해 희생을 감내할 것을 요구했다. 그러면서 시민들의 충성심을 끌어내는 데 충분할 정도로 성공적으로 뉴스를 조작했다. 통일된 지 얼마 되지 않았던 독일제국과 이탈리아 왕국은 사정이 그리 좋지 못했다. 또 합스부르크제국은 구성 민족에 따라 제각각 흩어졌고, 차르의 러시아는 혼란에 빠져들었다. 토지 없는 농민들이 여전히 다수이거나, 권리를 박탈당한 중간계급이 기본 자유조차 누리지 못하는 혼란에 빠진 나라들은 (러시아처럼) 좌파로 쏠리게 되었다. 자작농을 포함해 수는 많지만 위태로웠던 중간계급은 좌파의 반대쪽으로 몰려서 새로운 해답을 찾으려 했다.[17)]

전쟁이 끝날 무렵, 유럽인들은 재건이 불가능한 구세계와 그들이 결코 동의할 수 없는 신세계로 분열되었다. 전시 경제는 급속히 무너졌고, 전쟁으로 인한 인플레는 검약과 저축이라는 부르주아적 가치를 비웃으며 통제 불능 상태로 치달았다. 사람들은 무엇보다 경제 문제의 해결을 기대했지만, 사태는 점점 더 불확실성 속으로 빠져들었다.

이런 사회 · 경제적 부담에 더해 전쟁은 정치 분열을 심화시켰다. 참호전이 이전의 상상을 넘어설 정도로 끔찍한 경험이었기 때문에, 전쟁 수행의 부담이 매우 공평하게 할당되었음에도 불구하고 민간인과 군인, 전쟁터와 전선의 후방은 완전히 분열되었다. 참호에서 살아남은 사람들은 자신들을 그곳으로 보낸 자들을 용서할 수 없었다. 폭력에 단련된 퇴역군인들은 자신들에게는 목숨을 바쳐 싸운 조국을 지배할 권리가 마땅히 있다고 주장했다.[18)] 이탈로 발보(Italo Balbo, 1896~1940)는 다음과 같이 썼다. "다른 수많은 사람들처럼 나도 전쟁에서 살아 돌아왔을 때 정치와 정치인들을 증오했다. 나는 그들이 군인들의 희망을 배신하고, 이탈리아를 수치스러

참호 속에서 부상당한 전우를 운반하는 프랑스군. 1차 세계대전 때 주요한 전투 방식이 된 참호전은 인간의 상상을 넘어설 정도로 끔찍한 경험이었다.

운 평화로 밀어넣었으며, 영웅을 숭배하는 이탈리아인들에게 모든 이상을 상품으로 만들어버린 조직적인 굴욕을 안겨주었다고 생각했다. 조반니 졸리티(Giovanni Giolitti, 1848~1928, 통일 이탈리아의 자유주의 내각의 총리)의 나라로 돌아가려고 이렇게 투쟁하고 싸웠단 말인가? 아니다. 차라리 근본에서부터 모든 것을 새로 세우기 위해 모든 것을 부정하고 모든 것을 파괴해버리자."[19]

발보는 1919년에 23세의 나이로 제대했다. 그는 반사회주의자이기는 했지만 마치니(Giuseppe Mazzini, 1805~1872)를 숭배했다. 그리고 네 번의 시도 끝에 변호사 시험에 합격했으며, 군인 주간신문인 〈랄피노(L'Alpino)〉의 편집장으로 한동안 일했다. 하지만 1921년 1월 페라라 파쇼(Ferrara fascio)의 유급 서기로 채용될 때까지는 별 볼일 없는 사람이었다.[20] 발보는 무솔리니의 여러 오른팔들 중 한 명이자 잠재적인 적수가 되는 미래를 향해 차근차근 제 갈 길을 걸어갔다.

전후의 상처를 감싸 매고 있던 유럽에서는 세계 질서의 3대 이념인 자유주의, 보수주의, 공산주의가 서로 세력을 다투고 있었다. 자유주의자들은(사민주의자들이 여기에 합류하기도 했다) 민족자결주의 원칙에 따라 전후 세계를 재편하고 싶어했다. 자유주의 독트린에서는 여러 민족들이 각각 자기 땅을 갖고서 자연스러운 조화를 이루며 공존한다면 평화를 지키기 위한 외부의 힘이 전혀 필요하지 않을 것이라고 주장했다. 미국의 우드로 윌슨(Woodrow Wilson, 1856~1924) 대통령이 1918년 1월에 제창한 이 이상주의적인 14개 조항은 애초에 착상이 잘못된 것이었지만 민족자결주의를 가장 구체적으로 표현한 것은 사실이다.

1918년, 보수주의자들은 별로 나서지 않고 있었다. 그러나 국가들의 관계가 군사력으로 안정되어 있던 세계로 되돌아가려고 조용히 노력하는 중이었다. 프랑스 총리인 조르주 클레망소(Georges Clemenceau, 1841~1929)와 육군 참모총장이던 페르디낭 포슈(Ferdinand Foch, 1851~1929) — 두 사람은 프랑스 정부가 어디까지 갈 수 있느냐를 놓고 의견을 달리했다. — 는 프랑스가 세력이 약화된 독일에 대해 항구적인 군사적 우위를 유지할 수 있는 체제를 만들려고 노력했다.

세 번째 경쟁 세력은 1917년 11월 볼셰비키 혁명을 통해 러시아에 세워진 세계 최초의 사회주의 정권이었다. 레닌은 다른 나라의 사회주의자들에게 성공적인 자신의 선례를 따라 민주주의를 버리고, 볼셰비키 모델에 입각해 선진화된 자본주의 국가로 혁명을 확장시킬 수 있는 독재적인 음모형 정당을 조직할 것을 촉구했다. 한동안 레닌은 오랜 시간 기다려온 혁명 기차를 놓치고 싶지 않았던 수많은 유럽 사회주의자들의 지지를 받았다. 자유주의자들은 각 민족의 요구를 들어줌으로써 평화를 유지하고 싶어했고 보수주의자들은 군사적 준비를 통해 평화를 이루기를 원했던 반면, 레닌은 민족국가를 초월하는 범세계적인 공산주의 사회를 건설하기 바랐다.[21)]

하지만 어느 진영도 완전한 성공을 거두지는 못했다. 레닌의 기획은 자유주의자들과 보수주의자들이 힘을 합쳐 부다페스트와 뮌헨의 소비에트 정권을 무너뜨리고 독일과 이탈리아에서 일어난 사회주의 반란을 진압한 후인 1919년 후반까지 러시아 내부에 갇혀 있었다. 하지만 첫 사회주의 국가인 소련과 세계 곳곳의 공산당에서 레닌의 기획은 살아남았다. 윌슨의 기획은 1919년과 1920년에 걸쳐 조인된 평화 조약에 따라 실효를 거두는 듯 보였다. 하지만 실제로는 강대국의 국익 추구와 민족적 · 종족적 경계를 두고 다투는 냉혹한 현실 때문에 보수주의 쪽으로 부분적인 방향 수정을 해야만 했다. 그리하여 평화 조약으로 생겨난 것은 약소민족들이건 지배력 있는 강대국들이건 어느 한 쪽이 만족하는 세계가 아니라, 승리한 강대국과 그들의 종속국(폴란드, 체코슬로바키아, 유고슬라비아, 루마니아) 대(對) 복수심에 불타는 패전 국가(독일, 오스트리아, 헝가리, 불만족스러운 이탈리아)로 분열된 세계였다. 왜곡된 윌슨주의와 실현되지 못한 레닌주의로 인해 둘로 찢어진 유럽은 해결되지 않은 영토 문제와 계급 갈등으로 인해 1919년 이후 다시 끓어오르기 시작했다.

이런 공동의 실패는 세계 질서에 관한 네 번째 원리가 이용할 수 있는 정치 공간을 남겨놓았다. 파시즘은 보수주의와 마찬가지로 강한 자가 승리하도록 허용함으로써 영토 분쟁을 해결할 것을 약속했다. 하지만 보수주의자들과는 달리 강한 나라의 기준에 군사력뿐 아니라 국민의 열정과 단결까지 포함했다. 그리고 가능하다면 설득을, 필요하다면 강제력을 통해 노동계급을 국가에 통합시킴으로써 계급 갈등을 극복하자고 제안했다. 그리고 '외국인'과 '순종이 아닌 사람들'을 제거하자고 주장했다. 파시스트들은 평화가 지속되는 것을 전혀 바라지 않았다. 그들은 피할 수 없는 전쟁이 일어나 단합되고 자신감에 넘치는 지배민족이 승리하기를 기대했으며, 분열되고 결단력 없는 '잡종' 민족들은 지배민족의 몸종이 되기를 바랐다.

앞으로 살펴보겠지만, 1914년 이전에도 파시즘은 이미 예상할 수 있었다. 하지만 세계대전이 유럽을 새로운 시대로 밀어 넣을 때까지 실질적인 모습으로 실현되지는 못했다. 철학자이자 역사학자인 에른스트 놀테(Ernst Nolte, 1923~)가 1963년에 출간한 고전적 저작 《파시즘의 시대》[22]를 빌려 말하자면, '파시즘의 시대'는 1918년 그 서막을 올리게 된다.

지적 · 문화적 · 정서적 뿌리

1919년의 폐허 속에서 유럽인들이 자신들이 겪은 전쟁의 시련을 받아들인 방식은 전쟁 이전의 정신적 준비를 통해 형성됐다. 파시즘이 태어나는 데 필요한 주요 전제조건은 개인의 자유, 이성, 자연스러운 인류의 조화, 진보에 대한 믿음이라는 자유주의의 신념에 맞섰던 19세기 후반의 반발이었다. 1914년 훨씬 더 전부터 새롭게 유행한 반자유주의적 가치, 더욱 공격적인 민족주의와 인종주의, 그리고 본능과 폭력에 대한 새로운 미적 태도에서 파시즘이 싹을 틔우는 데 필요한 지적 · 문화적 토양이 생겨나기 시작했다.

그럼 초기의 파시스트들이 읽었던 책 이야기부터 시작해보자. 무솔리니는 진지한 독서가였다. 젊은 교사이자 사회주의 조직가였던 무솔리니는 마르크스보다는 니체(Friedrich Nietzsche, 1844~1900), 구스타프 르 봉(Gustave Le Bon, 1841~1931, 감정과 의지의 우위, 민족적 요소를 강조한 군중심리학 체계를 세운 사회심리학자), 조르주 소렐을 더 많이 읽었다. 히틀러는 게오르크 폰 쇠네러와 휴스턴 스튜어트 체임벌린(Houston Stewart Chamberlain, 1855~1927)[23], 빈의 시장이었던 뤼거, 열광적 범게르만 민족주의와 반유대주의를 빈 거리에 흘러넘치던 분위기 속에서 자연스럽게 빨아들였고, 여기에 리하르트 바그너(Richart Wagner, 1813~1883)의 음악이 더해져 그를 무아지경의 상태까지 이끌었다.

프리드리히 니체는 파시즘의 선조라고 비난받는 경우가 많기 때문에 좀 더 상세히 살펴볼 필요가 있다. 니체는 젊었을 때 루터교 목사가 되려고 했다. 하지만 신앙을 상실하면서 매우 젊은 나이에 고전문헌학을 가르치는 교수가 되었다. 그는 왕성히 활동하던 젊은 시절(니체는 45세 때 정신이 붕괴됐는데 매독 때문인 것으로 추정된다)에 자신의 탁월한 두뇌와 분노 섞인 열정을 바쳐 자족적이고 순응적인 부르주아의 신앙심, 연약함, 도덕주의를 강하고 순수한 정신의 독립이라는 이름으로 공격했다. 신은 죽고, 기독교는 약화되고, 오류투성이 과학이 활개치는 세상에서 자유로운 영혼을 소유한 초인(超人)만이 관습에서 벗어나 투쟁할 수 있으며, 자신이 세운 진정한 가치에 따라 살 수 있다. 처음에 니체는 주로 반항하는 젊은이들에게 영감을 주었으며, 그리하여 그들의 부모 세대에게 충격을 가했다. 동시에 그의 글은 현대사회의 몰락과 거기에서 벗어나는 데 필요한 영웅적 의지의 분투, 그리고 유대인이 끼치는 사악한 영향에 대해 진지하게 생각해보려는 사람들을 위한 생각의 원료로 가득 차 있었다. 니체 자신은 주변에서 흔히 볼 수 있는 애국심과 실제 생활에서 나타나는 반유대주의를 경멸했다. 그리고 자신이 주장하는 초인은 "자유로운 영혼의 소유자이며, 구속의 적이며, 숭배 행위와 무관한 사람이고 숲에 거주하는 사람"[24]이라고 말했다.

니체의 극단적으로 열렬한 표현은 무솔리니와 모리스 바레스(Moris Barrès, 1862~1923, 개인주의와 극단적 민족주의를 주장한 프랑스의 작가)와 같은 행동주의적 민족주의자부터 슈테판 게오르게(Stefan George, 1868~1933, 독일의 신고전주의 시인)와 앙드레 지드(André Gide, 1869~1951, 프랑스의 인도주의 작가) 같은 비순응주의자, 나치와 반나치, 그리고 사르트르(Jean-Paul Sartre, 1905~1980)에서 푸코(Michel Foucault, 1926~1984)에 이르는 프랑스 우상 파괴자의 후기 세대까지 정치 스펙트럼의 전 영역에 걸쳐 지적 · 미학적으로 강한 영향을 끼쳤다. "니체의 글은 그 자체로 다양한 가능성을 내포하고 있는 의문의 여지 없는 보고(寶庫)이다."[25]

조르주 소렐이 무솔리니에게 끼친 영향은 니체보다 더 직접적이고 실제적인 것이었다. 은퇴한 프랑스 엔지니어이면서 비직업적 사

프리드리히 니체. 종종 파시즘의 선조라고 비난받는 니체의 글은 유대인이 끼치는 사악한 영향에 대해 진지하게 생각해 보려는 사람들을 위한 생각의 원료로 가득 차 있었다.

회 비평가였던 소렐은 "거대한 투쟁의 조건에 들어맞는 숭고의 감정을 영혼의 깊숙한 곳에서" 깨울 수 있고 그 결과로 "인도주의로 마비된 유럽의 국가들이 이전의 활력을 되찾을 수 있게 하는"[26] 어떤 대의에 매료되었다. 소렐은 우선 혁명적 생디칼리슴 — 무솔리니의 첫 정신적 고향으로 앞에서 살펴본 바 있다. — 에서 최선의 사례를 찾았다. 생디칼리스트들이 꿈꾸던 '거대한 단일조합'은 전면적 총파업을 실시할 경우 '하룻밤 사이'에 자본주의 사회를 무너뜨리고 조합에 전권을 안겨줄 수 있을 정도의 힘을 지닌 것인데, 소렐은 이를 가리켜 '신화'라고 불렀다. 즉, 사람들로 하여금 일상의 능력을 넘어선 거대한 힘을 발휘하게 할 수 있는 최고의 이상이라는 의미였다. 1차 세계대전이 끝날 무렵, 소렐은 레닌이 그 이상을 가장 잘 실현했다고 생각했다. 하지만 후에는 무솔리니에게 감명을 받게 되었다(무솔리니는 얼마 지나지 않아 소렐의 가장 성공적인

사도가 되었다).[27]

민주주의를 향한 파시스트들의 공격에서 중요한 역할을 한 사람들은 사회이론가들이었는데, 이들은 상대적으로 역사가 짧은 민주주의 정부의 작동 능력에 의구심을 품고 있었다. 무솔리니는 종종 구스타프 르 봉의 저서인 《군중의 심리(La Psychologie des Foules)》(1895)를 언급했다. 르 봉은 당시 쉽게 조종되던 군중 사이에서 열정이 일어나서 퍼져가는 모습을 냉소적인 시각으로 관찰했다.[28] 무솔리니는 이탈리아군 복무 의무를 피해 스위스에서 살던 1904년 로잔대학에서 빌프레도 파레토(Vilfredo Pareto, 1848~1923)의 수업을 들었다. 파레토는 프랑스로 망명한 마치니 신봉자의 아들이었으며, 그의 어머니 역시 프랑스인이었다. 이 자유주의 경제학자는 19세기 후반 만연한 보호무역주의에 크게 실망한 나머지 스스로 정치 이론을 만들어냈다. 선거민주주의와 의회민주주의의 피상적인 규칙들은 엘리트층의 항구적인 힘과 대중적 정서의 비합리적인 잔여물에 의해 전복될 수밖에 없다는 내용이었다.

지적 수준의 최고 단계에서 볼 때, 19세기 말의 주요한 지적 성과는 인간의 정신에 내재된 무의식의 실체와 힘, 그리고 인간 행동의 불합리성을 발견한 것이다. 베르그송(Henri Bergson, 1859~1941)과 프로이트(Sigmund Freud, 1856~1939)는 파시즘과 전혀 상관이 없었고 개인적으로 파시즘 때문에 고통을 받기도 했다. 하지만 그들의 연구는 정치란 자유인들이 이성의 성실하고 정직한 행사를 통해 최선의 정책을 선택하는 것이라는 자유주의 신념의 토대를 무너뜨리는 데 일조했다.[29] 그들의 발견 — 특히 프로이트의 이론 — 은 1918년 이후에 널리 인기를 끌었다. 그것은 전장에서 생긴

구스타프 르 봉. 군중의 심리적 특성을 예리하고 냉소적으로 관찰한 그는 현대 사회는 군중 속에서 개인의 의식적인 성격은 묻혀버리고 집합적인 군중 심리가 지배하게 된다고 보았다.

정신적 트라우마와 같은 직접적인 전쟁 체험에서 비롯된 일이었다. 그 정신적 트라우마가 어느 정도였느냐 하면 '전투 치매증'(포탄 충격에 의한 시각 · 기억 상실증)이란 말이 생겨날 정도였다.

지적 수준의 가장 낮은 단계를 살펴보면, 당시 일군의 대중 작가들은 혈통, 민족, 의지, 행동과 같은 기존의 주제들을 재가동해 당시 어디서나 흔히 논의되고 있던 사회진화론을 더 거칠고 더 공격적인 형태로 바꾸어놓았다.[30] 종족(race)이란 말은 그 전까지 동물이나 인간을 분류하는 중립적 의미로 쓰였는데, 19세기 후반 들어 한층 뚜렷한 생물학 · 유전학적 의미가 부가되었다. 1880년대 찰스 다윈의 사촌인 프랜시스 골턴(Francis Galton, 1822~1911)은 과학이 인류에게 '최상의 인간'을 재생산함으로써 인종을 개량할 수 있는 능력을 주었다고 주장했다. 그는 이 주장을 입증하기 위해 '우생학'이라는 말을 고안해냈다.[31] 한때 마치니와 같은 진보적 민족주의자에게 인민들의 진보와 우애를 담는 틀이었던 '민족'은 지배

종족(아리안족처럼 19세기 인류학적 상상의 산물)[32]에게 '열등한' 종족을 다스릴 수 있는 권한을 주는, 배타적이고 위계적인 것이 되었다. '의지'와 '행동'은 어떤 특정 목표와 관계없이 그 자체로 미덕이 되었고, '종족' 간의 우위를 다투는 사회진화론적 투쟁과 결부되었다.[33]

1914년에서 1918년까지 지속된 공포로 인해 전쟁을 러디어드 키플링(Rudyard Kipling, 1865~1936, 제국주의를 신봉한 영국의 소설가, 시인)이나 시어도어 루스벨트(Theodore Roosevelt), 초기의 보이 스카우트 운동이 찬양하던 기운을 돋우는 위업과 같은 것으로 보기가 힘들어졌다. 하지만 그때도 전쟁을 가장 고결한 인간의 활동이라 여기는 사람들이 있었다. 만일 '민족'이 인류 최고의 성취였다면, 폭력은 민족을 고상하게 만드는 것이었다. 그 밖에 일부 폭력 탐미주의자들은 참호전에서 요구되는 남성적인 의지와 인내의 극한에서 아름다움을 찾기도 했다.[34]

20세기와 함께 새로운 형태의 불안이 나타났고, 파시즘은 곧 그 불안의 해결을 약속했다. 실제로, 그 두려움이 무엇이었는지 밝히는 것이 파시즘을 '창조한' 사상가들을 곧이곧대로 탐구하는 것보다 더 유익한 연구 전략일 수도 있다. 그 두려움 중 하나는 자유로운 개인주의가 공동체를 정신적으로 부식시켜 몰락하게 하면 어쩌나 하는 것이었다. 루소(Jean-Jacque Rausseau, 1712~1778)는 프랑스 혁명 이전부터 그러한 우려를 하고 있었다.[35] 19세기 중반과 그 이후, 사회 붕괴를 두려워한 사람들은 주로 보수주의자들이었다. 차티스트 운동으로 소란스럽던 1840년대가 지난 뒤 영국에서 선거권이 점점 확대되자 빅토리아 시대의 논객 토머스 칼라일(Thomas

Carlyle, 1795~1881)은 과연 어떠한 힘으로 '맥주와 허튼소리만 가득 찬 대중'의 규율을 바로잡을 수 있을지 걱정했다.[36] 칼라일의 해결책은 '군사 복지 독재'였는데, 현존하는 지배계급이 아니라 새롭게 등장한 엘리트층이 통치하는 체제였다. 즉, 사심 없는 실업가나 크롬웰(Oliver Cromwell, 1599~1658), 프리드리히 대왕(Friedrich I) 같은 타고난 영웅들로 구성된 엘리트층이 통치한다는 의미다. 훗날 나치는 칼라일을 선구자라 칭송했다.[37]

도시 과밀화와 노사 갈등, 외국인 유입이란 충격을 겪고 있던 유럽에서 공동체 결속이 무너진다는 두려움은 19세기 말로 갈수록 더욱 커졌다. 공동체의 질병을 진단하는 일은 당시 새롭게 탄생한 학문 분야인 사회학의 핵심 과제였다. 사회학을 가르친 첫 프랑스인 교수 에밀 뒤르켐(Émile Durkheim, 1858~1917)은 근대사회가 '아노미(무질서)' — 사회적 유대가 없는 사람들이 목적 없이 방황하는 것 — 에 시달리고 있다고 진단했으며, 마을, 가족, 교회와 같은 자연공동체의 '유기적' 결속을 현대적 선전매체로 형성된 '기계적' 결속으로 대체하는 것을 심각하게 고민했다. 그 현대적 선전매체는 뒷날 파시스트와 그 선전원들이 그대로 사용하게 된다.

독일의 사회학자 페르디난트 퇴니에스(Ferdinand Tönnies, 1855~1936)는 자신의 저서 《공동사회와 이익사회》(1887)에서 전통적이고 자연적인 사회(Gemeinschaft)가 분화되고 비인격적인 근대사회(Gesellschaft)에 밀려나는 것을 안타깝게 생각했다. 나치는 퇴니에스의 용어를 마음대로 '민족공동체(Volksgemeinschaft)'라고 바꾸어 사용했다. 빌프레도 파레토와 가에타노 모스카(Gaetano Mosca, 1858~1941), 로베르트 미헬스(Robert Michels, 1876~1936) 같은 20세기

초기의 사회학자들은 파시즘 사상에 한층 직접적으로 기여했다.[38)]

19세기 후반의 또 다른 불안감은 쇠락(데카당스)에 관한 것이었다. 즉, 역사상 위대한 국가들이 안락과 자족으로 인해 출생률이 감소하고[39)] 생명력이 감퇴했다는 두려움이었다. 그 몰락에 대한 예견 중 가장 잘 알려진 글은 오스발트 슈펭글러(Oswald Spengler, 1880~1936)의 《서구의 몰락(Der Untergang des Abendlandes)》(1918)이다. 독일의 고등학교 역사 교사였던 슈펭글러는 문화도 살아 있는 유기체처럼 생명 주기가 있다고 주장했다. 그는 웅대하고 창의적인 '문화의 시대'에서 부패한 '문명의 시대'로 넘어간다고 보았다. 그 '문명의 시대'에는 뿌리 없는 대중들이 도시로 떼지어 몰리면서 대지와 교감을 잃고 오로지 돈만 생각하게 되어 숭고한 행동은 하지 못하게 된다. 그렇기 때문에 독일만 몰락의 길을 걷게 되는 것은 아니었다. 1922년 출판된 두 번째 권에서 슈펭글러는 영웅적인 '전제군주제(Caesarism)'가 독일을 구할지도 모른다고 시사했다. 그는 현대화가 유구한 전통을 쓸어버리고 있다고 두려워했다. 그리고 볼셰비즘 운동이 그런 파멸을 한층 더 심화시킬 것이라고 했다. 그는 사회 구조를 바꾸지 않고 국가를 부흥시킬 수 있는 정신의 혁명을 주장했다.[40)]

파시즘적 상상력에 불을 지피는 불안의 한가운데는 '적'이라는 관념이 있었다. 파시스트들은 나라 밖뿐만 아니라 안에서도 적을 찾아냈다. 파시스트들에게 외국은 낯익은 적이었다. 볼셰비즘 운동이 진군하고, 1차 세계대전 종결 이후 격화된 영토 분쟁과 도저히 이행할 수 없는 막대한 전쟁 배상채무가 덧붙여지면서 외국이라는 적의 위험 요소가 한층 증대되는 듯이 보였다. 동질적인 민족국가를 세우려는 이상으로 인해 '차이'가 더욱 더 수상쩍은 것으로 여겨지면서, 정신의 풍경 속에 존재하는 내부의 적은 그 수와 다양성에서 무성하게 번창했다. 실제로도 1880년대 이후 동유럽에서 벌어진 종족 학살을 피해 점점 더 많은 수의 소수민족이 서유럽으로 흘러들었다.[41] 동시에 다양한 색채의 사회주의자, 아방가르드(전위) 예술가, 지식인들 같은 정치·문화적 전복 세력이 공동체 순응주의에 도전할 수 있는 몇 가지 새로운 방법들을 찾아냈다. 따라서 그들에 대항하여 민족 문화를 수호해야 했다. 요제프 괴벨스는 1933년 5월 10일 베를린에서 열린 분서(焚書) 행사에서 "극단적인 유대인 지성주의 시대는 이제 끝났다. 독일 혁명의 성공으로 이제 독일 정신으로 가는 통행권이 생겼다."[42]라고 선언했다. 무솔리니와 그의 아방가르드 예술가 동료들은 나치에 비해 문화적 모더니즘을 덜 걱정하는 편이었지만, 이탈리아의 파시스트 무리는 자국 내의 사회주의 서적들로 커다란 모닥불을 만들어버렸다.

1880년대에 프랑스의 생물학자 루이 파스퇴르(Louis Pasteur, 1822~1895)가 전염병에서 박테리아의 역할을 규명하고 오스트리아의 수도사이자 식물학자인 그레고어 멘델(Gregor Mendel, 1822~1884)이 유전의 메커니즘을 발견하면서 완전히 새로운 내부의 적을 상상하는 것이 가능해졌다. 전염병 보균자, 불결한 자, 유전적으로 병들거나 미쳤거나 범죄 성향을 지닌 자들이 새로 내부의 적으로 분류되었다. 공동체를 의학적으로 정화하려는 욕구는 청교도의 북유럽이 구교도의 남유럽보다 훨씬 강했다. 그리고 공동체의 의학적 정화 문제는 자유주의 국가에도 영향을 끼쳤다. 미국과 스웨덴은

루이 파스퇴르(왼쪽)와 그레고어 멘델(오른쪽). 박테리아와 유전 메커니즘의 발견은 혈통의 순수성을 지키려는 사람들에게 내부의 적을 찾아내는 새로운 분류 방법을 제공했다.

상습적인 범법자들에게 강제 불임 수술을 실시했다(미국의 경우 특히 아프리카계 미국인들이 그 대상이었다). 하지만 나치 독일은 한 걸음 더 나아가, 지금까지 알려진 것 중 최대 규모의 의학적 안락사 프로그램을 실시했다.[43)]

반면에 파시즘 이탈리아는 문화적 · 역사적 의미로 이해되는 민족의 성장을 추구하기는 했지만, 북유럽과 미국에서 유행하던 생물학적 정화에 큰 영향을 받지 않은 채로 남아 있었다. 그런 차이는 문화적 전통 때문이었다. '독일의 권리'는 전통적으로 순민족적인(Völkisch) 것이었고, 따라서 외국의 불순물, 사회주의적 분열, 부르주아적 유약함으로 위협받던 생물학적 '민족'을 방어하는 데 바쳐졌다.[44)] 새로운 이탈리아 민족주의는 자유주의자에 의해 타락하고 보수주의자들에 의해 허약해진 리소르지멘토를 '개혁'하려는 결의

속에서 생물학적이라기보다는 정치적으로 움직였다. 이탈리아 민족주의는 '프롤레타리아 민족'으로서 이탈리아인들에게는 전 세계의 식민지 일부를 차지할 권리가 있다고 주장했다. 겉으로 나타난 민주적 장치가 무엇이건 간에 만일 모든 나라가 한 사람의 엘리트에 의해 지배되는 것이 사실이라면, 빌프레도 파레토와 가에타노 모스카, 그리고 환멸을 느껴 이탈리아로 망명한 독일의 사회주의자 로베르트 미헬스가 1차 세계대전이 끝날 무렵 이탈리아인들에게 이야기했듯, 이탈리아는 새로운 국가를 운영하고 이탈리아의 여론을 이끌 수 있는 훌륭한 새로운 엘리트의 탄생을 기대해야 할 것이었다. 필요하다면 '신화'라도 동원해서 말이다.[45]

파시스트들이 충실한 지지자들을 동원하기 위해서는 그들이 맞서 싸울 악마화된 적이 필요했다. 하지만 그 적이 반드시 유대인일 필요는 없었다. 문화에 따라 나라의 적은 달라지는 법이기 때문이다. 독일에서는 외국인, 불결한 자, 전염병자, 체제 전복을 기도하는 자들이 때때로 유대인이라는 유일한 악마 이미지와 뒤섞였고, 집시와 슬라브인 또한 표적이 되었다. 미국의 파시스트들은 아프리카계 미국인과 유대인, 때로는 카톨릭교도까지 악마로 만들었다. 이탈리아의 파시스트들은 주변의 남슬라브인들, 특히 슬로베니아 사람들과 국가의 부흥을 위한 전쟁을 거부한 사회주의자들을 악마화했다. 나중에는 이전부터 정복하려고 애썼던 아프리카의 에티오피아인들과 리비아인들도 쉽게 악마의 명단에 포함시켰다.

몰락과 불결함에 대한 파시스트들의 우려는 고대 황금시대의 회복을 반드시 겨냥할 필요는 없었다. 이사야 벌린(Isaiah Berlin, 1909~1997, 영국의 철학자, 작가)은 프랑스 왕정 복고 시대의 조제프 드

메스트르(Joseph de Maistre, 1753~1821, 프랑스의 외교관, 작가)에게서 파시즘의 전조를 찾아냈는데, 인간의 타락과 권위의 필요에 대해 메스트르가 갖고 있던 확신 때문이라기보다는 그가 '피와 죽음에 몰두' 했고 형벌에 매료되었으며 '전체주의 사회' 를 예언했다는 사실 때문이었다.[46] 하지만 메스트르는 구식 해결책인 교회와 왕의 무한한 권위를 내세웠을 뿐이었다. 이스라엘 역사학자 슈테른헬(Zeev Sternhell)은 사회주의 이단자들이 파시즘의 근간 중 하나에 해당한다는 학설을 정립했다. 물론 그게 파시즘 근간의 전부라고는 하지 않았다.[47] 국민 통합 및 시민 참여와 같은 파시즘 정신세계의 다른 요소들은 자유주의적 가치에서 비롯되었다.

유럽의 지적 전통에서 파시즘이 차지하는 위치는 뜨거운 논쟁거리이다. 두 가지 극단적인 견해가 대립하고 있다. 슈테른헬은 파시즘을 '유럽 문화사의 핵심적인 부분' 을 차지하는 논리적 정합성이 있는 이데올로기라고 본다.[48] 한나 아렌트의 주장에 따르면, 나치즘은 "서구의 전통과는 아무런 관계도 없는 것이다. 설사 그것이 독일적이건 아니건, 카톨릭이건, 신교도이건, 기독교도이건, 그리스이건, 로마이건 말이다. …… 오히려 나치즘은 독일과 유럽의 모든 전통이 실제로 무너진 결과이다. 나쁜 전통은 물론이요, 좋은 전통까지 모두 무너져버린 결과다. …… 그리고 〔나치즘은〕 실질적 경험으로서 파괴의 중독에 기초하고 있었으며, 모든 것을 무(無)로 돌려버리겠다는 어리석은 꿈을 꾸었다."[49]

슈테른헬의 주장을 지지하기 위해, 1914년까지 유럽 문화 안에서 등장한 모든 주제가 파시즘에 적용되었다. 즉, 모든 개인적인 권리를 넘어서는 '인종' , '공동체' , '민족' 의 우위, 가장 강한 민족이 그 우월성을 지키기 위해 싸울 권리, 국가의 이름 아래 미덕으로 둔갑하는 폭력 행위, 민족의 쇠퇴와 오염에 대한 두려움, 타협에 대한 경멸, 인간 본성에 대한 비관주의가 그것이었다.

하지만 이런 종류의 지적 목적론은 옳지 않다. 이러한 지적 목적론은 '파시즘 운동'에서 출발해 거꾸로 거슬러 올라가면서 파시즘을 지목하는 것처럼 보이는 모든 텍스트와 진술들을 끌어 모아 선택적으로 해석하기 때문이다. 선구적인 사상가로부터 완성된 파시즘으로 이어지는 일직선의 계보는 순전히 만들어낸 것일 뿐이다. 예를 들어, 만약 파시즘의 전조로 보이는 부분들만 골라낸다면, 19세기와 20세기 초반에 니체와 같이 체제 순응적 자유주의에 반기를 든 사람과 소렐처럼 개혁적 사회주의에 반기를 든 사람의 전모를 온전히 보지 못하는 것이 되고 만다. 훗날 니체와 소렐을 인용해서 파시즘 선전물을 만든 사람들은 맥락에서 단편들을 끊어내 그것들을 왜곡하였다.

파시즘에 대항한 사람들도 이러한 작가들에게 의존했다. 독일의 일부 민족지상주의 작가들조차도 나치즘을 거부했다. 예를 들어, 오스발트 슈펭글러는 나치가 자신의 작품에 보인 열광을 경멸했고 끝까지 '국가사회주의' 승인을 거절했다. 1932년 슈펭글러는 분명히 히틀러를 염두에 두고 다음과 같은 글을 썼다. "열광은 정치의 길 위에서는 위험한 짐이다. 길을 찾는 사람은 반드시 진짜 영웅이라야지, 영웅 역할을 맡은 오페라 가수여서는 안 된다."[50] 독일의 시인인 슈테판 게오르게가 꿈꾼, 교양 있는 엘리트층이 이끄는 농민과 예술가들로 이루어진 정화된 공동체는 일부 나치들에게 매력적으로 보였다. 하지만 그는 독일학술원 원장직을 맡아달라는 나치의 요구를 거절했다. 그는 나치 돌격대(Stürmabteilungen, SA)의 거친 폭력에 놀라 취리히로 자발적 망명을 떠났고, 1933년 12월 그곳에서 숨을 거두었다.[51] 그의 제자 중 한 명인 클라우스 셴크 폰 슈타우펜베르크(Claus Schenck von Stauffenberg, 1907~1944)는 1944년 7월 히틀러 암살을 기도했다. 에른스트 니키슈(Ernst Niekisch, 1889~1967)가 부르주아 사회를 극단적으로 거부한 것은 열정적인 게르만 민족주의와 연관이 있었다. 니키슈는 좌파의 편에 서서 나치즘을 격렬하게 반대하기 전인 1920년대 중반, 잠시 나치에 협조한 적이 있었다. 오스트리아의 조합주의(corporatism) 이론가인 오트마르 슈판(Othmar Spann, 1878~1950)은 1933년 나치에 열광하기는 했지만, 나치 지도부는 그가 주장한 조합주의가 반(反)국가적이라고 판단해 1938년 오스트리아를 정복했을 때 그를 체포했다.[52]

이탈리아에서 가에타노 모스카는 민주주의 안에서조차 피할 수 없는 '엘리트의 순환'을 분석했고, 그의 연구는 파시스트들에게 영향을 끼쳤다. 모스카는 1921년 무솔리니에게 용감하게 대항한 이탈리아 의원들 중 한 명이었고, 1925년 크로체의 반파시즘 성명서에 서명했다. 리소르지멘토를 다시 시도하려는 조반니 프레촐리니의 열정은 젊은 무솔리니에게 영감을 주었다.[53] 하지만 그 후로 프레촐리니는 점점 입을 다물기 시작했고 나중에는 미국으로 가서 교직에 몸을 담았다.

지적 · 문화적 준비가 이루어짐에 따라 파시즘에 대한 상상이 가능해졌겠지만, 그로 인해 파시즘이 태어나게 된 것은 아니다. 파시즘 이데올로기가 1912년이 되어서야 완전한 모양을 갖추게 되었다고 생각한 슈테른헬조차도 파시즘 이데올로기가 그 자체로 파시즘 정권을 만들었다고는 보지 않았다. 파시즘 정권은 여러 선택과 행동을 통해 사회 속으로 깊숙이 얽혀 들어간 뒤에야 성립했다.[54)]

때때로 파시즘의 창시자로 간주되는 지적·문화적 비평가들은 파시즘이 이용할 수 있었던 영역이 어떤 것이었는지를 역으로 보여줌으로써 파시즘을 더 잘 이해할 수 있도록 해준다. 그런 비평가들의 존재는 파시즘의 경쟁자들, 즉 그 전까지 떠오르는 세력이었던 부르주아 자유주의와 1914년 이전의 유럽을 풍미하던 강력한 개혁적 사회주의가 지닌 약점을 매우 직접적으로 설명해준다. 파시즘이 생겨나서 경쟁 세력들의 약점을 활용하고 그들의 자리를 차지할 수 있게 되기에 앞서 먼저 구체적인 선택과 행동이 있어야 했다.

파시즘의 지적·문화적 뿌리를 찾는 데서 부딪치는 더 큰 어려움은 나라마다 경우가 크게 다르다는 것이다. 하지만 두 가지 점 때문에 이는 별로 놀랄 만한 일이 아니다. 어떤 나라에는 파시즘이 생겨날 기회가 별로 없었다. 민주주의가 크게 발전한 곳과 러시아처럼 대중의 반감과 분노가 좌파로 힘을 몰아주는 혼란스러운 나라에서는 파시즘이 탄생할 수 있는 공간이 거의 없었다. 게다가 파시스트들은 자신들의 운동(파시즘)의 수사(修辭)를 구성할 신화와 상징들을 새로 만들어낸 것이 아니라 민족 문화 안에 존재하는 것들 중에서 자신들의 목적에 맞는 것만을 골라냈는데 그것들은 대부분 파시즘과 필연적인 연관성이 없는 것들이었다. 가령, 러시아의 미래파 시인인 블라디미르 마야코프스키(Vladimir Mayakovsky, 1893~1930) — 그는 미래파의 창시자인 마리네티가 기계와 속도를 사랑한 것만큼이나 기계와 속도를 사랑했다. — 는 열정적인 볼셰비즘 운동에서 분출구를 찾았다.

어떤 경우에도 나치즘이나 이탈리아 파시즘이 추구한 특정 주제를 통해 파시즘 현상의 본질을 규정할 수는 없으며, 단지 그 주제의 기능에 대한 설명이 가능할 뿐이다. 파시즘은 좌파의 계급 투쟁과 자유주의적 개인주의 및 입헌주의에 맞서기 위해 각 나라의 민족 문화에서 부흥, 통합, 정화와 같이 대중을 동원하기에 가장 용이한 주제를 찾아내려 했다. 어떤 문화권에서는 파시스트들에게 호소력을 발휘했지만 다른 문화권으로 가면 우스꽝스러워지는 주제도 있었다. 노르웨이인들이나 독일인들이 열광했던 안개 자욱한 북구 신화는 이탈리아인들에게 어리석게만 느껴졌다. 이탈리아에서는 태양에 흠뻑 젖은 고전적인 로마니타(Romanità, 고대 로마의 영광을 재현하려는 운동. 무솔리니는 자신을 아우구스투스 황제와 동일시하고 파스케스 등 고대 로마에서 사용된 이미지를 의도적으로 차용했다)[55]가 파시즘에 호소력을 발휘했던 것이다.

그럼에도 불구하고 파시즘이 지식인들을 매혹한 나라에서 파시즘은 초기 단계부터 매우 폭넓게 받아들여졌다. 파시즘은 자신들과 본질적으로 성향이 다른 지식인 식객들까지도 넓은 마음으로 환대했다. 그런 환대는 부르주아에 대한 증오심이 권력 추구와 타협을 이루기 전까지 계속됐다. 1920년대에는 파시즘이 케케묵은 부르주아적 준거에 맞서는 반항의 정수인 듯 보였다. 소용돌이파 운동(Vorticist movement, 보티시즘. 미래파의 한 분파이며, 기계 문명을 찬양하고 작품 속에서 소용돌이를 자주 형상화했다)은 1913년 미국의 시인 에즈라 파운드(Ezra Pound, 1885~1972)와 영국계 캐나다 작가이자

화가인 윈드햄 루이스(Wyndham Lewis, 1882~1957)[56]가 런던에서 일으킨 것으로 1920년대의 이탈리아 파시즘과 뜻을 같이했다. 이 운동은 마리네티의 미래파와 마찬가지로 평등화나 세계주의, 평화주의, 페미니즘, 좌파의 진지성을 그대로 뒤따르지 않고도 충분히 반항적이고 아방가르드적일 수 있음을 보여주었다.

그러나 파시즘에 대한 상상을 가능하게 하고 결국 파시즘을 탄생시킨 지적 · 문화적 변화는 파시즘 현상 그 자체보다 더 광범위함과 동시에 더 협소했다. 한편으로는 많은 사람들이 실제로 파시즘을 지지하지 않고도 그 흐름에 동참했다. 영국의 소설가 D. H. 로렌스(D. H. Lawrence, 1885~1930)가 1차 세계대전이 발발하기 20개월 전에 친구에게 쓴 편지를 보면 마치 초기의 파시스트처럼 보인다. 편지에서 로렌스는 "내 위대한 종교는 지성보다 더 현명한 존재인 피와 살에 대한 신앙이다. 생각은 잘못될 수 있지만, 우리의 피가 느끼고 믿고 말하는 것은 언제나 진실이다."[57]라고 했다. 하지만 막상 전쟁이 시작되자, 독일인을 아내로 둔 로렌스는 여기저기서 벌어지는 살육을 보고 겁에 질려서는 스스로 양심적인 반대자라고 선언했다.

또 한편으로, 파시즘은 권력을 잡는 데 필요한 동맹 세력에 참여하기 위해 초기에 내세웠던 원칙 가운데 일부를 모른 척했고, 또 그렇게 한 후에야 비로소 온전하게 발달하게 되었다. 앞으로 보게 되겠지만, 권력을 잡은 이후의 파시즘은 처음 길을 열어준 지적 흐름을 경시했고 주변화시켰으며, 심지어는 폐기하기까지 했다.

파시즘의 뿌리를 찾기 위해 지성과 문화를 전달하는 교육받은 사람들에게만 집중한다면 파시즘의 형성에 가장 중요한 역할을 했던 배후의 '열정'과 '정서'를 빠뜨리는 셈이다. 파시즘적 태도들이 이제 막 거대한 성운처럼 흐릿한 형태를 갖추는 중이었으며 그 어떤 사상가도 파시즘을 지지할 완전한 철학 체계를 구성하지 못하였다. 유대계 미국 역사학자인 게오르게 모세(George Mosse, 1918~1999)처럼 파시즘의 지적 · 문화적 기원을 연구하는 학자들조차도 '분위기'를 명확하게 설명하는 것이 '전조가 된 개별 인간들을 탐구'[58]하는 것보다 중요하다고 주장했다.

그런 의미에서 또한 파시즘은 일관되고 논리 정연한 철학에 연결돼 있다기보다 파시즘적 행위를 형성한 일련의 '결집된 열정'에 연결돼 있다고 보는 것이 더 타당하다. 그리고 그 바닥에는 열정적인 민족주의가 깔려 있었다. 이와 연관된 것으로는 역사를 선과 악, 순수와 타락의 싸움으로 보는 음모론적이고 이분법적인 시각이 있다. 물론 자신들의 공동체나 민족은 그 속에서 희생양이 되어왔다고 본다. 이런 사회진화론적 역사 이야기 속에서 선택된 민족은 정치적 당파, 사회계급, 그리고 전체에 동화되지 않은 소수, 나쁜 습관이 든 불로소득자, 꼭 필요한 공동체 의식이 결여된 합리적인 사상가 때문에 지속적으로 허약해진 것이 된다. 논리적 명제로 분명하게 제시된 적도 별로 없이 그냥 당연하게 여겨졌던 이 '결집된 열정'은 다음과 같은 파시즘의 정서적 기초를 놓았다.

- 어떤 전통적인 해결책도 소용없는 불가항력적 위기감.
- 개인의 어떤 권리보다 집단에 대한 의무를 우선시해야 하며, 개인은 집단에 복종해야 한다는 집단 우월주의.
- 자신의 집단이 희생자라는 믿음. 내부의 적이건 외부의 적

이건 모든 적에 대해 법률적 · 도덕적으로 한계가 없이 어떤 행동도 정당화하는 정서.[59)]

- 개인주의적 자유주의, 계급 갈등, 외부의 영향으로 공동체가 몰락하는 것에 대한 두려움.
- 가능하다면 동의를 구하겠지만 필요할 경우 배제적 폭력이라도 동원해, 공동체를 더 깨끗하게 더 긴밀히 통합해야 한다는 요구.
- (예외 없이 남성인) 타고난 지도자의 권위의 요청. 공동체의 운명을 단독으로 구현할 국가 지도자에 대한 갈망.
- 지도자의 본능이 추상적이고 보편적인 이성보다 우월하다는 믿음.
- 집단의 성공에 바쳐지는 폭력의 아름다움과 의지의 위력을 찬미하는 태도.
- 선택된 민족이 인간의 법이건 신의 법이건 어떠한 형태의 법적 제약도 받지 않고 다른 민족을 지배할 권리. 사회진화론적 투쟁 속에서 공동체의 용맹성이라는 유일한 기준으로 결정되는 권리.

파시즘의 '결집된 열정'은 역사적으로 다루기가 힘들다. 《성경》 속의 카인처럼 오래된 이야기가 많기 때문이다. 그러나 1차 세계대전 전에 확산된 민족주의 열기와 전쟁 발발로 인해 한껏 고조된 격정이 '결집된 열정'을 더욱 뚜렷하게 만들었다는 데에는 논쟁의 여지가 없는 것 같다. 파시즘은 머리 속에서 생겨난 것이라기보다는 가슴 속에서부터 솟아오른 것이며, 사상가와 저술가들에게만 몰두하여 파시즘의 뿌리를 연구한다면 가장 강력한 파시즘의 추진력을 놓치고 마는 셈이다.

장기적 전제조건

정치 · 사회 · 경제의 근본 구조가 장기적으로 변화함에 따라 파시즘을 향한 길이 닦였다. 앞에서 지적했듯이 파시즘은 여러 정치 운동 중 나중에 일어난 운동이다.[60] 이는 수많은 기본적 전제조건이 자리를 잡기 이전에는 파시즘을 마음속에 품는 것이 불가능했기 때문이다. 그 중 필수적인 전제조건이 '대중 정치(mass politics)' 다. 좌파에 대항하는 대중 운동으로서 파시즘은 시민이 정치에 참여하기 이전에는 아예 존재할 수 없었다. 파시즘으로 향하는 철길 위의 첫 번째 철로 전환기 일부는 1848년의 혁명[61]의 결과로 유럽에서 처음 실시된 성인 남자의 선거권으로 작동되었다. 그때까지도 보수주의자들과 자유주의자들 모두 부유하고 교양 있는, '책임 능력 있는' 시민들, 즉 광범위한 이슈들 중에 어떤 것이 바람직한지 선택할 줄 아는 사람들로 선거권을 제한해야 한다고 주장했다. 1848년의 혁명 이후에도 대부분의 보수주의자들과 신중한 자유주의자들은 선거권 제한을 복구하려고 노력했다. 하지만 몇몇 과감하고 혁신적인 보수주의 정치인들은 대중 선거권을 받아들여 관리하는 일에 모험을 걸기로 했다.

모험가인 루이 나폴레옹(Louis Napoleon, 1808~1873)은 1848년 12월에 성인 남자들 모두가 투표권을 행사한 선거에서 프랑스 제2공화정의 대통령으로 당선되었다. 그는 수수한 이미지와 오늘날 이

루이 나폴레옹. 그가 자유주의자들과 맞서기 위해 모든 성인 남자들에게 부여한 선거권은 이후 대중의 정치 참여를 여는 전기가 되었다.

른바 '인지도'라 불리는 것을(삼촌이 전 세계를 뒤흔든 황제인 나폴레옹 1세였다는 것) 이용했다. 1850년에 이리저리 옮겨 다니는 가난한 시민들의 선거권 박탈을 시도했던 (19세기 식의) 자유주의적 입법부와 갈등을 겪게 되었을 때, 루이 나폴레옹 대통령은 과감하게도 성인 남자의 선거권을 옹호하였다. 나폴레옹 대통령은 1851년 12월에 군사 쿠데타를 통해 황제 나폴레옹 3세로 등극한 이후에도 모든 시민 남성들이 유령 의회에 투표할 수 있도록 선거권을 허락하였다. 나폴레옹 3세는 한정된 소수의 교육받은 사람들에 대한 자유주의자들의 편애(그들에게만 선거권을 주자는 주장)에 맞섰으며, 가난한 사람들과 배우지 못한 사람들에게 호소하기 위해 단순한 슬로건과 상징을 교묘히 이용했다.[62]

이와 비슷한 방식으로 비스마르크(Otto von Bismarck, 1815~1898, 독일 통일을 이룬 철혈 재상)는 1871년에 자신이 새롭게 완성한 독일제국에서 자유주의자들과의 싸움에서 승리하기 위해 광범위하게 선거권을 주는 방안을 채택했다. 이런 권위주의자들을 '파시스트'[63]라고 부르는 것은 어불성설일 것이다. 하지만 이들이 훗날 파시스트들이 능숙하게 다루게 될 영역을 처음으로 개척한 것은 분명하다. 파시스트들은 선거권을 박탈하기보다는 유권자 대중을 조종하는 편을 택함으로써 보수주의자 및 자유주의자와 맺었던 관계를 끊었고, 당시 공손한 대중이 자신들을 대표해 나라를 통치해 달라고 선택한 저명인사들끼리 학구적 토론의 형태로 행하던 정치와도 결별하였다.

보수주의자들이나 신중한 자유주의자들과는 달리 파시스트들은 결코 대중을 정치 밖으로 몰아내려 하지 않았다. 그 대신 대중을 끌어들여 훈련시키고 활력을 불어넣기를 바랐다. 그러다가 1차 세계대전이 끝났을 무렵에는 무슨 일이 생겨도 선거권을 다시 축소할 수 없는 상황이 되었다. 나라 안의 젊은 남자들은 모두 조국을 위해 목숨을 바치라고 소집되었고, 그들에게 주어진 시민의 권리를 부정할 수 없게 된 것이다. (프랑스, 이탈리아, 스페인, 스위스를 제외한) 북유럽의 많은 나라들은 전쟁 중에 경제 · 사회적 역할이 엄청나게 커진 여성들에게도 선거권을 부여했다. 파시스트들은 가정과 직장에서 가부장제를 부활시키려 하면서도 여성들에게서 선거권을 박탈하기보다는 오히려 동조적인 여성들을 동원하려 했다. 적어도 선거 자체를 없애버릴 수 있기까지는 그랬다.[64]

파시즘이 나타나려면 유럽의 정치 문화 역시 먼저 바뀌어야 했다. 우파도 더는 대중 정치에의 참여를 피할 수 없다는 사실을 인식해야 했다. 우파의 이런 변화는 늘어나는 중간계급 시민들이 보수적 계층으로 쏠리면서 예전보다 쉽게 이루어졌다. 중간계급의 보수화는 그들의 제한된 민주적 요구가 충족되고 위협적인 사회주의자들의 새로운 요구가 구체적으로 나타나기 시작한 데 따른 것이었다. 1917년에 이르기까지(그 이전은 그렇지 않았다) 보수주의자들의 혁명 프로젝트는 중간계급 시민의 대부분을 1848년의 민주주의적 조상이 좌파에게 보인 충성심에서 멀어지게 할 만큼 직접적인 모습을 띠게 됐다. 보수주의자들은 다수 유권자를 관리하는 꿈을 꾸기 시작했다.

1848년까지 단결된 세력으로 남아 있던 민주주의 좌파와 사회주의 좌파가 서로 분열함으로써 파시즘이 싹을 틔울 수 있었다. 파시즘이 생겨나려면 좌파 역시 변화를 열성적으로 지지하던 모든 사람들 — 중간계급과 노동계급 안에 존재하는, 혁명을 꿈꾸는 사람들과 분노한 사람들 — 이 자연스럽게 의지하는 세력으로서의 지위를 잃어버려야 했다. 그렇기 때문에 광범위한 지지를 받는 성숙한 사회주의적 좌파 세력이 먼저 존재하지 않았다면 파시즘은 결코 생겨날 수 없었다. 실제로 파시스트들은 사회주의가 충분히 힘을 얻어 현실의 통치 세력의 일부가 됨으로써 전통적인 노동계급과 지식인 지지자들에게 환멸을 안겨줄 상황에 이른 후에야 자신들이 들어갈 공간을 찾을 수 있었다. 대중 정치가 되돌릴 수 없게 확립된 후뿐만 아니라 그 상태가 더 진행되어 사회주의자들이 정부에 참여하여 타협을 일삼게 된 시점에 이르렀을 때가 바로 파시즘이 들어갈 만한 시기였던 것이다.

그 발단은 1899년 9월, 사회주의자가 유럽의 부르주아 의회에서 처음으로 의석을 차지했을 때와 교차한다. 그 사회주의자는 드레퓌스 사건 당시에 맹공격을 받던 프랑스의 민주주의를 지원하기 위해 의회에 들어갔으며, 이로 인해 그를 도왔던 도덕적 순수주의자들[65]로부터 비난을 받았다. 1914년까지, 전통적인 좌파 지지자들 중 일부는 (그들이 생각하기에) '온건한' 의회사회주의자들의 타협 정책에 환멸을 느꼈다. 전쟁이 끝난 후, 그들은 좀 더 비타협적이고 혁명적인 것을 찾아 볼셰비즘으로 넘어갔다. 그리고 또 일부는 앞에서 살펴본 바와 같이 국가주의적 생디칼리슴을 거쳐 파시즘으로 전향했다.

1917년 이후 좌파는 1914년 이전에 했던 것처럼 세력을 모으면서 때를 기다리기만 하지 않았다. 저항할 수 없을 정도로 위력적으로 보였던 볼셰비키 혁명의 선두에 서서 전 세계를 향해 전진해나가는 것은 매우 위협적이었다. 러시아에서 레닌이 거둔 승리와 산업화가 더 진전된 독일에서 레닌 추종자들이 승리하리라는 예상은 중간계급과 상류층을 두려움에 떨게 만들었다. 이러한 두려움은 1918년에서 1922년 사이의 공황 상태에서 이들이 볼셰비즘에 새롭게 대처하는 방안을 찾은 이유를 이해하는 데 필수적인 요소이다.

볼셰비즘이 울린 화재경보는 1차 세계대전의 여파로 자유주의적 가치와 제도가 맞닥뜨린 곤경을 한층 더 가중시켜 비상 사태로 몰아넣었다.[66] 의회, 시장, 학교라는 세 가지 핵심적인 자유주의적 제도들은 이 비상 사태에 제대로 된 대응을 하지 못했다. 선거로 뽑힌 국민의 대표들은 어려운 정책 결정을 뒷받침할 수 있는 최소한의 공통 기반을 마련하려고 힘겹게 싸우고 있었다. 시장의 자동조절 기능에 대한 믿음은, 장기적으로는 옳을지 몰라도, 나라 안팎에서 직접적인 경제 혼란을 겪던 당시 상황에서는 우스꽝스러울 정도로

볼셰비키 혁명이 성공한 직후의 레닌(가운데)과 혁명 지도자들. 러시아에서 레닌이 거둔 승리와 독일에서 레닌 추종자들이 승리하리라는 예상은 보수층을 두려움에 떨게 만들었다.

부적절한 것으로 보였다. 자유로운 학교 교육 역시 상충하는 이익과 문화적 다원주의, 예술적 실험이 뒤섞여 내는 불협화음 속에서 크게 흔들리는 공동체를 통합하기에는 역부족으로 보였다. 하지만 자유주의 제도가 맞은 위기가 모든 나라에 똑같은 강도로 영향을 끼친 것은 아니다. 다음 장에서는 나라마다 달랐던 당시 상황에 대해 알아보도록 하자.

파시즘의 전조

파시즘이 예기치 못한 것이었다는 사실은 이미 앞에서 살펴보았다. 즉, 파시즘은 19세기의 어떤 정치적 경향과도 직접적인 연관이 없었다. 19세기의 주요 패러다임 — 자유주의, 보수주의, 사회주의 — 중 어떤 관점에서 보더라도 파시즘은 쉽게 이해할 수 있는 대상이 아니다. 1차 세계대전의 여파로 무솔리니의 운동을 비롯해 이와 비슷한 다른 움직임들이 나타나기 전에는 파시즘을 가리키는 용어도, 개념도 없었다.

하지만 큰 흐름을 보여주는 조짐은 있었다. 19세기 후반 '새로운 기조의 정치'[67]가 처음으로 조짐을 보이기 시작했는데, 온갖 형태의 국제주의나 세계주의에 반대하여 국가가 최우선임을 주장하는 첫 대중 운동이 일어난 것이다. 전 세계가 같이 경제공황을 겪고 민주적 관습이 널리 퍼져나가던 1880년대가 이 대중 운동이 등장하는 데 매우 중요한 문턱 구실을 했다.

1880년대 유럽을 포함한 전 세계는 최초의 세계화(globalization) 위기라고도 할 수 있는 상황을 맞았다. 새롭게 등장한 증기선으로 인해 값싼 밀과 고기가 유럽으로 들어오자, 가족형 소농과 귀족 지주들이 파산했고 일자리를 잃은 농촌 사람들은 도시로 몰려들기 시작했다. 동시에 철도의 발달과 함께 도시로 밀려든 값싼 공산품은 전통적인 숙련 노동자들에게 남아 있던 것을 바닥까지 훑어가버렸다. 또 전례 없는 수의 이민자들이 생겨났는데, 스페인과 이탈리아에서 온 친숙한 문화의 노동자들에서부터 동유럽에서 탄압을 피해 도망온 이질적인 문화의 유대인들까지 수없이 많은 이민자들이 서유럽으로 몰려든 것이다. 이러한 큰 사건들은 오늘날 우리가 파시즘의 첫 움직임이라고 파악하는 1880년대 몇몇 사태의 배경을 이루었다.

앞서 잠깐 언급한 적이 있는 보수적인 프랑스와 독일의 성인 남자 선거권 확대 실험은 1880년대에 더 한층 확대됐다. 영국은 1884년의 3차 선거법 개정을 통해 유권자 수를 두 배로 늘리면서 거의 모든 성인 남자들을 포함시켰다. 이런 분위기에서 프랑스, 독일, 영국의 정치 엘리트층은 1880년대의 변화된 정치 문화에 익숙해져야만 했다. 오랫동안 거의 자동적으로 의원이 되었던 상류층 사람들이 누려온 사회적 존경은 약해졌고, 상점 주인, 지방의 의사와 약사, 소도시 법률가 등 비특권 계급이 정치에 관여하는 길이 열린 것이다. 서민 출신의 첫 프랑스 총리인 레옹 감베타(Léon Gambetta, 1838~1882, 나폴레옹 3세를 몰아낸 공화주의자)는 널리 알려진 대로 1874년 '새로운 계층(nouvelles couches)'을 의회로 처음 소집했는데, 그 자신 식료품 장수인 이탈리아 이민자의 아들이었다.

새롭게 선출된 의원들은 사유재산이 부족했기 때문에, 의회에서 받은 월급만으로 생활을 꾸려나가는 첫 직업 정치인이 되었다.[68] 그때까지 유럽 각국의 의회를 차지했던 '고귀하신 분들'과 같은 세습된 인지도를 누리지 못하는 신흥 정치인들은 새로운 종류의 지지망과 호소력이 필요했다. 그들 중 일부는 프리메이슨단과 같은 중간계급의 사교 클럽을 바탕으로 (감베타가 이끌던 프랑스의 급진당과 같은 성격의) 정치적 도당(徒黨)을 만들었다. 또 독일과 프랑스의 일부 정치인들은 반유대주의와 민족주의가 사람들을 끄는 힘이 있다는 사실을 깨닫게 되었다.[69]

19세기 말, 새롭게 떠오르던 민족주의는 노동조합 속으로도 침투해 들어갔다. 2장 앞 부분에서 언급했듯이, 당시 합스부르크제국에 속해 있던 보헤미아 지역에서는 독일어를 쓰는 노동자들과 체코어를 쓰는 노동자들 사이에 갈등이 일어났다. 1914년에는 민족주의 감정을 부추김으로써 일부 노동계급을 동원해 다른 노동계급과 맞서게 하는 것이 가능해졌다. 이런 경향은 1차 세계대전 이후에 더욱 강화되었다.

이런 이유들로 인해, 대중 정치 시대에 일어난 첫 번째 대규모 경기 침체였던 1880년대의 경제 위기는 대중 선동에 길을 열어주었다. 경기 침체에 이어진 생활 수준의 하락은 현직 의원들에게는 선거 패배를, 성난 유권자들에게 간결한 슬로건으로 호소할 준비를 끝낸 정치 아웃사이더들에게는 승리를 안겨주었다.

대중에 기반을 둔 몇몇 악명 높은 대중주의적 민족주의 운동은 1880년대 유럽에서 일어났다. 프랑스에서는 일찍부터 상당히 많은 정치적 실험이 일어났는데, 이번 경우에도 선구자 노릇을 했다. 외모가 화려한 불랑제(Georges Boulanger, 1837~1891) 장군은 1886년 1월 온건 좌파 성향의 샤를 드 프레시네(Charles de Freycinet, 1828~1823) 정부의 전시 장관이 되었다. 불랑제 장군은 프랑스-프로이센 전쟁에서 프로이센에 맞서 용감히 싸웠고, 병사들을 따뜻하게 대해주었으며, 애국 행진에서 검은 말을 타고 금빛 수염을 휘날리며 멋진 모습을 보여준 덕에 파리에서 영웅 대접을 받았다. 하지만 1887년 5월, 불랑제는 전시 장관 자리에서 해임되는데, 독일과의 긴장 상태가 지속되는 동안 지나치게 호전적인 언어를 사용했기 때문이었다. 그가 재임명되어 지방으로 떠나게 되자, 파리에 있던 그의 추종자들이 대규모 집회를 열고 그가 탄 기차를 막기 위해 철로에 드러눕는 사태까지 발생했다. 불랑제는 원래 (당시 프랑스 정치 용어로는 '급진파' 라고 불렸던) 반(反)교권적인 온건 좌파에 가까웠지만, 이제 그는 스스로 좌파와 우파 양쪽의 지지를 받는 정치적 혼란의 중심에 서게 되었다. 불랑제는 간접적으로 선출되는 상원을 폐지하자는 등의 급진파의 제안을 계속해서 지지하면서, 전면적인 헌법 개정에 찬성하기도 해서 이 행운의 사나이가 음모를 꾸미고 있다는 냄새를 풍겼다.

놀란 정부가 불랑제를 군대에서 제적하자 그는 새롭게 얻은 정치적 야심에 자유롭게 몰두할 수 있게 되었다. 그의 전략은 의원의 죽음이나 사직으로 의회에 공석이 생길 때마다 실시하는 모든 보궐선거에 출마하는 것이었다. 불랑제는 노동자들이 많이 사는 곳에서 큰 인기를 얻었다. 군주제주의자와 보나파르트주의자(Bonapartist, 나폴레옹 1세와 3세의 정치 체제를 지지하는 사람들. 보나파르트주의는 부르주아와 프롤레타리아 양 계급 사이에서 타협과 거래를 통해 권력을 유지하는 정치 체제였다)들은 불랑제에게 선거 자금을 지원했는데, 그가 당선될 경우 공화정을 개혁하기보다는 손상시킬 가능성이 컸기 때문이었다. 1889년 1월, 그가 파리에서 실시된 보궐선거에서 큰 표 차로 승리하자, 그의 지지자들은 공화정에 대항해서 쿠데타를 일으킬 것을 촉구했다. 당시 공화정은 금융 스캔들과 경제공황으로 휘청거리는 상태였다. 하지만 정점에 오른 순간, 이 행운의 사나이 불랑제는 머뭇거리다 기가 꺾이고 말았다. 정부의 기소 위협에 4월 1일 벨기에로 도피하고 만 것이다. 그리고 훗날 정부(情婦)의 무덤 앞에서 자살로 생을 마쳤다. 불랑제주의(Boulangism)는 결국 용두사미로 끝나고 말았다.[70] 하지만 불랑제는 유럽 최초로 대중에 기반을 둔 대중주의적 민족주의자들이 카리스마적인 인물을 지지하여 모여들 수 있는 요소들을 결집시키는 역할을 했다.

1894년 체포될 당시의 알프레드 드레퓌스. 그의 반역 혐의에 관한 재판을 두고 12년 동안 논란을 일으켰던 드레퓌스 사건은 프랑스 제3공화정에 큰 얼룩을 남겼다.

이와 비슷한 요소들은 1896년 이후 알프레드 드레퓌스(Alfred Dreyfus, 1859~1935) 대위를 반대하여 프랑스에서 일어난 대중적 정서와 뒤섞여 그 모습을 드러냈다. 유대계 육군 장교였던 드레퓌스는 독일 스파이로 오인을 받아 잘못 고발당한 인물이었다. 드레퓌스 사건은 1906년까지 프랑스를 뒤흔들었다. 반(反)드레퓌스 진영은 국가의 권위와 군의 명예를 지키기 위해 보수주의자들과 일부 좌파의 도움을 얻었는데, 모두 전통적으로 반자본주의 성향의 반유대주의와 자코뱅주의적인 과격한 민족주의의 영향을 받은 사람들이었다. 반면에, 대다수 좌파와 중도파로 이루어진 친(親)드레퓌스 진영은 인권의 보편적인 기준을 옹호했다. 반드레퓌스 진영의 샤를 모라스(Charles Maurras, 1868~1952, 프랑스의 철저한 국가주의 시인, 사상가)는 어떤 보편적인 가치보다 국가가 앞선다고 주장했다. 모라스의 악시옹 프랑세즈(Action Française, '프랑스의 행동'이라는 뜻의 우익 반공화주의 단체) 운동을 진정한 파시즘의 시작으로 여기는 사람들도 있다.[71] 드레퓌스를 사건에 연루시키는 데 이용된 서류가 조작된 것으로 판명되었을 때도, 모라스는 기세가 꺾이지 않았다. 그는 그 위조를 '애국적인 위조(faux patriotique)'라고 말했다.

오스트리아-헝가리제국은 대중주의적 민족주의 영역을 처음으로 개척하는 선구자적 운동이 성공할 수 있는 배경을 갖추고 있었다. 게오르크 폰 쇠네러는 수데텐 지방 출신의 부유한 지주로 범게르만주의의 사도였다. 쇠네러는 보헤미아의 서쪽 경계를 따라 가면서 합스부르크제국의 독일어 사용자들을 규합해 독일제국과의 통합을 위해 노력하도록 이끎과 동시에 카톨릭 및 유대인 세력에 맞서 싸우게 했다.[72] 카를 뤼거가 1897년 빈 시장에 당선된 사정은 이미 앞에서 다루었다. 뤼거는 오스트리아 황제와 전통적인 자유주의자들의 반대를 누르고 시장이 되었으며, 1910년 숨을 거둘 때까지 (가스, 수도, 전기, 병원, 학교, 공원 등을 공유화하는) '도시사회주의'(municpal socialism, 19세기 말에 산업의 시유화(市有化)를 주장하고 자본주의 체제 안에서 기업의 시영(市營)을 주장한 운동과 사상)와 반유대주의를 선구자 정신으로 혼합해서 그 무엇에도 굴하지 않고 빈을 다스렸다.[73]

1880년대 독일의 정치인들도 반유대주의에 호소하는 정치 실험을 실시했다. 궁전의 신교도 목사였던 아돌프 슈퇴커(Adolf Stöcker, 1832~1909)는 노동계급과 중간계급 하층의 지지를 보수주의로 끌어들이기 위해 자신이 세운 기독교사회당(Christlich-Sozialen Arbeiterpartei) 내에서 반유대주의를 활용했다. 새로운 자유주의 세대는 귀족들과 대농장주들로 이루어진 오래된 집단의 바깥에서 성장했는데, 사회적 존경이라는 구식 수단이 없었던 이 자유주의 세대는 대중 정치를 관리하는 새로운 방식으로 반유대주의를 활용했다.[74] 하지만 독일의 공공연한 반유대주의 정치 실험은 20세기 초반에 이르러 움츠러들어 의미를 잃고 말았다. 이런 선구적 움직임들을 살펴보면 훗날 파시즘의 여러 요소들은 진작부터 존재하고 있었지만, 이런 움직임들을 조직적으로 구성해서 지지를 끌어낼 수 있는 여건은 아직 무르익지 않았다는 사실을 알 수 있다.[75]

'국가사회주의(national socialism)'가 현실에서 모습을 드러낸 첫 구체적 사례는 거의 틀림없이 1911년 프랑스의 프루동 모임(Cercle Proudhon)이라고 할 수 있다. 이는 '유대인 자본주의'에 대한 공격적 활동을 둘러싸고 '민족주의자와 좌익 반민주주의자를 통합'하려는 목적으로 만들어진 연구회였다.[76] 이 모임을 만든 사람은 예전에 샤를 모라스가 세운 악시옹 프랑세즈에서 과격분자로 활동한 적이 있는 조르주 발루아(Georges Valois)였다. 발루아는 노동계급을 마르크스주의적 국제주의(Marxist internationalism)에서 국민으로 전향시키는 데 집중하기 위해 모라스에게 결별을 고했다. 그러나 몇몇 지식인들과 언론인들을 규합하는 수준을 넘어 한층 광범위하게, "유럽이 숨막혀하던 저속한 부르주아 물질주의를 상대로 승리를 거두고 …… 황금에 맞서 힘과 피를 자각시킨" 발루아의 '영웅적 가치'를[77] 지지하게 하기에는 너무 이른 감이 있었다.

'국가사회주의'라는 용어는 프랑스의 민족주의 작가인 모리스 바레스가 처음 만들어낸 것이다. 그는 귀족주의적 모험가인 드 모레 후작(Marquis de Morès)을 '최초의 국가사회주의자'라고 말했다.[78] 드 모레는 미국의 노스다코타에서 목장을 경영하다 실패한 후, 1890년대에 파리로 돌아와 반유대주의자로 폭력 집단을 결성하여 유대인 상점과 사무실을 습격했다. 한때 목장을 경영했던 드 모레는 파리의 도살장 직원들 중에서 단원을 뽑았다. 그는 반자본주의와 반유대 민족주의를 혼합해서 이들에게 호소력을 발휘했다.[79] 드 모레를 따르던 폭력 집단은 그가 미국 서부에서 보았던 카우보이 옷을 입고 챙이 넓은 카우보이 모자를 썼다. 그가 (상상력을 적당히 발휘하여) 입은 그 복장은 파시즘의 첫 제복이었고 훗날의 검은색과 갈색 셔츠보다 앞선 것이었다. 드레퓌스 사건이 일어난 지 얼마 안 되었을 때, 드 모레는 유대인 장교 아르망 메이에르(Armand Meyer) 대위를 결투 끝에 죽였다. 그리고 그 자신은 1896년 "이슬람 문명과 스페인에 프랑스를 통합"[80]하기 위해 떠난 사하라 원정에서 투아레그족 안내인에게 죽임을 당하였다. 그는 생전에 "삶은 오직 행동을 통해서만 가치를 지니게 되는 것이다. 따라서 만일 행동이 죽음을 맞는다면 그것만큼 나쁜 것도 없다."[81]라고 말했다.

몇몇 이탈리아인들이 그 뒤를 이었다. 소렐의 이탈리아 제자들 몇몇은 '민족'에서 프롤레타리아 혁명이 제공하지 못하는 '신화'를 찾아냈다.[82] 소렐을 비롯해, 한때 사회주의가 박해받는 저항 세력이었을 때 제공하던 동기의 순수성과 헌신의 강도를 유지하고 싶어하던 사람들은 의회사회주의의 타협적 자세를 경멸하는 사람들과 총파업 — 1914년 6월 밀라노에서 커다란 패배를 거둠으로써 겪게 된 '피의 주간(red week)'이 정점이었다. — 의 실패로 환멸을 느낀 사람들에게 합류했다. 그들은 생산력주의(productivism)[83]와

'프롤레타리아' 이탈리아를 위한 팽창주의 전쟁이 — 1911년 이탈리아가 리비아를 침략했던 것처럼 — 총파업 대신에, 이탈리아의 혁명적 변화를 위해 필요한 가장 효과적인 동원의 신화가 될 수도 있다고 생각했다. 파시스트들이 짓게 될 건축물에 또 다른 벽돌 하나가 올라간 셈이었다. 즉, 영웅적이고 반사회주의적인 '국가주의적 생디칼리슴'을 통해 사회주의 지지자들을 국가로 다시 불러들이려는 기획이 이 벽돌이었다.

이런 전조들을 생각해볼 때, 어떤 나라에서 초기 파시즘 운동이 싹텄는지는 논쟁의 여지가 있다. 프랑스는 자주 거론되는 후보지이다.[84] 러시아도 언급된 바 있다.[85] 하지만 독일을 첫 손가락으로 꼽는 사람은 거의 없다.[86] 기능적으로 파시즘과 관련된 최초의 현상은 미국에서 일어났다고 할 수 있을 것이다. 백인 우월주의 집단인 KKK(Ku Klux Klan)가 바로 그것이다. 내전(남북전쟁)이 끝나자마자 일부 남부동맹의 장교들은 1867년 급진적 재건주의자들이 아프리카계 미국인들에게 부여한 투표권을 두려워하며 뒤집힌 사회 질서를 바로잡는다는 목적으로 민병대를 조직했다. KKK의 창시자들은 자신들이 생각하기에 더는 공동체의 합법적인 이익을 지켜주지 못하는 합법적 국가에 대응하는 대안적 민간 권력기관을 확립했다. 흰 가운과 모자로 이루어진 제복을 입고, 위협의 기술, 자신들의 운명을 위해 폭력이 정당화될 수 있다는 신념[87]으로 무장함으로써, 패배한 미국 남부에서 나타난 KKK의 첫 번째 판본은 파시즘 운동이 1차 세계대전과 2차 세계대전 사이의 유럽에서 실행되는 양상을 미리 보여준 주목할 만한 예고편이었다. 결국, 미국과 프랑스처럼 시기적으로 민주주의를 빨리 실시한 국가들이 민주주의에 대한 반

KKK단. 남북전쟁 후 남부에서 등장한 KKK단은 파시즘 운동이 1차 세계대전 이후 유럽에서 실행되는 양상을 미리 보여준 예고편이었다.

발도 가장 일찍 맛보아야 했다는 사실은 전혀 놀라운 일이 아니다.

오늘날의 관점에서 우리는 이러한 정치 실험들을 다가올 정치의 새로운 형태를 짐작할 수 있게 해주는 전조라고 쉽게 이해할 수 있다. 그러나 당시에는 이런 실험들이 개별적인 모험가들이 저지르는 개인적 탈선으로만 보였다. 그때까지만 해도 새로운 체제의 선례로서 인식되지 못한 것이다. 이런 정치 실험들은 이와 같은 방식으로 과거를 돌아볼 때만 모습을 드러낸다. 모든 조각들이 한데 모이고, 공간이 활짝 열리고, 이름이 생긴 후에야 말이다.

새로운 지지 세력

앞에서 파시즘 운동의 시작을 설명하는 가운데 분노한 퇴역군인들의 이야기가 반복해서 나왔다. 만일 파시즘이 퇴역군인들 외의

다른 세력을 끌어들이지 못했더라면 퇴역군인들과 그 후배들의 압력 단체로만 남아 있었을 것이다.[88)]

무엇보다 초기의 파시스트들은 대부분 젊은이들이었다. 젊은 세대는 나이 든 세대에게 전쟁의 책임이 있다고 확신했으며, 그들이 전선에 있었건 후방에 있었건 상관없이 여전히 자신들의 지위에만 집착하고 있으며, 젊은이들의 관심사를 전혀 이해하지 못한다고 생각했다. 투표 경험이 한 번도 없는 젊은이들은 파시즘이 주장하는 반(反)정치적 정치를 열렬히 지지했다.[89)]

파시즘이 큰 성공을 거둔 것은 이전의 정당들과 몇 가지 확연히 구별되는 특성이 있었기 때문이었다. 선거 기간에만 몸을 낮춰 대중과 만났던 '명사들'이 이끄는 중간계급 정당과 달리, 파시스트당은 당원들을 똑같은 정서로 함께 노력하는 격정적인 형제애 속으로 이끌었다.[90)] 또, 사회주의당이나 부르주아당과 같은 계급당과는 달리 파시스트당은 모든 계층의 사람들을 하나로 결합한다는 약속을 실현하였다. 이런 파시스트당의 성격은 많은 사람들에게 크게 호감을 샀다.[91)]

하지만 초기 파시스트당이 모든 계급의 사람들을 똑같은 비율로 지지 세력으로 끌어들인 것은 아니었다. 파시즘이 중간계급 하층이 느끼는 분노를 가장 잘 구현했다고 여겨질 정도로 파시스트당의 대부분은 중간계급 사람들로 채워졌다.[92)] 그러나 결국은 모든 정당들이 중간계급 중심으로 이루어지게 되었다. 자세히 살펴보면 파시즘은 일부 상류층 유권자들의 지지도 받았음을 알 수 있다.[93)]

또 초기의 파시즘은 흔히 생각하는 것보다 훨씬 더 많이 노동자들의 지지를 얻었다. 비록 노동자들이 전체 인구에서 차지하는 비

바이에른의 첫 번째 고속도로 건설 시공식에서 히틀러식 경례를 하고 있는 노동자들. 초기의 파시즘은 흔히 생각하는 것보다 훨씬 더 많이 노동자들의 지지를 받았다.

율에 비해 파시즘을 지지하는 노동자들의 비율은 낮은 편이긴 했지만 말이다.[94] 이렇게 노동계급 출신의 파시스트가 비교적 적었던 까닭은 민족주의와 인종 청소의 호소력에 대한 프롤레타리아적 면역성 때문이 아니었다. 이 문제는 '면역(immunization)'과 '신앙고백주의(confessionalism)'를 통해 더 잘 설명할 수 있다.[95] 세대를 이어 클럽과 신문, 조합, 집회를 통해 사회주의의 풍부한 하위 문화에 깊숙이 관련되어 있던 사람들은 쉽게 다른 대상을 향해 충성심을 표현할 수 없었던 것이다.

사회주의자 공동체에 속해 있지 않은 노동자들은 파시스트가 될 가능성이 더 높았다. 또 직접 행동의 전통과 의회사회주의에 대한 적개심의 전통을 지닌 노동자들도 마찬가지였다. 그 예로, 전통적으로 아나키즘적인 이탈리아 서부 도시 카라라(Carrara)에서 파업에 적대적이었던 대리석 노동자들[96]이나 주세피 줄리에티(Giuseppi Giulietti) 대위가 조직한 제노바 선원 연합을 들 수 있다. 줄리에티는 단눈치오(Gabriele D' Annunzio, 1863~1938)를 추종했다가 나중에는 무솔리니를 따랐다. 실업 상태에 있던 사람들 역시 조직화된 사회주의에서 분리되었다(구성원들 간의 불화를 야기하는 혹독한 경제공황 상황에서는 조직화된 사회주의가 실업자들보다 일자리가 있는 노동자들을 더 존중하는 것처럼 보였기 때문이었다). 하지만 처음으로 선거권을 받은 세대가 아니었거나 혹은 중간계급 출신이 아니었다면 실업자들은 파시스트보다는 공산주의자가 될 가능성이 더 높았다.[97] 교구 공동체가 뿌리 깊은 곳에서도 비슷한 현상이 나타났는데, 이를 통해 나치 지지자 중에 신교도보다 카톨릭 교도가 적었던 이유를 설명할 수 있다.

특별한 지역적 환경이 프롤레타리아들을 파시즘으로 이끈 경우도 있다. 황폐한 이스트 런던 지역의 영국파시스트연합(British Union of Fascists, BUF)은 회원 가운데 약 3분의 1이 실업 상태거나 비숙련 · 반숙련 노동자였다. 영국파시스트연합은 노동자들이 이민 온 지 얼마 되지 않는 유대인들에게 품고 있던 적의와 무능력한 노동당에 대한 실망감, 또는 퍼레이드를 공격한 공산주의자와 유대인들에 대한 분노를 이용해 회원을 모집하였다.[98] 헝가리의 화살십자당(Arrow Cross)은 공업이 집중적으로 발달한 부다페스트 중심부의 체펠 섬에서 그 지역 3분의 1 이상의 표를 얻었다. 그리고 지방의 일부 광산 지역에서도 커다란 성공을 거두었는데, 모두 반정부 항의 표를 흡수할 만한 적당한 좌파 대안이 없는 상태였다.[99)]

파시즘이 지지 세력을 규합하는 데 이성보다 감정에 더 많이 호소하였는가 하는 문제는 뜨거운 논쟁의 대상이다.[100)] 파시즘이 지닌 분명한 감정의 힘은 정서적으로 불안하거나 성적(性的)으로 빗나간 사람들을 지지 세력으로 끌어들였다는 풍문을 낳았다. 앞으로 8장에서 역사심리학(psychohistory)의 함정을 일부 다루도록 하겠다. 다시 강조해야 할 부분은 히틀러가 비록 증오심과 비정상적인 강박관념에 의해 움직이는 사람이긴 했어도 실용적인 의사 결정과 이성적인 선택을 얼마든지 할 수 있었다는 점이다. 1942년 이전은 특히 그랬다.

나치즘이나 파시즘의 다른 여러 형태들을 일종의 정신 장애라고 결론 내리는 것은 두 배로 위험한 발상이다. 이는 수많은 '정상적' 파시스트들에게 핑곗거리를 제공할 뿐이며, 진정한 파시즘의 완전한 정상 상태를 제대로 인식하지 못하게 한다. 대부분의 파시즘 지도자들과 활동가들은 이성적인 관점에서 충분히 이해할 만한 과정을 통해, 그런 예외적인 권력과 책임의 자리로 떠밀린 상당히 정상적인 사람들이었다. 파시즘을 정신병적인 현상이라고 본다면 우리는 길을 잃고 방황하게 될 것이다. 히틀러가 변태성욕자였다는 의심은 확실한 증거를 바탕으로 하고 있지 않다.[101)] 비록 그가 악명 높게도 통상의 가정적인 남자와는 거리가 멀었지만 말이다. (나치 돌격대의 에른스트 룀과 에드문트 하이네스(Edmund Heines) 같은) 동성애자들과 (하인리히 힘러와 같은) 폭력적인 동성애 혐오자들 모두 나치즘이라는 남성적인 단체에서 눈에 띄는 존재였다. 하지만 나치의 동성애자 비율이 일반 대중 사이에서의 비율보다 높았다는 주장에는 아무런 근거가 없다. 이탈리아의 파시즘에서는 동성애 문제가 아예 제기되지 않는다.

파시즘 지도자들은 새로운 유형의 이단아들이었다. 전에도 새로운 인물들이 국민적 지도력을 자기 힘으로 획득한 적이 있었다. 귀족 장교들보다 용맹하게 싸운 불굴의 용사들은 오래 전부터 있어왔고, 왕에게 이들은 꼭 필요한 존재들이었다. 나중에 등장한 정치적 인물들 중에는 19세기 후반 유권자 확대 정책에 의해 입지를 확보한 평범한 배경의 젊은이들이 많았다. 앞서 언급한 프랑스 정치인 레옹 감베타나, 바이마르 공화국의 위대한 정치인으로 꼽히는 맥주 도매상의 아들인 구스타프 슈트레제만(Gustav Stresemann, 1878~1929)이 바로 그런 경우이다. 현대에 성공적인 이단아의 세 번째 유형은 (기업가 정신이 강한 자전거 제조업자 헨리 포드(Henry Ford)와 윌리엄 모리스(William Morris), 그리고 라이트 형제처럼) 새로운 산업사회의 똑똑한 기술자들을 들 수 있다.

하지만 많은 파시즘 지도자들은 새로운 유형의 주변적인 인물들이었다. 이전 시대의 '중간에 정치에 뛰어든 유형들', 즉 운 좋은 군인이나 갑자기 출세한 의회 정치인, 기술 전문가들과는 달랐다. 그들은 보헤미안이었고 룸펜 지식인이었으며 딜레탕트였다. 그들은 군중을 마음대로 주무르고 분노를 부추기는 것 외에 어떤 분야에서도 전문적이지 못했다. 히틀러는 미술대학 낙방생이었고, 무솔리니는 생업이 교사였지만 체제 전복을 기도한 까닭에 스위스와 트렌티노에서 쫓겨난 조급한 혁명가였다. 요제프 괴벨스는 문학적인 야심이 있었지만 대학을 졸업한 후 직장을 갖지 못했다. 헤르만 괴링(Hermann Göring, 1893~1946)은 정처 없이 떠돌던 1차 세계대전의 비행기 조종사였고, 하인리히 힘러(Heinrich Himmler, 1900~1945)는 농업경제학을 공부한 학생이었지만 비료를 팔거나 닭을 기르는 데는 영 소질이 없었다.

초기의 파시즘 핵심 인물들은 흔히 부르는 대로 '주변적인 이단아'라고 하기에는 사회적 기원과 교육 배경이 너무도 다양했다.[102)]전과가 있는 거리의 싸움꾼이며 마테오티의 살해 용의자인 아메리고 두미니(Amerigo Dumini), 우체국 직원의 아들로 자라 히틀러의 최측근 비서관이 된 마르틴 보어만(Martin Bormann, 1900~1945?), 조반니 젠틸레[103)] 같은 철학 교수, 아르투로 토스카니니(Arturo Toscanini, 1867~1957)[104)] 같은 음악가 — 비록 짧은 기간이었지만 — 에 이르기까지 다양한 사람들을 포함했다. 이들을 하나로 결합한 것은 결국 사회적 지위가 아닌 가치관이었다. 즉 케케묵은 부르주아 정치에 대한 경멸, 좌파에 대한 반감, 열정적인 민족주의, 필요할 경우 폭력을 받아들이겠다는 생각 등이 바로 이들을 결속시킨 힘이었다.

누군가 정당(政黨)을 가리켜 버스와 같다고 한 적이 있다. 사람들이 끊임없이 탔다 내렸다 하기 때문이다. 지금부터 우리는 파시즘의 지지자들이 초기의 급진주의자에서부터 후기의 출세주의자까지 시간에 따라 어떻게 변해갔는지 그 모습을 살펴볼 것이다. 자, 역시 초기 단계만을 통해 파시즘 현상 전체를 다 보기는 불가능하다.

기원을 통해 파시즘 이해하기

이 장에서는 초기의 파시즘 운동이 언제, 어디서, 누구를 대상으로, 어떤 수사(修辭)를 이용하였는지 살펴보았다. 이제는 초기의 파시즘 운동이 전부가 아니라는 점을 이해하게 되었다. 초기의 파시즘은 주변부의 목소리 이상이 되려고 애쓰는 바로 그 적극성을 통해 변화해갔다. 어디에서든지 파시즘이 권력을 향해 더 적극적으로 나아간 곳에서는 그 노력 때문에 급진적인 초기의 시절과 놀랄 만큼 다른 모습이 되었다. 그렇기 때문에 초기의 파시즘 운동을 이해하는 것은 전체 현상을 부분적으로 불완전하게 이해하는 것밖에는 안 된다.

파시즘의 시작에 대해 이상할 정도로 많은 역사적 관심이 쏟아졌다는 사실은 참으로 호기심을 끄는 일이 아닐 수 없다. 이에 대해 몇 가지 이유를 들 수 있다. 우선, 잠재된 (하지만 사람들을 오도하는) 진화론적 가정이 있다. 이는 무언가의 기원을 알게 되면 그 내면의 청사진도 터득할 수 있다는 관점이다. 또 다른 하나는, 초기 단계의 파시즘이 사용한 언어와 문화 유물이 풍부해서 역사학자들이 쉽게 자료를 구할 수 있다는 점이다. 권력에 가까이 가거나 권력을 휘두르기 위해 벌이는 더욱 미묘하고 더 은밀하며 더 야비한 협상은 어쨌든 덜 매혹적인 주제로 보인다(하지만 분명히 잘못된 생각이다!).

파시즘에 관한 그토록 많은 연구들이 초기의 운동에만 몰두하고 있는 진짜 실질적 이유는 대부분 파시즘 운동이 그 이상으로 깊이 진행되지 않았기 때문이다. 스칸디나비아, 영국, 베네룩스 3국, 심지어는 프랑스에서 일어난 파시즘을 연구하는 것은 신문사를 설립하고, 시위 몇 번 하고, 거리 한쪽에서 연설하는 것 이상으로는 결코 발전한 적 없는 운동을 연구한다는 것을 뜻할 수밖에 없다. 스페인의 호세 안토니오 프리모 데 리베라(José Antonio Primo de Rivera, 1903~1936, 스페인의 독재자 미겔 프리모 데 리베라의 아들. 파시즘 정당인 팔랑헤당을 창설했다)와 영국의 오스왈드 모슬리(Oswald Mosley, 1896~1980, 영국 파시즘 운동의 핵심 인물. 영국파시스트연합의 지도자를 역임했다), 그리고 프랑스에서 가장 노골적으로 일어난 파시즘 운동은 선거 과정에 한 번도 참여한 적이 없었다.[105]

주로 초기의 파시즘을 살펴보다 보면 우리는 잘못된 길로 발을 들여놓기 쉽다. 초기 파시즘에만 몰두하게 되면, 권력을 추구하는 행동가들이 중요한 결정을 내리는 모험적 활동 한가운데로 지식인들을 던져넣는 것이 된다. 지식인을 중심에 두고 사태를 판단하게 되는 것이다. 지식인들의 영향력은 파시즘의 주기에서 '정착(뿌리내리기)' 단계에서부터 '정권' 단계에 이르는 동안 점점 줄어들었다. 비록 어떤 아이디어들은 '급진화' 단계에서 거듭 주장되었음에도 불구하고 말이다(6장 참조). 게다가 파시즘의 기원에 집중하면 초기 파시즘의 반부르주아적 수사와 자본주의를 향한 비판을 잘못 강조하게 될 뿐이다.

그리고 데 리베라의 '시적(詩的) 운동'을 특별하게 대해주게 될 것이다. 그의 시적 운동은 "우리 계급에 속하는 많은 사람들에게 힘들지만 정당한 희생을 부과"하고, "특권이 많은 세력가와 마찬가지로 미천한 사람에게도 손을 뻗는 것"을 표방하고 있었다.[106] 또한 파시즘의 기원에만 집착하면, 1945년 2월 프랑스의 천재 작가 로베르 브라지야크(Robert Brasillach, 1909~1945, 나치 점령하의 프랑스에서 적극적으로 반유대주의와 파시즘을 선전하였다. 종전 직후 부역죄로 처형당했다)가 반역죄로 사형을 당하기 직전 향수를 품고 추억한 "젊은이들의 위대한 붉은 파시즘"에도 특별한 대접을 해주게 된다.[107)]

결국 '비교'는 초기 단계에서 별로 유용하지 못한데, 대중 정치가 있던 모든 나라에서는 1918년 이후 어느 시점에서든 미성숙한 파시즘 운동이 일어났기 때문이다. 하지만 이런 비교는 파시즘의 지적 창조성이 반드시 파시즘의 성공으로 이어지는 것은 아니라는 사실을 알려준다. 몇몇 학자들은 파시즘이 프랑스에서 처음 만들어졌으며 지적인 전성기도 프랑스에서 맞이했다고 주장한다.[108)] 하지만 프랑스의 파시즘은 프랑스가 독일에 군사적으로 패배한 1940년까지 권력에 가까이 가지 못했다. 여기에 대해서는 앞으로 좀 더 자세히 다루어보겠다.

투표함을 통해 초기 파시즘을 처음으로 시험해본 사람은 무솔리니였다. 그는 자신의 반사회주의적이면서 반부르주아적인 '반(反)정당' 주의가 이탈리아의 모든 퇴역군인과 그들을 추종하던 자들의 지지를 받을 것이라 생각했다. 그리고 자신이 세운 '파시 디 콤바티멘토'가 모든 계층의 지지를 얻는 대중 정당이 될 것이라 믿었다. 그는 원래의 산세폴크로 강령에 입각해 급진적인 국가 변혁과 팽창주의적 민족주의를 혼합한 공약을 내세우며 1919년 11월 16일에 밀라노에서 열린 의회선거에 출마하여, 전체 315,165표 가운데 4,796표를 얻었다.[109)] 무솔리니가 이탈리아 정치계에서 주요 경쟁자가 되려면 먼저 조정과 적응의 과정을 거쳐야 했다.

파시즘을 전부 이해하기 위해서는 파시즘의 초기 모습만큼 후기의 모습에도 관심을 쏟아야 할 것이다. 이제부터는 몇몇 종류의 파시즘이 파시즘 운동에서 출발해 정당을 거쳐 정권에 이른 뒤 종국적 발작으로 끝나기까지 걸어간 길을 특징짓는 '적응'과 '변형'의 과정을 살펴보겠다.

3장 | 뿌리 내리기

파시즘의 개선 행진

1차 세계대전과 2차 세계대전 사이에 전 세계의 거의 모든 국가들, 특히 대중 정치를 하는 나라에서는 빠짐없이 파시즘과 유사한 지적 흐름, 또는 정치 운동이 일어났다. 이런 운동은 거의 모든 지역에서 찾아볼 수 있지만 수명이 길지 못했기 때문에, 아이슬란드의 회색 셔츠단(Greyshirts)[1)]이나 오스트레일리아의 뉴사우스웨일스 신(新)수비대(New Guard of New South Wales)[2)] 같은 단체들이 위험 수위까지 크게 성장하지 않았다면 오늘날 사람들의 관심을 끌기조차 힘들었을 것이다.

몇몇 파시즘 운동은 길거리에서 사람들을 선동하거나 폭력을 행사하는 것이 대부분인 경우에 비해 큰 성공을 거두었다. 이들은 사람들의 심각한 불만과 요구를 대행하고 정치적인 야심을 충족시킬 수 있게 되면서 정치 제도 속에 뿌리를 내리기에 이르렀다. 그 중 일부는 공공생활에도 큰 영향을 끼쳤다. 이렇듯 성공을 거둔 파시즘 운동은 다른 경쟁 당파나 이익 단체 사이로 비집고 들어가 자리를 잡았으며, 자기들이 기존의 다른 정당보다 효율적으로 영향력 있는 사람들의 요구나 정서를 대변하고 그들의 야망을 실현할 수 있다고 주장하며 그들을 끌어들였다. 초기의 파시스트당은 변두리 불량배 조직에 불과했지만, 나중에는 역사가 오랜 정당이나 운동과 동등하게 경쟁할 수 있는 정치 세력으로 발전했다. 파시즘이 거둔 성공은 정치 제도 전체에 영향을 끼쳤고, 정치 제도 전반을 한층 강도 높고 공격적인 색조로 물들였으며, 극단적 민족주의와 공격적 반좌파 투쟁과 배타적 인종주의의 공공연한 표출을 합법적인 것으로 만들었다. 이러한 과정, 즉 파시스트당이 뿌리를 내리는 과정이 바로 3장의 주제다.

유권자 단체나 압력 단체가 중심이던 정치에 성공적으로 참여하게 된 초기 파시즘 운동들은 말과 행동에 더욱 정확히 초점을 맞추어야 했다. 이질적인 불평들을 결집하고, 불만을 품고는 있으나 대변 세력이 없었던 (사회주의자를 제외한) 모든 이들의 분노를 대변하려다 보니 초기처럼 마음껏 자유를 누리기가 힘들어졌다. 파시스트들은 선택을 해야만 했다. 무차별적인 저항이라는 비조직적 영역을 포기하고 긍정적이고 실제적인 결과를 얻을 수 있는 확실한 정치 공간[3)]을 찾아야만 했던 것이다. 중요한 동맹 세력과 효과적으로 일할 수 있는 관계를 형성하자면, 스스로가 중요한 세력으로 성장해야 했다. 파시스트들은 지지자들에게 구체적인 이득을 제공하고 수혜자와 희생양이 명백한 특정 활동에 참여해야 했다.

이렇게 한층 집중적인 단계들을 거치면서 파시스트당은 우선 순위를 더욱 명확히 해야 했다. 이 단계에서는 파시스트의 말과 행동을 비교하는 작업을 시작할 수 있다. 정말로 중요성을 지녔던 것이 무엇인지 볼 수 있게 된 것이다. 물론 파시스트 특유의 과격한 수사(修辭)는 결코 사라지지 않았다. 1940년 6월 말 무솔리니는 '프롤레타리아 이탈리아와 파시즘 이탈리아' 그리고 '혁명의 검은 셔츠

이탈리아의 파시스트 선전대. 초기에 변두리 불량배 조직에 불과했던 파시스트당은 중요한 세력으로 성장하기 위해 무차별적 저항이란 비조직적 영역을 포기해야 했다.

단' 을 "서양의 금권정치, 반동적인 민주주의에 맞서는 전장"[4] 으로 불러 모았다. 그러나 파시스트당이 구체적인 정치 활동에 뿌리를 내리자마자, 파시스트들이 사용하던 반부르주아적 수사의 선택적 본성이 뚜렷이 드러났다.

실제로 파시스트들의 반자본주의는 지극히 선택적인 것으로 드러났다.[5] 가장 과격한 경우조차 파시스트들이 원한 사회주의는 '국가사회주의', 다시 말해 외국의 재산이나 (내부의 적을 포함한) 적의 재산만을 부정하는 '사회주의' 였다. 파시스트들은 국가의 생산자계층을 소중히 여겼다.[6] 무엇보다, 파시즘은 사회주의 혁명에 대항하는 효과적인 해결책을 제시함으로써 실천적으로 자체 공간을 찾았다. 무솔리니가 1919년에 반사회주의적 입장을 취하기보다 대안적인 사회주의를 건설하려는 희망을 품고 있었다 해도, 이탈리아 정치에서 효과가 있는 것과 없는 것이 무엇인지 관찰하면서 곧 꿈에서 깨어났을 것이다. 자신이 내세운 좌익 민족주의 강령이 1919년 11월[7] 밀라노 선거에서 참담한 패배를 겪은 사건은 뼈아픈 교훈이 되었음이 분명하다.

무솔리니와 히틀러의 실용적인 선택은 성공과 권력을 향한 그들의 야망에서 비롯되었다. 하지만 모든 파시즘 지도자들에게 그러한 야망이 있던 것은 아니다. 일부는 주변 세력으로 남을지언정 '순수성'을 버리지는 않으려고 했다. 팔랑헤 에스파뇰라(Falange Espagñola, 스페인의 극단적인 민족주의 정치 단체)를 창시한 데 리베라는 자본주의와 사회주의의 치명적인 결합인 물질주의를 국가와 교회를 위해 봉사하는 이상주의로 대체함으로써 노동자와 고용주를 화해시키는 것이 자신의 임무라고 생각했다. 데 리베라는 공화국 군대의 발포로 1936년 11월 이른 나이에 죽음을 맞이하였는데, 그의 죽음은 프랑코의 성공이 그에게 강요하였을 힘겨운 선택[8]으로부터 그를 구해준 셈이었다.

대중주의적 반(反)좌파 민족주의를 개척한 악시옹 프랑세즈 운동의 샤를 모라스는 추종자들에게 선거 출마를 1919년에 단 한 번만 허용했는데, 그 결과 모라스의 측근이자 언론인인 레옹 도데(Léon Daudet, 1867~1942, 그 시대의 가장 신랄한 논쟁가였던 보수 논객. 작가 알퐁스 도데의 아들)를 비롯한 지방의 일부 지지자들이 프랑스 하원의원으로 선출되었다. 장 프랑수아 드 라 로크(Jean François de La Rocque, 1885~1946) 대령의 불의 십자단(Croix de Feu)은 선거를 경멸했지만, 그 뒤를 이은 온건파 계열의 프랑스사회당(Parti

팔랑헤당의 창시자 호세 안토니오 데 리베라. 젊은 나이에 프랑코에게 죽임을 당한 파시즘 이상주의자이다.

Social Français, PSF)은 1938년의 보궐선거[9)]에 처음으로 입후보자를 출마시켰다. 헝가리 파시즘 정당인 화살십자당을 이끌었던 전직 참모장교 페렌츠 살로시(Ferenc Szálasi, 1897~1946)는 선거에서 두 번 패배한 이후 출마를 거부했으며 권력을 장악하기 위한 전략을 궁리하기보다는 모호한 철학에 몰두하는 쪽을 택했다.

이와 대조적으로, 히틀러와 무솔리니는 자신들이 나라를 지배하게 될 운명이라고 생각했을 뿐 아니라 부르주아 선거에서 경쟁하는 것에 대한 순결주의자들의 염려도 전혀 공유하지 않았다. 두 사람은 시행착오를 거치며 알아낸 각자의 경로와 인상 깊은 전술적 기교를 이용해 국내의 정권 획득 경쟁에 없어서는 안 될 세력으로 거듭났다.

정치적으로 성공한다는 것은 지지자를 얻는 것뿐 아니라 잃는 것 또한 필연적으로 포함한다. 정당으로 발전하는 단순한 과정조차도 초기의 일부 순결주의자들에게는 배신으로 느껴질 수 있다.

헝가리 파시즘 정당인 화살십자당을 이끈 페렌츠 살로시. 선거에 두 번 패배한 그는 권력 장악보다는 모호한 철학에 몰두하는 쪽을 택했다.

1921년 말 무솔리니가 자신이 추구하던 운동을 정당으로 발전시키기로 결심했을 때, 그를 따르던 초기의 이상주의자들은 그의 결정이 부르주아 의회주의라는 흙탕물로 뛰어드는 것이라고 생각했다.[10] 정당이 된다는 것은 행동보다 말을, 원칙보다 담합을, 국가의 통합보다 이해관계의 경합을 앞세운다. 이상주의적인 초기 파시스트들은 자신들이 '반(反)정당'[11]이라는 새로운 형태의 공적인 삶을 제시한다고 믿었고, 이를 통해 당쟁을 충동질하는 의회자유주의와 계급 투쟁을 앞세우는 사회주의 모두에 맞서 국민을 통합할 수 있다고 생각했다. 데 리베라는 팔랑헤를 두고 "당이 아닌 운동이다. 반(反)정당이라고 불려도 무방하다……. 팔랑헤당은 좌파도 아니고 우파도 아니다."[12]라고 말했다. 히틀러의 국가사회주의독일노동자당(나치당)은 처음부터 정당임을 분명히 했지만 당원들은 나치가 다른 당들과 다르다는 것을 알고 있었고 스스로를 정당이 아닌 '운동(die Bewegung)' 이라고 불렀다. 대부분의 경우, 파시스트들은 자신들의 조직을 운동[13]이나 진영(camp)[14], 동맹(band)[15], 연합(rassemblements)[16], 또는 '파시(fasci)' 라는 이름으로 부르고자 했다. 다시 말해 이들은 다른 집단에 맞서 하나의 이익을 추구하는 것이 아니라 국민을 하나로 통합하고 활력을 불어넣는 조직이고자 했던 것이다.

파시즘 운동이 스스로를 부르는 명칭은 상대적으로 사소한 문제였다. 정치판에서 주요 세력으로 부상하는 과정에서는 훨씬 더 중요한 타협과 변화가 나타났다. 그 과정에 일부 투기꾼 자본가 및 부르주아 정당 지도자들과의 결탁이 포함되기 때문이다(초기 파시즘 운동은 자본가와 부르주아 세력을 거부함으로써 사람들에게 지지를 호소했다). 파시스트들이 일부 기존 세력과 실질적인 정치적 동맹관계를 형성하면서 어떻게 반자본주의적 수사와 '혁명적' 아우라를 유지할 수 있었는가 하는 점은 이들의 성공 뒤에 숨어 있는 수수께끼다.

정치판의 주요 세력으로 성장하기 위해서는 우선 순위를 분명히 하고 동맹 세력을 만들어가는 것 이상의 작업이 필요했다. '정치'가 지저분하고 하찮은 것이 되었다고 결론을 내려버린 유권자들을 끌어당길 수 있는 새로운 정치 스타일을 제시해야 했다. '반(反)정치 세력' 으로 가장하는 것은 주로 정치에 대한 경멸 때문에 정치적 행동에 나서는 사람들에게 효과를 발휘하는 경우가 많았다. 마르크스주의당, 소지주(小地主)당, 기독교당과 같은 기존의 정당들이 계급이나 신앙 고백의 한계에 갇혀 있는 상황에서 파시스트들은 국가를 분열시키는 것이 아니라 하나로 통합시키겠다는 약속을 내세우며 지지를 호소했다. 또한 기존 정당들이 자신의 출세만 생각하는 의회주의자들에게 좌우된 반면, 파시스트당들은 출세밖에 모르는 정치인이 아니라 헌신적인 투사들이 주류를 이루는 '책임지는 참여 정당' 임을 앞세워 이상주의자들에게 다가갔다. 한 정치 당파가 오랫동안 권력을 독점해온 상황에서 파시즘은 분위기를 일신하고 새로운 리더십으로 향하는 유일한 비사회주의적 통로로 자리잡을 수 있었다. 그런 방식으로 파시스트들은 1920년대에 유럽 최초의 "모든 것을 다 끌어안은" '참여' 정당을[17] 탄생시켰으며 계급을 넘나드는 사회 구성원들과 운동가들의 강렬한 행동주의를 통해 진부하고 편협한 경쟁 세력과의 차이를 뚜렷이 했다.

이 시점에서는 비교가 어느 정도 효과가 있다. 기존 제도가 심각하게 붕괴한 나머지 시민들이 아웃사이더들(파시스트들)에게 구조를 바라기 시작했다. 파시즘은 정착에 실패한 경우도 많았고, 일부는 정착을 시도조차 하지 못했다. 파시즘 운동이 뿌리 내리기에 완전히 성공한 경우는 1, 2차 세계대전 사이의 유럽에서 손가락으로 꼽을 수 있을 정도에 불과하다. 이 장에서는 뿌리 내리기 단계에서 성공을 거둔 두 건의 사례와 실패한 한 건의 사례를 살펴보겠다. 그렇게 하면 한층 수월하게 파시즘 운동이 정치 제도에 정착할 수 있었던 상황을 파악할 수 있을 것이다.

(1) 이탈리아의 포(Po) 계곡, 1920~1922

무솔리니는 1919년 11월 선거에서 참패해 대중에게 잊혀질 뻔했지만 이탈리아 북부 농촌 지역의 추종자들이 주도해서 만들어낸 새로운 전술 — 행동대 전략(squadrismo) — 덕분에 위기를 넘겼다. 파시스트들 중 공격 성향이 짙은 일부는 폭력단인 스쿠아드레 다치오네(squadre d'azione, 행동대)를 조직하고, 군인으로 복무할 때 배웠던 전술을 써서 이탈리아 국가 내부의 적(이라고 자신들이 판단한 대상)을 공격했다. 마리네티를 비롯한 무솔리니의 다른 동지들은 1919년 4월 사회당 기관지인 〈아반티〉의 밀라노 사무실을 급습해[18] 본보기를 보였다.

행동대는 이탈리아 북부의 트리에스테(Trieste)에 근거를 둔 민족주의 단체로 출발했다. 트리에스테는 다양한 언어를 사용하는 사람들이 거주하는 아드리아해의 항구 도시인데, 전후 협상을 통해 이탈리아가 오스트리아-헝가리제국으로부터 빼앗은 곳이었다. 국제적인 도시 트리에스테의 패권을 장악하기 위해, 파시스트 폭력단은 1920년 7월 슬로베니아 연합의 본부이던 발칸 호텔에 불을 지르고 거리에서 슬로베니아인들에게 위협을 가했다.

전후 이탈리아에서 민족주의 목표를 달성하기 위해 직접적인 행동을 취한 단체는 무솔리니의 검은 셔츠단뿐만이 아니었다. 무솔리니의 가장 큰 경쟁 상대는 시인이자 모험가인 가브리엘레 단눈치오였다. 사실 1919~1920년에는 미미한 파시즘 분파의 지도자인 무솔리니보다 단눈치오가 훨씬 더 유명했다. 그는 이미 이탈리아 내에서 과장으로 가득 찬 희곡과 시, 사치스런 생활로 악명이 높았을 뿐 아니라, 1차 세계대전 중 오스트리아 영토 공습을 지휘한 일로도 널리 알려져 있었다(그는 공습 도중 한쪽 눈을 잃었다).

1919년 9월, 단눈치오는 민족주의자들과 퇴역군인들을 이끌고 아드리아해의 항구 도시 피우메(Fiume)로 진격했는데, 이곳은 베르사유 조약을 통해 이미 유고슬라비아의 영토로 합병된 땅이었다. 단눈치오는 피우메를 '카르나로 공화국' 이라 선포하고, 대중 앞에서 (훗날 무솔리니가 자신의 것으로 만들어버린) 연극적인 공개행사를 선보였다. '사령관(Comandante)' 으로써 매일 발코니에서 일장 연설을 하고, 제복 차림으로 행진을 하며, 팔을 쭉 뻗어 '로마식 경례' 를 하고 아무 의미도 없는 구호 '에이아, 에이아, 알라라' 를 외치는 식이었다.

피우메 점령으로 이탈리아가 국제적으로 난처한 입장에 처하고 단눈치오가 로마 정부에 맞서자 그를 지지하던 보수적 민족주의자들이 떨어져 나갔다. 피우메 정부는 좌파 민족주의자에게 점점 지지를 얻기 시작했다. 일례로, 개입주의 성향의 생디칼리스트이며 무솔리니의 친구였던 알체스테 데 암브리스(Alceste De Ambris, 1874~1934)가 새로운 헌법인 '카르나로 헌장' 의 초안을 작성했다. 단눈치오가 주도권을 장악한 피우메는 일종의 인민주의 군사 공화국이 되었다. 피우메 공화국의 지도자는 집회에서 확인된 대중의 뜻에 직접 의존했고, 공화국의 노동조합은 경제를 이끌어가는 공적 '법인' 의 경영진과 나란히 앉았다. 국제적인 '피우메 연맹' 은 국제연맹(League of Nations)에 맞서 전 세계 민족해방 운동 세력을 한데 모으려고 시도했다.[19)]

80세에 이탈리아의 총리로 재집권을 하게 된 조반니 졸리티가 1920년 11월 유고슬라비아와의 협상을 통해 피우메를 국제 관리 도시로 만든 뒤 크리스마스에 이탈리아 해군을 보내 단눈치오를 따르던 지원병들을 해산시켰을 때, 무솔리니는 온건하게 항의하는 데 그쳤다. 무솔리니가 피우메에 무관심했기 때문은 아니었다. 무솔리

가브리엘레 단눈치오. 그는 1919년 피우메를 점령하고는 '카르나로 공화국'이라 선포하였다. 훗날 파시즘의 상징이 된 로마식 경례나 제복 차림의 행진은 그의 연극적 창조물이다.

니는 일단 권력을 잡자 유고슬라비아에 압력을 가해 1924년 피우메를 이탈리아의 영토로 되돌렸다.[20] 하지만 무솔리니의 야망은 단눈치오의 굴욕에서 오히려 얻은 바가 많았다. 무솔리니는 단눈치오의 독특한 연극적 언행을 다수 차용하였고, 피우메 공화국에 참여했던 데 암브리스 같은 퇴역군인들을 자신의 세력으로 끌어들였다.

단눈치오가 실패한 영역에서 무솔리니가 성공을 거둔 것은 단순한 행운이나 스타일 차이 때문은 아니었다. 무솔리니는 당시 주요 세력이었던 중도파 정치인들과 타협을 할 만큼 권력욕이 강했다. 반면 단눈치오는 피우메에 자신의 모든 것을 걸었고, 권력의 본질보다는 행동의 순수성에 관심이 많았다. 그는 또한 1920년에 이미

57세였다. 정권을 장악한 무솔리니는 몬테 네보소 공(公)[21]이라는 칭호와 가르다 호숫가의 성(城)을 주어 단눈치오를 손쉽게 자기편으로 끌어들였다. 단눈치오의 실패는 파시즘을 무엇보다도 문화적 표현의 관점에서 해석하려는 사람들에게 하나의 경고가 된다. 연극적 행위만으로는 충분하지 않았던 것이다.

무엇보다, 무솔리니는 민족주의적 정서뿐 아니라 경제 · 사회적 이권을 위해 진력함으로써 단눈치오를 앞질렀다. 무솔리니는 검은셔츠단이 트리에스테와 피우메의 남슬라브인들에 대항해서 행동을 취했던 것처럼 사회주의자들에게도 달려들도록 만들었다. 사회주의자들이 전쟁 중에 보인 '반국가적' 태도 때문에 퇴역군인들은 1915년부터 이들을 증오해오던 터였다. 포 계곡과 토스카나, 아풀리아를 비롯한 여러 지역의 대지주들에게도 사회주의자들은 증오와 두려움의 대상이었다. 전쟁이 끝날 무렵 사회주의자들이 브라치안티(braccianti), 즉 농업 노동자들을 조직해 임금 인상과 근로 조건 개선 압력을 가했기 때문이었다. 행동대의 출현은 사회주의자들을 향한 양측의 증오가 합쳐진 결과였다.

(1919년 11월에 실시된) 전후 첫 선거에서 승리를 거둔 이탈리아 사회주의자들은 지방 정부에서 쥐게 된 권력을 이용해서 농촌 노동시장을 사실상 지배하게 되었다. 1920년 포 계곡에서는 파종이나 수확을 도울 일꾼을 고용하려면 누구나 사회주의 노동 사무소를 찾아야 했다. 노동 사무소는 새롭게 얻은 권력을 최대한 이용했다. 사회주의자들은 농장주들에게 일꾼들을 계절별로 한시적으로 고용하지 말고 1년 단위로 고용할 것과 임금 인상, 작업 환경 개선까지 강제했다. 농장주들은 재정적으로 힘든 시기를 보낼 수밖에

검은 셔츠를 입은 파시스트 행동대. 파시스트당의 전신인 행동대는 사회주의자에 대항하여 마구잡이 폭력을 휘둘러 질서를 유지하는 데 실패한 국가의 무능력을 증명해 보였다.

없었다. 전쟁 전에는 포 계곡의 습지대를 경작지로 바꾸는 데 어마어마한 자금을 투자했고, 전후 어려워진 경제 조건 아래에서는 환금 작물도 별로 돈이 되지 않았다. 또한 사회주의 조합은 땅 주인으로서 농장주의 개인적 지위마저 훼손하였다.

겁에 질린 동시에 굴욕감을 느낀 포 계곡 농장주들은 필사적으로 도움의 손길을 찾았다. 하지만 이탈리아 국가에 도움을 구한 것은 아니었다. 현지 관리들은 모두 사회주의자이거나 사회주의자들과 싸우기를 원치 않는 사람들뿐이었다. 진정한 자유방임주의 정책 실천가였던 졸리티 총리는 공권력을 동원한 파업 저지를 거부했다. 대농장주들은 자유주의 이탈리아에게 버림받았다고 생각했다.

공공당국으로부터 아무런 도움도 받지 못하게 된 포 계곡의 대농장주들은 검은 셔츠단에게 도움을 청했다. 평화주의를 내세우는 그들의 오래된 적들을 공격할 명분이 생긴 것에 기뻐하며, 파시스트 행동대는 1920년 11월 21일 사회주의자 시청 공무원들이 붉은색 현수막을 걸어두었던 볼로냐 시청을 공격했다. 6명이 살해되었다. 이렇게 시작된 운동은 포 강 어귀의 삼각주에 있는 부유한 농촌 지역까지 퍼져나갔다. 검은 셔츠 차림의 행동대원들은 야간 습격에 나서 노동 사무소와 현지 사회주의 사무소를 약탈하고 불태웠으며 사회주의 조직가들을 구타하고 위협했다. 그들이 즐겨 사용한 모욕 방법은 피마자유를 참을 수 없을 만큼 강제로 먹이고(피마자유는 설사를 일으킨다) 자존심의 상징인 라틴식 콧수염을 반만 밀어버리는 것이었다. 1921년 상반기 동안 행동대는 신문사와 인쇄소 17곳, 인민의 집〔사회주의 본부〕 59곳, 노동 사무소〔사회주의 고용 사무소〕 119곳, 협동조합 107곳, 농민 연맹 83곳, 사회주의 클럽 151곳, 문화 단체 151곳을 공격했다.[22] 1921년 1월 1일과 4월 7일 사이에 102명이 목숨을 잃었다. 25명은 파시스트들이었고 41명은 사회주의자, 21명은 경찰이었으며 그 외의 사람들이 16명이었다.[23]

포 계곡의 검은 셔츠단이 단순히 무력을 통해서만 성공을 거둔 것은 아니다. 파시스트들은 소작농들에게 가장 절실했던 일자리와 농토를 제공했다. 사회주의자들보다 유리한 위치를 점하자 파시스트들은 농촌 노동시장을 독점하게 되었다. 파시스트들은 멀리 내다보던 지주들에게서 토지를 기부받아 몇몇 농부에게 한 필지씩 나누어줌으로써 토지가 없는 상당수의 소작농들을 사회주의 조합에서 탈퇴하도록 설득했다. (일용노동자들처럼) 농토가 아예 없거나, (영세농, 소작농, 차지농처럼) 있어도 소규모에 불과한 포 계곡의 모든 농부들이 가장 절실하게 원했던 것은 바로 토지였다. 얼마 지나지 않아 사회주의자들은 농업 노동자들을 잃게 되었다. 이는 사회주의자들이 전후에 얻은 것들을 제대로 지키지 못했기 때문만이 아니라, 이들의 장기적인 목표인 집단농장이 토지에 굶주린 농업 노동자들에게는 매력이 없었기 때문이기도 하다.

동시에 파시스트 행동대원들은 지주들을 보호하고 질서를 유지하는 데 실패한 국가의 무능력을 증명해 보였다. 심지어는 공적 생활을 조직하는 데서 국가의 기능을 대체했고, 국가의 무력 독점을 침해하기 시작했다. 파시스트 행동대는 점점 더 대담해져 도시 전역을 장악하기에 이르렀다. 페라라에 자리를 차지하고 앉은 후에는 강제로 공공사업을 시작하려 했다. 1922년 초까지 파시스트 행동대원들과 페라라의 이탈로 발보, 크레모나(Cremona)의 로베르토 파리나치(Roberto Farinacci) 같은 호전적 지도자들 — 이들은 에티오피아 총독들처럼 라스(ras)라고 불렸다. — 은 이탈리아 북동부 지역에서 사실상의 실권자였다. 파시스트들의 협조 없이는 지방 정부가 정상적으로 가능할 수 없는 상태였기 때문에 국가도 이들의 존재를 인정할 수밖에 없었다.

포 계곡의 검은 셔츠단이 사회주의를 무너뜨리는 데 도움을 준 세력은 대지주들뿐만이 아니었다. 현지 경찰관과 군(軍) 지휘관들은 검은 셔츠단에 무기와 트럭을 빌려주었고, 이들 중 젊은 사람들은 직접 검은 셔츠단의 작전에 참여하기도 했다. 지방관들 중 사회주의 성향의 신임 시장과 지방의회의 요구에 불만을 품었던 이들은 밤에 이루어지는 약탈을 묵인하거나 심지어 차량을 제공하기도 했다.

포 계곡의 파시스트들이 파시즘 초기의 급진주의를 연상시키는 정책 — 실업자들을 위한 공공사업 등 — 을 지지하기는 했지만, 행동대는 대지주들의 하수인으로 비춰지는 경우가 많았다. 일부 초기의 이상주의적 파시스트들은 이런 변질에 큰 충격을 받았다. 이들은 무솔리니와 밀라노의 지도부에 강력한 지역 이권 세력에게 끌려다녀서는 안 된다고 호소했다. 환멸을 느낀 사람들 중 한 명인 바르바토 가텔리(Barbato Gatelli)는 파시즘이 본래의 이상을 잃어버리고 '모리배들의 호위병'으로 변질되었다고 통렬하게 비판했다. 가텔리와 그의 동료들은 예전의 정신을 되살리기 위해 새로운 파시즘 조직을 결성하고 '리데아 파시스타(L'Idea Fascista, 파시스트의 이상)'라는 신문사를 설립하려 시도했지만, 무솔리니는 행동대의 편을 들어주었다.[24)] 순결주의자들은 결국 당을 떠나거나 타의에 의해 밀려나고 말았다. 지주의 아들, 젊은 경찰관, 군 장교, 하급 병사(NCO)를 비롯해 파시스트 행동대를 지지하는 세력들이 그 자리를 차지하였다. 단눈치오는 — 불만에 찬 일부 이상주의자들은 그가 무솔리니를 대체해주기를 바랐다. — 파시즘이 '농업 노예제'[25)]를 의미하게 되었다고 불만을 토로했다. 이는 파시즘 운동이 유리한 정치 공간을 차지하고 뿌리를 내리는 과정에서 초기의 추종자들을 떠나보내고 새로운 일원을 받아들인[26)] 경우로는 처음도 아니었지만 마지막도 아니었다.

앞 장에서도 살펴보았듯이 초기의 파시스트들은 과격한 퇴역군인과 국가주의적 생디칼리스트, 미래파 지식인 — 젊은 반부르주아 불만 세력으로 민족의 영광과 사회 변화를 함께 꿈꿨던 사람들 — 으로 이루어져 있었다. 대부분의 경우, 이들이 사회주의자 및 급진적 기독교 정당인 이탈리아인민당(Partito Popolare Italiano, PPI)[27]과 달랐던 점은 민족주의밖에 없었다. 실제로 많은 사람들이 — 무솔리니와 마찬가지로 — 좌파 출신이었다. 파시스트 행동대는 파시즘 운동을 하는 사람들의 사회적 구성비가 우파 쪽으로 기울게 만들었다. 지주의 아들들과 심지어는 일부 범죄 집단들도 이제 파시즘 운동에 참여했다. 그러나 파시즘은 여전히 초기의 특성을 유지했다. 즉, 새로운 파시즘은 기성세대에 저항하는 세대의 반란이었다.

무솔리니는 1919년 밀라노에서 실패한 좌파 민족주의 파시즘을 고수하지 않고 자신의 운동을 정치적 기회로 활용하는 편을 택했다. 1920년에서 1922년 사이 그의 연설과 강령[28]에서 무솔리니가 우파 쪽으로 점진적으로 변화해가는 모습을 살펴볼 수 있다. 초기 파시즘에서 가장 먼저 사라진 사상은 전쟁과 제국주의에 대한 거부였다. '참호(에서 얻을) 반전주의'는 전투의 기억이 아직 생생하던 당시 퇴역군인들 사이에 널리 퍼져 있던 신념이었다. 산세폴크로 광장에서 발표한 강령은 (피우메와 달마티아 해변에 대한 이탈리아의 권리를 주장하기는 했지만) '각 나라의 영토를 보전하는 것이 최우선의 원리'라는 국제연맹의 원칙을 받아들였다. 1919년 6월의 강령에서는 직업적 군대를 방어적 의미의 민병대로 대체하고 무기 및 군수품 공장을 국유화한다는 파시스트들의 주장은 그대로였지만, 국제연맹 이야기는 사라졌다. 1921년 발표한 강령에서 달라진 파시스트당은 국제연맹을 편파적이라고 비난하고, '지중해 라틴 문명의 보루'이자 이탈리아적인 것(Italianità)의 보루로서 이탈리아의 역할을 강조했으며, 이탈리아의 식민지 개척과 대규모 상비군의 필요성을 주장했다.

국유화와 중과세 등 초기 파시즘이 내놓았던 급진적 제안은 1920년 즈음에는 '대중 선동에서 빠져버린 채' 순전히 경제적인 목표에 국한된 노동자들의 권리 수준으로 주저앉고 말았다. 1920년까지 노동자 대표 조직의 관리 부문 참여는 인사 문제로 제한되었다. 1921년 즈음이 되자 파시스트들은 '진보적이며 재산 몰수적인 과세'를 '기업가 정신을 꺾는 선동 행위'라며 거부했고, 생산성을 경제의 최우선 목표로 삼았다. 평생 무신론자였던 무솔리니는 1919년에는 종교 단체에 속한 모든 재산을 압수하고 주교 관할권 내에서 발생하는 모든 수익을 압류하자고 강력히 주장했다. 그러나 1921년 6월 21일 의회에서 행한 첫 연설에서는 카톨릭이 '로마의 라틴 전통과 제국주의 전통'을 대표한다면서 로마 교황청과의 불화를 매듭짓자고 주장했다. 군주제와 관련해서 무솔리니는 1919년에 "이탈리아의 현 정권은 실패했다."라고 선언했다. 그러나 1920년에는 처음에 주장했던 공화주의를 완화하고, 민족에 도덕적 · 물질적으로 크게 이바지한 헌정 체제라면 지지하겠다는 입장으로 돌아섰다. 무솔리니는 1922년 9월 20일의 연설에서 군주제, 즉 사보이 왕가를 문제 삼을 생각은 없다고 공개적으로 선언하며 이렇게 말했다. "사보이 왕가는 우리의 강령이 무엇인지 물었다. 우리 강령은 단순하다. 이탈리아를 통치하고 싶을 뿐이다."[29]

정권이 단단히 뿌리를 내리고 한참 지난 후에도 무솔리니는 '파시즘 혁명'을 즐겨 언급했다. 그러나 그 의미는 사회주의와 맥빠진 자유주의에 대항하는 혁명, 다시 말해 이탈리아인들을 통합하고 자극할 수 있는 새로운 길이자, 국가 공동체와 조직화된 대중적 합의의 요구에 개인의 자유를 종속시킬 권능이 있는 새로운 유형의 통

군중 앞에서 특유의 자세로 연설하는 무솔리니. 그의 연설을 살펴보면 좌파에서 우파 쪽으로 점진적으로 변해가는 모습을 찾아볼 수 있다.

치 권위였다. 물론 사유재산은 건드리지 않은 채로 이루는 '혁명'이었다. 중요한 점은 파시즘 운동이 정계에 자리를 찾아 들어가는 과정에서 형태가 바뀌었다는 사실이다. 이미 초기의 파시즘 운동에서 모습을 드러내었던 반사회주의가 이제는 핵심이 되었고, 수많은 반부르주아 이상주의자들은 자의 혹은 타의로 떠났다. 초기의 파시즘이 내세우던 급진적이고 반자본주의적인 이상주의는 희석되었다. 그러므로 초기 문헌에서 두드러지게 나타나는 내용에 얽매여 파시즘이 훗날 취하는 행로를 살피는 과정에서 혼란을 일으켜서는 안 되겠다.

이탈리아의 북동부 농촌 지역 — 특히 에밀리아로마냐와 토스카나 지방 — 에서 실질적인 권력을 장악한 파시스트들은 1921년 즈음에는 민족주의적 정치인들이 무시하기에는 너무나 큰 세력으로 성장했다. 사회주의자들과 이탈리아인민당이 1919년 11월에 얻었던 압도적 지지율을 떨어뜨리기 위해 수단과 방법을 가리지 않던 졸리티 총리는 1921년 의회선거를 준비할 때 자유주의자, 민족주의자와 함께 무솔리니를 따르던 파시스트들까지 자신의 선거 연합에 끌어들였다. 그 덕분에 무솔리니를 포함한 35명의 파시스트당 후보들이 의원에 당선되었다. 그렇게 많은 수도 아닌 데다가, 당시에 무솔리니의 운동은 조직의 통일성이 부족하고 앞뒤가 맞지 않는 모순점이 많아서 오래 지속되지 못할 것이라는 평을 받았다.[30] 그러나 이 사건은 이탈리아의 반사회주의 연합 세력에서 무솔리니가 국가적 차원의 중요 세력으로 떠올랐다는 사실을 보여주었다. 무솔리니의 유일한 원칙인 국가 권력을 향한 전진의 첫 발자국이었던 것이다.

1920년에서 1922년에 걸쳐 포 계곡에서 거둔 성공을 기점으로 시작된 이탈리아 파시즘의 변모는 초기 파시즘 강령이나 파시즘 운동의 초기 젊은 반부르주아 저항 세력의 운동 안에서 고정된 파시즘적 '본질'을 찾아내는 것이 왜 그토록 어려운지 설명해준다. 또한 파시즘 운동이 정치권 안에 자리잡고 적응해가는 경로를 추적해 보아야 하는 이유도 설명해준다. 포 계곡의 노선 변화가 없었더라면(토스카나와 아풀리아에서처럼 현지 지주들의 지지를 얻었던 다른 곳도 마찬가지지만),[31] 무솔리니는 밀라노의 무명 선동가 신세를 벗어나지 못하다 결국 실패하고 말았을 것이다.

(2) 독일의 슐레스비히홀슈타인 주, 1928~1932

슐레스비히홀슈타인 주는 모든 자유선거를 통틀어 나치가 압도적 다수 표를 얻은 유일한 독일 주였다. 1932년 7월 31일에 있었던 의회선거 당시 나치는 이 지역에서 51퍼센트의 지지를 얻었다. 그러므로 슐레스비히홀슈타인 주는 파시즘 운동이 주요 정치 세력으로 성공적으로 뿌리를 내린 두 번째 사례를 분명히 보여준다.

독일의 파시즘 운동은 전후 1918~1923년의 위기 동안에는 제 모양을 갖추지 못했다. 당시는 자유군단이 뮌헨의 소비에트와 그 외의 다른 사회주의 봉기를 잔인하게 진압함으로써 파시스트에게 길을 열어준 시기였다. 파시즘 운동이 정착할 수 있는 다음 기회는 대공황 중에 찾아왔다. 1924년과 1928년의 선거에서 형편없는 도시 전략을 내놓아 실패를 맛본 나치당은 이번에는 농부들에게로 눈길을 돌렸다. 나치당의 선택은 옳았다. 1920년대에는 미국, 아르헨티나, 캐나다, 오스트레일리아에서 새롭게 등장한 생산자들이 세계 시장으로 밀려들었기 때문에 농업이 잘 되는 곳이 없었다. 1929년의 세계 대공항에 따른 가격 폭락 이전인 1920년대 후반에도 농산물 가격은 턱없이 낮았다. 대공황은 비틀거리던 전 세계 농부들에게 최후의 일격을 날린 셈이었다.

슐레스비히홀슈타인 주의 내륙에 해당하는 덴마크 국경 지대는 모래가 많은 목장 지대였다. 이 지역 농부들은 전통적으로 보수적 민족주의 정당인 독일국가인민당(Deutschnationale Volkspartei, DNVP)을 지지했다.[32] 1920년대 말, 농부들은 전통적인 지지당과 독일 정부에 대한 신념을 잃었고, 그들에게는 자신들을 도울 힘이 없다고 생각했다. 농부들은 바이마르 공화국을 세 배로 더 괘씸하게 생각했다. 멀리 떨어져 있는 프로이센이 자기들을 통치하는 데다, 베를린은 타락과 퇴폐에 물들었으며, 빨갱이들은 도시 노동자들에게 줄 싸구려 음식만 생각한다고. 1928년 이후의 농산물 가격 폭락 사태로 수많은 농부들이 빚을 지고 다급해진 축산농들은 독일국가인민당을 버리고 폭력적인 농민 자조 연맹인 란트분트(Landbund)에 의지했다. 란트분트는 이 지역에서 세금 거부 운동과 은행 및 중간상인들에 대한 투쟁을 벌였지만, 전국적으로 조직화된 지지 세력이 부족했기 때문에 큰 성과를 거두지는 못했다. 그 결과 1932년 7월 슐레스비히홀슈타인 주의 농촌 지역에서는 전체 표의 64퍼센트가 나치당을 지지했다. 1933년 1월 히틀러의 총리 임명이 상황을 고착시키지 않았다면 축산농들은 나치당을 버리고 또 다른 묘책을 찾아 나섰을 것이다(나치즘을 향한 이들의 지지는 1932년 11월에 있었던 선거에서 벌써 약해지고 있었다).

여기서 목격할 수 있는 것이 1929년 세계 대공황의 위기 속에서 기존 정치 지도자들과 정치 조직들에 대한 경멸감이 커져 간다는 파시즘화의 첫 번째 단계다. 가격 폭락, 과잉 공급 상태의 시장, 은행 대출로 인한 농장의 압류 및 경매 사태에 제대로 대처하지 못한 기존 정치 세력의 무력함으로 인해 정치권에 나치가 들어설 공간이 열린 것이다.

슐레스비히홀슈타인 축산농들은 히틀러와 나치당이 1929년과 1932년 7월 사이에 선거 물결 속으로 한데 끌어들였던 (이따금은 양립 불가능했던) 특정 불만 세력의 일부를 차지했는데, 전체 내에서의 비중은 작았으나 가장 큰 성공을 거두었다. 지지율이 상승하면서 1928년에 독일의 아홉 번째 정당이었던 나치당이 1932년 7월

차를 타고 등장하는 히틀러를 맞이하는 군중들. 히틀러는 대중을 움직이는 방법을 알고 있었다. 대중 집회, 열정적인 연설, 극적인 등장 등을 통해 평범한 독일인들의 두려움을 교묘하게 이용했다.

에 제1당으로 발전한 사실은 히틀러와 그의 전략가들이 새로운 선거 기술을 고안하고 유권자마다 구애 방법을 달리하며 기존 당들에 대한 불신을 얼마나 효과적으로 이용했는지를 잘 보여준다.

히틀러는 유권자 대중을 움직이는 방법을 잘 알았다. 그는 끊임없이 대중 집회를 열어 제복 차림의 폭력단이 도열한 가운데 적들에게 물리적 위협을 가하고, 흥분한 군중에게 열정적인 연설을 하며, 비행기와 지붕이 열리는 벤츠를 타고 극적으로 등장하는 등의 방법으로 평범한 독일인들의 원한과 두려움을 교묘하게 이용했다. 기존 정당들은 소수의 교육받은 유권자들을 대상으로 한 현학적이고 장황한 연설에 끈질기게 집착했다. 독일의 좌파 역시 나치와 같은 경례와 제복을 도입했지만,[33] 노동계급을 벗어난 범위에서는 지지자를 모으지 못했다. 다른 정당들이 하나의 이해관계, 하나의 계급, 하나의 정치적 접근법만을 고수한 반면, 나치당은 모든 사람에게 각각 무엇인가를 약속했다. 나치당은 유권자의 직종에 따라 맞춤형 구애 작전을 실시한 독일의 첫 정당이었으며, 그 공약들 사이에 모순이 있건 없건 별로 상관하지 않았다.[34]

이런 선거 방식에는 돈이 많이 들었다. 독일 기업들이 그 비용을 부담했다고 알려진 경우가 많다. 정통 마르크스주의자들은 기업가들이 히틀러를 반공산주의 군대로 양성해낸 것이나 다름없다고 생각했다. 히틀러의 팽창주의적 민족주의와 반사회주의에 매력을 느끼고, 기업가들을 대상으로 해 일부러 반유대주의를 완화하고 25개조 중 급진적 내용에 대한 언급을 피하도록 교묘하게 연출한 연설에 속아 넘어간 기업가들이 (주로 중소기업에서) 있었던 것은 사실이다. 철강업자인 프리츠 티센(Fritz Thyssen, 1873~1951)이 1941년에 발표한 대작(代作), 《히틀러에게 돈을 주다》는 마르크스주의자들에게 공격의 실마리를 주었다. 그러나 티센의 경우는 일찍이 나치즘을 지지한 것과 히틀러와의 관계를 끊고 1939년 이후에 망명을 떠난 것 모두가 일반적인 상황과는 아주 다른 예외적인 경우로 판명되었다.[35] 또 다른 유명 기업가로는 나이가 지긋한 석탄 재벌 에밀 키르도르프(Emil Kirdorf, 1847~1938)가 있었다. 그는 1927년 나치에 입당했지만 나치가 석탄기업조합을 비난한 것에 분개해 1928년 당을 탈퇴했고, 1933년에는 보수당인 독일국가인민당을 지지했다.[36]

기업 관련 기록 문서를 자세히 살펴보면 독일 기업가들 대부분이 배팅 결과가 나쁠 경우에 대비해 방지책을 미리 마련해두었던 것을 알 수 있다. 다시 말해, 이들은 마르크스주의자들이 권력을 잡지 못하게 할 수 있겠다는 기미만 보이면 어떤 비사회주의 계열 세력에게도 자금을 대주었다. 일부 기업이 나치에게 정치자금을 제공한 것은 사실이지만, 독일 기업들은 그보다 훨씬 더 큰 자금을 전통적 보수 세력에게 제공했다. 독일 기업계가 특히 선호했던 인물은 프란츠 폰 파펜(Franz von Papen, 1879~1969)이었다. 히틀러가 무시할 수 없는 세력으로 성장하자, 기업가들은 히틀러 주변의 급진적 인물들이 반자본주의 색채를 띠는 데 대해 불안을 느꼈다. 금리를 마음대로 조절한 괴짜 고트프리트 페더(Gottfried Feder, 1883~1941, 토목기사 출신의 대표적인 나치 경제 이론가)와 (히틀러가 언젠가 화가 나) '살롱 볼셰비키'라고 불렀던 오토 슈트라서(Otto Strasser, 1897~1974, 파시즘 운동 초기의 대중 기반을 넓힌 인물. 사회주의 노선에서 이탈한 나치당에 실망하여 1930년 탈당하였다), 반유대주의 상점주들이 결성한 폭력 성향의 조직인 '자영업자 투쟁 연맹' 같은 단체나 사람들이 대표적인 급진 세력이었다. 나치당의 행정을 담당했던 그레고어 슈트라서(Gregor Strasser, 1892~1934, 급진적인 사회 개혁을 주장한 인물. 1934년 히틀러에게 살해당하였다)마저도 — 동생 오토보다는 온건한 편이었지만 — 급진적인 고용 창출책을 제안했을 정도였다.[37]

나치의 급진주의는 1932년 말에 정말로 심해졌다. 이 시기에 나치당은 모든 기업 트러스트를 없애는 법안을 지지하고 베를린 운송노동자 파업에서 공산주의자들과 협력했다. 이게 파르벤 같은 일부 대기업들은 1933년 이전에는 나치당에 정치자금을 거의 제공하지

집회에 모여들고 있는 나치 돌격대(SA). 유대인과 사회주의자, 외국인에 대한 돌격대의 선택적인 폭력은 대중들의 두려움과 찬탄을 함께 불러일으켰다.

않았다.[38] 나치 자금의 상당 부분은 대중 집회의 입장료, 나치 소책자와 기념품 판매, 소규모 기부가 차지했다.[39]

히틀러는 나치즘을 확립하여 1932년 7월 무렵에는 독일 역사상 최초로 모든 계층을 포괄하는 유례없이 거대한 정당으로 성장시켰다. 히틀러의 나치 돌격대(Stürmabteilungen, SA)는 금방이라도 사회주의자와 공산주의자, 평화주의자, 외국인을 쳐부술 태세로 대중의 두려움과 찬탄을 함께 불러일으켰다. 직접 행동과 선거 운동은 서로 모순되는 것이 아니라 상호보완적인 전술이었다. 폭력 — 상당수 독일인들이 자신들과 다른 이질적 집단이라고 여겼던 '반민족적' 적들에게만 행사하는 선택적 폭력 — 은 선거에서 승리하는 데 도움이 되었고, 선거를 앞세워 히틀러는 합법적 수단으로 권력을 장악해가는 것처럼 행세했다.

나치가 자유주의적 중간계급 정당들을 대체하는 데 성공했던 한 가지 이유는 1920년대 후반 독일이 당면한 두 가지 위기 상황을 자유주의자들이 해결하지 못했다는 사실이었다. 그 한 가지는 베르사유 조약으로 인해 수많은 독일인들이 느꼈던 민족적 모멸감이었다. 베르사유 조약의 이행과 관련해 미국의 은행가 오언 D. 영(Owen D. Young, 1874~1962)이 주도하는 국제 배상 위원회가 독일이 지불해야 할 1차 세계대전의 전쟁 배상금 문제의 또 다른 해결책을 1929년 1월 제시하자 이 문제가 첨예한 현안으로 재부상했다. 그해 6월에 독일 정부가 영안(安)에 서명을 했을 때, 독일 민족주의자들은 배상액이 줄어들었음에도 불구하고 독일은 배상금을 지불할 필요가 없다는 주장을 반복하며 강력하게 정부를 비난했다. 두 번째 위기는 1929년에 시작된 세계 대공황이었다. 독일의 경제 위기는 다른 주요 국가들 가운데 가장 심각한 편이어서, 전체 인구의 4분의 1이 일자리를 잃었다. 반체제 정당들은 너나없이 입을 모아 두 가지 위기 중 어느 하나도 제대로 해결하지 못한 바이마르 공화국을 비난했다.

나치당이 37퍼센트에 달하는 지지를 얻어 독일 최대 정당이 되었던 1932년 7월로 넘어가보자. 나치당은 그 전에도 후에도 과반수 득표를 하지는 못했다. 하지만 비사회주의 연합 세력이, 1930년 3월 독일의 마지막 정상적인 정부가 넘어진 이후 국가를 통치했던 대통령의 긴급명령권 대신 대중의 지지에 기반해 국가를 통치하려고 하자 나치당은 이들에게 없어서는 안 될 존재가 되었다(여기에 대해서는 다음 장에서 자세히 살펴보도록 하겠다).

그러나 파시즘은 아직 독일에서 정권을 장악하지 못했다. 1932

년 11월 의회선거에서 나치의 지지도는 하락했다. 나치는 그 동안의 가장 중요한 자산이었던 추진력을 잃게 되었다. 자금도 바닥을 드러내기 시작했다. 총리직에 도 아니면 모 식의 명운을 걸었던 히틀러는 연합정부의 부총리 등 각료를 맡아 달라는 제안을 모두 거절했다. 나치 당원들은 일자리와 지위를 얻을 기회가 사라지는 듯 보이자 점점 불안해졌다. 나치당은 당 조직의 우두머리이자 당내 반자본주의 분파의 지도자였던 그레고어 슈트라서가 신임 총리 쿠르트 폰 슐라이허(Kunt von Schleicher, 1882~1934, 바이마르 공화국의 마지막 총리) 장군과 독자적인 협상을 벌이자 그를 당에서 축출했다. 나치 지지자들을 슬쩍 가로채 그 정치적 영향력을 자신들에게 유리하게 쓰고자 했던 보수파 정치인들이 1933년 새해가 밝자 도움을 주지 않았더라면 이러한 움직임은 역사의 각주(脚注)로나 끝났을 것이다. 파시스트들이 이탈리아와 독일에서 권력을 잡은 구체적 과정은 다음 장에서 살펴볼 주제다. 하지만 그 전에 먼저 세 번째 경우, 다시 말해 프랑스에서 일어난 파시즘이 실패하게 된 과정부터 살펴보도록 하자.

실패로 끝난 프랑스의 파시즘, 1924~1940

승전국들도 1차 세계대전 후에 퍼져나간 파시즘이라는 바이러스의 침투를 막지 못했다. 그러나 이탈리아와 독일 밖에서는 파시스트들이 목청을 높이거나 문제를 일으키기는 했지만 권력에 가까이 가지는 못했다. 그러나 이런 움직임들을 무시해도 된다는 의미는 아니다. 실패한 파시즘 운동 또한 성공한 경우 못지않게 파시즘이 뿌리를 내리기 위해 무엇이 필요한지 알려줄 것이기 때문이다.

그 이상적인 사례로 프랑스를 들 수 있다. 프랑스라고 하면 상당수의 사람들이 바스티유 감옥 습격과 인권선언, '라 마르세예즈'를 생각하지만, 수많은 프랑스의 군주제 옹호자들과 권위주의적 민족주의자들은 의회제 공화국이 '위대한 프랑스'에 적합한 체제라고 타협한 적이 단 한 번도 없었다. 양차 세계대전 사이 공화국이 혁명의 위기와 대공황, 독일의 위협이라는 3중 난관에 제대로 대처하지 못하자 이들의 불만은 노골적인 적의로 발전하였다.

양차 세계대전 사이 프랑스에서는 좌파가 선거에서 거둔 성공에 대한 반동으로 극우 세력이 확장되었다. 중도파와 좌파 연합 세력인 좌파연합(Cartel des Gauches)이 1924년 선거에서 다수당이 되자, 1911년 민족주의 노동자 조직 '프루동 모임'의 설립자인 조르주 발루아[40]는 페소(Faisceau, 파시즘의 프랑스어 어원)를 세웠다. 페소의 명칭과 행동양식은 무솔리니를 직접적으로 모방한 것이었다. 샴페인 생산업계의 거물인 피에르 테탱제(Pierre Taittinger)는 이보다 더 전통적인 민족주의 성향을 띤 애국청년단(Jeunesses Patriotes)을 결성했다. 신생 카톨릭국민연합(Fédération Nationale Catholique, FNC)은 노엘 드 카스텔노(Noël de Castelnau) 장군의 지휘 아래 반공화주의 색채를 강하게 드러냈다.

1930년대에 세계 대공황이 닥치고, 나치 독일이 1918년 평화조약에서 규정한 규제 조항을 깨뜨리고, 제3공화국의 중도 좌파 다수당(1932년에 새롭게 단장하였다)이 부정부패로 명예를 더럽히자 급진적인 우파 '연맹들'(그들은 '당'이라는 명칭을 거부했다)이 성장했다. 1934년 2월 6일에 16명이 사망한 하원의사당 앞 대규모 거리 집회에서, 극우 세력은 자기들이 프랑스 정부를 무너뜨릴 만큼 커졌다는 사실을 입증해 보였다. 그러나 아직 새로운 정부를 세울 정도로 강력하지는 않았다.

이후 정치권이 첨예하게 양극화 현상을 보였던 시기에 더 많은 표를 얻은 쪽은 우파가 아니라 좌파였다. 사회주의자, 급진파, 공산주의자가 결성한 인민전선(Front Populaire) 연합은 1936년 선거에서 승리를 거두었고, 그해 6월에 레옹 블룸(Léon Blum, 1872~1950) 총리는 준군사적 '연맹들'을 금지하였다. 4년 전 독일의 하인리히 브뤼닝(Heinrich Brüning, 1885~1970) 총리도 시도했지만 실패했던 정책이었다.

하지만 인민전선의 승리는 아슬아슬한 표차였고, 공산주의자들의 지지를 받는 유대인이 총리가 되자 극우파의 분노는 폭발 상태에 이르렀다. 1930년대 프랑스 극우파의 힘이 실제로 어느 정도였는지는 특히 뜨거운 논쟁의 대상이 되어왔다. 일부 학자들은 프랑스에는 자생적인 파시즘이 존재하지 않았으며, 기껏해야 '외국의 사례를 모방해서 프랑스 내의 보나파르트주의 전통에 덧칠한, 겉만 파시즘적인 수준에 불과하다고 주장한다.[41] 그러나 그 대척점에는 프랑스가 '파시즘의 진정한 요람'이라고 주장하는 학자들이 있다.[42]

체프 슈테른헬은 프랑스를 떠들썩하게 만들었던 열성 극우 세력의 존재와 1940년 6월 프랑스가 패전한 후 민주주의가 손쉽게 전복되고 말았다는 사실을 고찰한 끝에, 양차 세계대전 사이 프랑스 대중들의 언어와 사고방식에 파시즘이 깊숙이 들어와 있었다는 결론을 내렸다. 그는 1930년대 프랑스에서 활동하던 다양한 색깔의 논

프랑스 인민전선 내각을 이끈 최초의 사회당 총리 레옹 블룸. 블룸 내각은 주 40시간 노동제를 도입했고 노동자의 단체 교섭권을 보장했으며, 사회 개혁 정책을 추진했다.

평가들이 프랑스 민주주의의 작동 방식을 비판하던, 그 제각각의 관점들을 모두 파시즘적이라고 규정함으로써 자신의 주장을 뒷받침했다. 그러나 실제의 역사에서 이 논평가들은 무솔리니에 대해 어느 정도 동정적인 의견을 표명한 경우는 일부 있었어도 히틀러에 동조한 경우는 없었다.[43] 대부분의 프랑스인들과 일부 외국 학자들은 슈테른헬이 말하는 '파시즘'의 기준이 너무 느슨하고 결론도 지나치다고 보았다.[44]

당연한 말이지만, 파시스트라는 인상을 줄 법한 언사를 사용한 저명한 프랑스 지식인들의 수를 세거나 1930년대 프랑스에서 집회를 열고 행진을 벌였던 다양한 운동의 종류를 꼽아보는 정도로는 충분치 않다. 여기서 두 가지를 질문해야 한다. 이런 운동들이 요란했던 소리만큼 중요한 의미를 지녔는가? 그리고 그들은 진정한 파시스트였는가? 프랑스 내에서 일어난 어떤 운동이 히틀러나 (더욱 흔한 경우였듯) 무솔리니를 모방하면 할수록 오히려 성공할 확률이 낮았다는 사실에 주목해야 한다. 푸른색 셔츠 차림의 작은 조직이었던 프랑스연대(Solidarité Française)나, 자크 도리오(Jacque Doriot, 1898~1945, 스탈린주의 지도자이자 생드니의 시장. 1934년 노동자 공동전선을 공개적으로 지지하면서 프랑스공산당에서 출당당한 후 극우파로 전향함)의 지방색 강한 프랑스인민당(Parti Populaire Français)[45]이 그 대표적 예다. 반면 1936년에서 1940년에 걸쳐 모든 계층의 지지를 받는 대중 정당으로 발전한 극우 조직도 있었다. 프랑수아 드 라 로크 대령이 세운 프랑스사회당(Parti Social Français, PSF)은 온건하고 '공화주의적' 인 모양새를 갖추려고 노력했다.

프랑스의 파시즘을 평가하려면 라 로크를 중요하게 살펴봐야 한다. 그의 운동을 파시즘적이라고 본다면 1930년대 프랑스에서 파시즘이 세력을 떨쳤다는 의미가 된다. 반면 파시즘적이지 않다고 본다면 파시즘이 주변 세력 이상으로 성장하지 못했다는 의미가 된다. 군주제를 지지하는 집안 출신이며 직업군인이었던 라 로크는 1931년에 '불의 십자단' 을 — 전시에 세운 수훈으로 받은 십자메달을 목에 건 퇴역군인들의 소규모 단체였다. — 접수해 정치 운동으로 발전시켰다. 그는 다양한 계층의 사람들을 끌어들이고, 의회의 우유부단함과 부정부패를 비난했으며, 볼셰비키 혁명 운동의 위협을 경고하고, 국가조합주의 경제 속으로 통합된 노동자들을 끌어들이기 위해 정의 구현과 권위주의 국가를 주장했다. 디스포스(dispos, 프랑스어 'disponible' 에 어원을 둠. '준비된' 이라는 의미)라 불렸던 그의 준군사 조직은 1933년과 1934년에 군사주의적 자동차

1935년 국경일을 기념한 '불의 십자단' 행진에 나선 프랑수아 드 라 로크 대령. 그가 후에 세운 프랑스사회당은 모든 계층의 지지를 받는 대중 정당으로 발전한 극우 조직이었다.

행진을 벌이기 시작했다. 그들은 공산주의 폭동을 무력으로 진압하기 위한 전투 훈련에서 'D-데이(le jour J)'와 'H-시(l'heure H, 공격 개시 시각)'에 맞춰 멀리 떨어진 곳에서도 비밀작전을 수행하도록 철저히 준비했다.[46)]

로마와 베를린, 빈, 마드리드의 (파시즘적이라 알려진) 행진들 때문에 불안해하던 좌파는 불의 십자단을 파시스트로 규정했다. 불의 십자단이 1934년 2월 6일 밤 하원의사당 앞에서 열린 행진에 참여하면서 파시스트라는 인상은 더욱 강화되었다. 하지만 라 로크 대령은 자신의 부하들이 행진에 참여한 다른 세력과 떨어져 보도 위에 서 있도록 했으며, 모든 공식 발언에서 자신의 조직이 거리에서 마구잡이로 폭력을 휘두르는 여느 집단과 달리 엄격한 규율과 질서를 갖추었다는 인상을 주었다. 프랑스 우파로서는 드물게 그는 반유대주의를 거부했으며, 일부 저명한 애국적 유대인들을 자기편으로 끌어들이기까지 했다(그러나 알자스와 알제리에 있는 그의 분파는 반유대주의를 표방했다). 라 로크는 (자신이 보기에 극단적인 민족주의를 제외하고) 무솔리니에게서는 좋은 점을 찾아냈지만, 독일에 대해서는 대부분의 프랑스 민족주의자들과 마찬가지로 반게르만주의를 고수했다.

1936년 6월, 인민전선 정부가 다른 우파 준군사 집단들과 더불어 불의 십자단을 해산시켜버리자 라 로크 대령은 선거용 정당인 프랑스사회당(PSF)을 세웠다. 프랑스사회당은 준군사 행진을 포기하고, 선거로 선출된 강력한 지도자를 중심으로 한 국민적 화해와 사회정의를 강조했다. 이런 중도 성향 움직임은 급속히 늘어난 지지자들에게 열광적인 환호를 받았다. 그 흐름대로 선거가 치러졌다면 전쟁 발발 직전에는 프랑스사회당이 프랑스 최대 정당이 되었을 것이다. 그러나 선거 결과나 정당지 발행부수가 없는 상태에서 프랑스 극우 운동의 규모를 측정하기는 매우 어렵다. 프랑스사회당은 1940년으로 예정된 의회선거에서 선전할 것으로 예상되었지만 선거는 전쟁으로 인해 치러지지 못했다.

열정적인 중도 좌파인 에두아르 달라디에(Édouard Daladier, 1884~1970) 총리하에서 프랑스가 어느 정도 평온과 안정을 되찾던 1938~1939년에는 모든 극우파 단체들이 — 가장 온건한 라 로크의 프랑스사회당을 제외하고 — 설 땅을 잃었다. 1940년 전쟁에서 패한 뒤 친독 세력인 비시 정부를 세워 프랑스를 다스린 것은 파시즘적 우익이 아닌 전통 우익 세력이었다.[47] 프랑스에 그나마 남아 있던 파시즘 세력도 1940~1944년의 독일에 점령된 파리에서 독일과 놀아나다 완전히 신뢰를 잃었다. 1944년 해방 후 한 세대 동안 프랑스 극우 세력은 작은 당파로 쇠락해버렸다.

프랑스에서 파시즘이 실패한 것은 — 공화국 전통에 대해 대다수 프랑스 국민들이 품고 있던 호의적 감정의 중요성을 확대 해석하면 안 되겠지만 — 프랑스인들이 파시즘에 대해 보인 무조건적인 적대감[48] 때문만은 아니었다. 세계 대공황의 타격이 심각한 것은 사실이었으나 프랑스는 산업화가 중심을 이루었던 영국이나 독일에 비하면 그나마 사정이 나았다. 프랑스의 제3공화국 정부는 비틀거리기는 했어도 교착 상태에 빠지거나 전면적인 마비를 겪은 적은 없었다. 1930년대에 주류 보수파들은 파시스트들에게 도움을 청할 만큼 위기의식을 느끼지 않았다. 게다가 얼마 되지 않는 프랑스 파시즘 '우두머리들'을 — 이들 대부분은 무솔리니와 히틀러처럼 보수파들과 타협하기보다는 독트린의 '순수성'에 집착했다. — 이끌어 독일이나 이탈리아에 버금가는 세력으로 키울 만한 강력한 지도자감이 없었다.

운동의 한 가지 예를 자세히 살펴봄으로써 뼈대만 있는 이러한 분석에 좀 더 살을 붙여보자. 녹색 셔츠단(Greenshirts)은 1930년대에 프랑스 북서부에서 일어난 농민 운동이었다. 적어도 초기에는 공공연히 파시즘 성향을 띠었으며 불만에 찬 농부들의 직접 행동을 이끌어내는 데 성공했지만, 항구적인 운동으로 자리 잡지도 못했고 카톨릭교도가 많은 북서부 지역을 벗어나 진정한 전국적 정치 세력으로 성장하지도 못했다.[49] 프랑스 농촌 지역에서 일어난 파시즘을 살펴보는 일이 중요한 까닭은 이탈리아와 독일의 파시즘도 처음에는 농민들 사이에서 뿌리를 내렸기 때문이다. 게다가 프랑스는 나라의 절반 이상이 농촌이었기 때문에 파시즘이 성공하려면 농촌에서 거두는 성과가 중요할 수밖에 없었다. 이렇게 보면 프랑스 파시즘에 대한 거의 모든 연구가 도시에 집중되어 있다는 사실은 매우 기묘한 일이다.

1930년대 초반에는 프랑스 농촌에서 정치 공간이 열렸다. 독일 슐레스비히홀슈타인 지역과 마찬가지로 정부와 전통적 농민조직이 모두 대공황으로 폭락한 농산물 가격에 제대로 대처하지 못해 신용을 잃은 탓이었다.

녹색 셔츠단의 지도자 앙리 도르제르(Henry Dorgères)는 — 도르제르는 장이 서는 날에 농민들의 분노를 자극하는 재능이 탁월했던 농촌 전문 기자의 필명이었다. — (훗날에는 이탈리아의 국가 통제가 너무 심하다고 비난했지만) 1933년과 1934년에 파시즘 이탈리아를 공공연히 찬양했으며, 색깔 있는 셔츠와 청중을 흥분시키는 수사(修辭)적 기법, 민족주의, 외국인 혐오, 반유대주의 등 파시즘 특유의 양식을 상당수 도입했다. 세력이 절정에 다다른 1935년 무렵에 도르제르는 농민 장터가 열리는 침체된 프랑스 소도시들에서 사상 최대의 청중을 동원했다.

프랑스에는 포 계곡의 이탈리아 파시스트들에게 직접 행동의 빌미를 제공했던 기회와 겉모습이 비슷한 공간도 존재했다. 1936년과 1937년 여름, 프랑스 북부 평원 대농장에서 일하던 노동자들이 벌인 대규모 파업은 — 여름은 사탕무를 솎아주고 비트와 밀을 추수하는 중요한 시기였다. — 농장주들을 크게 당황시켰다. 녹색 셔츠단은 이탈리아에서 검은 셔츠단이 농장주들을 구했던 것을 모방해 추수를 할 자원자를 모집했다. 이들은 극적 효과를 날카롭게 인식하고 있었다. 자원자들은 하루 일과가 끝나면 1차 세계대전 전사자 추모비 앞에 모여 수확한 밀 한 다발을 놓았다.

그러나 도르제르의 추수 자원자들의 직접 행동은 성과가 없었으며, 무솔리니의 행동대와 닮았던 이 소규모 단체들은 실제로 한 번도 프랑스의 지방 권력을 장악하지 못했다. 그 주된 이유는 프랑스 정부가 추수를 방해하는 행동에 대해 이탈리아 정부보다 훨씬 단호하게 대처했다는 데 있다. 레옹 블룸의 인민전선조차도 농장 노동자들이 수확기에 파업을 벌이면 즉시 경찰을 출동시킬 정도였다. 1793년 로베스피에르(Maximilien Robespierre, 1758~1794)의 공안위원회에서 '혁명군'을 보내 곡물을 강제 징발한 이래, 프랑스 좌파는 언제나 도시 식량 공급에 우선 순위를 두었다.[50] 프랑스의 농부들은 포 계곡의 농부들에 비해 국가로부터 버림받을지 모른다는 두려움이 적었고, 대안적인 치안 세력도 그다지 필요하지 않았다.

게다가 1930년대 내내 프랑스의 강력한 보수파 농민조직들은 슐레스비히홀슈타인의 경우에 비해 자력으로 잘 대처해 나갔다. 그들은 성공적인 협동조합을 만들어 필수불가결한 도움을 주었지만, 녹색 셔츠단이 내세운 것은 분노의 배출뿐이었다. 결국 녹색 셔츠단은 주변 세력으로 남을 수밖에 없었다. 결정적인 전환점은 강력한 프랑스농민연합(Fédération Nationale des Exploitants Agricoles, FNEA)의 회장이며 과거 도르제르가 농촌 지역에서 세력을 확장할 때 도움을 준 적이 있는 자크 르 루아 라뒤리(Jacques Le

Roy Ladurie)가 1937년 정부 내각의 내부에서 영향력을 행사할 강력한 농민 로비 단체를 만드는 것이 좋겠다는 결정을 내렸을 때에 찾아왔다. 프랑스농민연합 같은 굳건한 보수 농민조직과 브르타뉴 지방의 랑데르노에 거점을 둔 강력한 협동조합 운동이 버티고 있었기 때문에 녹색 셔츠단이 비집고 들어설 자리는 거의 없었다.

이는 별 무리 없이 제대로 기능하는 기존 정치 제도 속으로는 파시즘이 쉽게 침투할 수 없다는 사실을 의미한다. 국가와 기존 조직이 크게 실패하지 않는 한 새로운 세력이 성장할 기회는 생기지 않는다. 도르제르의 녹색 셔츠단에 숨어 있는 또 하나의 취약점은 모든 계층의 지지를 받는 정당이 될 기반을 형성하지 못했다는 사실이었다. 도르제르는 농부들의 분노를 일깨우는 데는 천재적이었지만 도시 중간계급의 불만은 거의 언급한 적이 없었다. 본질적으로 농촌 선동가였던 그는 도시의 상점 주인들을 파시즘 세력이 성장하게 되었을 때 동맹을 맺을 수 있는 상대가 아니라 적이라고 생각하는 실수를 저질렀다.

도르제르가 실패했던 또 하나의 요인은 프랑스 농촌의 상당 지역이 오랫동안 1789년의 프랑스 혁명 전통을 고수한 결과 녹색 셔츠단에게 배타적이었다는 사실이다. 프랑스 혁명 덕분에 프랑스 농부들은 얼마 안 되는 땅이나마 완전한 소유권을 얻을 수 있었던 것이다. 공화주의 성향의 프랑스 남부 및 남서부의 농민들이 과격하게 불만을 터뜨릴 때에도 그들의 급진적 요구는 파시즘이 아니라 프랑스공산당(Parti Communiste Française, PCF) 쪽으로 흘러들어갔다. 당시 프랑스공산당은 전통적으로 좌파에 기울어진 지역의 영세농들에게서 상당한 지지를 받고 있었다.[51] 따라서 프랑스 농촌은

1930년대의 대공황으로 극심한 고통을 겪고 있었음에도 불구하고 강력한 프랑스 파시즘이 성장할 수 있는 조건을 갖추지는 못했다.

실패한 파시즘의 또 다른 사례

이탈리아와 독일을 제외하면 파시즘이 열성적 보수 세력과 손을 잡고 선거에서 큰 지지를 받을 수 있을 정도의 배경을 갖춘 나라는 별로 없었다. 독일에 이어 선거에서 승리한 세력은 페렌츠 살로시의 헝가리 화살십자당이었다. 화살십자당은 1939년 5월 선거에서 총 2백만 표 중 75만 표 가량을 획득했다.[52] 하지만 헝가리는 이미 호르티 제독이 이끄는 보수적 군사 독재 정권에 장악된 상태였다. 제독은 누구와도 권력을 나눌 생각이 없었고 그럴 필요성도 느끼지 못했다. 동부 유럽에서 지지를 얻은 또 다른 세력으로는 루마니아의 '대천사 미카엘 군단'이 있었다. '모든 것은 조국을 위해'라는 슬로건을 내세웠던 미카엘 군단은 1937년의 선거에서 제3당이 되었으며, 15.38퍼센트의 지지를 얻어 총 390석의 의석 중 66석을 얻어냈다.[53]

비록 잠시이기는 했지만 서유럽의 선거에서 가장 성공적이었던 세력으로 벨기에의 레옹 드그렐(Léon Degrelle, 1906~1994)이 이끈 렉시스트당(Rexiste)이 있었다. 드그렐은 카톨릭 학생 조직을 만들고 '크리스투스 렉스(Christus Rex)'라는 카톨릭 출판사를 경영하면서 야심을 키웠다. 1935년 드그렐은 (카톨릭당을 포함한) 기존 정당들이 극적인 행동과 열정적인 지도력이 필요한 시기에 부패로 얼룩져 틀에 박힌 태도로만 일관한다고 벨기에의 유권자들을 설득하

벨기에의 렉시스트당 지도자 레옹 드그렐. 구세력들을 비판하며 전국민의 단합을 주장한 렉시스트당은 서유럽 파시즘 정당 중 가장 성공적으로 유권자들의 지지를 받았다.

는 운동에 나섰다. 1936년의 전국 의회선거에서 렉시스트당은 빗자루라는 단순하고도 분명한 상징을 내세웠다. 렉시스트당에 던지는 한 표가 구세력들을 쓸어낼 것이라는 의미였다. 렉시스트당은 또한 단합을 호소했다. 기존 정당들은 특정 종파나 종족, 계급에 따라 표를 긁어 모았기 때문에 벨기에를 분열시켰다는 주장이었다. 렉시스트당은 — 다른 효과적인 파시즘 운동들이 모두 그랬듯이 — 국민을 분열시키는 '정당'보다는 모든 계층의 시민들을 한데 모으는 '구심점'이 되겠다고 약속했다.

이런 호소는 민족적 · 언어적 분열이 경제공황으로 더욱 악화되어 고통을 겪던 벨기에에서 특히 효과적이었다. 렉시스트당은 1936년 5월 선거에서 11.5퍼센트의 지지를 얻어 전체 의석 202석

중 21석을 차지했다. 그러나 드그렐은 갑자기 치솟은 지지율을 유지할 수 없었다. 기존 보수 세력은 연합해서 드그렐에 맞섰고, 교회 지도자들도 드그렐을 거부했다. 1937년 4월 브뤼셀에서 열린 보궐 선거에 드그렐이 입후보하자 공산주의자에서 카톨릭에 이르기까지 모든 정치 세력이 연합해서 젊고 대중적인 상대 후보, 파울 반 젤란트(Paul Van Zeeland, 1893~1973)를 지지했다. 그 결과, 드그렐은 자신의 지역구마저 잃고 말았다.[54)]

드그렐의 급속한 성장과 몰락은 파시즘 지도자가 이질적인 저항 세력의 표를 그럭저럭 결집했다 해도 그 거품을 유지하기가 얼마나 어려운지를 보여준다. '모든 계급의 지지를 받는' 새로운 정당으로 급속히 유입된 표는 급속히 빠져나갈 수도 있었던 것이다. 중요 집단의 이해를 대변하고 야심만만한 직업 정치인들을 만족시킴으로써 정치 제도 안에서 자리를 확고히 하지 못한다면, 순식간에 확장된 세력이 마찬가지로 순식간에 무너질 수도 있었다. 한 번 많은 표를 얻었다고 해서 파시즘 정당이 뿌리 내리기에 충분한 환경이 조성되는 것은 아니었다.

서유럽의 다른 파시즘 운동들은 선거에서 그다지 성공을 하지 못했다. 네덜란드국가사회주의운동(Dutch Nationaal Socialistische Beweging, NSB)은 1935년의 전국 선거에서 7.94퍼센트의 지지를 얻는 데 그쳤다.[55)] 비드쿤 크비슬링(Vidkun Quisling, 1887~1945, 육군 장교로서 2차 세계대전 중에 독일이 노르웨이를 점령한 후 적극적으로 협력하여 반역자의 대명사가 된 인물)이 이끄는 노르웨이의 국가통일당(Nasjonal Samling)은 1933년 선거에서 2.2퍼센트의 지지밖에 얻지 못했으며, — 항구 도시인 스타방게르와 농촌 지역 두 곳에서는

12퍼센트를 기록하며 선전하기도 했으나 — 1936년에는 그보다 낮은 1.8퍼센트의 지지율을 기록했다.[56)]

오스왈드 모슬리 경의 영국파시스트연합은 가장 흥미로운 실패 사례 중 하나다. 모슬리가 대단한 지적 능력의 소유자였으며 다른 파시즘 지도자들과 두터운 친분을 맺고 있었다는 사실 때문에 흥미롭다는 말은 아니다. 1929년 노동당 정부의 전도유망한 젊은 장관이었던 모슬리는 1930년대 초에 대영제국 전체를 폐쇄경제권으로 만들고 고용 창출 효과가 있는 공공사업과 소비자 외상구매를 위해 (필요하다면 재정적자가 나더라도) 지출을 늘림으로써 대공황을 극복하자는 대담한 정책을 내놓았다. 노동당 지도자들이 그의 새로운 제안을 퇴짜놓자 모슬리는 1931년 신당(New Party)을 창당해서 몇몇 노동당 소속 하원의원들을 끌어들였다. 그러나 신당은 1931년 10월 선거에서 단 하나의 의석도 얻지 못했다. 크게 실망해 무솔리니를 찾아갔던 모슬리는 파시즘이 미래의 대세이자 자신이 추구해야 할 길이라는 확신을 얻었다.

1932년 10월에 출범한 모슬리의 영국파시스트연합은 런던의 대중 일간지 〈데일리 메일(Daily Mail)〉의 발행자인 로더미어(1st Viscount Rothermere, 1868~1940) 경을 비롯해 초기에 몇몇 거물들을 포섭하는 데 성공했다. 하지만 영국파시스트연합은 1934년 6월 런던의 올림피아 박람회장에서 열린 대규모 공개회의에서 눈에 띄는 검은 셔츠 차림의 호위대와 반대자들에게 폭력을 행사한 사건으로 사람들의 반감을 사게 되었다. 같은 달 말에 일어난 히틀러의 '긴 칼의 밤(Night of the Long Knives, 1934년 6월 30일 밤부터 7월 1일 아침까지 벌어진 나치 돌격대와 그 지도자인 에른스트 룀 제거 사건. '피

영국파시스트연합의 오스왈드 모슬리. 노동당 정부의 장관이었던 그는 영국파시스트연합을 창설해 세력을 넓혀갔으나, 검은 셔츠단의 폭력적인 행동으로 대중의 지지를 잃고 말았다.

의 숙청'으로도 불린다)' 사건은 영국파시스트연합 당원 5만 명 중 로더미어 경을 포함한 90퍼센트 가량의 무더기 탈퇴를 불렀다.[57)]

1934년 말에 모슬리는 반유대 정책을 적극 표방하고 나서 검은 셔츠를 입은 당원들이 런던의 이스트엔드를 활보하게 했다. 이스트엔드에서 그들은 유대인이나 공산주의자들과 싸움을 벌이고, 비숙련공이나 가난에 찌든 영세상인들을 대상으로 새 당원을 모집했다. 1936년 10월 4일 반파시스트들과 벌인 '케이블 가(街) 전투(Battle of Cable Street)' 직후 통과된 공공질서법은 정치 단체의 제복 착용을 금지해 영국파시스트연합이 사람들의 주목을 끄는 수단을 없애버렸지만, 연합은 1939년에 전쟁 반대 운동을 벌이면서 또다시 당원을 2만 명 수준까지 끌어올렸다. 모슬리의 검은 셔츠 당원들의 폭력, 히틀러와 무솔리니를 향한 공공연한 지지는 — 모슬리는

1936년 뮌헨에서 히틀러가 참석한 가운데 다이애나 밋포드(Diana Mitford)와 결혼식을 올렸다. — 대다수 영국인들의 눈에 이질적으로 보였다. 게다가 보수파들이 주류를 이룬 거국내각(National Government)이 1931년 이후 점차 경제를 되살리며 폭넓은 지지를 받자 모슬리가 발 디딜 공간은 거의 남지 않았다.

1930년대의 유럽에서 파시즘을 모방한 운동들 일부는 실체 없는 그림자 수준을 거의 벗어나지 못했다. 아일랜드의 이오인 오더피(Eoin O'Duffy) 대령이 이끄는 푸른 셔츠단(Blueshirts)도 — 시인 윌리엄 버틀러 예이츠(William Butler Yeats, 1865~1939)가 송가(頌歌)를 지어주기로 약속하기도 했고 오더피가 3백 명의 자원자들을 스페인으로 보내 프랑코를 돕게 한 적도 있지만 — 그 중 하나였다. 이런 식의 미약한 모방은 색깔 있는 셔츠를 입고 행진을 벌이거나 지역의 소수집단에게 폭력을 휘두르는 것만으로는 히틀러나 무솔리니의 성공을 재현할 수 없다는 사실을 보여준다. 성공을 거두려면 히틀러나 무솔리니가 겪었던 것에 필적할 만한 위기와 그들이 차지했던 것에 필적할 만한 정치 공간, 그들이 전통적 엘리트층에게서 받았던 것에 필적할 만한 협력이 필요했다. 파시즘을 모방한 이 운동들 중 시작 단계를 넘어선 사례는 하나도 없었다. 따라서 성공적인 운동으로 전환한 사례도 없었다. 이들은 '순수'하지만 주목받지 못하는 주변 세력으로 남았다.

비교와 결론

20세기 초반의 파시즘 운동은 매우 광범위하게 나타났기 때문에 초기 형성 과정에 관한 단순한 사실만으로는 그 본질을 제대로 알기 어렵다. 그러나 파시즘 운동은 제각기 다른 속도로 다른 단계까지 발달했다. 운동의 성공과 실패에 대한 비교 관찰은 파시즘 운동 그 자체뿐 아니라 주어진 기회에도 중요한 차이가 있다는 사실을 보여준다. 파시즘의 이후 진행 단계를 이해하려면 정당에서 그치지 않고, 그들에게 활동 공간을 제공한 (또는 제공하지 않은) 정치적 상황과 도움을 주었던 (또는 주지 않았던) 세력들의 종류도 모두 살펴보아야 한다.

지성사는 파시즘 운동의 태동을 살펴보려면 필수적이지만, 뿌리를 내리는 정착 단계를 분석하는 데는 그다지 도움이 되지 않는다. 일부 국가에서는 언뜻 보면 파시즘이 뿌리 내릴 지적 · 문화적 환경이 완벽하게 갖추어진 것처럼 보이는데도 결국엔 주변 세력으로 남았다. 예를 들어 프랑스의 경우, 20세기 초 고전적인 자유주의 가치에 맞서 지식인들이 일으킨 반란의 화려함, 열정, 명성은 지성사만 염두에 둔다면 운동이 성공하기에 적합한 환경으로 보였다.[58] 그럼에도 불구하고 파시즘이 뿌리를 내리지 못한 이유는 앞에서 살펴보았다.[59] 사실, 모든 유럽 국가들은 오늘날 우리가 볼 때 감수성이 강한 사상가와 저술가들을 배출했다. 따라서 한 나라가 파시스트당 형성에 중요한 역할을 한 지식인들을 배출했다고 해서 다른 나라에 비해 파시즘 쪽으로 더 많이 '편향되었다' 고 말하기는 어렵다.

반유대주의에 대해서는 특별히 언급할 필요가 있다. 한 나라가 극단적인 반(反)유대 정책을 실시할 것인가를 예측하는 가장 중요한 지표가 문화적 토양인지 아닌지는 분명하지 않다. 1900년 즈음에, 유럽의 어떤 나라에서 반유대주의가 가장 심각하다고 생각하는지 질문을 받았다면 과연 누가 독일이라고 대답했겠는가? 1898년 이후 유대인 상점들이 약탈당했던 곳은 드레퓌스 사건이 온 나라를 뒤흔들 당시의 프랑스였고, 유대인들을 살해한 곳은 프랑스령 알제리였다.[60] 20세기에 접어들 무렵에는 영국에서 추악한 반유대주의 사건이 일어났으며,[61] 미국 애틀랜타에서는 레오 프랭크(Leo Frank, 1884~1915)가 폭행을 당하는 악명 높은 사건이 발생했다.[62] 반유대인 폭력 사건이 자주 발생하고 전통적으로 과격하다고 알려진 — '유대인 학살(pogrom)' 이라는 말은 이 지역에서 처음 생겨났다. — 폴란드와 러시아 이야기는 꺼낼 필요도 없다.

그러나 이와 대조적으로 독일에서는 1880년대에 활발했던 반유대주의가 1차 세계대전 10여 년쯤 전에는 정치 전술로서 힘을 잃어버렸다.[63] 1차 세계대전 후에는 하딩(Warren G. Harding, 1865~1923, 미국의 29대 대통령)과 쿨리지(Calvin Coolidge, 1872~1933, 미국의 30대 대통령) 대통령이 재임하던 미국보다 바이마르 독일에서 유대인들의 대학 교수직 진출이 쉬웠다. 유대인들에게는 심지어 빌헬름 황제 시대의 독일이 시어도어 루스벨트 대통령 재임기의 미국보다 유대인들의 전문직 승진이 — 장교단 등 일부 중요한 예외만 뺀다면 — 쉬웠다. 이런 비교를 통해 빌헬름 시대 독일에 대해 알 수 있는 사실은 다른 유럽 국가들에 비해 '근대성' 에 반대하는 강력한 반유대주의 세력과 폭도가 많았다는 것이 아니라, 정치적 위기에서 독일의 군대와 관료 사회에 대한 사법적 · 정치적 지배가 다른 유럽 국가들만큼 효과적이지 못했다는 사실이다.[64]

그럼에도 불구하고 지적 토대가 훗날 파시즘의 성공과 어떤 연관성이 있었는지는 자세히 살펴볼 필요가 있다. 지식인은 1장에서도 이미 나온 세 가지 점에서 매우 결정적인 역할을 했다. 기존 자유주의 정권에 대한 불신을 가져왔다는 점, (그 직전까지 좌파의 독점물이었던) 대중의 분노와 저항의 영역에서 그것들을 끌어모을 수 있는 새로운 극단적 운동을 좌파 바깥에서 만들어냈다는 점, 파시스트들이 휘두르는 폭력을 존중할 만한 것으로 바라보게 만들었다는 점이 그 세 가지다. 언제라도 파시스트와 협력할 준비가 되어 있던 (또는 그들을 끌어들이려 했던) 구엘리트층의 문화적 · 지적 토대도 연구해보아야 한다. 20세기가 시작될 무렵, 유럽의 국가들은 반자유주의적 비판 활동이 놀랄 만큼 번성했다는 점에서 서로 유사한 모습을 보였다. 단지 파시즘이 예외적으로 뿌리 내릴 수 있었던 곳과 그렇지 못했던 곳의 정치 · 사회 · 경제적 전제조건이 달랐을 뿐이다.

가장 중요한 전제조건의 하나는 자유주의 질서의 위기였다.[65] 파시즘이 암실에서 나와 공적인 무대로 가장 쉽게 진출했던 곳은 기존 정부의 기능이 형편없거나 아예 전무했던 곳이었다. 파시즘에 대한 토론의 장에서 가장 많이 언급된 내용은 파시즘이 자유주의의 위기를 기반으로 삼아 번성했다는 사실이다. 그 모호한 공식을 여기서 좀 더 구체적으로 살펴볼 것이다.

1차 세계대전이 일어나기 직전, 유럽의 주요 국가들은 자유주의 정권이 확립돼 있었거나 자유주의 체제 확립으로 나아가던 중이었다. 자유주의 정권은 개인은 물론이요 집권당의 경쟁 세력인 여러 정당에도 자유를 보장해주었으며, 시민들이 선거를 통해 정부 구성에 직간접적 영향을 끼칠 수 있도록 했다. 자유주의 정부는 또한 시민과 기업에 광범위한 자유를 허용했다. 정부의 개입은 전쟁이나 외교, 질서 유지처럼 개인이 어찌할 수 없는 몇몇 분야로 한정되었다. 비록 노동자 파업이나 국제 경쟁으로부터 기업 재산을 보호하는 문제에는 망설임 없이 끼어들었지만 경제나 사회 문제는 시장에서 이루어지는 개인의 자유로운 선택에 맡겼다. 이런 유형의 자유주의 국가는 1차 세계대전 중에 사라졌다. 전면전을 수행하려면 정부의 강력한 조정과 규제가 필수적이었기 때문이다.

전쟁이 끝난 뒤, 자유주의자들은 정부가 다시 자유주의 정책으로 돌아가리라고 기대했다. 하지만 전쟁이 만들어낸 중압감은 국가의 개입이 필요한 새로운 갈등과 긴장, 역기능을 낳았다. 전쟁이 끝났을 때 참전국들 중 일부에서는 정부가 무너졌다. (1914년에도 부분적으로만 자유주의 국가였던) 러시아에서는 볼셰비키가 정권을 장악했다. 이탈리아와 훗날 독일에서는 파시스트들이 권력을 차지했다. 양차 세계대전 사이 의회주의적 민주 정부가 권위주의 독재정권에 무릎을 꿇은 경우는 유럽에서만도 스페인, 포르투갈, 폴란드, 루마니아, 유고슬라비아, 에스토니아, 리투아니아, 그리스에 이르렀다. 자유주의 정책의 어디가 문제였던 것일까?

이 현상을 사상의 문제로만 보아서는 안 된다. 위기에 처한 것은 통치의 기술이었다. 좋은 집안 출신의 교육을 잘 받은 사람들이 사회적 명성과 존경에 의지해서 선거에 계속 재당선되어 나라를 다스리는 명망가의 지배 자체가 문제였던 것이다. 그 명망가의 지배가 '대중의 국민화'[66]로 인해 거센 압력을 받게 되었던 것이다. 1918년 이후로 정치가들은 — 좌파에 반대하는 정치가들도 — 대중 선거에 대처하는 법을 배우지 않으면 실패할 수밖에 없었다. (1912년

이 되어서야 모든 사람들에게 선거권이 주어진) 이탈리아와 (지방 선거에서 실시되던 낡은 3계급 선거제가 1918년이 되어서야 겨우 폐지된) 독일 내 프로이센 지역처럼 대중 선거가 갓 도입되었거나 제대로 시행되지 못했던 곳의 구세대 정치가들은 자유주의와 보수주의를 막론하고 어떻게 대중의 흥미를 끌 수 있는지 전혀 몰랐다. 프랑스에서도 사정은 마찬가지였다. 보수주의자들은 19세기에는 사회적 영향력과 존경이라는 전통을 이용해 대중 선거에서 적어도 농촌 지역구는 장악할 수 있었지만, 1918년 이후에는 이러한 영향력이 더는 효과를 거두지 못한다는 사실을 즉시 깨닫지 못해 어려움을 겪었다. 민족주의적 보수주의자인 앙리 드 케릴리(Henri de Kérillis)가 대중 정치라는 새로운 도전에 대처하기 위해 1927년에 '전국 공화파 선전센터(Propagation Center for National Republicans)'를 세웠을 때, 완고한 보수주의자들은 케릴리의 전략이 정치가 아니라 초콜릿 신상품 판매에나 어울린다고 조롱했다.[67)]

파시스트들은 중도파와 보수파의 무능력을 잽싸게 이용해 대중 정치를 장악해 들어갔다. 명망 있는 거물들이 대중 정치를 경멸하는 사이, 파시스트들은 대중 정치를 이용해 좌파에 타격을 입힘과 동시에 민족주의를 널리 선전할 수 있음을 보여주었다. 파시스트들은 흥미진진한 정치적 볼거리를 만들어내고 능숙한 홍보 활동을 펼쳐 대중을 끌어들이기 시작했다. 또 이들은 준군사 조직과 카리스마 넘치는 지도력으로 대중의 규율을 잡았으며, 마침내, 승패가 불확실한 선거 제도를 없애고 가부만을 결정하는 국민투표로 대체했다.[68)] 의회민주주의 체제에서는 시민들이 선거를 통해 동료 시민을 자신들의 대표로 뽑았지만, 파시스트들은 대중들의 지지 행사에 참가함으로써 시민의 대표자임을 직접적으로 표명했다. 소수의 입법가들(의원들) — 이들은 자유주의적 이상론에 따르면 일반 시민보다 더 많은 정보를 알고 있다고 간주되는데 — 이 복잡한 사안을 놓고 벌이던 논쟁은 선전을 통한 여론 조작으로 간단히 대체되었다. 파시즘은 반좌파 세력에게 '대중의 국민화'를 통제하고, 관리하고, 그 흐름을 바꾸는 새롭고 효과적인 기법을 제공했다. 당시는 좌파가 계급과 국제평화주의라는 두 개의 비국가적 축을 중심으로 인구의 대부분을 끌어들일 태세로 위협적인 모습을 보이던 시기였다.

1918년 이후 자유주의의 위기를 '전환의 위기,' 다시 말해 산업화와 근대화의 여정에서 만난 시련으로 볼 수도 있을 것이다. 산업화가 늦은 나라들은 산업화가 제일 먼저 이루어졌던 영국에 비해 사회적 부담이 컸음이 분명하다. 우선, 후발산업국에서는 산업화 속도가 매우 빨랐으며, 또 노동자도 훨씬 강력하게 조직화되어 있었다. 파시즘을 설명하는 모델에 필연성을 개입시키지만 않는다면, 자유주의 국가가 산업화 과정에서 당면하게 된 긴장과 위기를 감지하는 것은 굳이 마르크스주의자가 아니라도 할 수 있다. 상당히 최근까지도 마르크스주의자들은 당시의 위기를 노동계급의 통제 강화와 (혹은) 해외 시장과 자원의 강제 획득 없이는 경제 체제가 더 이상 제 기능을 하지 못하는, 자본주의 발전의 불가피한 단계로 보았다. 이에 비해 비록 널리 인정받지는 못했지만 후발산업국들이 새로운 형태의 통제가 필요한 좀 더 높은 수준의 사회적 혼란에 직면했을 뿐이라는 주장도 있다.

자유주의 국가가 직면했던 위기를 바라보는 세 번째 방식은 후발 산업화의 문제를 사회적 관점에서 조명하는 것이다. 이 시각에 따르면 일부 자유주의 국가들이 '대중의 국민화'나 '산업사회로의 전환'에 제대로 대처하지 못한 이유는 당시 사회 구조가 아직 사라지지 않은 산업화 이전의 구세력(숙련공, 대지주, 금리 생활자 등)과 새롭게 등장한 관리자 및 노동계급이라는 매우 이질적인 집단으로 나뉘어 있었다는 데 있다. 이 시각에 따르면, 산업화 이전의 중간계급의 세력이 특히 막강한 곳에서는 산업화 문제를 평화적으로 해결하기가 어려웠고 낡은 사회 질서의 특권을 지키기 위해 이 중간계급이 파시즘을 지원할 가능성도 높았다.[69]

자유주의 체제가 직면한 위기를 바라보는 또 다른 시각은 근대로 전환하는 긴장된 과정을 문화적 관점에서 조명하는 것이다. 이 시각에 따르면 20세기에 들어오면서 읽고 쓰는 능력의 보편화, 저렴한 대중매체, (안팎으로 이루어지는) 낯선 문화의 침투로 인해 자유주의 지식인들이 전통적인 지적·문화적 질서를 계속 유지하기가 더 힘들어졌다.[70] 파시즘은 문화의 전통적 규범을 옹호하는 사람들에게 새로운 선전 기술은 물론 그 기술을 이용하는 뻔뻔함도 함께 제공했다.

1차 세계대전이 끝난 후 유럽 자유주의 정권이 맞닥뜨렸던 난제들에 대한 다양한 진단 중 굳이 하나만 선택할 필요는 없다. 사실, 이탈리아와 독일은 위의 네 가지 경우에 모두 해당한다. 이들은 유럽 주요 국가들 중 대중 선거와 함께 가는 법을 가장 나중에 배운 국가였다. 이탈리아는 1912년에, 독일은 1919년에야 비로소 대중 정치가 완전히 자리를 잡았다. 러시아도 대중 정치에 뒤늦게 발을 들여놓은 나라였는데, 중간계급에게도 선거권이 모두 주어지지 않았을 정도로 발달이 안 된 사회 분위기에 어울리게 좌파에게 넘어가고 말았다. 산업화 측면에서 볼 때 '강대국들 중 가장 뒤떨어진'[71)] 이탈리아는 1890년대부터 경제 격차를 따라잡기 위해 열정적인 노력을 기울였다. 1914년 당시 독일은 이미 산업화가 상당히 진행된 상태였다. 그러나 강대국들 중에서는 산업화가 가장 늦은 편이었고, 1860년대 이후와 1918년의 패전 뒤로는 복구와 재건에 온 힘을 쏟아야 했다. 사회 구조로 보면 이탈리아와 독일은 모두 (프랑스와 영국도 마찬가지였지만) 산업화가 안 된 전근대적 분야가 상당 부분을 차지했다.[72)] 두 나라의 문화적 보수 세력은 예술적 실험과 대중문화를 커다란 위협으로 받아들였다. 바이마르 시대 독일은 실로 전후 문화실험주의의 진원지였던 것이다.[73)]

여기서 '역사적 필연성'에 대한 경고를 해두어야 할 필요가 있다. 자유주의 체제의 위기를 파시즘이 성공하는 데 결정적인 조건으로 여기는 것은 일종의 환경결정론이다. 이런 사고방식에 따르면, 적합한 배경이 갖추어지면 파시즘이 자동적으로 생겨나게 된다. 그러나 이 책에서는 국가 간의 차이와 사람들의 선택이라는 여지를 남겨두고자 한다.

단기적으로 보면 1914년 이래 유럽 국가들은 각기 크게 다른 경험을 겪었다. 그 중 가장 눈에 띄는 것은 몇몇 나라는 전쟁에 승리했고 다른 쪽은 패했다는 사실이다. 두 가지 유럽 지도를 보면 파시즘이 가장 과도하게 성장한 곳을 설명하기가 쉬워진다. 파시즘이 성공을 거둔 지역과 1차 세계대전 패전국을 유럽 지도에서 찾아보면 정확히 일치하지는 않지만 상당히 비슷하다. 비열하게 허를 찔려 패전했다고 믿은 독일이 그 전형적인 예다. 이탈리아는 승전국에 속했지만 자국을 전쟁으로 내몰았던 민족주의자들이 기대했던 영토 확장에는 실패했다. 민족주의자들의 눈에 1차 세계대전의 승리는 '불구의 승리(vittoria mutilata)' 에 불과했다. 스페인은 1914년에서 1918년까지는 중립을 지켰지만, 1898년 미국-스페인 전쟁에서 패해 제국을 잃게 되자, 모든 세대가 민족적 굴욕감에 시달렸다. 스페인에서 극우 세력이 성장한 이유 중 일부는 1931년에 성립된 신생 공화국이 카탈로니아와 바스크 지방에서 일어난 분리주의 운동이 유리한 고지를 차지하도록 내버려둔다는 두려움 때문이었다. 그러나 스페인에서는 미국과의 전쟁 패배와 쇠락에 대한 두려움이 호세 안토니오 프리모 데 리베라가 세운 파시즘 조직인 팔랑헤의 권력 장악으로 이어지지 않고 프랑코 장군의 군사 독재로 이어졌다. 파시즘은 결코 필연적인 결과가 아니다.

파시즘 세력이 성공한 지역은 또 하나의 지도와 상당 부분 겹친다. 공산주의가 자신의 기지인 러시아를 벗어나 널리 퍼져나갈 것처럼 보였던 시기에 볼셰비키 혁명을 시도한(혹은 혁명을 두려워한) 지역을 표시한 지도가 그것이다. 독일과 이탈리아, 헝가리는 모두 전후 '빨갱이의 위협' 이 특히 강했던 지역이었다. 그러나 여기서도 파시즘 세력이 성공한 지역과 볼셰비키 혁명이 전파된 지역이 완전히 일치하지는 않는다. 파시즘은 계급 갈등보다는 종족 분열의 위기가 더 컸던 국가에서도 번성했기 때문이다. 벨기에가 그 예다.

1917년의 러시아처럼 토지가 없는 소작농들이 혁명 운동에 대거 참여하고, 아직도 중간계급의 대다수가 (이미 형성된 특권을 수호한다기보다는) 기본권을 보장받기 위해 싸우던 환경에서는 저항

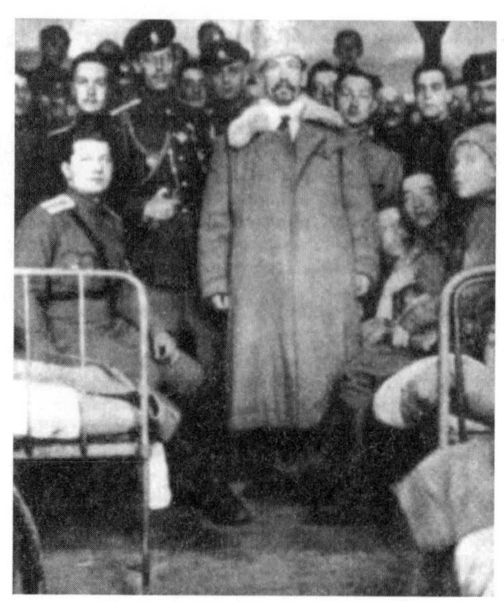

병사들과 함께한 코르닐로프 장군. 1917년 그의 모스크바 진군은 러시아를 군사 독재 코앞까지 몰고 갔다. 러시아 혁명이 실패했더라면 러시아는 군사 독재를 맞았을 가능성이 높다.

세력들이 좌파로 몰려들었다. 파시즘이 아니라 공산주의가 승리자였던 것이다. 혁명기 러시아에는 독일의 자유군단과 비슷한 반볼셰비키 행동대가 존재했지만,[74] 토지가 없는 소작농들이 불안정한 중간계급보다 훨씬 많았던 사회에서 파시즘이 대중적 지지를 얻기는 힘들었다. 1917년 7월 라브르 게오르기예비치 코르닐로프(Lavr Georgyevich Kornilov, 1870~1918) 장군이 모스크바 진군을 시도했을 때 러시아는 군사 독재 코앞까지 가는 사태를 맞았다. 볼셰비키 운동이 실패로 돌아갔다면 러시아에는 대신 군사 독재 정권이 들어섰을 가능성이 높다.

파시즘에 정치적 공간을 만들어주었던 위기들을 유형별로 알아보는 것만으로는 충분치 않다. 자유주의나 민주주의 정권의 위기 대응 능력도 똑같이 중요하게 고려해야 한다. 레온 트로츠키(Leon

Trotsky, 1879~1940)의 '바리케이드가 가장 적은 문' 이라는 비유는 볼셰비즘 운동뿐 아니라 파시즘의 경우에도 들어맞았다. 트로츠키가 이 비유를 사용한 것은 마르크스주의 지식인들이 예상했던 것처럼 고도로 산업화되고 노동계급이 막강하게 조직화된 독일 같은 국가가 아니라 상대적으로 산업화가 덜 진행된 국가에서 볼셰비즘 운동이 최초로 권력을 장악한 현상을 설명하기 위해서였다.[75] 파시즘 역시 역사적으로 볼 때 성공한 국가가 아닌 허약하거나 실패한 자유주의 국가, 혹은 지체되거나 망가진 자본주의 체제에서 나타난 현상이었다. 흔히들 파시즘은 자유주의의 위기로부터 생겨났다고 단언하는데, 허약하거나 실패한 자유주의의 위기라고 수정하는 편이 정확할 것이다.

파시즘이 어떤 지역에는 뿌리를 내리고 어떤 지역에는 그러지 못했던 이유에 대한 일반적 이해에는 몇 가지 잘못된 부분이 존재한다. 민족의 특성이나 특정 민족의 유전적인 성향에서 파시즘의 원인을 찾는다면 역인종 차별로 빠져버릴 위험이 있다.[76] 그렇지만 민주주의와 인권이 특정 민족의 전통에서는 상대적으로 튼튼하게 뿌리 내리지 못한다는 점 역시 사실이다. 민주주의, 시민권, 법치는 프랑스와 영국의 경우 역사적으로 국가의 위대함을 나타내는 표시였지만 대다수 독일인들에게는 외국에서 수입된 생소한 개념이었다. 패전과 국가적 굴욕은 정치 · 경제적 무능과 문화적 방탕함과 더불어 바이마르 공화국이 수많은 보수적 독일 국민들에게 정당성을 잃는 원인이 되었다.

19세기의 3대 정치 이데올로기이며 최근까지도 정치적 선택의 전 영역을 포괄했던 보수주의, 자유주의, 사회주의 중 그 어느 것도

1918년 이후 세계의 혼란스런 불평, 불만을 흡수하지 못한 이유를 궁금해할 법도 하다. 낡은 정치적 선택지가 소진되어버려 이제는 전후의 다양한 정서를 제대로 담아내지 못하게 되었다는 사실은 이야기의 중요한 대목이다.

보수주의자들은 1918년 이후의 세계가 직면한 위기에 대해 전통적인 해결책, 다시 말해 과도하게 흥분한 군중을 진정시키고 공적 업무를 점잖은 엘리트층에게 맡기는 방법을 선호했다. 그러나 전시의 선전 운동이나 그 선전에 대한 거부 운동에 감정적으로 너무나 크게 몰입한 뒤라 그런 밋밋한 해결책은 생각할 수조차 없었다. 종전 직후의 세계는 대중이 열정적으로 정치에 참여했고, 대중사회와 대중 정치를 철폐할 능력이 없었던 보수주의자들은 어쩔 수 없이 그것들을 관리하는 법을 배워야 했다.

앞에서 살펴보았듯이 자유주의자들도 나름대로의 해결책을 갖고 있었다. 전능한 시장의 지배라는 19세기의 독트린으로 돌아가는 것이었다. 규제 없는 시장은 전쟁 수행과 혁명의 위협으로 왜곡된 경제 상황에서는 제대로 기능하지 못했기 때문에 자유주의자들조차 일부 규제의 필요성을 제기할 정도였지만, 그것만으로는 그들의 모든 지지자들을 만족시킬 수 없었다. 앞에서도 보았지만, 이탈리아의 자유주의 국가가 포 계곡의 지주들에게 정통성을 상실한 것은 좌파에 맞서 그들을 보호해주지 못했기 때문이었다. 공공질서가 무너졌다고 확신한 지주들은 행동대의 형태를 띤 자경단을 조직했다. 자유주의자들은 민족주의자들과 혁명론자들이 외치는 선전 문구로 귀에 못이 박힌 사람들에게 존 스튜어트 밀(John Stuart Mill, 1805~1873)이 주장한 생기 없는 '사상의 자유시장'을 제공했다. 그러나 감당할 수 없이 오래 지속된 전쟁의 야만성에 휩쓸림으로써 스스로 세워놓았던 원칙을 모두 어겨버린 것은 다름 아닌 자유주의 유럽이었다.

한편 좌파의 처지에서 보면 유럽의 반체제 역사에서 새로운 시대가 열리고 있었다. 19세기에는 분노와 저항이 일어날 때마다 좌파가 거의 자동적으로 의견을 대변해주는 역할을 맡았다. 19세기 중반까지만 해도 좌파는 여전히 포용력 있는 집단으로, 민족주의자와 반유대주의자, 숙련공과 산업 노동자, 중간계급 민주주의자와 공동 소유제 주창자들 모두를 포함하고 있었다. 사실상 좌파는 모든 불만 세력의 연합이었다. 그러나 1919년이 되면 좌파는 더는 포용력을 발휘할 수 없었다. 1880년대 이후 좌파 정당들은 마르크스주의로 훈련받고 교화되면서 자신들이 한 때 용인했던 노동계급의 외국인 혐오를 추방하고자 시도했다. 특히 1920년에 좌파는 전시의 강제적인 애국심 고취에 반발하며 전 세계적인 혁명이 일어나기를 기다렸지만 국제 혁명의 대의 안에는 민족에 내어줄 공간이 없었다.

비공산주의 사회주의자들은 — 각국의 전시 정부에 참여한 데다 1917년의 혁명 열차를 놓친 탓에 어느 정도 변색되었는데 — 이제 젊은이들의 급소를 자극해 뒤흔드는 일이 줄어들었다. 19세기에는 분노와 불만에 찬 사람들은 대부분 좌파에 의지했다. 쇼팽(Frédéric François Chopin, 1810~1849)의 연습곡 〈혁명〉과 영국 낭만주의 시인 워즈워스(William Wordsworth, 1770~1850)의 "그날 새벽에 살아 있음은 큰 기쁨이었으니, 젊음은 천국이나 다름없었다."라는 시구[77], 들라크루아(Ferdinand Victor Eugène Delacroix, 1798~1863)

의 그림 〈민중을 이끄는 자유의 여신〉에서 표현된 질풍노도의 환희에 중독된 사람들도 마찬가지였다. 그러나 20세기로 접어들자 좌파는 세계를 바꾸고 싶어하는 젊은이들에게 더 이상 독점적인 영향력을 발휘하지 못했다. 2차 세계대전 이후 프랑스 작가 로베르 브라지야크가 사형을 앞두고 젊은 시절의 '위대한 붉은 파시즘'[78]이라고 회상했던 것이 공산주의와 경쟁하기 시작했다. 파시즘이 분노한 사람들에게 안식처는 물론, 바리케이드 위에서 느끼는 황홀경이나 새로운 가능성이라는 유혹을 제공하기 시작한 것이다. 반역의 열기로 달아올랐지만 여전히 국가에 집착하던 지식인들과 젊은이들은 파시즘에서 새 고향을 찾았다.

파시즘이 막강한 경쟁자로 등장하기 전에는 한 사람의 지도자가 '구심점' 역할을 해야만 했다. 즉 경쟁 세력을 밀쳐내고 모든 (비사회주의 계열의) 불만 세력들을 한곳으로 모을 수 있는 사람이 필요했다. 처음에는 총통을 자처하는 사람이 없는 것이 문제가 아니라 너무 많은 것이 문제가 되었다. 히틀러와 무솔리니 모두 초기에는 경쟁자들과 맞닥뜨렸다. 앞에서도 살펴보았지만, 단눈치오는 극적으로 일격을 가해 명성을 높이는 법은 알았지만 동맹 세력을 형성하는 법은 알지 못했다. 패전 후 독일에서 히틀러의 경쟁자들은 군중을 선동하는 법도, 모든 계층의 지지를 받는 정당을 만드는 법도 알지 못했다.

성공을 거둔 '지도자'는 '순수성'을 거부하고 정치적으로 비어 있는 공간에 들어가기 위해 필요한 타협과 거래에 임할 수 있어야 했다. 이탈리아 파시스트당은 좌파 민족주의 운동으로 출범했던 초기에 자신들이 그토록 갈망하던 공간을 이미 좌파가 차지하고 있다는 사실을 깨닫고, 필요한 변화의 과정을 거쳐 포 계곡의 지방 세력이 되었다. 1928년 이후 나치당은 농토를 차압당하거나 파산할 위기에 놓인 절망적인 농민들까지 끌어들여 범위를 넓혀갔다. 무솔리니와 히틀러는 모두 활용할 수 있는 공간을 찾아내었고, 그 공간에 맞추어 기꺼이 운동 방향을 바꿀 용의가 있었다.

그 정치적 공간은 부분적으로 상징적인 것이었다. 나치당은 일찌감치 거리로 나가서 세력을 확보함으로써 정체성을 만들었고 베를린의 노동계급을 끌어들이기 위해 공산주의자 패거리와 싸움을 벌였다.[79] 문제는 단순한 도시 '세력권'의 크기가 아니었다. 나치는 자신들이 공산주의에 가장 열정적이고 효과적으로 맞서는 세력임을 보여주는 동시에, 공공 안전조차 유지할 수 없는 자유주의 국가의 무능력을 드러내고자 했다. 마찬가지로 공산주의자들은 사회민주주의가 전투적 선봉대가 있어야 하는 혁명 초기 상황에 대응력이 없다는 사실을 보여주었다. 따라서 갈등을 첨예화시키는 것은 양쪽 모두에게 이득이었다.

파시즘의 폭력은 제멋대로 행사되지도 않았고 분별없이 행사된 것도 아니었다. 폭력은 교묘하게 계산된 메시지를 은밀히 전하는 수단이었다. '공산주의자들이 폭력 사태를 일으키고 있다', '민주국가의 대처가 부적절하다', '강하고 결연한 의지의 파시스트만이 반민족적인 테러리스트들로부터 나라를 구할 수 있다' 등이 메시지의 내용이었다. 파시스트들이 대중의 승인을 얻어 권력을 장악하는 과정에서 반드시 거쳐야 했던 단계는 법과 질서를 존중하는 보수주의자들과 중간계급을 설득해 파시스트의 폭력은 좌파의 도발

거리를 행진하는 나치 돌격대(1931년). 수많은 평범한 시민들은 파시스트들의 폭력이 자신을 겨냥할까 봐 두려움에 떨지 않았다. 국가의 적만이 그 대상이라고 확신한 것이다.

을 막기 위한 필요악이라고 인정하게 만드는 것이었다.[80] 따라서 수많은 평범한 시민들은 파시스트들의 폭력이 자신을 겨냥할까 봐 두려움에 떠는 일이 없었다. 폭력을 당해 마땅한 국가의 적과 '테러리스트' 만이 그 대상이라고 확신하게 되었기 때문이었다.[81]

파시스트들은 보호받을 자격이 있는 국민과 거칠게 다루어야 할 국외자들의 차별을 부추겼다. 나치가 권력을 장악하기 전에 일으켰던 폭력 사태 중 가장 눈에 띄는 한 예는 1932년 8월 5명의 나치 돌격대원들이 슐레지엔의 포템파에 사는 폴란드계 공산주의 노동자를 살해한 사건이었다. 이 사건은 나치의 압력으로 살인범들이 사형에서 종신형으로 감형되면서 떠들썩한 화제가 되었다. 나치당의 이론가인 알프레트 로젠베르크(Alfred Rosenberg, 1893~1946)는 이 사건을 '폴란드 공산주의자 1명이 5명의 독일 현역 군인과 무게가 같다' 고 보는 '부르주아적 정의' 와 '한 사람의 영혼은 다른 사람의 영혼과 동등하지 않고, 한 사람은 다른 사람과 동등하지 않다' 고 보는 국가사회주의 이데올로기의 차이점을 두드러지게 보여주는 사건이라고 주장했다. 로젠베르크는 더 나아가 국가사회주의의 입장에서 보면 "'그런 법' 은 있을 수도 없다."라고 말했다.[82] 악마화된 내부의 적을 겨냥한 폭력의 합법화는 파시즘의 본질을 가까이서 볼 수 있게 해준다.

파시스트의 폭력은 유용함을 넘어 아름답기까지 했다. 일부 퇴역군인들과 지식인들은 (마리네티와 에른스트 윙거(Ernst Jünger) 모두) 폭력의 미학에 심취했다. 폭력은 1914~1918년의 전시 폭력을 알기엔 너무 어렸던 사람들과 전쟁에 속았다고 생각하는 사람들에게 공감을 얻었다. 개중에는 여성도 일부 있었다.[83] 그러나 파시즘의 성공을 단눈치오와 같은 영웅의 승리로 보아서는 곤란하다. 규율을 중시하는 수많은 부르주아들이(심지어 부르주아 여성들도) '테러리스트' 와 '인민의 적' 만을 겨냥해서 신중하게 선택적으로 행사한 폭력에서 대리만족을 느끼리라는 데 내기를 건 것은 파시스트들만의 천재적인 발상이었다.

양극화의 분위기는 모든 계층을 포괄하는 신생 파시즘 정당들이 기존의 ('명망가') 정당에 환멸을 느낀 사람들을 쓸어 모으도록 도와주었다. 물론 위험하기는 했다. (1917년의 러시아처럼) 특정한 조건에서는 양극화가 성난 대중을 좌파로 보내는 역할을 할 수도 있었다. 히틀러와 무솔리니는 마르크스주의가 이제는 주로 육체 노동자 층에 호소력을 가지는 반면 — 그나마 그들 모두의 지지를 얻은 것도 아니었다. — 파시즘은 계층을 가로질러 한층 광범위한 지

요아힘 폰 리벤트로프. 동형 기구의 우두머리였다가 외무부 장관이 된 인물. 독일의 대외정책에 큰 영향력을 끼쳤으며, 2차 세계대전의 발발 원인이 된 여러 조약들을 이끌어냈다.

지를 얻을 수 있다는 사실을 알고 있었다. 혁명 후 서유럽에서는 양극화의 분위기가 파시즘에 유리하게 작용했던 셈이다.

파시즘 정당들이 써먹었던 고안물 하나는 — 권력을 장악하려고 진지하게 고민했던 마르크스주의 혁명가들도 사용한 방법이었다. — 동형 기구(Parallel Structures)였다. 권력을 장악하려는 외부의 정당은 정부기관을 본뜬 조직을 만들었다. 예를 들어 나치당에는 외교정책 담당기관이 따로 있었는데, 당이 정권을 잡은 직후에는 기존의 외교부서와 권력을 나누어야 했다. 그 우두머리였던 요아힘 폰 리벤트로프(Joachim von Ribbentrop)가 외무부 장관이 된 1938년 이후, 당의 외교부서는 외무부 소속의 전문 외교관들을 대체해 나가기 시작했다. 특히 중요했던 파시즘 '동형 기구'는 당 경찰이었다. 권력을 갈망하던 정당들은 국가가 독점한 물리적 힘에 도전하기 위해 당내 준군사 조직을 이용하는 경향이 있었다.

파시스트당의 동형 기구는 자신들이 (공산주의를 쳐부수는 등의) 일을 더 잘 해낼 수 있다고 큰소리치며 자유주의 국가에 도전했다. 집권 후 당은 동형 기구로 하여금 국가 기관들을 대신하게 할 수 있었다.

앞으로 권력 장악 및 행사 과정을 살피는 과정에서 동형 기구와 다시 만나게 될 것이다. 동형 기구는 파시즘을 규정하는 특성의 하나다. 레닌주의 정당들도 권력 장악 과정에서는 비슷한 특성을 보였지만, 이 경우 일단 정권을 장악한 후에는 공산주의 일당이 기존 국가를 완전히 붕괴시켰다. 5장에서 보게 되겠지만 파시즘 정권들은 항구적 긴장 속에서 동형 기구와 기존의 국가기관을 함께 유지했다. 그래서 권력을 잡은 볼셰비키 정권들과는 기능이 매우 달라졌다.

파시즘의 성공은 운동 자체의 전술이나 특성 못지않게 동맹 세력과 공모 세력에 의존했다. 포 계곡의 경우에서 무솔리니의 행동대에게 경찰과 군, 지방 관료들이 어떤 지원을 해주었는지는 이미 살펴본 바 있다. 공권력이 공산주의자나 사회주의자에 대한 직접적 적대 행위를 적당히 눈감아 주는 곳이라면 어디나 파시즘이 들어설 공간이 열려 있었다. 이 점에서 파시즘의 가장 큰 적은 사법 및 행정상의 엄격한 법 집행이었다.

이탈리아의 경우, 노련한 중도파 협상 전문가였던 조반니 졸리티는 무솔리니에게 합법성을 부여하기 위한 추가 절차를 밟았다. 이탈리아 의회에서 신성한 전통이었던 트라스포르미스모(trasformismo, 의원 개인들에게 펴는 타협 정책)[84]를 이용해, 졸리티는 1921년 의회선거에서 무솔리니를 자신의 중도파 민족주의 연합 세력으로 끌어들여 사회주의자와 이탈리아인민당에 맞서는 데 도움을 얻고자 했다. 젊은 사회주의자였을 당시 협력을 거부했던 무솔리니는 이제 파시스트의 입장에서 — 당내 일부 순수파들의 반발에도 불구하고 — 민첩하게 그 제안을 받아들였다. 무솔리니는 35석을 획득해 상당한 지위를 얻었다. 이제는 모든 반사회주의 연합 세력에게 접근할 수 있게 된 것이다. 신생 정당들을 제도권으로 끌어들이는 일은 대개 현명한 정치적 결단이지만, 민주주의를 파괴하려는 확고한 결의와 폭력 행위에까지 보상을 하는 경우에는 현명하다고 볼 수 없다.

전제조건과 지적 토대, 장기적인 구조적 조건을 모두 살펴보았으니 이제 파시즘이 나타나서 성장하고 권력을 장악할 곳이 어디인지 정확히 예측할 수 있겠다는 생각이 들지도 모르겠다. 하지만 그렇게 생각하면 결정론적 함정에 빠지게 된다. 아직도 '인간의 선택'이라는 변수가 남아 있다. 모든 전제조건이 들어맞는다고 해서 한 국가가 반드시 파시즘 국가가 되라는 법은 없다. 자본주의는 필연적으로 곤경에 빠지게 되며 그 구원책으로 파시즘적 조치를 취할 수밖에 없다고 주장하는 것은 '속류' 마르크스주의 해석일 뿐이다. 마르크스주의자들 중에서도 학식 있는 이들은 그런 필연성을 믿지 않게 되었다.

다음 장에서 살펴보겠지만, 파시즘이 들어갈 문을 활짝 열기 위해서는 영향력 있는 개인들의 결단이 필요했다. 파시즘의 성공에 필수적인 최후의 본질적 전제조건은 파시스트 도전자들과 권력을 나눌 준비가 된 의사 결정자들이었던 것이다.

4장 | 권력 장악

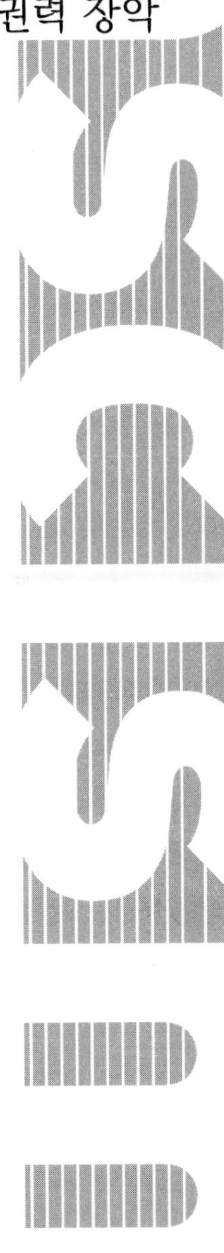

무솔리니와 '로마 진군'

무솔리니의 파시스트들이 독자적이고 위대한 업적을 통해서 정권을 획득했다는 신화는 사실 파시스트가 만든 선전에 지나지 않는다. 지금도 사람들이 믿고 있는 것을 보면 분명 선전 중에서도 가장 성공한 예라 할 만하다. 무솔리니의 '로마 진군' 신화도 파시스트가 '강탈'이라는 형태로 권력을 획득했다는 잘못된 해석을 전제로 하기 때문에, 우리는 신화의 껍데기를 벗겨낸 뒤 냉철한 현실 감각을 가지고 이 사건을 다시 고찰할 필요가 있다.

1922년 파시스트 행동대는 지역 사회주의 본부와 신문사, 노동사무소, 사회주의 지도자들의 가택을 약탈하고 방화를 저지르는 것에서 시작해 공권력의 별다른 저지 없이 폭력적으로 모든 도시를 장악하는 데 이르렀다. 파시스트 행동대는 3월 3일 피우메(Fiume)를 국제 관리 상태에서 되찾았고 5월에는 페라라와 볼로냐를 공격하여 사회주의 시 정부를 축출하고 자신들이 만든 공공사업 프로그램을 시작했다. 7월 12일에는 크레모나를 점거하여 사회주의 본부와 카톨릭 연합 본부를 모두 불태우고, 좌파 카톨릭 지도자로서 지역 낙농업계 노동자들을 조직했던 귀도 밀리올리(Guido Miglioli, 1879~1954)의 집을 완전히 파괴했다. 로마냐에서 시작된 이러한

로마를 향해 걸어가고 있는 이탈로 발보의 검은 셔츠단(1922년). 그들은 사회주의 본부와 카톨릭 연합 본부를 불태우며 크레모나, 로마냐를 거쳐 로마 코앞까지 진군했다.

'불길' 은 7월 26일에는 라베나에까지 닿았다. 주로 독일어를 사용하는 종족적 소수파가 살던 트렌트와 볼차노는 10월 초 '이탈리아화' 되었다. 검은 셔츠단의 진군 속도가 워낙 무시무시했기 때문에 다음 표적은 분명히 수도 로마가 될 터였다.

10월 24일 남부의 첫 진출지인 나폴리에서 열린 파시즘 연례 회의에서 무솔리니는 이러한 흐름이 자신을 얼마나 멀리까지 데려갈 수 있을지 실험할 준비가 되어 있었다. 무솔리니는 검은 셔츠단에게 공공건물을 점유하고 열차를 징발하여 로마 주변의 세 군데 지점에서 합류하라는 명령을 내렸다. '진군' 은 다양한 파시스트 구성 세력을 대표하는 4명의 지도자가 이끌었다. 페라라 지역 파시스트 행동대의 지도자이자 퇴역군인인 이탈로 발보, 에밀리오 데 보노

(Emilio De Bono, 1866~1944) 장군, 혁명적 생디칼리스트 출신이며 1915년에 밀라노에서 개입주의 성향의 파쇼를 설립했던 미켈레 비앙키(Michele Bianchi, 1883~1930), 피에몬테 파시즘을 이끌었던 군주제 지지자 체사레 마리아 데 베키(Cesare Maria De Vecchi)가 바로 그들이었다. 무솔리니 자신은 혹시 일이 잘못될 경우 피신할 수 있도록 스위스 피난처에서 멀지 않은 밀라노의 자기 소유 신문사 사무실에서 조용히 기다렸다. 10월 27일 파시스트 행동대는 이탈리아의 몇몇 북부 도시에서 별 다른 저항에 부딪히지 않고 우체국과 기차역을 점령했다.

이탈리아 정부는 이러한 도전에 맞설 준비가 되어 있지 않았다. 게다가 1922년 2월 이후에는 실질적인 정부가 없는 것이나 다름없었다. 전쟁 후 처음 치러진 1919년 11월 6일 의회선거에서 전후(戰後) 총체적인 변화에 대한 열망이 어떻게 좌파 다수당을 의회로 이끌었는지는 앞 장에서 이미 살펴보았다. 이 좌파 다수당은 양립 불가능한 두 파로 나누어져 있었기 때문에 정치를 제대로 끌어나갈 수 없었다. 전체 의석의 3분의 1 정도는 마르크스주의자들로 구성된 이탈리아사회당(PSI)이 차지했다. 대부분의 이탈리아 사회주의자들 — '과격주의자들' — 은 러시아에서 볼셰비키 혁명이 성공했다는 사실에 도취되어 단순한 개혁에 그치는 것은 이러한 중요한 기회의 순간을 배신하는 행동이라고 생각했다. 이탈리아 의회의 또 다른 3분의 1은 새로운 카톨릭 정당이 차지하고 있었는데 — 기독교민주당(Partito della Democrazia Cristiana, DC)의 전신인 이탈리아인민당(Partito Popolare Italiano, PPI)이다. — 상당수 의원들은 카톨릭적 의미에서 급진적인 사회 개혁을 이루고자 했다. 카톨릭 측은

로마 진군은 다양한 파시즘 세력을 대표하는 4명의 지도자가 이끌었다. 로마 진군의 주역들. 왼쪽부터 발보, 데 보노, 무솔리니, 데 베키, 비앙키.

(이탈리아의 토지 소유권과 계급관계의 급진적 변화를 바랐던 이들조차도) 학교 교육에서 종교가 어떤 역할을 해야 하는가라는 문제에 대해서는 무신론자인 마르크스주의자들과 첨예하게 대립했다. 따라서 손발이 잘 맞는 과반수 진보 세력을 구성할 수도 있었을 이 두 분파의 공조는 불가능했다. 다른 대안이 없는 상황에서 (당시 의미로의) 자유주의자들과 보수주의자들이 만든 이질적인 연합은 1919년 이후 확고한 과반수를 구성하지 못한 채 정부를 이끌어 나가느라 어려움을 겪었다.

앞 장에서 보았듯이 졸리티 총리가 채택한 해결 방안은 1921년 5월 선거에 대비하여 파시스트들을 자기 정당('국가 블록(National

Bloc)')의 공천 후보에 포함시키는 것이었다. 이는 이탈리아 기득권 주류 세력이 살아남기 위해 파시스트들의 힘과 지지자들을 흡수하려는 첫 번째 시도였다. 평상시였다면 공직을 향한 유혹이 — 1914년 이전 똑같은 유혹이 이탈리아 사회주의 진영을 분열시켰듯이 — 파시스트들을 '전향' 시켰겠지만, 1921년의 이탈리아는 정상적인 상황이 아니었다.

의도는 좋았으나 수적으로 열세였던 이바노에 보노미(Ivanoe Bonomi, 1873~1951)가 이끌고 졸리티의 중도 좌파와 연합했던 정부가 1922년 2월 신임 투표에서 패했을 때, 후임 총리감을 찾는 데만 자그마치 3주가 걸렸다. 결국에는 졸리티의 대리자인 하층계급 출신, 루이지 파크타(Luigi Facta, 1861~1930)가 마지못해 총리직을 맡게 되었다. 루이지 파크타 정부는 7월 19일에 다수당의 지위를 잃었다. 그 위기가 닥쳤을 때 파크타 총리는 간신히 관리인 역할을 하는 정도에 불과했다.

그래도 총리는 적극적인 대처에 나섰다. 파크타 총리는 이미 왕의 승인을 받아서 알프스 정예 부대 중 다섯 개 대대 병력을 로마로 불러들여 로마 수비대를 강화해놓은 상태였다. 그는 경찰과 철도청 관리들에게 파시스트들이 점거한 열차를 다섯 곳의 검문소에서 세우라는 명령을 내리고, 계엄령을 선포할 준비를 시작했다.

한편 무솔리니는 정치적 협상에 대한 문을 조용히 열어두고 있었다. 몇몇 정치인들은 무솔리니를 또 다른 자유주의-보수주의 연합 내각의 단순한 장관으로 '변모' 시킴으로써 위기를 해결하고자 했다. 노련한 협상가 졸리티가 가장 믿을 만한 구원자라는 의견이 우세였지만, — 졸리티는 무력을 사용해 단눈치오를 축출했으며

1921년 자신의 후보 명단에 무솔리니를 포함시킨 전적이 있었다. — 졸리티는 내각을 서둘러 재인수할 생각이 없었고 무솔리니 또한 졸리티 측 대리인과의 만남에서 계속 모호한 태도를 유지했다. 좀 더 우파 성향인 민족주의자 안토니오 살란드라(Antonio Salandra, 1853~1931, 1차 세계대전 초기에 이탈리아 총리(1914~1916)를 지냈다) 전 총리는 무솔리니의 정당에 장관직 몇 자리를 내주겠다는 제안을 했다. 파시스트 행동대가 결집하기 시작할 때쯤에는 상호 갈등 때문에 협상에 대한 이야기는 슬그머니 들어가버렸다. 사회주의자 대다수는 '부르주아' 정부를 지지하지 않겠다고 선언했고, 무솔리니를 끌어들일지 여부도 결정되지 않았으며, 무솔리니는 무솔리니대로 일부러 망설이는 태도를 보였다.

사회주의 세력도 이 비상사태에 한몫 거들었다. 필리포 투라티(Filippo Turati, 1857~1932, 이탈리아사회당 창설의 주역. 파시즘에 저항하다 1926년 파리로 망명했다)의 선도 아래 사회주의자 대표단의 절반이 7월 28일에 무솔리니를 포함하지 않는 중도파 정부가 등장한다면 지지하겠노라고 선언했지만, 나머지 반은 부르주아 계급에 대한 반역적인 협력이라고 비판하며 이들을 당에서 추방했다. 이탈리아의 좌파가 한 목소리를 낸 것은 7월 31일 파업을 결의했을 때뿐이었다. 헌정 질서를 강화할 목적으로 '합법성을 위한 파업'이라는 이름을 붙였지만, 이 파업은 혁명을 막을 보루로서 무솔리니의 매력을 돋보이게 하는 결과만을 초래했다. 파업이 곧 와해되어버렸다는 사실 또한 좌파의 취약점을 드러내주었다.

10월 파크타 총리가 취한 비상 조치는 파시스트의 진군을 막아내는 데 거의 성공하였다. 치비타 베키아, 오르테, 아베차노의 세

검문소에서 이탈리아 경찰 4백 명이 2만 명에 달하는 검은 셔츠단을 성공적으로 저지한 것이다. 검문소를 피하거나 기차를 버리고 도보로 계속 전진한 검은 셔츠단 9천 명은 10월 28일 아침,[1] 로마로 이어지는 진입로에서 잡다한 무리를 이루어 모였다. 이들은 무기도 변변히 갖추지 못하고 임시변통으로 만든 제복 차림에 먹을 것과 마실 것도 부족한 상황에서 비까지 내리자 우왕좌왕하는 모습을 보였다. "고대부터 현대까지의 인류 역사를 통틀어 출발선상에서 그토록 처참하게 실패한 로마 공략 시도는 없었다."[2]

비토리오 에마누엘레 3세는 결정적인 순간에 주저했다. 파크타 총리가 제출한 계엄령에 서명하지 않은 것이다. 에마누엘레 3세는 무솔리니의 허세에 맞서지도 않았고, 이미 준비되어 있던 군사력을 사용해 검은 셔츠단을 로마에서 몰아내라는 명령도 내리지 않았다. 그는 무솔리니를 배제하여 새로운 보수주의 정부를 구성하려는 살란드라의 마지막 노력마저 거부했다. 무솔리니는 이미 연립 정부를 구성하자는 살란드라의 제안을 거절한 상태였다. 그 대신 에마누엘레 3세는 갑자기 유명해진 풋내기 파시즘 지도자 무솔리니에게 직접 총리직을 제안했다.

밀라노에 머물던 무솔리니는 10월 30일 로마에 도착했지만, 검은 셔츠단의 선두에 선 것이 아니라 열차 침대칸에 탄 채였다. 무솔리니는 합법적인 총리 지명자인 동시에 폭도의 우두머리라는 자신의 모호한 처지를 옷으로 나타내 보이기라도 하듯, 검은 셔츠에 모닝코트라는 어울리지 않는 차림으로 왕을 만났다. 무솔리니는 뻔뻔스럽게 다음과 같이 말했다. "폐하, 제 옷차림을 용서하십시오. 저는 지금 전장에서 오는 길입니다."

로마에 들어온 검은 셔츠단이 사회주의 계열의 신문 등을 불태우고 있다. 이들이 로마 시가를 행군하다 유혈 사태를 일으킨 것은 무솔리니가 이미 총리직에 오른 뒤인 10월 31일이었다.

왕이 무리수를 두는 무솔리니를 서둘러 구해준 까닭은 무엇이었을까? 무솔리니는 어려운 선택을 하도록 영리하게 국왕과 직접 맞섰던 것이다. 정부가 유혈 사태와 내분이라는 커다란 위험을 무릅쓰고 무력을 동원해 로마로 몰려드는 수천 명의 검은 셔츠단을 해산시키거나, 아니면 왕이 무솔리니를 정부의 수장으로 받아들이는 수밖에 없었다.

왕이 두 번째 방안을 선택한 이유에 대한 가장 그럴듯한 설명은 (공식 기록은 없지만) 아르만도 디아스(Armando Diaz, 1861~1928) 제독이나 다른 군대 지휘관에게서 '검은 셔츠단을 저지하라는 명령을 받으면 군인들이 오히려 검은 셔츠단에 합류해버릴지도 모른다' 라는 은밀한 경고를 받았기 때문이라는 것이다. 무솔리니에 대

향해 무력을 사용한다면 파시즘의 동조자로 알려져 있던 사촌 아오스타 공작(Duke of Aosta)이 파시즘 편에 서서 왕위를 내어놓으라고 위협하리라는 두려움 때문이었다는 설도 있다. 진실은 영영 밝혀지지 않을지도 모른다. 그러나 왕과 군대가 검은 셔츠단에 무력으로 맞서는 무리수를 두지 않으리라는 무솔리니의 예상이 맞아떨어졌다는 사실만큼은 확실하다. 상황을 결정지은 것은 파시즘 세력이 아니라, 무솔리니에 맞선다면 자신들의 권력이 위험에 처하리라는 보수주의자들의 두려움이었다. '로마 진군'은 기세등등한 허풍에 불과했지만 그 시절에는 효력을 발휘했으며, 지금도 무솔리니가 정권을 '강탈'했다는 일반적 믿음에 여전히 영향을 미치고 있다.

마침내 식량과 마른 옷을 지급받은 1만 명 가량의 검은 셔츠단이 일종의 보상으로 로마 시가를 행군하다 유혈 사태를 일으킨 것은 무솔리니가 이미 총리직에 오른 뒤인 10월 31일이었다.[3] 무솔리니 신임 총리는 이 오합지졸들을 그날 밤 특별 수송 열차 50대에 나누어 태워 서둘러 로마 밖으로 내보냈다.

그 후 무솔리니는 검은 셔츠단이 스스로의 의지와 힘으로 권력을 획득했다는 신화를 만드는 데 온 힘을 쏟았다. 1923년에는 검은 셔츠단의 이른바 로마 진출 1주년을 기념하여 4일 동안 화려한 볼거리로 치장한 행사가 치러졌으며, 진군일인 10월 28일은 공휴일이 되었다. 이날은 또한 1927년 도입된 파시즘 신력(新曆)에서 새해 첫 날이 되기도 했다.[4] 로마 진군 10주년인 1932년 10월에 열린 국가 전시회 '모스트라 델라 리볼루치오네 파시스타(Mostra della Rivoluzione Fascista)'에서는 진군 당시 '순교자'들의 영웅적 행위를

기리는 작품을 중심에 내세웠다.[5)]

히틀러와 '비밀 음모'

1차 세계대전 이후의 격동기에 파시즘이 첫 도약 단계에서 곧장 집권에 성공한 나라는 이탈리아뿐이었다. 1차 세계대전이라는 큰 위기가 지나간 후 러시아를 제외한 다른 나라에서는 전통적 엘리트층이 그보다 덜 파괴적인 방법을 찾아 안정을 되찾고 정상적인 모습을 어느 정도 회복하였다.[6)] 1920년대 들어 일상생활이 다시 제자리를 찾자 (위기의 산물이었던) 다른 초기 파시즘 운동들은 별로 중요한 위치를 차지하지 못했다.

하지만 처음에 히틀러는 무솔리니가 만들어낸 신화에 도취되어 자신만의 '진군'을 시도했다. 1923년 11월 8일 뷔르거브로이켈러라는 뮌헨의 맥주홀에서 개최된 민족주의자 집회에서 히틀러는 바이에른 주 정부 지도자들을 납치해 베를린의 연방 정부에 대항하는 쿠데타를 지지하게 만들려고 했다. 히틀러는 뮌헨을 점령하고 새로운 민족적 정부의 탄생을 선언하면 바이에른의 군민(軍民) 지도자들도 여론에 떠밀려 어쩔 수 없이 자신을 지지하리라 믿었다. 히틀러는 또한 1차 세계대전의 영웅인 루덴도르프(Erich Ludendorff, 1865~1937) 장군이 자신과 함께하는 이상 각 지역의 군 당국 역시 나치 쿠데타에 반대하지 않을 것이라고 확신했다.[7)]

여기서 히틀러는 명령 계통에 대한 군의 충성도를 과소평가하는 실수를 저질렀다. 보수파였던 구스타프 폰 카르(Gustav von Kahr, 1862~1934) 바이에른 주지사는 필요하다면 무력을 사용해서라도

1923년 11월 4일 뮌헨에서 열린 나치 행진에 참석한 히틀러. 왼쪽은 파시스트당 이론가 알프레트 로젠베르크. 나흘 뒤인 11월 8일 히틀러는 뮌헨에서 쿠데타를 시도했으나 실패하고 만다.

히틀러의 쿠데타를 막으라고 명령했다. 11월 9일 경찰은 뮌헨의 중앙 광장을 향해 진군하는 나치 시위대에게 발포했다(어쩌면 히틀러 측에서 먼저 시작한 발포에 대한 대응이었을 가능성도 있다). 반란 주모자 14명과 경찰 4명이 죽었다. 히틀러는 다른 나치당원 및 지지자들과 함께 체포되어 감옥에 갇히는 신세가 되었다.[8] 루덴도르프 장군은 당당하게 죄를 시인하고 풀려났다. '맥주홀 반란' 이 바이에른 보수파 지도자들에 의해 저지되는 치욕을 당한 뒤, 히틀러는 두 번 다시 무력으로 정권을 잡으려는 시도를 하지 않았다. 나치의 주요 특성인 선택적 폭력 행사를 포기한 것은 아니었지만, 이는 나치가 적어도 표면상으로는 헌법의 테두리 안에 남아 있었다는 의미이며 또한 집권 후 더 큰 목표를 노렸다는 사실을 암시하는 것이기도 하다.[9]

1930년대 대공황이라는 새로운 위기와 함께 히틀러에게도 다시 기회가 찾아왔다. 수백만 명이 일자리를 잃으면서 파시즘 운동은 동력을 되찾았다. 모든 형태의 정부가 — 민주주의 체제의 경우는 더욱 요란했는데 — 어설픈 선택을 함으로써 마비 상태에 빠졌다. 이탈리아의 사례는 파시즘 운동을 질서와 국가 권위, 경제 생산성 회복을 꾀할 새로운 방법으로 다시 각광받게 만들었다.

바이마르 공화국의 헌법 체제는 한 번도 독일 전역에서 폭넓게 정당성을 인정받지 못했다. 많은 독일인들이 바이마르 공화국의 헌법 체제를 외부의 침략과 내부의 배신의 결과물이라고 생각했다. 바이마르의 민주주의는 양쪽에서 타들어가는 양초와 같았다. 반체제 정당인 공산당과 나치당이 각기 좌익과 우익이라는 양끝을 갉아먹는 상황에서 중도파는 점점 줄어들고 있었다. 그런 상황에서 중도파가 의회 과반수를 차지하려면 사회주의자들과 자유방임주의 온건파, 또는 교권(敎權)주의자와 반교권주의자처럼 전혀 양립할 수 없는 세력과 잡다한 연합을 구성해야만 했다.

그토록 잡다한 세력과 연합해야만 일을 해나갈 수 있는 정치 체제라면 안정된 시절이라 하더라도 민감한 사안에 대한 합의를 이끌어내는 데 어려움을 겪게 마련이다. 1929년 이후 독일 정부는 점점 더 중대한 정치·경제적 선택을 해야 했다. 그 해 6월에는 1차 세계대전 연합국 측에게 — 배상금 액수가 낮게 조정되기는 했지만 — 배상금 지불을 약속하는 국제 협정인 영 안(案)(Young Plan)이 채택되었다. 독일 외교관들은 배상금을 줄이는 데는 성공했지만, 정작 배상금을 지불해야 한다는 원칙이 재확인되자 민족주의자들의 거센 항의가 뒤따랐다. 1929년 10월에는 미국에서 월 가(街)의 증권시장이 무너졌다. 1930년에 실업률이 치솟자 정부는 (사회주의자들과 카톨릭 좌파 세력이 원하는 대로) 실업수당을 늘려야 할지 (중간계급과 보수주의 정당에서 원하는 대로) 외국 채권자들을 만족시키기 위해 예산의 균형을 맞추어야 할지 결정을 내려야 했다. 분명한 선택이기는 했지만 그 어느 쪽도 독일에서 과반수의 동의를 얻을 수 없을 터였다.

헤르만 뮐러(Hermann Müller) 총리가 이끄는 정부가 1930년 3월 27일에 무너지면서 독일의 통치 체제는 막다른 교착 상태에 이르렀다. 개혁적 사회주의자였던 뮐러는 1928년 6월 이후 사회주의 정당부터 카톨릭 중앙당(Zentrumspartei, 젠트룸), 온건 중도 성향의 사회민주당과 보수적인 국제주의 정당인 인민당까지 다섯 개 정당이 연합한 연립 정부를 이끌고 있었다. 연립 정권은 바이마르 공화국의 어떤 정부보다도 오랜 기간인 21개월 동안(1928년 6월~1930년 3월) 집권하였다.[10)]

하지만 오랜 집권은 강력한 힘의 상징이라기보다는 대안 부재를 알리는 표시였다. 연립 정부가 처음 구성되어 비교적 조용했던 시기인 1928년 6월에도 정계는 정파 간의 심각한 정책적 불일치 때문에 혼란에 빠져 있었다. 그 때문에 2년 뒤 대공황으로 수백만 명이 일자리를 잃는 사태가 발생했을 때 정치권에서는 아무런 조처를 취할 수 없었다. 좌파는 세금을 높여서 실업수당을 늘리려 했고, 온건파와 보수파는 사회 비용을 줄여 세금을 낮추려 했다. 사회 보장이냐 세금 부담이냐라는 암초에 부딪힌 연립 정부는 침몰하기 시작했다.

1930년 3월 이후 독일 의회에서는 과반수 세력 구성이 불가능해졌다. 카톨릭 노동조합 간부였던 하인리히 브뤼닝은 과반수의 지지를 받지 못한 채 힌덴부르크 대통령이 헌법 제48조에 의해 위임받은 비상대권에만 의지해 총리가 되었다. 히틀러가 정권을 잡기 전까지 독일인들은 거의 3년 동안 의회에서 과반수를 구성하지 못한 이 서툰 비상 정부의 통치를 받아야 했다. 아이러니하게도 히틀러의 정권 장악은 오랫동안 기다렸던 다수 통치를 회복시키는 것 같았다. 보수 세력에게 히틀러는 하늘이 내려준 존재와도 같았다. 1932년 7월 이래 독일 최대 정당이 된 나치당의 당수인 그가 좌파 세력을 배제한 채 과반수를 구성할 수 있는 가능성을 최초로 보여주었던 것이다.

뮐러 정부가 무너지면서 독일 정치 체제가 교착 상태에 빠졌던 1930년 3월 27일에 나치당은 아직 소수당에 불과했다(1928년 5월 선거에서 지지율은 2.8퍼센트에 그쳤다). 하지만 영 안(案) 통과와 농산물 가격 폭락, 도시 실업률 증가로 민족주의자들의 선동이 계속되자, 총 491석 중 불과 12석을 차지했던 나치당은 급속히 성장해 1930년 9월 선거에서는 102석을 차지하며 독일 제2의 정당이 되었다. 그 후, 독일 의회에서는 사회주의 세력이나 나치당을 포함하지 않고서 그 어떤 정당도 과반수를 구성할 수 없었다. 좌파는 — 사회주의자, 공산주의자, 좌파 카톨릭이 정권을 잡기 위해 분열을 충분히 극복할 수 있다고 가정하더라도 — 힌덴부르크 대통령과 대통령 조언자들에 의해 배척당했다.

이탈리아의 파시스트들이 쿠데타를 통해 집권했다는 신화는 또한 독일 좌파를 오도하여 1932년 후반부터 1933년 초반에 걸쳐 독일사회민주당(Sozialdemokratische Partei Deutschlands, SPD)과 독일

1928년 선거에서 불과 12석을 얻었던 나치당은 1930년 9월 선거에서 102석을 차지하여 독일 제2당이 되었다. 사진은 의원으로 당선된 나치 당원들과 함께한 히틀러.

공산당(Kommunistiche Partei Deutschlands, KPD)의 치명적인 수동성을 안심하고 지속시키는 데 기여했다. 평소라면 상황 분석이 완전히 달랐겠지만, 양당은 모두 나치당이 쿠데타를 일으킬 것이라고 예상했다. 독일사회민주당 입장에서 보면 나치 쿠데타는 1920년 '카프의 반란(Kapp Putsch, 바이마르 공화국을 전복하고 우익 독재를 확립하기 위해 볼프강 카프(Wolfgang Kapp)가 일으킨 쿠데타. 1920년 3월 13일 베를린을 점령했으나 노동조합의 총파업으로 4일 만에 실패로 끝남)' 에 대항하여 총파업 투쟁을 일으켰을 때처럼, 쿠데타라는 불법성의 짐을 지지 않고 파업을 일으킬 수 있는 기회였다. 그런 생각 때문에 사회민주당은 히틀러에게 대항할 적절한 기회를 놓쳐버렸다.

1930년대 초 바이마르 공화국에서 반란에 가장 가까운 사건을 일으킨 것은 나치당이 아니라 보수적인 전임 총리 프란츠 폰 파펜이었다. 1932년 7월 20일, 파펜은 프로이센 주에서 합법적인 절차를 거쳐 선출된 사회주의 정당과 카톨릭 정당인 젠트룸(Zentrum) 연합 정부를 물러나게 하고 힌덴부르크 대통령을 설득하여 대통령 비상대권으로 자신이 이끄는 새로운 주 정부를 수립하도록 했다. 이러한 행동은 그 합법성 여부를 놓고 좌파의 강력한 반발을 불러일으킬 만한 사건이었다. 하지만 독일사회민주당 지도부는 강한 합법주의적 신념, 노쇠 현상,[11] 고실업률 상태에서는 파업이라는 무기가 효과가 없으리라는 예측, 좌파가 행동에 나서면 반대로 더 많은 독일 중간계급이 나치 쪽으로 돌아서리라는 일리 있는 두려움 때문에 폰 파펜 총리를 형식적으로 고소하는 데 그쳤다. 1932년 7월 파펜의 불법적 행동에도 효과적으로 대항하지 못했던 사회주의자들이 — 아직은 독일 제2의 다수당이었지만 — 1933년 봄 흔들리지 않는 권력의 중심에 설 때까지 합법성을 깨는 어떠한 직접적 공격도 감행하지 않은 히틀러에게 대항할 이유는 더욱 적었다.[12]

공산주의자들은 사회 혁명이 멀지 않았다고 믿었기 때문에 전혀 다른 논리를 따랐다. 그들은 나치 쿠데타는 처음에는 민심을 오른쪽으로, 그 후에는 균형을 잡기 위해 왼쪽으로 쏠리게 만들어 공산당에 실제로 도움이 될 것이라 전망했다. 혁명이 다가온다고 확신했던 독일공산당의 전략가들은 바이마르 민주주의를 구하려는 독일사회민주당의 노력은 '객관적으로' 반혁명적이라고 보았다. 그래서 독일공산당 전략가들은 사회주의자들을 '사회주의적 파시스트(social fascists)'라고 비난하였다. 독일사회민주당을 나치 못지않은 적이라고 생각한 독일공산당은 나치와 마찬가지로 변덕스러운

프란츠 폰 파펜. 쿠데타에 가까운 사건을 통해 바이마르 공화국을 해체하고, 1933년 아돌프 히틀러가 독일 총리직에 오르도록 만드는 데 주도적인 역할을 했다.

당원(특히 실업자들)을 모집하기에 바빴으며, 1932년 11월 베를린 운송노동자들의 무모한 파업에서 나치와 협력하기까지 했다. 독일 공산주의자들은 민주주의 제도를 구하려는 독일사회민주당의 노력에는 절대로 도움을 주지 않을 생각이었다.[13)]

선거에서 성공을 거둔 덕분에 — 무솔리니보다 훨씬 더 큰 승리였다. — 히틀러는 총리직을 얻는 데 필요한 정치 세력과 협상하는 문제에서 운신의 폭을 크게 넓혔다. 1930년 이후 독일 정부 기능이 멈춰버리자, 타개책을 찾는 책임은 이탈리아의 경우보다 더 적은 6명의 손에 맡겨졌다. 그 6명은 힌덴부르크 대통령과 그의 아들 오스카르(Oskar), 가까운 조언자들, 바이마르 공화국 최후의 두 총리 프란츠 폰 파펜과 쿠르트 폰 슐라이허였다. 처음에 그들은 보잘것

없는 오스트리아 상병 출신에 불과한 히틀러를 배제하려 했다. 1930년대에 장관직에 오르려면 신분이 높아야 했다는 사실을 기억해두자. 거칠고 세련되지 못한 파시스트들을 정부 관직에 불러들였다는 사실은 이들의 상황이 얼마나 절망적이었는지를 암시한다.

카톨릭계 귀족정치가였던 프란츠 폰 파펜은 총리 재임시(1932년 7월~11월) 정치가를 배제하고 전문가와 비정치계 명사들로 이루어진 소위 '귀족 내각'을 시도했다. 그는 7월에 실시된 선거에서 지지율을 놓고 도박을 벌였지만 나치당이 제1당의 지위를 차지하고 말았다. 폰 파펜은 이번에는 히틀러를 유명무실한 부총리로 임명하려 했지만 나치 지도자 히틀러는 최고직이 아니면 아무것도 받아들이지 않겠다는 도박사다운 배짱과 전략적 예리함을 갖추고 있었다. 히틀러는 전부가 아니면 모든 것을 잃는 위험한 도박을 택했기 때문에 1932년 가을을 관직에 굶주려 잠시도 가만 있지 않으려는 투사들을 진정시키려 애쓰면서 긴장 속에서 보내야 했다.

위기를 심화시킬 목적으로, 나치당은 (이탈리아의 파시스트들이 그랬듯이) 대상을 신중하게 선택해서 의도적인 폭력 사태를 더 많이 일으켰다. 1932년 4월 브뤼닝이 선언했던 나치 돌격대 제복 착용 금지 조처를 6월 16일 폰 파펜 총리가 해제하면서 나치의 노상 폭력 사태는 극에 달했다. 피로 얼룩진 그 몇 주 동안 103명이 살해되고 수백 명이 다쳤다.[14]

협상에 취약했던 무솔리니는 권력을 장악하는 과정에서 히틀러보다 드러내놓고 폭력에 의존할 때가 많았다. 우리는 권력 획득 과정에서 무솔리니식 파시즘이 나치즘보다 더 폭력적이었다는 사실을 잊어버리는 경우가 많다. 이탈리아에서는 1921년 5월 5일 선거

1933년 3월 나치 행사에 참석한 힌덴부르크 대통령을 맞이하는 히틀러 총리. 나치는 쿠데타를 통해 집권하지 않았다. 완벽하게 합법적인 절차에 의해 대통령의 임명으로 정권을 장악한 것이다.

일 하루 동안에만 정치 폭력으로 19명이 죽고 104명이 다쳤다.[15] 통계를 완전히 믿을 수는 없지만, 신뢰할 만한 추정치에 따르면 1920년부터 1922년까지 이탈리아에서는 파시스트 5백~6백 명, 반(反)파시스트와 비(非)파시스트 2천 명이 정치 폭력에 희생당했고, 1923년부터 1926년에 또다시 천여 명이 죽었다.[16]

11월 6일 폰 파펜이 실시한 임시선거에서는 (공산주의자들이 다시 득세했기 때문에) 나치당의 지지율이 다소 낮아졌지만, 독일이 헌정 교착 상태에서 벗어나는 데는 선거도 별 도움이 되지 못했다. 힌덴부르크 대통령은 반동적이라기보다는 기술관료적이었던 군 장성 쿠르트 폰 슐라이허 장군을 새 총리로 임명했다. 슐라이허는 짧은 재임 기간(1932년 11월~1933년 1월) 동안 적극적인 고용 창출 계획을 준비하고 노동자 조직과의 관계를 개선하였다. 그는 의회에서 나치의 중립성을 확보하려는 의도로 당 조직의 우두머리이자 당내 반자본주의 세력의 지도자였던 그레고어 슈트라서와 어울리기도 했다(히틀러는 슈트라서의 '배신'을 결코 잊지도, 용서하지도 않았다).

이즈음 히틀러는 심각한 난관에 부딪힌 상태였다. 11월 6일 실시된 선거에서 나치의 지지율이 처음으로 하락하면서 그는 귀중한 자산이었던 추진력을 잃게 되었다. 당의 재정은 거의 바닥난 상태였다. 히틀러의 '모' 아니면 '도'라는 전략에 지쳐 다른 대안을 모색하는 나치 지도부는 그레고어 슈트라서뿐만이 아니었다.

히틀러를 구해준 인물은 프란츠 폰 파펜이었다. 슐라이허에게 자신의 자리를 빼앗겼다는 사실을 견디기 어려웠던 폰 파펜은 비밀리에 히틀러와 거래를 시도하였다. 히틀러는 총리직을, 자신은 부총리직을 차지한다는 내용의 거래였다. 폰 파펜은 부총리가 되어서도 실질적인 권한이 충분할 것이라고 기대했다. 노쇠한 힌덴부르크 대통령은 슐라이허가 자신을 제거하고 군사 독재를 실시하려 한다는, 아들과 다른 측근들의 말을 그대로 믿었다. 게다가 폰 파펜은 보수주의자들에게 다른 대안이 없다고 힌덴부르크 대통령을 설득했다. 결국 힌덴부르크는 1933년 1월 30일[17] 히틀러-폰 파펜을 정부의 총리-부총리로 지명했다. 앨런 벌록(Allen Bullock)의 표현처럼 히틀러는 "골방의 음모"를 통해서 권좌로 "끌어 올려졌다."[18]

가지 않은 길 : 선거, 쿠데타, 단독 승리

아직도 잘못 알려져 있는 경우가 많지만 독일의 유권자들은 나치당에게 과반수의 표를 준 적이 없다. 앞 장에서 보았듯이 1932년 7월 31일에 치러진 의회선거에서 나치당이 37.2퍼센트의 득표율을 획득하며 독일 의회에서 제1당의 위치를 차지한 것은 사실이다. 하지만 그 후 1932년 11월 6일 치러진 선거에서 지지율은 다시 33.1퍼센트로 하락했다. 히틀러가 독일 총리로 임명되어 전 독일을 지배하던 1933년 3월 6일에 치러진 의회선거에서 지지율은 상당히 올랐지만 아직은 미흡한 43.9퍼센트에 그쳤다.[19] 나치 돌격대의 협박에도 불구하고 독일인 2명 중 1명 이상이 나치당에게 반대표를 던진 것이다. 이탈리아의 파시스트당은 1921년 5월 15일에 참가한 자유 의회선거에서 535석 중 불과 35석을 얻는 데 그쳤다.[20]

히틀러와 무솔리니는 어느 누구도 쿠데타를 통해 집권하지 않았다. 집권 전에 무력으로 기존 정권을 위협하거나 집권 후에 (곧 보겠지만) 무력을 동원해 정부를 독재 체제로 변환시키기는 했지만, 어느 쪽도 무력으로 정권을 장악하지는 않았다는 뜻이다. 가장 신중한 저자들도 히틀러와 무솔리니의 '권력 강탈'[21]이라는 표현을 사용하지만, 이 표현은 이 두 파시즘 지도자들이 정권을 잡게 된 과정보다는 정권을 잡은 후의 행동을 묘사하는 데 더 적절할 것이다.

무솔리니와 히틀러 두 사람 모두, 군사부문 고문과 민간부문 고문의 조언을 받으며 합법적인 권한을 행사하는 국가원수에 의해 정부의 수장으로 '초대' 받았다. 즉, 두 사람 모두 적어도 표면상으로는 비토리오 에마누엘레 3세와 힌덴부르크 대통령이 헌법에 기초해 정당하게 권력을 행사한 결과 정부의 수장이 된 것이다. 그러나 그 임명이 심각한 위기 상황에서 이루어졌으며 그 위기는 파시스트들이 선동한 결과였다는 사실을 덧붙이는 것을 잊어버려선 안 된다. 이제 파시즘이 권력을 장악하도록 길을 열어주었던 위기 상황에 대해 알아보자.

거듭 말하지만 파시스트들이 기존 정부에 대항해 쿠데타를 일으켜 정권을 잡는 데 성공한 적은 한 번도 없었다. 권위주의적 독재체제는 그런 시도를 번번이 무산시켰다.[22] 파시즘 정당 중 가장 열정적으로 종교적인 정당이자 유대인과 부르주아 정치인을 살해할 뜻이 충만했던 루마니아의 '대천사 미카엘 군단'은 세 번이나 쿠데타를 시도했지만 실패했다. 부패하고 편협한 과두정치의 지배를 받던 루마니아에서 대천사 미카엘 군단은 대중의 열광적인 지지를 받았다. 지지층은 대부분 그때까지는 정치에 무관심했던 농민들이었는데, 이들은 녹색 셔츠를 입고 종교적 · 애국적 상징을 담은 기(旗)로 장식한 말을 타고 외딴 시골 마을까지 두루 돌아다니던 젊은 코르넬리유 코드리뉴와 그 지지자들에게 매혹되었다.[23]

의회 내에서 당파 싸움과 내분이 거듭되는 힘든 시기가 지난 후 카롤 2세는 1938년 2월 10일 군주 독재를 선언했다. 그는 점점 더 폭력적으로 변하던 대천사 미카엘 군단을 자신의 '민족재건전선(Front of National Rebirth)'으로 흡수하려 했으나 실패하자 그해 11월 코드리뉴와 그 측근들을 체포한 뒤 '탈출을 시도'했다며 처형했다. 코드리뉴의 뒤를 이은 호리아 시마(Horia Sima, 1907~1993)는 1939년 1월에 반란을 일으켜 이에 대응했지만 군주 독재는 반란을 철저히 진압했다.

대천사 미카엘 군단의 노동 봉사 대원들과 함께한 코드리뉴. 평등하고 소박한 공동생활을 하며 외딴 시골 마을까지 두루 돌아다니던 이들은 특히 농민들로부터 열렬한 지지를 받았다.

독일에 패한 카롤 2세는 독일의 강압에 의해 헝가리와 불가리아에 일부 영토를 양도한 뒤 1940년 9월에 퇴위했다. 새로운 (후에 제독이 된) 루마니아의 독재자 이온 안토네스쿠(Ion Antonescu, 1882~1946) 장군은 대천사 미카엘 군단이 누리던 대중적 지지를 이용하려는 목적에서 1940년 9월 15일 자신이 세운 '천국군단국가(National Legionary State)'의 유일 정당으로 대천사 미카엘 군단을 끌어들였다. 대천사 미카엘 군단의 충동적인 새 지도자 호리아 시마는 '유사' 경찰과 노동자 단체를 만들고 유대인의 재산을 몰수하기 시작하였다. 이에 따라 루마니아 정치와 경제가 불안정해지자 안토네스쿠는 히틀러의 승인을 받아 1941년 1월 호리아 시마의 권력을 박탈하는 작업에 착수했다. 대천사 미카엘 군단이 1월 21일에 일으킨 대규모 폭동과 유대인 학살은 안토네스쿠의 명령에 따라 폭력적으로 진압되었다. 이 사건은 보수 세력이 파시즘을 억압한 '가장 극단적인 예'[24]로 남아 있다. 안토네스쿠는 대천사 미카엘 군단을 해산하고 천국군단국가를 친독 성향의 비(非)파시즘 군사 독재 체제로 바꾸었다.[25]

다른 파시즘 쿠데타 시도들도 성공하지 못한 것은 매한가지였다. 1934년 7월 25일 오스트리아나치당이 일으킨 쿠데타는 엥겔베르트 돌푸스(Engelbert Dollfuss, 1892~1934) 총리를 암살하는 데 성공했지만, 돌푸스에 이어 총리가 된 쿠르트 폰 슈스니히크(Kurt von Schussnigg, 1897~1977)는 오스트리아의 나치즘을 탄압하고 종교적 권위주의 성향의 '조국전선(Fatherland Front)'이라는 유일 정당을 통해 국가를 통치했다.

보수 세력은 사회주의자들과 노동조합주의자(trade unionist)들에 대한 폭력이라면 묵과해주었을지 몰라도 국가에 대한 폭력은 용납하지 않았다. 파시즘 지도자들은 그들대로 보수주의자들과 군대의 반대 세력에 둘러싸인 상태에서 권력을 탈취하는 것은 사유재산과 사회의 위계질서, 국가의 무력 독점에 대해 무모한 공격을 감행할 정도로 사회 불안이 심화된 상황에서나 대중의 도움을 받아 겨우 가능하다는 사실을 대부분 깨닫고 있었다. 따라서 파시스트들이 직접 행동에 의지한다면 이는 파시즘의 주된 적이자 양차 세계대전 사이 유럽의 일반 대중이나 노동자들에게 여전히 큰 영향력을 행사하던 좌파에게 유리한 고지를 넘겨줄 위험을 무릅쓰는 것이었다.[26] 또한 그런 전술은 파시스트들이 훗날 공격적인 국가 확장을 계획하고 수행할 때 필요로 할 가장 중요한 요소인 군대와 경찰을 소외시키는 일이 될 터였다. 아무리 보수주의자들에 대한 경멸이 깊다 해도, 파시즘 정당들은 보수 기득권자들의 기반을 완전히 엎어버리려는 집단과 연합전선을 펼 경우 미래를 장담할 수 없었다.

(적어도 지금까지 알려진 바로는) 파시즘의 권력 장악 과정은 언제나 보수 엘리트층과의 공조를 통해 이루어졌기 때문에, 파시즘 운동 자체의 힘은 — 물론 필수적인 요소이긴 하지만 — 권력 획득의 성공이나 실패를 결정짓는 하나의 중대한 변수일 뿐이다. 앞에서 살펴본 바와 같이, 파시스트들은 이탈리아와 독일에서 위기에 처한 보수주의자들에게 힘과 지지자들을 제공할 능력이 있었다. 그러나 보수적 엘리트층이 기꺼이 파시즘과 협력하고자 했다는 사실과 파시즘 지도자들이 호혜적인 유연성을 보여주었다는 사실, 그리고 양측이 서로 협력할 정도로 당시의 위기가 급박했다는 사실 역시 똑같이 중요하다.

그러므로 결정적인 순간에 도움을 주었던 동조자들을 반드시 살펴볼 필요가 있다. 파시즘이 권력을 장악하는 과정에서 파시즘 지도자에게만 관심을 집중한다면 '퓌러 신화'와 '두체 신화'의 주문에 걸려들어 그들에게 만족감만을 안겨줄 뿐이다. 파시즘 지도자를 연구하는 만큼 그들이 구축한 필수불가결한 동맹 세력과 협력자들도 연구해야 하며, 파시즘 운동 자체를 연구하는 만큼 파시스트들이 권력에 다가설 수 있었던 당시 상황이 어떠했는지도 연구해야 한다.

연합전선 구축

파시즘 운동이 무르익어 권력을 진지하게 추구하기 시작하면서, 파시스트들은 기득권층과 깊이 공조하게 된다. 물론 이탈리아와 독일의 보수층이 무솔리니와 히틀러를 만들어낸 것은 아니지만, 그들의 범법 행위를 처벌하지 않고 여러 번 묵과해준 것은 사실이다. 앞 장에서 살펴보았듯이, 선거와 폭력적 위협을 통해 파시스트당과 나치당이 무시 못할 세력으로 성장하자 보수 세력은 이들을 어떻게 할 것인지 결단을 내려야 했다.

보수파 지도자들은 특히 파시즘을 자기 편으로 흡수할 것인지 아니면 다시 주변 세력으로 돌려보낼 것인지를 결정해야 했다. 한 가지 중대한 사안은 경찰과 사법기관을 통해 파시스트들이 법을 따르도록 강제할 것인가의 문제였다. 독일의 브뤼닝 총리는 나치가 1931~1932년에 일으킨 폭력 사태를 억제하려 애썼다. 그는 1932년 4월 14일 나치 돌격대의 단체 행동을 금지했다. 하지만 1932년 7월 하인리히 브뤼닝의 뒤를 이어 총리가 된 프란츠 폰 파펜은 앞서 보았던 바와 같이 금지 조치를 해제했고, 정당성을 인정받자 신이 난 나치는 1930년부터 1932년까지의 헌정 위기 기간 중 가장 폭력적인 시기를 만들어냈다. 한편 이탈리아에서는 일부 지방관들이 파시스트 무법자들을 통제하려 했지만,[27] 국가 지도자들은 결정적인 순간에 무솔리니를 제압하기보다는 그를 '변화' 시키려 했다. 이탈리아와 독일의 보수파 국가 지도자들은 좌파로부터 민중의 지지를 빼앗으려는 파시스트의 폭력을 묵과함으로써 잃는 것보다 얻는 것이 훨씬 더 많으리라고 생각했다. 양국의 민족주의 신문과 보수

1933년 총리가 된 히틀러가 나치당 지도자들과 함께 찍은 기념 사진.

파 지도자들은 파시스트의 폭력과 좌파의 폭력에 대해 계속해서 이중 잣대를 적용하였다.

헌정 체제가 교착 상태에 빠지고 민주적 제도가 기능을 멈추면 '정치 영역'은 좁아지게 마련이다. 비상시에 결단을 내릴 수 있는 사람은 극소수로 줄어들어, 기껏해야 국가원수와 그의 군사 · 민간 부문 최측근 정도가 될 것이다.[28] 이 책의 앞 장들에서는 파시즘의 근본과 뿌리를 이해하기 위해 파시즘을 넓은 맥락에서 살펴볼 필요가 있었다. 하지만 민주주의 정권이 붕괴해 마침내 파시즘 지도자들이 권력에 진지하게 도전하는 길이 열리면서 책임이 몇몇 주요 인물의 손에 집중되는 단계에서는 그 개인들의 사례를 전기(傳記)에 가까울 정도로 꼼꼼히 살펴보아야 한다. 물론 모든 책임을 파시즘 지도자 한 사람에게만 떠넘기는 위험에 빠지지 않도록 주의하면서 말이다.

파시즘이 권력에 안착하도록 도와준 보수파의 공모는 몇 가지 종류로 나뉜다. 우선, 파시스트들이 좌파를 겨냥해 휘두른 폭력에 대한 공모를 들 수 있다. 독일의 경우 가장 치명적인 결정 중 하나는 폰 파펜이 1932년 6월 16일 나치 돌격대의 행동에 대한 금지 조처를 해제한 것이었다. 무솔리니의 파시스트 행동대는 이탈리아 경찰과 군인의 묵인 내지는 노골적인 도움이 없었더라면 아무 힘도 쓰지 못했을 것이다. 또 다른 공모 형태는 상대의 체면을 높여준 것이었다. 1921년 5월 졸리티가 무솔리니를 선거 연합에 포함시킴으로써 무솔리니의 위신을 높여준 사건은 이미 살펴보았다.

거대 기업 크루프(Krupp) 사의 임원이자, 히틀러와 가장 직접적으로 경쟁하고 있던 정당인 독일국가인민당(DNVP)의 지도자 알프레트 후겐베르크(Alfred Hugenberg, 1865~1951)는 한 번 나치의 갑작스런 득세를 공격하면, 그 다음번엔 히틀러와 함께 정치 집회에 모습을 드러내는 이중적인 모습을 보였다. 그러다가 1931년 가을 바트하르츠부르크에서 열린 정치 집회를 통해 대중은 이 두 사람이 '하르츠부르크 연합전선'을 구축했다고 믿게 되었다. 하지만 후겐베르크가 히틀러를 용납할 만한 인물로 이해되도록 도와주는 동안 독일국가인민당 당원들은 더 자극적인 나치당 쪽으로 빠져나가고 있었다.

3장에서는 대부분의 생각과 달리 나치가 기업의 직접적인 재정 지원을 별로 받지 못했음을 살펴보았다. 히틀러의 집권을 가능하게 해준 최종 거래가 이루어지기 전, 독일의 대기업들은 믿을 수 없는 경제 참모를 둔 무명 정치가 히틀러보다는 폰 파펜처럼 확고한 지위를 갖춘 보수주의자를 선호했다. 최후의 긴장된 몇 개월 동안 총리가 되기 위해 전부가 아니면 아무것도 갖지 않겠다는 위험한 도박을 벌이면서 성에 차지 않는 제안을 모조리 뿌리쳤을 때, 그리고 나치당 내 급진주의가 베를린에서 일어난 운송 파업에서 다시 표면에 떠올랐을 때, 히틀러는 재정적으로 점점 더 심각한 위기에 빠져들었다. 1932년 11월 선거가 실망스럽게 끝나자 나치당은 실질적으로 파산한 것이나 다름없었다. 상대적으로 거물 축에는 들지 못하던 쾰른의 은행가 쿠르트 폰 슈뢰더(Kurt von Schröder, 1889~1965?)가 히틀러와 폰 파펜의 협상에서 중개인 역할을 해주기는 했으나, 히틀러의 집권 전에는 기업에서 큰 도움을 준 적이 거의 없었다. 그러나 물론 집권 후에는 판세가 완전히 바뀌었다. 기업인들은 새로운 나치 정권에 엄청난 정치 자금을 제공하고 새 정권과 돈독한 관계를 쌓아가기 시작했다. 새 정권은 군수품 계약을 통해 일부 기업에 보상을 해줄 것이며 노조를 파괴해 모든 기업이 이득을 얻도록 해줄 것으로 기대되었다.

이탈리아 파시즘의 재정에 대한 연구는 많지 않다. 1914년 가을 무솔리니가 사회주의 세력과 갈라섰을 때 민족주의 신문 발행인들과 실업가들, 프랑스 정부는 무솔리니가 새로 발행한 신문 〈일 포폴로 디탈리아(Il Popolo d'Italia)〉의 자금을 대주었지만, 그들의 목적은 이탈리아를 1차 세계대전에 참전시키는 것이었다.[29] 뒤이어 지주와 군인, 일부 공직자들이 파시스트 행동대에게 지원을 했다는 사실을 보면 그 목적이 더욱 분명해 보인다.

파시스트들과 보수주의자들이 권력을 나누어 가질 방안을 모색하던 기간은 (이탈리아와 독일 모두) 파시스트나 보수주의자 양쪽 모두에게 힘든 시기였다. 협상을 해봐도 기껏해야 양쪽 모두에게 이상적이라고 할 수 없는 방안만 나올 뿐이었다. 하지만 좌파가 권력을 장악하거나 군사 독재가 등장해 보수파와 파시스트들을 모두 의회에서 내쫓는 사태를 생각하여 양측 모두 기꺼이 필요한 만큼 의견을 조정해 차선책에 합의했다.

이렇게 파시즘 정당들은 새로운 동맹 세력과 더 깊이 공조하게 되었으며 그 결과 당을 분열시키고 일부 순결주의자들을 소외시키는 위험을 무릅써야 했다. 파시즘이 뿌리 내리는 초기 단계에서도 이미 드러난 바 있었던 '정상화(normalization)' 과정은 권력 장악의 가능성이 높아지고 도박에 건 '판돈'도 커지면서 더욱 심화되었다. 보수파 기득권층과 성공적인 협상을 벌이던 파시즘 지도자 히틀러는 전보다 더욱 급진적으로 당을 재정비했다. 히틀러는 볼프강 시더(Wolfgang Schieder, 1935~)가 '헤르샤프츠콤프로미스(Herrschaftskompromiss, 지배를 위한 타협)'라고 이름 붙인 결정을 내렸는데, 합의의 범위가 정해지고 고루한 이상주의자들이 배제된 것도 이때였다.[30)]

히틀러와 무솔리니는 각기 다른 권력 관계 속에서 이런 '지배를 위한 타협'을 결정했다. 무솔리니의 승리에서는 파시스트 행동대가 매우 중요했으며 선거 정당은 상대적으로 덜 중요했다는 사실은 무솔리니가 지역의 파시즘 우두머리들인 라스(ras)에게서 히틀러가 나치 돌격대에게 받은 도움보다 더 큰 도움을 받았다는 사실을 의미한다. 히틀러는 협상에서는 무솔리니보다 좀 더 자유로운 위치였지만, 당 투사들과의 마찰에서는 자유롭지 못했다.

파시즘 지도자에게는 권력 획득을 위해 보수파 지도자들과 타협을 벌이는 때가 매우 위험한 순간이었다. 지도자가 정치 엘리트층과 비밀리에 거래를 하는 동안 그를 따르던 투사들은 밖에서 참을성 없이 웅성거리며 내통 행위를 비난했다. 1920년 후반에 이미 정당 지도자들과 비밀 협상을 하고 있었던 무솔리니는 크리스마스에 단눈치오를 도우러 피우메에 가지 못했을 뿐더러 1921년 5월에는 졸리티의 선거 연합에 합류하면서 일부 투사들을 실망시켰다. 무솔리니가 1921년 8월 지금까지 적으로 지냈던 사회주의자들과 '강화조약'을 맺자 불만을 품은 추종자들이 대규모 반란을 일으켰고, 무솔리니는 한시적으로 파시즘 지도자 자리에서 물러나며 조약을 포기한 뒤에야 간신히 반란 세력을 달랠 수 있었다.

히틀러 역시 권력 획득 과정에서 어떤 거래를 할 때마다 당내의 반발에 부딪혔다. 전(前) 자유군단 지도자이자 베를린과 독일 동부의 나치 돌격대 지휘관이었던 발터 슈테네스(Walter Stennes)는 히틀러의 합법적인 수단을 통한 권력 획득 전략에 반대했다. 슈테네스의 나치 돌격대원들은 승리의 기쁨이 계속 연기되고 낮은 보수를 참고 기다리는 기간이 너무 긴 데다 비(非)군부 출신의 정당 지도부에 복종해야 하는 상황에 격분한 나머지 1930년 9월 베를린의 나치당사를 점거했다. 1931년 2월, 돌격대원들이 노상 폭력 사태를 금지한다는 명령을 따르지 않자 히틀러는 슈테네스를 나치 돌격대에서 쫓아냈다. 격분한 돌격대 대원들은 1931년 4월 당사를 재점령했고, 히틀러는 자신의 모든 힘을 다해 설득한 뒤에야 겨우 폭동을 가라앉힐 수 있었다. 이 사건으로 나치 돌격대 과격분자 5백 명이 숙청되었다. 앞에서 보았듯이 1932년 말 선거 지지율이 하락하고 자금이 바닥을 드러낸 데다 일부 부관들이 전도유망한 미래를 찾아 연립 정부로 떠나버리자, 히틀러는 나치당에 대한 통제권을 거의 상실하다시피 했다. 그러나 협상에서의 입지가 좁아졌음에도 불구하고 굳은 의지와 도박사적 직감만큼은 여전했던 히틀러는 총리직에 전부를 걸기로 결심했다.

성공적인 파시즘 정당과의 연합 가능성이 커지면서 보수파가 얻을 수 있는 것도 더욱 뚜렷해졌다. 이제 보수파도 대중의 지지를 기반으로 한 권력이라는, 손에 넣을 수 있는 목표를 지니게 된 것이다. 파시즘 운동의 지지를 얻으려고 — 때로는 파시즘의 날개나 기반을 빼앗으려고 — 보수주의자들끼리 경쟁을 벌이기도 했다. 독일에서는 마구 날뛰는 나치라는 말(馬)에 누가 성공적으로 마차를 끌게 할 것인가를 놓고 슐라이허와 폰 파펜이 경쟁을 벌였고, 이탈리아에서는 졸리티와 살란드라가 경쟁을 벌였다.

무솔리니와 히틀러의 집권 과정에서 필연적인 요소는 아무것도 없었다. 파시즘 지도자들이 어떻게 정부의 우두머리가 되었는지를 면밀히 살펴보는 것은 곧 반(反)결정론을 연습해보는 것이다. 자유주의 전통의 척박함, 뒤늦은 산업화, 민주주의를 용인하지 않는 엘리트층의 잔존, 혁명의 물결이 지닌 위력, 국가적 굴욕에 대항한 발작적 봉기 등 다양한 요소들이 독일과 이탈리아에서 위기를 더욱 심화시키고 선택의 폭을 좁히는 데 기여했을지도 모른다. 하지만 보수 진영의 지도자들은 다른 가능성, 예를 들면 온건 좌파와 연립 정부를 구성하는 것 또는 왕이나 대통령의 비상 권한을 통해 통치하는 것(독일의 경우에는 그 비상 통치를 계속하는 것) 같은 다른 가능성을 거부했다. 보수파 지도자들은 파시즘이라는 대안을 선택했다. 파시즘 지도자들은 그들대로 권력을 나누어 가지려면 꼭 필요했던 '정상화'를 이루어냈다. 하지만 꼭 그렇게 되리라는 어떤 법칙에 따른 것은 아니었다.

파시즘이 기득권 세력에게 제공한 것

파시즘 운동은 헌정이 교착 상태에 처하고 혁명의 위협이 다가오는 상황에서 흔들리던 엘리트층에게 귀중한 자원을 제공했다.

파시즘은 폭넓은 대중의 지지를 받고 있었으므로 보수주의자들은 결코 용인할 수 없었던 좌파 세력의 도움 없이도 의회에서 과반수를 구성해 강력한 결정을 내릴 수 있었다. 무솔리니 측 의원 35명은 그리 큰 숫자가 아니었지만, 히틀러의 잠재적인 공헌은 결정적이었다. 1919년 바이마르 헌법에 의해 독일에 갑작스레 도입된 대중 정치의 요령을 전혀 터득하지 못했던 보수주의자들에게 히틀러는 독일 제1당의 위치를 제공할 수 있었다. 1920년대 독일에서 비(非)마르크스주의 정당으로 유일하게 성공적으로 대중의 지지를 구축했던 당은 중도파 정당인 젠트룸(Zentrum)이었다. 카톨릭 정당이었던 젠트룸은 교구 활동을 중심으로 대중의 활발한 참여를 이끌어내고 다양한 계층의 지지를 받았다. 젠트룸은 카톨릭 노동조합을 통해 노동계급의 폭넓은 지지를 받긴 했지만, 특정 종파 정당이었기 때문에 히틀러만큼 다양한 계층의 지지를 받을 수는 없었다. 독일 제1당을 손에 쥐고 있던 히틀러는 보수 연합이 거의 3년간이나 의지했던 대통령 비상 통치에서 벗어나게끔 도움을 주었고, 좌파를 배제한 채 의회 과반수를 구성할 수 있게 해주었다.

히틀러의 제1내각. 전통적 보수 세력들은 벼락 출세한 정치 초보자에게 고위직을 내주면서 자신들이 국가를 지배할 수 있을 것이라 착각하고 있었다.

파시스트들이 제공한 것은 단순한 머릿수 이상이었다. 파시스트들은 위기에 적절히 대처하지 못하는 구(舊)엘리트층에 지쳐가던 대중 앞에 새로운 젊은 얼굴들을 내세웠다. 이탈리아와 독일에서 가장 젊은 정당들은 공산주의 정당과 파시즘 정당들이었다. 이탈리아와 독일 국민들은 모두 새로운 지도자를 갈망했고, 파시스트들은 보수주의자들에게 계속해서 새로운 활력을 불어넣어 주었다. 파시스트들은 또한 새로운 소속 방식 — 보수파들이 사회적 유대가 와해되는 사태를 우려하던 시대에 필요한 헌신과 규율 — 을 제공했다.

그리고 파시스트들은 노동자들을 마르크스주의에서 멀어지게 만들 비법을 찾아냈다. 노동계급에게는 조국이 없다고 마르크스가 단언한 이후 오랜 시간이 지났지만, 보수주의자들은 마르크스에게 반박할 방법을 찾지 못했다. 보수 진영에서 내놓았던 19세기식 묘책 — 복종, 종교, 교육 — 은 모조리 실패로 돌아갔다. 1차 세계대전 직전에 악시옹 프랑세즈가 소수의 산업노동자를 국가주의 진영으로 끌어들이는 등 얼마간 성공을 거두었고, 1차 세계대전 당시 의외로 많은 수의 노동자들이 조국을 위해 싸워야 한다는 애국의 의무를 받아들였는데, 이런 현상은 20세기에는 국가가 계급보다 더 강력한 힘을 지니게 되리라는 사실을 예고하고 있었다.

각지의 파시스트들은 이 발견을 토대로 삼아 세력을 쌓아갔다. 그 선구자격으로는 앞에서 프랑스의 푸르동 모임을 언급한 바 있다.[31] 나치당은 자기들이 이름부터 '노동자들의 당(Arbeiterpartei)'임을 내세웠고, 무솔리니는 과거의 사회주의자 동지들을 끌어들일 계획을 세웠다. 하지만 결과는 그다지 성공적이지 못했다. 초기 파시즘 정당의 사회적 구성에 대한 모든 분석은 한 가지 점에서 일치한다. 일부 노동자들이 파시즘 정당에 호감을 느낀 것은 사실이었지만, 정당 구성원에서 노동자가 차지하는 비율은 언제나 전체 인구에서 노동자가 차지하는 비율보다 한참 낮았다. 어쩌면 이 소수의 파시스트 노동자들만으로도 충분했을지 모른다. 파시즘 정당이 노동자들을 일부 끌어들일 수만 있다면, 파시스트들의 폭력이 타협하지 않는 나머지를 처리할 수 있을 터였다. 이러한 분열과 정복이라는 공식은 보수주의자들이 스스로 찾아낼 만한 어떤 방법보다도 효과적이었다.

파시즘이 제공한 또 하나의 매력은 (그들 스스로가 가세해 만들어낸) 무질서를 극복하는 방법이었다. 민주주의가 제대로 기능할 수 없게 만들고 입헌 국가의 신임을 떨어뜨릴 목적으로 폭도를 풀어놓았던 나치와 이탈리아 파시즘 지도자들은 이제 질서를 회복할 수 있는 유일한 비(非)사회주의 세력임을 자처하고 나섰던 것이다. 지도부가 이와 같은 두 얼굴을 이용했던 것은 그때뿐만이 아니었다. 한나 아렌트는 통찰력 있는 글에서 이렇게 쓴 바 있다. "운동의 중심에 있는 지도자들은 마치 위에서 환히 내려다보는 듯이 행동할 수 있다."[32] 거래의 대가로 파시즘 쪽에서 내건 조건도 그리 까다롭지 않았다. 일부 보수주의자들은 나치 지식층 일각에서 여전히 내세우던 반(反)자본주의 논리를 우려했고,[33] 이탈리아 보수 세력은 에드몬도 로소니(Edmondo Rossoni, 1884~1965) 같은 파시즘 노동운동가들에게 불안감을 느꼈다. 그러나 무솔리니는 이미 오래 전에 '생산력주의'와 산업계의 영웅을 찬양하는 쪽으로 방향을 틀었고, 히틀러는 사적인 대담은 물론이고 1932년 1월 26일 뒤셀도르프 기업가 클럽에서 한 유명한 연설을 통해서도 자신은 경제적인 문제에 관해서는 사회진화론자임을 분명히 밝혔다.

거래를 하려면 히틀러와 무솔리니라는 품위 없는 이단아에게 고위직을 내줄 수밖에 없었지만, 보수주의자들은 그들을 영입한 후에도 자신들이 국가를 지배할 수 있으리라 확신했다. 유럽에서는 그렇게 벼락 출세한 정치 초보들이 정부를 이끈 예가 없었기 때문이었다. 유럽에서는 심지어 1차 세계대전 이후 민주주의 국가에서도 여전히 외교와 행정 경험이 많으며 고등교육을 받은 상류층이 총리나 국가 수장을 맡는 것이 일반적이었다. 1924년 영국에서 하층계급 출신으로는 최초로 제임스 램지 맥도널드(James Ramsay MacDonald, 1866~1937)가 총리로 당선되지만, 그는 곧 귀족처럼 보고 말하고 행동하기 시작했다. 이를 혐오한 급진파 노동자들은 맥도널드를 조롱해 '신사 맥(Gentleman Mac)'이라고 불렀다. 안장 만들기가 생업이었으며 훗날 바이마르 공화국의 초대 대통령이 되었던 프리드리히 에베르트(Friedrich Ebert, 1871~1925)는 사회주의 정당에서 일하면서 대표직에 오르기도 했다. 그러나 히틀러와 무솔리니는 유럽의 주요 국가에서 하층계급 출신으로 권력 장악에 나선 최초의 모험가들이었다. 오늘날까지도 프랑스 공화국에서는 해리 트루먼(Harry Truman, 1884~1972, 농부의 아들로 태어났으며 은행원, 우체국장, 철도 감독관, 상점 주인, 군인 등 여러 직업을 거친 후 정계에 진출했다) 미국 대통령과 같은 사회적 아웃사이더가 대통령으로 선출된 경우는 단 한 번도 없으며, 그나마 총리로 선출된 경우도 극소수에 불과하다. 그러나 1922년 이탈리아와 1933년 독일의 상황은 평시와 크게 달랐다. 보수 세력은 한갓 오스트리아계 상병 출신인 히틀러나 풋내기 사회주의자 선동가인 무솔리니는 높은 자리에 앉는다 해도 무엇을 해야 할지 모를 것이라고 계산하고 있었다. 교양 있고 경험도 풍부한 보수 진영 지도자들의 기지가 없으면 정치를 이끌어갈 수 없으리라고 예상했던 것이다.

요컨대 파시스트들은 좌파와 권력을 나누지 않고도 대중의 지지를 받으며 정권을 유지해 나갈 새로운 방법을 제시했고, 이 방법은 보수 세력의 사회 · 경제적 기득권이나 정치적 지배권에 위협을 가하지도 않았다. 또 보수 세력은 그들대로 권력의 문을 여는 열쇠를 쥐고 있었다.

파시즘 집권 전의 위기

두 파시즘 지도자에게 권력을 안겨주었던 두 번의 위기 — 1차

1933년 2월 독일공산당 본부 앞에서 시위를 벌이는 돌격대. 히틀러의 집권 직전까지 사회주의 세력과 나치 세력은 곳곳에서 무력 충돌을 빚었다. 보수주의자들은 이런 무력 사태를 보며 공산 혁명에 대한 두려움으로 결국 나치를 선택하게 된다.

세계대전의 여파와 대공황 — 는 각기 성질이 달랐지만 공통점이 있었다. 이 두 위기로 인해 양국 정부는 여러 문제들에 맞닥뜨렸다. 기존의 정당 정치로는 풀 수 없는 경제적 혼란과 대외적 굴욕, (부분적으로는 파시스트들이 악화시킨 정치적 양극화로 인해 생겨난) 헌정 통치의 교착 상태, 급속도로 성장하며 이러한 혼란의 최대 수혜자가 되려는 전투적 좌파, 그리고 좌익의 개혁주의적 분파와 타협을 거부하는 한편 새로운 세력 보강 없이는 좌파에 대항하여 통치를 계속하기 어렵다는 위기감을 느끼던 보수주의 지도자들이 바로 그 문제였다.

1921년 이탈리아와 1932년 독일에서 공산주의 혁명이 실제로 가능했는지 돌아볼 필요가 있다. 당시 이탈리아는 '붉은 2년(biennio rosso)' 을 막 겪은 후였다. '붉은 2년' 이란 1919년 11월 1차 세계대전 종결 후 처음으로 치러진 선거에서 이탈리아사회당(PSI)이 전쟁 전 지지율의 세 배를 기록하며 의석의 3분의 1를 차지한 후 전국이 열렬한 '극좌' 의 열정에 휩쓸렸던 시기를 말한다. 각지에서 사회주의 성향의 자치단체장이 집권하면서 대대적인 토지 몰수와 파업 사태가 연이어 일어났고, 1920년 9월 토리노의 공장이 점거되면서 위기는 최절정에 달했다. 그 배경에는 러시아에서 세계 최초로 사회주의 혁명이 성공하여 그 여파가 여러 지역으로 퍼져나가던 시대적 상황이 있었다. 이탈리아 사회주의 '극좌파' 와 1921년 설립된 신생 이탈리아공산당(Partito Comunista Italiano, PCI)이 다음에 무엇을 해야 할지 몰랐다는 사실을 오늘날 우리는 잘 알고 있다. 그러나 공산주의 혁명에 대한 막연한 두려움은 마치 실제로 공산주의 혁명이 일어나고 있는 양 보수주의자들을 결속시킬 만큼 강력했다. 페데리코 차보드(Federico Chabod)가 말했듯이 공산주의에 대한 중간계급의 두려움은 이탈리아에서 '극좌' 의 물결이 이미 가라앉은 뒤에도 절정을 달리고 있었다.[34)]

1930년 이후 독일에서 지지율을 높여간 것은 나치와 공산주의자들뿐이었다.[35)] 실업률이 높아지고 기존 정당이나 헌정 체제는 이미 실패했다는 생각이 널리 퍼지면서 독일 공산주의자들은 나치와 마찬가지로 번창하고 있었다. 1931년 11월 독일 경찰이 압수한 나치 정당 문건 — 나치의 테러 계획을 담은 '복스하임 문서(Boxheim papers)' — 을 보면 나치 전략가들이 다른 많은 독일인들과 마찬가지로 공산주의 혁명을 예견하고 있었으며 그에 대항하는 직접 행동을 계획하고 있었다는 사실이 드러난다. 나치 지도부는 1931년 공산주의 혁명에 강력히 대항하는 것이 국민적으로 더 광범위한 지지를 받는 길이라고 확신한 듯이 보였다.

이러한 상황에서 민주 정부는 거의 제 기능을 하지 못했다. 이탈리아 의회는 독일 의회만큼 심각한 교착 상태에 빠지지는 않았지만, 양국 정치 지도자들은 당장 눈앞의 어려움을 해결하기에는 역부족이어서 파시즘이 득세할 길을 열어줄 수밖에 없었다.

이탈리아와 독일의 파시스트들은 민주주의가 제대로 작동하지 못하도록 온갖 수단을 동원했다. 그러나 자유주의 헌정의 교착 상태는 파시스트들만의 힘으로 일으킬 수 있는 것이 아니다. 로베르토 비바렐리(Roberto Vivarelli)는 이렇게 말한다. "자유주의 국가의 붕괴는 파시즘과는 상관없이 일어난 현상이었다."[36] 당시에는 1918년 이후 민주 정부의 기능 마비를 자유주의가 역사의 종착점에 도달했음을 알리는 체제적 위기로 보려는 경향이 있었다. 하지만 2차 세계대전 이후 헌법에 기반을 둔 민주주의가 소생하였으므로, 이러한 위기를 1차 세계대전의 여파와 갑작스러운 민주주의의 확대, 볼셰비키 혁명에 따른 상황적 위기라고 보는 편이 더욱 타당하겠다. 민주 정부의 교착 상태를 어떻게 해석하든지 간에, 그런 교착 상태가 없었다면 어떤 파시즘 운동도 권력을 잡지 못했을 것이다.

집권 후의 혁명

보수주의자들은 준(準)입헌적 방법으로 히틀러와 무솔리니를 입각시켰지만, 이렇게 구성된 연립 정부에서 파시즘 지도자들은 완전한 통치권을 갖지는 못했다. 준(準)합법적으로 입각한 무솔리니와 히틀러에게 주어진 권한은 헌법이 정부 수반에게 허락하는 정도에 지나지 않았다. 실질적인 측면으로 말하자면, 집권 초기에는 보수주의 동맹 세력과 연합을 이루어 통치하느라 권력이 한정되어 있었다. 파시즘 정당들이 연립 정부의 요직을 몇 석 차지하기는 했지만 이들은 내각에서 소수에 불과했다.[37]

그러나 곧 두 파시즘 지도자는 이 미약한 거점을 이용해 철저한 독재로 바꿔 나갔다. 준(準)헌법적 정권을 무한 권력을 휘두를 수 있는 개인 독재로 바꿈으로써 국가를 완전히 장악하는 것, 그것이야말로 진정한 '권력 강탈'이었다. 이는 단순한 집권과는 다른 이야기였다. 권력 강탈은 파시즘 지도자들이 저지른 엄청난 불법 행위에 의해 주로 이루어졌다. 동맹 세력은 여전히 중요했지만 이제는 단순한 묵인만이 필요할 따름이었다.

아무리 히틀러라지만 순식간에 독일의 독재자로 등극한 것은 아니었다. 처음에 히틀러는 동맹 세력으로부터 독립하는 최선의 방법이 선거를 한 번 더 치러서 지금까지 그가 갖지 못했던 완전한 과반수를 얻는 것이라고 믿었다. 하지만 선거를 치르기도 전에 운 좋은 사건이 일어나 우파나 중도파 중 어느 쪽의 반대도 없이 사실상 내부로부터 쿠데타를 수행할 수 있는 여건이 마련되었다. 운 좋은 사건이란 바로 1933년 2월 27일에 발생한 베를린의 독일제국 의회 의사당 방화 사건이었다.

이 사건의 오랜 정설은 나치당이 스스로 불을 지른 뒤 화재 직후 구내에서 발견된 멍청한 네덜란드 공산주의자 마리누스 반 데어 루베(Marinus Van der Lubbe, 1909~1934, 방화 사건으로 체포된 뒤 1934년 1월 10일 처형당했다)의 소행으로 꾸며 대중이 극단적 반공산주의 조치를 받아들이도록 만들었다는 것이었다. 그러나 오늘날 대부분의 역사가들은 반 데어 루베가 실제로 불을 질렀으며 이에 놀란 히틀러 일당이 공산주의 쿠데타가 시작된 줄로 믿은 것이라고 여긴다.[38] 수많은 독일인들이 그러한 공포에 공감하여 나치에게 거의 무제한적인 권력을 내준 셈이다.

방화 사건 이후 신임 총리 히틀러가 놀랄 만큼 민첩하고 자신만만한 태도로 대중에게 확산되던 공산주의 '테러' 공포를 이용하는 작업에 나섰다는 일반화된 설명은 히틀러 쪽에서 본 이야기다. 그러나 독일 보수주의자들이 히틀러에게 기꺼이 무제한적 권력을 내주었으며 민간 사회단체들이 히틀러와 타협했다는 사실 역시 똑같이 강조해야 할 사실이다. 의사당 폐허에서 피어오르는 연기가 채 사라지기도 전인 2월 28일, 힌덴부르크 대통령은 헌법 48조에 의해 자신에게 위임된 비상 대권에 따라 '국민과 국가 보호를 위한 법령'에 서명했다. 의사당 화재 사건과 관련된 이 법령은 언론·집회·재산·개인적 자유의 법적 보호를 모두 일시적으로 중지하고, '테러리스트', 다시 말해 공산주의자로 의심되는 자에 대한 임의 체포를 허용하며, 연방 정부가 주 정부의 경찰력을 인수한다는 것이 주 내용이었다.

법령이 발표되고 나자, 갈색 셔츠단이 법정에 난입해 유대인 변호사와 치안판사를 쫓아내고[39] 좌파 신문사와 사무실을 약탈하는 사태가 벌어져도 독일인들은 거의 저항하지 못했다. 경찰이나 사법부를 비롯한 국가 기관의 도움을 받을 수 없었기 때문이었다.

힌덴부르크 대통령은 이미 새로운 선거의 실시를 승인한 상태였다. 나치 측에서 좌파 정당과 유권자들에 대한 테러를 감행했음에

불타버린 제국 의회 의사당. 히틀러는 1933년 네덜란드 공산주의자가 저지른 이 사건을 절호의 기회로 삼아 좌파를 비롯한 반대파를 마음대로 탄압하는 법률과 의회와 대통령을 거치지 않고 총리가 통치할 수 있는 수권법까지 통과시켰다.

도 불구하고, 3월 5일 선거에서 나치의 지지율은 과반수에 미치지 못했다. 히틀러가 무소불위의 권력을 휘두르려면 아직 한 단계를 더 거쳐야 했다. 나치는 4년 간 법률에 따라 의회나 대통령을 거치지 않고 히틀러가 단독으로 통치하도록 하는 수권법(授權法, 행정부에 법률을 제정할 수 있는 권한을 위임하는 법률)을 제안했으며, 4년 후 히틀러는 퇴임하겠다고 약속했다. 이 법률의 정식 명칭인 '국민과 나라의 고통을 덜어주기 위한 법'은 나치의 허풍, 혹은 '제3제국의 언어(LTI)'[40]를 잘 보여주는 좋은 예이다. 헌법에 따르면 이와 같이 입법부의 권한을 행정부에 위임하기 위해서는 의회 의원 3분의 2의 동의가 필요했다.

3월 5일에 독일인의 과반수가 다른 당에 표를 던졌지만, 히틀러

히틀러의 집권에 결정적인 도움을 준 나치 돌격대 대장 에른스트 룀. 과격한 '제2의 혁명'을 주장하다가 1934년 '긴 칼의 밤'에 히틀러의 명령으로 살해당하였다.

는 공산주의 진영의 의원들을 체포해버림으로써 1933년 3월 24일 의회 정족수 3분의 2의 표를 얻어 수권법을 통과시킬 수 있었다. 나치 이외의 세력 중 수권법 통과에 가장 결정적인 공헌을 한 것은 후겐베르크를 따르는 민족주의자들과 카톨릭 정당 젠트룸이었다. 공산주의가 나치즘보다 더 나쁘다는 교황 피우스 11세(Pius XI)의 확신과 정치적 자유에 대한 그의 무관심을 반영하여 바티칸은 이에 찬성했다(피우스 11세는 카톨릭 신자들은 세상사에 관여하려면 선거와 정당을 통해서보다는 학교와 '카톨릭 운동(Catholic Action, 교회의 지도 아래 활동하는 평신도 사도직)'을 통하는 편이 좋다고 생각했다). 히틀러는 7월 20일 바티칸과 카톨릭이 정치에 대해서만 상관하지 않는다면 독일 내의 카톨릭 교육 및 운동을 용인하겠다고 약속하는 협약을 체결함으로써 카톨릭에 진 빚을 갚는다.

다음 몇 주 동안 히틀러는 (카톨릭 젠트룸을 포함한) 다른 당을 마음대로 해산시키고 일당 독재 체제를 구축했다. 히틀러와 공모했던 보수 세력은 1933년 봄 나치 행동대원들이 유대인과 마르크스주의자들을 대상으로 비공식적으로 수행했던 '아래로부터의 혁명'을 기꺼이 눈감아주었고, 1933년 3월에는 이러한 불법 행위가 '민족의 적'만을 대상으로 한다는 조건하에 뮌헨 근교 다카우(Dachau)에 최초의 강제수용소 설립을 눈감아주기까지 했다. 수권법이 만료되는 1937년이 되자 히틀러는 자신의 권한으로 — 다른 사람들이 알아차리지 못하는 사이 — 전쟁이라는 구실이 생겼던 1942년까지 통치 기간을 5년 연장했다. 히틀러는 정권의 임의적 행동을 보장하는 수권법이라는 합법적인 겉치장으로 독재 정권의 실체를 가리고자 했던 것 같다.

집권은 파시즘 지도자가 정당을 지배하는 데 도움을 주지만, 1933년 1월 이후에도 히틀러와 나치당 사이의 충돌은 끊이지 않았다. 일부 당 열성파는 히틀러가 나치 독재 정권 수립에 성공함으로써 곧 자신들이 '제2의 혁명'을 통해 일자리를 무한 독점하고 이권을 싹쓸이할 수 있을 것이라고 믿었다. 나치 돌격대 대장 에른스트 룀은 히틀러에게 갈색 셔츠단을 보조 무장 병력으로 전환해 달라고 압력을 넣어 정규군을 긴장시켰다. 히틀러는 1934년 6월 30일 '긴 칼의 밤'에 이 문제를 단번에 종결지었다. 잘 알려진 바와 같이 룀과 다른 나치 돌격대 지도자들을 살해한 것은 물론, 그리 잘 알려진 사실은 아니지만 (부총리인 폰 파펜의 측근들 몇 명을 포함하여) 완강하게 반항하던 보수주의자들과 그레고어 슈트라서, 폰 슐라이허 장군(과 그의 아내), 1923년 히틀러의 앞길을 막았던 바이에른의 보수 진영 지도자 구스타프 폰 카르와 13명의 의원을 살해했던 것이다. 희생자는 총 150명에서 2백 명에 달했다.[41] 이 충격적인 사건은 히틀러에게 의구심을 품은 자들에게 입 다물고 얌전히 있으라는 교훈을 주었다.

무솔리니가 집권 후 일으킨 혁명은 좀 더 점진적이었으며, 이탈리아의 경우 세 세력 — 무솔리니, 당 열성파, 보수파 기득권층 — 의 권력 다툼은 다소 진정이 되긴 했으나 독일 나치의 경우보다 훨씬 불안정한 상태였다. 거의 2년간 무솔리니는 평범한 의회 총리로서 민족주의 및 자유주의 진영, 몇 명의 이탈리아인민당(PPI) 의원들로 구성된 동맹 세력과 더불어 나라를 통치하는 데 만족한 듯 보였다. 무솔리니 정부는 재무장관 알베르토 데 스테파니(Alberto De Stefani, 1879~1969)가 내놓은 디플레이션 정책과 균형 예산 정책을 유지하는 등 대부분의 영역에서 기존 보수주의 정책을 그대로 좇았다.[42]

그러나 파시스트 행동대는 끊임없이 폭력을 휘두르며 언제라도 무솔리니의 통제권을 벗어나겠다고 위협하는 골칫거리였다. 많은 검은 셔츠단원들은 모든 일자리와 이권을 자신들이 독차지하는 '제2의 혁명'[43]을 원했다. 1922년 10월 31일 로마에서 요란하게 시작된 행진은 폭력 사태로 번져 사망자 7명과 부상자 17명을 냈을 뿐 아니라, 두체가 그날 밤 시위자들을 로마 밖으로 몰아내기 전까지 여러 반대파 신문사에 상당한 피해를 주었다.[44] 그 뒤로 무솔리니가 지나치게 '정상화' 하고 있다는 생각이 들 때마다 실망한 파시스트 행동대는 폭력 사건을 일으켜 무솔리니에게 자신들의 뜻을 전했다. 1923년 12월 18일~21일에 최소 11명이 사망한 토리노 사건이나 1925년 1월 사회주의자 의원 1명과 야당 변호사 1명을 포함해 숱한 희생자를 낸 피렌체 사건이 그 예다.

무솔리니는 다루기 힘든 추종자들을 진정시키려고 할 때도 간간이 있었지만, 그들의 압력을 이용할 때가 많았다. 1923년 7월 23일 아체르보(Acerbo) 선거법이 하원을 통과할 당시에는 검은 셔츠단이 거리를 활보 중이었고, 무솔리니는 법률안이 거부될 경우 "혁명이 일어나도록 내버려두겠다."라고 협박을 했다.[45] 1923년 11월 18일 상원에서 승인한 이 법안은 제1당이 25퍼센트 이상의 지지율을 유지하는 한 그 정당에 의석 3분의 2를 할당해주고 나머지 3분의 1은 정당 지지율에 따라 나누어준다는 기이한 내용이었다. 뒤이어 1924년 4월 6일에 실시된 선거에서 파시스트들이 선거인단에 압력을 가하자 (파시스트당과 민족주의 정당들의 연합에서 나온) '민족주의' 출마자들이 전체 표의 64.9퍼센트라는 지지율을 획득해 374석을 확보했다. 그러나 이들은 피에몬테, 리구리아, 롬바르디아, 베네치아 지역에서는 과반수를 얻는 데 실패했다. 이제 무솔리니는 의회를 고분고분하게 길들였고 겉보기로나마 합법성을 유지했지만, 그래도 그의 정권을 '정상적'이라고 보기는 어렵다.

재정비된 파시스트 행동대가 이탈리아사회당(PSI) 개혁주의 분파의 달변가였던 자코모 마테오티(Giacomo Matteotti, 1885~1924) 서기를 암살하는 충격적인 사건이 일어나면서 이러한 준(準)정상화 시기는 끝을 맺었다. 1924년 5월 30일, 마테오티는 직전의 의회 선거에서 드러난 파시스트의 부정과 불법 행위를 낱낱이 밝히는 증거물을 의회에 제출했다. 연설이 있고 열흘 후, 마테오티는 로마의 길거리에서 납치되어 대기 중이던 차로 끌려갔다. 그의 사체는 몇

살해당한 이탈리아사회당 당수 마테오티의 시신을 운구하는 행렬. 암살 사건은 처음에는 파시즘 정권의 몰락을 가져오는 듯했으나 결국 무솔리니가 절대적인 독재자로 군림하게 되는 결과를 가져왔다.

주 후 발견되었다. 목격자의 증언에 따라 차를 추적한 결과 무솔리니의 측근이 살인을 저질렀음이 명백히 밝혀졌다. 무솔리니가 직접 살해 명령을 내렸는지, 측근이 독단적으로 지시를 내렸는지는 아직까지도 밝혀지지 않았다. 사실이 어느 쪽이든 궁극적인 책임은 무솔리니에게 있었다. 마테오티 살해 사건은 이탈리아인들에게 큰 충격을 주었고, 그때까지 무솔리니를 지지하던 보수파의 거물들도 이제는 오점 없는 새 정부를 요구하기 시작했다.[46)]

마테오티 살해에 대한 강력한 항의 덕분에 왕과 보수 기득권층은 무솔리니를 실각시킬 절호의 기회를 얻은 셈이었다. 이들 앞에는 다시 한 번 여러 갈래의 길이 열렸다. 그러나 무솔리니를 제거하면 새로운 혼란이 야기되거나 좌파가 집권하는 사태가 벌어질지 모른다는 두려움 때문에 이들은 무솔리니에 대한 의구심을 억누르고 적극적인 행동을 취하지 않았다.

보수파 동맹 세력은 망설이고 사회주의 진영은 의정 활동 거부[47]라는 자멸적인 방법을 선택하여 몇 달 간의 교착 상태가 계속되자 각 지역 파시스트 우두머리인 라스들이 무솔리니에게 행동을 강요했다. 1924년 12월 31일 지도자의 우유부단함에 환멸을 느낀 33명의 파시스트 민병대 지도자들은 — 무솔리니는 파시스트 행동대를 통제하고자 민병대로 전환시켰다. — 집무실에서 무솔리니에게 최후 통첩을 전했다. 두체가 반대파들을 처단하지 못한다면 그의 허락 없이 행동을 취하겠다는 으름장이었다.

반대 세력이 주저하고 있다는 사실을 알고 있었을 뿐더러 라스들이 반란을 일으킬까 봐 두려웠던 무솔리니는 과감한 모험에 나섰다. 1925년 1월 3일에 행한 공격적인 연설에서, 무솔리니는 "지금까지 일어난 모든 사태에 대해 정치적 · 윤리적 · 역사적 책임을" 받아들여 적극적인 행동을 취하겠다고 약속했다. 결집해 있던 파시스트 민병대는 이미 반대파의 신문사들과 단체들을 폐쇄하고 반대파들을 체포하기 시작했다. 그 후 2년 간 — 몇 차례의 무솔리니 암살 시도에 자극받아 — 파시스트가 다수를 차지하던 의회에서는 일련의 국가 방위법을 통과시키고 선거를 통해 선출되는 시장을 임명직으로 대체했으며, 언론과 라디오에 대해 검열을 실시했다. 또한 사형 제도를 부활시키고, 파시스트 노동조합에 노동자 대표권을 주었으며, 국가파시스트당(PNF)을 제외한 모든 정당을 해산했다. 1927년 초에 이탈리아는 일당 독재 체제가 확립되었다. 교착 상태가 지속되거나 좌파의 입각을 허용하는 것 외에는 대안이 없겠다고 생각한 보수 진영은 대체로 무솔리니가 일으킨 안으로부터의 쿠데타를 수용하였다.

비교와 대안

이 세 번째 단계('집권')에서는 두 번째 단계에 비해 '비교'가 더욱 효과적이다. 수많은 첫 번째 단계의 파시즘 운동은 그 이상 성장할 공간을 찾지 못했기 때문에 동맹 세력이나 동조자를 끌어들이지 못하는 무력한 상태로 남았다. 그 중 일부는 뿌리를 내리는 데 성공했지만, 정권 장악에 반드시 필요한 영향력이나 엘리트층을 확보하지는 못했다. 실제로 권력을 획득한 것은 그 중에서도 소수에 불과했다. 권력을 획득한 세력들 중 일부는 권위주의 정권 내의 하위 파트너로서 연합 관계를 형성했지만, 권위주의 정권은 결국 그런 파시즘 세력을 봉쇄하거나 파괴해버렸다. 파시스트들이 완전히 정권을 장악한 곳은 독일과 이탈리아뿐이었다.

파시즘 운동의 경우, 권위주의 정권의 하위 세력으로 참가한 경우는 모두 결과가 좋지 않았다. 다른 세력 아래로의 편입은 국민을 교화시키고 역사의 방향을 바꾸겠다는 파시스트들의 야심만만한 주장과 어울리지 않았다. 기존의 권위주의 세력은 그들대로 파시스트들의 성급한 폭력이나 기득권 세력에 대한 경멸을 탐탁지 않게 여겼다. 당시 파시즘 운동에는 종종 초기 운동 단계의 사회주의적 급진주의가 포함되어 있었기 때문이다.

권위주의 독재자가 유혈 사태를 통해 파시즘 하위 세력을 억압하는 모습은 이미 살펴보았다. 1941년 1월 루마니아의 독재자인 안토네스쿠 제독이 대천사 미카엘 군단을 해산시킨 사건이 바로 그 예다.[48] 6장에서 보겠지만 이베리아 반도의 독재자였던 프랑코와 살라자르(Antonio de Oliveira Salazar, 1889~1970)도 — 큰 유혈 사태를 일으키지는 않았지만 — 파시즘 정당을 무력화시켰다. 브라질의 독재자 바르가스(Getúlio Vargas, 1883~1954)는 처음에는 파시즘 운동을 방관하다가 나중에 진압해버렸다.[49] 일반적으로 말하면, 자신의 입장을 확고하게 다진 모든 종류의 보수주의 체제는 파시즘이 권력을 획득하기에 좋은 환경이 못 되었다. 이들은 파시스트들을 무질서를 선동하는 세력으로 간주해 궤멸시키거나 파시스트들이 내세우는 이슈와 지지 세력을 선점해버렸다.[50] 보수파들은 단독 통치가 가능한 상황이라면 파시스트들과 연합하지 않았다.

파시스트들이 권력을 장악하는 또 다른 길은 파시스트 군대가 승리를 거두는 지역에 진출하는 것이었다. 그러나 이런 경우는 생각만큼 흔치 않았다. 운이 따르지 않았던 무솔리니의 군대는 별로 승리를 거두지 못했기 때문에 무솔리니에게는 괴뢰 정부를 세울 기회가 많지 않았다. 히틀러에게는 그런 기회가 많았지만, 그는 다른 나라의 파시스트들을 그다지 신뢰하지 않았다. 게다가 국민의 단결과 활력 회복의 비법인 나치즘을 자신이 정복하고 점령한 나라에 퍼뜨릴 생각은 추호도 없었다. 나치즘은 게르만 민족(Volk)이 역사와 맺은 내밀한 협정이었기 때문에, 히틀러에게는 나치즘을 외국까지 확장시킬 의도가 없었다.[51] 히틀러는 또한 — 일반적으로 전해오는 이야기와는 달리 — 대부분의 경우 날카로운 현실 감각을 지닌 실용주의적 통치자였다. 정복한 국민들을 통제하려면 현지의 파시즘 정당들보다 전통적 엘리트층을 활용하는 편이 훨씬

노르웨이 점령 후 만난 파시즘 지도자 비드쿤 크비슬링과 히틀러. 히틀러는 점령국의 파시즘 지도자들에게 명목상의 정권 참여는 허용했지만 실질적인 권한은 거의 주지 않았다.

효과적이었다.

노르웨이의 파시즘 지도자 비드쿤 크비슬링은 꼭두각시 정부에 명목상으로는 참여했지만 점령된 노르웨이에서 실질적인 권한은 거의 갖지 못했다. 크비슬링의 국가통일당(NS)은 1930년대에 치러진 국민 선거에서 지지율 2퍼센트를 간신히 넘기는 수준이었지만, 1940년 4월 9일 독일군의 침략으로 왕과 의회가 오슬로에서 철수한 틈을 타 정권을 잡았다. 역사학자이자 나치 이론가였던 아르투어 로젠베르크(Arthur Rosenberg, 1889~1943)가 크비슬링을 지지했지만, 다른 독일 관료들은 크비슬링이 노르웨이에서 지지를 받기보다는 혐오감만을 불러일으키는 존재라는 사실을 잘 알고 있었다. 히틀러는 단 6일 만에 크비슬링을 배제하는 데 동의했다.

그 뒤로는 나치 관료인 요제프 테르보펜(Joseph Terboven,

1898~1945)이 총독으로 임명되어 노르웨이를 통치했다. 그는 1940년 9월 이후 13석 중 10석을 — 지도자였던 크비슬링을 제외하고 — 국가통일당이 차지하는 의회의 보좌를 받았다. 테르보펜은 크비슬링이 (유일하게 인가를 받은 정당인) 국가통일당을 유지하도록 허락했고, 1942년 2월 1일에는 크비슬링에게 '각료 의장'이란 직위를 주었다. 하지만 그때에도 크비슬링은 독립적인 권한을 갖지 못했으며, 히틀러는 나치 유럽에서 노르웨이가 좀 더 독립적인 역할을 맡도록 허락해 달라는 그의 계속되는 요구를 묵살했다. 크비슬링의 괴뢰 정권은 점점 늘어가는 소극적 · 적극적 저항에 맞서야 했다.

네덜란드 역시 나치에 점령당했다. 빌헬미나(Wilhelmina) 여왕은 런던에 망명 정부를 세웠고, 네덜란드 점령지는 네덜란드 파시즘 지도자인 안톤 무제르트(Anton Mussert, 1894~1946)가 소소한 역할을 하는 가운데 오스트리아 출신 나치 변호사인 아르투르 자이스인크바르트(Arthur Seyss-Inquart, 1892~1946)가 이끄는 민간 행정부의 통치를 받았다. 덴마크의 파시즘 운동은 전전(戰前)에는 거의 눈에 띄지 않았다. 덴마크 파시즘 지도자인 프리츠 클라우센(Fritz Clausen)은 1940년 이후로는 아무런 역할도 하지 못했다. 크리스티안 10세(Christian X)는 국가 지속성의 상징으로 왕위를 유지했지만, 스카베니우스(Erik Scavenius, 1877~1962) 총리는 독일이 요구하는 농산물을 제공하고 반(反)코민테른 협약에 서명하는 등 독일의 꼭두각시 역할을 수행했다.

독일군이 점령한 지역 중 가장 큰 성과는 프랑스였다. 프랑스의 중립 정책, 생산물, 인력이 독일제국의 전쟁 수행에 없어서는 안 될 요소였기 때문에, 히틀러는 — 앞 장에서 살펴보았듯이 — 권력 다툼을 벌이는 시시한 파시즘 세력에게 프랑스 통치권을 넘겨주는 위험을 무릅쓸 생각이 없었다. 총통의 입장에서는 운 좋게도 프랑스 제3공화정은 1940년 5월~6월의 패배로 국민의 신뢰를 잃었고, 프랑스 국회는 1940년 6월 10일 투표를 통해 1차 세계대전의 영웅이지만 이미 84세의 노인이었던 필리프 페탱 제독에게 모든 권한을 위임했다. 페탱 제독은 6월에 휴전을 제안하고 나섰다. 페탱은 아직 점령당하지 않은 남부 비시(Vichy) 지방에 임시 정부를 세운 뒤 경제 · 사회적 기득권층과 군대, 로마 카톨릭 교회의 지지 속에 기존의 프랑스 정부 구조를 유지한 채 권위주의적 통치를 계속했다. 페탱 제독은 독일이 지배하는 새로운 유럽 안에서 적절한 위치를 차지하겠다는 희망으로 북부 프랑스를 점령한 독일 점령군에 열심히 협력했다. 그는 독일 중심의 유럽이 영원할 것이라고 확신했다.

히틀러는 경쟁자를 내세워 페탱 제독을 압박해야 할 경우에 대비해 파리의 나치 당원 명부에 프랑스 파시스트 이름을 몇 명 올려놓았다. 그러나 전쟁이 막바지에 다다라 흐름이 바뀌고 비시 정부를 지지하던 보수파 유력인사들이 등을 돌린 후에야 비로소 마르셀 데아(Marcel Déat, 1894~1955, 프랑스의 철학자, 정치가) 같은 전전(戰前)의 파시스트들이 비시 정부에서 자리를 확보할 수 있었다.[52]

히틀러가 점령국의 자생적 파시즘 세력에게 부여한 주된 역할은 러시아 국경에서 추위에 떨며 죽어갈 현지 자원자들을 모집하는 것이었다. 벨기에의 레옹 드그렐[53]과 프랑스의 파시스트 자크 도리오[54]는 히틀러를 위해 이런 역할을 충실히 수행했다.

히틀러는 위성국가에서 파시즘 운동을 홍보하는 일에도 마찬가

자크 도리오. 초기에는 열렬한 공산주의자였으나 스탈린 반대파로 전향해, 마지막에는 히틀러 추종자가 된 인물. 그는 의용대를 조직해 동부전선에서 직접 소련과 싸운 유일한 유럽 파시즘 지도자였다.

지로 관심이 없었다. 그는 루마니아의 파시즘 세력을 붕괴시켜버렸던[55] 안토네스쿠 제독과 개인적으로 친밀한 관계를 유지했다. 그에게는 호리아 시마의 과격한 대천사 미카엘 군단보다는 러시아 국경지역에 30개 사단을 주둔시켜둔 안토네스쿠 쪽이 훨씬 큰 도움이 되었다. 히틀러는 또한 1939년 5월 자신이 체코슬로바키아를 분할시킨 결과 탄생한 슬로바키아를 요제프 티소(Jozef Tiso, 1887~1947) 신부가 이끄는 슬로바키아인민당의 — 파시즘적이기보다는 종교적 권위주의가 더욱 심한 정당이었음에도 불구하고 — 손에 맡겨두었다. 슬로바키아인민당은 양차 세계대전 사이에 안드레이 흘링카(Andrej Hlinka, 1864~1938) 신부의 지휘하에 슬로바키아 전체 투표 수의 3분의 1이라는 지지율을 기록한 바 있었는데, 후에는 유대인 강제 추방에 기꺼이 협조했다.

히틀러는 또한 1920년 3월 1일 이후 호르티 제독이 전통적 권위주의 정권을 세워 통치하던 헝가리를 점령하지 않고 놔두는 것이 가장 값싸고 간단한 방법임을 깨달았다. 1944년 3월 22일이 되어서야 비로소 독일 군대는 헝가리를 침공했다. 호르티 제독이 연합군과 협상을 벌이고 있다는 의심 때문이었다. 소련 군대가 헝가리로 진군하며 위기가 절정에 달한 1944년 10월 16일에야 히틀러는 마지막 수단으로 호르티를 헝가리 화살십자당의 지도자 페렌츠 살로시로 교체했다. 파시즘 헝가리는 곧 소련군에게 점령되어 단명하였다.

나치는 피보호국인 크로아티아에서 그 지역 출신의 파시스트가 통치하도록 허락했다. 이런 피보호국은 세워진 지 얼마 되지 않아서 이미 자리를 잡은 엘리트 지배층이 없었던 데다가, 사실상 이탈리아의 영향권 안에 있었기 때문이다. 1941년 5월에 독일군이 유고슬라비아를 점령해 분할했을 때 처음으로 독립 국가가 된 크로아티아에서는 전전(戰前) 민족주의적 테러 단체 우스타샤(Ustaša)와 오랫동안 우스타샤를 이끌어온 안테 파벨리치(Ante Pavelič, 1889~1959, 크로아티아의 파시즘 지도자, 혁명주의자)가 집권을 허락받았다. 하지만 우스타샤가 대략 세르비아인 50만여 명, 크로아티아인 20만여 명, 보스니아 이슬람교도 9만여 명, 유대인 6만여 명, 몬테네그로인 5만여 명, 슬로베니아인 3만여 명을 죽이는 무분별한 학살을 자행하자 나치를 방관하던 사람들조차도 큰 충격을 받았다.[56] 위성국이나 점령국의 그 어떤 괴뢰 정부도 자신들을 보호해주던 추축국이 패하고 난 뒤에는 살아남지 못했다. 이와 대조적으로 스페인과 포르투갈에서는 권위주의 정권이 1945년 이후에도 지속되었으며, 권위주의 정권은 파시즘적 색깔을 띠지 않으려고 주의 깊게 노력했다.

크비슬링과 살로시는 극단적 상황에서 권좌에 오를 때 자국 내

지지에는 상대적으로 적게 의존한 편이었다. 이는 히틀러가 선호했던 정책, 다시 말해 점령국의 기존 지도자들을 설득해 나치 당국에 협력하게 만드는 정책이 최종적으로 실패했다는 증거였다. 점령국의 파시즘은 확실히 흥미롭다. 패배와 협력을 통해 이전 통치 체제의 실패자들이 재등장했으며 점령당한 국민 내부의 적대와 반목의 선도 뚜렷하게 드러났다. 그러나 국가적 위엄과 확장 정책을 자유롭게 추구하지 못했다는 점에서 볼 때 이들을 진정한 파시즘이라고 부를 수 있을지는 의심스럽다.[57)]

확실히 눈에 띄긴 했지만 여전히 외부 세력으로 남아 있던 1940년 이전의 프랑스 극우 운동 같은 실패 사례들을 살펴보면 파시즘에 대해 더 많은 사실을 배울 수 있다. 비교를 해보면 상황의 특성과 동맹 가능성의 지점에서 파시즘이 성공을 거둔 나라와 그렇지 않은 나라의 차이를 뚜렷이 볼 수 있다. 파시즘이 집권에 성공한 독일과 이탈리아는 프랑스나 영국처럼 파시즘 운동이 눈에 띄게 일어났지만 권력에 접근조차 하지 못했던 나라와 어떤 점에서 달랐던 것일까?

3장에서는 프랑스의 경우를 살펴보았다. 프랑스에서는 극우 운동이 성행했지만 — 그 중 일부는 진정한 파시스트라 칭할 만했다. — 1930년대에는 파시즘 세력에 도움을 청할 정도의 위기를 느끼지 않는 보수주의자들이 더 많았으며, 극우 운동 역시 상대편과 동등한 위치로 올라설 만큼 뿌리를 내리지 못했다.[58)] 영국파시스트연합은 달변에 정력적이고 무엇보다 사회적 지명도가 높은 오스왈드 모슬리 경을 지도자로 내세워 초기에는 주요 언론의 지지를 받았지만, 거리에서 유대인을 공격하여 보수 세력의 심기를 거슬렀다. 결국 영국파시스트연합은 보수파 정당이 여유롭게 다수를 차지했던 1931년부터 1945년 사이 정계에 진출할 공간을 거의 확보하지 못했다.

스칸디나비아에서는 사회민주주의 정당들이 자신들의 연립 정부에서 자작농들과 중간계급 하층의 권익을 포함하는 데 그럭저럭 성공한 결과, 아주 작은 세력으로 남아 있던 파시즘 정당에 유권자들을 빼앗기지 않았다.[59)]

파시즘의 집권 노력을 비교해보면 파시즘에 접근하는 방식 중 도움이 되지 않는 이론 몇 가지를 식별해낼 수 있다. 예컨대, '대리자 이론(Agency theory)' 에는 몇 가지 단점이 있다. 대리자 이론들은 파시즘의 권력 획득을 자본가들이라는 하나의 이익집단의 행동으로 축소해버린다. 또한 파시즘에 대한 대중의 자발적 지지를 인위적으로 조작해낸 것으로 보아 부인해버린다.

비교를 통해 살펴보면 파시스트들의 집권 성공 여부는 파시즘 지식인층의 명민함이나 파시즘 지도자들의 자질보다는 위기의 심각성이나 잠재적인 동맹 세력의 절박함 정도에 따라 좌우되는 경우가 많음을 알 수 있다. 파시즘이 뿌리를 내리는 첫 단계에서는 기존 체제가 정통성을 상실한 이유를 설명하기 위해 지성사(intellectual history)가 반드시 필요하지만, 집권 단계에서는 이는 제한적인 도움을 줄 수 있을 뿐이다. 파시즘 이전의 교착 상태, 좌파의 성장, 보수계층의 불안이라는 위기에서 어떤 종류의 정치 공간이 생겨났는지, 왜 다른 세력이 아닌 파시즘 세력이 그 공간을 메우게 되었는지를 제대로 설명해주지 못하기 때문이다.

어떤 상황에서 파시즘 세력이 성장해 권력을 장악할 만한 정치 공간이 열리게 되었을까? 앞 장에서는 좀 더 일반적인 배경을 검토하였다. 이 장에서는 민주적 정통성의 몰락과 의회 체제의 교착이란 구체적인 상황에 초점을 맞추었다. 그러나 이런 상황에서 보수주의자들은 왜 무장 군대로 좌파를 분쇄하고 독재 정권을 수립하지 않았을까? 그런 방법을 택했다면 파시즘 세력이 좌파를 위협해 그 지지 세력의 일부를 끌어들일 여지를 아예 남기지 않았을 텐데 말이다.

일부가 그런 방법을 택한 것은 사실이다. 특히 유럽 외의 지역에서는 그것이 더욱 일반적인 방법이었다. 유럽에서는 오스트리아의 엥겔베르트 돌푸스 총리가 카톨릭 권위주의 정권을 수립하고 오스트리아 나치를 궁지에 몰아넣는 동시에 1934년 2월 빈의 노동자 주거 지역을 포격해 사회주의자들의 저항을 분쇄했다. 프란시스코 프랑코 장군도 무장 봉기와 내전을 통해 스페인 좌파와 공화국을 격파했으며, 집권 후에는 스페인의 소규모 파시즘 정당인 팔랑헤당이 세를 키울 여지를 남겨주지 않았다.

그러나 이런 폭력적인 선택은 거리의 대중과 노동계급, 계몽된 인텔리겐차를 좌파의 손에 돌려주는 셈일뿐더러, 공공연한 무력 사용을 통한 통치를 요구한다. 독일과 이탈리아의 보수층은 여론과 거리의 대중, 그리고 국가주의적이고 반(反)사회주의적인 일부 중간계급과 노동계급 속에 존재하던 파시즘의 힘을 이용해 자신들의 지배력을 강화하고자 했다. 이들은 민중을 정치에서 배제시키기에는 너무 늦었다고 믿었던 것이 틀림없다. 19세기처럼 민중을 재복종시키는 것은 불가능했으므로 이제는 국가주의적 · 반사회주

슬로보단 밀로셰비치. 1989년부터 2000년까지 신유고연방의 대통령을 지내는 동안 팽창주의적 민족주의를 내세워 무자비한 인종 청소 정책을 지지하는 대중 세력을 성공적으로 규합했다.

의적 논리를 통해 민중을 끌어들여야 했다.

히틀러와 무솔리니가 강력한 전통적 엘리트층과 연합해 집권한 사건은 독일과 이탈리아 역사에서 갑작스런 사태는 아니었다. 파시즘 정당들이 다른 방법으로 집권을 할 수 있었으리라고는 믿기 어렵다. 파시즘 집권에 대해 다른 시나리오를 상상해볼 수는 있겠지만 현실성은 별로 없다. 3장에서 잠깐 언급한 코르닐로프의 시나리오는 한 번 생각해볼 만하다. 1917년 8월 러시아 군의 총사령관으로 임명된 라브르 게오르기예비치 코르닐로프 장군은 알렉산드르 케렌스키(Alexander Kerensky, 1881~1970, 1917년 7~10월 러시아 임시 정부의 수반을 지냈다)의 의회정치 체제가 점점 거세지는 혁명의 불길 — 파시즘이나 권위주의가 발생하는 전형적인 배경 — 을 진압하는 데 무능하다고 생각했다. 코르닐로프 장군은 군대를 수도로 행군시켰지만 페트로그라드에 도착하기 전에 볼셰비키 군에게 저지당했다. 코르닐로프 장군이 이때 성공을 거두었다면 그 결과는 군부 독재가 되었을 가능성이 높다. 러시아에서는 아직 민주주의가 낯선 이념이었기 때문에, 볼셰비즘에 의해 제압될 위기에 놓여 있었던 미약한 사회민주주의에 대해 반(反)혁명적 대중 동원이라는 파시즘 특유의 대응 전략을 구사하기는 거의 불가능했다.

파시즘 운동이 반드시 무솔리니와 히틀러의 시나리오를 정확히 따라야 권력을 잡을 수 있다고 생각할 필요는 없다. 파시즘의 성공 모델에 필요한 조건은 양극화, 교착 상태, 내·외부의 적에 대항한 대중 동원, 전통적 엘리트층과의 공모뿐이다. 1990년대 발칸 반도에서는 파시즘과 아주 비슷한 어떤 것이 매우 다른 시나리오를 통해 등장했다(물론 시나리오에 변화를 일으킨 것은 기존의 권력층이었다). 공산주의가 몰락한 이후 들어선 독재자들은 이미 신용을 잃은 공산주의를 팽창주의적 민족주의라는 카드로 바꿔 게임하는 법을 배웠다. 세르비아의 독재자 슬로보단 밀로셰비치(Slobodan Milošević, 1941~)가 (처음에는 세르비아의 인접국에 대항하고 나중에는 연합군의 공습에 대항해서) 춤과 노래, 슬로건을 이용해 국민들의 애국심을 동원했을 때, 그는 안팎의 적에 대항하며 (1945년 이후 유럽에서 볼 수 없었던) 무자비한 인종 청소 정책을 지지하는 대중 세력을 성공적으로 규합하고 있었다.

파시스트당이 자유선거에서 경쟁을 통해 집권한다는 시나리오도 물론 생각해볼 수 있다. 그러나 4장 첫 부분에서 살펴보았듯이, 파시즘 정당 중 선거 지지율이 가장 높았던 나치당조차도 자유선거에서는 지지율이 37퍼센트를 넘지 못했다. 이탈리아의 파시스트당은 나치당보다 지지율이 훨씬 낮았다. 대부분의 파시즘 정당들은 선거에서 거의 성공을 거두지 못했기 때문에 의회에서 교섭력을 가지지도 못했다. 따라서 이들은 정부 기능을 방해해 의회 제도가 신용을 잃도록 노력하는 수밖에 없었다. 그러나 그런 행동은 역효과를 불러올 수도 있었다. 파시스트들이 공산주의를 방어하는 것보다 무질서를 선동하는 측면이 강한 것으로 보일 경우에는 보수층의 지지도 사라졌다. 파시즘 운동들은 대부분 선전 운동이나 상징적 제스처에 그치고 말았다. 공간이 열리지 않았을 경우 대부분의 파시즘 운동이 주변 세력으로 그치고 말았던 것은 그 때문이다.

물론 좀 더 자세히 살펴본다면 선거 승리가 파시즘의 정권 장악에 가장 중요한 전제조건은 아니라는 사실을 알 수 있다. 선거 승리보다는 기존 자유주의 국가의 기능 마비나 붕괴가 더욱 중요했다. 독일과 이탈리아에서는 모두 입헌 정부가 정상적인 기능을 멈추고 난 후에야 파시즘 세력이 집권했다는 사실을 기억할 필요가 있다. 파시스트들이 자유주의 국가의 기능 마비에 일조한 것은 사실이지만 그렇다고 파시즘 세력이 자유주의 국가를 전복시킨 것은 아니었다. 자유주의 국가는 시급한 문제 — 물론 이 문제에는 파시스트들의 공격적인 저항도 포함되지만 — 를 처리할 능력이 없었기 때문에 제 기능을 잃어버린 것이다. 자유주의 국가의 붕괴는 파시즘의 득세와는 어느 정도 다른 독립적 문제다. 파시즘은 이런 정치적 기회를 이용하지만, 그렇다고 파시즘이 이런 기회를 만들어낸 유일한 원인은 아니었다.

파시즘의 집권 단계에서, 엘리트층이 파시즘을 끌어들이는 방안을 선택했을 때 성숙한 파시즘의 기능은 더욱 명확해졌다. 파시즘의 역할은 단기적으로는 사회주의자를 배제한 해결책을 통해 국정의 질식 상태를 타개하는 것이었다. 또한 장기적으로는 국가적 · 사회적 방어에 대한 대중의 지지를 얻어 허약하고 퇴폐적이며 부패했다고 생각되는 국가를 정화하고 '도덕화' 할 뿐 아니라 활력을 불어넣고 갱생시켜 통합하는 것이었다.

새로이 생겨난 정치 공간에 맞도록 파시즘 정당이 스스로 변화하는 두 번째 단계에서 엿볼 수 있는 '파시즘의 변모' 는 지역적 수준에서 국가적 수준으로 나아가면서 더욱 발전해 최종적으로 완결의 단계에 이른다. 파시스트들과 동맹 세력들은 공동의 명분, 다시 말해 볼프강 시더가 말한 헤르샤프츠콤프로미스('지배를 위한 타협')가 있었다.[60] 이 단계에서는 뿌리 내리기 단계에서와 마찬가지로 숙청과 분리를 통해 기존의 사회주의적 급진주의를 존속시키려는 정당 내 초기 순수파들이 제거된다.

파시스트들의 주요 동맹 세력과 공모자들에게 어떤 다른 선택지가 있었는지에 관해 역사적인 상상력을 발휘해보는 것도 도움이 된다. 그렇게 하면, 불확실성으로 가득 찬 역사적 순간을 우리의 상상 속에서 다시 한 번 활짝 펼쳐 놓을 수 있다. 독일과 이탈리아의 정치 엘리트들은 파시즘 세력 대신 무엇을 선택할 수 있었을까? 이탈리아의 경우에는 사회주의적 카톨릭 정당인 이탈리아인민당(PPI)과 개혁적 사회주의자들이 연합했다면 의회 과반수를 차지할 수 있었을 것이다. 교회와 국가의 관계, 종교 교육의 문제를 놓고 의견이 맞섰기 때문에 연합 세력을 구성하려면 수없이 많은 설득과 타협이 필요했을 것이다. 그러나 연합을 형성하려는 시도는 없었고, 그런 연합을 원한 사람도 없었다는 사실을 우리는 잘 안다. 독일의 경우, 사회민주주의자들과 중도파 정당으로 이루어진 연립 정부는 이론상으로는 가능했지만, 대통령의 강력한 지도력 없이는 현실적으로 불가능한 상황이었다. 양국 모두에서 가능했던 대안은 전문 관료와 비당파적 전문가들로 구성된 정부가 초당파적 방법으로 정부 권위의 위기와 제도의 위기를 해결하는 것이었다. 하지만 이 대안 역시 한 번도 시도되지 않았다. 입헌 정부를 버려야 하는 상황이라면 오늘날 사람들은 히틀러보다는 권위주의 군사 정권을 택할 것이다. 그러나 군은 (스페인의 경우와는 달리) 권위주의 군사 정권을 수립하는 대신 파시즘 세력을 지지하는 대안을 택했다. 이탈리아 군 역시 지도자들이 좌파를 더욱 두려워했기 때문에 파시즘에 반대하지 않았다.

어떤 경우든 정치 엘리트층이 그들의 마음에 드는 최선의 방안을 택하지 않을 수도 있다는 사실을 아는 것도 도움이 된다. 정치 엘리트층은 선택의 폭이 점점 줄어드는 가운데 이 안(案)에서 저 안으로 움직였다. 그들은 선택해야 할 순간이 닥칠 때마다 반(反)사회주의적인 해결책을 택했다.

파시즘의 권력 강탈을 하나의 과정으로 보면 더욱 이해가 쉽다. 동맹 세력이 구성되었고, 선택이 이루어졌고, 대안은 사라져갔다.[61] 고위 관료들은 어느 정도 선택의 자유가 있었음에도 불구하고 다른 대안보다 파시즘 세력을 택했다. 히틀러와 무솔리니의 집권은 모두 필연적인 사건은 아니었다.[62] 여기서 살펴본 파시즘 집권 모델에는 운도 — 보는 관점에 따라 행운인지 불운인지는 달라지겠지만 — 포함되어야 한다. 왕과 기존 정계 지도자들, 군이 합법적 권한 내에서 단호한 행동을 취했다면 무솔리니는 1922년 10월에 물러나거나 1924년 6월에 제거되었을지도 모른다. 무솔리니의 행운은 왕이 무솔리니에게 유리한 쪽을 선택한 것이었다. 히틀러 역시 운 좋은 순간이 몇 번 있었다. 총통은 폰 파펜과 슐라이허가 관직을 두고 경쟁을 벌인 데다 독일 보수층이 개혁적 사회주의자들을 동료로 받아들이지 않았기 때문에 이익을 보았다. 히틀러를 총리의 자리에 앉히기로 결정한 것은 폰 파펜이었다. 자신의 경쟁자인 슐라이허와 온건 좌파를 모두 제외시킬 수 있는 최상의 방법이라고 생각했기 때문이었다. 정치 및 경제 체제의 위기가 파시즘이 들어설 틈을 열어주기는 했지만, 파시스트들을 실제로 그 틈 안에 밀어 넣어준 것은 일부 강력한 기득권 지도자들의 불행한 선택이었던 것이다.

5장 | 권력 행사

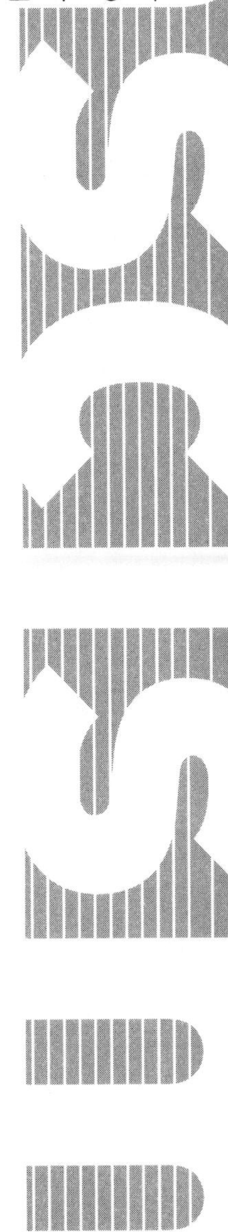

파시즘 통치의 성격 : '이중 국가'와 무형의 역동성

파시즘 선전원들은 사람들이 꼭대기에 우뚝 선 지도자만을 보아주기 바란다. 이 점에서라면 그들은 괄목할 만한 성공을 거두었다. 하나로 결속된 권력이라는 이미지는 연합군이 2차 세계대전 동안 나치라는 거대 조직을 대하면서 느꼈던 경외감을 통해 더욱 확고해졌다. 전후(戰後), 자기들은 파시즘 부역자가 아니라 반대로 희생자였다는 독일과 이탈리아 엘리트층의 주장도 한몫 했다. 오늘날 파시즘 정권에 대해 대부분의 사람들이 품고 있는 생각 속에는 아직도 그런 이미지가 남아 있다.

그러나 통찰력 있는 관찰자들은 파시즘 독재 체제가 단일하지도 않으며 고정되어 있지도 않다는 사실을 곧 깨달았다. 홀로 군림하는 독재자는 없다. 나라를 다스리려면 군, 경찰, 사법기관 등 통치에 중대한 역할을 하는 기구들과 강력한 사회 · 경제적 세력의 협조 내지는 (적어도) 묵인을 얻어내야 한다. 파시즘이라는 특별한 경우, 새 지도자는 권력을 장악하기 위해 힘을 빌렸던 보수파 엘리트층을 마음대로 팽개쳐버릴 수 없다. 기존 보수 세력과 권력을 적어도 어느 정도 공유해야 한다는 사실 때문에 파시즘 독재는 그 기원, 발달 단계, 행사 과정에서 스탈린 독재와 근본적으로 달라졌다.

따라서 이데올로기적으로 순수한 파시즘 체제란 사실상 존재하지 않았다. 사실, 존재 자체가 불가능하다. 1940년대 이래, 파시즘을 연구하는 학자들은 파시즘 정권들이 당과 강력한 보수 세력 사이에 맺어진 모종의 협약이나 동맹관계에 의지했다는 사실에 주목해왔다. 1940년대 초기에 망명한 사회민주주의 정치학자인 프란츠 노이만(Franz Neumann, 1900~1954)은 고전이 된 저서 《베헤모트(Behemoth)-나치즘의 구조와 실제》에서 나치 독일을 통치했던 당과 기업, 군, 고위 공직자들의 '연합'을 살펴보면서 이들이 "경제적 이익, 권력, 특권, 특히 두려움"에 의해 한데 뭉쳤다고 지적했다.[1) 1960년대 말, 정치학자이자 역사학자로서 중도파 자유주의자인 카를 디트리히 브라허(Karl Dietrich Bracher, 1922~)는 "국가사회주의는 권위주의적 보수 세력, 전문가 집단, 민족주의자들, 혁명적 독재 세력이 함께 연합할 수 있는 상황에서 나타나 권력을 장악했다."라는 사실을 발견했다.[2)] 마르틴 브로샤트(Martin Broszat)는 히틀러 내각의 보수파들과 민족주의자들을 가리켜 히틀러의 '제휴 세력'이라고 불렀다.[3)] 1970년대 후반, 저명한 역사학자 한스 몸젠(Hans Mommensen, 1930~)은 국가사회주의 '통치 체제'를 "상승세를 타던 파시스트 엘리트들과 기존 지도층의 구성원들"이 다수당 정부를 무너뜨리고 강력한 정부를 재수립하여 '마르크스주의'를 타도한다는 공통의 목표 아래 "차이점에도 불구하고…… 단단히 결합하여" 이룬 '연합'이라고 묘사했다.[4)]

이탈리아 파시즘 체제는 그 성격이 한층 더 복잡하기로 악명이 높다. 한때 무솔리니에 의해 국외로 추방당했던 역사가 가에타노 살베미니(Gaetano Salvemini, 1873~1957)는 두체와 왕의 '이중 독

1931년 나치군을 사열하는 히틀러. 파시즘 선전원들은 꼭대기에 우뚝 선 지도자만을 보아주기 바란다. 그러나 홀로 군림하는 독재자는 없다. 파시즘 정권도 국가 체제와 수많은 세력들의 협조를 통해 권력을 유지할 수 있었다.

재' 시절을 회상한다.[5] 걸출한 파시즘 국가 전문가 알베르토 아쿠아로네(Alberto Aquarone)는 '로마 진군 15년 뒤'에도 여전히 '자유주의 국가의 특징이 많이 남아 있던' 무솔리니 정권이 '지방분권 세력들'과 겪었던 '긴장'을 강조했다.[6] 이탈리아 파시즘에 대한 연구로 명성이 높은 독일 역사학자 볼프강 시더와 옌스 페테르센(Jens Petersen)은 '반대 세력'과 '균형 세력'을 이야기하며,[7] 마시모 레냐니(Massimo Legnani)는 정권의 구성요소 중에서도 '공존의 조건'을 논한다.[8] 파시즘 이탈리아에서 전체주의 세력이 거둔 성공과 그 위력을 입증해 보이기 위해 누구보다 열심이었던 에밀리오 젠틸레(Emilio Gentile)조차 이탈리아의 파시즘 정권은 무솔리니의 '개인적 권력욕'이 '항구적인 긴장' 속에서 '기존 세력들'과 '골수 파시스트' 모두를 상대하는 투쟁이었으며, 그 안에서도 분파 사이의 '물밑 갈등(sorda lotta)'을 겪었던 '복합적' 현실이라는 사실을 인정했다.[9)]

파시즘 체제의 복합적 성격은 또한 체제가 고정되어 있지 않다는 사실을 의미한다. 지도자가 권력을 장악하는 순간 역사는 종말을 맞으며 그 자리를 연출된 구경거리가 대체한다고 생각한다면 오산이다.[10)] 반대로, 파시즘 정권들의 역사는 갈등과 긴장으로 점철되었다. 우리가 이미 살펴보았던 파시즘의 초기 단계에서 나타난 갈등은 관직이라는 전리품을 나누고 행동 경로를 결정할 때가 되자 전보다 더욱 첨예해졌다. 정책 차이가 구체적인 이익과 손실을 결정하게 되면서 판돈을 건 싸움이 더욱 커졌다.

보수주의자들은 사유재산과 사회 위계를 존중하는 탓에 좀 더 신중한 전통적 권위주의로 후퇴하는 경향이 있다. 그러나 파시스트들은 역동적이고 단순한 인민주의적 독재, 다시 말해 부국강성과 국민 정화를 위해서라면 언제라도 개인의 이익을 희생하는 독재로 나아가고자 한다. 전통적 엘리트층은 전략상 중요한 지위들을 내놓지 않으려고 한다. 그러나 당은 그 자리를 새로운 인물로 채워넣거나 '동형 기구'를 통해 보수층의 권력 기반을 무력화하고자 한다. 지도자들은 엘리트층과 열성 당원 양측의 도전에 모두 맞섰다.

이런 투쟁은 이탈리아와 독일에서 다양한 전개 양상과 결과를 보였다. 이탈리아 파시즘 정권은 보수적 권위주의 통치로 후퇴한 반면, 독일은 당이 전권을 휘두르는 급진적인 방향으로 나아갔다.

무솔리니를 환영하는 평범한 여성들. 파시즘 지도자의 정통성은 카리스마에 있었다. 이들의 카리스마는 미디어 시대의 '스타 자질'과 닮았는데, 전쟁과 죽음이 임박한 상황을 등에 업고 더욱 설득력을 얻었다.

그러나 파시즘 체제들은 결코 고정된 적이 없었다. 파시즘 지배는 여러 세력이 연합을 이룬 가운데 벌어진 끝없는 주도권 쟁탈전이었다. 이 투쟁은 헌법상의 규제와 법에 의한 통치가 무너지고 사회진화론이 대세를 장악하면서 더욱 격렬해졌다.

일부 평자들은 세력들 간의 주도권 쟁탈전을 당과 국가의 갈등으로 축소해버렸다. 일찍이 당과 국가의 갈등을 매우 흥미롭게 묘사한 한 가지 사례는 망명 학자인 에른스트 프랭켈(Ernst Fraenkel, 1898~1975)이 나치 독일을 '이중 국가(dual state)'라고 표현한 것이었다. 프랭켈은 히틀러 정권 때에는 합법적으로 구성된 정부 당국과 기존의 관료조직으로 구성된 '표준 국가(normative state)'가 당의 '동형 기구'로 만들어진 '특권 국가(prerogative state)'와 권력 다툼을 벌였다고 썼다.[11] 이 견해는 여러모로 적용 범위가 넓기 때문에 이 책에서도 프랭켈이 제시한 모델을 따르도록 하겠다.

프랭켈의 나치 통치 분석 모델에 따르면, 파시즘 정권의 '표준적' 영역은 계속해서 정당한 절차에 따라 법을 집행했으며 관리의 임명이나 승진 기준도 능력과 근속년수라는 관료주의적 기준을 따랐다. 반면, '특권적' 영역에서는 지배자의 변덕이나 당 활동가들에 대한 보상 혹은 '선택된 민족(Volk, razza)'에게 예정되어 있다고 가정된 '운명' 외에는 특별한 규칙이 없었다. '표준 국가'와 '특권 국가'는 갈등을 빚으면서도 어느 정도 손발이 맞는 협력 속에서 공존하였으며, 그 결과 정권은 관료주의적 형식주의[12]와 독단적인 폭력이 혼합된 기묘한 형태를 띠었다.

히틀러는 1919년 바이마르 공화국을 위해 마련된 헌법을 공식적으로는 한 번도 폐지하지 않았으며, 독일에서 표준 국가를 완전히 해체해버린 적도 없었다. 그러나 그 자신은 법률과 관료주의의 구속을 받을까 두려워 표준 국가의 틀 속에 갇히기를 거부했는데, 안락사법 입안을 거부한 일이 그 하나의 예다.[13] 앞에서 보았듯이, 히틀러는 1933년 제국 의회 의사당 방화 사건 이후 마르크스주의 혁명 및 '테러'라는 이른바 국가 비상 사태에 대처하기 위해서라면 기존의 어떤 법이나 권리도 무시할 수 있는 권한을 획득했다. 1933년 봄 이후, 독일에는 표준 국가가 여전히 존속하기는 했지만 국가안보상의 문제라고 판단될 경우 경찰과 사법부에 의한 무제한적 탄압이 허용되었다.

나치의 특권 국가는 꾸준히 표준 국가의 영역을 침해하고 그 기능을 방해했다.[14] 표준 국가에 속하는 영역에서도 정권은 국가 위

교수형당한 에티오피아 원주민. 무솔리니는 표준 국가 영역에 더 큰 권력을 허용했지만 아프리카 점령지 등에서는 비밀경찰이나 당 간부들이 활개치고 원주민들의 생사를 결정하는 특권적 권력을 휘둘렀다.

기 상황이라는 명분을 앞세워 개인의 권리나 적법 절차를 무시했다.[15] 전쟁 발발 후, 나치 특권 국가는 총체적 지배에 육박하는 어떤 것을 획득했다. 다음 장에서 자세히 살펴보겠지만, 표준 국가 기구들은 국내에서는 쇠퇴했으며 과거 폴란드와 소련에 해당하는 점령지에서는 거의 제 구실을 하지 못했다.

이미 살펴보았듯이 파시즘 이탈리아 역시 이중 국가로 설명할 수 있다. 그러나 무솔리니는 표준 국가의 영역에 히틀러에 비해 훨씬 더 큰 권력을 허용했다.[16] 파시즘 선전원들은 당이 아니라 국가를 중심 메시지로 내세웠다. 무솔리니가 자기의 정당을 국가에 종속시킨 이유를 확실히 알 수는 없지만, 몇 가지 설명은 가능하다. 무솔리니는 히틀러에 비해 선택의 여지와 추진력이 부족했고 운도 없었다. 독일에서 히틀러는 힌덴부르크 대통령이 1934년 8월에 사망하자 수월하게 전권을 장악했다. 그러나 무솔리니는 마지막까지 비토리오 에마누엘레 3세라는 짐을 짊어져야 했으며, 마침내 1943년 7월에는 그 왕에게 쫓겨나고 말았다. 무솔리니는 또한 제멋대로 행동하는 당 지도부와의 경쟁을 두려워했던 것으로 보인다.

그런 차이에도 불구하고, 이탈리아의 파시즘 국가 역시 독일처럼 중요한 특권적 요소를 지니고 있었다. 비밀경찰(OVRA)[17], 통제된 언론, (IRI[18] 등의) 경제계 재벌, 그리고 이탈로 발보 같은 당 간부들이 활개치고 다니며 원주민들의 생사를 결정했던 아프리카의 점령지들이 특권적 영역에 해당했다. 이탈리아의 특권 국가는 1930년대 말의 2차 세계대전 참전을 계기로 더욱 강화되었다.[19]

그러나 파시즘 독재 체제 내에서 우위를 차지하려는 투쟁은 당과 국가, 혹은 특권 국가와 표준 국가 이상의 것을 포함한다. 프랭켈이 제시한 이중 국가의 이미지는 완전하지 않다. 국가 외적 요소들 역시 파시즘 정권 내의 권력 투쟁에 끼어들기 때문이다. 독일과 이탈리아의 파시즘 정권들은 노동조합이나 청소년 단체, 직능조합과 같이 전통적으로 독립적인 권력축들을 자기들이 만든 조직으로 대체했다. 나치 정권은 프로테스탄트 교회에 국가사회주의의 정신을 담은 특정 교리를 강제하려고 시도할 정도였다.[20] 그러나 파시즘 정권들이 시민사회를 장악하는 데 늘 성공했던 것은 아니다.

'전체주의' 이론 모델을 창안한 카를 프리드리히(Carl Friedrich, 1901~1984, 독일 출신의 미국 정치학자)와 즈비그뉴 브레진스키(Zbigniew Brzezinski, 1928~, 폴란드 출신의 미국 정치학자)는 전체주의적 독재 체제 안에서도 살아남는 시민사회의 요소를 묘사하기 위해 '단절의 섬(islands of separateness)' 이라는 표현을 고안해냈다.[21] 그런 단절의 섬 가운데 하나인 카톨릭교구는 — 정권에 대한 근본적 반대에 이르지 못하고 특정 행동에 대한 반대에 그쳤다 하더라도[22] — 충분한 조직 복원력과 당의 침투를 견뎌낼 정서적 지지 기반을 지니고 있었다.[23] 그러나 단절의 섬이라는 은유가 쓸모가 있다고 해서 전체주의 모델을 빠짐없이 받아들일 필요는 없다.

히틀러와 나치당은 당 선전원들이 '평준화' 혹은 '동등화(Gleichschaltung)' 라고 불렀던 과정을 통해 독일 국가와 사회 내에 존재하던 단절의 섬 대부분을 서서히 정복해나갔다. 지나친 단순화는 이 과정을 피할 수 없고 단선적인 것으로 만들어버리는 경향이 있다. 그러나 뿌리가 튼튼한 경제 및 사회 조직들은 심지어 나치 독일에서도 그렇게 쉽게 뽑혀나가지 않았다.

나치의 '단절의 섬' 정복 과정은 강제력뿐 아니라 상호 협상도 포함했다. 일부 단체와 조직들은 나치의 제도를 내부에서부터 뒤엎거나 자기들의 목적에 맞추어 바꿔쓰기도 했다.[24] 다른 단체와 조직들은 정권의 목표를 일부 수용하면서도 조용하지만 완고하게 부분 자치를 방어했다.

독일 시민들은 무시무시한 게슈타포(Geheime Staatspolizei, 비밀국가경찰)마저 개인적 목적에 이용할 수 있었다. 경쟁 상대나 채권자, 부모, 마음에 들지 않는 배우자를 비밀경찰에 고발해버리는 식이었다. 독일 대학의 남성 사교 클럽은 생존의 좋은 예다. 나치즘은 대학생들에게 큰 인기를 끌어서, 대학 사교 클럽과 민족주의 조직들은 1933년이 되기도 전에 대부분 나치 운동원들에게 장악되었다. 따라서 1933년 6월 이후에는 이러한 사교 클럽들이 통제 과정 속에 소리 없이 흡수되었으리라고 충분히 생각할 수 있다. 그러나 '반동적' 인 클럽들을 당 사교 · 훈련센터(Kameradschaften)로 변모

체력 훈련을 받고 있는 히틀러유겐트 단원들. 파시즘 정권들은 기존의 노동조합이나 청소년 단체 등의 독립적인 조직들을 새로운 파시즘 조직으로 대체했다.

시키려는 나치 정권의 노력에도 불구하고, 사교 클럽들은 비공식적으로 명맥을 이어나갔다. 한편으로는 동문회에 소속된 '선배' 나치 고위 장교들이 사교 클럽을 비호했기 때문이었고, 또 한편으로는 학생들이 당의 선전 내용에 점점 더 무관심해졌기 때문이었다.[25)]

이탈리아에서 파시즘 지배를 공고히 하는 과정은 훨씬 더디게 진행되었다. 완전히 '협력'한 것은 노조와 정당들, 언론매체들뿐이었다. 카톨릭교회는 파시즘 이탈리아 안에서 가장 중요한 '단절의 섬'이었다. 파시즘 정권은 1931년에 일시적으로 교회의 청년 운동과 학교에 침투했지만, 결국은 싸움에 패하고 말았다.[26)] 이탈리아의 파시즘 학생 단체인 그루피 우니베르시타리아 파시스타(Gruppi

Universitaria Fascista, GUF) 구성원들은 파시즘 바깥의 여흥, 심지어는 반파시즘적 여흥을 목적으로 조직을 써 먹었다.[27] 여가 선용 조직이었던 도폴라보로(Dopolavoro)의 경우도 마찬가지였다.[28]

파시즘 정권 내의 이 같은 항구적 긴장은 삐걱거리는 협력관계 속에서 독재 체제를 구성했던 네 가지 요소를 서로 경쟁하게 만들었다. 그 네 가지는 파시즘 지도자, (당 투사들이 일자리, 특권, 팽창주의 정책, 초기 급진적 정책의 일부를 실행하라고 목청껏 요구했던) 파시즘 정당, (경찰, 군대 지휘관, 행정장관이나 지방장관 등 공무원으로 이루어진) 국가 기구, 마지막으로 (전문가 집단이나 대기업 총수, 농촌 유지, 교회 지도자, 보수적인 정치 지도자 등의 사회 · 경제 · 정치 · 문화적 세력으로 이루어진) 시민사회였다.[29] 이 같은 네 가지 요소 사이의 긴장 때문에 파시즘 체제들은 열렬한 행동주의와 무정형성이 뒤섞인 특징을 띠게 된다.[30]

파시즘 체제 내의 긴장은 항구적이다. 체제 안에서 투쟁하는 그 어떤 조직도 다른 조직 없이 혼자서는 통치할 수 없기 때문이다. 보수파들은 좌파나 자유주의자들이 다시 세력을 잡게 될까 두려워 파시즘 지도자를 쉽게 제거하지 못하고 망설였다.[31] 히틀러와 무솔리니의 입장에서는 보수파가 장악하고 있는 경제적 · 군사적 기반이 필요했다. 게다가 독립적인 권력 기반을 침해받지 않으려면 정당의 세력도 유지해나가야 했다. 그 결과, 권력을 장악하고 좌파를 견제하기 위해 맺은 협력관계에서 힘의 균형이 무너질까 두려워, 어느 누구도 다른 경쟁자를 쉽사리 제거하지 못했다.[32]

파시즘 정권 안에서 끝없이 계속된 권력 투쟁에서, 당이 초기에 세력을 키우느라 만들었던 동형 조직들은 복합적이면서도 모호한 역할을 했다. 이 조직들은 전면 공격 대신 측면에서 보수파의 허를 찌르려고 했던 파시즘 지도자들에게는 매우 유용한 수단이었다. 그러나 동시에, 동형 조직들은 야심만만한 당 급진파들이 지도자의 자리에 도전하는 데 필요한 자율적 권력 기반이 되기도 했다.

이탈리아의 경우, 파시즘 정당은 처음에 기존 정당들의 조직과 체제를 그대로 따랐다. 당 지부장은 임명직 시장(podestà)에, 지방 당 서기(federale)는 지사(prefect)에, 파시스트 민병대는 군대에 해당했다. 그러나 무솔리니는 권력이 공고해지자마자 "혁명은 끝났다."라고 선언한 뒤 지사를 당 간부들보다 높은 "국가 최고의 권위"로 공표했다.[33] 두체는 다시는 '라스'가 자기의 약점을 물고 늘어지는 일이 없도록 막을 작정이었다.

이탈리아 파시즘에서 가장 성공적이었던 동형 조직은 국가에 도전하지는 않았으나 여가활동이라는 영역에 침투했다. 여가활동은 그 전에는 개인의 선택이나 사적인 모임, 혹은 카톨릭교구가 담당한 영역이었다. 파시스트들의 여가 선용 조직 도폴라보로는 국민을 육성하고 파시즘적인 '새로운 인간'을 창조하겠다고 공표한 목표에 크게 미치지 못한 것이 사실이다. 이탈리아 사람들은 그저 영화를 보거나 운동 경기를 즐길 목적으로 조직을 이용하는 경우가 많았다. 그렇지만 도폴라보로는 이탈리아 사회를 시골 마을에 이르기까지 남김없이 장악하고 지역 유지들과 성직자들에 대항하여 사회적 권위를 확립하고자 했던 파시즘 정권의 가장 야심찬 시도였다.[34]

나치당도 이와 비슷한 동형 조직을 편성하여 기존 조직과 경쟁

제3제국의 권력 서열 제2인자였던 하인리히 힘러. 국가 테러망을 조직한 사람으로 반대파를 억압하고 국내의 적을 제거하여, 국민의 복종을 강제하는 데 큰 공을 세웠다. 비열할 정도로 히틀러에게 충성한 대학살의 최고 설계자이다.

을 벌였다. 당에는 나름의 준군사 조직(나치 돌격대), 재판소, 경찰 조직, 청년단이 있었다. 처음에는 알프레트 로젠베르크의 휘하에 있었지만 후에는 요아힘 폰 리벤트로프(Joachim von Ribbentrop, 1893~1946)의 개인 외교정책 보조 기구가 된 당의 외무부서는 오스트리아나 체코 수데텐 지역에 거주하는 국외 독일어 사용민들 속에서 활발한 활동을 펼쳤다.[35] 나치당이 정권을 장악한 뒤, 동형 조직은 군대와 외무부를 비롯한 여러 국가 기관들의 기능을 강탈하려고 위협하는 존재가 되었다. 별도의 불길한 과정을 거쳐, 국가 경찰은 독일 국가 조직인 내무부에서 떨어져 나와 광적인 나치 간부 하인리히 힘러가 이끄는 악명 높은 게슈타포로 조금씩 집중되었다. 이미 알려진 바와 같이, 당 동형 조직에 의한 기존의 권력 기구 복제는 파시즘 체제 특유의 '무정형성'과 지휘 계통상의 혼선을 낳은

파시스트식 경례를 하며 이탈리아 총리 관저 앞을 지나고 있는 종군 신부들. 무솔리니는 무신론자였지만 카톨릭교회에 최고의 대우를 하며 그들이 권력을 유지하도록 하였다.

주요한 원인이다. 이런 성격은 파시즘 통치를 군사 독재나 권위주의 통치와 구분하는 특징이 되었다.

문제를 더욱 복잡하게 만든 것은 파시즘 정권들이 기회주의자들을 대거 받아들인 결과, 당이 더는 '나이 든 투사'들의 사사로운 클럽 기능을 하지 못하게 되었다는 사실이었다. 1933년, '국가파시스트당(PNF)'은 전 인구를 파시스트화하려는 노력의 일환으로 당원을 모집하기 시작했다. 그 뒤로는 교사를 포함한 공무원직에 지원하려면 우선 당원 자격이 있어야 했다. 무솔리니는 입당 자격을 미끼로 내걸어 평소 불쾌하게 생각했던 이탈리아인 특유의 느긋한 국민성을 개조하려 했으나[36], 실제 일어난 일은 그의 희망과는 정반대에 가까웠다. 당원 자격이 취직이나 승진에 유리한 요소가 되자 어떤 이들은 당의 정식 명칭이 '친목 도모 필수품(Per Necessità

Familiari)' 이라고 빈정거렸다.[37)] 독일의 경우, 1933년 1월에서 5월 사이, 나치 당원 수는 자그마치 160만 명으로 늘었다. 엄선된 엘리트 집단이라는 당의 정체성을 보존하기 위해 그 시점에서 당원 수를 제한했지만, 수많은 기회주의적 관료들이 여전히 입당 허가를 받았다.[38)]

파시즘 정권 내부의 끝없는 권력 다툼 속에서 히틀러 같은 파시즘 지도자는 동맹 세력에게 그들이 원치 않는 정책을 억지로 강요하기도 했다. 그러나 파시즘 이탈리아에서처럼 보수 세력과 국가관료들이 상당한 권력을 유지하는 경우도 있었다. 이들은 무신론자였던 무솔리니로 하여금 카톨릭교회에 이탈리아 통일 이래 최고의 대우를 해주는 것은 물론이고 자치와 특권에 대한 기업가들의 요구를 들어주기 위해 무솔리니의 동지인 생디칼리스트들을 희생시키라고 압력을 가해 뜻을 관철할 정도였으며, 최종적으로 1943년 7월에 연합군이 진격해 파시즘이 국가 이익에 더는 부합하지 않는다고 이들을 설득하자 두체를 권좌에서 제거할 만큼 강력했다.[39)] 수많은 보수파들을 좌지우지하는 것처럼 보였던 히틀러조차도 전쟁이 1942년 전면전 양상에 돌입할 때까지는 군수품 공장주들, 군대 장교들, 전문가들과 종교 지도자들은 말할 것도 없고 여론까지 달래느라 애를 먹었다.

그럼에도 불구하고 파시즘 지도자는 다른 정권과는 달리 일종의 지배권을 만끽했다. 총통과 두체는 선거를 통해서도 정복을 통해서도 정통성을 주장할 수 없었다. 정통성은 '카리스마'[40)]에 있었다. 카리스마는 성직자나 당 간부들 없이 국민과 직접 나누는 신비한 교감을 뜻한다. 이들의 카리스마는 미디어 시대의 '스타 자질'과

닮았는데, 전쟁과 죽음이 임박한 상황을 등에 업고 더욱 설득력을 얻었다. 카리스마의 기본은 자기가 인민의 의지의 체현이자 인민의 운명을 짊어진 존재라는 특별하고 초자연적인 지위를 주장하는 것이다. 기존의 독재자들에게서도 카리스마를 찾아볼 수는 있다. 또 윈스턴 처칠(Winston Churchill, 1874~1965), 샤를 드골(Charles de Gaulle, 1890~1970), 시어도어 루스벨트와 프랭클린 루스벨트(Franklin Roosevelt, 1882~1945) 등 민주적으로 선출된 지도자들 중에도 카리스마를 지닌 사람은 있었다. 장례식에 모인 군중의 광적인 흥분 상태로도 알 수 있듯, 스탈린 또한 분명히 카리스마를 지닌 지도자였다. 그러나 스탈린은 역사적 운명을 짊어진 존재라는 역할을 공산당과 나누었다. 그 때문에 스탈린 사후 새 지도자가 나타날 때까지 수많은 음모와 살인이 저질러졌지만 공산당의 존재는 권력의 계승을 가능케 했다.

그에 비해 파시즘의 지도력은 그 어떤 통치 형태보다 카리스마에 의존하는데, 지금까지 파시즘 정권에서 권력이 계승된 예가 한 번도 없었던 이유도 아마 그 때문일 것이다.[41] 비록 무솔리니가 중년 이후 활력을 잃어버리고 말년에는 겉치레에만 몰두했기 때문에 한때 이탈리아 밖에서까지 사람들의 마음을 잡아끌던 그의 매력을 기억하는 이가 거의 없어졌지만, 히틀러와 무솔리니는 둘 다 카리스마 넘치는 지도자였다.[42]

카리스마는 파시즘 지도력의 몇 가지 흥미로운 측면을 이해하는 데 도움이 된다. 히틀러의 악명 높은 게으름[43]은 나치즘의 열기를 식혀버리기는커녕 하급자들이 유례없는 극단적 급진주의로 치닫도록 자유롭게 풀어주는 역할을 했다. 카리스마적인 지도자는 또한 독일과 이탈리아 양쪽에서 빠른 속도로 솟아올라 광범위하게 퍼져 나간 불만의 목소리에도 영향을 받지 않았다.[44] 그러나 한편으로 카리스마적 지도자의 위치는 매우 불안정한 것이었다. 역사학자 애드리언 리틀턴(Adrian Lyttelton)이 지적했듯이 카리스마적 지도자는 국민에게 '역사와의 특권적인 관계'를 약속한다.[45] 대중의 기대를 높여놓고도 약속한 승리를 가져다주지 못하는 파시즘 지도자는 선거를 통해 선출된 대통령이나 총리처럼 대중의 기대가 덜한 존재보다 더욱 급속히 몰락할 위험을 감수해야 한다. 슬프게도 무솔리니는 1943년 7월에 그 법칙을 깨닫게 되었다.

그러므로 파시즘 권력 행사에 대한 연구는 단순히 (선전원들이 주장했고 지각 없는 '의도주의자'들이 순진하게 믿는) 독재자의 의지를 펼쳐 보이는 데서 끝나지 않는다. 그보다는 파시즘 체제 내의 끝없는 긴장, 다시 말해 지도자와 정당과 국가와 기존의 사회·경제·정치·문화적 세력들 간에 일어나는 항구적인 긴장을 살펴보아야 한다. 따라서 파시즘 통치를 '폴리오크라시(polyocracy)', 다시 말해 상대적으로 자율적인 여러 세력이 권력 중심을 이루어 항구적인 경쟁과 긴장관계 속에서 협력하는 통치 형태라고 보는 해석이 등장했다.[46] 폴리오크라시에서는 저 유명한 '영도자 원리'가 정치·사회적 피라미드를 단계별로 내려가며 만인이 만인에 대해 투쟁하는 홉스적 세계에서 작은 총통과 두체들을 수없이 양산한다.

파시즘 독재의 복잡한 성격과, 파시즘과 사회의 상호작용을 이해하려는 노력은 그 자체로 가치 있기는 하지만, 두 가지 위험을 내포하고 있다. 첫 번째는 파시즘이 뿜어내는 악마적 위력의 원인을

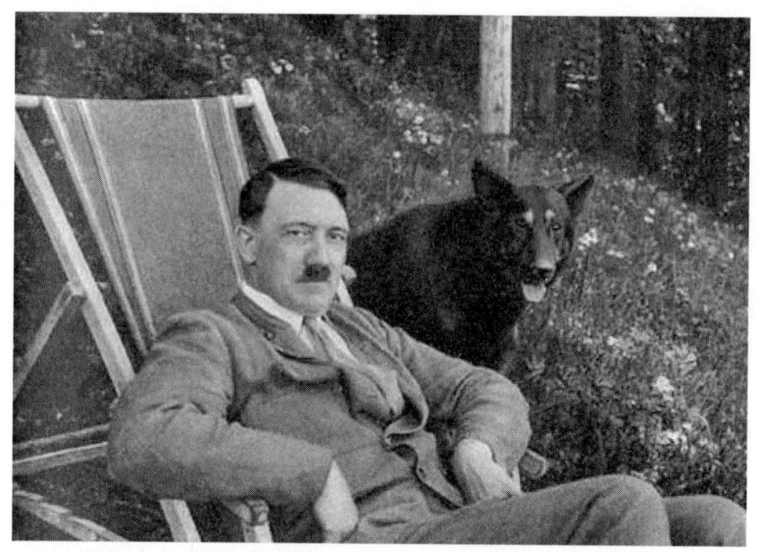

사냥개와 함께 휴식을 취하고 있는 히틀러. 게으름으로 유명했던 그는 바이에른 지방에 있는 그의 산장에서 대부분의 시간을 보냈는데, 그의 게으름은 하급자들이 극단적 급진주의로 치닫도록 자유롭게 풀어주는 역할을 했다.

설명하기 어렵다는 점이다. 왜 폴리오크라시는 단순한 교착 상태로 끝나버리지 않았을까? 게다가 폴리오크라시에만 극단적으로 집중하면 지도자의 최고 권력을 시야에서 놓치고 말지도 모른다. 1980년대에 활발했던 토론에서 '의도주의자'들은 독재자의 의지가 중심 역할을 했다고 주장한 반면, '구조주의자'나 '기능주의자'들은 국가와 사회의 복합적인 연계 없이는 독재자의 의지도 적용될 수 없다고 주장했다. 이 두 가지 시각은 모두 피상적 이해에 매몰되기 쉬웠으며 때로는 각자 극단으로 치닫기도 했다. 의도주의(intentionalism)는 대외정책과 군사정책을 설명하는 데 적합했는데, 히틀러와 무솔리니는 모두 이 분야에서 적극적인 역할을 맡았다. 의도주의 대 구조주의(structuralism) 논쟁에서 가장 감정이 많이 개입되었던 문제는 홀로코스트였다. 그처럼 엄청난 결과를 초래하려면 그만큼 엄청난 범죄적 의지가 있어야 할 것 같았기 때문이다. 이 문제는 다음 장에서 좀 더 자세히 살펴볼 것이다.

의도주의자들이 골치를 앓았던 한 가지 문제는 히틀러의 개인적인 통치 방식이었다. 무솔리니가 집무실에서 오랜 시간을 보낸 반면, 히틀러는 집권 후에도 미술학도 시절의 게으른 보헤미안적 딜레탕트(아마추어 예술 애호가) 생활을 계속했다. 측근들이 시급한 문제를 놓고 의논을 청해도 만나주지 않거나 무관심할 때가 많았으며, 바이에른 지방의 은신처에서 대부분의 시간을 보냈다. 베를린에서도 시급한 현안들을 무시해버리기 일쑤였다. 만찬을 주최한 자리에서는 손님들에게 밤 늦도록 독백을 늘어놓았고, 한낮이 다 되어야 잠자리에서 일어났으며, 오후 시간은 사적인 관심사에 투자해버렸다. 예컨대 풋내기 부하 알베르트 슈페어가 내놓은, 베를린 중심가를 천년제국의 수도에 어울리는 기념비적인 모습으로 재건하자는 계획이 그 사적인 관심의 대상이었다. 1938년 2월 이후로는 내각이 소집되는 일도 없었으며, 일부 장관들은 총통의 얼굴조차 한 번 보지 못했다.

히틀러가 모호하고 나태하게 행사하는 권력을 부정하려는 의도는 결코 아니었지만, 한스 몸젠은 그를 '허약한 독재자'라 부르기까지 했다. 몸젠은 나치 정권이 관료주의적 효율성이라는 합리적 원칙을 토대로 조직되지 않았으며 정권이 보여주었던 어마어마한 살인적 에너지의 분출은 히틀러가 부지런하게 지휘에 나선 결과가 아니라는 사실을 찾아냈다. 파시즘 급진화의 수수께끼는 6장에서 자세히 다루어보겠다.[47]

'홀로 통치하는 전능한 지도자' 라는 극단적 의도주의 시각과, 아래로부터의 추진력이 역동적 파시즘의 주요 동력이라고 보는 극단적 구조주의 시각 중 어느 쪽도 완전히 옳다고 보기는 어렵다. 1990년대에 신빙성 있는 연구가 이루어져 두 시각을 포괄하는 설명이 확립된 뒤에야 비로소 지도자의 은밀한 소망을 미리 예측해서 그 소망을 향해 '내달리는' 중간층 지도부 내부의 경쟁이 합당한 위치를 부여받은 동시에, 목표를 설정하거나 한계를 제거하고 열성적인 측근들에게 상을 주는 지도자의 역할이 불가결한 요소로 인정받게 되었다.[48)]

파시스트들과 보수 세력의 주도권 다툼

1933년 1월 30일 아돌프 히틀러가 독일 총리가 되었을 때, 부총리 프란츠 폰 파펜을 우두머리로 하는 보수파 동맹 세력과 히틀러 선택이라는 폰 파펜의 실험을 지지했던 재계 및 군사 지도자들은 미숙한 신임 총리를 손쉽게 휘어잡을 수 있으리라 생각했다. 학위도 있고 공직 경험도 풍부하며 사회적 지위도 높은 자기들이 세련되지 못한 나치에 대해 쉽게 우위를 차지할 것이라 생각한 것이다. 그들은 히틀러 총리가 대중을 사로잡는 사이 실제로는 폰 파펜 부총리가 정부를 장악할 것으로 기대했다.

히틀러를 일시적 현상이라고 생각한 사람들은 독일 보수파뿐만이 아니었다. 공산주의 인터내셔널(Communist International, '제3인터내셔널', 즉 '코민테른')은 독일 노동자들이 민주주의가 허상에 불과하다는 사실을 깨닫고 비혁명적인 개혁주의적 사회민주주의자들에게서 등을 돌리면 히틀러 치하에서 우익으로 기울던 독일인들도 반대편으로 돌아 좌익으로 넘어오리라고 확신했다. "파시즘의 승리 후 현재의 고요함은 일시적일 뿐이다. 파시스트들의 테러리즘에도 불구하고, 독일 내에서는 필연적으로 혁명의 물결이 일어날 것이다……. 민주주의에 대한 대중의 환상을 파괴하고 사회민주주의자들의 영향력을 무효로 만드는 공공연한 파시즘 독재 정권의 수립은 결과적으로는 프롤레타리아 혁명을 향한 독일의 진보를 가속화시킬 것이다."[49)]

그러나 좌파와 우파 모두의 기대와 달리, 히틀러는 눈 깜짝할 사이에 완전한 자신만의 권위를 확립했다. 나치 집권 제1기에 히틀러는 잠재적 적들뿐 아니라 보수파 동맹 세력까지 한 줄로 세우는 통합 작업에 성공했다. 히틀러의 성공 비결은 타의 추종을 불허하는 대담성과 추진력과 전술적 수완, 그리고 공산주의라는 임박한 '공포'를 벗어나려면 적법 절차와 법의 지배를 포기해야 한다는 교묘한 선동, 나아가 살인도 불사하겠다는 굳은 의지였다.

히틀러는 1933년 초여름까지 보수파 동맹 세력을 확실히 장악했다. 7월 14일 즈음에는 일당 국가를 세우는 법이 확립되면서 "국가사회주의자들의 지배에 맞선 공공연한 '합법적' 투쟁이 이제 불가능하게 되었다."[50)] 그 후, 보수 세력은 나치당의 동형 조직으로부터 자기들의 권력 핵심을 지키기 위해 우회 전술을 시도했다. 이것은 나치 돌격대로부터 군을, 각 주의 당 지도자(Gauleiter)로부터 주(Land) 정부를, 신입 당원들로부터 민간인 및 전문가 집단을, '독일식 기독교'를 만들려는 나치의 시도로부터 교회를, 나치 친위대 사업체들로부터 대기업을 지키는 것을 의미했다.

1930년 5월 베를린에서 열린 독일공산당의 대규모 집회. 독일공산당은 히틀러의 나치즘을 일시적인 현상이라고 여겼으며, 오히려 파시즘 독재 정권의 수립은 공산 혁명을 가속화시킬 것이라고 생각했다.

히틀러를 견제하려는 보수파의 큰 희망은 힌덴부르크 대통령과 폰 파펜 부총리였다.[51] 그러나 힌덴부르크는 노령과 건강상의 문제로 적극적인 활동이 불가능한 처지였으며, 폰 파펜에게는 나치가 국가 기관들을 침투해 들어오는 것을 막을 만한 개인적 추진력과 행정관료의 독립적인 지지가 모두 결여되어 있었다. 독일 최대 주인 프로이센의 내무장관직을 1933년 4월 7일 괴링에게 빼앗긴 뒤로는 사정이 더욱 나빠졌다. 1934년 6월 17일에 폰 파펜이 마르부르크대학 연설에서 나치의 독단을 공공연히 비난하자, 연설문은 급속히 전국으로 퍼져나갔다. 히틀러는 폰 파펜의 연설문 작성자 에드가르 융(Edgar Jung)을 체포하고 연설문의 출판을 금지했으며 부총리 집무실을 폐쇄했다. 융을 비롯한 폰 파펜의 여러 측근들은 2주 뒤인 1934년 6월 30일, '긴 칼의 밤'에 살해된 사람들 명단에 포함되어 있었다. 핏자국이 남은 자리에 조심성 많고 야심만만한 출세주의자들이 발을 디밀기 시작했다.[52] 폰 파펜 자신은 7월에 오스트리아 대사로 좌천되어 고분고분히 물러났다. 힌덴부르크 대통령이 8월 2일에 세상을 떠나자 보수파의 희망은 완전히 사라졌다.

수세에 몰린 보수파들은 1938년에 다시 한 번 저항을 시도했다. 보수파 일부가 점점 과격해지는 대외정책의 위험과 성급함을 지적하며 히틀러에게 반대한 것이다. 갈등은 1938년 2월에 베르너 폰 브롬베르크(Werner von Blomberg) 육군 사령관과 베르너 폰 프리치(Werner von Fritsch) 장군을 비롯한 군 사령관들이 동성애자라는 수치스러운 누명을 쓰고 제거되면서 마무리되었다. 일개 상병에 불과했던 히틀러는 이제 군 최고사령관(Overkommando der Wehrmacht, OKW)이 되어 옛날 황제들이 그랬듯이 장군들에게 충성 서약을 요구했다. 군의 독립성 상실에 저항하는 고위급 장교들은 많았지만, 이들은 최고지휘관들의 비호 없이는 행동에 나설 뜻이 없었다.[53] 히틀러는 황제보다 철저하게 군을 장악했다.

외무부 역시 당의 손아귀에 들어갔다. 전문 외교관인 콘스탄틴 폰 노이라트(Konstantin von Neurath, 1873~1956)는 1938년 2월 5일을 기해 외무부 장관직에서 해임되었으며, 독일 외교관들은 자기들이 자랑으로 여기던 외무부가 당 동형 조직의 우두머리인 요아힘 폰 리벤트로프의 손아귀에 떨어지는 것을 지켜보아야 하는 굴욕을 당했다. 1933년 이전까지 리벤트로프의 국제 경험이라고는 영국에서 독일제 가짜 샴페인을 판 것뿐이었다. 리벤트로프 휘하에서 과

선전장관 괴벨스, 프로이센 내무장관 괴링, 부당수 헤스(왼쪽부터). 나치가 권력을 장악하고 국민을 통제하고, 전쟁을 수행하는 데 핵심적인 역할을 한 주역들이다.

거 나치 돌격대 조직원들이 대부분의 해외 공관직을 차지했다.[54]

1945년에 나치즘이 패망한 뒤, 독일 보수파들은 히틀러와 히틀러가 보수 세력에 보였던 적대감을 강도 높게 비판했다. 앞에서 살펴보았듯이, 나치와 보수 세력 간에는 명백한 차이가 존재했으며, 그 차이는 보수파의 패배로 더욱 두드러졌다. 그러나 유대인 탄압의 수위를 높이고, 시민권을 축소하거나 법을 침해하고, 공격적인 대외정책을 선택하고, 경제 자립과 재무장 필요성을 성급하게 내세워 경제를 통제하는 등 중요한 결정을 내리는 순간이 되면 (존경할 만한 예외도 있었지만) 독일 보수 세력의 대부분은 나치에 대한 의구심을 떨쳐버리고 공동의 이익을 좇는 편을 택했다.

보수 세력은 나치의 여러 정책 중 한 가지는 그럭저럭 막아냈다.

이른바 쓸모없는 인간을 안락사시키는 정책이 그것인데, 이에 대해서는 다음 장에서 좀 더 자세히 다루어보겠다. 하지만 보수파들은 그 밖의 정책에 대해서는 자기들의 계급적 · 개인적 이익을 지키는 데 급급한 수준이었으며, 정권 자체에 도전하는 경우는 거의 없었다. 그러나 헬무트 폰 몰트케(Helmut von Moltke, 1907~1945, 히틀러에 저항하다 1944년에 체포되어 1945년에 처형당했다)를 중심으로 크라이사우(Kreisau)에 있는 그의 시골 별장에 모여들었던 일부 개인주의적 보수주의자들(이들을 크라이사우 서클이라 부른다)은 윤리적이고 지적인 이유를 들어 나치 정권에 반대하였으며, 전후 독일의 미래를 어떻게 새로 만들 것인지를 놓고 심각하게 고민하였다. 종전이 임박하여 히틀러가 독일을 파멸시키리라는 사실을 보수파들이 마침내 깨달았을 때, 보수파에 속한 일부 고위 장교 및 공직자들은 나치에 대항하여 효과적인 저항 세력을 구축하려 들기도 했고, 1944년 7월 20일 히틀러 암살을 시도하여 거의 성공할 뻔하기도 했다.

무솔리니 정권은 히틀러의 경우처럼 권력을 완전히 장악하지는 못했기 때문에 전체주의에 도달하지 못했다는 평가를 받을 때가 많다.[55] 그러나 이탈리아 파시즘에서도 독일 나치즘과 마찬가지로 지도자, 당, 국가 관료 제도, 시민사회라는 요소가 권력 다툼을 벌였다. 달랐던 것은 권력 분배 방식과 그에 따른 결과였다. 당의 활동가들을 신뢰하지 않았던 무솔리니는 그들을 전권을 쥔 국가에 종속시키려고 노력했다. 뿐만 아니라 최고권력자 자리를 왕과 함께 나누는 것은 물론이고, 왕보다 훨씬 강력한 세력이었던 교회도 달래야 했다. 당의 활동가들은 보수파 동맹 세력이 파시즘 운동의

성격을 흐리는 것을 두체가 수수방관한다고 비난했다.[56)]

이탈리아 파시즘의 최종적인 모습을 두고 어떤 이는 '자유주의 이탈리아의 거친 형태'라고 일컬었다.[57)] 그러나 이 시각은 국가의 조직과 선전 운동 모두에서 당이 한 혁신적 역할, 특히 청년 부문과 에티오피아 전쟁(1935~1936)에서 당이 보인 활약상, 무솔리니의 독단적인 행동 능력, 이중 국가 내에서 전개된 두체, 당, 보수파 엘리트층 사이의 은밀한 긴장과 갈등의 수위를 과소평가하는 것이다.

지도자와 당의 갈등

파시즘 선전에서도 그렇지만 파시즘 정권에 대해 대부분의 사람들이 지닌 이미지에서도 지도자와 당은 국가적 의지의 단일 표현으로 한데 융합된 존재라고 여겨진다. 그러나 실제로는 지도자와 당 사이에도 항구적인 긴장관계가 존재했다. 파시즘 지도자는 권력을 얻기 위해 동맹 세력을 구성하는 과정에서 초기의 공약 중 일부를 무시할 수밖에 없으며, 그 결과 자신의 추종자 중 급진파들을 실망시키게 된다.

무솔리니는 로베르토 파리나치 같은 행동대 소속 열성 당원들과 에드몬도 로소니를 위시해 '완전한 생디칼리슴'을 주장하는 과격파들의 반대를 모두 잠재워야 했다. 당을 다루는 문제에서 무솔리니보다 한 수 위였던 히틀러도 1934년 6월의 유혈 사태에서 반대파를 완전히 제압하기 전까지는 여러 번 저항에 부딪혔다. 진정한 '독일 사회주의,' 다시 말해 자본주의와 마르크스주의 사이에서 '제3의 길'을 추구하기를 원한 세력은 — 앞에서 소개한 바 있지만[58)] —

그레고어 슈트라서. 당내 좌파의 핵심 인물이었던 그는 반유대주의와 대기업 보호정책을 반대하면서 급진적인 사회 개혁을 주장해 히틀러와 갈등을 빚었다. 1934년 '긴 칼의 밤'에 살해당했다.

히틀러가 집권 전에 눈독을 들이던 사업가들과 관계를 맺는 데 방해가 되었다. 발터 슈테네스나 그레고어 슈트라서처럼 히틀러의 '전부 아니면 전무' 식의 도박에 참을성 없이 조바심을 내던 세력도 있었다. 이미 살펴보았듯이, 히틀러는 일말의 주저도 없이 슈테네스와 슈트라서를 당에서 축출해버렸다.[59)]

히틀러 집권 초기에는 '제2의 혁명'을 둘러싼 갈등이 폭발했다. '제2의 혁명'은 초기부터 줄곧 함께 싸워왔던 '나이 든 투사들'의 지위와 위치를 위협하는 급진적 변화였다. 1933년 봄, 급진파 당원들은 좌파와 온건 부르주아, 유대인에 맞서 가두시위를 벌이는 방식으로 자기들이 권력을 장악했다는 사실을 자축했다. 1933년 봄, '전투적 자영업자 투쟁 동맹'이 조직했던 유대인 사업체 불매 운동은 '아래로부터의 혁명'의 확연한 하나의 예에 불과하다. 그러나 히틀러는 일단 국가 권력을 장악한 이상 도전보다는 안정과 질서가 필요했다. 당 지도자들은 1933년 여름에 '혁명의 끝'을 선언했다.

그러나 나치 돌격대 내에서 '혁명'이 지속되기를 바라는 분위기가 계속 확산되자 재계는 불안해졌다. 새 정권의 무장 세력으로 자리잡으려는 나치 돌격대의 움직임은 군 최고사령관들에게도 불안의 원인이 되었다. 히틀러는 '긴 칼의 밤'이라 불리게 된 1934년 6월 30일에 무솔리니보다 훨씬 잔인하고 단호한 방법으로 문제를 해결했다. 이 사건은 다른 잠재적 반대 세력에게 좋은 교훈이 되었다.

파시즘 정권들은 전통적인 독재자들이 한 번도 접해보지 못했던 문제에 맞닥뜨렸다. 공공질서를 어지럽히거나 보수파 동맹 세력의 심기를 건드리는 일 없이 당의 끓어오르는 활기를 유지해야 했던 것이다. 나치 급진파 대다수는 정권에 문제를 일으키지 않았다. 히틀러의 개인적 통제와 국내외에서 거둔 성공, 결정적으로 전쟁과 유대인 학살이라는 분출구 덕분이었다. 서유럽의 점령은 이들에게 마음껏 노략질할 기회를 제공해주었다.[60] 동부전선에서는 상황이 더욱 극단으로 치달았다. 당이 마구잡이로 실시했던 광기 어린 점령정책에 대해서는 다음 장에서 상세히 살펴보겠다.

무솔리니 역시 자기 당을 장악하기는 했지만 히틀러에 비해 공공연하면서도 끈질긴 도전에 시달려야 했다. 파시스트당 간부들, 특히 행동대가 세력을 떨치는 동안 약탈을 통해 자치 권력을 획득한 지방 라스들은 무솔리니에게 종종 불만을 표시했다. 이 긴장관계에는 두 가지 요소가 있었다. 첫 번째는 기능적인 것인데, 무솔리니는 당수로서 맡은 책임이 지방 라스와는 달랐기 때문에 상황을 바라보는 시각도 달랐다. 두 번째는 개인적인 것인데, 무솔리니는 기존 보수파들과의 관계를 추종자 중 소수 열성파들이 바라던 것보다 더욱 '정상화'하려 했다. 이미 살펴보았듯이, 당과 지도자는 파

로베르토 파리나치. 크레모나의 철도 노동자 출신이며, 파시스트 행동대를 이끌었던 급진 정치가. 파시스트당의 집권에 큰 공헌을 했지만, 잔인한 탄압과 폭력 행위로 무솔리니와 갈등을 빚었다.

시즘 운동을 정당으로 전환시키는 사안을 놓고 1921년에 설전을 벌였다. 1921년 8월에는 라스의 압력 때문에 무솔리니는 사회주의자들과 맺으려던 평화 조약을 포기해야 했다.

권력 장악 후 의견 대립은 더욱 첨예해졌다. 당내 강경론자들은 무솔리니 집권 초기 2년(1922~1924) 동안의 온건한 연립 정부에 실망했다. 우리는 4장에서 강경파들이 무솔리니로 하여금 1924년 12월의 마테오티 암살 이후 6개월 간의 망설임을 청산하고 일당 독재 체제를 확립함으로써 공격적인 대처 방법을 택하도록 압력을 가한 과정을 살펴보았다.[61]

새로이 독재를 확립하면서 당의 강력한 지지가 필요했던 무솔리니는 1925년 2월, 행동대 내에서도 가장 강경하고 비타협적이던 크레모나의 라스 로베르토 파리나치를 파시스트당 서기로 임명했다. 파리나치의 임명은 당이 행정 업무 분야를 잠식하고 급진적인 사회 · 경제 · 대외 정책을 펼치는 것에 반대하던 세력에 새로이 폭력적인 대응을 하겠다는 뜻으로 비추어졌다.[62] 그러나 파리나치는 불과 1년 뒤 해임되었다. 1925년 10월 피렌체의 '관광객들 앞에서' 벌어졌던 8건 이상의 살해 사건처럼 또다시 번지기 시작한 폭력 사태는 용납할 수 없었으며, 조사 결과 파리나치의 과격한 기조를 모방해 벌인 사건이라는 사실이 밝혀졌다. 이후 임명된 좀 더 온건한 성향의 서기들은 당세를 확장하는 한편 당을 무솔리니와 국가 관료체제 아래 절대 복속시켰다. 다음 장에서는 무솔리니의 정상화를 향한 욕구와 그의 간헐적인 급진화 정책 사이에 계속되었던 긴장을 상세히 살펴보도록 하겠다.

당과 국가의 권력 투쟁

히틀러와 무솔리니는 모두 설득이나 강제를 통해 국가 조직이 당을 위해 움직이도록 하려고 애썼다. 당내 강경파들은 전문 관료들을 남김없이 쓸어내고 그 자리를 차지하려고 했다. 그러나 당 지도자들이 그런 요구에 굴복한 일은 거의 없었다. 히틀러가 군을 위해 1934년 6월에 나치 돌격대(SA)를 희생시킨 과정은 이미 살펴보았다. 이와 유사하게, 무솔리니 역시 식민지 복무를 제외하고는 민병대(Milizia)가 이탈리아 군의 영역을 침범하지 못하도록 막았다.

전반적으로 볼 때 이탈리아 파시즘 정권과 독일 나치 정권은 특별한 어려움 없이 공공 업무 분야를 장악했다. 정권은 공무원들의 고유 영역에 당이 침입하는 일을 줄여 전문성을 대체로 보존해주었다. 공무원들은 의회나 좌파 세력에 맞서 권위와 질서를 추구하는

보조 경찰이 된 나치 돌격대(SA). 처음에는 보조 경찰 기구로 활동했지만 1933년이 되면 그 역할마저 그만두게 된다. 경찰 병력은 나치 친위대(SS)라는 형태로 나치당 통제 아래 놓이게 된다.

파시즘 정권과 공감대를 형성했고, 법적 제재가 줄어들면서 늘어난 자유를 향유했다. 유대인 학살 전적이 승진에 도움이 되는 경우도 있었다.

핵심 기관은 물론 경찰 기구였다. 독일 경찰은 '표준 국가'에서 신속히 제거되어 나치 친위대(SS)라는 형태로 나치당의 통제 아래 놓이게 되었다. 경쟁 상대들과 기존의 경찰 통솔 기구였던 내무부에 맞서 히틀러의 비호를 받았던 힘러는 1933년 4월에는 (그가 다카우에 최초의 수용소를 세웠던 곳인) 바이에른의 정치경찰 총경에 불과했으나, 1936년 6월에 독일 전체의 경찰 체제를 통솔하는 자리에 오르게 되었다.[63]

바이마르 공화국과 이 공화국의 '범죄자 방치'[64]에 대해 품었던 수많은 경찰관들의 불만과 경찰의 위상을 끌어올리려는 정권의 노력은 이 과정을 더욱 촉진시켰다. 매년 하루뿐이었던 '경찰의 날'이 1937년 무렵에는 7일로 늘었다.[65] 돌격대는 처음에는 프로이센에서 경찰 보조 기구로 활동했지만, 1933년 8월 2일에는 그 역할마저 그만두었다.[66] 경찰은 이제 더는 당내 강경파들의 위협에 시달리는 일 없이, 법 위에 서서 무제한적 '경찰 정의'를 휘두르는 특권을 만끽했다.

다른 어떤 국가 기관보다 나치당 간부들이 직접 개입하는 비중이 높았던 독일 경찰과는 대조적으로, 이탈리아 경찰은 여전히 일반 공무원이 이끌었으며 경찰 활동도 과거 정부들에 비해 특별히 무질서하거나 당파적인 모습을 보이지는 않았다. 이는 두 정권의 가장 근본적인 차이점 가운데 하나였다. 파시즘 통치기 대부분 동안, 이탈리아 경찰청장은 전문 민간 공무원인 아르투로 보치니(Arturo Bocchini)였다. 정치경찰에 해당하는 OVRA도 있었지만, 무솔리니 정권이 통치 기간 동안 처형한 정적의 수는 상대적으로 적었다.

경찰 외의 또 다른 통치 핵심 기관은 사법부였다. 1933년에는 판사들 가운데 나치 당원은 거의 없었지만,[67] 독일 판사들은 매우 보수적이었다. 1920년대에 독일 사법부는 나치보다는 공산당에 더욱 적대적이었다. 판사들은 당의 특별법정과 인민법정이 자기들의 전문 영역을 침해하는 정도를 줄인다는 조건으로 기꺼이 사법 기관을 나치 조직에 복속시켰으며, 새 정권은 그들에게 힘을 실어주었다.[68] 자유주의 군주제 시절부터 정치 개입이 상례였던 터라 이탈리아 사법부의 모습은 별로 달라진 것이 없었다. 이탈리아 법관들은 공공질서를 확립하고 국위를 선양하겠다는 파시즘 정권의 약속에 대체로 동조했다.[69)]

직업 의료인들은 — 엄밀히 말해 국가 기구의 일부는 아니었으나 정권의 기능에 필수적이었던 존재인데 — 놀랄 만한 열성을 보이며 나치에 협조했다. '인종'의 생물학적 순수성을 고취하겠다는 나치의 정책은 — 이 부분에서 이탈리아 문화는 상당히 분위기가 달랐다. — 많은 직업 의료인들이 바람직하다고 생각했던 공공보건적 요소를 포함했다.

요제프 멩겔레(Josef Mengele, 1911~1979, 아우슈비츠에서 유대인들을 대상으로 잔인한 인체 실험을 행한 일명 '죽음의 천사') 박사가 오랫동안 죄수들을 대상으로 자행했던 온갖 잔인한 실험들은 나치 의학에 대해 잘못된 인식을 심어주었다. 그러나 나치 의학이 희생자에게 끔찍한 고통을 야기하기는 했으나 단순한 잔학성의 발로로만 보기는 어렵다. 나치 의학은 광범위한 기초 공공보건 연구를 출범시켰다. 예를 들어, 독일 과학자들은 세계 최초로 담배와 석면의 발암 가능성을 의심했다.[70)] '인종' 개선은 또한 대가족 장려를 뜻했고, 파시즘 정권들은 출산 장려 정책을 펴기 위해 특히 인구통계학의 발달을 뒷받침했다. 전쟁이라는 압박에 시달리던 독일에서 애초의 인종 개선 작업이 '부적합자'의 씨를 말리고 정신질환자와 회복불능 환자 등의 '쓸모없는 입' 몰살, 나아가 인종 대량 학살로까지 이어지는 과정은 다음 장에서 자세히 살펴볼 것이다. 나치 행정관들은 슬라브인의 마구잡이식 유대인 학살과는 달리 자기들이 이 문제를 조직적이고 과학적으로 처리한다고 자랑스러워했으며, 의사

독일 가정의 이상적인 모습. 후에 인종 대량 학살로까지 이어지는 '인종' 개선 작업은 애초에는 대가족 장려를 뜻했고, 파시즘 정권들은 출산 장려 정책을 펴기 위해 인구통계학을 발전시켰다.

나 공공보건 담당 관리들에게 다양한 권한을 부여했다. 수많은 사람들이 자발적으로 '의학적 살인'에 가담했다.[71]

바이마르 공화국 시절 아동복지 영역을 마비시키다시피 한 이데올로기 논쟁, 다시 말해 공적 양육이냐 사적 양육이냐를 둘러싼 이데올로기 논쟁 또는 종교 기관에 의한 교육이냐 세속 기관에 의한 교육이냐를 둘러싼 바이마르 시대의 교육 실험 이후 가부장적 권위와 체벌을 옹호하는 쪽으로 돌아서던 '엄청난 수'의 아동복지 전문가들은 1933년에 나치즘을 새로운 시작으로 보고 열렬히 환

영했다.[72]

당과 국가의 갈등은 파시즘 통치 내부의 온갖 긴장관계 중에서도 가장 손쉽고 확실하게 타협을 본 경우였다. 특히 나치 정권은 1918년에 실제로 일어났던 것과 같은 공적인 권위의 몰락에 대한 어떤 조짐도 의식적으로 단호하게 거부하며 극단으로 치달았다.

동조, 열광, 공포

'이중 국가' 모델에는 결정적으로 불완전한 측면이 한 가지 더 있다. 바로 여론을 배제해버린다는 점이다. 파시즘 정권이 위로부터 권위를 행사하는 방식을 연구하는 것만으로는 충분치 않다. 다시 말해, 파시즘 정권이 대중과 어떻게 상호작용했는지에 대해서도 함께 연구가 이루어져야 한다. 국민 대다수는 파시즘 정권에 동의하기 때문에 적극적인 지지를 보냈던 것일까, 아니면 강제나 공포에 못 이겨 복종했던 것일까? 지금까지는 공포가 원인이었다고 설명하는 학설이 지배적이었다. 해당하는 사람들에게 그 학설이 방패 구실을 해주었기 때문이기도 하다. 그러나 최근의 연구는 테러가 선택적이었으며 나치 독일과 파시즘 이탈리아 양쪽 모두에서 정권에 대한 국민의 지지 및 협조 수준이 매우 높았다는 사실을 보여준다.

두 정권 모두 테러 없이는 생각하기 힘들다. 나치 폭력은 1933년 이후에는 상당히 표면화되어 광범위하게 행사되었다. 강제수용소들을 감추지도 않았으며 반체제 인사들을 일부러 공개 처형하기도 했다.[73] 그러나 나치의 공공연한 폭력 행사는 정권에 대한 지지가 줄어들었음을 의미하지는 않는다. 폭력이 대다수 독일인들의 미움을 사던 유대인, 마르크스주의자, 그리고 (동성애자, 집시, 선천적 심신장애자, 상습 범죄자 등) '반사회집단'을 겨냥했기 때문에, 독일인들은 폭력을 두려워하기보다는 만족스럽게 여기는 경우가 더 많았다. 반감을 느끼는 사람들은 곧 침묵하는 법을 배웠다. 나치 정권이 평범한 독일 국민들에게 폭력을 휘두른 것은 최후의 순간이 되어서였다. 당국은 연합군과 러시아군이 포위망을 바짝 좁혀 들어오자 적과 내통했다는 혐의를 받은 사람을 무조건 공격했다.[74)]

이탈리아 파시즘 정권의 폭력 행사 양상은 나치의 그것과는 정반대였다. 무솔리니는 비록 집권 과정에서는 히틀러에 비해 피를 많이 보았지만,[75)] 일단 정권을 장악한 후에는 상대적으로 관대한 모습을 보였다. 정치범이나 반체제 인사에 대한 처벌은 주로 남부 지방의 외딴 산골에 강제 거주시키는 정도에 불과했다.[76)] 정권에 심각하게 저항했던 1만 명 가량은 수용소나 외딴 섬에 감금했다. 1926년에서 1940년 사이 무솔리니 정권이 처형한 정치범은 9명에 불과하다.[77)]

그러나 무솔리니의 독재가 비극적이라기보다는 우스꽝스러운 점이 더 많았다는 상투적인 가설은 피해야 한다. 1937년 지령을 내려 이탈리아에서 가장 중요한 민주 저항 운동인 주스티지아 에 리베르타(Giustizia e Libertà, 정의와 자유)의 명실상부한 지도자였던 로셀리 형제(카를로 로셀리(Carlo Rosselli)와 넬로 로셀리(Nello Rosselli))를 살해한 사건과 1924년 6월 이탈리아사회당 서기장 자코모 마테오티를 살해한 악명 높은 사건은 무솔리니 정권에 지울 수 없는 핏자국을 남겼다. 사법 및 경찰 영역에서 이탈리아 파시스트들이 보인 잔인성은 나치가 휘두른 폭력에 훨씬 못 미쳤지만, "개인의 이익을 전체[의 이익]에 종속시킨다."[78]라는 과감한 선언은 동일했다. 또한 이탈리아가 식민지 정복 과정에서 보인 잔혹성도 간과하면 안 될 것이다.[79]

제3제국과 마찬가지로, 이탈리아 파시즘 정권의 폭력도 이른바 '국가의 적' 들을 선택적으로 겨냥했다. 사회주의자들, 혹은 이탈리아가 지중해 지역의 패권을 장악하는 데 방해가 되는 남슬라브족(슬라브족 3군의 하나. 발칸반도의 불가리아인, 세르비아인, 크로아티아인, 슬로베니아인, 마케도니아인 등을 일컫는다)이나 아프리카인들이 그 대상이었다. 따라서 폭력은 이탈리아인들에게 두려움을 불러일으키기보다는 동조를 얻는 경우가 더 많았다.

인기 아니면 공포라는 이분법은 지나치게 경직된 측면이 있다. 나치즘조차도 야만적인 폭력에만 의존한 것은 아니었다. 최근 연구의 한 가지 특기할 만한 발견은 나치 정권의 의지를 강요하기 위해 필요한 경찰 기구의 규모가 매우 작았다는 사실이었다. 열성적인 — 혹은 시기심 많은 — 시민들로부터 들어오는 고발이 워낙 철저했기 때문에 게슈타포 조직은 시민 10,000~15,000명당 경찰을 한 명만 배치해도 별 문제가 없었다.[80] 전후(戰後) 독일민주공화국(동독)의 국가공안부 슈타지(STASI)에 비해 배치 비율이 훨씬 낮은 셈이었다.

참으로 흥미로운 부분은 탄압과 인기라는 양 극단 사이에 있다. 파시즘 정권들이 가장 반항적인 집단이었던 노동자들을 관리한 방식을 살펴보면 도움이 될 것이다. 이탈리아 파시즘과 독일 나치즘이 모두 노동자들에게 상당한 인기를 얻었던 것은 분명하다. 나치

건설 노동자들과 만난 히틀러. 파시즘 정권에 가장 반항적인 집단이었던 노동자들은 공포와 분열, 회유를 통해 정권에 순응하게 되었다.

지배 하의 독일 노동자 문제에 대해 최고 권위자인 팀 메이슨(Tim Mason)에 따르면, 제3제국은 네 가지 수단을 동원해 독일 노동자들을 '봉쇄' 했다. 그 네 가지는 공포, 분열, 약간의 이권, 유명한 여가 활동 단체인 KdF(Kraft durch Freude, '즐거움을 통한 힘' 이라는 뜻으로, 국민의 여가생활을 조직화해 심신단련의 효과를 노린 여가 선용 운동. 비슷한 예로 이탈리아에는 도폴라보로가 있다)와 같은 통합 장치들이었다.[81)]

직접적으로 저항하는 노동자들에게는 공포를 이용해 대처했다는 사실에는 의문의 여지가 없다. 유대인들에 앞서, 1933년 최초의 강제수용소에 수감되었던 사람들은 독일 사회주의 및 공산주의 정당의 간부들이었다. 사회주의 진영과 공산주의 진영이 이미 갈라선 상태였기 때문에, 나치는 저항을 계속하는 노동자들과 순응을 결심한 노동자들의 분열을 손쉽게 유도할 수 있었다. 자율적 노동자 조직을 탄압함으로써 파시즘 정권들은 노동자들을 집단이 아니라 개인으로 보고 접근할 수 있게 되었다.[82] 지지하던 노조와 정당의 패배에 사기가 꺾인 노동자들은 머지않아 원자화되었고, 평소 사교활동을 하던 장소들도 사라지자 주변 사람들에게 속내를 털어놓기 꺼리게 되었다.

두 정권은 모두 노동자들에게 어느 정도 이권을 주었다. 메이슨이 말한 세 번째 노동자 '봉쇄책'이다. 파시즘 정권들은 기존의 독재 정권들처럼 노동자들을 무조건 억압해 침묵시킨 것은 아니었다. 권력을 장악한 뒤 공식 노조들은 노동자를 대표하는 유일한 조직으로 세를 누렸다. 나치 노동 전선이 신뢰를 유지하려면 작업 환경 개선에 관심을 기울일 수밖에 없었다. 1918년의 혁명을 잊지 않았던 제3제국은 실업이나 식량 부족 사태를 피할 수만 있다면 무슨 일이든 마다하지 않았다. 군비 재무장 바람 속에 독일 경제가 활기를 찾자 급여도 조금이나마 인상되었다. 훗날 전쟁을 치르던 중 노예 노동이 도입되어 수많은 독일 노동자들이 주인의 위치로 격상되자 노동자들의 만족감은 더욱 커졌다.

무솔리니는 노동자들이 조합주의 체제 아래서 생활하게 된 것을 특히 자랑스럽게 여겼다. 1927년의 노동헌장은 경제 각 분야에서 노동자와 자본가들이 '조합' 안에서 마주 앉아 공동의 이익을 발견함으로써 계급 투쟁을 누그러뜨리게 될 것이라고 약속했다(무솔리니는 계급별 조합은 노동자와 자본가 사이의 갈등을 심화시켜 국익을 해치는 반면 직능별 조합은 조합이라는 테두리 안에서 양자의 상호 견제와 협력을 통해 생산적인 결과를 창출할 수 있다고 보았다). 이 약속은 조합회의가 의회를 대체한 1939년 즈음에는 매우

여러 시간을 기다린 끝에 히틀러를 맞이하는 수천 명의 소녀들(1938년, 베를린).

그럴듯해 보였다. 그러나 실제로는 기업가들이 조합 조직들을 운영하는 주체였으며, 따로 분리된 노동자 조직은 작업 현장에 간섭할 수 없었다.

메이슨이 말한 네 번째 '봉쇄책'인 통합 장치들은 파시즘 정권들이 새로이 고안해낸 도구였다. 파시스트들은 청소년 단체, 여가활동 단체, 당 대회 등을 이용해 단체의 역동성을 조작하는 데 노련한 대가였다. 단체의 규모가 작을 경우에는 동료 구성원들의 압력이 특히 강력했다. 작은 단체에서는 애국심 강한 다수가 순응하지 않는 소수를 수치스럽게 여겼기 때문에 적어도 공공연히 의견 표명을 하는 일이 없도록 으름장을 놓았다. 제바스티안 하프너(Sebastian Haffner)는 자신을 비롯한 한 무리의 견습 판사들이 1933년 여름 어떤 수용소에 보내졌던 경험을 회상한다. 대부분 고등교육을 받았으며 나치 당원이 아니었던 이들은 수용소에서 억지로 행군을 하고 군가를 부르며 제복 차림으로 훈련을 받아야 했다. 반항은 무의미해 보였다. 감옥행이거나 꿈꾸던 경력을 송두리째 포기해야 할 것이 뻔했기 때문이었다. 결국 — 스스로도 놀랄 일이지만 — 하프너는 스와스티카(swastika, 卍) 완장을 차고 팔을 들어 올려 나치식 경례를 하게 되었다.[83)]

이렇듯 다양한 사회 통제 기술은 성공을 거두었다. 무솔리니는 1929년부터 적어도 1936년 에티오피아에서 승리할 때까지는 광범위한 지지를 받았다.[84)] 지지를 이끌어냈던 주된 요인은 카톨릭교회와의 화해였다. 무솔리니와 교황 피우스 11세가 1929년에 맺은 라테란 협정(Lateran Treaties)은 이탈리아 국가와 교황청 사이에 거의 60여 년간 계속되었던 갈등을 마무리지었다. 양측은 서로의 존재를 인정하고, 이탈리아는 1870년의 교황령 점령에 대해 상당한 배상금을 지불했다. 또한 이탈리아 정부는 로마카톨릭을 "이탈리아 국민 대다수가 신봉하는 종교"로 인정했다.

무솔리니는 젊은 시절 《추기경의 정부(情婦)》라는 과격한 소설을 썼고 21세 때 어느 스위스 사제와 논쟁을 벌이던 도중 신에게 — 정말로 존재한다면 — 5분을 줄 테니 자기를 죽여보라고 큰소리쳤던[85)] 반교권주의자였지만, 1925년에는 오랫동안 사실혼 관계로 지내던 라켈레 귀디(Rachele Guidi)와 교회에서 뒤늦은 결혼식을 올리고 아이들에게도 세례를 받게 했다. 1928년 3월 24일에 치러진 선거에서 교회의 노골적인 지지는 의원직에 출마한 파시스트 출마자들이 (다른 출마자들은 없는 상태에서) 98퍼센트라는 높은 지지율을 기록하는 데 큰 도움이 되었다.[86] 그러나 장기적으로 보면 이탈리아 파시즘은 합의를 얻기 위해 교회의 도움을 받은 대가를 톡톡히 치렀다. 훗날 파시즘 운동이라는 토끼가 지쳐버리자 카톨릭교회의 생활방식과 문화라는 거북이가 꾸준히 앞으로 나아가 1945년 이후 이탈리아 기독교민주당(Partito della Democrazia Cristiana, DC) 통치의 기반이 되었던 것이다.

무솔리니가 집권 중기에 인기가 높았던 또 다른 요인은 1936년 에티오피아에서 거둔 승리였다(그러나 에티오피아 승전은 무솔리니 최후의 군사적 성공이었다는 사실이 훗날 밝혀졌다). 무솔리니의 팽창주의 대외정책이 잇따른 패배를 맛볼 때까지, 이탈리아 파시즘 정권에 대한 대중의 지지는 수그러들 줄 몰랐다. 두체로서 '역사와의 특별한 관계'를 대중에게 입증해 보여야 했던 무솔리니는 대외정책에서 공세를 취했다. 그러나 결과는 부정적이었다. 1937년 3월, '자발적' 무장 세력이 마드리드 북동쪽의 산악지대 과달라하라에서 스페인 공화주의자들과 국제연합군에게 패한 것을 시작으로, 공격적인 대외정책은 결국 정권 강화에 도움이 되기는커녕 더 많은 오점만 남겼다.

나치 정권 역시 1930년대 중반까지는 독일 국민들의 열성적 지지를 이끌어냈다. 완전고용과 무혈 대외정책의 장기 지속 덕분에 나치는 1933년 3월 선거의 44퍼센트보다 훨씬 더 높은 지지를 얻었다. 각종 규제나 물자 부족에 대한 독일 국민들의 불만이 상당했고 1939년 9월의 전쟁 발발 소식도 우울한 반응을 낳았지만,[87] 히틀러는 당 간부나 관료들을 향한 국민의 비난과는 상관없이 열렬한 숭배를 받았다.

1929년, 교황청과 라테란 협정을 맺은 뒤 교황 피우스 11세를 알현한 무솔리니. 이후 교회의 노골적인 지지는 이탈리아 파시스트당이 선거에서 높은 지지율을 얻는 데 큰 도움이 되었다.

파시즘 정권들은 특히 젊은이들을 대상으로 성공을 거두었다. 파시즘 정권의 등장은 이웃과 마을 같은 작은 단위에 이르기까지 사회 전체에 큰 충격파를 던졌다. 이탈리아와 독일의 젊은이들은 (사회주의자나 공산주의자 가정 출신일 경우) 기존에 몸담았던 사교 조직이 파괴되는 사태에 직면함과 동시에 사교 활동의 새로운 형태로 자리 잡은 파시스트 활동이 지닌 매력에도 직접 노출됐다. (나중에 좀 더 자세히 살펴보겠지만) 파시스트 청년단이나 여가활동 단체의 일원이 되어 소속감을 느끼는 동시에 어떤 신분을 얻고자 하는 유혹은 매우 강렬했다.[88] 특히 파시즘 초기에는, 제복을 입고 대열에 끼어 행진하는 것은 숨 막히는 부르주아 가정과 지겨운 부모로부터 독립을 선언하는 하나의 방식이었다.[89] 독일과 이탈리아의 젊은이들 중 다른 때라면 뚜렷이 두각을 나타내지 못했을 일부는 다른 사람들을 밀어제치고 못살게 굴면서 큰 만족감을 느꼈다.[90] 파시즘 운동은 (결코 그 선에서 그치지는 않았지만) 다른 어떤 정치 운동보다 청년 반란 선언에 가까웠다.

파시즘 정권은 여성을 가사와 육아라는 전통적 영역으로 복귀시키는 것을 우선 순위로 삼았기 때문에, 여성의 반응은 남성과는 달랐다. 일부 보수적인 여성들은 파시즘 정권에 찬성을 표했다. 히틀러에 대한 여성 유권자들의 지지는 (정확한 수치를 내기는 불가능하지만) 상당한 수준이었으며, 학자들은 여성들이 히틀러 정권의 공모자인지 피해자인지를 놓고 격론을 벌였다. 훗날 여성들은 이탈리아 파시즘이나 독일 나치즘이 부여했던 역할에서 벗어났지만, 이는 직접적인 저항의 결과라기보다는 현대 소비사회에 자연스럽게 적응한 결과인 측면이 더 컸다. 당의 정치 선전보다는 소비 시대의 새로운 생활방식이 더 큰 영향력을 발휘한다는 사실이 입증된 셈이었다. 파시즘 이탈리아에서 에다 무솔리니(Edda Mussolini, 무솔리니의 큰딸)를 비롯한 젊은 신여성들은 1차 세계대전 후의 다른 나라 여성들과 마찬가지로 담배를 피우고 독립적인 생활을 영위하는 동시에 정권의 기구에도 참여했다.[91] 이탈리아의 출생률은 두체의 명령에도 불구하고 높아지지 않았다. 히틀러는 전쟁에 총력을 기울여야 할 때가 오자 노동력에서 여성을 제외하겠다는 약속을 지킬 수 없었다.

지식인들은 파시즘 정권과 자신들의 관계가 초기 파시즘 운동 시기에 비해 경직되었음을 알게 됐다. "안경 너머로 이것저것을 검사하는 교수나리들, 무슨 독트린을 내놓기만 하면 비현실적인 반대를 내세우는 얼간이들"[92]을 경멸하는 길거리 깡패 출신들이 정권을 장악하는 사태를 불쾌하게 여길 만도 했다. 파시즘 정권들은 예술과 과학을 자유로운 창의적 영역이 아니라 철저한 국가 통제의 대상이자 국가 자원으로 보았기 때문에 지식인들의 불쾌감은 더욱 컸다. 지도자들의 정신 능력은 보통 사람보다 특별히 뛰어나다고 여겼기 때문에, 파시스트 투사들은 지식과 관련된 문제라면 '두체의 논리에 따라(reductio ad ducem)' 해결하려 들었다.[93)]

그러나 파시즘 정권들은 순종적인 저명 지식인들에게 지위와 명예를 주어 포상할 줄도 알았다. 파시즘 이탈리아에서 그랬듯이 정권이 지식인들에게 상당한 재량권을 부여하자 다양한 반응이 나왔다. 일부 자유주의적 · 사회주의적 비판자들은 체포[94)]나 죽음[95)]의 위협에 직면해서도 굴하지 않고 정권을 완전 부정했다. 누구와도 견줄 수 없는 저명한 자유주의자 베네데토 크로체도 곧 이 대열에 합류했다. 한편 반대쪽 극단에는 철학자 조반니 젠틸레,[96)] 역사학자 조아키노 볼페(Gioacchino Volpe, 1876~1971), 통계학자 겸 인구학자인 코라도 지니(Corrado Gini, 1884~1965)[97)] 등 소수의 뛰어난 지식인들이 정권을 열렬히 지지했다.

무솔리니는 단 한 번도 문화계를 심각하게 탄압할 필요가 없었다. 대부분의 지식인들이 부분적이고 간헐적이나마 정권에 동조했기 때문이었다. 1925년 크로체의 '지식인 성명서'에 서명했던 사람들 중 90명이 1931년에는 정부가 공식 편찬하는《이탈리아 대백과사전(Enciclopedia Italiana)》집필진으로 일하고 있었다.[98)] 1931~1932년에 재직한 대학 교수들이 정권에 대한 충성 서약을 강요받았을 때, 1,200명 중 거절한 사람은 11명뿐이었다.[99)] 1938년의 인종 차별적 입법안이 나오고 나서야 — 이 법안에 대해서는 다음

마르틴 하이데거(왼쪽)와 베르너 하이젠베르크(오른쪽). 나치 독일에서 지식인들은 큰 압력에 시달렸다. 20세기 현상학의 대가 하이데거는 나치에 굴복하여 결탁하였고, 노벨상 수상자인 하이젠베르크는 독일의 핵 개발 계획을 추진하였다.

장에서 자세히 살펴보겠다. — 이탈리아 지식인 상당수가 이민을 결행했다.

나치 독일에서는 지식인들이 더 큰 압력에 시달렸다. 나치 이론가들은 사고방식 자체를 바꾸려는 시도의 일환으로 알베르트 아인슈타인(Albert Einstein, 1879~1955)의 '유대 물리학'을 대체할 독일 물리학,[100] 카톨릭교리에서 유대교의 영향을 물리칠 '독일식 기독교' 등을 내세웠다. 외국으로 떠난 수많은 지식인 가운데는 비유대계 인사도 일부 있었다(토마스 만은 단적인 예에 불과하다). 물리학자 막스 플랑크(Max Planck, 1858~1947)는 독일에서 그럭저럭 활동을 계속하며 자기와 동료들의 독립성을 어느 정도 유지하는 동시에 국제 학계에서도 계속 존경을 받았다.[101] 다른 저명한 지식인들은 — 철학자 마르틴 하이데거(Martin Heidegger, 1889~1976), 사회학자 한스 프라이어(Hans Freyer, 1887~1969),[102] 법학자 카를 슈미트(Carl Schmitt, 1888~1976)[103] 등 — 나치 정권과의 공통점을 충분히 찾아내고 자신에게 공식적으로 주어진 임무를 받아들였다.

대부분의 지식인들이 선택한 타협과 동조, 혹은 침묵이라는 범주 안에서 몇몇 지식인들이 취한 태도는 오늘날까지도 모호하게 남아 있다. 가령, 노벨상을 수상한 물리학자 베르너 하이젠베르크(Werner Heisenberg, 1901~1976)는 과연 본인의 주장처럼 고의로 독일의 핵 개발 계획을 지연시켰던 것일까? 자금 부족과 우선 순위 변경, 그리고 리제 마이트너(Lise Meitner, 1878~1968)처럼 반드시 필요했던 유대인 학자의 망명과 같은 문제가 겹친 상태에서 하이젠베르크 자신이 원자로 가동에 필요한 플루토늄 양을 과대평가하는 실수를 저질러서 핵 개발 계획이 실패한 것은 아닐까?[104]

파시스트들이 보수파 동맹 세력에게 떠벌인 것만큼 대중의 지지가 열렬하지는 않았다 하더라도, 국민들 대부분은 주어진 상황을 수동적으로 받아들였다. 그 중 가장 흥미로운 사례는 당에 가입한 적도 없고 정권의 특정 측면에는 반대하면서도, 정권과 어떤 점에서 이해관계가 겹치고 또 다른 대안이 모두 그만 못하다고 보았기 때문에 파시즘 정권에 동조했던 사람들이다.

독일의 저명한 교향악단 지휘자였던 빌헬름 푸르트벵글러(Wilhelm Furtwängler, 1886~1954)는 활짝 웃는 히틀러와 함께 사진을 찍었다는 이유로 전후(戰後) 궁지에 몰렸지만, 나치 정권과 그의 관계는 사실 상당히 복잡했다. 푸르트벵글러는 한 번도 나치당에 입당한 적이 없었다. 그는 총통과 두 번이나 불편한 개인 면담을 빌헬름 푸르트벵글러. 낭만주의 음악의 위대한 선구자였으며 열정적 스타일로 유명했다. 나치 통치 기간 내내 독일에서 지휘하였으며, 전후 몇 차례 궁지에 몰리기도 하였다.

하고 유대계 음악과 음악인들에 대한 금지 조치를 완화해 달라고 청하기도 했다. 괴벨스로부터 '정신적 비(非)아리아인'이라고 비난 받은 파울 힌데미트(Paul Hindemith, 1895~1963)가 작곡한 무조(無調)음악을 지휘하겠다고 고집을 부리다가 지휘자 자격을 상실한 경우도 있었다. 그러나 그는 "음악은 〔특히 독일〕 민족 내부에 뿌리 내린 깊고 신비로운 힘으로부터 솟아나온다."[105]라는 나치의 주장을 공유하는 인물이었다. 그가 독일을 떠나거나 음악 활동을 중단한다는 것은 상상할 수조차 없는 일이었다. 푸르트벵글러는 나치 독일에서 대단한 특권층에 속했다. 히틀러는 유대인 문제에 대한 푸르트벵글러의 유보적 태도를 잘 알면서도, 그가 독일 최고의 지휘자라는 사실을 알 만큼은 음악에 대한 소양을 갖추었기 때문에 그를 숙청하지 않았던 것이다.[106]

파시즘 정권들은 이렇듯 소극적인 동조를 용인함으로써 비록 전적인 일치는 아니지만 민족주의자 및 보수 세력의 광범위한 지지를 유지할 수 있었다.

파시즘 '혁명'

파시즘 운동 초기의 급진적인 수사(修辭)는 그 당시는 물론이고 그 이후에도 파시즘 정권이 일단 집권하면 국민 삶에 전면적이고 근본적인 변화를 일으킬 것이란 인상을 주었다. 그러나 실제로는 (몇 가지 놀라운 변화에도 불구하고) 소유의 분배 방식과 경제 · 사회적 계급은 대부분 변함없이 유지되었다(이는 1789년 프랑스 혁명 이래 '혁명' 이라는 말이 주로 의미했던 바와는 근본적으로 다르다).

파시즘 '혁명' 의 범위를 제한한 것은 다음 두 가지였다. 우선, 가장 급진적이었던 초기 파시즘 강령이나 수사법도 성급한 평자들의 생각처럼 부자들과 자본주의를 정면 공격하지는 않았다.[107] 사회적 위계 질서로 말하자면, 케케묵은 부르주아 엘리트를 파시즘적 '새로운 인간' 으로 대체하자는 주장이 기존 권력층의 지위 세습에 어느 정도 위협이 되기는 했지만 결과적으로는 파시즘의 지도 원칙이 기존의 사회계급을 강화한 셈이 되었다. 그러나 비주류의 소수 골수 파시스트들은 대부분 동형 조직에 흡수되었다.

파시즘이 뿌리를 내리고 권력을 장악하는 과정에서 수많은 급진파들이 제거되었기 때문에 변화의 범위는 더욱 한정되었다. 이질적인 집단들의 공통된 불만과 반발 심리를 이용하는 것에서 출발했던 파시즘 운동이 연합이나 타협을 해서라도 권력을 장악하는 쪽으로 방향을 틀면서, 파시즘 운동의 기능뿐 아니라 우선 순위에도 변화가 일어났다. 파시스트들은 불만 세력 규합에 흥미를 잃고, 국가의 갱생과 강화를 목적으로 전 국민을 동원하고 결집하는 사업에 매진하기 시작했다. 그 결과, 파시스트들이 사회 · 경제적 불만 세력에게 내세웠던 초기 공약 중 상당수가 무효화되었다. 특히 나치는 선거에서 주된 지지층이 되어주었던 소농과 숙련공들에게 했던 약속을 깨뜨리고 도시화와 공업 생산을 옹호하였다.[108)]

'혁명'에 대한 공공연한 언급에도 불구하고, 파시스트들은 사회 · 경제적 혁명을 원하지 않았다. 파시스트들이 원한 것은 '영혼의 혁명,' 다시 말해 조국을 세계 강대국으로 만드는 혁명이었다. 그들은 쇠퇴하는 민족을 통합해 힘과 활기를 불어넣고자 했다. 다시 말해, 이탈리아의 로마니타(Romanità), 독일 민족(Volk) 담론, 헝가리즘(헝가리를 다시 강대국으로 만들자는 페렌츠 살로시의 민족 운동. 살로시는 파시즘을 신봉하였으며, 1944년 헝가리를 침략한 독일에 의해 친독 정권의 총리직에 임명되었다)처럼 공동체의 운명과 그 특권을 거듭 천명하고자 했던 것이다. 파시스트들은 목적을 달성하기 위해 군, 생산 능력, 질서, 부가 필요하다고 믿었다. 기존의 권력 요소들은 파시즘 체제에 강제로 복속시켜야 하며 그것들을 변화시킬 필요도 있지만 아주 없애버려서는 안 된다는 것이 그들의 생각이었다. 파시스트들이 민족의 새로운 단결력을 국내외로 입증해 보이자면 기존 권력 기반이 필요했다. 파시스트들은 활력, 단결력과 의지로 국가 제도를 장악하고자 한다는 의미에서 보면 분명히 혁명을 원했지만, 사유재산이나 사회계급을 폐지할 생각은 전혀 없었다.

파시스트들이 내세운 민족의 강화 및 정화(淨化)라는 사명은 시민권의 성격뿐만 아니라 18~19세기 민주주의 혁명 이후의 시민과 국가의 관계에 근본적인 변화를 요구했다. 첫 번째 커다란 변화는 개인을 공동체에 종속시키는 것이었다. 자유주의 국가가 개인의 권리와 자유를 수호한다는 시민들 간의 계약을 기반으로 하는 반면, 파시즘 국가는 민족의 운명을 구현하는 존재로서, 그 목적을 위해 매진하는 과정에서 민족의 모든 구성원들이 최상의 성취를 실현하는 나라다. 이탈리아와 독일의 파시즘 정권들은 모두 이 입장을 기꺼이 지원해줄 뛰어난 비(非)파시즘 지식인들을 찾아냈음을 우리는 살펴보았다.

파시즘 국가에서 개인의 권리는 자율성을 누리지 못했다. 법치국가는 시민들이 법원과 국가 기관들로부터 공정한 대우를 약속받았던 적법 절차의 원칙과 더불어 사라져버렸다. 독일의 경우, 재판에서 무죄 선고를 받은 용의자가 그 이상의 법적 절차도 없이 법원 문턱에서 정권 요원들에게 다시 체포되어 수용소로 보내지기도 했다.[109] 파시즘 정권은 주민들을 투옥하고 약탈하고 죽이기까지 하는 무한 권력을 휘둘렀다. 공권력과 시민 사이에서 일어난 변화는 다른 어떤 변화보다 충격적이었다.

그 결과, 파시즘 정권은 시민이 대표자를 뽑거나 그 밖에 다른 식으로 정책에 영향을 줄 수 있는 절차를 완전히 없애버렸다. 의회는 힘을 잃었고, 선거는 가부(可否)만을 결정하는 국민투표와 지지 행사로 대체되었으며, 지도자들은 독단적으로 거의 무제한의 권력을 휘둘렀다.

파시스트들은 선거 정치와 특히 좌익의 계급 투쟁 및 프롤레타리아 독재 기도 때문에 공동체의 분열과 쇠퇴가 야기되었다고 주장했다. 현재 공동체들이 처한 위기가 너무나 심각하기 때문에 자유주의자들이 신봉하는 '자연스럽고 조화로운 인간 이해관계의 작용' 만으로는 단결을 이룰 수 없다고 가르쳤다. 그들에 따르면 국가적 행동을 통해 공동체를 단합시켜야 하며, 국가적 행동에는 가능하다면 설득과 조직화, 필요하다면 강제력을 동원해야 했다. 이 과업은 프랑스의 사회학자 에밀 뒤르켐이 논한 '유기적 결속'보다 '기계적 결속'을 필요로 했다(뒤르켐에 따르면 기계적 결속은 구성원들이 동일한 가치와 규범을 기반으로 결속된 상태이며, 유기적 결속은 전문화된 개인들이 상호의존성을 기반으로 결속된 상태다). 그리하여 파시즘 정권에는 시민들을 규율이 잡힌 불굴의 전사들로 길러내 하나의 공동체로 통합하는 것을 목적으로 하는 다양한 기구가 등장했다. 파시즘 국가는 특히 젊은 세대를 육성하는 데 신경을 썼으며, 이 부분을 독점하려는 열성을 보였다(파시즘 정권과 카톨릭교회가 잦은 갈등을 겪었던 것도 바로 그 때문이었다).

파시즘 정권들은 (각자에게 맞는 환경에 따라) 새로운 남성과 새로운 여성을 만드는 작업에 착수했다. 용감한 전사인 동시에 정권에 순종하는 '새로운' 남성과 여성을 만드는 것은 파시즘 교육 체제에 주어진 힘겨운 과제였다. 자유주의 국가의 교육 체제는 개인들로 하여금 스스로의 지적 가능성을 자각하도록 도와주고 시민 정신을 길러준다는 목표에 매진하는 중이었다. 파시즘 국가들은 스포츠나 신체 단련, 군사 훈련을 조금 더 강화한다는 조건 아래 기존의 교육 인력이나 구조를 그대로 이용했다. 기존 교육 체제가 담당했던 기능 일부가 다른 의무적 청소년 운동처럼 당의 동형 조직에 흡수된 것은 분명하다. 파시즘 정권 하에서는 모든 아이들이 자동적으로 당 조직에 가입되어 어린 시절부터 대학을 졸업할 때까지 당 조직 속에서 사회화가 이루어지는 것이 당연하다고 생각되었다. 미개발된 남쪽 지방에서는 비율이 매우 낮았지만, 토리노, 제노바, 밀

뉘른베르크 전당대회에 참석한 히틀러유겐트 단원들. 1939년이 되면 10세에서 18세까지 인구의 87퍼센트가 히틀러유겐트 소속이었다.

라노 등 북부 도시에 사는 6~21세의 이탈리아 국민 중 약 70퍼센트가 파시즘 청소년 조직에 소속되어 있었다.[110)]

히틀러는 부모, 교사, 교회 등의 전통적인 사회화 기관과 그 안에서 자연스럽게 벌어지는 오락으로부터 어린 독일 국민들을 떼어 놓는 일에 훨씬 더 적극적이고 단호한 태도를 보였다. 그는 1938년 12월 4일 독일 의회에서 다음과 같은 발언을 했다. "소년들은 10세가 되면 우리 조직의 일원이 되어 처음으로 신선한 공기를 들이마십니다. 4년이 지나면 아이들은 유년단(Jungvolk)에서 히틀러유겐트(Hitlerjugend)로 옮겨 다시 4년을 지냅니다. 그렇게 되면 계급과 계층이라는 장벽을 쌓는 장본인들에게 이 소년들을 돌려주기가 더더욱 싫어집니다. 차라리 즉시 당이나 노동 전선, 혹은 나치 돌격대나 친위대에 투입하는 편이 낫습니다……."[111] 1932년 말부터 1939년 초 사이, 히틀러유겐트는 10~18세 인구에서 차지하던 비율을 1퍼센트에서 87퍼센트로 늘려나갔다.[112] 청년단을 거쳐 세상에 나간 파시즘 국가 시민들은 정권이 그들의 여가활동까지도 지켜본다는 사실을 알게 되었다. 이탈리아의 도폴라보로와 독일의 KdF가 바로 그런 역할을 담당했다.

파시즘 정권들이 사적인 영역과 공적인 영역의 경계를 너무나 급진적으로 바꾸어버린 나머지 사적 영역은 거의 사라져버렸다. 나치 정권의 노동부 장관이었던 로베르트 라이(Robert Lay)는 나치 국가에서 유일한 사적 개인은 잠든 사람뿐이라고 말했다.[113] 일부 평자들은 사적 영역을 모조리 공적 영역으로 끌어들이려는 노력이야말로 파시즘의 핵심이라고 여긴다.[114] 어떤 파시즘 정권이 권위주의적 보수주의, 나아가서는 고전적 자유주의와 가장 근본적인 차이를 보이는지 살펴보는 것은 매우 중요한 문제가 아닐 수 없다. 이 의무적 국민 단합이라는 목표에는 자유로이 사고하는 개인이나 독립적이고 자치적인 하위 공동체가 들어설 자리가 없다. 교회나 친목, 계급에 기초한 연합이나 조합, 정당 등의 단체는 국가 의지를 약화시킨다는 혐의를 받았다.[115] 이런 단체들은 좌파뿐만 아니라 보수파들과도 끝없이 충돌하는 치열한 싸움터였던 것이다.

모든 것을 빨아들이는 공공 영역 속에서 공동체를 단합시켜야 한다는 사명을 띤 파시즘 정권들은 각종 조합과 사회주의 정당들을 무력화시켰다. 정상적으로 기능하던 노동자 대표 기구들을 해체하는 급진적 작업은 국익이나 계획경제라는 명분을 내세워 교묘하게 이루어졌기 때문에 기존 독재 체제에서 군대나 경찰을 내세워 가하는 직접적 탄압처럼 여론의 반발이 거세지는 않았다. 그리고 실제로 파시스트들은 노동조합이나 사회주의 정당이 없는 세상에 만족하도록 일부 노동자들을 설득하는 데 성공하기도 했다. 그렇게 설득당할 경우 자본가 고용주들에 맞선 프롤레타리아의 연대는 이민족에 맞서는 국가의 정체성으로 기꺼이 대체되었다.

문화적 쇠퇴에 대한 고찰은 파시즘 운동의 확산에 매우 중요한 전제조건이었기 때문에 일부 저자들은 문화 문제를 중점적으로 다루었다. 모든 파시즘 정권은 문화를 위에서부터 통제하고 외국의 영향으로부터 정화시키며, 또 문화를 통해 국민 통합 및 부흥이라는 메시지를 전할 방법을 모색했다. 파시즘 행사, 영화, 공연, 시각 예술에 담긴 문화적 메시지를 해독하는 작업은 오늘날 파시즘 연구에서 가장 활발한 연구 영역이 되었다. 그러나 파시즘 문화의 '독해' 작업이 아무리 치밀하다 해도 파시즘 정권들이 단일한 문화적 동질성을 확립하는 데 성공했다고 오도하면 안 된다. 파시즘 정권 내에서 문화생활은 공식적 활동과 정권이 용인해준 자발적 활동뿐만 아니라 일부 불법화된 활동까지 뒤섞인 복잡한 영역이었다. 나치 치하에서 제작된 영화의 90퍼센트는 노골적인 정치 선전 내용이 없는 가벼운 오락물이었다(물론 그렇다고 완전히 순수했다는 뜻은 아니다).[116] 소수의 유대인 예술가들은 아주 늦게까지도 나치 독일을 떠나지 않았으며, 공공연한 동성애자였던 감독 겸 배우 구스타프 그륀트겐즈(Gustav Gründgens, 1899~1963)는 정권이 최후

를 맞을 때까지도 활동을 계속했다.[117]

파시즘 초기의 공약과 정권의 실제 노선이 가장 달랐던 영역은 경제정책 부문이었다. 경제정책은 히틀러와 무솔리니 모두 보수파 동맹 세력에게 가장 많이 양보했던 영역이었다. 대다수 파시스트들은 — 권력을 장악한 뒤에는 더더욱 — 경제정책은 공동체를 단합시키고 활성화하여 세력을 확장한다는 파시즘의 목표를 성취하기 위한 수단이라고만 생각했다.[118] 경제정책은 전쟁 준비나 수행의 필요성에 따라 조정되는 경우가 많았다. 다시 말해, 정치가 경제를 좌우했다.[119]

파시즘은 위기 상황에서 자본주의가 보이는 형태를 대표하는가, 다시 말해 파시즘은 자본가들이 고안해낸 메커니즘이며 파시즘 국가는 자본가들의 대리인 역할을 수행하면서 기존의 독재 체제와는 다른 방식으로 노동력을 규율하기 위한 체제인가라는 문제를 놓고 수많은 연구가 이루어졌다. 오늘날에는 기업가들이 파시즘 경제정책의 특정 부문에 종종 반대했으며 가끔은 저항에 성공하기도 했다는 사실이 밝혀졌다. 그러나 파시즘 경제정책은 경제 논리보다 정치 논리를 우선 순위로 삼았다. 무솔리니와 히틀러는 경제를 통치자의 뜻에 따라 수정할 수도 있다고 생각했다. 무솔리니는 국익을 이유로 내세워 재무부 장관의 반대를 무릅쓰고 1927년 12월에 금본위제(화폐의 가치를 일정량의 금의 가치와 같게 만든 제도. 보유한 금만큼만 통화를 발행한다)로 복귀했으며, 영국 파운드화와 리라화의 비율을 1:90으로 재평가했다.[120]

기업가들은 대부분 파시즘을 제1순위로 여기지 않았지만, 1922

년(무솔리니의 로마 진군과 집권)과 1933년(히틀러의 집권)이라는 특수 상황에서는 대다수가 (사회주의나 원활하지 못한 시장경제 등의) 다른 대안보다는 파시즘이 나은 선택이라고 생각했다. 따라서 기업가들은 파시즘 정권의 수립을 묵인했으며, 유대인들을 경영진 자리에서 몰아내고 번거로운 경제 통제 조치를 따르라는 정권의 요구에 협조했다. 머지않아 독일과 이탈리아에서 대부분의 기업은 — 적어도 군비 재무장 및 엄격한 노조 통제의 혜택을 받거나 경제 부문에서 큰 역할을 맡은 경우에는 — 파시즘 정권과의 협력 체제에 잘 적응해갔다. 특히 무솔리니의 유명한 조합주의 경제조직은 사실상 거물급 기업인들에 의해 운영되었다.

피터 헤이스(Peter Hayes)는 이 현상을 가리켜 나치 정권과 기업들이 "서로 수렴했지만 추구하는 이익은 달랐다."라고 간결하게 표현했다.[121] 합의가 이루어진 영역에는 노동자 통제, 대규모 군수품 계약, 고용 창출 장려 등이 포함되었다. 갈등을 겪은 문제로는 정부의 경제 통제, 무역 제한 조치, (독일의 1차 세계대전 패인이었던 물자 부족을 극복하는 수단이 되리라고 나치가 기대했던) 높은 비용의 경제 자립 정책 등이 있었다. 경제 자립을 위해서는 석유나 고무처럼 과거에는 수입했던 품목 대신 값비싼 대용품을 사용해야 했다.

경제 통제는 중소기업이나 군수산업에 참가하지 않은 기업들에게 타격을 주었다. 무역 제한 조치는 수출을 통해 주된 수익을 올리던 기업들에게 문제를 가져왔다. 거대 화학 합동기업인 이게 파르벤은 그 대표적인 예다. 1933년 이전까지 파르벤은 국제 무역을 통해 큰 이익을 보았다. 그러나 1933년 이후 파르벤 운영진은 정권의

2차 세계대전 중 탱크를 만들고 있는 군수 공장. 전쟁이 시작되면서 군수품을 생산하는 이게 파르벤 같은 독일 대기업들은 정권에 적극적인 협조를 하면서 막대한 이익을 챙겼다.

경제 자립 정책에 순응하여 독일 재무장의 군수품 공급업체로서 다시 한 번 큰 이익을 보았다.[122)]

수입 대체에 든 비용을 가장 잘 보여주는 예는 슐레지엔 지방의 질 낮은 철광석과 갈탄에서 철을 생산할 목적으로 설립된 '헤르만 괴링 베르케(Hermann Göring Werke)' 였다. 이 제철소에 대한 재정 지원을 강요받은 철강생산업체들은 강력하게 반발했다.[123)]

나치 통제 경제에서 기업들은 원하는 바를 모두 얻지는 못했지만 나치당 내 급진파들에 비하면 훨씬 큰 이익을 얻었다. 1933년 6월에는 오토 바게너(Otto Wagener)가 유력한 경제장관 후보로 떠올랐다. 바게너는 당의 경제부장의 지위에 오른 '나이 든 투사' 였는

데, '개인의 이익만을 추구하는 이기주의적 정신을 공동체의 이익을 위한 공동의 분투 정신으로' 바꾸려 할 정도로 국가사회주의를 진지하게 추구했던 인물이었다. 나치 간부들 중 재계와 가장 밀접한 관계를 맺었던 헤르만 괴링은 바게너가 경제장관으로 임명되기 위해 나치 간부들에게 로비를 벌였다는 사실을 히틀러에게 알리는 교묘한 방법으로 바게너를 제거했다. 자기의 장관 임명권이 조금만 침해당해도 노발대발했던 히틀러는 당장 바게너를 당에서 축출하고 그 자리에 독일 최대 보험사 '알리안츠(Allianz)'의 회장이던 쿠르트 슈미트 박사(Kurt Schmitt, 1903~1990)를 임명했다.

그러나 나치의 급진적인 경제정책은 사라지지 않았다. 민간 보험사들은 민간 보험을 경제 부문별로 조직된 비영리 상호 기금인 '민족(völkisch)' 보험으로 대체하려는 나치 급진파들의 시도에 끝까지 맞섰다. 급진파들이 점령지와 노동 전선의 나치 친위대 계열 사업에서 공공 보험사를 설립할 틈새를 물색하는 사이, 민간 보험사들은 정권 내에서 교묘하게 이득을 챙겼다. 일부는 자신들이 히틀러의 베르크호프 별장과 괴링의 카린할 저택, 아우슈비츠와 다른 여러 수용소의 강제노동 공장에 대한 보험을 포함해 그들 사업 전체의 85퍼센트를 정권과의 연줄에서 얻었다는 사실에 혐오감을 느낄 정도였다.[124] 일반적으로, 나치당 내의 경제 급진파들은 (오토 슈트라서처럼) 사임하거나 (바게너처럼) 영향력을 상실하거나 (그레고어 슈트라서처럼) 살해되었다. 이탈리아의 '완전한 생디칼리스트'들은 (로소니처럼) 영향력을 상실하거나 (알체스테 데 암브리스(Alceste De Ambris) 처럼) 당을 떠났다.

단기적으로 보면, 파시즘 경제 체제는 저축률과 (특히 군비) 투자율을 높이기 위해 개인 소비를 줄이도록 국민을 설득하는 힘겨운 과제를 수행하던, 1930년대 초 혼란스러운 자유주의 경제 체제에 비해 유리해 보였다. 그러나 지금은 파시즘 경제 체제는 전후 유럽의 성장률은커녕 1914년 이전 유럽의 성장률에조차 한 번도 필적하지 못했으며, 민주주의 국가 일부에서 뒤늦게 자발적으로 이루어진 전쟁물자 동원량에도 미치지 못했다는 사실이 밝혀졌다. 이는 파시즘을 후발 산업국가에 어울리는 '개발 독재'라고 보는 정의를 받아들이기 어렵게 만든다.[125] 파시스트들은 경제 개발이 아니라 — 군비 생산에 더욱 박차를 가할 필요는 있었지만 — 전쟁 준비를 원했다.

파시스트들은 복지 부문에서도 어떤 조치를 취해야 했다. 독일의 경우, 바이마르 공화국의 복지 실험은 1929년 시작된 대공황 이후에는 비용이 과도하게 들었다. 나치는 특정 인종을 혜택 대상에서 배제하는 방법을 통해 복지 체제를 축소하고 왜곡했다. 그러나 (단순한 반동주의자들이라면 그랬을지도 모르지만) 그 어느 파시즘 정권도 복지국가를 완전히 해체해버리지는 않았다.

파시즘은 시민권, 다시 말해 개인이 공동체의 삶에 참여하는 방식에 대해 급진적이고 새로운 개념을 제시했다는 점에서는 혁명적이었다. 그러나 개인의 자유, 인권, 적법 절차, 국제 평화처럼 좌파가 전통적으로 추구했던 이념의 측면에서 보면 반혁명적이었다.

요컨대, 파시즘 권력 행사 과정은 무솔리니의 이탈리아와 나치 독일 모두 공통의 요소들로 이루어진 세력 연합을 포함하고 있었다. 두 국가의 차이를 만든 것은 지도자, 당, 기존 제도들의 3자 관계에서 무게 중심이 어디 있느냐의 문제였다. 이탈리아에서는 최종적으로 기존의 국가가 당보다 우위를 차지했다. 이는 무솔리니가 당내의 과격파, 즉 지방 라스와 행동대를 두려워한 결과였다. 반면 나치 독일에서는 — 특히 전쟁을 시작한 후에 — 당이 국가와 시민 사회를 장악했다.

파시즘 정권들은 마치 하나의 분자구조물과도 같았다. 다시 말해, 파시즘 세력과 보수적 질서라는 두 가지의 완전히 다른 물질이 자유주의와 좌파에 대한 적대감, 적으로 규정한 대상을 파괴하기 위해서는 어떤 일도 서슴지 않겠다는 의지라는 두 가지 공통점을 매개로 하여 결합하여 탄생한 합성물이 바로 파시즘 정권이었던 것이다.

6장 | 급진화인가, 정상화인가?

급진화와 정상화의 딜레마

파시즘 정권들은 권력을 장악한 뒤에도 그 자리에 안주할 수 없었다. 카리스마적인 지도자는 다음과 같은 극적인 공약을 내세웠다. 첫째, 공동체를 통합하고 정화하고 활기차게 만든다. 둘째, 부르주아 물질주의의 무기력함, 민주주의 정치의 혼란과 부패, 외국인과 외국 문화로 인한 오염으로부터 공동체를 구한다. 셋째, 좌파가 주장한 소유의 혁명을 회피하고 가치의 혁명으로 대체한다. 넷째, 타락과 쇠퇴로부터 사회를 구한다. 지도자는 이러한 위기에 대해 전면적인 해결책을 제시했다. 내부와 외부의 적들에 대항한 폭력 행사, 개인의 완전한 공동체 귀속, 혈통과 문화의 정화, 군비 재무장 및 팽창주의 전쟁이 그 해결책이었다. 지도자는 국민에게 '역사와의 특권적인 관계'[1]를 약속했다.

파시즘 정권들은 그 약속들을 완수하기 위해 질주하는 힘, 즉 '영구 혁명'[2]의 인상을 만들어내야만 했다. 파시즘 정권들은 무모하고 사나운 돌격 없이는 살아남을 수 없었다. 소용돌이를 더욱 격렬하게 일으켜 갈수록 대담한 도전에 나서지 않는다면 미적지근한 권위주의 정권의 아류로 떨어질 위험이 컸다.[3] 그 때문에 파시즘 정권들은 결국 자기 파괴라는 최후의 발작으로 향하게 되었다.

파시즘 정권이나 부분적 파시즘 정권이 늘 추진력을 유지하는 데 성공한 것은 아니다. 종종 파시즘적이라고 여겨진 몇몇 정권들은 계획적으로 반대 조치를 취해 군중의 흥분과 열기에 찬물을 끼얹기도 했다. 그들은 스스로를 '정상화' 한 결과, 파시즘 정권이라기보다 차라리 권위주의 정권의 모습을 띠게 되었다.

스페인의 독재자였던 프란시스코 프랑코 장군을 예로 들어보자. 프랑코는 무솔리니와 히틀러의 공공연한 도움을 받아 스페인 내전에서 무력으로 정권을 탈취했기 때문에 파시스트라는 평가를 받는 경우가 많다. 실제로 1936년 7월 이후 스페인 공화파를 도와 프랑코 반란군에 맞서 싸우는 일은 최초의 상징적인 반(反)파시즘 성전이었다. 프랑코는 1939년 3월 내전에서 승리한 뒤 20만 명 가량이 사망한 피로 얼룩진 강경 진압을 하였으며, 그의 정권을 민주주의 세계의 경제 교류와 문화의 오염으로부터 격리하고자 했다.[4] 민주주의, 자유주의, 세속주의, 마르크스주의, 그리고 특히 프리메이슨주의에 지극히 적대적이었던 프랑코는 1939년 4월 반(反)코민테른 협정에 조인하면서 히틀러와 무솔리니에 합류했다. 프랑코는 1940년 프랑스와의 전투에서 탕헤르(Tánger, 모로코의 항구 도시)를 손에 넣었다. 마치 영국과 프랑스에 맞서 영토를 더 확장해서 '추축국의 본격적인 군사 동맹'[5]이 되려고 작정한 것 같았다.

그러나 행동을 취하라는 히틀러의 압력이 들어올 때마다 이 신중한 카우디요(Caudillo)는 추축국의 편에 서서 싸우는 데에 지나치게 많은 대가를 요구했다. 히틀러는 1940년 10월 23일 프랑스와 스페인의 접경 도시인 엔다예(Hendaye)에서 프랑코와 협상을 벌인 며칠 뒤 무솔리니에게 그 '음흉한 돼지'[6]와 협상을 벌이느라 또 다

군대를 사열하고 있는 프란시스코 프랑코. 스페인 내전에서 스페인 민주공화국을 전복한 후 정권을 잡은 프랑코는 1975년 죽을 때까지 총통을 지냈다.

시 아홉 시간을 소모하느니 차라리 이를 서너 개 뽑히는 편이 낫겠다고 말했을 정도였다. 프랑코는 1936~1939년의 대규모 유혈 사태 이후로는 질서와 안정을 원했다. 파시즘 특유의 열광은 그의 내성적인 성격에 맞지 않았다.

프랑코 정권에서는 팔랑헤당이 유일당의 위치를 차지하고 있었지만 '동형 기구'가 존재하지 않았기 때문에 당의 자치적 권력도 없었다. 독일이 승전을 거듭하던 1941~1942년에 팔랑헤당은 당원 수가 백만 명 가까이로 늘었으며 전당대회를 여는 등 독재 정권에 큰 지지가 되어주었지만, 카우디요는 당에 입법권이나 행정권은 전혀 주지 않았다.

3장에서 살펴보았듯, 스페인 내전 초기에 카리스마 넘치는 팔랑헤 지도자 호세 안토니오 프리모 데 리베라를 제거한 일은 프랑코가 기존 엘리트층과 표준 국가를 장악하는 데 도움이 되었다. 이후 프랑코는 여러 개로 나뉜 극우 정당들과 데 리베라의 뒤를 이어 팔랑헤의 지도자가 된 마누엘 에디야(Manuel Hedilla, 1898~1970)의 경험 부족을 이용해 파시즘의 영향력을 더욱 줄여나갔다. 그는 교묘한 수를 써 팔랑헤당을 파시시트들과 전통적 왕당파를 모두 포함하는, 특성이 없는 우산 조직(umbrella organization, 유사한 성격의 여러 조직을 포괄하는 상위 집단) '팔랑헤 에스파뇰라 트라디시오날리스타 이 데 훈타스 데 오펜시바 나시오날 신디칼리스타(Falange Española Tradicionalista y de las Juntas de Ofensiva Nacional Sindicalista, 1934년 4월에 팔랑헤당과 '훈타스 데 오펜시바 나시오날 신디칼리스타' 라는 단체가 세력을 합쳐 만든 새 조직)' 로 끌어넣었다. 조직의 수장은 "프랑코 주변의 장식품이나 다름없는 무능함"[7]이란 비난을 받았다.

1937년 4월, 에디야가 당의 독립성을 되찾으려 들자 프랑코는 에디야를 체포했다. 팔랑헤를 길들이고 나자 파시즘 특유의 열광을 최소화하면서 — 프랑코에게는 특히 이 조치가 만족스러웠다. — 자신의 독재 체제를 한층 전통적인 모습으로 만들어내기도 쉬워졌다. 프랑코 정권은 1942년 이후로는 확실히 기존 권위주의 정권의 성격을 띠었지만 1942년 이전에도 그런 모습을 보였을 가능성이 높다.

팔랑헤는 1945년 이후 단순히 '운동(the Movimiento)' 이라고 일컬어지는 색깔 없는 시민 연합이 되었으며, 1970년에는 그 이름마저 사라지고 말았다. 프랑코의 스페인은 팔랑헤가 쇠퇴하기 오래 전부터 거의 파시즘의 색채가 없는 군과 정부 관리, 기업가, 지주, 교회가 권력을 장악한 권위주의 정권이었다.[8]

많은 장교들에게 둘러싸여 있는 살라자르 총리(맨 왼쪽). 1932년부터 1968년까지 총리를 역임한 카톨릭 은자 성향의 경제학 교수. 그는 공식 석상에 나서는 것과 세평을 피하여 검소하고 소박한 삶을 살았다.

제 기능을 못하던 의회 체제가 1926년 군사 쿠데타로 무너졌던 포르투갈의 경우를 살펴보자. 1930년대 초반부터는 청빈한 카톨릭 은자(隱者) 성향의 경제학 교수 안토니우 데 올리베이라 살라자르(António de Oliveira Salazar, 1889~1970)가 포르투갈을 통치했다. 살라자르 박사는 프랑코보다도 더 마음의 평화에 몰두하는 성향이 강했고 더 신중하고 조심스러웠다. 프랑코는 파시즘 정당을 개인적으로 통제했지만, 살라자르는 롤라우 프레토(Rolao Preto)가 이끌고 푸른 셔츠가 제복이었던 — 포르투갈 안에서는 진정한 파시즘 운동에 가장 가까웠다. — 국가주의적 생디칼리슴 운동을 1934년 7월에 완전히 뿌리 뽑아버렸다. 살라자르는 포르투갈의 파시스트들을 가리켜 "그들은 언제나 열에 들떠 흥분해 있으며 불만이 가득하다.

…… 불가능에 직면하면 소리를 질러댄다. 좀 더! 좀 더!"[9]라고 불평했다. 살라자르는 교회처럼 포르투갈에서 전통적으로 강력한 위치를 차지했던 '조직적' 기구를 통해 국민을 통제하는 편을 선호했다.

1936년 이웃 국가 스페인에서 내전이 발발하자 '조직적' 권위만으로는 부족한 상황이 되었다. 살라자르 박사는 파시즘에서 빌려온 수단 — 조합주의 노동조직, 청소년 운동(포르투갈 소년단(Mocidade Protuguesa)), 유명무실한 '유일당' 이며 당원들은 푸른 셔츠를 입었던 포르투갈 군단(the Portuguese Legion) 등 — 으로 '새로운 국가(Estado Novo)' 를 강화하는 실험을 했다.[10] 그러나 포르투갈은 파시즘적 팽창주의를 거부했고, 2차 세계대전은 물론이고 그 후에 찾아온 수차례의 갈등을 겪으면서도 1961년 앙골라 독립 운동(아프리카 남서부 해안의 앙골라는 포르투갈의 식민 통치를 받다가 1975년 마침내 독립했다)을 탄압하기 전까지는 중립을 고수했다. 포르투갈이 계급 갈등이라는 고통을 겪지 않기를 바랐기 때문에 살라자르 박사는 1960년대까지도 자국의 산업 개발을 반대할 정도였다. 그의 정권은 비파시즘적일 뿐만 아니라 '자발적으로 비전체주의적' 이어서, 정치에 관심 없는 국민들이 '여느 때처럼 살도록' 내버려두는 편을 선호했다.[11]

포르투갈과는 정반대로 나치 독일은 완벽한 급진화를 경험했다. 동구에서 팽창주의 전쟁을 벌여 승리를 거둔 결과, '특권 국가' 와 '동형 기구' 들은 그나마 남아 있던 '표준 국가' 의 제약에서 벗어나 거의 무제한적인 행동의 자유를 만끽하게 되었다. 과거에는 폴란드와 소련 서부에 해당했지만 이제는 '무인지대(無人地帶)'가 된 곳에서 나치당의 급진파들은 자기들이 품고 있던 극단의 환상인 인종 청소를 마음대로 실행에 옮겨도 되겠다고 생각했다. 모든 파시즘에는 극단적인 급진화 성향이 도사리고 있게 마련이지만, 전쟁이라는 상황, 특히 정복 전쟁에서 승승장구하고 있는 상황은 이러한 극단적 성향을 적나라하게 드러내 현실화시켰다.

급진화의 충동은 무솔리니의 이탈리아에도 존재했다. 쇠락하는 검은 셔츠단에 다시 활기를 불어넣으려는 간헐적 충동과 보수파 동맹 세력들과의 관계를 정상화하려는 충동 사이에서 갈팡질팡하느라 파시즘 정권의 행로는 일정치 않았다. 무솔리니는 '전체주의'라는 말을 대중화했으며, 행동에 나서 혁명을 수행하겠다는 약속을 내걸고 온갖 수사를 동원하여 계속해서 대중의 지지를 호소했다. 그러나 실제로는 일관성 없는 모습을 보여 자기의 권력을 공고히 할 기회라면 급진적 당원들이 마음대로 설치도록 허용했지만, 집권 후 불만 세력의 도전이 없는 튼튼하고 안정된 국가가 필요할 때는 급진파들을 억압했던 것이다.

무솔리니는 '권력을 장악하는' 과정에서는 배짱 좋은 도박꾼처럼 행동했지만, 총리가 된 후에는 모험보다 안정을 지향하는 쪽으로 방향을 틀었다. 1921년 사회주의자들과의 평화 협정을 제의했을 때 처음 드러났던, 국가를 '정상화'하려는 경향은 세월이 흐르면서 더욱 뚜렷해졌다. 이는 무솔리니 개인의 성향뿐 아니라 주변 상황이 함께 작용한 결과이기도 했다. 4장에서 살펴보았듯이, 무솔리니는 1922년에 취임한 뒤 첫 2년 동안에는 국가의 우위를 강조하여 당내 모험주의자들과 경쟁 세력이었던 라스(ras)들을 견제하려

들었다. 그는 군주, 교회, 보수파 동맹 세력이 행사하는 광범위한 권력에 도전하려 하지 않았다. 이 시기 무솔리니의 경제정책은 자유주의 국가들의 불간섭주의 정책을 따랐다. 무솔리니 정권의 첫 경제장관(1922~1925)은 경제학 교수(이자 당 활동가였던) 알베르토 데 스테파니였는데 그는 정부의 경제 개입을 줄이고, 세제(稅制)를 간소화했으며, 정부 지출을 줄여 예산 균형을 맞추었다. 데 스테파니는 자유무역을 신봉했지만 동시에 생산 부문에 활기를 불어넣자는 파시즘의 이상도 신봉했다. 그가 지방에서 비싼 원가로 생산되던 (사탕무로 만든) 설탕 등의 상품을 보호해주는 수입관세를 삭감하여 일부 기업가들의 화를 돋운 것은 사실이다. 그러나 데 스테파니는 전반적으로 "명백한 기업 편애 성향"을 보였다.[12)]

사회주의 진영의 지도자 자코모 마테오티가 암살당하자 또 한 번의 급진화와 정상화 왕복이 반복되었다.[13)] 마테오티 암살을 놓고 빗발치는 비난 여론에 대해 무솔리니가 처음 보인 반응은 '정상화' 작업을 더욱 강화하는 것이었다. 그는 중요하기 짝이 없는 내무부 장관직과 경찰 통수권을 모두 루이지 페데르초니(Luigi Federzoni, 1878~1967)에게 넘겨주었다. 페데르초니는 국민당(the Nationlist Party)의 당수였는데, 국민당은 1923년에 파시스트당과 합당하였다. 민주주의 진영과 일부 보수파 동맹 세력에서 쏟아지는 거센 비난 속에서 6개월을 자중한 끝에 — 예측 못한 상황에 직면해 마비된 것으로 보이지만 — 두체는 급진적 당원들의 압력을 받아 1925년 1월 3일에 일종의 선제 쿠데타를 일으켰다. 그리고 간헐적이기는 하지만 의회주의 체제를 그가 (약간의 과장을 곁들여) '전체주의' 체제라고 부르는 것으로 대체하는 긴 과정에 접어들었다. 그가 파시스트당 내에서도 가장 과격한 축에 들었던 크레모나의 라스, 로베르토 파리나치를 파시스트당 서기로 임명한 것은 당으로 하여금 안정을 찾고 기존 관료 체제로 침투해 들어가 국가 정책 결정을 지배하도록 하겠다는 의도로 보였다.

그러나 불과 1년 남짓 지난 1926년 4월에 파리나치를 해임하고[14] 그 자리에 좀 더 온건한 아우구스토 투라티(Augusto Turati, 1926~1929 재임)를 앉히면서, 무솔리니는 다시 한 번 당을 희생시켜 표준 국가를 강화하기 시작했다. 특히 나치의 힘러를 본받으려는 열성 당원 대신 전문 공무원인 아르투로 보치니에게 이탈리아 경찰 통수권을 넘겨준 것도 바로 이 시기였다. 제멋대로 권력을 휘두르는 '특권 국가'에 경찰력을 귀속시키지 않고 (훈련받은 전문가들과 호봉제, 최소한 비정치적 영역에서 법적 절차를 준수하는 것 등의) 관료주의 원칙에 입각해 운영하도록 한 결정은 이탈리아 파시즘을 독일 나치즘과 갈라놓는 가장 중요한 분기점이 되었다.

1928년에 무솔리니는 오랜 생디칼리스트 투사인 에드몬도 로소니를 파시즘 노동조합 지도부 자리에서 쫓아냈다. 이로써 노동조합들에게 하나로 묶인 조합주의 조직 내 운영권과 함께 실질적인 의사 결정 참여권과 동등한 대표권을 주고자 했던 로소니의 노력은 종지부를 찍고 말았다. 로소니가 물러난 뒤, '파시즘적 생디칼리슴'은 파시즘 조합이 독점적으로 노동자를 대표하는 현상에만 남았다. 노동자들과 자본가들은 각기 다른 조직을 통해 서로 대면했으며, 노조 대표들은 작업 현장에서 사라졌다. 무솔리니가 크게 선전했던 '조합 국가'는 그 발전 결과 사실상 국가의 권위 아래에서 고용주들이 '사적 권력'을 강화하는 것에 다름 아닌 상태가 되었다.[15]

교황 피우스 11세. 재위 기간 동안 무솔리니가 권력을 잡는 것을 지켜보았고, 1929년 바티칸 시의 존재를 독립 국가로 인정하는 라테란 협정에 서명하였다. 교황청은 그 대가로 이탈리아 왕국을 승인하고 세계의 군사 · 외교 분쟁에 대한 중립을 선언하였다.

정상화를 향한 무솔리니의 가장 과감한 결단은 1929년 교황청과 맺은 라테란 협정(Lateran Pact)이었다.[16] 이 협정은 이탈리아 국내에서 카톨릭의 정치 활동을 금지했지만 장기적으로 보면 교회에 이롭게 작용했다. 민주주의자가 아니었던 교황 피우스 11세는 애초부터 카톨릭 정당에는 별 관심이 없었으며 교회 산하의 학교와 '카톨릭운동(Catholic Action)' 등의 교구 조직을 크게 중시했다(카톨릭운동은 청년 단체와 노동자 단체의 연계 조직으로서 향후 이탈리아 사회를 안에서부터 변화시키게 된다).[17] 그 결과 (1931년에 파시즘 열성 당원들이 카톨릭 청소년 프로그램을 침범해서 갈등을 일으키기는 했지만) 교회의 대중 조직은 파시즘보다 장수했을 뿐 아니라,

전후에도 기독교민주당(DC)의 장기 통치가 가능하게 도와주었다. 무솔리니는 전통적인 권위주의 통치로 더욱 후퇴했다. 무솔리니의 권위주의 통치 체제에서는 군주, 조직화된 기업, 군, 카톨릭교회가 파시스트당이나 국가의 간섭 없이 자치적으로 활동할 수 있는 범위가 넓었다.

무솔리니는 나이가 들수록 권위주의 통치를 선호했을 가능성이 크다. 그러나 그는 젊은 세대가 활기를 잃어가는 정권에 조바심을 내고 있다는 사실을 알았다. 인드로 몬타넬리(Indro Montanelli)라는 청년 파시스트는 1933년에 이렇게 불평했다. "우리는 행동대가 될 수 있을 만큼 튼튼한 정신적 무장을 갖추었지만 운명은 우리에게 헌정 질서의 허수아비 근위대 노릇이나 하라고 한다."[18] 이는 1935년 무솔리니가 파시즘 정권의 고전적인 '전진' 정책, 다시 말해 에티오피아 침략 전쟁을 선택하게 된 한 가지 이유였다. 무모한 급진화 모험에 따른 몰락 과정은 — 1936~1938년의 '문화 혁명', 1940년의 에티오피아 전쟁, 1943~1945년 나치 점령기의 살로 괴뢰 정권 등이 그 예다. — 6장 끝부분에서 자세히 살펴볼 것이다.[19]

어떤 요소가 급진화를 부추기는가?

무솔리니가 정상화와 급진화 사이를 오간 과정을 간략히 살펴보면 지도자가 홀로 중요한 결단을 내린 것처럼 보인다. 이런 시각은 1980년대의 논쟁에서 '의도주의(intentionalism)' 라는 이름을 얻었다.[20] 그러나 경찰관들과 군 지휘관, 고급 관리와 일반 공무원들이 지도자의 명령에 기꺼이 복종하지 않았다면 지도자의 의도도 별 의미가 없었으리라는 사실은 분명하다. 게으르기로 악명 높은 히틀러를 고려한 일부 학자들은 급진화의 추진력은 아래로부터 분출했다고 주장했다. 국내 위기 상황에 좌절한 동시에, 과격한 행동을 해도 총통이 (포템파 살해범들에게 그랬듯이) 덮어줄 것이라고 철석같이 믿었던 졸개들이 급진화를 주도했다는 것이다. 이러한 입장은 1980년대에 벌어진 논쟁에서 '구조주의(structuralism)' 라고 불리게 되었다.

지도자의 말과 행동에 덧붙여 파시즘 정권 역시 전통적인 권위주의 독재와 확연히 구분되는 아래로부터의 급진화 충동을 포용했다는 사실을 인정한다면 '구조주의' 로 모든 문제를 해명하려는 발상이 지닌 불합리성이 눈에 들어올 것이다. 파시즘의 매력에 내재하는 역동성, 흥분, 추진력, 위험 따위에 대한 기대감을 파시스트들이 의도적으로 부추겼으며 지도자가 전통적 엘리트층으로부터 독립적인 권력을 획득할 수 있는 주요 통로가 막힐지도 모른다는 두려움 때문에 파시즘적 선동을 완전히 그만두기 어려웠다는 사실은 앞에서 이미 언급한 바 있다.

당과 열성 당원들은 그 자체로 급진화를 지속시키는 강력한 추진력이었다. 그 어떤 정권도 대중 운동이 없이는 진정한 파시즘 정권이라고 할 수 없었다. 대중 운동은 정권이 권력을 장악하도록 도왔고 정치 활동을 독점했으며 집권 후 동형 조직을 동원해 공적 생활에서 주도적 역할을 했다. 당이 지도자에게 어떤 심각한 문제를 떠넘길 수 있는지는 이미 살펴보았다. 수많은 전투를 경험한 파시스트 투사들은 일자리, 권력, 돈과 같은 즉각적인 보상을 간절히 바랐기 때문에 지도자가 필요로 했던 기존 주류 세력과의 동맹을 여러 측면에서 방해했다. 지도자가 흔들린다면 당의 오랜 동지들이 권좌를 노리는 정적으로 바뀔 가능성이 컸다.

5장에서 보았듯이 파시즘 지도자들 중 — 히틀러조차도 — 당과 아무런 문제가 없이 지낸 사람은 아무도 없었다. 지도자는 당이 제멋대로 날뛰도록 내버려두어서는 안 되었지만 동시에 당 없이는 사실상 정권을 이끌어갈 수 없는 형편이었다. 당은 지도자가 영원한 숙적관계인 전통적 엘리트층에 맞서 사용할 수 있는 최고의 무기였기 때문이다. 히틀러는 특유의 신속하고 무자비한 방법으로 나치당과의 갈등을 해결했다. 그러나 아무리 히틀러라고 해도 갈등 해결에 전혀 문제가 없었다거나 그가 완벽한 통제권을 장악했다고 상상해서는 안 된다.

무솔리니 역시 히틀러처럼 유혈 사태를 두려워하지 않았다. 이는 로셀리 형제와 마테오티 살해 사건에서 입증된 바 있다. 그러나 무솔리니는 1944년 이탈리아가 독일에 점령되기 전에는 반항적인 당 측근들을 처형할 엄두를 내지 못했다.[21] 때때로 굴복하는 경우도 있을 정도였다. 당내에서 떠들썩한 논쟁이 벌어진 지 4개월 후인 1921년 11월, 애초에 자신이 제안했던 사회주의 진영과의 평화협정을 포기했을 때와 1925년 1월 권력을 장악하고 독재를 시작했을 때가 그 좋은 예다. 그는 종종 당 급진파들의 불만을 다른 곳으로 돌리려고 애를 썼다. 1925년에 파리나치를 당 서기로 임명한 것이나 파리나치만큼 강력한 라스였던 이탈로 발보가 공군과 아프리카 제국으로 관심을 돌리도록 유도한 것이 그 예다.

알베르토 데 스테파니를 기용해 초기에 자유방임주의 경제정책을 폈던 무솔리니처럼, 히틀러 역시 정권의 첫 재무장관으로 보수

리비아 식민 총독 이탈로 발보가 트리폴리에 도착한 이탈리아 첫 이주민을 환영하고 있다. 발보는 파시즘을 가장 훌륭하게 전파한 사람이지만, 이탈리아 국민들 사이에서 그의 인기가 계속 상승하자 무솔리니는 그를 리비아 총독으로 임명하여 관심권 밖으로 밀어냈다.

파인 루츠 그라프 슈베린 폰 크로지크(Lutz Graf Schwerin von Krosigk, 1887~1977)를 임명했다.[22)] 총통은 집권 후 얼마 동안은 대외정책을 (귀족 출신인 콘스탄틴 폰 노이라트를 외무부 장관으로 하여) 전문 외교관들의 손에 맡겼으며, 군대도 직업 군인들에게 맡겼다. 그러나 히틀러의 경우에는 표준 국가를 축소하고 특권 국가를 확장하려는 충동을 무솔리니보다 훨씬 오래 유지하였다. 당을 완전히 장악한 히틀러는 기존 엘리트층에 맞서 세력을 넓힐 목적으로 당내의 급진 세력을 철저히 활용했으며 (1934년 6월에 본보기 삼아 행한 피의 숙청을 제외하면) 그들을 거의 통제하려 들지도 않았다.

급진화를 부추기는 또 다른 요소로 파시즘 통치의 카오스적 본성을 꼽는 사람도 있다. 전시의 선전 내용이나 오래 지속된 대중적 이미지와는 달리, 나치 독일은 순조롭고 활기차게 돌아가는 기계가 아니었다. 히틀러는 당 조직들이 전통적인 국가 기관들과 경쟁하도록 허용하는 동시에, 충직한 측근들을 업무가 중첩되는 자리에 임명해서 그들끼리의 경쟁을 유도했다. 그 결과, 당과 국가 안팎에서 서로 우위를 차지하려는 '봉건적인'[23] 투쟁은 자기 나라의 전문적이고 독립적인 공공 서비스 전통을 자랑스럽게 여기던 독일 국민들에게 큰 충격을 안겨주었다.

초기 나치즘에 매료되었던 젊은 폰 데어 슐렌부르크(Fritz-Detlof Count von der Schulenburg)는 1937년에 이렇게 한탄했다. "과거에 통합되었던 국가의 권력은 이제 여럿으로 쪼개져버렸다. 당 조직과 관료 조직이 같은 영역에서 일하느라 활동 영역이 겹쳐 책임을 확실히 구분할 수 없게 됐다." 그는 "진정한 공공 행정 업무의 종말과 아첨으로 가득한 관료 체제의 등장"을 경계했다.[24]

제멋대로 사는 보헤미안이었던 히틀러가 적어도 전쟁 전까지는 통치 업무에 투자하는 시간을 최대한 줄이려 했다는 사실은 이미 앞 장에서 살펴보았다. 그는 연설이나 집회에서 자기의 이상과 마음속의 증오를 선포했으며, 관심과 포상을 얻기 위한 약육강식의 권력 다툼에서 야심만만한 부하들이 총통의 선포를 실행하기 위해 가장 과격한 방법을 찾는 것을 허용했다. 히틀러의 광적인 이상에 대해 속속들이 알고 있던 측근들이 '총통을 향하여 일해'[25] 주었기 때문에 총통은 주로 그들 사이에서 중재만 해주면 되었다. 히틀러와 달리 정부에 관련된 일이라면 세세한 부분까지 꼼꼼히 챙겼던

히틀러는 연설이나 집회에서 자기의 이상과 증오를 선포했으며, 약육강식의 권력 다툼에서 야심 만만한 부하들은 가장 과격한 방법으로 총통의 선포를 실행하는 방법을 찾았다.

무솔리니는 유능한 측근들을 요직에 앉히지 않았을 뿐 아니라 끊임없이 그들을 의심했다. 즉 무솔리니의 통치는 급진화보다는 무기력에 빠져들기 쉬운 유형이었다.

파시즘에 가장 확실한 급진화 원동력이 되어준 것은 전쟁이었다. 좀 더 정확히 말하자면, 파시즘 정권에서 전쟁은 순환적인 역할을 수행했다. 초기 파시즘 운동은 1차 세계대전의 발발로 뚜렷이 드러난 폭력성을 더욱 고양시키는 데 뿌리를 두었는데, 전쟁 도발은 파시즘 체제의 단결과 규율과 폭발적인 위력에 불가결한 요소임이 드러났다. 전쟁이 일단 시작되면, 더 극단적인 조치를 취할 필요가 있다는 대중의 인정을 자연스럽게 끌어낼 수 있었다. 전쟁이 파시즘의 강경한 색조 유지에 필요 불가결하다는 명제는 하나의 일반 법칙인 것 같다(그리고 알려진 경우를 보면, 전쟁은 파시즘의 해체에도 필요 불가결한 것 같다).

히틀러와 무솔리니가 모두 파시즘 체제의 잠재력을 실현하는 데 필수적인 단계라고 생각하고 계획적으로 전쟁을 선택한 것은 분명하다. 둘은 전쟁을 통해 필요한 영토를 정복하고 국내의 기강을 강화하고자 했다. 히틀러는 괴벨스에게 이렇게 말했다. "전쟁은 …… 평상시에는 절대로 풀 수 없었던 여러 가지 문제들을 해결할 수 있게 해준다."[26)]

히틀러는 의도적으로 갈등을 조장했다. 그는 전쟁을 원했던 것일까? 1960년대에 영국의 역사학자인 테일러(A. J. P. Taylor, 1906~1990)는 히틀러가 1939년 9월 개인적으로 원치 않던 전쟁에 말려들었으며, 1939년 3월 훗날 독일의 폴란드 침공을 유발한 치명적인 결정을 내린 쪽은 히틀러가 아니라 아서 네빌 체임벌린(Arthur Neville Chamberlain, 1869~1940) 영국 총리였다고 주장했다.[27)] 테일러의 수정론은 과거를 좀 더 자세히 검토하도록 만든다는 점에서는 유용하다. 그러나 히틀러가 두 군데의 전선을 장기 소모전을 벌이면서까지 장악할 의도까지는 없었을지 모르나, 적어도 폴란드에서는 단기 국지전을 벌여 승리를 거둘 작정이었거나, 최소한, 무력행사를 통해 자기가 원하는 바를 반드시 얻고야 마는 사람이라는 인상을 대중에게 심어주려 했다고 결론짓는 것이 가장 타당하다. 나치 정권은 독일의 물질적 · 정신적 전쟁 준비에 모든 초점을 맞추었기 때문에, 비축한 힘을 조만간 사용하지 않는다면 결정적으로 국민의 신뢰를 잃게 될 상황이었다.

무솔리니 역시 전쟁에 매력을 느꼈다. "스페인 문제가 해결되면 다른 것을 생각해볼 작정이네." 그는 맏사위이자 외무장관이었던 갈레아초 치아노(Galeazzo Ciano, 1903~1944)에게 이렇게 말했다. "이탈리아 국민의 성격은 싸움을 통해 다져 나가야 해."[28] 그는 전쟁이 인류 발전의 유일한 원동력이라고 주장했다. "남자가 전쟁을 하는 것은 여자가 아이를 키우는 것과 같다."[29]

총리가 된 지 1년도 채 지나지 않았던 1923년 8월, 무솔리니는 코르푸(Corfu, 이오니아해에 있는 섬) 사건을 계기로 대외정책 무대에 처음 등장해 파시즘적 허세를 크게 과시했다. 당시 알바니아와 그리스의 국경 분쟁을 중재하던 이탈리아 장군 1명과 그 일행 중 몇 명이 그리스 강도로 추정되는 일당에게 살해되자, 무솔리니는 그리스 정부에 과도한 배상 요구를 했다. 그리스 정부가 선뜻 응하지 않고 망설이자 이탈리아 군은 코르푸 섬에 폭격을 가하고 섬을 점령해버렸다.

두체는 1933~1934년에 에티오피아 침략 준비를 시작했다. 그 운명적 결정은 — 무솔리니는 어쩔 수 없이 히틀러와 연합해 영국과 프랑스에 맞서게 되었다. — 전통적인 제국을 향한 꿈과 이탈리아가 1896년 에티오피아에게 참패했던 아드와(Adwa) 전투의 복수뿐 아니라, 파시즘 운동에 새로운 역동성을 불어넣어야 할 필요 때문이기도 했다. 1930년대 초에 이탈리아 파시즘 정권은 정체성의 위기를 맞게 된다. 권력을 장악한 지 10년째였다. 검은 셔츠단은 계속 규모가 커졌고, 당은 원하는 사람이라면 무조건 받아주었다. 수많은 젊은이들이 파시즘의 초기의 영웅적인 모습을 모른 채, 파시스트를 태평한 출세주의자 정도로만 생각하면서 성인이 되었다.

폴란드로 진격하는 나치군 행렬을 지켜보는 히틀러와 군 장성들. 1939년 9월 1일 전격 개시된 폴란드 침공으로 2차 세계대전이 시작되었다.

훗날 유럽에 전쟁이 임박하자 무솔리니는 (히틀러와는 달리) 1938년 체코 위기(독일과의 대치 상황에서 1938년 여름 체코슬로바키아 정부가 국경 지역에 독일군이 동원되었다는 잘못된 정보를 접하고 실제로 군대를 동원한 사건. 일주일이 지나면서 긴장이 완화되었다)와 1939년 8월의 폴란드 위기 상황(결국 히틀러는 1939년 9월 1일 폴란드를 침공했다)을 협상으로 타개하기를 원했으나, 끝까지 방관자의 입장을 고수할 형편은 못 되었다. 프랑스에서 독일의 승리가 거의 확실시되던 1940년 6월 10일, 무솔리니는 군사적 여건이 좋지 않았음에도 불구하고 프랑스 침략 전쟁에 서둘러 뛰어들었다. 일부 급진파 측근들과 마찬가지로 전쟁이 파시즘의 초기 정신을 회

1940년 참전을 논의하기 위해 만난 히틀러와 무솔리니. 오른쪽은 이탈리아 외무장관 치아노. 1940년 무솔리니는 여건이 좋지 않았음에도 프랑스 침략 전쟁에 뛰어들었다. 결국 참전은 그에게 치명타가 되었다.

복시켜주리라고 믿었을 가능성도 있지만[30], 전쟁을 통해 자신의 입지를 공고히 할 수 있으리라고 생각했을 가능성도 있다. 무엇보다, 너무나 오랫동안 호전적인 가치들을 역설해왔던 그로서는 손쉬워 보이는 승리가 코앞에 놓여 있는데 앉은자리에서 구경만 할 수는 없었던 것이다.[31] 1940년 가을에 단행한 알바니아 및 그리스 침공 역시 위신을 세우고 히틀러와 '대등하게' 독자적인 전쟁을 벌이고 있다는 이미지를 심기 위한 것이었다. 그것 말고 이 전쟁에는 어떤 경제적 · 전략적 목표도 없었다.

급진화되지 않았던 권위주의 정권들도 군사적인 측면을 찬미하기는 마찬가지였다. 프랑코는 가급적 전쟁에 개입하지 않는 편을 선호했지만, 앞에서 살펴보았듯이 1940년 프랑스의 패배로 인해 주어진 기회를 놓치지 않고 탕헤르를 손에 넣었다. 군사 행진은 프랑코 치하의 스페인에서 중요한 공적인 행사였다. 패전한 프랑스에서는 1차 세계대전의 영웅인 페탱 장군이 이끄는 비시 정부가 군사적인 면모를 과시하고 애국심을 고취하는 행사에 많은 공을 들였다. 비시 정부는 나치 점령 당국에게 거의 유명무실한 존재였던 비시 정전군(Vichy Armistice Army)의 역할을 키워 연합군의 침략으로부터 프랑스 땅을 지킬 수 있도록 해달라고 계속 요청했다.[32] 가장 온건했던 포르투갈의 독재자 살라자르조차 자기의 권위주의 국가에 정서적이고 경제적인 지원을 제공한 아프리카 제국을 무시하지 못했다.

그러나 권위주의 독재가 군사적 측면을 미화하는 것은 파시즘 정권이 전쟁에 감정적으로 열의를 보이는 것과는 다르다. 권위주의 독재자들은 화려한 군사 행렬을 즐겨 사용했지만 정권의 현상 유지에 치중했기 때문에 실제로 전쟁을 벌인 적은 거의 없었다. 이와 대조적으로 파시즘 정권들은 자기 민족의 생존에 필요한 새로운 영토, 곧 생활권(Lebensraum, spazio vitale)을 적극적으로 손에 넣지 않고는 지속할 수 없었기 때문에, 그 목표를 이루기 위해 일부러 공격적인 전쟁을 선택했다. 국민들의 긴장 수위를 높이려는 의도도 분명히 있었다.

게다가 파시즘의 급진화는 단순한 전시 정부 이상이었다. 물론 전쟁 수행은 굳이 파시즘이 아니라도 모든 정권을 급진화시킨다. 어느 국가도 전시에는 동원하는 국민의 수를 늘리려 하고, 국민들은 (명분의 정당성을 믿을 경우) 기꺼이 나서서 공동체를 위해 희생할 뿐 아니라 자유를 일부 포기하는 것도 마다지 않는다. 코앞에 적이 다가왔을 때는 국가 권위의 확대도 정당하게 보인다. 2차 세계대전 동안 민주 국가의 국민들은 배급이나 징집과 같은 물질적 희생뿐 아니라, 검열처럼 자유를 제한하는 조치까지 기꺼이 받아들였다. 냉전 기간 동안 미국에서는 공산주의라는 적을 물리친다는 명목으로 또 다시 자유를 제한하자는 강력한 여론이 형성되었다.

그러나 파시즘 치하의 전시 정부는 한정된 기간 동안 자발적으로 자유를 유보했던 민주 국가의 경우와는 달랐다. 전시 파시즘 정권에서는, 당이나 파시즘 운동 내 광신적인 소수가 그 어떤 합리적 이해득실 계산도 초월하는 광기를 마음대로 표출할 기회를 잡는 경우도 있었다. 따라서 우리는 파시즘 정권들이 사회의 파편화와 대중의 원자화를 토대로 세워졌다는 한나 아렌트의 견해로 돌아가게 된다.

원자화를 나치의 성공 필수요건 중 하나로 파악했다는 점에서 아렌트는 거센 비판을 받았다.[33] 그러나 아렌트의 저서 《전체주의의 기원(Origins of Totalitarianism)》(1951)은 역사적 관점에서 저술되기는 했으나, 기원과 역사를 논한다기보다는 극단적인 급진화에 대한 철학적 고찰을 담은 책으로 보아야 한다. 사회의 파편화 및 원자화가 파시즘이 뿌리를 내리고 권력을 장악하는 과정에 대한 설명으로는 미흡할지 몰라도, 통치의 파편화 및 원자화는 파시즘의 마지막 단계인 급진화 과정에서 나타나는 특징이었다. 새로운 점령지에서 '표준 국가'를 대행하는 일반 공무원들은 '특권 국가'를 대표하는 급진파 당원들에게 자리를 빼앗겼다. 기존의 관료적이고 체계적인 절차들 역시 점령지 정부에서 근거가 불명확한 권위를 행사하게 된 당 과격파들의 마구잡이 정책에 밀려나고 말았다.

홀로코스트를 어떻게 이해할 것인가?

파시즘의 급진화가 극에 달해 나타난 것이 나치의 유대인 학살이었다. 단순한 글만으로는 홀로코스트를 제대로 설명할 수 없겠지만, 그 중에서도 가장 신뢰할 만한 연구들은 두 가지 특징을 갖추고 있다. 우선, 이런 연구는 유대인에 대한 히틀러의 강박적 증오뿐만 아니라, 유대인들에게 점점 가혹해지는 정책 실행에 참여함으로써 조직적 학살이 가능하도록 도왔던 수천 명의 하급자들 역시 탐구 대상으로 삼았다. 이들이 아니었다면 히틀러의 잔혹한 환상도 한낱 망상으로 그쳤을 것이다.

또 하나의 특징은 홀로코스트가 갑자기 일어난 것이 아니라 소극적인 행동에서 출발해 일정 단계를 거치면서 점점 더 광포한 방향으로 나아갔다는 인식이다.[34] 오늘날 대부분의 학자들은 유대인에 대한 나치의 공격이 점진적으로 증폭됐다고 본다. 홀로코스트는 여기저기서 마구잡이로 저질러졌던 유대인 학살에서만 비롯된 것도 아니고, 상층부에서 잔인한 국가 정책을 강요한 결과로만 나타난 것도 아니었다. 이 두 가지 충동은 어떻게 보면 '이중 국가'에 어울리는 방식으로 서로 상승작용을 일으켰다. 각 지역당 과격파들의 자경단 의식의 분출은 나치 지도자들의 선동과 지도자들이 만들어낸 폭력 용인 분위기에 더욱 고조되었다. 한편으로 나치 국가는 급진파 당원들이 일으킨 무질서한 폭력 사태를 질서정연한 공식 정책 쪽으로 유도하는 작업을 계속했다.

유대인 표지인 다윗의 별을 단 여인. 1941년 8월에는 독일제국 내에서도 모든 유대인들은 표지를 달아야 했으며, 이 무렵부터 다음 단계인 추방이 시작되었다.

홀로코스트의 첫 번째 단계는 '격리', 다시 말해 내부의 적을 규정하여 국가로부터 격리하고 시민으로서 지니는 권리를 금하는 단계였다. 이 작업은 1933년 봄 과격파 당원들이 일으킨 가두시위와 함께 시작되었다. 이는 히틀러의 권력 장악에 곧바로 이어진 일명 '아래로부터의 혁명'이었다. 새 정권은 유대인 상점에 낙서를 하고 기물을 때려 부수는 혼란스러운 사건들을 통제하고 질서를 잡을 목적으로 1933년 4월 1일을 공식적인 불매 운동의 날로 지정했다. 1935년 9월 15일에 선포된 뉘른베르크 법은 이민족 간의 결혼을 금지하고 유대인들의 시민권을 박탈하는 내용으로, 격리를 공식적인 국가 정책으로 격상시켰다.[35] 이후 잠시 동안의 소강 상태가 뒤

따랐다. 부분적으로는 1936년 베를린 올림픽에서 세계에 긍정적인 인상을 주려는 정권의 의도 때문이었다.

1938년 11월 '수정의 밤'을 기해 유대교 회당에 불을 지르고 상점을 파괴하는 길거리 폭력 사태가 괴벨스의 부추김으로 다시 발발하자[36], 다른 나치 간부들은 시민 차원의 대중적 폭력 사태를 유대계 사업의 '아리안화(化)'라는 좀 더 체계적인 국가 정책으로 끌어올릴 방법을 모색했다. "이런 시위에는 이제 신물이 난다." 괴링은 '수정의 밤' 사건이 발생하고 이틀이 지났을 때 이렇게 불평했다. "저들이 해를 입히는 대상은 유대인이 아니라 나, 독일 경제를 이끌어가는 최종 책임자인 괴링이다. …… 피해는 보험회사에서 보상할 것이므로 유대인들에게는 아무런 해가 되지 않는다. 게다가 부서진 물건들은 독일 국민의 것이다. …… 우리는 이 자리에 잡담하러 모인 것이 아니라 결정을 내리기 위해 모인 것이다. …… 우리의 목적은 독일 경제에서 유대인을 완전히 근절하는 것이다."[37] 격리 정책은 유대인들에게 표지를 달도록 하면서 절정에 달했다. 1939년 말 폴란드 점령지를 시작으로 1941년 8월에는 독일제국 내에서도 모든 유대인들은 겉옷 가슴에 노란 다윗의 별 표지를 달고 다녀야 했다. 이 무렵에는 이미 다음 단계인 추방이 시작되었다.

추방 정책은 1938년 오스트리아 합병으로 인한 도전과 기회를 배경으로 싹텄다. 합병은 제국 내 유대인의 수를 증가시켰지만, 동시에 나치가 유대인들을 더욱 가혹하게 다룰 자유를 제공해주었다. 나치 친위대 장교 아돌프 아이히만(Adolf Eichmann, 1906~1962)은 빈에서 나치 폭도를 두려워하는 부유층 유대인들에게 출국 허가를 내주는 조건으로 거액을 챙겨 다른 유대인들을 추방하는 자금으로 사용하는 제도를 고안했다.

1939년 9월 폴란드 서부 지역을 독일이 점령하자 독일 내 유대인 인구는 수백만 명이나 증가했지만, 동시에 이들을 마음대로 다룰 자유 또한 커졌다. 폴란드 침공 과정에서 특수 무장 부대 '아인자츠그루펜(Einsatzgruppen)'이 폴란드 및 유대계 엘리트 남성들을 대량 학살하기는 했으나, 유대인 인구 전체로 보면 그때까지 최종 목표는 추방에 머물러 있었다.

그러나 점령지의 나치 총독들이 자기가 다스리는 지역 내 유대인들을 다른 구역으로 추방하려고 들면서 문제가 발생했다. 수많은 나치 장교들은 과거 폴란드였으나 이제 나치령이 된 지역이 유대인들을 몰아넣기에 안성맞춤인 쓰레기장이라고 생각했지만, 막상 해당 지역을 다스리는 한스 프랑크(Hans Frank, 1900~1946, 독일의 정치가, 법률가)는 오히려 폴란드계 유대인들을 동쪽으로 추방해 자신의 영토를 '모범 식민지'로 만들고자 했다. 히틀러의 신임을 얻는 경쟁에서 승리해서 결과적으로 독일계 유대인들의 폴란드 추방을 막았던 장본인은 다름 아닌 프랑크였다.[38)]

힘러가 동유럽과 이탈리아 북부에서 온 50만 명 가량의 독일인들을 유대인과 폴란드인들이 추방당한 뒤 비어 있는 땅으로 이주시키려는 계획을 추진하면서 상황은 더욱 복잡해졌다.[39)] 이렇게 맞물린 인구 이동의 '도미노 게임'은 곧 '교통 체증'을 만들어냈기 때문에, 몇몇 나치 인종 문제 입안자들은 1940년 봄과 여름에 유럽의 유대인들을 프랑스 식민지인 마다가스카르로 보내 체증을 해소하는 방안을 강구하기도 했다.[40)]

나치는 1941년 6월의 소련 침공 덕분에 추방이 다시 손쉬워지리

게토에서 독일군들에게 체포당한 유대인들. 유대인 문제에 대한 나치의 공식 해결책은 처음에는 학살이 아니라 추방이었다.

라고 기대했다. 나치의 예상처럼 빨리 소련 영토를 정복한다면 유대인 수백만 명을 추가로 관리해야 하겠지만, 동시에 그들을 추방할 광활한 러시아 내륙 지대도 함께 열리는 셈이었다. 이런 희망 때문에 추방은 1941년 말까지도 '유대인 문제'에 대한 나치의 공식 해결책이었다.

그러나 1939년 9월에서 1944년 말 사이 폴란드와 소련 내 나치 점령 지역에 대한 상세한 연구는 유대인 처리가 거의 전적으로 나치 행정관들의 개인적 재량에 달려 있었으며 지역적 편차도 어마어마하게 컸다는 사실을 보여준다. 치안 문제, 물자 부족, 토지 부족, 만연하는 질병 등 상상도 못할 만큼 심각한 문제들을 알아서 해결해야 할 처지가 된 그들은 현지에서 온갖 종류의 해결책을 실험해 보았다. 게토(ghetto, 유대인 강제 거주 지구)를 만들어 수용하거나 강제노동을 시키기도 하고 재정주 정책을 사용해보기도 했다.[41] 새로 장악한 발트 3국(에스토니아, 라트비아, 리투아니아)과 폴란드 동부에서 일부 나치 행정관들은 '보안상'의 이유로 유대인 남성들을 죽이는 선을 넘어, 여성과 아동을 포함한 유대인 인구 집단 전체를 학살하기 시작했다. 1941년 8~9월경부터 시작된 학살은 현지 행정관들의 자체 결정에 따른 처사였음이 분명하다(물론 베를린 중앙정부에서 승인해주리라는 확신이 있었기 때문이다).[42] 이런 관점에서 보면, 힘러의 수석부관 라인하르트 하이드리히(Reinhard Heydrich, 1904~1942)가 의장을 맡아 1942년 1월 20일에 주최한 나치 고위급 장교들의 회동(반제 회의(Wannsee Conference). '최종 해결책'이 결정된 회의로 유명하다. 최종 해결책이란 모든 유대인을 모아 동부로 이송한 뒤 강제노동을 시킨다는 것이었다. 가혹한 환경과 노동으로 인구의 자연 감소 효과를 노렸다. 살아남은 유대인들은 '상황에 따라' 처리하기로 했다)은 위에서 새로운 정책[학살 정책]을 결정해 내려 보낸 것이라기보다는 현지에서 주도한 몰살 작전을 정부에서 추인한 것에 가깝게 보인다.

가끔 '보안상'의 이유로 많은 유대인 남성들을 죽이는 일로 중단됐던 기존의 정책이 동유럽의 나치 점령지에서 여성과 아동을 포함한 유대인 집단 전체의 몰살이라는 새 정책으로 바뀐 것이 정확히 언제이며 그 이유가 무엇인지는 홀로코스트 연구에서 아직까지도 가장 논쟁이 치열한 부분이다. 이 문제에서는 히틀러 개인에게 초

독일군에게 처형당하는 유대인. 대량 학살이 일어나기 전에는 유대인 남성들을 총으로 살해하는 방법을 이용하였으나, 곧바로 가스실을 이용한 더 효율적인 방법이 쓰이게 되었다.

점을 맞추어야 하는지, 그의 수하들에게 초점을 맞추어야 하는지조차 확실치 않은 형편이다. 히틀러에게 초점을 맞춘다면 유대인 말살이라는 최종 단계에서 총통이 명백한 지시를 내린 흔적이 전혀 없다는 사실이 '의도주의자들'을 난감하게 만들겠지만, 반드시 그렇게 난감해할 필요는 없을 것이다. 연구에 진지하게 임하는 학자라면 히틀러에게 가장 큰 책임이 있다는 사실을 의심하는 사람은 아무도 없다.[43] 유대인에 대한 총통의 변치 않는 증오는 모르는 사람이 없었으며, 그는 진행 상황에 대해 일정하게 요약 보고를 받았다.[44] 현지 행정관들은 자기들이 제아무리 극단적인 행동을 해도 총통이 '덮어' 주리라는 사실을 잘 알았다.

히틀러는 1941년 가을에 당시 진행 중이던 소련 침공에 대한 응답으로 모종의 구두 명령을 내렸을 가능성이 높다. 초기의 순조로운 진격 상태를 기뻐하며 내린 명령일 수도 있지만,[45] 그보다는 겨울이 오기 전 모스크바를 점령해 작전 전체의 사활이 걸린 '전격전(Blitzkrieg, 신속한 기습으로 일거에 적진을 돌파하는 기동 작전. 1939년 독일이 폴란드 침공시에 처음 실시했다)'으로 승리를 거두고자 했던 계획이 실패하자 화가 나 내린 명령일 가능성이 더 크다.[46] 최근의 믿을 만한 이론은, 히틀러가 미국의 참전으로 전쟁이 세계대전으로 비화되자 1941년 12월 12일에 당 고위 간부들에게 행한 비밀 연설에서 명령을 내렸다고 본다. 1939년 1월 30일의 연설에서 가했던 위협 — 전쟁이 전 세계로 번진다면 유대인들의 탓이니 그 책임을 져야 한다는 내용이었다(히틀러는 유대인들이 미국의 정책을 좌지우지한다고 믿었다). — 을 그런 식으로 실행에 옮기고 있었던 것이리라.[47]

이번에는 현지 행정관들에게 초점을 돌려보자. 우리는 이들 중 일부가 어떻게 이미 1943년 여름에 성인 남성을 선택적으로 살해하던 선을 넘어 유대인 인구 집단 전체를 몰살하는 작업에 착수했는지를 앞에서 살펴보았다. 살인도 불사할 만큼 강한 유대인 증오가 널리 퍼져 있지 않다면 불가능한 일이었는데, 미국의 정치학자인 대니얼 골드헤이건(Daniel Goldhagen)은 유명하지만 논란의 소지가 많은 《히틀러 휘하의 자발적 처형자들(Hitler's Willing Executioners)》(1997)에서 이 점을 제대로 지적했다. 그러나 유대인에 대한 강한 증오가 널리 퍼져 있었다는 사실이 특정 시간대에 특정 장소에서만 경계선이 무너진 이유를 설명해주지는 않는다. 가장 신뢰할 만한 연구들은 '점증적 급진화'의 역동적인 과정을 제시한다. 각종 문제가 심각해지고 압력이 높아지면서 금제가 무너지고, 일탈을 정당화하는 주장이 등장했다는 것이다.

여성과 아동을 포함해 유대인들을 모두 죽이는 계획을 실행할 준비가 갖추어지는 과정에는 두 가지의 상황 변화가 큰 역할을 했다. 그 중 하나는 일련의 '예행 연습'이었다. 이 과정은 본격적인 대량 학살에 대한 금제를 깨트렸고 무슨 일이든 할 수 있는 훈련된 인력을 양산했다. 그 처음은 2차 세계대전 개전일부터 시작되어 회복 불능 질환이나 정신질환을 앓는 독일인들을 대상으로 한 안락사 작업이었다. 오래 전부터 나치 우생학 이론은 '열등한' 인간들의 제거를 인종주의적으로 정당화할 근거를 제공해왔다. 전쟁은 부족한 자원을 축내는 '쓸모없는 입'을 줄이는 것을 정당화할 더 큰 구실이 되어주었다. 'T-4' 계획(독가스와 살인 주사로 심신 장애인들을 제거한다는 계획. T4라는 명칭은 중앙사무소가 베를린 티르가르텐 4번지에 위치한 데서 유래했다)에 따라 1939년 9월과 1941년 사이에 7만 명 이상의 사람이 죽임을 당했다. 그러나 1941년에 희생자들의 가족과 카톨릭 성직자들이 강력하게 반발하고 나서면서 안락사 문제는 지역 당국에 일임되었다.[48] T-4 계획을 수행하면서 경험을 쌓은 일부 전문가들은 이후 동부 점령지로 이송되어 그 동안 배운 학살 기술을 유대인들에게 적용했다. 이번에는 전보다 반대가 덜했다.

두 번째 예행 연습은 아인자츠그루펜의 활동이었다. 아인자츠그루펜은 점령지의 정계와 문화계 거물들을 조직적으로 살해하는 특수 개입 부대였다. 이들은 1939년 9월의 폴란드 침공 당시 폴란드 지식인들과 고위 공무원들의 처형을 도왔는데, 그 과정에서 일부 군 지휘관들의 반발을 사기도 했다. 소련 침공 당시 아인자츠그루펜은 유대인 지도자들뿐 아니라 공산당 간부들 — 나치가 보기에는 공산당이나 유대인이나 다를 바가 없었다. — 과 집시들을 눈에 띄는 대로 모조리 죽여버리라는 악명 높은 '인민 위원 학살령(Commissar Order)'을 받았다. 이번에는 군에서도 아무런 반대를 하지 않았다.[49] 계속해서 아인자츠그루펜은 (단독으로 활동한 것은 아니지만) 1941년 가을 일부 점령지에서 유대인 여성과 아동을 대상으로 시작된 대량 학살에서 주도적 역할을 수행했다.

세 번째 예행 연습은 수백만 명의 소련 전쟁포로들의 사망을 조장한 사건이었다. 1941년 9월 3일 아우슈비츠에서 살충제 자이클론-B(Zyklon-B)의 대량 살상 효능에 대한 최초의 실험을 통해 전쟁포로 6백 명이 희생당했다.[50] 그러나 나머지 소련 전쟁포로들은 대부분 강제노동이나 지독한 굶주림에 시달리다 죽어갔다.

'계획적 학살'을 가능하게 만들었던 두 번째 상황 변화는 각종 장애, 비상 사태, 위기의 등장이었다. 그런 사태 때문에 점령지 행정관들은 유대인들을 감당할 수 없는 짐으로 여기게 됐다. 모스크바 점령 실패는 동유럽 점령지의 유대인을 모조리 소련 내륙으로 추방해버릴 수 있다는 기대를 산산조각내버린 커다란 장애였다. 심각한 비상 사태는 다름 아닌 독일군의 식량 부족이었다. 애초에 독일군 전략가들은 현지 주민들이 대신 굶주려야 한다는 충분히 알면서도 침공 지역에서 생산되는 식량을 이용한다는 계획을 세웠다. 현지의 식량 조달량이 기대 이하로 떨어지자 '쓸모없는 입' 색출이 시작되었다. 나치 행정관들의 비뚤어진 눈에는 유대인과 집시가 '쓸모없는 입'인 동시에 독일군의 안전을 위협하는 존재로 비쳤다. 열차 여러 대를 가득 채울 만큼 많은 독일인들이 재정착을 꿈꾸며 속속 도착한 것도 또 다른 비상 사태였다. 이들을 받아들일 공간을

앙상하게 뼈만 남은 유대인들의 시체와 그 시체들을 묻기 위해 나치군의 명령으로 땅을 파는 독일인들. 1945년 4월 집단 학살 수용소에서 찍은 사진.

새로 확보해야 하기 때문이었다.

이렇듯 불어나는 문제들에 직면한 나치 행정관들은 일련의 '중간적 해법'을 개발했다.[51] 한 가지 해법은 '게토'였다. 그러나 시간이 흐르면서 게토는 질병의 온상이자 — 청결을 중시하는 나치는 강박적으로 위생에 집착했다. — 예산을 끝없이 소모한다는 사실이 드러났다. 게토에 거주하는 유대인들에게 독일 군비(軍備)를 생산시켜보려고도 했지만 또 다른 '쓸모없는 입,' 다시 말해 노동을 할 능력이 없는 사람들이 생겨났을 뿐이었다. 또 하나의 '중간적 해법'은 이미 언급했듯이 유럽의 유대인들을 마다가스카르나 동부 아프리카, 혹은 러시아 내륙으로 몰아넣으려던 계획이었지만 역시 실패로 끝났다. 이렇듯 '중간적 해법'이 모조리 실패하자 유대인 말살이라는 '최종 해법'이 등장하게 되었다.

최초의 집단 처형은 총살로 이루어졌다. 총살은 느리고 성가실 뿐 아니라 처형을 집행하는 사람들에게 (스트레스에 익숙해지는 경우도 많았지만) 정신적인 압박을 주었다. 좀 더 효율적인 처형 기술에 대한 탐색은 가스바겐(Gaswagen)의 개발로 이어졌다. 가스바겐은 파이프를 통해 안으로 독가스를 공급하는 특수 유개화차로, 1940년 폴란드에서 정신질환자들을 트레일러에 가두어 놓고 일산화탄소 가스로 질식사시켰던 경험을 바탕으로 한 발명품이었다. 1941년 가을, 점령지 러시아에 거주하는 유대인들을 몰살시킬 목적으로 가스바겐 30대가 제작되었다.[52] 1942년 봄, 이전 폴란드 영토에 해당하는 점령지의 강제수용소 여섯 곳에 고정된 학살 전용 시설이 세워져 가스바겐보다 훨씬 빠르고 효율적인 신기술이 도입되었다. 이 시설은 대부분 계속해서 일산화탄소를 사용했으나 일부는 — 악명 높은 아우슈비츠를 포함해서 — 죽이는 속도도 빠르고 다루기도 쉬운 자이클론-B를 사용했다. 이 죽음의 공장들은 2차 세계대전 동안 나치에게 희생된 유대인들의 60퍼센트를 도맡았다.

산업화된 대량 학살의 새로운 중심지들은 독일 표준 국가와 독일 법이 미치지 않는 곳에 건설되었다. 두 곳(아우슈비츠와 헤움노)은 1939년 폴란드로부터 합병된 지역에 있었으며, 다른 네 곳(트레블린카, 소비보르, 마이다네크, 벨제크)은 '일반 정부(Generalgouvernement)'라고 알려진 과거 폴란드 지역에 세워졌다.[53] 여기서 군 당국은 주로 당 과격파로 이루어진 민간 관리들과 권력을 나누어 가졌다.

폴란드와 소련의 점령지에서 독일 농부들에게 재분배하기 위해 땅을 몰수한 당 기구와 같은 동형 조직들은 제국 내에서보다 더 큰 자유를 누렸다. 나치 친위대는 표준 국가가 거의 역할을 수행하지 못했던 점령지에 독자적인 군사 · 경제 제국을 세웠다.[54] 이 주인 없는 땅에서 관료적 규칙이나 도덕적 원칙은 쉽게 밀려나고, 지배 인종의 요구만이 유일한 행동 기준이 되었다. 슬라브 '열등 인간(Untermenschen)'에 대한 독일 민족주의자들의 전통적인 경멸은 방종적 환경을 더욱 부추겼다. 국가도 이름도 없고 멀리 떨어진 표준 국가의 간섭도 없는 점령지에서, 나치 과격파들은 인종적 정화라는 광포한 망상을 아무 거리낌 없이 실행에 옮겼다.

나치 행정 체제의 파편화는 급진파들로 하여금 무책임하게 마음속에 품고 있던 가장 사악한 충동을 실행할 수 있게 해주었다. 국가의 위이자 밖에 서 있는 총통은 동부 점령지의 나치 행정부라는 밀림에서 벌어지는 경쟁에서 앞서는 사람을 언제라도 포상할 준비가 되어 있었다.

나치 정권이 독일 여론을 만족시키기 위해 유대인들을 살해했다는 의견은 고려할 필요가 없다. 정권은 조직적 학살 사실을 독일 국민이나 외국의 관찰자들로부터 숨기기 위해 세심한 주의를 기울였다. 담당관들은 공식 문서에서 학살을 지칭할 때 '특별 대우(Sonderbehandlung)' 처럼 완곡한 표현을 사용했으며, 인력과 물자를 전투에 총동원해야 할 시기에도 학살의 흔적을 지우는 대규모 작전을 따로 수행했다.[55] 그러나 동부 전선에 배치된 독일 병사들에게 비밀을 유지하려는 특별한 노력은 전혀 없었으며, 병사들 중 상당수는 정기적으로 차출되어 학살을 수행했다. 사병과 장교 중 일부는 학살 장면을 찍어 본토의 가족이나 여자친구에게 보내기도

했다.[56] 동부 점령지에 배치되었던 병사, 민간인 관리, 전문가 등 수천 명은 대량 학살을 직접 목격했다. 현장에 있었던 사람들에게서 학살에 대한 이야기를 전해 들은 사람도 수천 명에 달했다. 동부에서 유대인들에게 끔찍한 일이 자행되고 있다는 사실은 독일 내에 "꽤 널리 알려져" 있었다.[57] 상점 습격이나 구타, 살인과 같은 무질서한 파괴 행위가 '수정의 밤' 때처럼 창문 바로 밑에서 벌어지지만 않는다면, 대부분의 독일인들은 사태를 방관했다. 지리적 거리, 무관심, 고발에 대한 공포, 연합군의 폭격 아래 겪는 고초가 학살에 대한 그 어떤 반대 의견도 억눌러버렸다.

급진화된 나치즘은 마지막에는 민족주의라는 정신적 지주마저 잃어버렸다. 1945년 4월 베를린의 은신처에서 자살할 준비를 하면서, 최후의 광기를 드러낸 히틀러는 독일 민족마저 자신과 함께 최후를 맞이하기를 원했다. 이는 부분적으로는 그의 성격을 드러내준다. — 연합군 측에게도 마찬가지였지만, 히틀러에게 강화조약은 꿈에도 생각하지 못할 일이었던 것이다. 그러나 이는 또한 나치 정권의 본성 안에 기반을 두고 있었다. 앞으로 밀어붙이지 않는 것은 곧 파멸이었던 것이다. 그 어떤 선택도 유약함보다는 나았다.[58]

이탈리아의 급진화 : 사회 질서, 에티오피아, 살로 공화국

최후의 발작을 일으켰던 시기의 나치 독일은 현재까지 파시즘 급진화의 최종 단계를 보여주는 단 하나의 확실한 예다. 그러나 이탈리아 파시즘도 모든 파시즘을 극단으로 몰아가는 충동의 조짐을 일부 드러내었다.

라스와 파시스트 행동대의 급진적 소망과 국가를 당보다 우위에 두고 질서를 추구하려는 무솔리니의 성향 사이에서 그가 겪었던 갈등은 6장 초반에서 살펴보았다. 그러나 그는 자기 스스로 고안해낸 행동하는 영웅이라는 이미지를 벗어날 수 없었으며, 그의 말에도 계속해서 혁명적인 색채가 남아 있었다. 무솔리니는 자신이 부추겼던 극적 성취에 대한 대중의 기대와 혁명 완수에 대한 추종자들의 요구를 완전히 무시할 수는 없었다.

1930년대에 — 노쇠하는 검은 셔츠단에 활기를 불어넣는다는 (이미 언급한) 목표뿐 아니라 대공황기 이탈리아의 어려운 경제 상황으로부터 국민의 주의를 돌려야 한다는 압박 때문이었겠지만 — 무솔리니는 한층 더 적극적으로 급진화에 나섰다. 그는 이미 1930년 이후로는 더 공격적인 대외정책 기조를 차용하여 국가 재무장을 부르짖고 "20세기는 파시즘의 세기가 될 것"이라고 장담했다.[59] 무솔리니는 1932년에 외무부를 다시 자기 수중에 넣은 뒤, 1933년에는 전쟁부, 해군, 공군까지 장악했다. 1934년 즈음, 무솔리니는 에티오피아를 침략하기 위한 군사작전을 비밀리에 준비하고 있었다. 1932년에 에티오피아와 이탈리아령 소말리아(현재의 에리트레아) 사이 국경 지대 사막에 위치한 왈왈(Wal-Wal)에서 일어난 사소한 충돌을 구실로 삼아, 무솔리니는 1935년 10월 3일 군대를 에티오피아로 출동시켰다.

예상보다 많은 대가를 지불하긴 했지만 어쨌거나 일방적인 군사작전 끝에 무솔리니는 1936년 5월 9일 승리를 선언하고 이탈리아의 왕 비토리오 에마누엘레 3세를 에티오피아 황제로 공표했다. 로마에 있는 팔라초 베네치아의 집무실 발코니에서, 무솔리니는 흥분

로마에 있는 팔라초 베네치아의 집무실 발코니에 서서 군중에게 연설하는 두체. 1936년 무솔리니는 이곳에서 에티오피아 전쟁 승리를 선언하였다. 에티오피아 전쟁은 파시스트당에게 최후의 새로운 동력이었다.

한 군중에게 승리를 축하하는 연설을 했다.

장교들, 하사관들, 아프리카 제국과 이탈리아 내 모든 군 조직의 사병들, 혁명의 검은 셔츠 단원들, 조국과 전 세계의 이탈리아 국민들이여!

우리의 빛나는 칼은 모든 매듭을 끊었다. 아프리카에서 거둔 승리는 조국의 역사에 완전하고 순수하게 길이 남을 것이다. 전장에서 쓰러진 전우들과 살아남은 이들이 꿈꾸고 원했던 바로 그 승리인 것이다…….

이탈리아 국민은 스스로의 피로 아프리카 제국을 건설했다. 제국은 이탈리아 국민에게 노동력을 제공하고 외적으로부터 든든한 방패가 되어줄 것이다. …… 여러분은 그런 혜택을 받을 자격이 있는가?

군중 : 네![60]

에티오피아 전쟁은 파시스트당에게 '새로운 동력' 이 되었다.[61] 국내에서 교묘한 민족주의 효과를 낼 기회가 되었던 것이다. 이탈리아 여성들은 엘레나 왕비부터 일반 시민에 이르기까지 금으로 된 결혼반지를 모아 전쟁 비용에 보탰다. 공식적으로 에티오피아에 싸우러 간 조직은 파시스트 민병대였다. 점령지에서 당의 존재는 강력했다. 당 간부들은 현지 지사나 군 사령관과 권력을 나누어 차지하고 파시스트 청년단과 여가조직을 통해 식민지 정착민과 에티오피아 청년 인구를 한꺼번에 통제하려 들었다. 식민지 통치는 국내에서 오랫동안 활동이 없었던 파시스트 행동대의 부활까지 허용했다. 1937년, 점령지 사령관이자 총독이었던 로돌포 그라치아니(Rodolfo Graziani, 1882~1955) 장군 암살 미수 사건이 일어나자 당 활동가들은 아디스아바바 주민들을 사흘 동안 공포의 도가니로 몰아넣으며 수백 명을 학살했다.[62]

전쟁 준비와 흥분에 더불어 국내에서는 '문화 혁명' 과 '전체주의 대약진(svolta totalitaria)' 이 일어났다.[63] 행동파였던 당 서기 아킬레 스타라체(Achille Starace)는 '파시즘 관습' 과 '파시즘 언어', 인종주의 법제를 실시하여 파시즘적 '새 인간' 을 만들자는 운동을 주도했다. '관습의 개혁' 은 부르주아들이 공손하게 격식을 차려 상대방을 부르던 3인칭('lei') 호칭을 좀 더 친숙하고 동지애가 느껴지는 2인칭(단수일 경우는 'tu', 복수일 경우는 'voi')으로 대체했다.[64] 파시스트식 경례는 부르주아식 악수를 대체했다. 공무원들은 제복을 입었고, 군대는 정권이 '로마식 행진법(passo romano)' 이라고 부른 방식대로 발을 과장되게 높이 들어 올리며 행진하기 시작했다. 무릎을 굽히지 않고 걷는 나치의 행군법을 모방하지 않았다는 사실을 분명히 보여주기 위해서였다.

1930년대 파시즘 급진화에서 가장 충격적인 단계는 유대인에 대한 새로운 차별법의 제정이었다. 1938년 7월에는 '파시즘 인종주의 선언(Manifesto of Fascist Racism)'이 새로운 정책을 공표했고, 다른 민족과의 결혼을 금지하고(나치의 뉘른베르크 법을 따라) 유대인을 공직에서 배제하는 9월 및 11월 입법이 뒤를 이었다. 대학 교수 12명 중 1명은 자리를 내놓아야 했다. 노벨상을 받은 물리학자인 엔리코 페르미(Enrico Fermi, 1901~1954)는 유대인이 아니었지만, 연구 동료들의 태반을 잃게 되자 스스로 미국으로 망명해버렸다.

이탈리아 파시스트들은 대외정책상 추축국에 가담했을 때 히틀러의 비위를 맞추기 위해 나치의 인종주의 법을 모방했다는 평가를 들을 때가 많다.[65] 전반적으로 볼 때 이탈리아에서는 반유대주의를 찾아보기 어려운 편이었고, 규모가 작지만 오래된 이탈리아 내 유대인 사회는 다른 나라보다 원만하게 융화를 이룬 상태였다. 1장에서 보았듯이, 집권 초기에는 무솔리니의 지지자와 측근 중에도 유대인이 있었다. 그는 1933년 미국 내 유대계 출판사들이 뽑은 '유대인들을 돕는 세계 12대 기독교인 수호자들' 가운데 한 사람으로 뽑히기까지 했다.[66]

그러나 좀 더 자세히 살펴보면 반유대주의와 결합될 수 있는 이탈리아의 풍토를 찾아볼 수 있다. 이탈리아인들은 이미 식민지에서는 인종 차별 정책들을 받아들였다. 처음에는 리비아, 그 다음에는 에티오피아에서 이탈리아 군은 유목민들에게서 가축과 식량 · 식수를 빼앗는 작전을 실시했다. 이와 같은 대규모 억류는 유목민들의 몰살을 예고하는 것이었다. 에티오피아에서는 인종 간의 결혼이 법으로 (지켜지지 않은 경우가 많았지만) 금지되었다. 이탈리아 역사학자 안젤로 델 보카(Angelo Del Boca)는 파시즘이 에티오피아에 심으려 했던 것의 정체를 논하면서 '아파르트헤이트(apartheid, 인종 차별 및 인종 격리 정책의 총칭. 남아프리카공화국에서 실시한 극단적 인종 정책을 가리키는 경우가 많다)'라는 표현을 사용하기까지 한다.[67)]

반유대주의의 또 다른 뿌리는 카톨릭교회가 유대인들을 대하는 모호한 태도였다. 한편으로 카톨릭 전통은 생물학적 인종주의에 적대적인 입장을 취해왔다. 예를 들어, 교회는 세례를 받은 개종자들은 그 부모가 유대인이라 해도 더는 유대인으로 간주하면 안 된다고 주장했다. 교황 피우스 11세는 1939년에 나치의 생물학적 인종주의를 비난하는 회칙을 발표하는 문제를 놓고 고민하던 도중 세상을 떠났다. 그러나 다른 한편으로, 성(聖) 금요일 미사에 쓰이는 기도문에서 유대인들은 그리스도를 죽임으로써 '신을 살해한 민족'이라고 표현된다. 교회 출판물들은 믿지 못할 만큼 오랜 기간 동안 반유대주의를 야비하기 짝이 없는 방식으로 드러냈고, 태고의 전설 속의 유대 의식을 '살해'로 간주했다.[68)] 교회는 대학의 유대인 정원제나 경제 활동상의 제약처럼 다른 카톨릭 국가에서 행해지는 비(非)생물학적 형태의 유대인 차별에도 아무런 반대를 하지 않았다.[69)] 비신자인 파시스트 당원들 중에는 언제나 반유대주의자들이 있었다. 그 중에는 텔레시오 인테를란디(Telesio Interlandi)처럼 추축국 동맹이 형성되기도 전이었던 1930년대 중반부터 당 언론에서 상당한 위치를 차지했던 사람도 있었다.

새 법안들이 전반적으로 인기가 없었으며, 이탈리아가 점령한 크로아티아와 프랑스 동남부에서 이탈리아 당국이 유대인들을 보호한 것은 사실이다.[70] 1943년 독일인들이 이탈리아에서 유대인들을 추방하기 시작했을 때, 추방 작업에 동참한 이탈리아인은 거의 없었다. 그러나 1938년 입법 당시에는 그 법을 상당히 강력하게 적용할 수 있을 만큼 강한 지지가 있었다. 1939년 이후, 무솔리니 정권은 다시 한 번 평소의 모습으로 돌아갔다. 1939년 9월 전쟁이 발발하자, 무솔리니는 히틀러에게 자신은 아직 전쟁 준비가 되지 않았다고 말했다. 무솔리니는 마지막 순간이 되어서야 2차 세계대전에 뛰어들었지만, 승리를 쟁취하지도 못했고 바랐던 것처럼 전쟁에 대한 대중의 열광을 강화하지도 못했다.[71] 1940년 6월 이후 무솔리니는 히틀러와 동등함을 보여줄 목적으로 '유사 전쟁'을 벌였지만 얻은 것은 패배와 치욕뿐이었으며, 이로써 파시즘은 '역사와의 특권적 관계'에 종지부를 찍었고 이탈리아 국민과 두체 사이를 연결하던 애정의 마지막 연결고리도 끊어져버렸다.

독일인들 역시 2차 세계대전 개전 소식을 침울한 분위기에서 받아들였다. 그러나 히틀러가 거둔 잇따른 성공은 국민들에게 열의를 불어넣었다. 1939~1945년에는 1차 세계대전을 치렀던 1914~1918년에 비해 민간인들의 고초가 더욱 심했지만, 독일 국민들은 더욱 단합된 모습으로 전쟁을 길게 끌어갔다. 이와 대조적으로 이탈리아에서는 파시즘에 대한 열광의 풍선이 금방 터져버렸다. 되돌아보면, 파시즘 정권의 대중 동원이 민주 국가의 대중 동원에 미치지 못했다는 사실이 판명되었다. 예를 들어, 처칠은 피와 땀, 수고,

독일 특공대에게 굴욕스럽게 구출된 무솔리니. 히틀러는 이탈리아에서 실각한 무솔리니를 살로에 수도를 둔 새로운 파시즘 공화국의 독재자 자리에 앉혀주었다.

눈물밖에 줄 것이 없다는 정직한 약속만으로 영국민들의 마음을 움직일 수 있었다.

무솔리니 최후의 시기는 — 이탈리아 북부에만 한정되었으나 — 또 다른 급진화 사례를 보여준다. 히틀러 편에 선 이탈리아의 2차 세계대전 참전이 재앙을 불러오리라는 사실이 자명해질 즈음, (군 고위 장교들, 왕의 측근, 심지어 몇몇 반대파 파시스트들까지 포함한) 일부 기성 세력은 무솔리니를 제거하고 연합국 측과 따로 강화조약을 맺을 계획을 세웠다. 연합군이 1943년 7월 10일에 시칠리아에 상륙하고 얼마 지나지 않은 7월 25일, 동이 트기 전에 파시스트 대평의회는 왕의 전권(全權)을 회복시킨다는 결의안을 통과시켰다. 그날 오후, 국왕 비토리오 에마누엘레 3세는 세력을 잃은 두체를 해임한 뒤 체포하라는 지시를 내렸다.

치욕스러운 체포로 무솔리니의 카리스마도 종지부를 찍어야 마땅했다. 그러나 9월 12일, 오토 스코르체니(Otto Skorzeny) 나치 친위대 대위가 이끄는 독일 특공대가 로마 동쪽 그란사소 스키 리조트 꼭대기에 감금되어 있던 무솔리니를 구출했다. 히틀러는 두체를 살로(Salò)에 수도를 둔 새로운 파시즘 공화국의 독재자 자리에 앉혀주었다. 살로 공화국은 가르다 호수 근처이며 브레네르 고개를 통해 독일로 가는 주 통로에 자리잡고 있었다. '이탈리아사회주의공화국(RSI)'은 독일의 꼭두각시에 지나지 않았으며, 역사에서도 단순한 주석 이상의 위치를 차지하기 어렵다. 그러나 교회와 왕, 이탈리아 재계 지도자들을 달래야 할 필요성이 없어지면서 살로 공화국이 파시즘 초기의 급진화 충동으로 다시 돌아갔다는 점에서는 흥미롭다.

살로에서 무솔리니는 남아 있던 열성 당원들과 전직 나치 장교들을 최측근으로 삼았다. 이들은 대중주의적 국가사회주의라는 최후의 수를 쓰기로 결심했다. 새로 결성된 파시즘 공화당은 1943년 11월에 강령을 발표해 자립(에너지, 원자재, 필수 서비스)에 필요한 경제 분야를 '사회화'하고, 개인의 노력이나 저축의 결실만을 사유재산으로 허용하자고 주장했다. 강령에 따르면 공공분야는 운영위원회에 의해 운영되며, 노동자들에게 발언권을 줄 예정이었다. 생산성이 떨어지거나 개간되지 않은 농지는 고용인들의 손에 넘길 예정이었다. 로마 카톨릭은 여전히 파시즘 공화국의 종교로 남았지만, 새 지도자들은 대부분 비신자였다. 새 공화국은 노동조합과 전문가 집단, 군인들이 선출한 위원회를 통해 나라를 다스리겠다고 약속했다. 그러나 살로의 이탈리아사회주의공화국은 결코 이런 조치를 효과적으로 실천에 옮길 만큼 강력해지지 못했다. 급진화의

1945년 4월 이탈리아 파르티잔에게 잡혀 살해당한 뒤 거리에 전시된 무솔리니의 사체.

주된 결과는 기껏해야 1944~1945년 이탈리아 내전에서 경찰과 무장군이 보였던 흉포함 정도였다.

살로 공화국은 또한 기존의 이탈리아 파시즘을 압도해버렸던 태만함을 고치고자 시도했다. 공화국은 연합국에 대항하는 전쟁을 수행하기 위해 열성 파시스트들로 구성된 무장 세력을 키웠다. 보르게제(Borghese) 공의 제10어뢰정 민병대(Tenth Torpedo Boat Squadron)처럼 대부분 자원자로 이루어졌던 이 무장 세력들은 주로 육지에서 레지스탕스에 맞서 싸웠다.[72] 또한 살로 공화국 정부는 정권의 반유대주의에 거부감을 느껴 적극 협력을 꺼리는 이탈리아인들의 태도를 고치려고 노력했다. 파시즘 운동원들이 유대인들을 체포해 나치가 쉽게 접근할 수 있는 수용소로 보내버린 것은 이 시점의 일이었다. 화학자(이자 훗날 유명 작가로 변신한) 프리모 레비(Primo Levi, 1919~1987)가 1943년 12월에 체포되었다가 결국 아우슈비츠로 보내졌던 것도 그런 경로를 통해서였다.[73]

살로 공화국은 무솔리니를 배신한 파시스트들에게 복수를 하려 했다. 7월 25일 무솔리니에 반대하는 표를 던졌던 파시즘 평의회 구성원 가운데 공화국 정부에 체포된 사람은 많지 않았지만, 그 중 파시즘 정권의 전 외무부 장관이자 무솔리니의 사위였던 치아노 백작을 포함한 5명은 1944년 1월 베로나에서 처형당했다. 그러나 살로 공화국이 흘린 피의 양은 나치가 최후의 광란 속에서 뿌린 피의 양에 비하면 몇 방울에 불과했다.

1945년 4월 연합군이 다가오자 그나마 얼마 남지 않았던 무솔리니의 추종자들은 뿔뿔이 흩어져버렸다. 이탈리아 파르티잔은 4월 28일 코모호 서쪽 기슭을 올라가던 독일 군용트럭 짐칸에 숨어 있던 무솔리니를 찾아내 죽였다. 오랫동안 그를 따랐던 젊은 정부(情婦) 클라라 페타치(Clara Petacci)와 몇몇 파시스트당의 거물들도 함께 살해되었다. 성난 군중이 두체의 시체를 난도질한 뒤, 유격대는 시신들을 밀라노의 한 주유소에 매달아 놓았다. 무솔리니의 유해가 순례의 대상이 된 것은 1957년 그의 유해가 가족들에게 인도되어 고향 프레다피오(Predappio)에 묻힌 뒤 불과 한 세대 후의 일이었다.[74]

마지막 고찰

급진화 단계는 파시즘을 가장 뚜렷하게 보여준다. 어떤 정권도 급진화될 수는 있지만, 자기 파괴에 이를 정도로 격렬한 폭력을 분출하는 파시즘적 충동의 깊이와 위력에는 결코 미치지 못한다.

이 최후의 단계에서는 비교가 거의 불가능하다. 실제로 마지막 단계까지 도달한 파시즘 운동은 유일하게 나치 정권뿐이었기 때문이다. 그 중 그럴듯한 비교 후보로는 소련의 스탈린 독재 치하에서 나타난 급진화 현상을 들 수 있겠다. 나치와 소련의 급진화는 법치 국가의 폐기와 적법 절차의 거부를 공통점으로 지니고 있다. 두 정권 모두 법보다 역사의 요청을 우선시했기 때문이다. 그러나 다른 측면에서 보면 파시즘 급진화는 스탈린주의의 급진화와 달랐다. 파시즘은 폭력을 독특한 방식으로 이상화하여 지배 인종에 어울리는 미덕으로 삼았다. 게다가 스탈린의 명령으로 숙청을 시행했던 관리들이 자기들은 보호 대상이라는 사실을 알았다 해도, 소련 체제에는 나치즘에 내재되어 있던 경쟁이라는 요소, 다시 말해 당 동형 조직과 기존 엘리트층이 지도자의 총애를 받기 위해 벌였던 경쟁이 없었다.

급진화의 핵심은 팽창주의 전쟁이었다. 파시즘 이탈리아가 급진화되었다고 본다면, 급진화가 가장 많이 이루어진 것은 장소로는 아프리카 동부의 점령지였고 시기로는 이탈리아 파시즘의 마지막 광기가 분출되던 때였다. 나치 정권은 소련 말살 전쟁과 더불어 급진화를 극한 너머까지 밀어붙였다. 나치 관리들은 총력전을 벌여야 하는 특수 상황에서는 1940년 서유럽 침공 당시보다 훨씬 더 폭력적인 행위도 용인된다고 생각했다. 이들은 처음에는 체제의 적들, 다음으로는 파시즘의 보수파 동맹 세력, 마침내는 독일 국민들까지 상대로 하여 이성을 잃고 완전 몰살을 기도하며 무차별 폭력을 휘

둘렀다.[75)]

전통적인 권위주의 전시 정권에서는 군이 통제권을 확장하는 경향이 있지만 — 1917~1918년의 독일제국과 프랑코 치하의 스페인이 그 예다. — 독일의 경우는 달랐다. 앞에서 살펴보았듯이, 독일군은 1941년 이후 동부 점령지 정책에 대한 결정권을 나치당의 동형 조직에 빼앗겼다.[76)] 당내 급진파들은 자신들의 증오를 기존의 국가 운영 체제에서는 찾아볼 수 없었던 방식으로 마음껏 분출했다. 여기서 논점은 단순히 윤리적 감수성의 문제만이 아니었다. 일부 장교들과 공무원들은 점령지에서 나치 친위대가 보인 행동에 경악했지만, 다른 사람들은 집단의 결속 때문에 혹은 감각이 무디어진 결과로 친위대의 행동을 그대로 따랐다.[77)] 이는 어느 정도까지는 세력권의 문제였다. 전통적인 군사 독재였다면 아마추어에 불과한 당 활동가들이 히틀러가 허용했듯이 — 무솔리니조차 에티오피아에서는 마찬가지였다. — 지도자의 용인 아래 군사 영역으로 침입하는 일은 상상도 할 수 없었을 것이다.

한나 아렌트의 《전체주의의 기원》은 파시즘 초기 단계에 적용되기에는 무리가 있을지 몰라도 마지막 단계에는 훌륭하게 들어맞는다. 이 최후의 단계에서는 권력 행사에서 합리적으로 득과 실을 따지는 계산이 — 좀 더 평범한 상황이었다면 나치와 동맹 세력들의 행동도 계산에 따라 이루어졌을 가능성이 높지만 — 더는 정책 결정 요인으로 작용하지 않기 때문이다. 이 단계에서는 망상에 빠진 소수가 무시무시한 증오를 인류가 지금껏 겪어보지 못한 극한까지 격렬하게 표출할 수 있다.

제약에서 해방된 덕분에 파시즘 운동 내 급진파 중에서도 가장

폴란드 점령 후 바르샤바 거리를 행진하는 나치 친위대. 독일군은 1941년 이후 동부 점령지 정책에 대한 결정권을 나치당의 동형 조직에 빼앗겼다. 특히 나치 친위대는 파시즘 초기의 직접적인 폭력의 면모를 다시 보여주었다.

과격한 축은 부르주아 동맹 세력보다 우위를 차지해 초기 급진적 계획의 일부를 수행할 수 있었다. 제국의 식민지에서, 파시즘은 이탈리아 파시스트 행동대와 나치 돌격대가 거리에서 난동을 부리던 초기의 직접적 폭력의 면모를 다시 드러냈다. 그러나 이 최종 단계에서조차 평판 나쁜 불량배들이 소란을 피워 국가를 납치했다는 식으로 파시즘 정권의 권력 행사를 지극히 개인적인 관점에서 파악하려는 유혹을 뿌리쳐야 한다. 나치 정권이 점점 더 치열하게 전쟁을 수행할 수 있었던 것은 순전히 국가 공무원들과 사회 주요 권력층 간의 지속적인 연대 덕분이었다.

마지막으로, 파시즘 급진화는 국민 전체를 합리적으로 설득해 전쟁 수행에 모든 것을 내던지도록 만드는 방식이 아니었다. 급진화는 나치 독일을 격렬한 소용돌이 속으로 몰아넣고 귀한 자원을 군사 행동이 아닌 유대인 학살에 사용함으로써 결국은 합리적인 전쟁 수행을 막아버렸다. 나아가 급진화는 파시즘의 핵심으로 간주되었던 민족과 국가마저 거부하는 단계에 이르게 된다. 마지막 단계를 보면, 급진화된 파시스트들은 최후의 광기 속에서 패배를 인정하는 대신 자기들의 조국까지 포함한 모든 것을 파괴해버리는 편을 선택한다.

파시즘 정권의 급진화가 아주 오랜 기간 동안 진행되면 어떻게 되는지는 지금까지 목격된 사례가 없다. 그 결과는 상상하기조차 어렵다. 설령 히틀러라도 그렇게 팽팽한 긴장 상태를 노년기까지 유지할 수 있었을까? 노쇠한 파시즘 지도자의 후계를 결정하는 문제도 흥미롭겠지만, 적어도 지금까지는 현실에서 그런 사례가 나타난 적이 없다.[78] 파시즘 정권 계승의 좀 더 정상적인 형태는 전통적인 권위주의로의 후퇴가 될 가능성이 높다. 이 시점에서는 프랑코 이후의 스페인처럼 진보적인 자유화가 이루어지거나 살라자르 이후의 포르투갈처럼 혁명이 일어날 가능성도 있다. 그러나 질서 있는 권력 승계는 그 어떤 형태의 통치 체제보다 — 심지어 공산주의 체제보다 — 훨씬 더 심각한 파시즘 체제 특유의 난제였음이 명백하다. 최종적 분석에 따르면 파시즘은 타고난 성격 자체가 불안정하다. 따라서 장기적으로 보면 파시즘은 겁에 질린 보수파나 자유주의자들이 직면한 문제에 대한 참된 해결책이 될 수 없었다.

최종 결론은 이탈리아와 독일의 파시즘 정권들이 점점 무모하게 성공을 추구하다가 결국은 스스로 절벽에서 뛰어내리는 결과를 초래했다는 것이다. 무솔리니는 1940년 6월 참전이라는 운명적인 결정을 내릴 수밖에 없었다. 히틀러가 프랑스를 점령하고 승리를 거두었을 때 파시스트당이 소외된다면 이탈리아 국민에 대한 자신의 통제력이 치명타를 입을 가능성이 컸기 때문이었다. 히틀러는 1945년 4월 30일 베를린의 은신처에서 포위당한 채 자살하는 순간까지도 (인도와 아메리카 대륙까지 포함하여) 끝없는 영토 확장을 꿈꾸었다. 우리가 알고 있는 파시즘은 자기 국민에게 약속했던 '역사와의 특권적인 관계'를 실행하기 위해 무모하고 강박적인 돌진을 거듭하다가 자멸할 운명이었던 것으로 보인다.

7장 | 다른 시대, 다른 장소의 파시즘

파시즘은 지금도 가능한가?

2장에서는 대중 민주주의가 완전한 형태를 갖추어 처음으로 시련에 직면했던 시기에 등장한 초기 파시즘에 대해 살펴보았다. 1914년 이전에도 전조가 없었던 것은 아니지만(그 일부는 2장에서 논한 바 있다), 1차 세계대전이 발발해 볼셰비키 혁명이 일어날 때까지는 파시즘이 자리잡을 공간이 충분하지 않았다. 파시즘 운동은 1차 세계대전과 볼셰비키 혁명이라는 두 가지 거대한 파도가 지나간 자리에서 비로소 완전히 성장할 수 있었다.

파시즘의 시간적 한계가 어디까지인지는 더욱 정하기 어렵다. 이제 파시즘은 끝나버렸는가? 제3제국의 뒤를 잇는 제4제국이나 그와 유사한 체제가 멀지 않은 미래에 나타나지는 않을까? 좀 더 조심스럽게 물어본다면, 일종의 네오파시즘이 정책 결정에 영향을 끼칠 만큼 강력하게 성장할 수 있는 정치 제도적 환경이 존재하는가? 1922~1945년에 파시즘이 할퀴고 지나간 상처 때문에 아직도 괴로워하는 우리 세계에서 이보다 더 끈덕지게 뇌리를 떠나지 않는 질문도 없을 것이다.

권위 있는 학자들은 파시즘의 시대가 1945년에 막을 내렸다고 주장해왔다. 1963년 독일의 역사학자 에른스트 놀테는 '파시즘의

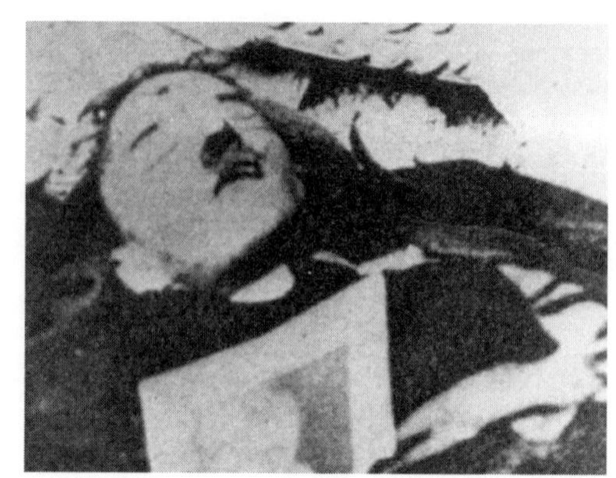

1945년 4월 30일 검게 탄 채로 발견된 히틀러의 시체. 그의 시체는 소련군이 발견하였으나, 독일로 반환되지 않았다.

시대'를 다룬 자신의 유명한 저서에서 1945년 이후에도 파시즘이 존재하기는 하지만 진정한 의미의 파시즘은 사라졌다고 말했다.[1] 파시즘은 1890년대의 문화적 염세주의, 최초로 나타난 '대중의 국민화'[2]라는 혼란, 1차 세계대전의 압박, 전후 처리 과정에서 나타난 자유주의적 민주 국가들의 무능력, 그리고 무엇보다 볼셰비키 혁명의 확산으로 조성된 독특하고도 유일무이한 위기의 산물이라는 그의 견해에 많은 학자들이 동의했다.

1945년 이후, 고전적 파시즘이 부활하는 데 가장 큰 장애가 되었던 것은 파시즘에 대한 대중의 강한 반감이었다. 강제수용소의 끔찍한 사진들이 공개되자 사람들은 히틀러에게 욕지기를 느꼈다. 무솔리니는 조롱의 대상이 되었다. 폐허가 된 풍경은 두 정권이 모두 실패했음을 증언해주었다. 베를린의 은신처에서 검게 탄 채로 발견된 히틀러의 시체와 밀라노의 어느 지저분한 주유소에 거꾸로 매달린 무솔리니의 시체는 야비하기 이를 데 없는 그들의 카리스마가 절멸했음을 증명해주었다.[3]

1945년 이후, 파시즘의 부활은 또 다른 장애물들에 부딪쳤다. 풍요의 증대와 경제의 세계화 추세, 개인주의적인 소비주의,[4] 핵 개발 시대를 맞아 강대국들이 국가 정책 수단으로 전쟁을 택할 가능성의 축소, 혁명에 대한 우려의 감소가 그 장애물이었다. 전후, 많은 사람들이 보기에 이 모든 현상들은 양차 세계대전 사이 유럽에서 발호했던 파시즘이 1945년 이후로는 (적어도 예전과 똑같은 형태로는) 나타날 수 없음을 암시해 주는 것들이었다.[5]

파시즘이 종말을 맞았다는 의견은 1990년대에 들어와 일련의 위기 상황이 발생하면서 의심받게 되었다. 그 위기들은 바로 발칸반도의 인종 청소, 공산주의가 무너진 후 동유럽에서 나타난 배타적 민족주의의 심화, 영국, 독일, 스칸디나비아 및 이탈리아에서 이민자들을 대상으로 한 '스킨헤드족'의 폭력 행위, 이탈리아사회운동당(Movimento Sociale Italiano, MSI)을 직접 계승한 네오파시즘 정당인 국민연합(Alleanza Nationale, AN)이 1994년 실비오 베를루스코니(Silvio Berlusconi, 1936~, 이탈리아 최고의 재벌이자 정치가로서 2004년 현재 총리직을 맡고 있다) 정부에 합류함에 따라 네오파시즘 정당이 유럽 정부에 전후 처음으로 진출한 사건,[6] 외르크 하이더(Jörg Haider, 1949~)의 자유당(Freiheitliche Partei Österreiches, FPÖ)이 나치 전력자들에 대한 지지 의사를 밝혔는데도 2000년 2월 오스트리아 정부 입성에 성공한 일, 2002년 5월 대통령 선거에서 놀랍게도 득표율 2위를 기록한 프랑스 극우 지도자 장마리 르펜(Jean-Marie Le Pen)의 등장, 같은 달 네덜란드에서 이민을 반대하는 반항적인 소수파 '핌 포르투완(Pym Fortuyn)'의 갑작스런 등장과 같은 일련의 사건들이었다. 마지막으로, 수없이 다양한 극우적 주장과 실천의 생명력을 유지시켜주는, 파편화된 극우 소집단들의 끝없는

세포 분열이 그 위기를 구성한다.[7)]

당연한 이야기지만, 파시즘의 재등장 가능성을 믿느냐 안 믿느냐는 파시즘을 어떻게 이해하느냐에 따라 달라진다. 파시즘의 부활을 경고하는 사람들은 파시즘을 공공연한 폭력적 인종주의와 민족주의라고 다소 느슨하게 파악한다.[8)] 1945년에 파시즘이 죽었다고 누구보다 확실하게 선언했던 에른스트 놀테는 2차 세계대전 후의 복잡하고 상호 의존적인 세계에서는 특정인의 무제한 통치권, 전쟁 열망, 특정 집단을 폭력적으로 배제하는 사회 등 파시즘의 결정적 요소들이 들어설 자리가 전혀 없다고 주장한다.[9)] 가장 널리 퍼진 견해는, 파시스트들이 아직도 주변에 존재하기는 하지만 이들이 주류 정치 운동으로 떠올라 정권을 잡을 수 있도록 해주었던 양차 세계대전 사이 유럽의 특수한 환경이 더는 존재하지 않는다는 것이다.[10)]

1945년 이래로 파시즘의 문제는 격렬한 정치적 비방에 파묻혀 더욱 모호해졌다. 1945년 이후 유럽의 극우 세력은 파시즘의 부활이라는 비난을 정기적으로 맹렬히 받고 있으며, 극우 지도자들은 자기들의 조직이 파시즘적이라는 혐의를 완강히 부인한다. 전후에 나타난 운동들과 정당들은 양차 세계대전 사이의 파시즘만큼이나 광범위해서, 무솔리니와 히틀러를 노골적으로 숭배하는 무리에서부터 하나의 이슈에만 사로잡혀 투표하는 사람, 그리고 이리저리 떠도는 반항아들까지 한데 얽혀 있다. 이 지도자들은 일반 대중 앞에서는 능숙하게 온건파로 행세하면서 다른 한편으로 자신에게 주어진 역사를 떠맡고 민족의 긍지를 되살리며 투사들의 용맹을 찬미하자는 식의 교묘한 표현을 사용하여 노골적인 파시즘 지지자들을

러시아의 스킨헤드족. 극우 운동 단체 중 가장 폭력적인 성향을 보이는 이들은 빡빡 깎은 머리, 낡은 청바지, 검은색 재킷 차림으로 외국인에게 무차별 테러를 가하는 악명 높은 집단이다.

은밀히 불러들였다.

원조 파시즘이 1945년 수모를 당하는 모습을 지켜보면서 유럽인들 대다수는 경각심을 느꼈지만, 그 효과는 일시적일 수밖에 없었다. 파시즘의 몰락을 두 눈으로 직접 목격한 세대가 사라지면서 1945년 패전 당시의 금기 역시 서서히 사라졌다. 어쨌든, (상상을 뛰어넘는 위기 상황에 대한 긴급한 반응으로 나타날) 미래의 파시즘은 굳이 고전적 파시즘의 외적인 특징이나 상징을 그대로 가져오지는 않을 것이다. 미래에 출현하여 대중 동원을 통해 위기에 처한 집단의 재단결과 정화와 부흥이라는 목적을 이루기 위해 '자유주의 제도를 포기' 하려는[11] 운동들은 파시즘과는 다른 이름과 상징을 사용할 것이 분명하다. 그러나 겉모양이 달라진다고 하여 위험한 본질까지 달라지지는 않는다.

예를 들어, 새로운 파시즘은 필연적으로 내 · 외부 모두에서 적을 찾아내 악마화하겠지만, 그 적이 반드시 유대인이라는 법은 없다. 미국인들에게 인기를 얻는 파시즘이라면, 매우 종교적이면서 동시에 아프리카계 미국인을 배제하거나 2001년 9월 11일의 테러 사태 이래로는 반(反)이슬람 성향을 띨 것이다. 서유럽에서 나타나는 파시즘이라면, 세속적 형태를 띠면서 (최근 들어 특히 그렇듯) 반유대주의보다는 반이슬람 성향이 짙을 것이다. 러시아와 동유럽에서는 종교적인 측면과 반유대주의를 강조함과 동시에 슬라브 친화적이면서 반서구적인 파시즘이 나타날 것이다. 새로운 파시즘은 나치의 상징인 스와스티카나 이탈리아 파시즘의 상징인 파스케스를 사용하기보다 시대와 장소에 맞는 형태의 애국주의를 표방할 가능성이 높다. 영국 작가이자 모랄리스트였던 조지 오웰(George Orwell, 1903~1950)은 영국에서 자라는 파시즘은 철저한 영국식 형태를 취하리라고 1930년대에 예견한 바 있다.[12)] 파시즘이 취하는 겉모습에는 한계가 없다.

이 책에서 나누어 살펴본 단계들은 파시즘이 지금도 성공할 수 있는지를 알아보는 데 도움이 된다. 파시즘의 기초가 되는 1단계, 다시 말해 파시즘과 직간접으로 연관된 급진적 우익 운동이 광범위하게 퍼져 명맥을 이어가고 있다는 사실은 상대적으로 인정하기 쉽다. 2차 세계대전 이후 대중 정치가 행해지는 산업화 · 도시화된 사회라면 어디서나 그 예를 찾아볼 수 있을 정도다. 그러나 이 운동들이 기존 정치 제도에 뿌리를 내려 중요 이익집단의 대변자 역할을 하며 영향력을 행사하는 2단계는 더욱 엄격한 역사적 시험을 거쳐야 한다. 그렇다고 1920년대에 나타났던 초기 파시즘의 구호, 강령, 미적 취향을 그대로 따라야 한다는 것은 아니다. 역사적으로 볼 때 파시즘은 당시의 정치 환경 속에서 형태를 갖추고 뿌리를 내렸으며 2단계나 3단계로 발전하기 위해 반드시 필요했던 동맹 세력의 성격에 따라 그 형태가 달라졌기 때문에, 새로운 파시즘의 외양도 주변 정치 환경과 동맹 세력의 성격에 영향을 받을 것이다.

1945년 이후에는 고전적 파시즘을 그대로 모방하면 지나치게 이질적이거나 충격적이라는 인상을 주어 동맹 세력 획득에 실패하는 경우가 대부분이었다. 예를 들어, 스킨헤드족(族)들이 혐오의 대상이 되는 것이 아니라 지지를 받을 수 있었다면 히틀러의 나치 돌격대나 무솔리니의 파시스트 행동대와 기능적으로 같은 역할을 했을 것이다. 보수파 엘리트층이 이들을 (이민자들과 같은) 내부의 적을 상대하기 위한 무기로 키우거나 용인하기만 해도 파시즘의 2단계에 가까워지는 셈이다.

모든 정황으로 볼 때, 적어도 소련의 지배를 받았던 지역을 제외한 곳에서 1945년 이후 파시즘이 2단계에 다다른 사례는 — 실제로 다다랐다면 — 극우 운동 및 정당이 주체가 되어 일으킨 경우에만 한정된다. 이 극우 정당들은 노력을 기울여 스스로를 '정상화' 했기 때문에 외관상 온건해 보였고, 불쾌한 사람들을 친구로 삼거나 때때로 과도한 언동을 한다는 점을 제외하면 중도 우파와 거의 구별되지 않았다. 그러나 소련이 해체되면서 새로이 생겨난 불안정한 세계에서는 파시즘을 빼닮은 운동들이 우후죽순처럼 나타났다. 파시즘의 부활을 똑같은 형태의 재현이 아니라 기능상 동등한 것의 등장으로 파악한다면 파시즘이 역사에 다시 출현하는 것은 불가능한 일이 아니다. 그러나 우리는 외면적 상징을 표면적으로만 비교하는 작업이 아니라 새로운 운동의 작동 양상을 본래의 파시즘과 학문적으로 비교하는 작업을 통해 그 운동들이 진짜 파시즘의 부활인지 아닌지 이해해야 한다.

1945년 이래 파시즘의 유산이 가장 강하게 남아 있는 지역은 서유럽이다.

1945년 이후 서유럽

독일의 나치즘과 이탈리아의 파시즘이 1945년에 굴욕을 당하고 가증스러운 실체를 폭로당한 뒤에도, 파시즘을 추종하는 일부 세력은 자신들의 믿음을 고수했다. 재조직되지 못한 과거의 나치와 파시스트들은 2차 세계대전이 끝난 후 한 세대 동안 유럽 전역에서 유산 계승 운동을 일으켰다. 그 대부분은 독일과 이탈리아에 집중되었지만, 그 밖의 지역에서도 계승 운동이 아예 없지는 않았다.

가장 큰 우려의 대상이 된 지역은 당연히 독일이었다.[13] 연합군의 점령이 시작된 지 얼마 되지 않았을 때 미국 점령 지역에서 여론조사를 실시해보니, 전체 인구의 15~18퍼센트가 여전히 나치즘을 신봉하는 것으로 나타났다. 그러나 이 수치는 급격히 떨어져, 1950년대 초에는 나치즘을 신봉한다고 답한 사람이 3퍼센트에 불과했다.[14] 1945년 중부 유럽에서 쫓겨난 천만 명 이상의 독일인들이 훗날 독일연방공화국(서독)이 될 지역으로 들어오면서 잠재적 네오나치의 수가 크게 늘었다. 이런 조건을 생각하면 1940년대 후반 독일연방공화국에서 정치 활동이 재개된 뒤에도 극우파가 여전히 약체였다는 사실은 상당히 놀랍다.

서독 극우파는 동서 분단에 의해 더욱 약화되었다. 독일연방공화국 창설기의 최대 극우 정당이었던 사회주의제국당(Sozialistische Reichspartei, SRP)은 1951년 10개 연방주 가운데 하나인 니더작센주의 일반투표(대통령 후보 선출처럼 일정 자격이 있는 선거인이 하는 투표)에서 11퍼센트의 득표율을 기록했으나, 1952년에는 공공연히 네오나치즘 성향을 표출했다는 이유로 선거 참여를 금지당했다. 오랫동안 살아남은 주요 극우 정당의 하나인 독일제국당(Deutsche Reichspartei, DRP)은 서독이 보수파 총리 콘라트 아데나워(Konrad Adenauer, 1876~1967)의 지도 아래 번성하던 1950년대 내내 대부분 전체 표의 1퍼센트 정도밖에 획득하지 못했다. 독일제국당은 1959년 라인란트 제후령에서 치러진 지방선거에서 주 의회에 진출하는 최소 조건인 5퍼센트 득표율을 아슬아슬하게 넘기며 일시적으로나마 승리를 거두었다. 그러나 독일제국당의 의회 진출은 이때가 처음이자 마지막이었다.

1964년 독일제국당과 다른 극우 단체들이 연합하여 독일국가민주당(Nationaldemokratische Partei Deutschlands, NPD)이 창당되었다. 신당은 급진주의적 학생 운동, 1966~1967년 서독 최초의 심각한 경기 불황, 그리고 기독교민주당(Christlich Demokratische Union Deutschlands, CDU)이 사회민주당(SPD)을 1966년 '거국 연합' 정부에 참가시킴으로써 우익 진영에 생긴 커다란 공백을 이용해 급격히 세력을 확장했다. 그러나 독일국가민주당은 일부 지역선거에서 5퍼센트라는 최소 득표율을 달성하고 1966~1968년의 격동기에 전국 10개 주의회 중 7개에 입성하기는 했지만, 연방선거에서 정부

내 교섭단체를 형성하기 위한 최소 득표율 5퍼센트는 한 번도 획득하지 못했다. 1969년에 4.3퍼센트의 득표율을 기록한 것이 그나마 최고 기록이었다. 극우파의 활동은 1970년대에 잠시 주춤했다가 1980년대 들어 다시 활발해졌는데 그 원인은 앞으로 차근차근 살펴보겠다. 새로이 나타난 극우 단체인 공화당(Republikaner)은 1989년 베를린 시의회선거에서 7.5퍼센트의 득표율을 기록했지만 그 후 치러진 전국선거에서는 2퍼센트 미만의 낮은 득표율에 그쳤다.

이탈리아의 '이탈리아사회운동당(Movimento Sociale Italiano, MSI)'은 무솔리니를 직접 계승한 유일한 조직인데, 좀 더 높은 위치를 차지했다. 1946년 이탈리아사회운동당을 창당한 조르조 알미란테(Giorgio Almirante, 1914~1988)는 1938년 이후 반유대주의 평론지 〈라 디페사 델라 라차(La difesa della razza)〉의 편집국장을 지냈으며 1943~1945년에는 무솔리니를 수반으로 하는 살로의 이탈리아사회주의공화국 정부에서 선전부 장관 비서로 일했다. 1948년에 1.9퍼센트라는 낮은 득표율을 기록하며 출범한 이탈리아사회운동당은 이후 전국선거에서 평균 4~5퍼센트의 표를 얻었으며 1972년에는 득표율이 8.7퍼센트에 달해 그 세력이 절정에 달했다. 왕당파들과의 연합과 1969년 '뜨거운 가을'(학생들과 노동자들의 연이은 대규모 파업 사태를 가리킴)에 대한 반동 덕분이었다. 그러나 이탈리아사회운동당은 이 시기를 제외한 대부분은 이탈리아에서 주류 정당과 크게 격차가 벌어지는 제4정당에 머물렀다.

이탈리아사회운동당은 (극좌 테러 조직인 '붉은 여단'의 활동으로 인한) '적색 공포' 현상 직후에 가장 큰 호응을 얻었다. 1972년 이탈리아사회운동당은 280만 표를 얻어 사회당과 함께 제3정당 자리

1972년 밀라노에서 선거 유세를 하고 있는 조르조 알미란테. 그가 이끄는 이탈리아사회운동당은 무솔리니를 직접 계승한 유일한 조직이었다. 1972년 8.7퍼센트란 득표율을 기록하며 세력이 절정에 달했다.

를 놓고 치열한 경합을 벌였으며, 1983년에도 거의 그 정도로 많은 표를 얻었다. 쇠퇴해가는 조직을 강화할 목적으로 기독교민주당(DC)이 1979년 '좌익에 대한 개방'을 선언하며 공산주의 진영의 표도 수용했기 때문이었다. 그러나 이탈리아사회운동당은 끝까지 정치적으로 고립된 상태로 남았다. 허약한 페르난도 탐브로니(Fernando Tambroni, 1901~1963, 기독교민주당 소속의 정치인) 정부가 1960년 다수를 차지하기 위해 이탈리아사회운동당의 득표 수를 포함시키자 반파시즘 저항 투사 출신들은 탐브로니가 끝내 사임할 때까지 시위를 벌였다. 그 이후로는 30년이 지나도록 주류 정치인들 누구도 감히 이탈리아사회운동당과 손을 잡으려 하지 않았다.

이탈리아사회운동당의 주된 표밭은 남부 지방이었다. 남부는 파시즘의 공공사업을 긍정적으로 기억하고 있었으며 1944~1945년에 북부 지방에서 레지스탕스와 살로 공화국 사이에 벌어졌던 내전을 경험하지도 않았다. 두체의 손녀이며 의대 졸업 후 영화배우와 포르노 배우로 활동한 경력도 있는 알레산드라 무솔리니(Alessandra Mussolini)는 1992년부터 의회에서 이탈리아사회운동당 의원으로 나폴리를 대표했다. 또한 1993년에 치러진 나폴리 시장 선거에 출마해 43퍼센트의 득표율을 기록했다. 굳이 남부 지방이 아니어도 이탈리아사회운동당은 북부를 제외한 전 이탈리아에서 소외된 젊은 남성들에게 인기가 높았다. 북부에서는 움베르토 보시(Umberto Bossi, 1943~)가 이끄는 지역 분리주의 운동인 북부동맹(Lega Nord)[15]이 극우 진영을 장악하고 있었다. 이탈리아사회운동당 당수 잔프랑코 피니(Gianfranco Fini, 1952~)는 1993년 로마 시장 선거에서 47퍼센트의 득표율을 기록했다.[16]

네오파시즘이라는 유산은 독일과 이탈리아에만 국한되지 않았다. 최종 승리를 거두기는 했지만 2차 세계대전을 치르느라 국력이 쇠한 영국과 프랑스는 제국을 이루던 해외 식민지와 세계 강대국의 지위를 잃는 수모를 경험했다. 게다가 제국의 영광을 조금이라도 연장하려는 마지막 노력의 일환으로 아프리카와 남아시아, 카리브해에서 대량의 이민을 받아들이면서 상황은 더욱 나빠졌다. 영국과 프랑스 모두 전후 30년 동안 극우파가 선거에서 이기는 경우는 거의 없었지만, 극우파는 계속해서 국민 앞에서 인종 문제를 제기해 국가 정책에 영향력을 행사했다.

2차 세계대전이 끝난 뒤 프랑스는 심하게 분열되었다. 숙청당했던 비시 정권 부역자들은 적의에 찬 반공산주의자들, 제4공화국(1945~1958)의 허약함에 환멸을 느낀 사람들과 합류해 반체제적인 민족주의 운동 준비 세력을 구성했다. 전후 프랑스에서 극우 세력의 주요한 원동력은 17년이나 끌었으나 끝내 성공하지 못했던 식민지 전쟁이었다. 그 시작은 인도차이나(1945~1954)였으며, 특히 알제리 전쟁(1954~1962)의 후유증이 컸다. 프랑스 공화국이 식민지를 유지하려고 안간힘을 쓰는 사이, 청년국가(Jeune Nation, JN) 운동은 공화국을 국민투표로 의사를 결정하는 조합주의 국가로 대체해 유대인과 같은 '나라 없는 사람들'을 몰아내고 전면적 군사행동이 가능한 나라로 만들자고 주장했다. 알제리 전쟁 후반기에 청년국가는 좌익 지도자들의 집 문에 플라스틱 폭탄을 설치하거나 건물 벽에 자기들의 상징인 켈트 십자가를 그리는 등 계속해서 파리 전체를 불안에 몰아넣었다.

극우파에게 힘을 실어준 두 번째 배경은 1950년대 프랑스를 강타한 산업화 · 도시화 · 현대화의 물결 속에서 설 자리를 잃어가던 소상인들과 농민들의 좌절감이었다. 남부 지방에서 문구상을 운영하던 피에르 푸자드(Pierre Poujade, 1920~2003)는 1955년에 감세, 체인 상점에 맞선 영세 상점 보호, 공직자 청렴 등을 요구하는 대중운동을 창설했다. 푸자드운동(Poujadism)은 단순한 반의회주의와 외국인 혐오 이상의 반향을 일으켰다. 푸자드운동은 1956년 의회 선거에서 전체의 12퍼센트에 달하는 250만 표를 얻어[17] 제4공화국의 위기에 일조했지만, 2년 뒤 알제리에서 장교 반란이 일어나면서 사그러들었다.

프랑스의 알제리 상실은 지하 테러조직인 비밀군대(L' Orgaisation

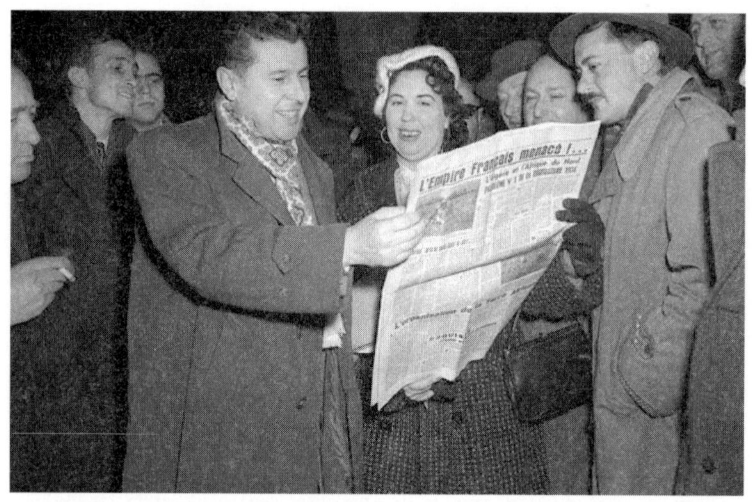

지지자들에 둘러싸여 자신의 운동이 실린 신문 기사를 보고 있는 피에르 푸자드(1956년). 감세 운동을 펼친 푸자드 운동은 1956년 의회선거에서 12퍼센트에 달하는 250만 표를 얻기도 했다.

Armée Secrète, OAS)가 결성되는 원인이 되었다. 비밀군대는 프랑스 군이 공산주의자들로부터 프랑스 제국을 지키는 동안 좌익이 뒤에서 기습을 했다고 비난하며 '내부의 적'인 좌익 타도를 최고의 활동 목표로 삼았다. 비밀군대가 진압된 뒤 극우 진영은 '옥시당(Occident, 파시스트 대학생 연합)'이나 '오드르 누보(Ordre Nouveau, '신질서'라는 뜻)' 등 거리에서 공산주의자나 학생들과 싸움을 벌이던 여러 운동 조직들을 재정비했다. 1968년 5월의 학생 봉기에서 비롯된 반발은 이들에게 제2의 기회가 되었다.

백만 명에 달하는 유럽계 정착민들이 알제리 땅에서 프랑스로 서둘러 송환되었는데, 이들 모두가 프랑스계는 아니었다. 그 중에는 알제리인 보조경찰 '아르키(harki)'처럼 프랑스에 협력한 전적 때문에 신변의 위협을 느껴 프랑스로 탈출해온 알제리인도 수천 명이나 끼어 있었다. 유럽계 이민들은 프랑스 내 강력한 반(反)민주주의 운동에 기름을 붓는 역할을 했다. 아르키들의 자녀와 훗날 추가로 들어온 이민자들은, 프랑스에 정착하기는 했지만 문화적으로 완전히 동화되지는 않았던 이슬람 사회의 핵심이 되었다. 이는 프랑스에서 가장 성공적인 극우 정당으로 자리매김할 국민전선(Front National, FN)이 훗날 반이민 정서를 불러일으키는 빌미가 되었다. 프랑스 극우 진영 내의 다양한 구성요소를 하나의 우산 아래 규합하려는 노력의 일환으로 1972년에 창당된 국민전선은 1980년대 들어 지방선거에서 승리를 거두기 시작했다.[18)]

영국의 극우파 역시 식민지로부터 이민 유입을 맹렬히 반대했는데, 1950년대의 백인방어연맹(White Defense League) 같은 운동이 그 시작이었다. 양차 세계대전 사이에 파시스트 퇴역군인들은 이민 반대 운동과 국가사회주의운동(National Socialist Movement)에서 주도적 역할을 수행했는데, 국가사회주의운동은 1960년대에 준군사 활동을 벌였다는 이유로 해체되었다. 이들 단체는 1967년에 인종주의와 이민 반대를 노골적으로 전면에 내세웠던 국민전선(National Front)으로 대체되었다. 영국의 극우파는 대부분의 대륙 국가들보다 훨씬 노골적으로 극단적인 면모를 드러냈기 때문에 선거에서도 거의 표를 얻지 못했다. 그러나 극우파의 존재는 기존 정당들로 하여금 이민 문제를 심각하게 고려하게 만드는 동시에, 과거 식민지의 인구가 영국으로 유입되는 현상에 찬물을 끼얹었다.[19)]

대부분 1880년대에 태어난 히틀러, 무솔리니 세대와 1900년대에 태어나 파시즘의 영향을 받은 세대가 세상을 떠나면 네오파시즘이라는 유산도 사라질 것처럼 보였다. 그러나 예상과 달리, 극우 운동 및 정당들은 1980년대와 1990년대에 새로운 전성기를 맞았다. 부모의 명분을 따르는 자식 세대도 아직 일부 있었지만,[20] 새로운 불만을 제기하는 새 조직원들이 유럽의 극우 진영에 활기를 불어넣었다. 21세기가 시작되었지만 유럽에는 파시즘과 유사한 운동이 버젓이 존재한다.

전환의 시대는 1973년 무렵에 막을 올렸다. 독일의 독일국가민주당, 프랑스의 오드르 누보, 영국의 국민전선 등 전후 첫 세대 극우 정당들은 1970년대에 쇠퇴하였으며, 프랑스의 오드르 누보는 1973년에 해체되었다. 그러나 한편으로는 사회 · 경제 · 문화 방면에서 근본적인 변화가 진행 중이었으며, 그 변화는 1973년에 시작된 석유 파동과 경제 불황 때문에 더욱 심화되었다. 변화는 새로운 문제와 새로운 대중을 출현시켰고, 극우 운동이나 정당들은 다시 한 번 힘을 얻게 되었다. 1980~1990년대에 이 극우 세력은 네오파시즘이 전후 30년간 누렸던 것보다 더 큰 성공을 거둔다.

한 가지 큰 변화는 심대한 사회적 결과를 가져온 경제적 변화였다. 전통적인 굴뚝산업의 쇠퇴는 장기적인 과정이었으나, 1973년과 1979년의 두 차례 '오일 쇼크'로 인해 위기의식이 심화되었다. 임금이 싼 아시아 '호랑이' 국가들(한국 · 홍콩 · 싱가포르 · 대만)과의 경쟁, 유지 비용이 많이 드는 복지 체제와 에너지 공급 사정 악화라는 부담을 져야 했던 유럽은 급기야 1930년대 이래 처음으로 구조적인 장기 실업 사태에 직면했다.

주기적으로 찾아오는 통상의 경기 침체 현상이 아니었다. 오늘날 '탈산업사회'라고 불리는 사회에서는 일자리를 찾는 조건이 달라졌다. 세계 시장의 고비용 경제에서 가장 이윤이 높은 산업으로 떠오른 서비스업, 통신업, 첨단 기술 및 오락 산업에 종사하려면 과거에 비해 교육 수준이 높아야 했다. 노동 시장에서 일어난 이 커다란 변화는 이중 사회를 만들어냈다. 고등교육을 받은 사람들은 신경제에서 큰 성공을 거두었지만, 업무 수행에 필요한 훈련을 제때 받지 못한 사람들은 (한때 자부심이 대단했던 수공업적 숙련공과 산업 기능공들이 여기 해당하는데) 영영 하층계급을 벗어나지 못할 것 같았다. 설상가상으로, 한때 숙련공과 산업 기능공들을 지지해주었던 전통적인 공동체들이 — 직능조합, 마르크스주의 정당, 프롤레타리아 이웃들 — 1970년대 이후로는 대부분 세력을 잃고 말았다. 신경제에서 소외된 사람들 일부는 시기가 빨랐다면 공산주의로 돌아섰을지 모르지만, 소련의 붕괴로 공산주의에 대한 불신이 극에 달하자 대신 극우파로 돌아섰다.[21)]

1970년대 이후 서유럽 노동자들의 단결과 안정의 붕괴 현상은 전후 제3세계에서 서유럽으로 이민자들이 물밀듯 들어오면서 더욱 악화되었다. 경제 상황이 좋았던 시절에 이민자들은 국내 노동자들이 꺼리는 업종을 맡아 종사했기 때문에 환영받았다. 그러나 유럽이 대공황 이후 최초의 장기적이고 구조적인 실업 사태에 직면하면서 이민자들은 천덕꾸러기 취급을 받게 되었다.

게다가 이민 구성도 달라졌다. 과거에는 주로 유럽의 남부나 동부에서 이민이 들어왔는데, 이들은 (1880년대와 1930년대에 동유럽에서 넘어온 유대인 이민자들의 경우를 제외하면) 새로 정착하는 국가의 국민들과 별 차이가 없었다. 그러나 새로운 이민은 북아프리카와 사하라 남부 아프리카 지역, 카리브해, 인도, 파키스탄,

터키 등 과거 식민지였던 곳에서 왔다. 과거의 이민자들은 대체로 (이번에도 일부 유대인의 경우는 제외하고) 기존 사회에 금방 융화, 흡수되었던 반면, 새로운 이민자들은 겉보기에도 확연히 다른 고유의 관습과 종교를 고집하는 경우가 많았다. 유럽인들은 고유한 정체성을 과시하고 전통을 고수하는 아프리카, 인도, 이슬람 공동체와 공존하는 법을 처음부터 새로 배워야 했다.

이민자들이 경제 · 사회적 측면에서만 위협이 되었던 것은 아니다. 이들이 이질적 관습과 언어, 종교를 통해 국가 정체성을 해치는 존재라는 인식이 점점 널리 퍼져나갔다. 미국인들이 주도하고 흑인 연예인이 끼어 있는 세계 청년 문화가 지역 문화 전통에 미친 영향은 세계 경제가 지역 굴뚝산업에 미친 영향과 다를 바가 없었다.

이민자들에 대한 분노는 1970년 이후 서유럽의 극우 운동에 횡재를 안겨주었다. 반이민 감정은 영국 국민전선을 받쳐주는 주된 힘이었다. 가장 큰 성공을 거두었던 극우 정당들은 — 장마리 르펜의 프랑스 국민전선과 외르크 하이더가 이끄는 오스트리아의 자유당 — 이민자들에 대한 적개심과 두려움을 부추기고, 다문화주의에 반대하고 이민들의 범죄 성향이 높다고 주장했으며, 빈곤층 이민자 추방 정책을 추진하는 데 전념하다시피 했다.

1980년대 이후 극우 세력에서 가장 불온한 새 요소는 '스킨헤드' 현상이었다. 불만과 분노에 찬 나태한 젊은이들은 폭력적 행동에 대한 숭배를 퍼뜨렸다. 빡빡 민 머리, 나치 문장, 공격적인 '오이(oi)' 뮤직[22], (특히 이슬람교도나 아프리카 출신의) 이민자들과 동성애자에 대한 살인까지 불사하는 공격 등이 이들의 특징이었다. 새로운 우파 세력 중 주류에 가까운 축들은 파시즘의 상징이나 장치의 공개적인 언급을 피했던 반면, 스킨헤드족은 파시즘의 상징물에 노골적으로 열광했다. 살로 민병대 같은 자국의 파시즘 운동이 기억 저편으로 사라져버린 이탈리아에서도 나치를 상징하는 문장은 큰 인기를 얻었다. 독일에서는 1992년 방화와 구타, 살인 사건이 2,639건으로 절정에 달했다.[23] 그 뒤 몇 년 동안은 폭력 사태가 다소 수그러들었지만, 1994년 3월에는 뤼베크의 유대교 회당이 소이탄 공격을 받았으며 2000년 10월에는 드레스덴 유대교 회당이 공격을 받았다.[24]

각국 정부와 주류 정당들은 1970년 이후 서유럽이 직면한 새로운 문제들에 제대로 대처하지 못했다. 그들은 실업 문제를 해결하지 못했는데, 왜냐하면 케인스(John Maynard Keynes, 1883~1946)식의 일자리 창출 정책이 전후 호황기에는 효과가 있었으나 이제는 오히려 위험한 인플레이션을 불러일으키는 원인이 되었기 때문이다. 또 정부는 정부대로 강력한 경쟁주의적 압력을 가하는 유럽과 세계의 떠오르는 시장에서 혼자만 떨어져 나오는 것은 불가능한 일이라고 느끼기 시작했다. 전통적으로 어려운 시기에 힘이 되었던 국가가 이제는 평범한 유럽 시민들의 손으로는 어찌해볼 수 없을 만큼 거대한 유럽연합(EU)이나 세계 시장에 떠밀려 그 권위를 일부 상실하기 시작한 것이다.

복지 프로그램은 이제 한계 상황에 이르렀다. 신규 고용시 주어야 할 혜택은 계속 늘어나는 반면 세입은 줄어들었기 때문이었다. 그리고 '복지국가가 외국인들까지 돌보아주어야 하는가?'라는 문제가 새롭게 제기되었다.[25] 세계화, 외국인, 다문화주의, 환경 규제, 높은 세금, 그리고 이런 도전들에 대처하지 못하는 무능한 정치인들이 서로 연결된 하나의 적으로 간주되었다. 기성 정치 환경에 대한 대중의 극심한 불만은, 극좌파보다 극우파가 잘 충족시켜줄 수 있는 '반정치(anti-politics)' 정서가 1989년 이후 등장할 길을 열어주었다. 소련이 붕괴하면서 마르크스주의적 좌파가 저항 수단으로서의 신뢰를 잃어버린 뒤, 극우파는 탈산업화되고 세계화된 다민족적 유럽에서 성난 '패배자'들의 저항을 대변하는 거의 유일무이한 세력이 되었다.[26)]

이렇듯 새로운 기회들은 극우 진영의 신세대들이 1980년대에 유럽에 등장하고[27)] 1990년대 들어서는 '소수에서 주류로' 옮겨 가는 데 힘을 실어주었다.[28)] 장마리 르펜의 국민전선은 1970년 이후의 상황에서 대중을 공략할 방법을 유럽 최초로 찾아낸 극우 정당이었다. 국민전선은 1983년 프랑스 지방선거에서 11퍼센트의 득표율을 기록했는데, 이는 1945년 이래 유럽의 어떤 극우 정당도 도달하지 못한 기록이었다. 1988년 대통령선거 때는 득표율이 14.4퍼센트까지 치솟았다.[29)] 갑자기 큰 인기를 얻었다가 금방 사라져버리는 '반짝' 운동들과는 달리, 국민전선은 이후 10여 년 동안 앞서간 극우 단체들의 지지 수준을 유지하거나 뛰어넘는 기세를 자랑했다.

르펜의 성공 비결은 외국의 경쟁자들은 물론이고 불안에 떠는 프랑스 민주주의 진영에게도 면밀한 관찰의 대상이 되었다. 국민전선은 이민 문제, 이민에서 비롯되는 고용 문제, 법과 질서, 문화 수호 문제에 특히 초점을 맞추었다. 국민전선은 여러 선거구를 한데 '묶어' 저항 세력을 두루 아우르는 정당으로 자리를 잡았다.[30)] 그러나 민주주의를 직접적으로 위협한다는 인상을 주지 않기 위해 신중을 기했다.[31)] 1995년 프랑스 남부의 주요 도시 셋을 장악하고

프랑스 국민전선 지도자 장마리 르펜. 1970년대 이후 세력을 키워온 극우 정당 국민전선은 2002년 대통령 선거 1차 투표에서 17퍼센트의 득표율을 기록하며 2위를 차지했다.

1997년에 하나를 더 장악한 데 이어 1998년 지방의회에서 273석을 획득함으로써,[32] 국민전선은 당내 과격파들에게 관직으로 보상을 해주고 주류 정당들의 협조를 얻어낼 능력을 얻은 셈이었다. 국민전선은 국민 다수의 지지를 얻을 가능성이 낮다는 예상을 뒤엎었고, 주류 보수 정당들은 반드시 필요한 표를 얻으려면 국민전선이 내세우는 기조에 일부 동조할 수밖에 없었다. 일부 남부 및 서부 지역에서는 국민전선이 지닌 전략적 기능이 너무나 중요했기 때문에, 변두리까지 밀려난 일부 보수 정당들이 1995년과 2001년에 좌파를 물리치기 위한 유일한 방법으로 국민전선과 연합하는 길을 택했다.

선거구 통합 작업의 성공은 야심가들을 만족시켰고 주류 정치인들이 국민전선과 연합할 수밖에 없도록 만들었다. 결국, 국민전선은 굳게 뿌리를 내리는 두 번째 단계에 들어서게 되었다. 그러나

1988년 12월, 르펜과 그의 후계자로 보였던 브루노 메그레(Bruno Mégre) 사이에 벌어진 언쟁은 국민전선 진영 전체를 분열시켜 득표율은 다시 10퍼센트 미만으로 떨어졌다. 그럼에도 불구하고 르펜은 이민자들과 길거리 범죄, 세계화에 대한 격렬한 증오를 선동해서 2002년 4월 대통령선거 1차 투표에서 17퍼센트라는 놀라운 득표율을 기록하며 2위를 차지했다. 그러나 자크 시라크(Jacques Chirac, 1932~) 현직 대통령과 맞붙었던 결선 투표에서는 프랑스 국민들의 반감이 거세진 탓에 전체 투표 수의 19퍼센트를 얻는 선에 그쳤다.

또 다른 두 극우 정당, 이탈리아의 이탈리아사회운동당(MSI)과 오스트리아의 자유당은 르펜의 교훈을 활용하여 1990년대에 실제로 중앙 정부에 참여했다. 이들이 성공한 것은 집권당들의 평판이 추락했기 때문이기도 하지만, 이탈리아와 오스트리아 양국 모두에 믿을 만한 주류 야당이 없었기 때문이었다.

이탈리아의 기독교민주당(DC)은 1948년 이래 줄곧 독주를 누렸다. 40년 동안 이탈리아 선거에서는 기독교민주당을 대체할 만한 특별한 세력이 나타나지 않았다. 공산주의자들과 사회주의자들의 결별이 좌파 진영을 약화시켜버린 나머지, 비공산주의 계열의 야당들은 대안 주류 세력을 형성한다는 가망 없는 꿈을 좇기보다 기독교민주당이 통치하는 구조 내에서 자기 몫을 추구하는 편을 택했다.

기독교민주당과 그에 연합한 군소 정당들 일부가 1990년대 정치 추문에 휘말려 위기를 맞았을 때조차 야당 진영은 대안으로 내세울 다수 세력이 전무한 형편이었다. 빈 공간에는 '무소속'이라고 주장하는 새로운 얼굴들이 들어왔다. 그 중 가장 성공적인 사례는 언론

실비오 베를루스코니. 언론 재벌이자 이탈리아 최고의 부호인 그는 '포르차 이탈리아'라는 정당을 창당해 극우 조직과 동맹을 형성해 정권을 잡았다. 파시즘을 직접 계승한 정당이 유럽 정부에 참여한 것은 처음 있는 일이었다.

재벌이자 이탈리아 최고의 부호인 실비오 베를루스코니의 경우였다. 그는 기회를 놓치지 않고 축구 경기의 응원 구호를 본떠 이름 지은 '포르차 이탈리아(Forza Italia)'[33]라는 신당을 창당했다. 베를루스코니는 소외되어 있던 두 조직과 동맹 세력을 형성했다. 그 하나는 움베르토 보시가 이끄는 분리주의 운동인 북부동맹이었고, 다른 하나는 이탈리아사회운동당이다(지금은 이름을 국민연합(Alleanza nazionalle, AN)으로 바꾸고 자신들을 '포스트파시즘'이라고 선전한다). 이들은 1994년 의회선거에서 함께 승리를 거둠으로써, 제 기능을 상실한 기독교민주당의 그럴듯한 대안으로 떠오르며 비어 있던 공간을 성공적으로 채워 넣었다. 이탈리아사회운동당의 새 모습인 국민연합은 13퍼센트의 득표율을 기록하며 5개 부처 장관직을 장악했다. 1945년 이래 파시즘을 직접 계승한 정당이 유럽 국가의 정부에 참여한 것은 처음이었다. 베를루스코니의 포르차 이탈리아는 2001년에도 선거에서 승리했으며, 이번에는 국민연합 총재인 잔프랑코 피니가 부총리가 되었다.

오스트리아에서도 사회주의자들과 온건 중도파 카톨릭 정당인 오스트리아인민당(Österreiche Volks Partei, ÖVP)이 '비례대표제(Proporz)' 라고 알려진 권력 분점 합의를 통해 관직과 특권을 분할한 지 20년이 지났을 때 이탈리아와 비슷한 기회가 찾아왔다. 두 세력의 정치판 독점에 질려버린 유권자들은 하이더가 이끄는 자유당으로 돌아설 수밖에 없었다. 자유당은 잘생긴 총재를 내세우고 비례대표제에 대항해 유일한 비(非)공산주의 대안을 제시하여 큰 성공을 거두었다. 자유당은 1999년 10월 3일에 치러진 선거들에서 전국 투표의 27퍼센트를 획득해서 33퍼센트를 얻은 사회주의자들에 이어 2위에 올라섰고, 2000년 2월 오스트리아인민당과 함께 연합정부를 구성하여 12개 부처 장관직 중 6개를 차지하는 기염을 토했다.

이민자들에 대한 반감과 기존 정치에 대한 실망은 2002년 네덜란드에서 그 동안 거의 주목을 받지 못했던 인물이 급부상하는 원동력이 되었다. 대재벌이자 공공연한 동성애자인 핌 포르투완이 그 주인공이었다. 포르투완의 시각은 유럽 관료주의와 이슬람 이민들을 악마화한다는 점에서는 — 어떤 율법학자는 포르투완은 동성애자이므로 돼지보다 못하다고 비난했다. — 극우 세력과 같은 편에서는 경향이 있었지만 실제로는 자유주의적이었다. 포르투완은 2002년 5월 6일 동물 권리 보호 운동가에게 살해당했지만, 그가 창당했던 '핌 포르투완 리스트(Pym Fortyun List)' 는 일주일 뒤 치러진

선거 유세를 하고 있는 외르크 하이더. 하이더가 이끄는 오스트리아 제2의 정당인 자유당은 2000년 오스트리아인민당과 연합해 내각을 이끌기도 했다.

의회선거에서 다양한 유권자층의 광범위한 지지로 17퍼센트의 득표율을 기록해 새 정부에서 3개월간 여러 장관직을 차지했다.

이런 득표율 수치만 놓고 보면 1980년 이후 유럽의 극우 운동 2세대에 대해 알 수 있는 것이 별로 없다. 우리는 이들이 어떤 종류의 운동이나 정당이었는지, 당시 유럽 사회들과 어떤 관계였는지를 알아야 한다. 다시 말해, 파시즘의 2단계에서 던져보았던 질문을 여기서도 똑같이 던져보아야 한다. 그 중에서 중요 계층의 이익이나 불만을 대변하는 존재로 성장한 조직이 하나라도 있었는가? 기존 정치 체제에 침투할 공간이 충분했는가? 이들 중 엘리트층의 불안을 이용해 파시즘이 그랬듯 3단계로 발전할 토대가 되는 복잡한 연합을 형성했던 조직이 하나라도 있었던가? 마지막 질문은 이 모

핌 포르투완. 불황을 맞은 네덜란드에서 이민 정책을 반대하는 운동을 이끌었던 핌 포르투완은 다양한 유권자층의 지지를 받았다.

두를 아우르는 질문이다. 이러한 차세대 극우 운동의 경우, 본인들이 파시즘이라는 혐의를 열렬히 부정하는데도 불구하고 그 성격을 파시즘이나 네오파시즘이라고 부를 만한 근거가 단 하나라도 있는가? 현대 서유럽에서는 겉으로 나타난 파시즘적 '인상'의 강도와, 투표함을 열었을 때의 득표율이 반비례 관계를 이룬다.[34] 따라서 가장 큰 성공을 거둔 극우파 지도자들은 대부분 파시즘의 언어나 상징으로부터 거리를 두려고 애를 쓰게 마련이다.

스스로를 '정상화' 하려고 노력해서 성공을 거두었던 이탈리아사회운동당의 경우는 이 점을 가장 뚜렷이 보여준다. 조르조 알미란테가 1988년에 사망할 때까지만 해도 이탈리아사회운동당은 무솔리니가 남긴 유산에 충실하겠노라고 선언했다. 그러나 알미란테의 뒤를 이은 잔프랑코 피니는 1994년까지도 무솔리니를 금세기에서 가장 위대한 정치가로 칭송할 정도였지만[35] 1992년 선거에서 기독교민주당이 정권 장악에 실패해 권력 공백이 생기자 기회를 놓치지 않고 당을 중도 쪽으로 움직이기 시작했다. 1994년 1월, 이탈리아 사회운동당은 그 명칭을 '국민연합(AN)'으로 바꾸었다. 1995년, 국민연합 창당위원회는 유럽이 '탈파시즘' 시대에 접어들었으며, 무솔리니에 대한 당원들의 노골적인 향수[36]는 부적절한 것이 되었다고 선언했다. 이렇게 해서 피니는 50년 가까이 이어지던 기독교민주당의 독재에 종지부를 찍은 1994년의 선거가 있은 뒤 베를루스코니 정부에 참여할 수 있었으며, 2001년부터 현재까지 이어지는 베를루스코니의 두 번째 정부에서도 자리를 지키고 있다. 완고한 무솔리니 추종자들은 낡은 사상을 고수하는 네오파시스트 피노 라우티(Pino Rauti)를 따라 분파 운동인 'MSI-피암마 트리콜로레(MSI-Fiamma Ticolore)'를 조직했다. 강경파들이 떨어져 나가자 피니는 전과 달리 온건하다는 이미지를 쌓아갈 수 있었다.

서유럽의 모든 극우 운동들이 정상화 전략을 따른 것은 아니었다. 영국에서 콜린 조던(Colin Jordan)이 일으킨 국가사회주의운동은 지속 불가능해 보이는 경제 성장보다는 독트린의 순수성을 선호했고, 파시즘적 성향을 공공연하게 드러냈다. 후에 나타난 영국 국민전선은 유럽의 극우 정당들 중에서도 인종주의와 반체제 성향이 가장 강했던 정당 중 하나였다. 정상화된 영국 극우파는 언제나 입지가 좁은 편이었으나, 1980년대에 마거릿 대처 총리가 '보수당(Conservative Party)'을 우경화하면서 운신의 폭이 더욱 줄어들었다. 그럼에도 불구하고 2001년 중부 지방 일부 도시에서는 인종 차별 폭력 사태가 일어났고, 파시즘을 계승한 '영국국민당(British National Party)'은 2002년 5월 올드햄 선거에서 20퍼센트에 달하는 득표율을 기록하는 동시에 번레이 시의회에서 3석을 차지했다(올드햄과 번레이는 랭커셔 지방의 빈곤한 공업 도시였다).

정상화의 유혹은 영국이나 벨기에보다 프랑스와 이탈리아, 오스트리아에서 더욱 컸다. 성공할 확률이 더 높았기 때문이었다. 서유럽에서 가장 성공적인 극우 지도자였던 르펜과 하이더는 '정상(nomalcy)'이라고 공언함으로써 다른 극우 지도자보다 많은 이익을 보았다. 이들은 또한 '정상'이 되기 위해 피니처럼 과감한 조치들을 취하지도 않았으며, 파시즘과의 어떤 관련성도 공식적으로 인정한 적이 없었다.

르펜, 하이더, 피니를 주시하던 언론이 이들을 '위장 파시즘(Cryptofascism)' 집단이라고 공격하게 된 계기는 공식 연설이나 사석에서 마이크로 연설할 때 쓰는 표현 일부, 추종자들 일부의 출신 배경이었다. 자신의 거친 태도가 오히려 매력으로 작용한다는 사실을 잘 알던 르펜은 반유대주의로 해석될 만한 발언을 자주 했다. 그는 1987년 텔레비전 방송 대담에서 히틀러의 유대인 학살을 "역사의 사소한 부분"이라고 말했다가 벌금형을 받았지만 1996년 독일에서 연설할 때도 같은 표현을 사용했으며, 1997년에는 선거 운동 도중 여성 후보에게 폭력을 휘둘러 출마 자격을 상실했다. 하이더는 (나치즘의 다른 측면까지 찬성한 것은 아니었지만) 나치의 완전 고용 정책을 공공연히 찬양했으며, 나치 친위대(SS) 출신들의 사적 집회에 참석해 그들은 젊은이들의 모범이니 아무것도 부끄러워할 필요가 없다고 연설하기도 했다.

이들 극우 정당은 모두 독일 나치즘이나 이탈리아 파시즘을 추종하는 사람들의 피난처 역할을 했다. 1983년 이후 독일 공화당

(Republikaner) 당수가 된 프란츠 쇤후버(Franz Schönhuber)는 나치 친위대 장교 출신이었다. 쇤후버와 같은 이들은 과거의 파시스트들과 파시스트 동조자들 가운데 있을지 모르는 잠재적 지지 세력을 내치고 싶어하지 않았으며, 동시에 온건 보수파, 정치에 무관심한 사람들, 심지어는 좌절한 사회주의자들에게까지 세력을 넓혀가고자 했다. 오래된 파시즘 지지자들은 달리 갈 곳이 없었기 때문에 파시즘을 부인하는 공식 석상의 공언 뒷면에 깔린 잠재적 암시만으로도 만족할 수 있었다. 1990년대 프랑스와 이탈리아, 오스트리아에서 2단계로 발전하려면 새로이 온건한 우파에 뿌리를 내려야 했던 것이다. 1930년대의 프랑스 역시 마찬가지였는데, 1936년 이후 프랑스사회당(PSF)을 이끈 프랑수아 드 라 로크가 좀 더 중도적인 전략을 내세워 성공을 거둔 것이 그 예다.[37)]

이들 정당이 내세운 강령이나 주장에서는 고전적 파시즘이 내세웠던 주제가 반복되는 느낌이다. 타락과 쇠퇴에 대한 두려움, 국가적·문화적 정체성의 강력한 옹호, 동화되지 않는 외국인들이 국가 정체성과 사회 안정에 끼치는 위협, 이 문제들을 해결하기 위한 더 큰 권위의 필요성 등이 이에 해당한다. 유럽 극우 정당의 일부는 (플라망어권의 독립과 인종 차별을 주장하는 벨기에 극우 정당 블람스 블록(Vlaams Blok)의 '70개조'와 르펜이 1993년에 내놓은 '프랑스 재활을 위한 300개조' 등) 더할 나위 없이 권위주의적이며 국가주의적인 강령을 갖추고는 있지만, 그 대부분은 원치 않은 이민들을 다시 돌려보내고 이민 범죄를 소탕하자는 단일 쟁점의 운동에만 전념하는 인상을 준다. 유권자들이 이들 정당을 선택하는 이유도 바로 그 때문이다.

그러나 고전적 파시즘의 또 다른 주제들은 전후 가장 성공적인 유럽 극우 정당들이 실제로 주장하는 강령에서 빠져 있다. 시장 자유와 경제적 개인주의에 대한 공격, 조합주의와 시장 규제로 그 병폐를 치료해야 한다는 고전적 파시즘의 주장은 아예 찾아볼 수 없다. 국가의 경제적 개입이 당연했던 유럽 대륙에서, 극우 세력은 규제를 완화하고 시장 결정력을 키우는 데 주력했다.[38)]

전후 유럽 극우 진영에서 찾아보기 어려운 또 하나의 고전적 파시즘 강령은 민주 헌법 체제와 법의 지배에 대한 근본적 공격이다. 오늘날 성공을 거두고 있는 유럽 극우 정당 중 민주주의를 일당 독재로 대체하자고 주장하는 정당은 단 하나도 없다. 기껏해야 행정부를 강화하고, 질서 유지를 위한 강제력 사용을 더 많이 허용하며, 케케묵은 기존 정당들을 새롭고 순수한 국민 운동으로 대체하자고 주장하는 정도다. 폭력의 미학과 살인도 불사하는 인종적 증오의 노골적인 표현은 스킨헤드의 몫으로 남겨둔다. 성공적인 극우 정당들은 이들과의 공식적인 접촉은 피했다. 비록 이 정당들이 폭력적 극우집단들과 조직원이 겹치기도 하고 또 그 정당들의 학생 지부에서 폭력 행위를 찬양하는 과격한 발언이 나와도 어느 정도는 모른 척해주지만 말이다.[39)]

오늘날 서유럽의 극우 운동이나 정당 중 전쟁을 통한 영토 확장을 — 히틀러와 무솔리니에게는 최종 목표나 다름없었지만 — 주장하는 조직은 단 하나도 없다. 전후 서유럽에서 국경을 바꾸자고 주장한 사람들은 주로 팽창주의자보다는 분리주의자였다. 벨기에의 블람스 블록이나 (일시적이기는 하지만) 이탈리아 북부 지방을 중심으로 한 움베르토 보시의 분리파 북부동맹이 그 예다. 대(大) 세르비아, 대(大) 크로아티아, 대(大) 알바니아를 건설하려 애쓰며 영토 확장을 외치던 발칸 민족주의자들이 예외라면 예외였다.

2개 국어를 사용하는 벨기에에서는 플라망어(Flemish)를 사용하는 북부 지방의 상대적 빈곤과 낮은 지위에 대한 오랜 불만이 축적된 결과 서유럽에서 가장 중요한 분리주의 극우 운동이 탄생했다. 플랑드르 민족주의자들은 이미 1940~1944년에 나치에게 협력한 전적이 있었다. 1945년의 강제 숙청으로 큰 타격을 입었던 잔여 세력들은 전후 반체제적인 활동을 지지할 준비가 되어 있었다.[40] 잠복기를 거친 플랑드르 민족주의는 분리주의자의 눈에는 미흡해 보였던 연방 체제 채택(에그몬트 협정(Egmont Agreement))에 이어 1977년에 다시 정치 활동 무대에 나타났다. 블람스 블록은 플랑드르 분리주의를 폭력적인 반이민 정서뿐만 아니라 기성 정치 제도에서 소외된 사람들을 위한 '반(反)정치'와 결합시켰다.

블람스 블록은 1990년대에 서유럽에서 가장 큰 성공을 거둔 극우 정당 중 하나가 되었다. 블람스 블록은 1991년 전국선거에서 10퍼센트 이상을 얻었으며, 벨기에의 플라망어 사용 지역 중 최대 도시인 앤트워프에서는 25.5퍼센트의 득표율을 기록하였다. 그리고 1994년 지방선거에서는 28퍼센트의 득표율과 함께 앤트워프 최대 정당으로 올라섰다. 그 결과 블람스 블록을 정권에서 배제하기 위해 다른 정당들이 모두 모여 연합 세력을 형성해 대항해야 했다.[41] 블람스 블록은 "(공공연히 인종주의적이지는 않지만) 서유럽의 주류 극우 대중 정당 중 외국인 혐오가 가장 노골적이고 극심한 정당"이며 "심지어 〔프랑스의〕 국민전선을 능가하는 수준의 사악한

정당"이 되었다.[42)]

1970년대 이후 서유럽의 극우 진영에는 새로운 공간이 열렸다. 복지국가에 대한 납세자들의 반발이 기회가 되었던 것이다. 가장 두드러진 경우는 스칸디나비아의 '진보' 정당들이었는데, 1980년대에 들어 이들은 1930년대 이래 복지 체제에 대해 계속돼온 광범위한 국민적 합의에 종지부를 찍었다. 이들 운동에서는 고전적 파시즘의 형식이나 표현의 기미도 전혀 찾아볼 수 없었으나, 스칸디나비아 지역의 극우파들은 이 정당들에 커다란 친밀감을 느꼈으며, 극우파들은 반이민 감정이나 심지어 이민자들에게 행사하는 폭력을 정당화했다. 이 정당들은 또한 유럽 통합과 경제적 · 문화적 세계화에 반대하는 세력을 끌어들였다.

이들의 강령이나 수사적 표현을 비교해보면 고전적 파시즘과 연관되는 특징이 일부 드러난다. 그러나 강령이나 수사적 표현은 파시즘의 치욕과 1980년 이후 서유럽의 극우 진영이 선택한 온건화 전술 때문에 부분적으로 감추어져 있다. 이 밖에도 비교해볼 대상은 많다. 예컨대, 양차 세계대전 사이 유럽의 상황과 오늘날의 상황을 비교해보면 훨씬 더 많은 차이점이 나타난다.[43)] 공산주의가 무너진 1989년 이후의 중부 및 동부 유럽을 제외하면, 대부분의 유럽인들은 1945년 이래의 평화, 번영, 민주주의의 원활한 작동, 국내의 안정된 질서에 익숙해져 있었다. 이제 대중 민주주의는 1919년의 독일과 이탈리아처럼 불안한 첫발을 떼는 상태가 아니었다. 볼셰비키 혁명은 조금도 위협이 되지 않는다. 여전히 수많은 유럽인들을 화나게 만드는 지구적 차원의 경쟁과 미국식 대중문화 문제 역시 오늘날에는 '자유주의 제도를 포기' 할 필요 없이 현존하는 헌법 체제 안에서 관리 가능한 것처럼 보인다.

요약하자면, 1945년 이래 서유럽에서 '파시즘의 유산'이 존재한 것은 사실이며, 1980년 이래 정상화되었으나 여전히 인종주의적 성향을 띤 새로운 세대의 극우 정당들이 지방과 중앙 정부에 소수 정당으로 참가한 것도 사실이다. 그러나 전후 유럽의 상황이 너무나 크게 바뀌었기 때문에 고전적 파시즘을 직접 계승한 극우 정당들이 크게 세력을 떨칠 여지는 크지 않다.

소련 붕괴 후 동유럽

지구상 그 어떤 장소도 소련 붕괴 후 최근 몇 년 사이의 동유럽과 발칸 지역처럼 맹렬한 극우 운동이 모여 있는 곳은 없다.

러시아는 소련 시절에는 고전적 파시즘이라는 '자력장'으로부터 격리되어 있어서 (원하는 사람이 있었을지는 모르지만) 파시즘 유사 조직이 나타나지 않았다. 그러나 슬라브 숭배적인 러시아 전통은 1914년 이전에 유럽 전역에서 가장 강력하게 반자유주의적이고 반서구적이며 반개인주의적인 공동체주의적 민족주의를 포함하고 있었다. 러일전쟁(1904~1905)의 패배에 대한 반동과 그 결과 일어난 혁명적 봉기에서 러시아인민동맹(Union of Russian People, URP)은 제정 러시아에서 "가장 강력하고, 가장 잘 조직된, 가장 큰 우익 정당"이 되었다.[44] 러시아인민동맹은 '모든 계층을 아우르는' 국민 부흥 및 단결 운동으로, 서구의 개인주의와 민주주의라는 오염에서 러시아를 구하고자 했다. 필요하다면 차르는 물론이고 자유주의적 귀족 정치인들에 맞설 각오도 되어 있었다. 그들의 눈에 이 자유주의적 귀족 정치인과 차르는 지나치게 국제주의적이며 의회주의에 너무 관대해 보였다. 러시아의 '검은 100인단(Black Hundreds)'은 1905년 10월 오데사에서 유대인 3백 명을 살해했다.[45] 2장에서 살펴보았던 파시즘의 전조가 되는 사건들 중에서도 눈에 띄는 사례라 하겠다.

소련이 무너진 뒤 도입한 선거 민주주의 및 시장경제 실험이 1991년 이후 러시아에 재앙과 다름없는 결과를 초래했을 때, '팜야트(Pamyat, '기억'이라는 뜻. 1980년대에 등장한 극우 단체로, 외래 사상인 공산주의를 타도하고 러시아 전통 가치로 복귀하자고 주장했다)' 같은 조직들은 오랫동안 이어져온 슬라브 숭배 전통을 부활시켰으며 나치 실험에 대해 공공연한 찬사를 보탰다. 러시아 내의 반자유주의·반서구·반유대주의적 성향을 띤 정당 가운데 가장 큰 성공을 거둔 정당은 블라디미르 지리노프스키(Vladimir Zhirinovsky, 1946~)가 당수로 있는, 이름이 아주 잘못 붙여진 자유민주당(Liberal Democratic Party, LDP)이었다. 1989년 말에 창당된 자유민주당은 강력한 권위 속의 국가 부흥과 단결을 강령으로 삼고 알래스카를 포함하여 러시아의 잃어버린 영토를 수복하자는 과격한 주장을 폈다. 지리노프스키는 1991년 6월 러시아 대통령 선거에서 6백만 표 이상을 얻으며 3순위 후보로 떠올랐고, 자유민주당은 1993년 12월 의회선거에서 전체 표의 23퍼센트를 휩쓸며 러시아 최대 정당이 되었다.[46]

그러나 이후 지리노프스키는 내리막길을 걸었다. 정도를 벗어난 행동과 지나친 발언도 문제였지만 — 아버지가 유대인이라는 사실이 밝혀진 것도 한몫했다. — 주된 이유는 보리스 옐친(Boris

러시아 자유민주당 대표 블라디미르 지리노프스키. 러시아의 잃어버린 영토를 수복하자는 과격한 주장을 펼쳤던 자유민주당은 1993년 의회선거에서 최대 정당이 되기도 하였으나 옐친의 의회 탄압 이후 내리막길을 걸었다.

Yeltsin, 1931~)이 지배권을 잡고 의회를 묵살해버렸기 때문이었다. 러시아는 옐친과 KGB(국가보안위원회) 정보원 출신으로 옐친의 뒤를 이은 블라디미르 푸틴(Vladimir Putin, 1952~)의 통치 아래서 일단은 민주주의와 유사한 체제를 갖추고 절뚝거리며 나아갔다. 그러나 만일 러시아 대통령이 신뢰를 잃는다면 어떤 형태든 마르크스주의적 집산주의로 돌아가기보다는 지리노프스키보다 유능한 극우 지도자들이 출현해 권력을 장악할 가능성이 높다.

소련을 계승한 동유럽 국가에서는 1989년 이래 어디서나 극우 운동이 출현하였으나, 다행스럽게도 대부분 세력이 미약했다.[47] 그러나 우격다짐으로 도입한 민주주의의 부작용과 경제적 압박은 계속되는 영토 분쟁이나 소수민족의 불만과 더불어 극우 세력이 성장하기 좋은 환경을 제공했다. 그러나 당장은 유럽연합(EU)에 합류하려는 열망 때문에, 대부분의 동유럽은 민주주의와 시장경제를 불완전한 상태로나마 필수적 전제로 받아들인다. 대안으로 내세우는 순수 민족주의는 — 그 끔찍함은 구 유고슬라비아 지역에서 선명하게 입증된 바 있다. — 주변부의 소수 세력에게 호응을 얻는 정도에 그치고 있다.

전후 유럽에서 나치의 인종 말살 정책에 가장 가까운 현상이 나타난 지역은 공산주의 붕괴 후 유고슬라비아였다. 1980년 요시프 브로즈 티토(Josip Broz Tito, 1892~1980)가 사망한 뒤 유고슬라비아 연방국가는 나날이 줄어드는 경제적 재화를 핏발선 여러 경쟁 지역에 분배하는 문제에 직면하면서 그 정당성을 서서히 잃어갔다. 한때 연방의 지배적 구성원이었던 세르비아는 이제 연방의 파괴를 주도했다.

과거 색깔 없는 공산주의 관료였던 세르비아의 대통령 슬로보단 밀로셰비치는 1987년 4월 24일 코소보 폴리에 전투 패전 6백 주년 기념일을 맞아 코소보 거주 세르비아인들에게 연설을 하던 도중 자신에게 군중을 선동하는 능력이 있다는 사실을 깨달았다(코소보 폴리에 전투는 세르비아 왕자가 오스만 투르크의 침략을 저지하려다 10만 대군과 함께 궤멸된 전투인데, 코소보 폴리에 전투 패전 기념일은 세르비아에서는 매우 뜻 깊은 날이다). 그 당시 코소보 지역의 세르비아인들은 알바니아인에 비해 수적으로 크게 열세였는데, 밀로셰비치는 희생의 억울함과 복수의 정당성을 내세워 군중의 열광적 지지를 받았다. 그는 쇠퇴해가는 공산주의를 대체할 정당성과 규율의 근거를 세르비아 민족주의에서 찾았다. 1988년 말, 밀로셰비치는 알바니아인들이 많은 코소보와 헝가리인들이 많은 보이보디나(Vojvodina) 지역의 지역 자치를 폐지함으로써 세르비아 안에서 중앙 통제를 강화했다.

유고슬라비아 연방 내에서 세르비아의 힘을 키우려는 밀로셰비치의 시도는 다른 민족들의 분리주의 운동을 촉발했다. 1991년 슬로베니아와 크로아티아가 유고슬라비아 연방으로부터 독립을 선언했을 때, 인구의 15퍼센트가 세르비아인이었던 세르비아계 지역 역시 세르비아인 중심이었던 유고슬라비아 연방군의 지지를 등에 업고 크로아티아에서 떨어져 나갔다. 크로아티아 내전에서 크로아티아와 세르비아 양측은 자기들이 장악한 지역에서 상대를 쫓아내기 위해 방화, 살인, 집단 강간이라는 수단을 동원했다. (두 민족의 차이는 인종적 차이라기보다는 역사 · 문화 · 종교적 차이에 가까웠지만) 서구에서는 이를 '인종 청소'라고 불렀다.

보스니아가 1992년에 독립을 선언하자, 보스니아 내 세르비아계 지역들도 보스니아로부터 독립을 선언하며 유고슬라비아 연방군을 불러들였다. 보스니아는 유고슬라비아에서 여러 민족이 가장 많이 뒤섞여 살며 민족 간의 결혼도 잦았던 지역이었는데, 인종 청소는 이곳에서 더욱 끔찍하게 이루어졌다. 밀로셰비치는 기존의 세르비아에 크로아티아와 보스니아 내 세르비아계 지역을 더해 대(大) 세르비아를 건설하는 것을 목표로 삼았다. 그러나 그의 계획은 수포로 돌아갔다. 크로아티아 군은 서방 세계의 지원을 받아 크로아티아 내 세르비아계 지역인 크라지나에서 대부분의 세르비아인들을 쫓아냈다. 보스니아의 경우, 북대서양조약기구(NATO)의 군사 개입 때문에 밀로셰비치는 1995년 11월에 데이턴 협정(Dayton Agreements)을 받아들여야 했다. 협정은 밀로셰비치가 세르비아 공화국에서는 권좌를 유지하되 연방 국가와 떨어져 보스니아에 거주

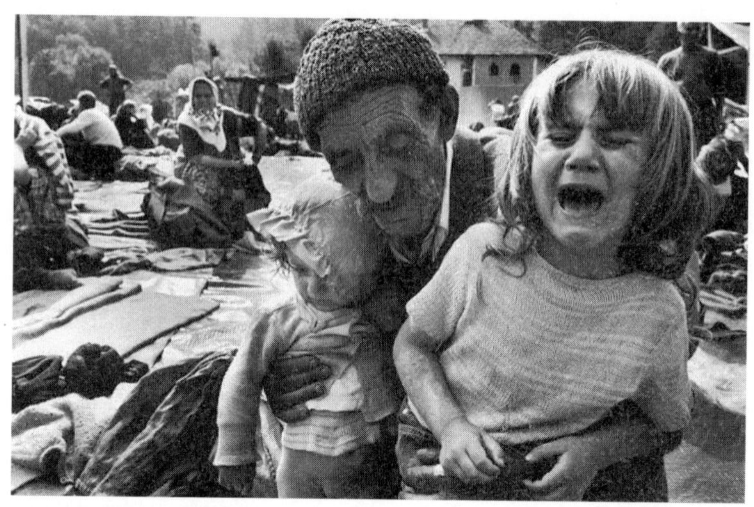

세르비아의 인종 청소를 피해 보스니아의 고향 마을에서 가까스로 도망쳐 유엔 난민촌에 도착한 이슬람 할아버지와 손녀. 세르비아 민족주의를 내세운 밀로셰비치는 대중의 열광적인 지지를 등에 업고 잔혹한 학살을 자행했다.

하던 세르비아 동포들을 포기한다는 내용이었다. 밀로셰비치는 1999년 코소보에서 알바니아인들을 추방하려고 시도했지만, 나토의 공습 때문에 다시 후퇴할 수밖에 없었다. 1년 뒤인 2000년 9월 연방선거에서 세르비아인들 스스로가 반대 진영 후보를 선택하면서 밀로셰비치의 통치는 막을 내렸다. 새로운 세르비아 정부는 결국 밀로셰비치를 네덜란드 헤이그에 위치한 국제연합 전범재판소에 넘겨버렸다.

세르비아 민족주의가 잔인성을 제외하면 파시즘의 외형적 특징을 전혀 보이지 않았으며, 여러 정당들이 상대적으로 자유롭게 경쟁하도록 허용한 것은 사실이다. 밀로셰비치 정권은 호전적인 정당이 기존 세력과 연합하여 뿌리를 내리는 방식으로 권력을 장악한 것이 아니었다. 대통령은 이미 실시 중이던 독재를 더욱 공고히 하기 위한 수단으로 팽창주의적 민족주의를 받아들였고, 대중의 열광적인 지지를 받았다. 대중의 급조된 지지를 등에 업고 밀로셰비치의 세르비아는 1945년 이후로는 유럽에서는 찾아볼 수 없었던 놀라운 광경을 전 세계에 보여주었다. 그것은 이른바 역사적인 민족적 치욕에 대한 복수를 하고 인종적으로 순수하고 더 확장된 민족국가를 건설한다는 미명 아래 남녀노소를 불문한 학살을 자행하는 사실상의 독재였다. 가증스러운 밀로셰비치 정권을 무조건 '파시즘적'이라고 낙인찍어버린다면 그의 통치가 뿌리를 내리고 유지된 과정을 설명하는 데는 아무런 도움도 되지 않는다. 다만 파시즘의 기능적 등가물로 보이는 현상이 부분적으로 나타났음을 인정할 필요는 있을 것이다.

밀로셰비치가 저지른 학살과 파괴의 규모가 어마어마했기 때문에 프라뇨 투지만(Franjo Tudjman, 1922~1999) 대통령의 대(大) 크로아티아 건설 계획은 세르비아에 비해 외부의 주목을 덜 받았다. 퇴역장교이자 역사학 교수였던 투지만은 크로아티아 내 세르비아인들을 세르비아의 인종 청소 못지않게 잔인하게 추방하며 권력 기반을 다졌고, 밀로셰비치보다 오히려 효과적으로 목적을 달성했다. 세르비아의 애국주의는 2차 세계대전 동안 나치에 반대하는 역할을 수행했지만, 크로아티아의 애국주의는 안테 파벨리치(Ante Pavelić, 1889~1959, 크로아티아의 파시스트 혁명주의자)가 조직한 우스타샤(Ustaša)를 포함했다. '반역'이라는 뜻의 우스타샤는 1941~1944년에 걸쳐 히틀러의 조종을 받는 크로아티아 괴뢰 정권을 이끌면서 세르비아인들과 유대인 집단 학살을 자행했던 민족주의 테러 조직이었다. 투지만이 이끄는 새로운 독립국 크로아티아는 우스타샤 문장을 부활시켜 나치 점령 유럽에서 가장 잔인했던 파시즘 정권에 영광을 바쳤다.

비유럽권의 파시즘

어떤 이들은 파시즘이 유럽 이외의 지역에서 존재할 수 있다는 주장에 의심을 품는다. 그들은 역사적으로 파시즘의 출현에는 19세기 말 문화적 혁명, 새로이 강대국을 자처하고 나선 국가들 간의 첨예한 대립, 대중적 민족주의, 새로운 민주주의 기구들을 장악하려는 경쟁 등 당시 유럽만의 특수한 환경이 필요했다고 생각한다.[48] 파시즘을 재발 가능한 사회 · 정치적 위기에 가깝게 연관시켜 생각하는 학자들은 비유럽 문화권에서도 파시즘의 등가물이 나타날 수 있다는 가능성을 열어둔다. 파시즘이 '자유주의 제도를 포기하는 것' 이며 따라서 민주주의가 허약해졌을 때 앓는 질병이라는[49] 가에타노 살베미니의 입장을 굳게 고수한다면, 우리의 연구 영역은 유럽 외 지역에서도 민주 국가로 기능했거나 적어도 대의(代議) 정치를 확립하려고 노력했던 국가에만 한정될 것이다. 이 본질적인 기준은 온갖 종류의 제3세계 독재를 배제해버린다. 단순히 잔혹하다고 해서 1971년부터 1979년까지 우간다를 다스렸던 폭군 이디 아민 다다(Idi Amin Dada, 1925?~2003)를 파시스트라고 할 수는 없는 것이다.

비유럽 지역에서 (적어도 유럽에서 파시스트들이 기세를 떨치는 기간에는) 파시즘이 발호하기에 가장 그럴듯한 환경이 이루어진 곳은 유럽인들이 정착한 식민지들이었다. 1930년대에는 나치즘에 크게 영향받은 남아프리카 백인 우월주의 운동이 보어(Boer, 남아프리카의 네덜란드계 이민) 대농장주들 사이에 널리 퍼져나갔다. 파시즘의 성격을 가장 노골적으로 드러낸 조직은 루이스 바이하르트(Louis Weichardt)가 이끌고 회색 셔츠 차림의 민병대를 갖추었던 남아프리카기독교국가사회주의운동(South African Gentile National Socialist Movement)과 J. S. 폰 몰트케(J. S. von Moltke)가 이끌고 조직원들은 주황색 셔츠를 입었던 남아프리카파시스트(South African Fascists)였다. 2차 세계대전 이전 남아프리카에서 가장 성공적이었던 극우 운동은 1939년에 나타난 '포장마차 파수대(Ossebrandwag, OB)'였다.[50] 이 명칭은 영국 자유주의의 오염으로부터 고유의 생활방식을 지키기 위해 1835~1837년에 걸쳐 포장마차를 타고 내륙 트란스발 지역으로 '대장정'을 감행했다는 보어인들의 민담에서 따왔다. 보어 엘리트층이 보기에 포장마차 파수대의 복장과 칼뱅 교회의 연관성은 — 포장마차 파수대가 나치에 동조한다는 사실을 숨기지 않았음에도 불구하고 — 유럽 파시즘을 그대로 흉내내는 것보다 훨씬 매력적이었다. 오늘날에도 남아프리카 산허리에서는 포장마차 파수대의 상징인 포장마차 그림을 볼 수 있을 정도다.

1945년 이후로는 남아프리카 백인 지역에서도 파시즘에 대한 언급이 조심스러워졌지만, 인구의 다수인 흑인에 맞서 백인 앵글로-보어인끼리 단합하자는 호소는 파시즘이 출현하기에 화학적으로 순수하다고 할 만한 환경을 조성했다. 남아프리카를 지켜보던 수많은 사람들은 1948년부터 시행된 아파르트헤이트(apartheid, 남아프리카공화국 고유의 아프리칸스어로 '분리'라는 뜻) 정책이 압력을 받아 파시즘에 가까운 어떤 것으로 굳어질 것이라고 예상했다. 넬슨 만

델라(Nelson Mandela, 1918~)의 지도와 P. W. 보타(P. W. Botha, 1916~) 대통령의 마지못한 양보로 아파르트헤이트는 1990년대에 공식적으로 결국 사라졌다. 보어인들조차 대다수가 안도할 정도로 역사상 보기 드문 대타협이었다. 물론, 아직도 상황이 악화될 소지는 얼마든지 있다. 인구의 대부분을 차지하는 흑인들은 생활 수준이 빨리 향상되기를 기대했기 때문에, 이들이 폭력을 동원한다면 언제라도 방어적 백인 우월주의 조직들로 하여금 자기들의 생활방식뿐 아니라 생명까지 위협하는 '자유주의 제도를 포기' 하게 만들 수 있다.

1930년대부터 1950년대 초기까지 유럽을 제외한 대륙에서 진정한 파시즘 체제에 가장 가까운 형태를 보여준 곳은 라틴 아메리카였다. 그러나 유럽에서 파시즘이 득세할 때 상당한 모방이 이루어졌기 때문에 진짜 파시즘인지 여부는 조심해서 살펴볼 필요가 있다. 라틴 아메리카 독재자들은 대공황을 타개하기 위해 무솔리니의 조합주의뿐 아니라 루스벨트의 뉴딜 정책도 차용했지만 외형상으로는 1930년대에 유행한 파시즘의 요소를 모방하는 경우가 많았다.

라틴 아메리카의 토착적인 대중 파시즘 정당에 가장 가까운 것은 유럽 여행에서 무솔리니의 이탈리아에 매혹된 작가 플리니우 살가두(Plinio Salgado, 1895~1975)가 브라질에 돌아와 창당한 '아사우 인테그랄리스타 브라질레이라(Açao Integralista Brasileira, AIB)'였다. 살가두는 유럽에서 무솔리니를 만났을 때 "신성한 불꽃이 존재 안으로 들어왔다."라고 말했다.[51] 이 정당은 브라질 내 독일계와

브라질의 독재자 바르가스(가운데 앉은 사람). 1930년 군사 쿠데타로 대통령이 된 그는 '새로운 국가' 정치 체제를 수립해 통치했으나, 파시즘 통치와는 거리가 먼 현대화된 독재 체제였다.

이탈리아계 이민 사회에 퍼져나갔던 나치 및 파시즘 클럽들보다 더욱 단단하게 뿌리를 내렸다. 살가두는 투피(Tupi) 원주민 문화를 포함한 브라질 토착 문화의 이미지를 독재주의, 민족주의, 보호주의, 조합주의, 반유대주의, 다리를 곧게 뻗는 군대식 걸음걸이, 심신 교육 담당 사무국, 녹색 셔츠와 (AIB의 상징인) 그리스 문자 시그마(Σ)가 새겨진 검정 완장 등의 파시즘적 측면과 뒤섞어 노골적인 파시즘 운동을 토착화하는 데 성공했다. 아사우 인테그랄리스타 브라질레이라는 1934년에 당원이 18만 명에 이르며 절정을 구가했다. 그 중 일부는 전문 직업인, 사업가 및 군의 중요 인사였다.[52)]

그러나 브라질을 통치한 것은 살가두가 아니라, 치밀하지만 카리스마는 부족했던 독재자 제툴리오 바르가스였다. 바르가스는 1930년에 군사 쿠데타를 일으켜 대통령이 되었으며, 1934년에는 좀 더 정상적인 절차를 밟아 다시 대통령으로 선출되었다. 임기가 끝나가던 1937년에 바르가스는 정권을 완전 장악하고 '새로운 국가(Estado Novo)' 정치 체제를 수립했다. 그 이름과 권위주의적 체제는 포르투갈에서 빌려온 것이었다. 그는 1945년 군에 의해 밀려날 때까지 독재자 노릇을 했다.[53)]

1937~1945년에 이르는 바르가스의 새로운 국가 정치 체제는 일부 진보적인 측면을 갖춘 현대화된 독재였다(구체제적인 지방 유지들의 세력을 줄이고 중앙집권, 사회복지, 교육, 산업화를 강화하였다). '새로운 국가'의 보호주의 정책과 커피 같은 특정 상품에 대한 정부 승인 카르텔은 — 커피의 세계적 가격은 대공황 시기에 폭락했다. — 1930년대 대공황을 극복하기 위해 다른 많은 정부에서 선택한 정책과 별다르지 않았기 때문에 굳이 파시즘적이라고는 할 수 없다. 포르투갈의 살라자르와 마찬가지로 파시즘 정당을 통해 통치하는 것과는 거리가 멀었던 바르가스는 다른 정당뿐 아니라 아사우 인테그랄리스타 브라질레이라와 친나치, 혹은 친파시즘 운동도 모두 없애버렸다. 대중 연설을 싫어하고 말을 타면 엉덩이가 아프다고 고백했던 깡마른 남자 바르가스는[54)] 카리스마 넘치는 파시즘 지도자(jefe, 제페)는 고사하고 고향인 리우그란데두술의 목동(gaucho, 가우초) 이미지로도 기억되지 못했다.

개인적 카리스마뿐 아니라 정치 능력에서도 파시스트 제페의 이미지에 더 잘 어울렸던 사람은 아르헨티나의 후안 페론(Juan Perón, 1895~1974) 대령이었다. 2차 세계대전이 발발하기 전 로마의 아르헨티나 대사관 육군 무관으로 근무했던 페론은 파시즘 이탈리아에서 직접 목격했던 질서와 규율, 단합, 열정을 숭상했다. 페론은 대부분의 아르헨티나 사람들이 그렇듯 자기가 이탈리아계라고 주장하기도 했다(이탈리아와 스페인은 아르헨티나에 가장 많은 이민을 보낸 유럽 국가였다).

1912년 남자 성인의 투표권 인정에 힘입어, 1916년부터는 급진시민당(Union Civica Radical)의 이폴리토 이리고옌(Hipólito Yrigoyen, 1852~1933)이 겉보기에는 입헌 민주주의로 보이는 체제 안에서 나라를 다스렸다. 그러나 국민의 보호자를 자처한 이리고옌의 활기 없는 정치 체제는 1920년대 말 아르헨티나의 부를 위협한 전 세계적 농산물 가격 하락에 아무런 답을 내놓지 못했다.[55)]1930년 9월 우익 장교들은 이리고옌 정부를 무너뜨리고, 반세기의 대부분을 불안정한 우익 독재로 보낸 입헌 통치에 종지부를 찍었다.

정권을 장악한 호세 펠릭스 우리부루(Jose Felix Uriburu, 1868~1932) 장군은 처음에는 무솔리니의 이탈리아에서 모방한 조합주의 경제 체제를 통해 대공황을 극복하고자 했다. 그러나 우리부루의 이른바 '위로부터의 파시즘'은 군이나 당, 경제 지도층에게서 필요한 만큼의 지지를 얻는 데 실패하였으며, 보수파 군벌들이 부정선거를 통해 꼬리에 꼬리를 이어 정권을 장악할 수 있도록 길을 내주고 물러났다. 숱한 부정선거가 동원되었던 이 불안정한 독재기를 아르헨티나 사람들은 '악몽의 10년'으로 기억한다. 2차 세계대전이 발발하자 아르헨티나는 중립을 지켰지만 아르헨티나 군은 병기 수입과 군사 훈련의 원천이었던 독일로 기울었다.

1941년 12월에 참전한 미국은 라틴 아메리카의 다른 나라들처럼 아르헨티나도 연합군에 가담하도록 압력의 수위를 높였다. 1943년 6월에 새로 나타난 군사 독재 정권은 미국의 압력에 굴하지 않고 중립을 고수하기로 결심했다. 적어도 후안 페론 대령을 포함한 지도층 일부는 브라질에 있는 미국의 무력 및 기지들과 힘의 균형을 이루기 위해서라도 계속 독일에서 무기를 수입해야 한다고 생각했다.[56)]

1943년에 권력을 장악한 군사 독재 정권에서 일개 대령에 불과했던 후안 페론은 보잘것없어 보이는 노동-복지 장관 자리를 자청했다.[57)] 페론은 일단 노동조직을 통제하게 되자, 사회주의, 공산주의 혹은 아나르코 생디칼리슴(anarco syndicalism) 성향의 노조 지도부를 제거하고, 다양한 노조들을 국가가 지원하는 단일 노동조직 아래에 직능별로 통합한 뒤, 기존의 비노조원들에게까지 세를 넓혀 나갔다. 이와 같은 단계를 통해 페론은 노동총동맹(Confederación General de Trabajo, CGT)을 자기 휘하의 세력으로 만들었다. 페론은 작업 환경을 상당 부분 개선하고 노사 분쟁을 원만히 해결하여 노동자들의 환영을 받았다. 그는 이 시기에 자기의 정부인 에바 두아르테(Eva Duarte, 1919~1952)의 날카로운 직관력과 반체제적 급진주의에 큰 도움을 받았다. 그녀는 시골 출신의 사생아였는데 라디오 방송 연속극에서 성공하려고 배우로서 분투 중이었다.

페론은 무솔리니나 히틀러와는 상당히 다른 방식으로 권좌에 올랐다. 군사 정당을 이끌면서 민주주의가 쓸모없다고 증명하려 애쓰는 것이 아니라(민주주의 탄압은 이미 이루어진 뒤였다), 자기를 따르는 노동자들의 대규모 집회와 시위를 통해 압력을 행사했던 것이다. 1945년 10월 군사 정권 내 페론의 동료 장교들은 젊은 대령

아르헨티나의 독재자 후안 페론과 그의 아내 에바. 노동자들의 열광적인 지지를 업고 대통령직에 오른 그는 파시즘 정권보다 프롤레타리아적 성격이 강했고, 구지배층에게 노골적인 적대감을 드러냈다.

의 야심과 대중 선동 능력에 경계심을 느끼고, 페론에 대한 미국 대사의 적대감에 영향을 받은 데다가 하층계급에 속하는 에바와의 공공연한 관계를 불쾌하게 여겨 페론의 지위를 빼앗고 체포해버렸다. 훗날 페론의 추종자들이 국경일로 축하하게 된 1945년 10월 17일 — 페론의 추종자들은 에바가 이들을 동원했다고 하지만 다른 측근들의 도움이 더 컸을 것이다. — 수십만 명의 파업 노동자들이 부에노스아이레스 시내를 점거했다. 찌는 듯한 더위 속에서 일부는 웃옷을 벗어 던지고, 경악한 시민들 앞에서 시내 중심가의 마요 광장에 있는 우아한 분수에 뛰어들어 몸을 식혔다. '웃통 벗은 사람들' 이라는 뜻의 '데스카미사도스(Los descamisados)' 는 페론 추종자들 사이에서 프랑스 혁명의 상퀼로트(sansculottes, 하층민들이 입던 긴 바지를 뜻하는 말로, 프랑스 혁명 주체 세력이었던 급진 공화파를 일컫는 표현이 되었다)와 유사한 위상을 차지하게 되었다.[58]

아직 폭도로 변하지는 않았지만 그 수가 압도적이었던 시위 군중을 달래기 위해 정권은 페론 대령을 석방하고 대부분 페론의 지인들로 이루어진 새로운 정부를 구성했다. 페론은 1946년 대통령 선거에 출마할 준비를 하는 중이었다. 페론의 독재에는 군대뿐 아니라 노동총동맹도 큰 역할을 했다. 페론 정권은 에비타(에바 페론의 애칭)를 푸대접했던 '귀족정치'를 공공연하고 노골적으로 겨냥했다. 페론의 독재 정권이 한 번도 사유재산제를 위협한 적이 없으며 수입 대체 산업 지원에 최선을 다했다는 사실, 페론의 노동총동맹이 노동자층의 불만을 대표하기보다는 그들을 관리하는 기능이 더 컸다는 사실은 잠시 젖혀두자. 페론이 누린 인기의 토대는 무솔리니나 히틀러보다 늘 프롤레타리아적 성격이 강했고, 아르헨티나의 구지배층에 대한 적대감도 더욱 노골적이었다. 파시즘과 나치즘이 독재를 이용해 노동 운동을 탄압하고 국가 생산에서 노동자들이 차지하는 비중을 축소한 것과는 달리, 페론은 국민소득 중 노동자들의 몫을 1946년의 40퍼센트에서 1949년에는 49퍼센트로 끌어올렸다.[59)]

1946년부터 1955년까지 계속된 페론의 독재 체제는 비유럽 지역의 정권들 중 파시스트적이라는 평을 가장 많이 들었다. 페론 정권을 두고 파시즘이라는 표현을 특히 많이 사용한 나라는 미국이었다. 페론이 나타나기 전에도 워싱턴 정계는 아르헨티나의 중립 선언이 추축국 편을 드는 처사라고 비난했다.[60)] 카리스마 넘치는 지도자였던 '지휘관' 페론, 아르헨티나의 단일 정당이 된 페로니스타(Peronista)당과 당의 공식 독트린인 '정의주의(justicialismo)' 또는 '조직화된 공동체', 이제는 정식 부인이 된 에바와 함께 나갈 때가 많았던 가두 행진과 의식을 좋아하는 개인적 성격, 조합주의 경제,

언론 통제, 강압적인 경찰과 좌익을 겨냥한 주기적 폭력 행사,[61] 사법기관의 복속 및 프랑코 정권과의 긴밀한 연계 등, 세계를 파시즘과 민주주의로 양분해 보는 데 익숙해 있던 2차 세계대전 세대의 눈에는 페론 정권을 파시즘 정권으로 볼 소지가 참으로 다분했다.

그러나 최근 학자들은 페론주의의 토착적 뿌리를 강조하는 편을 선호한다. 강력한 지도자가 민중을 구원한다는 국민 전통, 한때 아르헨티나에 막대한 부를 가져다주었던 농산물 수출이 1차 세계대전 이후 가치를 상실하면서 나타난 쇠락에 대한 두려움, 1919년의 유혈 사태를 동반한 총파업을 계기로 아르헨티나를 휩쓸었던 극심한 '적색 공포', 영국 투자자들로부터 경제적 독립성을 되찾는 데 초점을 맞추었던 국민주의, 대농장이나 목장 소유주들이 주도하던 귀족적 과두정치가 힘을 잃으면서 정치적 공백이 생겼지만 (남미에서 가장 수가 많았던) 도시 중간계급이나 노동자들에게는 여전히 발언권이 주어지지 않았던 현실, '정치가'는 누구나 무능하고 부패했다는 인식의 팽배 등이 이에 해당한다.[62]

겉으로 보이는 모습을 제외한다면 페론의 독재 정권은 히틀러나 무솔리니의 경우와는 상당히 다르게 기능했다. 히틀러와 무솔리니는 선거권의 급속한 확대로 무능하고 혼란스러운 모습을 띠게 된 민주주의에 반대하여 정권을 잡았지만, 페론은 소수에게 한정된 보수층 군인들의 귀족적 과두정치에 반대하여 정권을 잡은 뒤 선거권을 확대하고 — 1947년부터는 여성도 투표를 할 수 있었다. — 일반 시민의 정치 참여를 넓혔다.[63] 페론은 1946년과 1951년의 선거는 물론이고, 1973년 정계에 복귀했을 때에도 유권자 절대 다수의 지지를 얻었다. 이 선거들은 현재까지도 아르헨티나 역사상 가장 공정하게 치러진 대통령선거로 꼽힌다. 페론 정권은 경찰력 행사와 언론 통제라는 수단을 사용하기는 했지만, 파시즘의 필수 요소 중 하나, 다시 말해 국내외의 적을 — 예를 들면 유대인 등 — 지목해서 악마화하는 일은 없었다.[64] 페론 정권은 전쟁을 통한 팽창주의에도 아무런 관심이 없었다.

에바 페론은 남자다움을 숭배하는 파시스트들에게는 생소하기 그지없는 역할을 맡았다. '에비타'는 라틴 아메리카 지도자들의 부인 중 최초로 정부 활동에 적극 참여한 인물이 되었다. 성품이 복잡하고 영민한 에비타는 다양한 유권자층을 요리하는 방법을 잘 알았다. 데스카미사도스 앞에서는 열정적인 웅변가이자 '귀족정치'에 반대하는 모습을 보였고, 페론주의여성당을 이끌 때는 (다른 어떤 여성에게도 권력을 나누어주지는 않았지만) 여성 참정권 확대 운동가로 활동했으며, 노동부 집무실에 앉아 자금 출처가 불분명한 에바 페론 재단 기금을 날마다 아낌없이 나누어주는 관대한 영부인의 모습을 보이기도 했다. 또 270일 동안 사치스러운 옷을 306벌이나 갈아입었다고 전해질 만큼 화려한 생활로 동경의 대상이 되기도 했다.[65] 에비타는 겉보기에는 여성스럽고 남편에게 순종적이었지만 사실은 페론의 뒤를 든든히 받쳐주는 존재라는 인식이 널리 퍼져나갔다.

부에노스아이레스 시민들과 맺은 유대관계가 너무나 돈독했기 때문에 그녀가 암 투병 중 1952년 33세의 나이로 세상을 떠나자 온갖 추종자들이 생겨났다. 어떤 사람들은 에비타를 혁명 지도자라고 생각한다(1970년대에 좌파 페론주의자들이 이 이미지를 부활시켰다). 대부분의 사람들은 에비타를 성녀(聖女)나 다름없는 존재라고 생각한다. 그들은 에비타를 위한 제단을 따로 만들고 정밀하게 보존 처리한 시신을 안치했는데 뒤를 이은 정권들은 그 시신을 빼돌려 숨겨버렸다. 수많은 아르헨티나 상류층은 에비타를 오만하고 복수심에 불타는 벼락출세녀이자 성적 매력을 이용해 사람들을 홀린 요부라고 생각했다. 세상을 떠날 당시 에비타는 아마도 여성으로서는 세계 최고의 권력자였을 것이다.[66)]

라틴 아메리카 독재 정권들을 파시즘이라는 시각에서 평가하는 것은 상당한 위험을 안고 있다. 최악의 경우에는 헛된 꼬리표를 다는 정도에 그쳐버릴지도 모른다. 그러나 평가 작업을 통해 고전적 파시즘의 이미지가 더욱 선명해질 수도 있다. 비교를 제대로 하려면 다양한 차원의 유사점과 차이점을 구분할 수 있어야 한다. 유사점으로는 독재의 메커니즘, 선전과 이미지 조작의 기술, 조합주의 경제 조직 같은 특정 정책을 자주 차용한다는 점을 들 수 있다. 이와는 대조적으로, 사회 · 정치적 배경 그리고 이 정권들이 사회와 맺고 있던 관계의 성격을 살펴보면 차이점이 두드러진다. 외과용 메스는 비슷해 보일지 모르지만, 라틴 아메리카는 그 메스로 수술하는 대상이 유럽의 경우와는 달랐다.

바르가스와 페론은 실패한 민주주의가 아니라 귀족적 과두정치로부터 권력을 빼앗았으며, 결과적으로 정치 참여를 확대했다. 고전적 파시즘 독재자들은 나라의 단결과 힘과 지위를 위협하는 외부 세력이 있다는 강박증에 사로잡힌, 이미 완성된 국민국가를 통치했지만, 이들은 서로 아주 이질적인 주민들과 분파적인 지역 우두머리들을 단일한 국민국가 속에 통합하고자 애쓰며 아직 부분적으로만 형성된 국민을 다스렸다. 독일이 처음에는 완벽했지만 공산주의자와 유대인들에 의해 오염되었다는 — 히틀러가 보기에 공산주의자와 유대인은 아무 차이가 없었다. — 히틀러의 주장은 브라질의 인테그랄리스타스(Integralistas)와 아르헨티나의 나시오날리스타스(Nacionalistas)에 의해 되풀이되었지만, 바르가스와 페론은 이 세력들을 정치의 변방으로 쫓아냈으며 자신들의 인민주의(포퓰리즘)로 그들을 압박했다.[67] 바르가스와 페론은 특정 집단의 몰살을 주장한 적이 단 한 번도 없었다. 그들의 경찰은 — 거칠고 과하기는 했지만 — 히틀러의 나치 친위대(SS)처럼 특정 집단 전체를 제거했다기보다는 개인을 처벌했다. 로마니타(Romanità)에 어울리는 현대적 이탈리아인을 길러내고자 했으며 독일에 비해 잔인성이 덜했던 무솔리니 정권은 바르가스나 페론 정권과 다소 공통점이 있어 보인다. 그러나 무솔리니는 히틀러와 마찬가지로 팽창주의 전쟁에 골몰해 있었는데, 바르가스와 페론에게는 그런 면모를 전혀 찾아볼 수 없다.

요컨대, 유사점은 파시즘이 득세하던 시기에 빌려온 도구나 수단의 문제로 보인다. 반면, 차이점은 구조나 기능, 사회와의 관계라는 한층 근본적인 문제와 연관된다. 라틴 아메리카의 독재 정권들은 파시스트의 외양을 갖춘 민족주의적 인민주의 개발 독재이며, 무솔리니와는 조금 비슷해 보일지 모르지만 히틀러와는 전혀 다른 — 전시에는 추축국 측으로 기울기는 했지만 — 체제라고 보아야 할 것이다.

1930~1950년 사이에는 어느모로 보나 진정한 파시즘은 라틴 아메리카 최고의 선진국들에도 존재하지 않았다는 결론이 분명해졌으니, 라틴 아메리카에서 파시즘과 관련되었다는 평을 자주 들었던 다른 운동을 살펴보기가 한결 수월해졌다. 칠레와 페루의 소수 친

미파들을 제외하면 1936~1937년 볼리비아의 다비드 토로(David Toro) 대령, 1937~1939년에 그를 계승한 헤르만 부츠(Germán Busch)의 '군사 사회주의'를 예로 들 수 있겠다. 군사 사회주의 운동은 퇴역군인들로 이루어진 '재향 군인회'를 이끌고 국가조합주의를 내세웠으며 카리스마 넘치는 독재를 통해 이질적인 원주민과 유럽 이주민을 통합해 하나의 국민국가를 건설하고자 했다.[68)]

제국주의 일본은 비서구권에서 가장 산업화된 국가였고, 선택적 모방을 통해 서구 문물의 영향을 가장 많이 받은 국가였으며 파시즘적이라는 말을 가장 많이 들은 또 하나의 비유럽권 정치 체제였다. 2차 세계대전 동안, 연합군측 선전원들은 제국주의 일본을 다른 추축국들과 똑같이 취급하는 경우가 많았다. 오늘날 대부분의 서구 학자들은 제국주의 일본을 파시즘이 아닌 다른 부류에 속한다고 보는 반면, 일본학자들은 — 마르크스주의자뿐만 아니라 다른 학자들도 — 이 시기의 일본 정권의 성격을 '위로부터의 파시즘'이라고 해석한다.[69)]

양차 세계대전 사이 일본의 파시즘에는 두 가지 방법으로 접근할 수 있다. 하나는 지식인층과 국가 부흥 운동 주도자들이 일으킨 '아래로부터의' 영향에 초점을 맞추는 것인데, 이들은 파시즘과 매우 유사한 성격의 강령을 지지하며 운동을 시작했으나 정권의 탄압으로 궤멸되었다. 또 하나의 접근은 국가 기관들에 의한 '위로부터의' 조치에 초점을 맞춘다. 이 접근 방식은 1930년대에 확립된 팽창주의적이며 군사화된 독재 정권이 뚜렷한 "천황제 파시즘"의 성격을 갖추었는가라는 질문을 던진다.[70)]

청년 장교들이 일으킨 2 · 26 쿠데타에서 반란군이 한때 점령했던 경시청을 빠져나와 부대로 돌아가고 있다. 이들은 경제 통제, 사회적 평등화, 팽창이란 강령을 내세워 국가 재건을 추진하려 했으나 결국 실패하고 주모자들은 처형되었다.

1920년대에 일본은 민주주의에 몇 발자국 더 다가갔다. 1926년에는 성인 남자라면 누구나 투표를 할 수 있게 되었으며, 여전히 상원(중의원)과 추밀원(중요한 국무에 대해 천황에게 자문하는 기관)이 강력한 세력을 유지하고 군이 의회의 통제권 밖에 있기는 했지만 통상 하원(참의원) 다수당 수반이 내각을 이끌었다. 당시에 흘러나온 다양한 목소리 중에는 진정한 일본 파시스트라 불리는 기타 잇키(北一輝, 1883~1937)의 목소리도 있었다. 기타는 《일본 개조 법안 대강》(1919)에서 자신이 국가 단합과 재건을 가로막는 주된 장애물이라고 여겼던 기업가들과 지주들에 대한 국가의 통제를 주장했다. 그는 나라의 분열과 경쟁 자본주의라는 방해물만 사라진다면

일본이 유럽의 지배에서 벗어난 새로운 아시아의 명실상부한 중심이 되리라고 주장했다.[71)]

막 피어나기 시작하던 일본 민주주의는 1931년의 위기를 견뎌내지 못했다. 대공황은 이미 농촌 지역을 가난의 구렁텅이에 빠뜨렸고, 1931년 9월부터 일본의 군부는 만주를 침략하기 위한 구실을 만들기 시작했다. 자제력 없는 젊은 장교들은 — 이들은 하원이 군부의 팽창을 막으려고 무익한 시도를 한 데 격분해 있었으며 그 중 일부는 기타 잇키 저작의 영향을 받았다. — 벚꽃회(櫻會)나 혈맹단이란 이름의 비밀결사를 조직했다. 이들은 암살이나 쿠데타를 통해 천황 아래에서 새로운 독재 정권을 수립하여, 경제 통제, 사회적 평등화, 팽창이라는 강령을 내세워 국가 재건을 추진하려는 계획을 세웠다. 개중 가장 야심만만하고 반항적이었던 청년 장교들은 1936년 2월 26일 도쿄 시내를 점령하고 대장상을 비롯한 정부 요인들을 살해했다.[72)]

반란이 진압된 뒤 기타 잇키 역시 다른 사람들과 함께 처형당했다. 이렇게 해서 천황 자신이 일본의 '아래로부터의 파시즘'에 직접 종지부를 찍어버렸다. 1932년 이후로 다수당이 내각을 차지하는 의회주의 체제는 군 고위 장교 및 관료들이 지배하는 '거국일치 내각'에 통치권을 넘겨주었으며, 이 과정은 1936년의 반란이 진압되면서 더욱 가속화되었다. 1937년 6월, 상원의장을 지냈으며 정당정치를 반대했던 귀족 정치가 고노에 후미마로(近衛文麿, 1891~1945)가 총리 자리에 올랐다(1937~1939년 재임). 1937년 7월에 일본군은 중국 땅에서 일부러 충돌을 조장해 8년 동안 이어질 전면전(중일전쟁)을 개시했다. 고노에 내각은 전쟁의 단계적 확대를 지원했으며 동시에 전쟁 수행을 위한 국민 동원에 나섰다. 1940년 7월에 다시 총리가 된 고노에는 중흥 일본을 (이후에 이름 붙여진) '대동아공영권(大東亞共榮圈)'의 선봉으로 만들 목적으로 전체주의적 성격이 공공연한 국내 '신질서'를 확립했다.

나치가 눈부신 성공을 거두던 1930년대 말, 일본에도 명백한 파시스트들이 나타났다. '일본의 히틀러'라 불렸으며 검은 셔츠를 입었던 나카노 세이고(中野正剛, 1886~1943)가 이끄는 동방회(東方會)는 1942년 선거에서 3퍼센트의 득표율을 기록했다. 그러나 나카노는 가택 연금되는 신세가 되었다. 쇼와연구회(昭和硏究會)는 대중 동원 및 경제 조직에 대해 파시즘적 성향이 뚜렷한 해결책을 제시했던 지식인들의 연구 단체였다. 고노에는 쇼와연구회의 조언을 들었지만, 실제로는 사회연대주의나 반자본주의 요소가 포함된 제안은 모두 배제해버렸다.[73]

요컨대 일본 정부는 파시즘을 취사선택해 받아들인 셈이었다. 국가 행동에 의한 '선택적 혁명'을 통해 조합주의적 경제 조직과 대중 통제의 수단을 일부 취하는 한편, (모방한 것이기는 하지만) 명백하게 파시즘 운동의 성격을 띤 무질서한 대중 행동주의는 억압했던 것이다.[74]

일부 학자들은 1931년에서 1940년 사이에 일본에서 서서히 모습을 드러낸 군국주의적 팽창주의 독재를 파시즘이라고 보았다. 천황의 권위, 대기업, 고위 관료, 군부가 계급적 이익을 지키기 위해 동맹 세력을 형성하고 비상 통치 체제를 만들어 지배했기 때문이라는 설명이었다.[75] 그러나 제국주의 일본이 파시즘을 모방하였으며 파시즘의 특징을 여럿 보이는 것이 사실이라 해도, 일본식 파시즘은

고노에 후미마로 총리(왼쪽)와 도조 히데키 육군상(오른쪽). 일본의 전쟁의 단계적 확대를 지원했으며 전쟁 수행을 위한 국민 동원에 나선 군국주의 일본의 주역이다.

단일 대중 정당이나 대중 운동이 없는 상태에서 통치자들에 의해 실시되었으며 유럽식 파시즘의 영향을 받은 일본 지식인들을 무시하거나 억압했다. "마치 무솔리니와 히틀러를 타도한 결과로 유럽에서 파시즘이 확립된 것과도 같았다."[76)]

미국의 사회학자 베링턴 무어(Barrington Moore)는 일본에서 군국주의 독재라는 비상 체제가 등장하게 된 배경을 장기적인 관점에서 설명했다. 무어는 농업사회가 자본주의 체제로 변화해가는 와중에 취하는 여러 경로들 속에서 독재 체제와 민주주의 체제의 근원적 뿌리를 찾아냈는데, 영국의 경우 농촌의 독립된 지주들이 소유지에 울타리를 쳐 사유지임을 명시함으로써 '잉여' 노동력을 쫓아냈고, 쫓겨난 사람들은 초기 산업 분야에서 일할 '자유'를 얻었다는 점에 주목했다. 그 결과로 영국 민주주의는 안정적이고 보수적인 농촌과 지위 향상을 꿈꾸는 노동자들에게 쫓기는 도시 중간계급을 기반으로 삼을 수 있었다는 것이다.

이와 대조적으로, 독일과 일본은 지주와 소작농으로 이루어진 전통 농업구조가 그대로 유지된 상태에서 뒤늦게 급속한 산업화 과정을 경험했다. 그리하여 독일과 일본은 강제력이나 대중 조작의 방법을 동원해 다루기 힘든 노동자들과 계급의 틈바구니에 끼인 프티 부르주아 그리고 소작농들을 한꺼번에 제압하지 않으면 안 되었다. 게다가 이 갈등에 시달리는 사회에서는 생산품을 내다팔 시장도 부족했다. 이러한 문제를 해결하기 위해 독일과 일본은 언뜻 듣기에는 급진적이지만 실제로는 기존 사회 질서에 도전하지 않는 우익 이데올로기의 정치적 선동의 도움을 받아서 국내의 불만을 국외 팽창 정책으로 돌려 불만 세력들의 도전을 무마했다는 것이 무어의 설명이다.[77)]

근대화의 불균형에 대한 베링턴 무어의 이런 장기적 분석에 20세기 독일과 일본 상황의 단기적 유사성을 덧붙일 수 있다. 소련의 위협에 대한 생생한 위기의식(러시아는 1905년 러일전쟁에서 패한 뒤 계속 일본에 맞서 영토권 주장을 해왔다), 정치 · 사회 분야의 전통적 계급 질서를 서둘러 대중 정치에 적응시킬 필요성이 그것이었다. 제국주의 일본은 대중 동원과 선전이라는 현대적 방법을 사용하여 국민들을 전통적인 권위 아래 결집시키는 작업에서 나치 독일보다 훨씬 더 큰 성공을 거두었다.[78)]

일본 전문가들은 독일과 일본의 발전 양상과 사회구조에 대해 무어가 논한 유사성에 완전히 동의하지는 않는다. 제국주의 일본의 경우에는 팽창주의와 사회 통제가 혼합된 결과를 만들어내는 데 농촌 지주들이 중심 역할을 했다고 보기 어렵다. 제국주의 일본의 국민 통합 작업이 큰 성공을 거두었다 해도 그것은 통합 전략이 뛰어나서라기보다는 일본 사회의 결속력이 그만큼 컸고, 또 가족 구조가 유난히 강력했기 때문이었다.[79)]

마지막으로, 제국주의 일본은 (유럽 파시즘의 명백한 영향과 독일 · 이탈리아와의 일부 구조적 유사성에도 불구하고) 이들 두 국가처럼 결정적인 문제에 직면하지는 않았다. 일본은 혁명의 위협에 직면하지도 않았고 대외적 패배나 대내적 분열을 극복할 필요성도 없었다(지배층이 그런 사태를 두려워했으며 아시아 침공을 방해하는 서양을 증오했던 것은 사실이다). 제국 정권은 파시즘 특유의 대중 동원 기술을 사용했지만, 지도자들과 경쟁을 벌이는 공식 정당이나 자생적 대중 운동은 존재하지 않았다. 1932~1945년의 일본 제국은 파시즘 체제라기보다는 국가가 지원하는 상당 수준의 대중 동원을 가미한 팽창주의적 군부 독재로 보는 것이 더 정확할 것이다.

미국이나 유럽에 이권을 제공하고 — 자원 착취, 특권적인 투자, 냉전 시대의 전략적 지원 등 — 그 대가로 서방의 보호를 받았던 아프리카와 라틴 아메리카의 독재 정권들은 '예속 파시즘(client fascism)'이나 '대리 파시즘(proxy fascism),' 혹은 '식민지 파시즘(colonial fascism)'이라 불렸다. 여기서 우리는 아우구스토 피노체트(Augusto Pinochet, 1915~) 장군 치하의 칠레나, 모부투 세세 세코(Mobutu Sese Seko, 1930~1997)의 자이르(지금의 콩고민주공화국)와 같은 아프리카의 서구 보호령을 생각하게 된다. 그러나 이런 예속국이 가증스러운 건 사실이라 해도 파시즘 체제라고 부를 수는 없다. 이들은 대중의 열광적 지지에 기반을 두지도 않았고 팽창주의 노선을 추구할 만큼 자유롭지도 못했기 때문이다. 여론을 동원한다면 그 여론이 오히려 정부나 외국 종주국에 대한 비난으로 되돌아올 위험을 감수해야 했다. 따라서 이들은 외부의 지원을 받는 전통적 독재 혹은 폭정으로 보는 것이 타당하다.

미국 역시 결코 파시즘의 혐의에서 벗어나지 못하고 있다. 사실, 1845년의 토착아메리카당(Native American Party)과 1850년대의 순(純)아메리카당(Know-Nothing Party) 이래 미국에서는 반민주적 외국인 혐오 운동이 번성했다. 다른 민주주의 국가와 마찬가지로, 미국에서도 위기로 점철되었던 1930년대에 파시즘 모방 운동이 특히 뚜렷하게 일어났다. 프로테스탄트 복음 전도사였던 제럴드 B. 윈로드(Gerald B. Winrod)가 이끌고 공공연하게 히틀러를 지지했던 '기독교 신앙 수호자들(Defenders of the Christian Faith)'과 그 휘하의 흑색 군단(Black Legion), 윌리엄 더들리 펠리(William Dudley Pelley)의 은색 셔츠단(Silver Shirts, 머릿글자를 일부러 'SS'가 되게 지은 이름)[80], 퇴역군인들을 중심으로 한 카키색 셔츠단(Khaki Shirts, 단장인 아트 J. 스미스(Art J. Smith)는 집회 도중 야유를 보내던 청중 한 명이 살해되자 종적을 감췄다) 외에도 여러 조직이 있었다. 그러나 이국적인 인상이 강한 운동은 거의 세력을 얻지 못했다. 1959년부터, 불만을 품은 추종자에게 피살된 1967년까지 아메리카나치당(American Nazi Party)의 당수를 지내며 강한 인상을 남겼던 조지 링컨 록웰(George Lincoln Rockwell)[81]은 대규모의 반(反) 나치 전쟁(2차 세계대전)을 치른 뒤에는 더욱 '비미국적(un-American)'으로 보였다.

훨씬 더 위험한 것은 기능적으로는 파시즘을 닮았으면서 명백히 미국적 주제를 차용하는 운동들이다. 1920년대에 부활한 KKK단은 극심한 반유대주의를 표방하며 여러 도시와 중서부 지방으로 퍼져 나갔다. 1930년대에는 찰스 E. 커플린(Charles E. Coughlin) 목사가 디트로이트 외곽에 있는 자신의 교회에서 공산주의와 증권 · 금융 시장 반대, 현금 사용 지지, 그리고 (1938년 후로는) 반유대주의 등의 내용을 담은 라디오 방송을 내보내면서 4천만 명 가량의 청취자를 끌어 모았다. 1936년 초에는 잠시나마 그의 연합당(Union Party)과 당의 대통령 후보인 노스다코다 주의 윌리엄 렘케(William Lemke) 의원이 프랭클린 루스벨트를 이길 것처럼 보이기도 했다.[82] 부자들을 조롱했던 휴이 롱(Huey Long) 루이지애나 주지사는 1935년 암살당할 때까지 정치적 전성기를 구가했다. 그러나 당시에는 파시스트라는 말을 자주 들었다 해도 그는 사실 파시스트라기보다는 부의 분배를 외쳤던 대중 선동 정치가에 더욱 가까운 인물이었다.[83] 근본주의적 기독교 전도사이며 커플린과 롱을 위해 일한 경력이 있는 제럴드 L. K. 스미스(Gerald L. K. Smith)는 2차 세계대전 후로 '유대-공산주의 음모론'을 노골적으로 주장해 큰 반향을 불러일으켰다. 오늘날 강력한 미국적 신앙심과 토착주의에 뿌리를 둔 '증오 정치(politics of resentment)'는 이따금 동성애자나 낙태 옹호론자들처럼 한때 나치의 표적이 되었던 바로 그 '내부의 적'에게 폭력을 휘두르는 사태로 번지기도 한다.[84]

물론 이런 주변부 단체들이 강력한 동맹 세력을 찾아 주류가 된다면 미국은 파국적 좌절과 양극화라는 재앙을 겪게 될 것이다. 나는 1968년 이후 수염이 텁수룩한 반전 시위자들, 흑인 과격파들, '퇴폐적인' 예술가들에 맞서 국가의 재통합과 부흥과 정화를 외치는 운동이 일어나리라고 어느 정도 예상했다. 그리고 베트남에서 복무하고 돌아온 군인들 중 일부가 1919년 독일의 자유군단(Freikorps)이나 이탈리아의 아르디티(Arditi)와 유사한 단체를 결성하여, 펜타곤(미 국방부) 계단에서 시위를 벌임으로써 자기들의 '등 뒤에 칼을 꽂은' 젊은이들을 공격할 것이라고 생각했다. 다행스럽게도, 나의 예상은 (적어도 지금까지는) 빗나갔다. 그러나 2001년 9월 11일의 테러 공격 이후 테러리스트들에 맞선 애국적 전쟁이 열렬한 지지를 받으면서 시민의 자유는 크게 축소되었다.

물론 미국식 파시즘이 사용하는 언어와 상징은 유럽식 원본 파시즘과는 거의 관련이 없을 것이다. 조지 오웰이 지적했듯, 원본 파시즘의 언어와 상징들이 수많은 이탈리아인 및 독일인들에게 친숙하게 다가간 것처럼, 미국식 파시즘도 충성스러운 미국인들에게 친숙하게 다가서야 한다. 히틀러와 무솔리니는 동료 시민들에게 이국적인 인상을 주려고 노력한 것은 아니었다. 미국 파시즘에는 스와스티카는 없어도 대신 성조기와 기독교의 상징인 십자가가 있다. 또 파시스트식 경례는 없어도 국기에 대한 맹세를 되풀이하는 의식이 있다. 물론 이러한 상징이나 의식은 그 자체로는 파시즘의 기미가 전혀 없다. 그러나 미국식 파시즘은 그러한 상징이나 의식을 내부의 적을 추려내기 위해 누구나 거쳐야 하는 리트머스 시험지로 바꾸어버릴 것이다.

익숙한 표현과 상징에 더하여 국가의 이익을 위협하는 강력한 위기가 닥칠 경우, 미국인들은 국가의 부흥, 단합, 정화를 강압적으로 내세우는 운동을 지지할지도 모른다. 이런 운동은 (종교 · 언론 · 출판의 자유와 집회 및 청원의 권리를 내용으로 하는) 수정헌법 제1조, 정교 분리, 총기 소지를 제한하려는 노력[85], 국기 모독 행위, 동화되지 않은 소수 집단, 예술의 자유를 비롯해 반국가적이거나 퇴폐적이라는 비난을 들을 만한 온갖 이단적이고 유별난 행위를 겨냥할 것이다.

교육자, 작가로 활동 중인 아프리카계 미국인 헨리 루이스 게이츠 2세(Henry Louis Gates, Jr., 1950~)는 미국의 일부 흑인 민족주의자들의 주장에서 "개탄스러운 파시스트 무리"를 감지했다. 이 흑인 민족주의자들은 "유럽의 타락"에 맞서 "우리 인민의 집합적 의지에 그들의 의지를 복속"시켜서 획득할 수 있는 "아프리카 중심성이 지닌 구원의 힘"을 내세웠다.[86] 역시 아프리카계 미국인으로서 뉴욕시티대학에 재직했던 레너드 제프리스(Leonard Jeffries, 1937~) 교수는 한 걸음 더 나아가 아프리카인들을 '태양 민족(sun people)' 으로, 유럽인들을 '얼음 민족(ice people)' 으로 분류했다. 인류 역사상 얼음 민족이 끊임없이 태양 민족을 몰아내려고 노력해왔다는 제프리스의 음모론적 시각은 파시즘의 기미를 짙게 풍긴다. 이와 같은 이원론적 피해의식에다가 외부의 적과 내부의 타락자들에 대한 응징을 옹호하는 시각을 더한다면 파시즘에 한층 가까워진다. 그러나 역사적으로 배제되었던 소수 집단의 그런 운동은 실제로 권력을 장악할 기회가 거의 없기 때문에, 최근에는 그런 운동을 실질적인 파시즘과 비교하는 것 자체가 무리라는 시각이 지배적이다. 종속적 위치에 놓인 소수 집단은 초기 파시즘과 닮은 수사적 표현은 사용할 수 있을지 몰라도 독재와 피의 정화, 영토 확장주의라는 강령까지 실천하기는 지극히 어렵다.

우리는 이제 한 가지 해결되지 않은 문제에 이르렀다. 종교가 파시즘의 기능적 등가물, 다시 말해서 치욕을 당한 뒤 복수심에 불타는 민족을 재생 · 단합시키는 수단으로 작용할 수 있는가라는 문제다. 아야톨라 호메이니(Ayatollah Khomeini, 1900~1989)의 이란은 파시즘 정권이었는가? 인도의 힌두교 근본주의, 이슬람 근본주의자들이 만든 조직인 알 카에다(al-Qaeda), 아프가니스탄의 탈레반(Taliban)은 어떨까? 미국의 경우 기독교 근본주의가 이런 역할을 수행할까? 미국의 역사학자 스탠리 페인(Stanley G. Payne)은 종교가 파시즘이 되려면 세속화에 의해 형성된 공간이 필요하다고 주장했다. 종교적 파시즘은 성직자계급이 지닌 문화적 힘뿐 아니라 '전통 종교의 계율과 가치'가 파시즘 지도자에게 한계를 부여할 수밖에 없기 때문이라는 것이다.[87)]

이 주장은 유럽의 경우에 가장 잘 들어맞는다. 그러나 유럽의 상황은 매우 예외적인 경우인지도 모른다. 최초의 파시즘이 드러냈던 반교권주의 성향은 시대 상황의 문제였다. 전통적으로 볼 때 이탈리아와 독일의 민족주의는 모두 카톨릭 교회에 맞서는 방향으로 발달했다. 무솔리니와 히틀러는 둘 다 (방식은 조금씩 달랐지만) 반교권주의적 전통의 영향을 많이 받았다. 무솔리니의 경우에는 혁명적 생디칼리슴, 히틀러의 경우에는 합스부르크왕가에 반대하는 범게르만주의였다는 점이 다를 뿐이다. 그러나 초기 파시즘의 역사적 특수성이 곧 미래의 순결주의 운동들이 민족을 대신한 종교 위에는 세워질 수 없다거나 종교가 국민 정체성을 표현하는 기능을 할 수

지지자들에게 답하는 이란의 시아파 종교 지도자 호메이니. 1979년 이란 혁명 운동을 통해 종교 지도자로 추대되어 이슬람 근본주의 체제를 수립하였다.

없다는 의미는 아니다. 심지어 유럽에서도 종교에 기반을 둔 파시즘의 형태가 아주 없지는 않았다. 1930년대 스페인, 오스트리아, 포르투갈의 카톨릭 권위주의 정권을 제외하고 생각해보아도 스페인의 팔랑헤 에스파뇰라, 벨기에의 렉시즘(Rexism), 핀란드의 라푸아 운동(Lapua Movement), 루마니아의 대천사 미카엘 군단 등 그 예는 많다.

종교는 그 정체성의 측면에서는 국가만큼이나 강력할지 모른다. 일부 문화권에서는 실제로 종교적 정체성이 국가적 정체성보다 훨씬 더 강력하다. 종교 근본주의에서는 종교 내의 단합과 활력을 극단적으로 추구하는 것이 국가의 단합과 활력을 극단적으로 추구하는 것과 매우 유사하게 작용한다. 일부 극단적인 정통파 유대교인들은 이스라엘 국가가 메시아(구세주)가 오기 전에 세워졌다는 이유로 이 나라를 신성 모독으로 간주한다. 여기서 극단적인 종교 근본주의는 국가 근본주의를 완전히 대체한다. 이슬람 근본주의자들은 의회제든 군주제든 세속적인 이슬람 국가에 거의 충성심을 보이지 않는다. 그들에게는 이슬람교가 국가이기 때문이다. 힌두 근본주의자들에게 종교는 세속적이고 다종교적인 인도 정부가 줄 수 없는 강렬한 애착을 느끼게 해준다. 이런 공동체에서는 종교에 기반을 둔 파시즘의 출현이 가능하다. 결국 그 어떤 파시즘도 상징이나 구호가 다른 형태의 파시즘과 비슷할 이유는 없으며, 실제로 그러하듯이 각 나라의 애국주의 레퍼토리를 얼마든지 끌어들일 수 있다.

알 카에다나 탈레반과 같은 이슬람 근본주의 운동을 파시즘이라고 부르고 싶은 유혹에 반대하는 주요한 이유는 이들이 제 기능을 못하는 민주주의에 대한 반발로 일어난 운동이 아니라는 사실이다. 전통적인 위계 사회에서 일어난 이 이슬람 근본주의자들의 단결은 에밀 뒤르켐 식으로 표현하자면 기계적이라기보다 유기적이다. 게다가 이들은 '자유주의 제도를 포기' 하지도 않았다. 애초부터 자유주의 제도가 존재하지 않았기 때문이다.[88)]

종교 파시즘이라는 것이 가능하다면 이스라엘 내에서 파시즘이 출현할 가능성을 검토해보아야 한다(이것이야말로 참으로 아이러니가 아닐 수 없다). 제1차 및 2차 인티파다(Intifada, 팔레스타인인들의 반이스라엘 무장봉기)에 대해 이스라엘은 복잡하게 뒤섞인 반응을 보였다. 이스라엘의 국가 정체성은 오랜 디아스포라(Diaspora, 유대인의 이산) 기간 동안 유대인들에게 주어지지 않았던 인권을 확인하고자 하는 열망과 떼어놓을 수 없다. 이 민주적 전통은 팔레스타인 민족주의에 맞서 싸우는 중에도 '자유주의 제도를 포기' 하지 않도록 막는 구실을 한다. 그러나 그 전통을 약화시키는 두 가지 요소가 있다. 하나는 팔레스타인 측의 비타협적 태도에 직면할 때마다 보이는 강경한 태도이고, 다른 하나는 유대인 인구의 무게 중심 변동이다. 과거에는 유럽에 거주하며 민주주의 전통에 익숙한 유대인들의 영향력이 컸지만, 그 무게 중심이 민주주의 전통에 무관심한 북아프리카 및 근동 지역에서 이주해온 유대인들에게로 옮겨가고 있다. 2001년 이후 제2차 인티파다에서 있었던 자살 폭탄 공격은 수많은 이스라엘 민주주의자들마저 온건한 태도를 버리고 우익으로 돌아서는 계기가 되었다.

2002년이 되자 리쿠드당(Likud, 이스라엘의 우익 연합 정당) 내 우익 세력과 일부 군소 종교 정당에서 파시즘적이라고 할 만한 표현들이 나오기 시작했다. 선택받은 민족의 주장은 이제 특별한 '세계적 사명' 을 내세우며 '생존에 반드시 필요한 공간' 을 요구하고 그 민족의 운명을 가로막는 적을 악마화하며 그 공간을 획득하기 위해 무력 사용이 필요함을 인정한다는 '지배인종' 의 주장을 닮아가기 시작한다.[89)]

결론적으로 말해, 파시즘이 유럽의 세기말 문화에만 국한되어 있지 않다는 해석을 받아들인다면, 비유럽권에도 파시즘이 나타날 가능성은 1930년대 못지않다. 오히려 그때보다 지금은 가능성이 더 높을지 모른다. 1945년 이래 민주주의와 대의정치라는 실험이 실패하는 사례가 크게 늘었기 때문이다.

이제 이 장을 시작할 때 던졌던 질문을 좀 더 다듬어보자. 파시즘은 아직도 존재할 수 있는가? 제1단계의 파시즘은 대부분의 민주 국가에서 찾아볼 수 있는 것이 사실이다. 좀 더 중대한 문제는 이것이다. 1단계 수준의 파시즘이 또 다시 2단계에 이르러 뿌리를 내리고 권력을 장악할 수 있을까? 파시스트 퇴역군인들이 스와스티카를 다시 꺼내 먼지를 터는 것과 같이 굳이 과거와 똑같은 반복을 찾을 필요는 없다. 나치 물품 수집가들이나 과격한 네오나치 패거리는 파괴적인 폭력과 양극화를 촉발시킬 수 있을지도 모른다. 그러나 정계의 주류로 편입되거나 권력을 나누어 가지기 위해 필요한 기존 권력층과의 동맹을 형성하지 못하는 한, 이들은 정치적 위협이라기보다는 법과 질서의 문제를 일으키는 단순한 골칫거리에 불과하다. 오히려 영향력을 발휘할 가능성이 훨씬 높은 쪽은 표현 수위를 조절하고 고전적인 파시즘 상징을 버림으로써 '정상적'으로 보이는 법을 배운 극우 운동이다.

파시즘을 제대로 인식하려면 셔츠 색깔을 보거나 20세기 초 반체제적인 국가주의적 생디칼리스트들이 내세운 구호의 메아리를 찾아볼 것이 아니라, 과거에 파시즘이 구체적으로 어떻게 작동했는지를 이해해야 한다. 극단적인 민족주의적 선전 구호와 증오 범죄처럼 잘 알려진 경고 표지도 물론 중요하지만 그것만으로는 충분치 않다. 파시즘의 단계를 제대로 파악하고 이해하면 위기에 직면한 정치적 교착 상황에서 나타나는 불길한 경고 표지를 더 많이 읽어낼 수 있다. 이때는 위협을 느낀 보수 세력이 적법 절차와 법의 지배를 포기할 태세를 갖추고 더 강한 동맹 세력을 찾아 헤매며, 국가주의적이고 인종주의적인 선동을 통해 대중의 지지를 얻고자 한다. 보수파들이 파시스트들의 정치적 테크닉들을 빌리기 시작하고 파시스트들의 '결집된 열정'에 손을 내밀며 파시즘 추종 세력을 흡수하고자 할 때 파시스트들은 벌써 권력에 아주 가까이 접근한 것이다.

역사적 지식으로 무장한다면, (대머리와 스와스티카 문신처럼) 섬뜩해 보이지만 파시즘을 단순히 모방한 고립된 사례와 신중한 파시스트-보수파 동맹의 형태로 나타나는, 파시즘과 기능적으로 똑같은 정치 세력을 구분할 수 있을 것이다. 미리 경고를 받는다면 진짜 파시즘이 출현했을 때 제때 알아차릴 수 있을 것이다.

8장 | 파시즘이란 무엇인가?

파시즘의 정의 내리기

이 책 도입부에서 나는 파시즘을 산뜻하게 정의하는 일을 피했다. 널리 알려져 있지만 제대로 파악하기 어려운 '파시즘의 최소치'를 전통적이지만 그만큼 틀에 박힌 방식으로 살펴보는 일은, (적어도 반복 학습의 목적으로만큼은) 하고 싶지 않았기 때문이다. 그보다는 파시즘의 전체 발달 과정을 통해 운동하는 파시즘의 성공과 실패의 역사적 사례들을 관찰하는 편이 더 낫다는 생각이 들었다. 파시즘이 등장해서 성장하고, 권력을 장악하(거나 실패하)고, 일단 권력을 잡은 뒤에는 '파시즘의 최대치'로 급진화하는 과정을 살펴보는 것이 제한적이고 고정된 '본질'을 찾아 헤매는 것보다 나은 연구 방법으로 보였다.

이 역사적인 여정이 종착점에 다다른 지금 파시즘에 대한 정의를 내려야 한다는 명령을 더는 피하기 어렵게 됐다. 여기서도 정의를 내리지 않는다면, 1장에서 언급한 양식화된 목각인형과 같은 명목론을 피한답시고 '단계'와 '과정'이라는 또 다른 명목론에 빠져버리는 위험을 초래하게 될 것이다. 파시즘의 실체는 그것을 조각조각 뜯어서 파헤쳐보려는 시도 속에서 온데간데없이 사라져버릴지도 모른다. 그러나 우선은 다른 문제들을 고려해보아야 한다.

파시즘을 발현 양상에 따라 다섯 단계로 나누어 살펴보는 일은 난처한 의문을 불러일으킨다. — 즉, 어느 것이 진짜 파시즘인가? 파시즘의 학문적 표현들에 매우 신경을 쓰는 일부 학자들은 초기의 운동들은 '순수한' 파시즘인 반면, 후에 나타나는 파시즘 정권은 권력을 장악하고 휘두르기 위해 필요한 각종 타협에 의해 왜곡되고 타락한 형태라고 생각한다.[1] 그러나 명분보다 실리에 입각한 선택과 타협적인 동맹 세력 구축에도 불구하고, 이 정권들은 실제로 전쟁과 죽음의 위력을 갖추고 있었기 때문에 단순한 파시즘 운동들보다 더 큰 파괴력을 발휘했다. 따라서 파시즘 현상을 정확하게 나타내는 정의라면 초기 단계뿐 아니라 후기 단계에도 똑같이 적용될 수 있어야 한다.

그 후기 단계에 초점을 맞추려면 파시스트들뿐 아니라 그 배경과 동맹 세력들에도 관심을 기울여야 한다. 그러므로 파시즘에 대해 유용한 정의를 내리려면 파시즘만 단독으로 다루어서는 안 되고 그 배경 및 공모자들까지 포함해야 한다. 권력을 잡은 파시즘은 하나의 합성물과도 같다. 다시 말해, 파시즘은 보수주의자와 국가사회주의자, 극우파라는 각기 다르지만 못 어울릴 것도 없는 세 성분이 자유로운 제도와 법치를 희생해서라도 활력이 넘치는 순수한 국가를 재건하고자 하는 공동의 열정과 거기에 걸맞은 공동의 적을 매개로 하여 한데 결합한 강력한 합성물인 것이다. 그 혼합 비율은 선택, 동맹, 타협, 경쟁 등 온갖 복잡한 과정을 거쳐 나타난 결과이다. 운동하는 파시즘은 하나의 고정된 본질이라기보다는 여러 관계들의 그물에 가까워 보인다.[2]

상반된 해석들

운동하는 파시즘의 전체 발달 과정을 살펴보았으니 이제 학계에서 오랫동안 제안해온 다양한 해석들을 평가해보자. 1장에서 살펴보았던 파시즘에 관한 '최초의 해석', 즉 '자본주의의 앞잡이로서 권력을 손에 쥔 폭력배들의 정치 운동'[3]이라는 해석은 한 번도 이론적 장악력을 잃어본 적이 없다. 심지어 독일의 극작가 베르톨트 브레히트(Bertolt Brecht, 1898~1956)는 자신의 희곡에서 야채상들을 보호해준다는 명목으로 돈을 뜯어내어 세력을 불리는 시카고 갱 아르투로 우이라는 인물을 통해 파시스트들의 모습을 한데 보여주기도 했다.[4]

그러나 이 '최초의' 해석들에는 심각한 결함이 존재한다. 파시즘과 파시즘 특유의 공격성을 도덕이 쇠락한 때에 권력을 장악한 폭력배들의 악행으로만 본다면, 이 현상이 특정 장소와 특정 시기에 일어난 이유를 설명할 길도 없고, 또 이 현상과 그 전의 역사가 어떤 관련을 맺고 있는지를 설명할 길도 없다. 크로체나 마이네케 같은 고전적 자유주의자들은 자유주의 자체의 무기력과 편협함이 어느 정도 파시즘의 등장 원인이 되었다거나 겁에 질린 일부 자유주의자들이 파시즘이 권력을 쥐도록 도왔다는 사실을 상상조차 하기 어려웠다. 이들의 시각대로라면 파시즘의 발호 배경을 우연적 상황과 폭력배 개개인의 행동으로 설명할 수밖에 없다.

파시즘을 단순히 자본주의의 도구로 간주하는 것은 두 가지 점에서 우리를 잘못 이끌 위험이 있다. 스탈린의 제3인터내셔널에서 정설이 된 편협하고 완고한 이 시각은[5] 파시즘이 자발적으로 생겨났으며 진정으로 대중의 광범위한 지지를 얻었다는 사실을 인정하지 않았다.[6] 게다가 파시즘을 자본주의 체제의 과잉 생산이라는 불가피한 위기가 낳은 필연적 결과로 봄으로써 인간의 '선택의 자유'를 무시해버리는 더 큰 잘못을 범했다. 그러나 정밀한 경험적 연구 결과, 그 시기 자본가들은 민주주의를 거부했을 때조차 대부분 파시즘보다는 권위주의를 선호했다는 사실이 드러났다.[7]

파시스트들이 권력을 장악한 경우에는 어김없이 자본가들 대부분이 가장 손쉬운 비사회주의적 해결책으로써 파시스트들에게 협력했던 것이 사실이기는 하다. 독일 화학공업계를 선도하는 기업 카르텔이자 대외 무역을 기반으로 유럽 최대 기업의 지위에 올랐던 이게 파르벤마저도 군사 재무장을 동력으로 삼은 경제적 자급 · 자립 체제에 적응하는 길을 새로이 찾아 나섰으며, 그 결과 다시 한번 크게 번영했음을 이미 살펴본 바 있다.[8] 기업과 파시즘 정권을 묶어주는 공조, 견제, 상호 이득의 관계는 시간의 흐름에 따라 그 양상이 다양하게 나타나는 복잡한 문제다. 둘 사이에 상호 이득이 존재했다는 사실에는 의심의 여지가 없다. 자본주의와 파시즘은 (필연적으로 맺어진 것도 아니고 언제나 편안한 관계인 것도 아니었지만) 서로를 이용할 수 있는 동반자였다.

반대로 기업 사회가 파시즘의 희생자였다고 보는 해석으로 말하자면,[9] 둘의 관계에서 발생했던 크지도 작지도 않은 알력을 지나치게 과장하여 받아들이는 것이다. 이런 해석은 전후 기업가들의 자기 변명을 곧이 곧대로 수긍한 것이라고 할 수 있다. 따라서 여기에서도 갈등과 화해의 상호 작용에 대한 좀 더 정교한 설명의 틀이 필요하다.

파시즘에 관한 '최초의 해석' 외에도 파시즘을 다르게 해석하는 관점은 일찍부터 여럿 있었다. 일부 파시스트들의 지극히 비정상적인 망상적 성격은 정신 분석을 필요로 한다. 과장된 허세, 악명 높은 여성 편력, 세세한 일에까지 집착하는 성격, 단기 책략에만 능하여 결국 전체적인 구도를 파악하지 못하는 점으로 판단해도 무솔리니는 히틀러에 비하면 지극히 정상적인 축에 속하는 것으로 보였다. 히틀러는 다르다. 카펫을 물어뜯어 먹었다는 그의 행위는 치밀하게 계산된 허세였을까, 아니면 광기의 징후였을까?[10] 그의 비밀주의와 우울증, 자아 도취, 타오르는 복수심, 과대망상증은 명민함과 탁월한 기억력, 마음먹은 대로 상대를 매혹하는 능력, 걸출하고 빈틈없는 전술 운용 능력과 평형을 이루었다.

히틀러의 정신 분석을 시도했던 모든 노력들은 히틀러라는 인간 자체의 접근 불가능성 때문에 어려움을 겪었을 뿐 아니라, 몇몇 파시즘 지도자들이 정신이상자가 분명하다면 왜 대중이 그들을 열렬히 숭배했으며 그들은 어떻게 그렇게 오랫동안 효과적으로 지도자 노릇을 할 수 있었는가라는 질문에 대해서도 대답을 찾지 못했다. 어찌 되었든, 최근에 히틀러의 전기를 내놓은 가장 권위 있는 작가의 적절한 결론처럼, 총통 개인의 기벽보다는 독일 국민이 그를 통해 이루려 한 것은 무엇이며 그가 거의 최후의 순간까지 수행했던 역할은 무엇인지에 초점을 맞추어야 할 것이다.[11]

정신 분석이 필요한 대상은 지도자들이 아니라 파시스트 대중일지도 모른다. 이미 1933년에, 반체제적 프로이트주의자인 빌헬름 라이히(Wilhelm Reich, 1897~1957)는 파시즘 초기의 특징적 현상인 폭력적이고 남성적인 형제애가 성적 억압의 소산이라고 결론지었다.[12] 그러나 이 이론은 반박의 여지가 크다. 파시즘 지도자 및 그 추종자들이 성년으로 활동하던 시기를 전체적으로 살펴보면 영국 등 다른 나라에 비해 독일과 이탈리아에서 특별히 성적 억압이 심했던 것으로는 보이지 않는다. 이 반박은 또한 파시즘에 대한 다른 역사심리학적(psychohistorical) 설명에도 적용될 수 있다.

파시즘을 정신질환으로 설명하는 또 다른 형태는 파시즘이 성적으로 타락했다는 가설에 대한 음란한 호기심을 부추겨 성공한 영화들에서 찾을 수 있다.[13] 이 영화들이 거둔 성공은 수많은 보통 사람들이 매일매일의 평범한 일상 속에서 파시즘 체제를 거들어준 덕택에 그 정권들이 기능할 수 있었다는 사실을 한층 더 깨닫기 어렵게 만든다.[14]

사회학자 탤컷 파슨스(Talcott Parsons, 1902~1979)는 파시즘이 경제 · 사회적 불균등 발전이 — 파슨스는 이것이 파시즘-근대화 문제의 초기 형태라고 보았다. — 만들어낸 극심한 상실과 긴장 때문에 태어났다고 이미 1942년에 말한 바 있다. 파슨스는 독일과 이탈리아처럼 뒤늦게 급속한 산업화를 경험한 국가에서는 계급 간 갈등이 특히 심했으며 계급 화해의 가능성도 여전히 건재하던 전(前)산업적 엘리트층에 의해 막혀버렸다고 주장했다.[15] 이 해석의 장점은 마르크스주의자들의 입장처럼 파시즘을 하나의 체제이자 역사의 산물로 취급하면서도 마르크스주의적 결정론과 편협성, 경험적 근거의 취약함이 없다는 것이다.

비합리적인 것과 종교에 대한 관심 때문에 비정통적 마르크스주의자가 된 철학자 에른스트 블로흐(Ernst Bloch, 1885~1977)는 나름의 방식으로 또 다른 '비동시대성(Ungleichzeitigkeit)' 이론에 도달했다. 피와 땅과 전(前)자본주의적 낙원이라는 원시적이고도 폭력적인 '붉은 꿈(red dreams)' — 블로흐가 보기에는 당이 대기업에 베풀었던 진정한 호의와는 결코 양립할 수 없는 — 을 내세워 나치가 거둔 성공을 고찰하면서, 블로흐는 오래 전에 퇴화해 흔적만 남은 가치들이 경제 · 사회적 현실과의 조화를 잃어버린 뒤 긴 시간이 지나 다시 번성했다는 사실을 깨달았다. "모든 사람이 똑같은 '현재'에 존재하는 것은 아니다." 그는 정통 마르크스주의자들이 "영혼을 차단해버렸기 때문에" 실패했다고 생각했다.[16] 경제 · 사회의 불균등 발전은 파시즘 출현 직전 위기의 원인으로 지속적인 관심의 대상이 되고 있지만,[17] 프랑스의 악명 높은 '이중' 경제의 예를 보면 반드시 그렇다고 말하기도 어렵다. 프랑스에서는 강력한 소농 및 숙련공 계층이 근대적 공업과 공존했지만 나치 점령기를 제외하면 파시즘이 권력을 장악한 일이 없었다.[18]

또 다른 사회학적 접근은 19세기 후반 이래 광범위한 도시화와 산업화가 원자화된 대중사회를 만들어냈으며, 공동체의 전통에서 풀려난 그 대중들이 맹목적 분노를 퍼뜨리는 자들의 손쉬운 표적이 됐다고 주장한다.[19] 한나 아렌트는 이 접근 방법에 따라 새로이 등장한 뿌리 잃은 군중이 — 일체의 사회적 · 지적 · 윤리적 토대에서 떨어져 나와 반유대주의와 제국주의 열정에 빠져든 — 국민투표를 통한 대중의 지지에 기반을 둔 무한 독재라는 전례 없는 형태를 등장시킨 경위를 나름대로 분석했다.[20]

그러나 파시즘이 뿌리 내린 과정에 대한 가장 뛰어난 경험적 연구를 보면 이런 접근 방식은 거의 설득력을 발휘하지 못한다. 예를 들어 바이마르 독일 사회는 그 구조가 충분히 발달해 있었으며, 나치즘은 특정 집단의 특정한 이익 관심에 주의 깊게 호소함으로써 사회의 모든 조직들에 영향력을 발휘해 지지자를 끌어 모았다.[21] 속담에 이르듯, "독일인은 둘 모이면 토론을 벌이고 셋이 모이면 클럽을 만든다." 성가대부터 경조사 부조회에 이르기까지 모든 분야에서 독일 클럽들이 이미 사회주의 계열과 비사회주의 계열로 나뉘어버렸기 때문에 아주 쉽게 사회주의자들의 배제가 이루어질 수 있었고, 1930년대 초에 독일 사회가 심각하게 양극화되자 나치는 사회주의자를 제외한 나머지 집단들을 장악할 수 있었다.[22]

영향력 있는 또 하나의 연구 흐름은 파시즘을 강제 저축과 노동력 통제를 통해 산업 성장을 촉진시키려는 목적으로 세워진 개발 독재라고 본다. 이 해석을 발의한 학자들은 이탈리아의 경우를 주된 연구 대상으로 삼았다.[23] 이미 공업 대국의 위치에 올라 있었지만 독일 역시 1918년의 패전을 극복하고 다시 일어서는 막대한 과업을 완수하려면 국민들을 통제할 필요가 절박했다고 주장하는 것도 이 해석에 따르면 얼마든지 가능하다.

그러나 이런 해석은 파시즘이 합리적인 경제적 목표를 추구했다고 가정하기 때문에 심각한 오류를 범한다. 히틀러는 정치적 목표를 위해서라면 언제든지 경제를 내던질 준비가 되어 있었다. 무솔리니의 경우조차 경제적 합리성보다 위신을 훨씬 더 중시했다. 무솔리니가 1926년에 리라화 가치를 지나치게 절상하고, 1935년 이후로는 지속 가능한 경제 발전보다 팽창주의 전쟁이라는 위험을 선택한 것이 전형적 사례이다. 이탈리아 파시즘이 정말로 개발 독재를 목표로 삼았다면, 목표 달성에 실패했다고 보아야 한다. 이탈리아 경제가 1920년대 무솔리니 치하에서 성장한 것은 사실이지만,

경제 성장률은 1914년 이전과 1945년 이후가 더 높았다.[24] 파시즘을 개발 독재로 보는 이론은 — 대중 동원이라고는 티끌만큼도 없고 민주주의의 위기라는 역사적 전제조건도 전혀 없는 — 제3세계 권위주의 통치 체제까지 모조리 '파시즘'이라고 낙인찍어버리는 아주 이상한 결론에 이르고 만다.[25]

사회적 구성을 통해 파시즘을 설명해보려는 유혹도 크다. 1963년에 사회학자 세이모어 마틴 립셋(Seymour Martin Lipset, 1922~)은 파시즘을 중간계급 하층의 원한의 표현으로 보는 당시 광범위하게 퍼져 있던 시각을 체계화했다. 립셋의 설명에 따르면 파시즘은 '중간계급의 극단주의'였다. 다시 말해, 한때는 독립적이었으나 이제는 급격한 사회 · 경제적 변화 속에서 잘 조직된 산업노동자들과 대기업 자본가들 사이에서 설 곳을 잃은 소상인, 숙련공, 소농을 비롯한 '옛' 중간계급의 분노를 바탕으로 삼았다는 설명이다.[26] 그러나 최근의 경험적 연구는 파시즘 세력이 어떤 특정 사회계급에 국한되어 있다는 시각에 의문을 던진다. 파시즘은 사회적 지지층이 다양했을 뿐더러 모든 계층을 아우르는 혼합적인 운동을 창출하는 작업에서 어느 정도 성공을 거두었다는 사실을 최근의 연구가 보여주는 것이다.[27] 또한 립셋은 초기 단계에만 초점을 맞추었기 때문에 파시즘이 권력을 장악하고 행사하는 과정에서 기존의 주류 세력이 어떤 역할을 했는지 간과했다.

파시즘 구성원들의 악명 높은 불안정성은 '사회적 구성'을 파시즘 설명의 결정적 요소로 삼을 수 없음을 보여준다. 당이 상승과 침체를 반복하고 또 주의 주장이 계속 바뀜에 따라 이질적인 불평불만 세력도 그 변화에 맞춰 반응했기 때문에 권력을 장악하기 전까지는 당원의 성분도 급속하게 바뀌었다.[28] 권력을 장악한 뒤, 당은 '시류에 편승'하여 파시스트들이 거둔 성공의 열매를 맛보려는 사람들을 거의 남김 없이 받아들였다.[29] 일자리를 얻지 못하고 사회적으로 뿌리가 뽑힌 젊은 사람들, 다시 말해 '소속 계층이 없는' 수많은 신입 당원들을 어디에 배치할 것인가 하는 문제는 별도의 문제로 놔두자.[30] 실제의 구성이 이토록 변덕스러웠기 때문에, 파시즘에 대한 어떤 일관된 사회적 설명도 구성할 수 없다.

파시즘을 전체주의의 아종으로 보는 학자도 많다. 파시즘에 반대한 의회 지도자이자 파시즘의 대표적 희생자 중 한 명이었던 (1926년 파시스트 폭도들에게 구타당해 사망한) 조반니 아멘돌라 (Giovanni Amendola, 1882~1926)는 1923년 5월에 공직을 독식하려는 파시스트들의 음모를 비난하는 글에서 '전체주의적(totalitaria)'이라는 형용사를 처음 고안했다. 다른 무솔리니 반대 세력들은 이 표현의 의미를 확장하여, 전권(全權)을 장악하려는 파시스트들의 야욕을 공격하는 일반적인 용어로 사용했다. 그러나 부정적인 별칭의 본뜻이 긍정적인 뜻으로 뒤집히는 경우가 간혹 있듯이, 무솔리니도 이 별칭을 받아들였을 뿐 아니라 오히려 자랑으로 삼았다.[31]

무솔리니가 걸핏하면 자신의 전체주의(totalitarismo)를 자랑했다는 사실을 생각해보면 전후 주요 전체주의 이론가들 중 일부가 전체주의 유형에서 이탈리아 파시즘을 제외한 것은 매우 아이러니한 일이다.[32] 무솔리니 정권은 가정과 교회, 국왕, 마을 유지들이 여전히 세력을 유지하던 기성 사회와 '정상적'인 관계를 맺으려 애썼기 때문에 전면 통제에는 크게 미치지 못했음을 인정할 수밖에 없다. 그렇다 해도, 이탈리아 역사상 파시즘 정권만큼 국민들을 엄격히 조직화한 정권은 전무후무하다.[33] 그러나 히틀러나 스탈린 정권을 포함한 그 어떤 정권도 사생활의 세세한 영역이나 개인 혹은 집단의 자율성을 깡그리 없애지는 못했음도 사실이다.[34]

1950년대의 전체주의 이론가들은 그들의 이론 모델에 가장 잘 들어맞는 사례가 히틀러와 스탈린이라고 믿었다. 카를 프리드리히와 즈비그뉴 브레진스키가 1956년에 정립한 기준에 따르면, 나치 독일과 소련은 둘 다 공식 이데올로기를 내세운 일당 통치 체제였으며 폭력적인 경찰 통제 국가였고, 모든 통신 수단, 무력, 경제 조직에 대한 권력을 독점한 국가였다.[35] 반항의 시대였던 1960년대에 나타난 새로운 세대는 전체주의 이론가들이 2차 세계대전 시기의 애국적인 반나치 감정을 공산주의라는 새로운 적을 향한 반감으로 전이시켜 냉전을 부추긴다고 비난했다.[36]

그 후 전체주의 패러다임은 미국에서는 한동안 주춤했으나 유럽, 특히 서독에서는 여전히 학문적으로 중요한 위치에 남아 있었다. 이들은 마르크스주의자들에 맞서, 히틀러 문제 가운데 가장 중요한 것은 자본주의와 히틀러의 관계가 아니라 히틀러의 자유 파괴 문제임을 입증해 보이고자 했다.[37] 20세기 말에 소련이 해체된 후 공산주의의 죄상과 수많은 서구 지식인들의 맹목적 소련 추종에 대해 상세한 재검토 바람이 일어난 뒤, 전체주의 모델은 나치즘과 공산주의가 동일한 악을 표상한다라는 추론과 더불어 다시 성행하게 되었다.[38]

이리하여 파시즘에 대한 전체주의적 해석은 마르크스주의만큼

소련의 독재자 요시프 스탈린. 나치즘과 스탈린주의는 완벽한 통제를 향한 열망과 그 통제 방식에서 유사점이 많다. 그러나 스탈린 정권은 목표도 사회 동학도 히틀러 정권과는 근본적으로 달랐다.

이나 맹렬히 정치화되었다.[39] 그렇게 첨예한 정치 문제가 되었다 하더라도, 어느 진영에 유리한지 불리한지 따위는 제쳐두고 그 공과를 공정하게 살펴볼 필요가 있다. 전체주의 이론은 완벽한 통제에 대한 열망과 그 목적을 이루기 위해 사용한 수단에 초점을 맞추어 나치즘(과 스탈린주의)을 설명하는 것을 취지로 한 이론이다. 나치즘과 공산주의가 통제 방식에서 유사점이 많다는 것은 사실이다. (유대인과 집시들의 경우는 별도로 두고) 체제의 탄압 대상이 되었던 이들의 입장에서 보자면 두려움에 떨면서 한밤의 기습을 기다리거나 수용소에서 서서히 죽어가는 상황은 양쪽 체제 모두 거의 흡사했다.[40] 법이 인종이나 계급이라는 '더 높은' 명령에 종속되었다는 점 역시 두 정권의 공통점이었다. 그러나 통제의 수단에만 초점을 맞추다 보면 둘 사이의 중대한 차이점이 불분명해져버린다.

정권의 피해자들에게는 스탈린의 시베리아 강제수용소 중 한 곳에서 혹은 히틀러의 마우트하우젠 수용소의 채석장에서 티푸스나 영양실조, 노이로제, 가혹한 심문에 시달리다 죽는 것이 비슷하게 느껴졌을지 모른다. 그러나 스탈린 정권은 목표도, 사회 동학도 히틀러 정권과는 근본적으로 달랐다. 스탈린은 볼셰비키 혁명에 의해 급격히 단순해진 시민사회를 다스렸기 때문에 상속으로 이어지는 전통적인 사회·경제적 권력의 자연스런 집중화 문제로 골머리를 썩일 필요가 없었다. 히틀러는 (스탈린과는 정반대로) 전통적 엘리트층의 동의와 더 나아가 그들의 지지를 얻어 권좌에 올랐으며, 엘리트층과 긴장되면서도 효율적인 관계를 유지하면서 국가를 통치했다. 나치 독일에서는 당이 국가 관료체제, 공업 및 농업 분야의 재산가들, 교회를 비롯한 전통적 엘리트층과 치열한 권력 다툼을 벌였다. 전체주의 이론은 나치 통치 체제의 이 같은 근본적 특성을 간과하여 결과적으로 히틀러가 자신들을 파괴하려 했다는 전후(戰後) 엘리트층의 주장을 강화해주는 경향이 있다(히틀러가 전쟁 말기에 최후의 재앙을 맞아 엘리트층까지 파괴하려 한 것은 사실이지만).

히틀러주의와 스탈린주의는 각자 내세웠던 최종 목표에서도 — 그의 체제를 학살 기구를 갖춘 히틀러의 체제에 수렴하도록 만들어주기는 했지만 — 근본적인 차이를 보였다. 히틀러는 지배 인종의 패권을, 스탈린은 보편적인 평등을 목표로 삼았던 것이다. 전체주의 이론은 중심부의 권력자에게만 초점을 맞추느라 파시즘 특유의 아래로부터 끓어오르는 폭력과 광기를 간과해버린다.

히틀러와 스탈린을 한데 묶어 전체주의로 파악하는 시각은 종종 두 정권의 도덕성을 비교하는 질문으로 이어진다. 어느 괴물이 더

괴물 같았는가?[41] 스탈린이 저지른 두 가지 유형의 대량 학살은 — 무모한 경제적 실험과 편집증적인 '적' 색출 작업 — 의학적 · 인종적으로 불순한 이들을 몰살시켜 민족을 정화하고자 했던 히틀러의 계획과 도덕적으로 동등하다고 할 수 있는가?[42]

스탈린의 공포정치를 히틀러의 경우와 동등하다고 보는 이들은 1931년의 기근을 가장 강력한 근거로 들어 이 기근이 우크라이나인들을 겨냥한 대량 인종 학살에 해당한다고 주장한다. 그러나 우크라이나 기근은 (범죄에 가까운 방치의 결과임은 사실이지만) 러시아인들에게도 마찬가지로 심각한 피해를 입혔다.[43] 히틀러와 스탈린을 똑같다고 보는 견해에 반대하는 이들은 두 체제의 근본적인 차이를 지적한다. 스탈린은 피해망상에 젖어 '계급의 적' — 마음만 먹으면 바꿀 수 있는 후천적 조건에 붙인 딱지였다. — 이라고 생각한 사람을 마구잡이로 죽였는데, 희생자 대부분은 독재자 자신의 동포 시민들 중 주로 성인 남자들이었다. 이와 대조적으로 히틀러가 제거 대상으로 삼은 것은 '인종의 적'이었으며, 이 조건은 갓난아기라 해도 피할 수 없는 조건이었다. 히틀러는 묘비와 문화유산까지 포함한 민족 전체를 말살하고자 했다. 이 책에서는 양쪽 체제가 모두 악행을 저질렀다는 사실은 인정하지만, 여성과 아동에게조차 구제의 가능성을 완전히 배제했던 나치의 생물학적 인종 대학살을 훨씬 더 강하게 비판한다.[44]

전체주의 모델에 대한 더욱 실용주의적인 비판은 모든 것을 포괄하는 효율적인 메커니즘이라는 전체주의의 이미지가 히틀러 체제의 무질서한 성격을 제대로 파악할 수 없게 만든다는 것이다. 이 관점에 따르면 히틀러는 정부를 개인의 봉건적 소유물로 전락시켜

우크라이나 대기근 때 굶어죽은 시체를 옮기는 사람들. 1931년 스탈린이 우크라이나 곡창의 식량을 강제로 징발해서 500만 명의 우크라이나인이 굶어 죽은 대참사가 일어났다.

정책을 토론하거나 합리적으로 선택하는 것을 불가능하게 만들었다.[45] 직접 여러 부처의 장관직을 겸임하면서도 그 중 어느 하나에도 우선 순위를 적절하게 부여하지 못했던 무솔리니 역시 히틀러보다 나을 것이 없었다. 전체주의라는 이미지는 독재자들이 품은 꿈과 포부를 잘 보여줄지는 몰라도, 파시즘 정권들이 그들이 통치했던 반쯤은 순종적이고 반쯤은 반항적이었던 사회에 얼마나 효율적으로 파고들었는가라는 핵심적인 문제에 대한 실제적 고찰을 방해한다.

'정치적 종교'라는 더 오래된 발상은 — 이 발상은 프랑스 혁명기까지 거슬러 올라간다. — 공산주의뿐 아니라 파시즘에도 신속하게 적용되었는데, 그 발상을 적용한 주체들은 그들의 적뿐만이 아니었다.[46] 넓은 비유의 차원에서 보면, '정치적 종교' 개념은 파시즘이 마치 종교처럼 신성한 의식과 언어를 동원해 신도들을 끌어모으고 그들을 흥분시켜 자기 망각적 열정 속으로 빠져들게 하며 어떤 이단도 용납하지 않는 계시된 진리를 설교한다는 점을 능숙하게 설명해준다. 좀 더 자세히 살펴보면[47] '정치적 종교' 개념은 서로 다른 몇 가지 주제를 포괄하고 있다. 그 중 가장 직접적인 것은 파시즘이 침투하고자 하는 한 사회의 종교 문화에서 빌려오는 수많은 요소들이다. 이 주제는 파시즘의 작동 방식에 초점을 맞추기 때문에 권력의 획득보다는 파시즘의 '뿌리 내리기'와 권력의 행사에 대해 더 많은 것을 알려준다.

'정치적 종교' 개념에 담긴 두 번째 요소는 파시즘의 기능에 관한 좀 더 도전적인 주장과 관련돼 있다. 다시 말해 사회와 윤리의 세속화가 빚어낸 진공 상태를 파시즘이 채웠다는 주장이다.[48] 이러한 시각이 파시즘이 다른 곳에 비해 일부 기독교 국가에서 더 큰 성공을 거둔 이유를 설명하기 위한 것이라면, 20세기 초에 프랑스나 영국에 비해 독일과 이탈리아에서 개인의 '존재론적 위기'가 심각했다고 보아야 한다. 그러나 사실 여부는 입증하기 어렵다.

이러한 시각은 또한 기성 종교와 파시즘을 서로 화해 불가능한 대립 요소로 파악한다. 이것이 '정치적 종교' 개념의 세 번째 구성요소다. 그러나 독일과 이탈리아에서 종교와 파시즘은 협력도 배제하지 않는 복잡한 관계를 형성했다. 이들은 공산주의 반대 세력에 동참하는 동시에, 같은 영역을 두고 서로 세력 다툼을 벌였다. 이 상황은 이탈리아의 경우 양쪽의 타협으로 끝을 맺었지만, 나치 독일의 경우에는 '기독교의 파괴적인 모방'[49]이라는 끔찍한 결과를 초래했다. 이와 달리 다른 반대편 극단의 경우, 루마니아와 크로아티아, 벨기에에서 파시즘은 인가받지 않은 기독교의 보조기관과 유사한 것을 만들어낼 수 있었다. 7장에서 살펴본 유럽 이외 지역의 운동들을 파시즘적이라고 본다면, 그 중에는 이슬람교의 보조기관이라고 볼 수 있는 경우도 있었다.

1장에서 살펴보았듯이, 파시즘 지도자들은 자기들의 운동을 '이데올로기'라고 불렀으며 수많은 학자들 역시 그 표현을 받아들여 사용했다. 당 강령들 속에서 공통점을 찾아내거나 다른 '이즘'들과의 비교를 통해 파시즘의 정의를 내리는 경우는 흔히 볼 수 있다. 그러나 이 방법은 교양 있는 엘리트 정치의 시대에 뿌리를 둔 다른 '이즘'들을 탐구하기에 더 적합하다. 앞에서 나는 파시즘이 이념들과 맺은 관계가 19세기의 '이즘'들의 경우와는 달랐으며(인종적 증오처럼 기초적 감정이 아니라) 파시즘의 지적인 입장이 그때그때의 전술적 필요에 따라 수시로 바뀌었음을 이해시키려고 애썼다. 사실 그런 면모를 보이지 않은 '이즘'은 없지만, 오직 파시즘만이 이성과 지성을 경멸한 나머지, 입장의 변화를 설명하고 정당화할 필요조차 느끼지 않았다.[50)]

오늘날에는 문화 연구(cultural study)가 파시즘의 매력과 효능을 해명하려는 전략 구실을 해온 지성사를 대체하고 있다.[51)] 이미 2차 세계대전기에 미국의 민족지학자 그레고리 베이트슨(Gregory Bateson, 1904~1980)은 "원시 신화나 현대 신화에 인류학자들이 적용하는 분석 방법"을 차용하여 나치 선전 영화 〈히틀러유겐트의 활기(Hitler Youth Quex)〉(1933)의 주제와 기술을 뽑아내 분류하였다. 베이트슨은 "이 영화는…… 제작자들의 심리 상태를 그들이 의도

했던 것보다 훨씬 더 많이 알려준다."라고 믿었다.[52] 1970년대 이래 인류학적 · 민속학적 시각에서 파시즘 사회의 문화를 해독하는 것은 파시즘 연구 전략으로서 점점 더 큰 인기를 얻고 있다. 이 방법은 파시즘 운동과 파시즘 체제가 스스로를 어떻게 천명하였는지를 생생하게 보여준다. 파시스트들이 사용한 이미지나 수사학적 표현에 대한 문화 연구의 주된 문제는 그 영향력이 어느 정도였는지를 묻는 질문에 대답하지 못하는 경우가 너무 많다는 데 있다. 그러나 예외도 있는데, 1980년대 이탈리아 토리노 사람들의 기억 속에 남아 있는 파시즘의 이미지를 연구한 루이자 파세리니(Luisa Passerini, 이탈리아의 여성 사학자)의 저작이 그 좋은 예다.[53] 그러나 일반적으로 파시즘 문화 연구는 그 자체만으로는 파시스트들이 문화를 통제할 힘을 어떻게 얻었는지, 파시즘 문화가 기존의 종교, 가족, 공동체의 가치나 상업화된 대중문화와의 경쟁을 뚫고 대중의 의식 속에 어느 정도로 깊숙이 침투해 들어갔는지에 대해 설명하지 못한다.

문화라는 것은 나라마다 또 시대마다 각각의 사정에 따라 그 차이가 너무나 크기 때문에 모든 나라의 파시즘 운동에, 또 모든 단계의 파시즘 운동에 공통적으로 적용되는 문화적 프로그램을 찾기는 불가능에 가깝다. 예를 들어 위기에 처한 가부장제가 남성다움을 찬양하는 것은 보편적인 파시즘적 가치에 근접한다고 볼 수 있을 것이다. 그러나 무솔리니는 처음 발표한 강령에서 여성의 투표권을 지지했으며, 히틀러는 25개조 강령(1920년 2월 24일 대중 집회에서 발표한 나치당의 강령)에서 성(性) 문제를 언급하지 않았다. 또 적어도 1930년대까지는 전위예술을 선호했던 무솔리니와 달리, 히틀러는 통속적인 우편엽서풍의 작품을 선호했다. 그러므로 모든 나라의 파시즘에 공통적으로 적용되는 단 하나의 불변하는 파시즘 양식이나 미학을 찾아낼 수 있을 것 같지 않다.[54)]

파시즘에 대한 문화 연구가 지닌 문제점 가운데 덜 이야기되지만 꼭 따져봐야 할 것이 '비교'가 불가능하다는 사실이다. 비교는 파시즘 연구에 반드시 필요한 것으로, 이 비교를 통해, 문화적 기반이 튼튼한 국가는 — 예를 들어 프랑스 같은 경우 — 정복이라는 강압적 수단에 의해서가 아니라면 파시즘화되는 경우가 없다는 사실을 알 수 있다. 또 파시즘 선전의 효과는 상업적 매체의 효과와도 비교해보아야 한다. 상업적 매체는 파시즘 국가에서조차 당의 정치선전보다 훨씬 큰 위력을 발휘했다. 할리우드, 빌 스트리트, 매디슨 애비뉴(미국에서 각각 영화, 블루스 음악, 패션으로 유명한 장소)는 문화를 통제하려는 파시스트들의 꿈을 실현하는 데 자유주의 및 사회주의 반대 진영을 모두 합친 것보다 더 큰 장애가 되었다.[55)] 그 조짐은 1937년 어느 날, 무솔리니의 큰아들 비토리오(Vittorio Mussolini)가 아우 로마노(Romano Mussolini)에게 미국의 재즈 연주가인 듀크 엘링턴(Duke Ellington)의 사진을 주었을 때 이미 나타난 셈이었다. 사진을 받은 소년은 음악에 빠져들어 전후(戰後) 실력이 상당한 재즈 피아니스트가 되었다.[56)]

요컨대 모든 사람을 남김없이 만족시킬 수 있는 파시즘 해석은 지금까지 하나도 없었다고 보아도 무방하겠다.

파시즘의 경계

겉으로 보기에 파시즘과 유사한 정치 형태들과 진정한 파시즘 사이의 경계를 명확하게 긋지 않고는 파시즘을 제대로 이해할 수 없다. 파시즘을 모방하는 행위는 광범위하게 이루어졌기 때문에 — 독일과 이탈리아가 다른 민주 국가들보다 더 성공한 것으로 보였던 1930년대에는 특히 모방이 심했는데 — 그 경계를 파악하는 일은 결코 쉽지 않다. 파시즘의 발원지는 유럽이지만, 파시즘을 본뜬 통치 체제가 볼리비아와 중국에서도 나타날 정도로 널리 퍼졌다.[57)]

고전적인 폭압정치와 파시즘을 구분하는 기준은 매우 단순하다. 한때 추방당했던 온건파 사회주의자 가에타노 살베미니는 피렌체 대학 역사학과 교수 자리를 버리고 런던대학으로 옮겼다가 다시 하버드대학으로 갔다. 자기의 생각을 말하지 못한 채 학생들을 가르치는 일을 참을 수 없었기 때문이었다. 그는 이탈리아인들이 자유주의 제도를 자랑스럽게 여기고 "좀 더 발전된 민주주의로 나아가야 할 때"에 왜 "자유주의 제도를 제거하고 싶어했는지" 모르겠다는 말로 파시즘과 전통적 폭압정치의 본질적 차이점을 지적했다.[58)] 살베미니에게 파시즘은 공적인 생활에서 민주주의와 적법 절차를 제쳐두고 거리에서 들려오는 군중의 목소리에 결정권을 맡겨버리는 것을 뜻했다.

파시즘은 민주주의의 실패에서 나타나는 현상이며, 고전적 폭정이 시민들을 단순히 억압하여 침묵시킨 것과는 달리, 대중의 열정을 끌어모아 내적 정화와 외적 팽창이라는 목표를 향해 국민적 단결을 강화하는 데로 돌리는 기술을 찾아냈다는 점에서 아주 새로운 현상이었다. 따라서 민주주의 성립 이전의 독재에는 '파시즘' 이라는 용어를 사용하면 안 된다. 아무리 잔인하다 해도 이 독재에는 파시즘에서 찾아볼 수 있는 조장된 대중적 열광이나 격렬한 에너지, 나아가 국민의 단결과 순수성 및 힘이라는 목표를 위해 '자유주의 제도를 포기해야' 한다는 사명감이 없기 때문이다.

파시즘은 흔히 군사 독재와 혼동되기도 한다. 무솔리니와 히틀러 모두 군사주의를 고취하였으며 정복 전쟁을 중심 목표로 삼았기 때문이다. 총과 제복은 그들을 흥분시키는 '페티시' 였다.[59] 1930년대에 파시즘 행동대원들은 누구나 제복을 입었으며 — 당시에는 사회주의 행동대원들 역시 색깔 있는 셔츠로 맞춘 제복을 입었다.[60] — 파시스트들은 사회를 형제애로 뭉친 무장 단체로 만들려는 꿈을 잠시도 버리지 않았다.

새로이 독일 총리가 된 히틀러는 1934년 6월 무솔리니를 만나러 베네치아에 갈 때 민간인들이 입는 트렌치코트와 모자 차림으로 가는 실수를 저질렀다. 반면, 히틀러보다 나이가 많은 무솔리니는 "제복을 입고 단검을 찬 모습이 눈부셨다."[61] 그 이후로 히틀러는 공식석상에 늘 제복을 입고 나타났다. 가끔은 갈색 정장을 입기도 하고, 나중에는 장식 없는 군인용 코트를 입는 경우도 많았다. 그러나 모든 파시즘이 군사주의적 성격을 띤다고 해서 모든 군사 독재가 파시즘적인 것은 아니다. 군사 독재자들은 대부분 단순한 폭군 노릇을 했을 뿐, 파시즘의 경우처럼 대중의 열광을 끌어낼 엄두를 내지 못했다. 파시즘에 비해 군사 독재는 훨씬 더 흔히 찾아볼 수 있다. 군사 독재는 반드시 민주주의의 실패와 연관된 것도 아닐 뿐더러, 인류 역사상 전사(戰士)들이 출현한 이래 줄곧 존재해온 통치 형태이기 때문이다.

파시즘을 권위주의 체제와 구분하는 경계는 더 미묘하지만, 파시즘을 이해하려면 이 역시 반드시 살펴보아야 한다.[62] 우리는 앞에서 스페인, 포르투갈, 오스트리아, 비시 프랑스의 상황을 살펴보면서 이미 고전적 독재와 유사한 것 또는 권위주의 체제라는 표현을 사용했다. 파시즘과 권위주의 체제는 확실한 경계를 나누는 데 어려움이 많은데, 사실상 권위주의 체제였던 정권들이 그 당시 큰 성공을 거두고 있던 파시즘의 외양을 일부 빌려오는 경우가 많았던 1930년대는 특히 그렇다. 권위주의 정권들은 비록 시민의 자유를 짓밟고 살인도 불사하는 잔인함을 보이는 경우가 적지 않지만, 파시즘처럼 사적인 영역을 완전히 없애버리려 하지는 않는다. 권위주의 정권은 지역 유지들, 기업 연합 조직, 장교단, 가족, 교회와 같은 전통적 '중개 조직'을 위한 (정의하기 어렵지만 실재하는) 사적 영역을 허용한다. 권위주의 체제에서 사회 통제 기능을 주로 담당하는 것은 공식적인 단일 정당이 아니라 바로 이 같은 전통적인 사적 영역이다. 권위주의 통치자들은 국민들을 동원하지 않고 수동적인 상태로 놓아두는 편을 선호하지만, 파시스트들은 대중을 흥분시켜 끌어들이고자 한다.[63] 권위주의 통치자들은 강력하지만 제한된 국가를 선호한다. 그들은 경제 부문에 개입하거나 — 파시스트들은 언제라도 쉽게 개입한다. — 사회복지정책의 실행을 망설인다. 권위주의자들은 새로운 길을 제시하기보다는 현 상태를 유지하는 쪽에 집착한다.[64]

1936년 7월에 스페인 공화국에 반기를 들고 군사 쿠데타를 일으켜 1939년 스페인의 독재자가 된 프란시스코 프랑코 장군의 예를 들어보자. 프랑코가 자신의 동맹 세력이었던 무솔리니에게서 몇 가지 측면을 차용했다는 사실은 명백하다. 그는 지도자라는 뜻의 '카우디요(Caudillo)' 라는 칭호를 사용하였으며 파시즘 정당인 팔랑헤당을 국가 유일당으로 만들었다. 2차 세계대전 동안은 물론이고 종전 후에도 연합군은 프랑코를 추축국의 동맹 세력으로 취급했다. 1939년에서 1945년 사이 20만 명을 죽인 것으로 알려진 대대적 탄압이나 외부 세계와의 문화적 · 경제적 접촉을 차단하려는 정권의 노력 때문에 그러한 인상은 더욱 강해졌다.[65] 1945년 4월에는 스페인 장교들이 히틀러 추도 미사에 참석했다. 그러나 한 달 뒤, 프랑코는 추종자들에게 "[팔랑헤의] 돛을 일부 접어야 할 필요가 있었다."라고 설명했다.[66]

그 후 프랑코의 스페인은[67] — 파시즘적이라기보다는 언제나 카톨릭적 성격이 강했는데 — 교회나 대지주층, 군대와 같은 전통 세력을 기반으로 하여 권위를 확립했고, 국가나 점점 허약해지는 팔랑헤당 대신 이 전통 세력에게 사회 통제를 맡겼다. 프랑코 정권은 경제 분야에는 거의 개입하지 않았으며 국민들이 수동적으로 따라오기만 한다면 일상생활을 통제하려는 노력도 거의 하지 않았다.

포르투갈의 '새로운 국가' 체제는[68] 프랑코의 스페인보다 파시즘과의 차이가 더욱 두드러졌던 경우다. 살라자르는 사실상 포르투갈의 독재자였지만 교회와 군대, 대지주층에게 사회 통제권을 그대로 맡겨두는 제한된 국가와 온순한 대중을 선호했다. 1934년 7월, 살라자르 박사는 포르투갈에서 자생한 파시즘 운동이었던 '국가주의적 생디칼리슴' 운동을 실제로 억압했다. 그는 "젊음을 찬양하고, 이른바 직접 행동을 통해 힘을 숭배하며, 사회생활에서 국가의 정치적 힘을 우위에 두는 원칙을 신봉할 뿐더러, 정치 지도자 뒤에서 대중을 조직하는 경향이 있다."라는 이유를 들어 국가주의적 생디칼리슴을 비난하였다. 이 비난은 파시즘에 대한 묘사로 보기에 아주 틀린 것은 아니었던 셈이다.[69]

1940년 독일에 패한 뒤 의회주의적 공화제를 대체한 비시 프랑스 정권은 겉보기에는 분명 파시즘 정권이 아니었다. 단일 정당 체제도 아니었고 국가 기관을 본딴 당내 동형 조직도 없었기 때문이다. 전통적인 프랑스 고위 공무원들이 국가를 운영하고 군대와 교회, 전문기술자, 기존 사회 · 경제 엘리트층의 역할이 확대된 통치 체제는 분명 권위주의 정권으로 분류된다. 1941년 6월 독일의 소련 침공이 프랑스 공산당의 공공연한 저항을 불러일으키고 대 소련 총력전을 뒷받침하기 위해 독일의 점령 정책이 더욱 혹독해진 뒤, 비시 정권과 이 정권의 나치 독일 협력 정책도 나날이 거세지는 반대에 직면했다. 당내 '동형 조직' 들은 저항 세력에 맞서 싸우는 과정에서 나타났다. '민병대(milice)' 라 불리는 준 경찰조직, 반체제 인사의 신속한 재판을 담당할 목적으로 설치된 '특별 법정,' 유대인 전담 경찰이 여기 속한다. 4장에서 보았듯이 비시 정권 말기에는 파리의 몇몇 파시스트들이 중요한 관직을 차지했지만, 이들은 공식적인 단일 정당의 지도자가 아니라 개인으로서 맡은 임무를 수행했다.

파시즘은 무엇인가?

스냅 사진 한 장이 한 사람을 완전히 드러내 보일 수 없듯이 파시즘에 대한 정의가 파시즘의 정체를 다 밝힐 수 없다는 것은 분명하지만, 그래도 파시즘에 대한 유용하고 간략한 설명을 제시할 때가 되었다.

파시즘은 '공동체의 쇠퇴와 굴욕, 희생에 대한 강박적인 두려움과 이를 상쇄하는 일체감, 에너지, 순수성의 숭배를 두드러진 특징으로 하는 정치적 행동의 한 형태이자, 그 안에서 대중의 지지를 등에 업은 결연한 민족주의 과격파 정당이 전통적 엘리트층과 불편하지만 효과적인 협력 관계를 맺고 민주주의적 자유를 포기하며 윤리적 · 법적인 제약 없이 폭력을 행사하여 내부 정화와 외부적 팽창이라는 목표를 추구하는 정치적 행동의 한 형태' 라고 정의할 수 있을 것이다.

확실히, 정치적 행동은 선택을 요구하고, 선택은 — 나의 의견을 비판하는 사람들이 서둘러 지적하듯이 — 우리를 다시 근본적인 이념(이상)으로 데리고 간다. 히틀러와 무솔리니는 사회주의와 자유주의의 '물질주의' 를 경멸하였으며, 자신들의 운동은 이상(이념)이 중심이라고 주장했다. 그들에게 그런 위엄을 부여할 뜻이 없는 수많은 반파시스트들은 그 주장이 사실이 아니라고 받아쳤다. "국가사회주의의 이데올로기는 끊임없이 바뀌고 있다." 프란츠 노이만은 그렇게 보았다. "지도자를 숭배하고 지배민족의 패권을 내세우는 등 어떤 신비적 믿음은 있지만 절대적이고 교조적인 체계적 선언은 찾아볼 수 없다."[70] 이 책은 노이만의 시각에 더 가까운 입장인데 1장에서 파시즘과 파시즘 이데올로기 사이의 특이한 관계를 꽤 길게 살펴본 바 있다. 다시 말해, 파시즘은 끊임없이 이념이 중심이라고 주장하지만 그 이념은 편의에 따라 수정되거나 위반되기 십상이었다.[71] 그럼에도 불구하고 파시스트들은 자신들이 무엇을 원하는지 잘 알고 있었다. 파시즘 연구에서 이념을 완전히 배제해버릴 수는 없으며, 파시즘이라는 복잡한 현상에 영향을 끼치는 여러 요소들 사이에서 이념들이 놓인 정확한 위치를 찾아낼 필요가 있다. 연구자는 두 극단 사이에서 연구 방향을 잡아야 한다. 다시 말해 파시즘은 강령을 단호하게 적용한 것도 아니고, 그렇다고 해서 제멋대로 흘러가는 기회주의이기만 한 것도 아니다.

나는 파시즘적인 행동에 깔려 있는 이념은 그 행동 자체로부터 추론해내는 것이 최선이라고 생각한다. 파시즘의 공적인 언어에 표현되지 않은 채 암시적으로 남아 있는 이념도 일부 존재하기 때문이다. 파시즘 이념 중에는 합리적인 계획의 영역이 아니라 본능적인 느낌이나 감정의 영역에 속하는 것들이 많다. 2장에서는 이것을 '결집된 열정' 이라고 불렀다.

- 어떤 전통적인 해결책도 소용없는 불가항력적 위기감.
- 개인의 어떤 권리보다 집단에 대한 의무를 우선시해야 하며, 개인은 집단에 복종해야 한다는 집단 우월주의.
- 자신의 집단이 희생자라는 믿음. 내부의 적이건 외부의 적이건 모든 적에 대해 법률적 · 도덕적으로 한계가 없이 어떤 행동도 정당화하는 정서.
- 개인주의적 자유주의, 계급 갈등, 외부의 영향으로 공동체

가 몰락하는 것에 대한 두려움.

- 가능하다면 동의를 구하겠지만 필요할 경우 배제적 폭력이라도 동원해, 공동체를 더 깨끗하게 더 긴밀히 통합해야 한다는 요구.
- (예외 없이 남성인) 타고난 지도자의 권위의 요청. 공동체의 운명을 단독으로 구현할 국가 지도자에 대한 갈망.
- 지도자의 본능이 추상적이고 보편적인 이성보다 우월하다는 믿음.
- 집단의 성공에 바쳐지는 폭력의 아름다움과 의지의 위력을 찬미하는 태도.
- 선택된 민족이 인간의 법이건 신의 법이건 어떠한 형태의 법적 제약도 받지 않고 다른 민족을 지배할 권리. 사회진화론적 투쟁 속에서 공동체의 용맹성이라는 유일한 기준으로 결정되는 권리.

이 같은 감정에 병행하는 행동은 말할 것도 없고, 이 정의를 따르는 파시즘도 오늘날 여전히 찾아볼 수 있다. 1단계 상태의 파시즘은 모든 민주 국가에 존재하며, 미국도 예외는 아니다. '자유주의 제도를 포기' 하는 것, 특히 인기 없는 소수 집단의 자유는 무시해도 된다는 생각에 일부 미국인들을 포함해 서구 민주주의 국가 시민들이 매력을 느끼는 현상이 주기적으로 반복된다. 파시즘의 역사를 살펴본 지금, 우리는 파시즘이 뿌리를 내리려면 반드시 그 나라의 수도에서 극적인 '행진' 을 벌일 필요는 없다는 사실을 알게 되었다. 이른바 국민 감정을 누그러뜨리는 차원에서 국가의 '적' 에 대한 불법적 처사를 용인한다는 결정만으로도 충분한 것이다.

문제가 심각한 일부 사회에서는 고전적 파시즘과 매우 유사한 어떤 것이 2단계에 이르렀다. 그러나 그 다음 단계로 나아가는 것이 필연적인 것은 아니다. 이런 초기 파시즘이 권력 장악을 향해 더 나아갈 것인지는 위기의 심각성 정도와도 부분적으로 상관이 있지만, 무엇보다 사람들, 특히 경제 · 사회 · 정치적 권력을 쥔 사람들의 선택에 달려 있다. 파시즘이 세력을 불려나갈 때 적절하게 대응하기는 쉽지 않다. 파시즘의 주기가 무턱대고 똑같이 반복되지는 않기 때문이다. 그러나 과거 파시즘이 성공을 거두었던 과정을 이해한다면 제때 현명하게 대처할 가능성도 훨씬 커질 것이다.

1장 운동하는 파시즘

1) Friedrich Engels, 1895 preface to Karl Marx, *Class Struggles in France(1848~1850)* in *The Marx-Engels Reader*, ed. Robert C. Tucker, 2nd ec. (New York: 1978), p. 571
2) Alexis de Tocqueville, *Democracy in America*, trans., ed., and with an introduction by Harvey C. Mansfield and Delba Winthrop (Chicago: University of Chicago press, 2000), p. 662 (Volume II, Part 4, Chap. 6).
3) Georges Sorel, *Reflections on Violence* (Cambridge: Cambridge University Press, 1999), pp. 79~80.
4) Maurice Agulhon, *Marianne au combat : l'imagerie et la symbolique républicaine de 1789 à 1880* (Paris : Flammarion, 1979), pp. 28~29, 108~109 : ibid., *Marianne au pouvoir* (Paris: Seuil, 1989), pp. 77, 83 참조
5) Simonetta Falasca-Zamponi, *Fascist spectacle : The Aesthetics of Power in Mussolini's Italy* (Berkeley: University of California Press, 1997), pp. 95~99.
6) 베니토 무솔리니는 이탈리아사회당의 급진적 혁명파를 이끌었다. 무솔리니는 사회개혁론에 적대적이었고, 당내 의회파와 타협을 하는 것에 회의적인 반응을 보였다. 1912년 29세의 나이로 무솔리니는 당 기관지인 *Avanti*의 편집자가 되었다. 그리고 1914년 가을 이탈리아의 1차 세계대전 참전을 지지한 대가로 당의 다수파인 평화주의자들로부터 당에서 축출당했다.
7) Pierre Milza, *Mussolini* (Paris: Fayard, 1999), pp. 174, 176, 189 참조. 1911년 무솔리니는 프롤리(Forli)에서 자신이 이끌던 지역 사회주의자 모임을 파쇼(fascio)라고 불렀다 R. J. B. Bosworth, *Mussolini* (London: Arnold, 2002), p. 52 참조.
8) 잠시 후 p. 31에 설명이 나온다.

9) 1917년 이탈리아 군대가 카포레토 전투에서 패배한 이후, 자유주의자와 보수주의자들의 대표로 구성된 대규모 단체와 의원들은 파쇼 팔라멘타레 디 디페사 나치오날레(fascio parlamentare di difesa nazionale)를 결성해서 전쟁 지지 세력을 끌어모으기 위해 애쓰게 된다.

10) 잠시 후 p. 32에 설명이 나온다.

11) 참여 인원이 2백 명 가까이 될 때도 있는데, 이는 분명 발기자 — 산세폴크리스티(sansepolcristi) — 안에 포함되는 것이 유리한 시기의 기회주의적인 태도에서 비롯된 것이다. 다음 참조. Renzo De Felice, *Mussolini il rivoluzionario, 1883~1920* (Torino : Einaudi, 1965), p. 504.

12) 그날 무솔리니가 한 연설의 영어 번역본은 Charles F. Delzell의 *Mediterranean Fascism, 1919~1945* (New York: Harper and Row, 1970), pp. 7~11에 나온다. 연설문의 원문은 Renzo De Felice의 *Mussolini il revoluzionario*, pp. 504~509와 Milza의 *Mussolini*, pp. 236~240 참조.

13) Text of June 6, 1919 in De Felice, *Mussolini il rivoluzionario*, pp. 744~745. See also Delzell, pp. 12~13.

14) 무솔리니는 1917년 2월 수류탄 발사 훈련에서 생긴 상처를 크기에 관계없이 전부 세어 이렇듯 놀라운 수치에 이르렀다.

15) 생디칼리슴에 관한 개론은 다음 참조. Jeremy Jennings, *Syndicalism in France: A Study of Ideas* (London: Macmillan, 1990). 혁명적 생디칼리슴(revolutionary syndicalism)은 수많은 노동자들이 체계적으로 조직되어 있는 북유럽의 노동조합보다는 단편적이고 조직 체계가 엉망인 스페인과 이탈리아의 노동조합에 더 큰 영향을 미쳤다. 이는 북유럽의 노동자들이 특정한 작업 환경에서의 요구 사항을 획득하기 위한 전술적인 파업과 개혁적인 입법으로 원하는 바를 얻었기 때문이었다. 실제로 노동자들보다는 지식인들이 혁명적 생디칼리슴에 더 큰 관심을 보였다. 다음 참조. Peter N. Stearns, *Revolutionary Syndicalism and French Labor: Cause without Rebels* (New Brunswick, NJ: Rutgers University Press, 1971).

16) Zeev Sternhell, *The Birth of Fascist Ideology* (Princeton: Princeton University Press, 1994), pp. 160ff; David Roberts, *The Syndicalist Tradition and Italian Fascism* (Chapel hill: University of North Carolina Press, 1979); Emilio Gentile, *Le origini dell' ideologia fascista* (Rome-Bari: Laterza, 1975), pp. 134~152.

17) 파리의 일간지 *Le Figaro*의 1909년 3월 15일자에 실림. 인용된 구절은 다음을 참

조. *Italian Fascism: from Pareto to Gentile*, edited and introduced by Adrian Lyttelton (New York: Harper Torchbooks, 1973), p. 211.

18) 첫 번째 '리소르지멘토'는 주세페 마치니(Giuseppe Mazzini)의 인본주의적 민족주의에서 영감을 받아 1859~1870년에 걸쳐 진행된 이탈리아 통일 운동을 가리킨다.

19) Emilio Gentile, *Il mito dello stato nuovo dall' antigiolittismo al fascismo* (Rome-Bari: Laterza, 1982); Walter Adamson, *Avant-garde Florence: From Modernism to Fascism* (Cambridge, MA: Harvard University Press, 1993).

20) De Felice, *Mussolini il revoluzionario*, p. 521.

21) 나치당을 '파시즘'으로 볼 것인가, 아니면 독자적인 것으로 볼 것인가란 문제는 현재까지 뜨거운 논쟁의 대상이 되고 있다. 여기서 나치즘을 왜 파시즘의 일종으로 생각하는지는 적절한 순서를 밟아 설명해 나가도록 하겠다. 일단은 뮌헨에 있는 히틀러의 집무실에 두체(Duce, 무솔리니가 스스로를 일컫는 호칭)의 흉상이 있었다는 사실부터 알아두자(Ian Kershaw, *Hitler 1889~1936: Hubris* [New York: Norton, 1999], p. 343). 나치의 세력이 절정에 달했을 때조차, 히틀러는 스스로를 일컬어 무솔리니의 '충실한 숭배자이자 제자'라고 했다. 이 내용은 1942년 10월 21일 로마 진군 스무 번째 기념일에 두체에게 쓴 편지에 나타나 있다. 다음을 참조. Meir Michaelis, "I Rapporti fra fascismo et nazismo primo dell' avventi di Hitler al potere (1922~1933)," *Rivista storica italiana*, 85:3 (1973), p. 545. 히틀러와 무솔리니의 유대를 다룬 가장 최근의 연구는 다음을 참조. Wolfgang Schieder, "The German Right and Italian Fascism," in Hans Mommsen, ed., *The Third Reich Between Vision and Reality: New Perspectives on German History* (Oxford, New York: Berg, 2001), pp. 39~57.

22) 무솔리니가 '이탈리아 젊은이들의 고귀한 열정'을 이해하지 못한 적들의 무능력을 조롱하면서 한 말이다. 1925년 1월 3일의 연설. 다음을 참조. Eduardo and Diulio Susmel, eds., *Opera Omnia de Benito Mussolini*, Vol. 21 (Florence: La Fenice, 1956), pp. 238ff.

23) Thomas Mann, *Diaries 1918~1939*. 발췌와 서문은 Herman Kesten이 작업함. 영어판 번역은 Richard and Clara Winston이 함. (New York: H. N. Abrams, 1982), p. 136 and passim. Mann이 비록 나치를 '야만적'이라며 혐오하기는 했지만, 1933년 4월 20일에는 "유내인들에 대한 반란은 어느 정도 이해한다."라고

고백했다(p. 153).

24) 인용은 다음을 참조. Alberto Aquarone and Maurizio Vernasso, eds., *Il regime fascista* (Bologna: Il Mulino, 1974) p. 48.

25) Friedrich Meinecke, *Die deutsche Katastrophe* (Wiesbaden: Brockhaus, 1949), translated as *The German Catastrophe* (Cambridge, MA: Harvard University Press, 1950).

26) Resolution of the Communist International, July 1924, quoted in David Beetham, ed., *Marxists in Face of Fascism: Writings by Marxists on Fascism from the Interwar Period* (Manchester: University of Manchester Press, 1983), pp. 152~153.

27) Roger Griffin, ed., *Fascism* (Oxford: University Press, 1983), p. 262.

28) 가장 심각한 회의론자는 Gilbert Allardyce였다. 다음을 참조. Gilbert Allardyce, "What Fascism is Not: Thoughts on the Deflation of a Concept," *American Historical Review* 84:2 (April 1979), pp. 367~388.

29) 1940년대의 일부 작품들은 전시의 선전 운동으로 얼룩져서 나치즘이 독일 민족문화를 논리적으로 수행한 결과라고 보았다. 다음 참조. W. M. McGovern, *From Luther to Hitler : the History of Fascist-Nazi Political Philosophy* (New York, 1941), and Rohan d' Olier Butler, *The Roots of National Socialism* (New York : E. P. Dutton, 1942). 프랑스 작품 중 대표적인 예는 Edmond-Joachim Vermeil, *L' Allemagne: Essai d' explication* (Gallimard, 1940)이다. 현대 작품 중 가장 침울한 예는 다음과 같다. Daniel Jonah Goldhagen, *Hitler' s Willing Executioners* (New York: Knopf, 1996). 침울한 이유는 저자가 홀로코스트(Holocaust, 유대인 대학살)를 저지른 사병들을 대상으로 한 희귀한 사디즘 연구를 이용해 모든 독일 사람들을 원시적 악마로 만들어버린 것 때문이다. 그 결과 수많은 비독일인 공모자들과 일부 인도적인 독일인들도 존재했다는 사실이 흐려졌다.

30) 비록 유대인들이 유명한 '정의와 자유(Giustizia e Libertà)' 와 같은 반파시즘 저항 운동을 한 것으로 그려지기도 하지만, 토리노와 페라라 출신의 부유한 유대인 후원자들에 대한 흥미로운 사례가 많이 있다. 다음을 참조. Alexander Stille, *Benevolence and Betrayal: Five Italian Jewish Families Under Fascism* (New York: Penguin, 1993). 1938년, 이탈리아 민족법이 시행되었을 때 파시즘 당원 중 셋 중 하나는 유대계 이탈리아인이었다(p. 22).

31) Philip V. Canistraro and Brian R. Sullivan, *Il Duce's Other Woman* (New York: Morrow, 1993).

32) Susan Zuccotti, *The Italians and the Holocaust: Persecution, Rescue, Survival* (New York: Basic Books, 1987), p. 24.

33) 권위주의 독재는 (교회, 군, 경제적인 이익을 추구하는 조직과 같은) 기존 보수파의 힘을 통해 나라를 지배하고 여론을 분산시키려 한다. 하지만 파시즘 정권은 일당(一黨)을 통해 지배하고 열광적인 대중을 정치에 동원하고자 한다는 차이점이 있다. 여기에 대해서는 8장에서 보다 자세히 다룰 예정이다.

34) 반유대주의를 파시즘의 본질로 생각하는 학자들도 있다. 이 책에서는 반유대주의가 단지 도구에 불과했다고 본다. Hannah Arendt의 *Origins of Totalitarianism*, new edition (New York: Harcourt, Brace and World, 1966)는 반유대주의, 제국주의, 파편화된 대중사회가 뒤섞여 발효되는 가운데 전체주의의 근간이 있다고 주장했다. 하지만 무솔리니의 이탈리아를 전체주의로 보지는 않았다(pp. 257~260, 308).

35) 나치 돌격대(SA)의 수석참모이자 1933년 이전에 나치당(NSDAP)의 경제정책 담당 수석이었던 오토 바게너(Otto Wagener)의 저서 *Hitler aus Nächster Nähe* (Frankfurt am Main: Ullstein, 1978), pp. 374의 구절을 인용한 것. 1933년 6월, 바게너는 경제장관이 될 뻔하기도 했다. 5장 참조.

36) 나치는 1920년 2월 24일 발표한 25개 조항의 17번째 항에서 토지 재분배를 약속했다. 다음을 참조. Jeremy Noakes and Geoffrey Pridham, *Nazism 1919~1945*, Vol. I: *The Rise to Power, 1919~1934* (Exter: The University of Exeter Press, 1998), p. 15. 이 조항은 히틀러가 1928년 이후 가족형 소농들을 끌어들이기 위해 관심을 기울일 당시 고치지 않은 '불변의' 25개 조항 중 유일한 하나다. 나머지는 자기 멋대로 개정했다. 1930년 3월 6일 제17항을 완성하고 개인 재산인 농장을 침범할 수 없다는 (유대인의 재산은 제외) 명령을 내렸다. 다음을 참조. *Hitler Reden, Schriften, Anordnungen, Februar 1925 bis Januar 1933*, edited by the Institut für Zeitgeschichte (Munich: K. G. Saur, 1995), Vol. III Part 3, pp. 115~120. 영문판은 다음을 참조. *The Speeches of Adolf Hitler*, ed. Norman Baynes (Oxford University Press, 1942), vol. I, p. 105.

37) Eve Rosenhaft, *Beating the Fascists? The German Communists and Political Violence, 1929~1933* (Cambridge: Cambridge University Press, 1983). 나치의

찬가인 'Horst Wessel Lied' 에서는 그런 거리 싸움 중에 목숨을 잃은 한 젊은 나치당원의 죽음을 애도하고 있다. 다음 참조. Peter Longerich, *Die braune BataillonenL: Geschichte der SA* (Munich: C. H. Beck, 1989), p. 138.

38) "파시스트와 국가사회주의자의 공통점이 하나 있다면, 바로 자본주의에 대한 적개심이다." 다음을 참조. Eugen Weber, *Varieties of Fascism* (New York: Van Nostrand, 1964), p. 47. Weber는 기회주의로 인해 이런 적개심의 실질적인 효력이 제한된다고 주장했다. 다음을 참조. Eugen Weber, "Revolution? Counter-revolution? What Revolution?" *Journal of Contemporary History* 9:2 (April 197), pp. 3~47, republished in Walter Laqueur, ed., *Fascism: A Reader's Guide* (Berkeley and Los Angeles: University of California Press, 1976), pp. 435~467.

39) 무솔리니는 일찌감치 새롭게 일어선 나라의 근본을 노동계급에서 '생산적 힘' 으로 바꾸었다. 다음을 참조. Sternhell, *Birth*, pp. 12, 106, 160, 167, 175, 179, 182, 219.

40) 전혀 다른 이 두 개의 시각을 반부르주아로 묶어버리는 학자들도 있는데, 제대로 알지 못하기 때문이다. 최근의 예로 프랑스 혁명의 위대한 역사가인 François Furet는 젊은 시절 공산주의에 심취한 것을 부인하면서 파시즘과 공산주의는 모두 부르주아 젊은이들의 자기 혐오에서 비롯되었다고 주장했다. 다음 참조. *The Passing of an Illusion: The Idea of Communism in the Twentieth Century* (Chicago: University of Chicago Press, 1999), pp. 4, 14.

41) T. W. Mason, "The Primacy of Politics — Politics and Economics in National Socialist Germany," in Jane Caplan, ed., *Nazism, Fascism and the Working Class: Essays by Tim Mason* (Cambridge: Cambridge University Press, 1995), pp. 53~76. (First published in German in *Das Argument* 41〔Dec. 1966〕)

42) '파시즘 혁명' 에 관한 이야기는 5장에서 보다 상세히 다룬다.

43) 무솔리니가 사회주의를 포기한 시기에 대해서는 논쟁이 많았다. 그의 전기를 저술한 이탈리아의 Renzo De Felice에 따르면, 무솔리니는 1919년에도 스스로를 사회주의자라고 생각했다(*Mussolini il revoluzionario*, pp. 485, 498, 519). Pierre Milza는 무솔리니가 1918년 1월 그가 출간하던 신문(*Il Popola d' Italia*)의 제목을 '일간 사회주의(*socialist daily*)' 에서 '전사와 생산자를 위한 일간지(*daily for warriors and producers*)' 로 바꾸었을 때, 사회주의자이기를 포기한 것이라고 주

장했다. 다음 참조. Milza, *Mussolini*, p. 210. 하지만 1919년까지도 무솔리니는 반혁명을 분명히 선택하지는 못했다(p. 227). Sternhell은 *Birth*, p. 212에서 1914년 6월 이탈리아 북부의 산업 도시에서 벌어진 '피의 주간'의 실패가 '무솔리니의 사회주의를 마감'지었다고 주장했다. Emilio Gentile는 1914년 9월 무솔리니가 이탈리아사회당에서 제명된 사건이 긴 이데올로기적 진화의 시작이라고 주장했지만, 무솔리니는 언제나 사회주의 '이단아'였으며, 마르크스주의자라기보다는 니체를 신봉한 사람이었다(*Le origini dell'ideologia fascista* (1918~1925), end ed., [Bologna : Il Mulino, 1996], pp. 61~93). Bosworth도 그 시기에는 동의했지만, 무솔리니가 기회주의자라며 의심했다. 당시에는 사회주의가 지방 야심가들이 출세하기 위한 수단에 불과했으며 이러한 사람들을 기회주의자라고 했다. 다음 참조. Bosworth, *Mussolini*, p. 107. 이 문제의 핵심은 '혁명'에 대한 무솔리니의 언어적 집착을 어떻게 해석해야 하느냐에 달려 있다. 여기에 대해서는 앞으로 다시 다루어보겠다.

44) 이런 추세는 이탈리아보다 나치[예. Walther Darré]와 중부 유럽의 파시스트들 사이에서 강하게 나타났다. 하지만 무솔리니는 농촌 생활을 찬양했고 보다 많은 이탈리아인들을 농촌에 정착시키기 위해 애썼다. 다음 참조. Paul Corner는 이러한 정책이 실업자들을 도시에서 몰아내기 위한 것에 불과하며, 대지주들에게 유리한 경제 정책을 막을 방법이 없다고 생각했다. 다음 참조. P. Corner, in "Fascist Agrarian Policy and the Italian Economy in the Interwar Years," in J. A. Davis, ed., *Gramsci and Italy's Passive Revolution* (London : Croom Helm, 1979), pp. 239~274. Alexander Nützenadel는 자신의 저서에서 권력 앞에 선 무솔리니가 농노들을 통합함으로써 리소르지멘토를 끝내고 싶어했다고 주장했다. 다음 참조. A. Nützenadel, *Landwirtschaft, Staat, und Autarkie : Agrarpolitik in fascistischen italien*, Bibliothek des Deutschen Historischen Instituts in Rom, Band 86 (Tübingen : Max Niemeyer Verlag, 1997), p. 45ff.

45) 두체(Duce)는 직접 알파로메오 사(Alfa-Romeo)의 스포츠카를 몰고 다녔다. 다음 참조. Milza, pp. 227, 318. 히틀러는 힘 좋은 메르세데스를 즐겨 탔는데, 자동차 회사에서 선전용으로 절반 가격에 팔았다고 한다. 다음 참조. Bernard Bellon, *Mercedes in Peace and War* (New York : Columbia University Press, 1990), p. 232.

46) 히틀러는 비행기로 극적인 도착을 하여 유권자들을 열광시켰다. 무솔리니는 직접

비행기 조종을 배워서 자주 비행기를 몰았다. 독일에 국빈 방문을 했을 때 무솔리니는 히틀러의 전용기 '콘도르'를 직접 조종하겠다고 우겨서 히틀러를 겁나게 했다(Milza, *Mussolini*, pp. 794~795). 파시즘 이탈리아는 위세를 떨치기 위해 항공산업에 막대한 자금을 투자했다. 그래서 1930년대에는 비행기 속도와 거리 분야에서 세계기록을 많이 세우기도 했다. 다음 참조. Claudio G. Segrè, *Italo Balbo: A Fascist Life* (Berkeley: the University of California Press, 1987), Part II, "The Aviator." 영국인 파시스트 조종사인 Mosley에 관해서는 다음을 참조. Colin Cook, "A Fascist Memory: Oswald Mosley and the Myth of the Airman," *European Review of History* 4:2 (1997), pp. 147~162.

47) 예전의 자료들을 보면 나치즘의 핵심에 근대성에 대한 반발에 대한 두 가지 접근법이 있다고 나와 있다. 첫 번째는 문화적 준비에서의 접근법이며 이에 대해서는 다음을 참조할 것. Georges L. Mosse, *The Crisis of German Ideology: Intellectual Origins of the Third Reich* (javascript:void(0)New York: Grosset and Dunlap, 1964), and Fritz Stern, *The Politics of Cultural Despair* (Berkeley and Los Angeles: University of California Press, 1961). 두 번째 접근법은 중간계급 하층의 분노를 통한 것이다. 다음을 참조. Talcott Parsons, "Democracy and Social Structure in Pre-Nazi Germany," in Parsons, *Essays in Sociological Theory* (Glencoe, IL: Free Press, 1954), pp. 104~123 (orig. pub. 1942), and Heinrich A. Winkler, *Mittelstand, Demokratie und Nationalsozialismus* (Cologne: Kiepenheuer & Witsch, 1972). 하지만 이탈리아에서는 이러한 자료를 찾아볼 수 없다는 것이 큰 차이점이다.

48) A. James Gregor, *Italian Fascism and Developmental Dictatorship* (Princeton University Press, 1979); Rainer Zitelmann, *Hitler: Selbstverständnis eines Revolutionärs*, expanded new ed. (Munich: F. A. Habig, 1998). Zitelmann은 만일 히틀러가 전쟁에서 승리했더라면 다른 모습이었을 것이라 주장했다. 즉, 총통 히틀러가 정권의 '사회 · 경제적 현실'이 아닌 '보수주의 동맹 세력의 관점을 받아들였다'면 모든 것이 달라졌을 것이라고 했다.(pp. 47~48, 502). 같은 관점의 글은 다음을 참조. Michal Prinz and Rainer Zitelmann, eds., *Nationalsozialismus und Modernizierung* (Darmstadt: Wissenschaftliche Buchgesellschaft, 1991).

49) Organski는 파시즘이 산업 사회로 전환되는 순간의 가장 취약한 중간 지점에 있

을 가능성이 크며, 수많은 산업화의 희생자들이 남아 있는 예전의 산업 엘리트층과 함께 공동의 명분을 만드는 시기라고 주장했다. 다음 참조. A. F. K. Organski, "Fascism and Modernization" in Stuart J. Woolf, ed., *Nature of Fascism* (New York: Random House, 1968), pp. 19~41.

50) 마리네티 외에도 Ezra Pound, T. S. Eliot, W. B. Yeats, Wyndham Lewis, Gertrude Stein이 포함된다.

51) 무솔리니는 autostrade, 히틀러는 autobahn을 건설했다. 둘 다 상징적인 목표를 수행함과 동시에 일자리 창출에 기여했다. 다음 참조. James D. Shand, "The Reichsautobahn: Symbol of the Third Reich," *Journal of Contemporary History* 19:2 (April 1984), pp. 189~200

52) 독일의 경우에 대한 가장 권위 있는 연구는 다음을 참조. David Schoenbaum, *Hitler's Social Revolution: Class and Status in Nazi Germany, 1933~1939* (New York: Doubleday, 1966). 이탈리아의 경우는 다음을 참조. Tim Mason, "Italy and Modernization," *History Workshop*, No. 25 (Spring 1988), pp. 127~147.

53) Albert Speer, *Inside the Third Reich: Memoirs* (New York: Macmillan, 1970), pp. 11, 14~17.

54) Jeffrey Herf는 그의 저서 *Reactionary Modernism: Technology, Culture, and Politics in Weimar and the Third Reich* (Cambridge: Cambridge University Press, 1984)에서 기술을 이용하여 근대화의 부담을 관리하는 독일의 문화 전통에서 파시즘과 근대화가 합의를 보았다고 주장했다. 또 나치즘이 점령한 동부 지역에 반(反)근대적 농촌 유토피아를 확립하기 위해 근대성을 수단으로 삼았다는 주장도 있다. 다음을 참조. Henry A. Turner, Jr., "Fascism and Modernization," in *World Politics* 24:4 (July 1972), pp. 547~564, reprinted in Turner, ed., *Reappraisals of Fascism* (New York: 1975), pp. 117~139.

55) Hans Mommsen은 나치즘을 '가장된 근대화(Simulated modernization)'로 보았다. 즉, 근대의 기술을 비이성적 파괴와 계획적인 근대 국가의 해체에 적용한 것으로 생각했다. 다음 참조. Mommsen, "Nationalsozialismus als Vorgetäuschte Modernisierung," in Mommsen, *Der Nationalsozialismu und die Deutsche Gesellschaft. Ausgewählte Aufsätze*, ed. Lutz Niethammer and Bernd Weisbrod (Reinbeck bei Hamburg: Rowoholt Taschenbuch Verlag, 1991), pp. 495ff;

"Noch einmal: Nationalsozialismus und Modernisierung," *Geschichte und Gesellschaft* 21:3 (July–September 1995), pp. 391~402; and "Modernität und Barbarei. Anmerkungen aus zeithistorische Sicht," in Max Miller and Hans-Georg Soeffner, eds., *Modernität und Barbarei. Soziologische Zeitdiagnose am Ende des 20. Jahrhunderts* (Frankfurt am Main: Suhrkamp, 1996), pp. 137~155.

56) 미국, 영국, 스웨덴은 강제 불임 시술에서 중요한 선구자적 역할을 했다. 독일이 그 뒤를 이었다. 하지만 이탈리아와 스페인 등 카톨릭계의 라틴 유럽에서는 이런 움직임이 별로 나타나지 않았다. 다음 참조. Daniel Kevles, *In the Name of Eugenics: Genetics and the Uses of Human Heredity* (New York: Knopf, 1985); Michael Burleigh, *Death and Deliverance: Euthanasia in Germany, c. 1900~1945* (Cambridge: Cambridge University Press, 1995).

57) 이 논문에 대해서는 고(故) Detlev Peukert가 강하게 이의를 제기하였다. 다음을 참조. Detlev Peukert, "The Genesis of the 'Final Solution' from the Spirit of Science," in Thomas Childers and Jane Caplan, eds., *Reevaluating the Third Reich* (NY: Holmes and Meier, 1993), pp. 234~252. Zygmunt Bauman, *Modernity and the Holocaust* (Ithaca, NY: Cornell University Press, 1989), p. 149: "홀로코스트는 복잡하고 의도적인 작전으로서 근대 관료주의 합리론의 패러다임으로 인식될 수도 있다. 최소의 비용과 노력으로 최대의 결과를 얻기 위해서는 못할 것이 없다."

58) P. Sabini and Mary Silvers, "Destroying the Innocent with a Clear Conscience: A Sociopsychology of the Holocaust," in Joel E. Dimsdale, ed., *Survivors, Victims, and Perpetrators: Essays in the Nazi Holocaust* (Washington: Hemisphere Publishing Corp., 1980), pp. 329~330, quoted in Bauman, *Modernity and the Holocaust*, pp. 89~90.

59) 이 문제는 다음 책에서 심각하게 다루고 있다. Carl Levy, "From Fascism to 'post-Fascists': Italian Roads to Modernity," and Mark Roseman, "National Socialism and Modernization," in Richard Bessel, ed., *Fascist Italy and Nazi Germany* (Cambridge: Cambridge University Press, 1996), pp. 165~196 amd 197~229. 고(故) Delev K. Peukert는 이러한 주제들을 잘 엮어서 훌륭한 책으로 만들었다. 다음을 참조. *The Weimar Republic: The Crisis of Classical*

Modernity, translated from the German by Richard Deverson (New York: Hill and Wang, 1991).

60) 이에 대해 훌륭한 예는 다음을 참조. Tim Mason, "The Origins of the Law on the Organization of National Labour of 20 January 1934. An Investigation into the Relationship Between 'Archaic' and 'Modern' Elements in Recent Germany History," in *Nazism, Fascism and the Working Class: Essays by Tim Mason*, ed. Jane Caplan (Cambridge: Cambridge University Press, 1995), pp. 77~103.

61) '수정의 밤' 사건은 독일의 도시 길거리에서 벌어진 처음이자 마지막 유대인 집단 학살이었다. 이 사건은 유대인 집단 학살인 홀로코스트의 시작을 알렸다. 다음을 참조. Bauman, *Modernity and the Holocaust*, p. 89. 이에 대한 독일 대중의 반응에 대해서는 다음 참조. William S. Allen, "Die deutsche ffentlichkeit und die Reichskristallnacht-Konflikte zwischen Wertheirarchie und Propaganda im Dritten Reich," in Detlev Peukert and Jürgen Reulecke, eds., *Die Reihe fast geschlossen: Beiträge zur Geschichte des Alltags unterm Nationalsozialismus* (Wuppertal: Hammer, 1981), pp. 397~412. 여론 연구에 관해서는 9장에서 언급하고 있다.

62) Martin Broszat, in "A Controversy about the Historicization of National Socialism," in Peter Baldwin, ed., *Reworking the Past: Hitler, the Holocaust, and the Historians' Debate* (Boston: Beacon Press, 1990), p. 127.

63) 파시즘을 '역사화' 함으로써 비상벨이 울렸다. Martin Broszat은 1985년 독일의 정기간행물인 *Merkur*에 실린 글에서 '국가사회주의'를 악의 상징 이미지로 취급하는 대신, '국가사회주의의 역사화'를 옹호했다. 이스라엘의 역사가 Saul Friedländer는 연속성을 쫓고 범죄적인 행동 가운데 정상 상태를 감지하게 되면 나치 정권을 평범하게 만드는 위험을 범하는 것이라고 경고했다. 다음 참조. Baldwin, ed., *Reworking History* (앞의 주석 참조).

64) "파시즘은 천재적인 정치 이데올로기다……." Roger Griffin, *The Nature of Fascism* (London: Routledge, 1991), p. 26. 파시즘의 뒤에는 "응집된 사상의 덩어리가 놓여 있다." Roger Eatwell, *Fascism: A History* (London: Penguin, 1996), p. xvii.

65) E. g., Schnapp, *Primer*, p. 63.

66) '이데올로기'는 프랑스 혁명 당시에 만들어진 말이며, 이 개념이 진화해가는 모습

에 대한 유용한 설명은 다음을 참조할 것. Andrew Vincent, *Modern Political Ideologies*, 2nd ed. (Oxford: Blackwell, 1995).

67) Payne, *History*, p. 472.

68) 히틀러의 *Mein Kampf*는 나치즘의 기본 교과서와 같았다. 이 책을 우아하게 꾸며서 신혼부부에게 선물하거나, 나치 당원의 집에서는 장식품으로 썼다. 하지만 이 책은 자기 이익만을 도모하는 자전적인 단편과 민족에 대한 경구, 역사, 인간 본성을 주로 다루고 있다. 무솔리니도 파시즘의 독트린에 관한 책을 썼다. 1장과 75번 주석 참조.

69) A. Bertelè, *Aspetti ideologici del fascismo* (Turino, 1930) quoted in Emilio Gentile, "Alcuni considerazioni sull'ideologia del fascismo," *Storia contemporanea* V: 1 (March 1974), p. 117. 어려운 글의 번역을 도와준 Carlo Moos에게 감사드린다.

70) Isaiah Berlin은 파시즘과 낭만주의의 연관성을 뚜렷하게 제시했다. 다음 참조. "The Essence of European Romanticism," in Henry Hardy, ed., *The Power of Ideas* (Princeton: Princeton University Press, 2000), p. 204.

71) Walter Benjamin, "The Work of Art in the Age of Mechanical Reproduction," first published in *Zeitschrift für Sozialforschung* 5:1 (1936), reprinted in Benjamin *Illuminations* (New York: Schocken, 1969). Benjamin은 막 끝난 에티오피아 전쟁의 아름다움에 대해 마리네티를 인용했다. "……[전쟁은] 꽃이 만발한 들판을 불 뿜는 기관총의 연보랏빛으로 더욱 풍요롭게 만든다……." pp. 241~242

72) Delzell, *Mediterranean Fascism*, p. 14.

73) Quoted in R. J. B. Bosworth, *The Italian Dictatorship: Problems and Perspectives in the Interpretation of Mussolini and Fascism* (London: Arnold, 1988), p. 39.

74) Emilio Gentile, *Storio del partito fascista 1919~1922: Movimento e milizia* (Bari: Laterza, 1989), p. 498.

75) "La dottrina del fascismo," *Encyclopedia Italiana* (1932), Vol. XIV, pp. 847~851. 영문판은 Benito Mussolini, *The Doctrine of Fascism* (Florence: Vallecchi, 1935)이며 널리 보급되었다. 재판은 *Italian Fascisms: From Pareto to Gentile*라는 제목이며 Adrian Lyttelton이 편집해서 출간했다(New York:

Harper, 1973), pp. 39~57. 최근의 영문판은 Jeffrey T. Schnapp, ed., *Primer*, pp. 46~61.

76) Hannah Arendt, *Origins*, p. 325 n. 39. Cf. Salvatore Lupo, *Il fascismo: La politica in un regime totalitario* (Rome: Donzelli, 2000): "이탈리아 파시즘을 만들어낸 것은 과거의 모순투성이인 이데올로기라기보다는 현 정치 상황의 곤란한 현실이다." (p. 18).

77) Max Domarus, *Hitler Speeches and Proclamations, 1932~1945* (London: I. B. Taurus, 1990), vol. I, p. 246 (February 10, 1933).

78) Leszek Kolakowski는 폐쇄적이고 전체주의적인 이데올로기로 인해 "이데올로기가 언제나 옳은 이유는 무엇일까?"와 같이 중요한 의문이 억눌리고 있다는 사실을 분명히 이해했다. 다음을 참조. Kolakowski, *Modernity on Endless Trail* (Chicago: University of Chicago Press, 1990).

79) Roger Chartier, *The Cultural Origins of the French Revolution*, translated from the French by Lydia G. Cochrane, (Durham, NC: Duke University Press, 1991), p. 2.

80) 이런 조합은 놀라울 수도 있다. 하지만 무솔리니의 아프리카 원정에서 나타난 잔인성은 최근 학자들에 의해 다시 드러났으며, 무솔리니 정권의 핵심적인 특성으로 볼 필요가 있다. 무솔리니는 히틀러처럼 수용소에 사람들을 가뒀고 인종 청소를 실시했다. 그리고 히틀러도 감히 감행하지 못했던 독가스를 사용하기도 했다. 6장 및 6장의 62번, 67번 주석 참조.

81) "삶에 대한 파시스트들의 생각은…… 개인의 이익이 국가의 이익과 같을 때에만 개인의 가치가 인정된다는 것이다." Mussolini, "Doctrine," in Schnapp, *Primer*, p. 48.

82) Michael A. Ledeen, *Universal Fascism* (New York: Howard Fertig, 1972).

83) Marc Bloch, "Towards a Comparative History of European Society" in Bloch, *Land and Work in Medieval Europe: Selected Papers*, trans. J. E. Andeson (Berkeley and Los Angeles : University of California Press, 1967), p. 58 (orig. pub. 1928).

84) 주석 28번 참조. Sternhell과 Bracher 같은 저명한 학자들은 "파시즘과 나치즘을 결합시키려는 일반적 이론은…… 가능하지 않다."라고 생각했다. [Sternhell, *Birth*, p. 5] 가장 중요한 이유로는 국가사회주의에서 생물학적 인종주의가 핵심

이라는 것과 파시즘에서 나타나는 그 약점을 들 수 있다. 이 책에서는 모든 형태의 파시즘이 내부건 외부건 간에 어떤 적에게 저항해서 동원되었지만, 그 적의 정체는 민족 문화에 따라 다르다고 주장한다.

85) 가장 깊이 있는 연구는 다음을 참조. Payne, *History*.

86) Roger Griffith, *The Nature of Fascism* (London: Routledge, 1993), p. 26.

87) "파시즘 국가는 야경 국가가 아니다……. [파시즘 국가는] 정신적이고 도덕적인 존재로 나라 안의 정치, 사법, 경제 단체의 안위를 지키는 것이 목적이다……. 국가는 개개인의 짧은 존속 기간을 초월하며, 민족의 내재적 양심을 의미한다." Mussolini, "Doctrine", in Schnapp, *Primer*, 58.

88) 가장 명확한 예로 Friedrich Percyval Reck-Malleczewen의 *Diary of a Man in Despair*를 들 수 있다. Paul Rubens의 영어 번역판 (London: Macmillan, 1970, originally published 1947). 그는 비스마르크 시대 이후에 독일이 "산업적으로 지나치게 발달해서 개미집이 되었다."라고 주장했다(p. 119 참조). Reck-Malleczewwen은 히틀러에 대한 날카로운 비난을 자제했다. "forelocked gypsy" (p. 18 참조), "raw-vegetable Genghis Khan, teetotalling Alexander, womanless Napoleon" (p. 27 참조). 나치는 1945년 초 그를 처형했다. 다음 참조. 평화주의자이자 예술 후원가인 Harry Kessler의 일기 참조. Harry Kessler, *The Diaries of a Cosmopolitan* (London: Weidenfeld and Nicolson, 1971).

89) Giuseppe di Lampedusa, *The Leopard*, translated from the Italian by Archibald Colquhoun (New York: Pantheon, 1950), p. 40.

2장 파시즘의 탄생

1) Joseph Rothschild, *East Central Europe Between the Two World Wars* (Seattle and London : University of Washington Press, 1974), p. 148.

2) 이 부분과 다른 나라의 경우에 대해서는 2장에서 다루고 있다.

3) 2장 '파시즘의 전조' 참조.

4) 이에 대해 가장 상세히 설명한 참고자료는 다음과 같다. Brigitta Hamann, *Hitler's Vienna: A Dictator's Apprenticeship*, translated from the German by Thomas Thornton (New York: Oxford University Press, 1999) (orig. pub. 1996). 당시의 배경에 대한 상세한 설명은 다음을 참조할 것. William A. Jenks, *Vienna and the*

Young Hitler (New York: Columbia University Press, 1960).

5) 갈고리 모양의 스와스티카(swastika)는 태양을 바탕으로 한 열정과 영속을 상징한다. 일찌감치 중동 문화권이나 기독교도, 힌두교도, 아메리카 원주민들 사이에서 널리 사용되었다. 유럽에서는 당시 유명 인사였던 마담 블라바츠키(Madame Blavatsky) 같은 유심론자와 오스트리아인 귀도 폰 리스트(Guido von List) 같은 북유럽 종교의 사도들이 19세기 말에 처음 소개하였다. 1899년 외르크 폰 리벤펠스(Jörg Lanz von Liebenfels)의 신(新)템플기사단(New Templar Order)이 독일 민족주의와 반유대주의 상징으로 스와스티카를 처음 사용하였다. 그래픽 미술가인 스티븐 헬러(Steven Heller)는 스와스티카를 다양하게 사용했다. 다음 참조. Steven Heller, *The Swastika: Symbol Beyond Redemption?* (New York: Allworth, 2001). Malcolm Quinn, *The Swastika* (London: Routledge, 1994). Nicholas Goodrick-Clarke는 스와스티카와 나치의 연관성에 대해 연구하였다. 다음 참조. Nicholas Goodrick-Clarke, *The Occult Roots of Nazism: Secret Aryan Cults and their Influence on Nazi Ideology. The Ariosophists of Austria and Germany* (New York: New York University Press, 1996).

6) William Sheridan Allen, *The Nazi Seizure of Power: the Experience of a Single Town, 1922~1945*, revised ed. (New York: Franklin Watts, 1984), p. 32. 슈파나우스는 이미 해외에 살고 있을 때부터 이미 나치의 선구자인 체임벌린(Houston Stewart Chamberlain)을 숭배했다.

7) 자유군단(Freikorps)에 대해서는 다음을 참조할 것. Robert G. L. Waite, *Vanguard of Nazism* (Cambridge, MA: Harvard University Press, 1954).

8) 오스트리아 시민이었던 아돌프 히틀러는 징집을 피하기 위해 1913년 5월 뮌헨으로 도망왔다. 그리고 1차 세계대전이 발발했을 때 독일 군대에 자원했다. 히틀러에게는 국가에 대한 충성심보다 게르만족이라는 사실이 더욱 중요했다. 그는 1932년이 되어서야 독일인이 되었다(Ian Kershaw, *Hitler 1889~1936: Hubris* [New York: Norton, 1998], p. 362). 히틀러는 군인이 되어서야 처음으로 개인적인 성취감을 맛보았다. 그러다가 통신병으로서 위험에 맞닥뜨리게 되었고, 그 후 상병으로 진급을 했다. 용맹을 떨친 대가로 철십자 훈장을 받았는데, 처음에는 2급 훈장을 받고 나중에는 1급 훈장까지 받았다. 그것은 사병이 받을 수 있는 최고의 훈장이었다. (pp. 92, 96, 216)

9) 에른스트 룀의 지휘관인 리터 폰 에프(Freiherr Ritter von Epp) 남작은 1920년 말

군대의 비밀자금 절반으로 당의 기관지, *Völkischer Beobachter*를 사들인다. 나머지 절반의 자금은 뮌헨의 언론인 미식가 디트리히 에카르트(Dietrich Eckart)가 모금하였다. 다음 참조. Kershaw, *Hitler*, Vol. I, p. 156.

10) 히틀러는 총통(Führer)이라는 칭호와 함께 범게르만주의 지도자인 게오르크 쇠네러로부터 "하일(Heil)"이라는 인사말도 도입한다. 쇠네러는 전쟁 전의 빈에서 영향력 있는 인물이었다. 다음 참조. Kershaw, *Hitler*, Vol. I, p. 34.

11) 3장 '실패로 끝난 프랑스의 파시즘' 참조.

12) Juan J. Linz, "Political Space and Fascism as a Latecomer," in Stein U. Larsen, Bernt Hagtvet, and Jan Petter Myklebust, *Who Were the Fascists: Social Roots of European Fascism* (Bergen: Universitetsforlaget, 1980), pp. 153~189, and "Some Notes Toward a Comparative Study of Fascism in Sociological Historical Perspective," in Walter Laqueur, ed., *Fascism: A Reader's Guide* (Berkeley and Los Angeles: University of California Press, 1976), pp. 3~121.

13) 청년기를 전쟁과 함께 보냈지만 싸울 기회는 놓쳐버린 젊은이들로서 특히 광신적인 파시스트들이 많았다. 히틀러의 선전 담당이었던 요제프 괴벨스는 내반족(內反足) 때문에 참전하지 못했다. 다음 참조. Ralf Georg Reuth, *Göbbels*, trans. from the German by Krishna Winston (New York: Harcourt Brace, 1990), pp. 14, 24.

14) Charles F. Delzell, ed., *Mediterranean Fascism* (New York: Harper and Row, 1970), p. 10.

15) François Furet, *The Passing of an Illusion: The Idea of Communism in the Twentieth Century* (Chicago: The University of Chicago Press, 1999), pp. 19, 163, 168. Juan Linz는 pp. 158~159에서 1차 세계대전 때 중립을 지킨 나라들이 승전국들과 마찬가지로 파시즘의 발달 수준이 낮았다는 사실을 보여주었다. 하지만 스페인은 1898년 패배를 견뎌냈다.

16) 근대 국가들은 1차 세계대전 중에 국민의 삶과 사상을 통제할 수 있는 정부의 잠재적인 능력을 깨달았다. 다음 참조. Elie Halévy, *L'Ere des tyrannies* (Paris: Gallimard, 1938), translated into English as *The Era of Tyrannies: Essays on Socialism and War*, trans. by Robert K. Webb (Garden City, LI: Anchor Books, 1965).

17) 이렇듯 서로 다른 결과로 이어진 나라들의 예를 가장 잘 비교 분석한 자료는 다음

을 참조할 것. 저자 Luebbert의 의견에 따르면, 자작농들이 누구와 연합을 하느냐에 따라 달라졌다. 즉, 중간계급과 연합을 한 경우에는 자유주의 또는 파시즘의 결과로 이어졌고, 사회주의와 연합을 한 경우에는 사회민주주의의 결과로 이어졌다. Gregory M. Luebbert, *Liberalism, Fascism, or Social Democracy* (New York: Oxford University Press, 1991).

18) 무솔리니는 최전선에서 싸웠던 퇴역군인들이 '트린체로크라치아(trincerocrazia)', 즉 '참호정치(trench-ocracy)'로 전후의 이탈리아를 다스리기를 바랐다. 다음을 참조. *Il Popolo d'Italia*, December 15, 1917, quoted in Emilio Gentile, *Storia del partito fascista, 1919~1922. Movimento et milizia*(Rome-Bari: Laterza, 1989), p. 19. Gentile, *The Sacralization of Politics in Fascist Italy* (Cambridge, MA: Harvard University Press, 1996), pp. 16~17. 분노한 퇴역군인들은 우파와 마찬가지로 좌파로도 기울었다.

19) Giorgio Rochat, *Italo Balbo* (Torino: UTET, 1986), p. 23.

20) Claudio Segrè, *Italo Balbo: A Fascist Life* (Berkeley and Los Angeles: University of California Press, 1987), pp. 28~34, 41~47.

21) Arno J. Mayer는 다음의 저서에 나오는 주장을 강조했다. *The Political Origins of the New Diplomacy, 1917~1918* (New Haven: Yale University Press, 1959) and *The Politics and Diplomacy of Peacemaking: Containment and Counterrevolution at Versailles, 1918~1919* (New York: Knopf, 1967).

22) Ernst Nolte, *Der Faschismus in seiner Epoch* (Munich: Piper Verlag, 1963), translated into English as *Three Faces of Fascism*, trans. Lelia Vebbewitz (New York: Holt, Rinehart, and Winston, 1966).

23) 영국인 체임벌린은 독일의 인종적 순수주의와 물질을 덜 중요하게 여기는 사상에 심취해서 널리 전파했다. 그는 음악가 리하르트 바그너의 사위이기도 했다. 다음 참조. Geoffrey G. Field, *Evangelist of Race: The Germanic Vision of Houston Stewart Chamberlain* (New York: Columbia University Press, 1981).

24) Friedrich Nietzsche, *Thus Spoke Zarathrustra*, translated by R. J. Hollingdale (Baltimore: Penguin, 1961), p. 126.

25) Steven E. Aschheim, "Nietzsche, Anti-Semitism, and Mass Murder," in ibid., *Culture and Catastrophe* (New York: New York University Press, 1996), p. 71. 1945년의 원형 나치(proto-Nazi)에서부터 1960년대 자유로운 영혼의 니체를 주

장한 Walter Kaufmann과 니체를 해체하려는 오늘날의 사람들에 이르기까지 니체를 잇는 여러 학자들에 대한 자세한 설명은 Aschheim의 연구에 나타나 있다. 다음을 참조. S. E. Aschheim, *The Nietzsche Legacy in Germany* (Berkeley and Los Angeles: University of California Press, 1992).

26) Georges Sorel, *Reflections on Violence* (Cambridge: Cambridge University Press, 1999), p. 159.

27) 소렐이 무솔리니에게 미친 영향에 대한 설명은 다음을 참조. Zeev Sternhell, Mario Sznayder and Maia Asheri, *The Birth of Fascist Ideology* (princeton, NJ: Princeton University Press, 1994). 소렐은 파시즘을 자주 언급했는데, 최근의 학위논문에서부터 1920년에서 1921년 사이의 참고자료까지 그 범위가 넓다. 다음을 참조. J. R. Jennings, *Georges Sorel: The Character and Development of His Thought* (London: Macmilan, 1985); Jacques Julliard and Shlomo Sand, eds., *Gerges Sorel en son temps* (Paris: Seuil, 1985); Marco Gervasoni, *Georges Sorel: Una biografia intellettuale* (Millan: Unicopli, 1997).

28) Suzanna Barrows, *Distorting Mirrors: Visions of the Crowd in Late Nineteenth Century France* (New Haven: Yale University Press, 1981).

29) 이에 대해 가장 권위 있는 설명은 다음을 참조할 것. H. Stuart Hughes, *Consciousness and Society: The Reconstruction of European Social Thought, 1890~1930* (New York: Random House, 1961).

30) 히틀러의 세계관에 따르면, 인간의 역사에서 핵심이 되는 것은 바로 생물학적 투쟁이다. 이러한 생각은 이탈리아에서 별로 효과를 발휘하지 못했다. 하지만 이탈리아의 일부 민족주의자들은 헤겔과 니체 사상의 영향을 받아 히틀러의 세계관에 필적할 만한 국가 의지(national wills)라는 이상에 문화적 기반을 두었다. 다음을 참조. Mike Hawkins, *Social Darwinism in European and American Thought* (Cambridge: Cambridge University Press, 1997), pp. 285~289.

31) Daniel Kevles, *In the Name of Eugenics: Genetics and the Uses of Human Heredity* (New York: Knopf, 1985). 프랜시스 골턴(Francis Galton)은 인류의 번식 과정에서 '열등한' 자의 탄생을 막아야 한다고 직접 주장하지는 않았다.

32) Léon Poliakov, *The Aryan Myth: A History of Racist and Nationalist Ideas in Europe*, translated from the French by Edmund Howard (New York: Basic Books, 1974). 이탈리아 민족주의의 표현인 문화사적 민족(razza)도 이에 못지않

게 경쟁적이다.

33) 이탈리아의 탐미주의 시인 단눈치오(Gabriele D'Annunzio)는 '어느 무엇보다도 아름다움을, 그리고 투쟁적이고 위압적인 남성의 힘을 찬양하고 찬미' 하려고 애썼다. 다음을 참조. Anthony Rhodes, *The Poet as Superman: A Life of Gabriele D'Annunzio* (London: Weidenfeld and Nicholson, 1959), pp. 62~63. 뒤에서 언급되는 드 모레 후작(Marquis de Morès)도 참조할 것. 좌파에서는 업적을 찬양하는 무정부주의적 요소가 행동을 중요하게 여겼다. 무정부주의 시인 Laurent Tailhade는 1893년 12월 프랑스의 하원 의사당이 폭격을 당한 것에 대해 "행위가 아름답다면 이 모호한 존재들[부상자들]이 왜 중요한가?"라고 말했다. Teilhade는 훗날 파리 시내의 카페를 공격한 무정부주의자들로 인해 한쪽 눈을 잃었다. 다음 참조. James Joll, *The Anarchists* (Boston: Little, Brown, 1964), p. 169.

34) 1차 세계대전 이후 전투의 고결한 효과를 문학적으로 찬미한 작품으로는 에른스트 윙거(Ernst Jünger)의 *In Stahlgewittern* (Berlin: E. S. Mittler, 1929)이 있다. trans. into english into *Storm of Steel* (London: Chatto and Windus, 1929). 전쟁을 찬미한 작품의 수는 그 반대의 것보다 훨씬 적다. 레마르크(Carl-Maria Remarque)는 자신의 작품 *All Quiet on the Western Front*에서 참호 속의 공포를 이야기했다. 레마르크의 작품을 영화화한 것도 있는데 나치 때문에 상영이 중단되었다. 윙거는 나치와 묘한 관계를 유지했지만, 정면으로 반박한 적은 없었다. 지적인 작가로서는 드물지 않은 경우였다.

35) Jacob Talmon는 그의 저서 *The Origin of Totalitarian Democracy* (London: Secker and Warburg, 1952)에서 루소(J. J. Rousseau)는 '일반의지(general will)'를 바탕으로 국민 주권을 세웠지, 개인적 의지 중 다수를 바탕으로 하지 않았다고 주장하면서, 루소가 파시즘의 조상이라고 했다.

36) J. Salwyn Schapiro, "Thomas Carlyle, Prophet of Fascism," *Journal of Modern History* 17:2 (June 1945), p. 103. 보다 개괄적인 설명은 다음을 참조. Chris R. Vanden Bossche, *Carlyle and the Search for Authority* (Columbus: Ohio State University Press, 1992).

37) Theodore Deimel, *Carlyle und der Nationalsozialismus* (Würzburg, 1937), cited in Karl Dietrich Bracher, Wolfgang Saucer, and Gerhard Schlulz, *Die Nationalsozialistische Machtergreifung* (Cologne and Opladen, Westdeutscher Verlag, 1960), p. 264과 주석 9).

38) 2장 참조. Stephen P. Turner는 자신의 저서에서 사회학과 파시즘의 관계를 고민했다. 다음을 참조. Stephen P. Turner and Dirk Käsler, eds., *Sociology Responds to Fascism* (London: Routledge, 1992), pp. 6, 9.

39) 1891년 인구 조사를 통해 프랑스 인구가 정상적으로 늘고 있지 않다는 사실이 밝혀졌다. 이 문제는 유럽의 주요 국가 중 프랑스에서 제일 먼저 이슈화되었다. 이 인구 문제는 훗날 파시즘의 주요 관심사가 되었다.

40) H. Stuart Hughes, *Oswald Spengler: A Critical Estimate* (New York: Scribner, 1952), (republished by Greenwood Press, 1975).

41) 1880년대 이후 난민에 대한 관심이 커졌다. 다음을 참조. Michael R. Marrus, *The Unwanted: European Refugees in the Twentieth Century* (New York: Oxford University Press, 1985).

42) *Goebbels-Reden*, Vol. I (1933~1939), Edited by Helmut Heiber (Düsseldorf: Droste Verlag, 1971), p. 108.

43) Michael Burleigh, *Death and Deliverance: Euthanasia in Germany, c. 1900~1945* (Cambridge: Cambriege University Press, 1995).

44) George L. Mosse, *The Crisis of German Ideology: Intellectual Origins of the Third Reich* (New York: Grosset and Dunlap, 1964); Fritz Stern, *The Politics of Cultural Despair* (New York: Doubleday, 1961).

45) 1장의 20번 주 참조.

46) Isaiah Berlin, "Joseph de Maistre and the Origins of Fascism," in *The Crooked Timber of Humanity: Chapters in the History of Ideas* ed. Henry Hardy (New York: Knopf, 1991), pp. 91~174 (quotations from pp. 112 and 174). 이에 대한 간단한 개요는 다음을 참조. Berlin, *Freedom and its Betrayal: Six Enemies of Human Liberty*, ed. Henry Hardy (Princeton: Princeton University Press, 2002), pp. 131~154.

47) Sternhell, *Birth*.

48) Sternhell, *Birth*, p. 3. 이 저서에서 Sternhell은 이탈리아의 파시즘만 이야기하고, 분석에서 나치즘은 분명히 제외시켰다. 다른 편에 실린 Mark Maczower의 *Dark Continent* (New York: Knopf, 1999)에서는 비민주적 가치관은 민주적 가치관에 비해 '[유럽의] 전통에 낯설지 않다' 고 주장했다.(pp. 4~5, 396)

49) Hannah Arendt, "Approaches to the German Problem," in *Essays in*

Understanding (New York: Harcourt Brace, 1994), p. 109 [first published 1945]. 인용 자료 제공에 대해서 Michael Burleigh에게 감사한다.

50) Hughes, *Spengler*, p. 156.

51) Herman Lebovics, *Social Conservatism and the Middle Classes in Germany, 1914~1933* (Princeton, NJ: Princeton University Press, 1969), pp. 86, 107.

52) Ibid., 136.

53) 1장 '파시즘의 발명' 참조.

54) Sternhell, *Birth*, p. 231: "무솔리니는 기존의 사회적 힘에 굴복했다."; Emilio Gentile, *Le origini, dell' ideologia fascista (1918~1925)*, 2nd ed. (Bologna: Il Mulino, 1996), p. 323.

55) Romke Visser, "Fascist Doctrine and the Cult of Romanità," *Journal of Contemporary History* 27:1 (1992), pp. 5~22. 아우구스투스 황제의 2천 번째 기념일은 히틀러의 천년제국에 대한 무솔리니의 반격이었다. 다음을 참조. Friedemann Scriba, *Augustus im Schwarzhemd? Die Mostra Augustea della Romanità in Rom 1937/38*, (Frankfurt am Main, 1995), summarized in Sciba, "Die Mostra Augustea della Romanità in Rom 1937/38," in Jens Petersen and Wolfgang Schieder, *Faschismus und Gesellschaft in Italien: Staat, Wirtschaft, Kultur* (Cologne: SH-Verlag, 1998), pp. 133~157.

56) Fredric Jameson, *Wyndham Lewis: The Modernist as Fascist* (Berkeley and Los Angeles: University of California Press, 1979).

57) 1913년 1월 17일 Ernest Collings에게 보낸 편지. 다음 참조. *The Portable D. H. Lawrence* (New York: Viking, 1947), p. 563.

58) Mosse, *Crisis*, p. 6. Cf. Emilio Gentile, *Storia del partito fascista, 1919~1921: movimento e milizia* (Rome/Bari: Laterza, 1989), p. 518: "사상이나 독트린 이상의 것," 파시즘은 "새로운 사고방식"을 의미한다(*stato d' animo*).

59) "희생양의 수사(修辭)"로 인해 적을 섬멸하고 싶은 욕망을 불러일으키는 방식의 연구는 Omer Bartov가 실시했으며 드문 편에 속한다. 다음을 참고할 것. Omer Bartov, "Defining Enemies, Making Victims: Germans, Jews and the Holocaus," *American Historical Review* 103:3 (June 1998, pp. 771~816, with replies in 103:4 (October 1998). 희생양 개념은 그 출처가 확실한 편이다.

60) Linz, "Political Space and Fascism."

61) 1789~1815년의 프랑스 혁명 기간 중, 모든 성인 남자에게 투표권이 부여된 것은 단 한 번의 선거뿐이었다. 즉, 1792년 8월 26일의 국민공회를 위한 선거였다. 그러나 그때조차도 시민들은 1차 선거인단을 뽑을 뿐이었다. 그렇게 뽑힌 선거인단이 실제의 국민대표를 뽑았다. 1793년의 헌법에서 직접선거가 보장되었으나 실제로 실시되지는 못했다. 실제로 유럽에서 성인 남자 모두에게 선거권이 부여된 것은 1848년이었고, 미국에서는 그보다 앞서 거의 모든 주(州)에서 실시되었다.

62) 황제의 극화에 대한 최근의 연구는 다음을 참조할 것. David Baguley, *Napoleon III and His Regime: An Extravaganza* (Baton Rouge, LA: Lousiana State University Press, 2001).

63) 파시즘이 최고조로 발달했을 때 나폴레옹 3세의 제2제정에서 파시즘적인 요소를 찾아낸 학자들이 몇몇 있다. 다음을 참조. J. Salwyn Shapiro, in *Liberalism and the Challenge of Fascism* (New York: McGraw-Hill, 1949), pp. 308~331. 이는 파시즘에 대한 정의의 범위를 너무 넓힌 듯하다. 하지만 1848년의 혁명에 뒤이은 루이 나폴레옹의 정치적 전략 — 대중 선거 선전 운동, 경제 발전, 외교 전략에서의 모험 — 은 대중에 바탕을 둔 독재 정치의 전조를 보여준다. 1848년 12월에 열린 프랑스 대통령 선거에서 루이 나폴레옹이 승리를 거두자 마르크스(Karl Marx)는 입장이 난처해졌다. 그는 1840년대의 경제 발전과 계급의 양극화로 인해 다른 결과가 빚어질 것이라고 기대했기 때문이었다. 마르크스는 자신의 저서 *The Eighteenth Brumaire of Louis Napoleon*(1850)에서 부르주아와 프롤레타리아로 똑같이 나뉜 계급 간의 일시적 교착 상태로 인해 지도자 개인에게 예외적인 여유가 생겼다고 주장했다. 즉, 경제적 압력 단체에 상관없이 나라를 통치할 수 있는 평범한 개인적 특성(마르크스는 자신이 즐겨 사용하는 독설로 루이 나폴레옹을 비난하면서, 그가 '비극'을 쫓는 '소극'을 하고 있다고 말했다) 하나가 생겼다고 했다. 이 분석은 1920년대 오스트리아의 August Thalheimer를 비롯한 여러 마르크스주의 사상가들이 차용해서 1차 세계대전 후에 나타난 예기치 못했던 독재 정치의 성공을 설명했다. 다음을 참조할 것. Jost Düllfer, "Bonapartism, Fascism, and National Socialism," *Journal of Contemporary History* 11:4 (October 1976), pp. 109~128.

64) Jill Stephenson, *Women in Nazi Society* (London: Croom Helm, 1975), republished 2001; Victoria De Grazia, *How Fascism Ruled Women* (Berkeley and Los Angeles: University of California Press, 1992), pp. 30, 36~38.

65) 사회주의자로는 최초로 내각의 각료가 된 온건 사회주의자 알렉산드르 밀랑(Alexandre Millerand)은 드레퓌스에게 행한 법률적 부당 행위를 취소하고 성난 민족주의자들로부터 공화정을 보호하기 위해 온건 민주주의자 발데크루소(Waldeck-Rousseau)가 1899년 9월 수립한 정부에 참여하여 통상우편산업부를 맡았다. 그는 내각 각료들끼리 공식적인 사진을 찍을 때 전시 장관 갈리페 장군(General Gallifet) 옆에 앉아 있었다. 갈리페 장군은 1871년 파리 코뮌을 무자비하게 진압한 인물이었다. 일부 사회주의자들은 드레퓌스가 중간계급인 데다 유대인이라는 이유로 그를 옹호하기 꺼려했다. 또 그들은 사회주의 운동의 순수성이 장 레옹 조레스(Jean Leon Jaurès, 프랑스의 사회주의 지도자) 주변의 어떤 세력보다 우선한다고 생각했다. 조레스는 인권을 옹호하는 것이 우선한다고 주장했다. 그는 당시 프랑스의 사회주의 다섯 개 파벌 중 가장 혁명적 요소가 약한 밀랑의 독립사회당을 택했다. 그는 드레퓌스의 재심을 요구하는 데 동참했다는 이유로 다른 사회주의자들로부터 비난을 받았다.

66) 2장 참조.

67) 이 용어는 Karl Shorske가 1880년대 보헤미아의 국경 지방에서 게오르크 폰 쇠네러가 일으킨 게르만 민족주의 운동을 설명하기 위해 만들어냈다. 다음 참조. Shorske, *Fin-de-siècle Vienna* (New York: Knopf, 1980), 3장.

68) 이 부분에 관해서 권위 있는 분석은 다음을 참조. Max Weber, "Politik als Beruf" (1918). 프랑스의 의원들은 1848년 처음으로 급료를 받기 시작했다. 유럽의 강대국들 중 영국은 가장 늦은 1910년부터 의원들에게 급료를 주기 시작했다. 1787년 미국의 헌법은 상원의원과 하원의원에게 급료를 지불할 것을 규정했다(12조 6항).

69) 1880년대 독일국가자유당(Nationalliberale Partei) 내에서 일어난 세대 교체에 대한 설명은 다음을 참조. Dan White, *A Splintered Party: National Liberalism in Hessen and the Reich, 1867~1918* (Cambridge, MA: Harvard University Press, 1976). 프랑스의 경우는 다음을 참조. Michel Winock, *Nationalism, Antisemitism, and Fascism in France* (Stanford, CA: Stanford University Press, 1998), and Raoul Girardet, *Mythes et mythologies politiques* (Paris: Seuil, 1900).

70) Odile Rudelle, *La République absolue, 1870~1889* (Paris: Publications de la Sorbonne, 1982), pp. 164~175, 182~190, 196~223, 228~234, 247~256, 262~278; Christophe Prochasson, "Les années 1880: au temps du

boulangisme," in Michel Winock, ed., *Histoire de l'extrême droite en France* (Paris: Seuil, 1993), pp. 51~82; and William D. Irvine, *The Boulanger Affair Reconsidered* (New York: Oxford University Press, 1989).

71) Ernst Nolte는 그의 저서 *The Three Faces of Fascism* (New York: Holt, Rinehart, and Winston, 1966)에서 악시옹 프랑세즈를 파시즘의 첫 모습으로 보았다. 그의 주장을 뒷받침하는 것으로는 젊음과 행동에 대한 숭배와 함께 민족주의, 반유대주의, 반의회주의, 반자본주의 운동이 있다. 파시즘을 지지하는 주장은 샤를 모라스가 프랑스의 '쇠퇴'를 해결하는 방안으로 군주제와 카톨릭교회의 부활을 내세우면서 약화되었다.

72) 67번 주석에서 언급한 Schorske의 저서 외에 다음을 참조할 것. John W. Boyer, *Political Radicalism in Late Imperial Vienna: Origins of the Christian Social Movement, 1849~1897* (Chicago: University of Chicago Press, 1981).

73) John Boyer, *Culture and Political Crisis in Vienna: Christian Socialism in Power, 1897~1918* (Chicato: University of Chicago Press, 1995).

74) White, *Splintered Party*.

75) Richard S. Levy, *The Downfall of the Anti-Semitic Political Parties in Imperial Germany* (New Haven: Yale University Press, 1975).

76) Zeev Sternhell, *La Droite révolutionnaire, 1885~1914: les Origines françaises du fascisme* (Paris: Seuil, 1978), pp. 391~398. Sternhell, *Birth*, pp. 86, 96, 123~127.

77) Valois, quoted in Sternhell, *La Droite révolutionnaire*, p. 394.

78) 드 모레 후작을 위해 모리스 바레스(Maurice Barrès)가 쓴 추도문 중에서 발췌. *Scènes et doctrines du nationalisme* (Paris, 1902), pp. 324~328.

79) 드 모레 후작의 기이한 모험 이야기는 다음을 참조할 것. Robert F. Byrnes, *Antisemitism in Modern France* (New Brunswick, NJ: Rutgers University Press, 1950), pp. 225~250. Sternhell, *La Droite révolutionnaire*, pp. 67, 69, 178, 180~184, 197~220.

80) Sternhell, *La Droite*, p. 218.

81) Byrnes, *Antisemitism*, p. 249.

82) Sternhell, *Birth*, pp. 131~159. David D. Roberts는 Sternhell에 비해 이탈리아가 더 지적 자치를 행사한다고 주장했다. Roberts, "How Not to Think about

Fascism and Ideology, Intellectual Antecedents, and Historical Meaning," *Journal of Contemporary History* 35:2 (April 2002).

83) Sternhell은 무솔리니가 국가주의자와 생디칼리스트 저자들에게 의존하여 1914년 1월 즈음 친(親)생산력주의자에 이르렀음을 보여주었다. 다음을 참조. *Birth*, pp. 12, 160, 167, 175, 79, 182, 193, 219, 221.

84) 3장 42번 주 참조.

85) Hans Rogger, *Jewish Policies and Right-Wing Politics in Imperial Russia* (Berkeley and Los Angeles: University of California Press, 1986), p. 213. 저자 Rogger는 1905년의 혁명에 대한 반발로 부상한 러시아인민동맹(Unions of the Russian People)을 '유럽에서 일어난 최초의 파시즘' 이라 했다.

86) 나치즘의 문화적 선구자 역할을 했던 학자인 George L. Mosse는 '독일의 가치와 사상' 을 특히 더 지적했으며 '일사불란한 독일의 발전' 은 '오래 전부터 준비된 것' 이라고 주장했다. 다음을 참조. Mosse, *The Crisis of German Ideology* [37번 주 참조], pp. 2, 6, 8. 하지만 Mosse는 그것들이 더 우선한다는 말은 하지 않았다.

87) David M. Chalmers, *Hooded Americanism: the First Century of the Ku Klux Klan, 1865~1965*, 3rd ed. (Durham, NC: Duke University Press, 1987), Chapter 1. 1920년대의 KKK와 파시즘의 유사성은 다음을 참조할 것. Nancy Maclean, *Behind the Mask of Chivalry: The Making of the Second Klan* (New York: Oxford University Press, 1994), pp. 179~188.

88) 사실 좌파로 돌아선 퇴역군인들이 많았기 때문에 나치 돌격대(SA)의 회원들 중 4분의 1정도만이 퇴역군인이었다. 다음 참조. Peter H. Merkl, "Approaches to Political Violence: The Stormtroopers, 1925~1933," in Wolfgang J. Mommsen and Gerhard Hirschfeld, eds., *Social Protest, Violence and Terror in Nineteenth and Twentieth Century Europe* (New York: St. Martin's Press, for the German Historical Institute of London, 1982), p. 379. 앞에서 살펴본 바와 같이 대부분 젊은이들이었다.

89) Bruno Wanrooij, "The Rise and Fall of Fascism as a Generational Revolt," *Journal of Contemporary History* 22:3 (1987).

90) Otto Kirchemer는 '개별적인 정당' 들을 유용하게 구분했다. 즉, 전통적인 중간계급당은 '명사' 대표를 선출하기 위해서 존재하고, '통합의 당' 은 적극적인 참여를

통해 당원들을 규합하고, '모든 계급의 지지를 받는 당'은 계급을 초월하여 모든 이를 포용한다. 사회주의자들이 처음으로 통합의 당을 만들었다. 파시스트당은 통합의 당이자 모든 계급의 지지를 받는 첫 번째 정당이었다. 다음을 참조할 것. Joseph La Palombaro and Myron Weiner, *Political Parties and Political Development* (Princeton: Princeton University Press, 1966), pp. 177~210.

91) Melitta Maschman는 자신의 저서에서 숨막히는 부르주아의 집에서 탈출하여 계급을 초월한 독일소녀연맹(Bund deutscher Mädel)에 들어갔을 때의 기쁨을 전하고 있다. 다음을 참조. Melitta Maschman, *Account Rendered: A Dossier on My Former Self* (London: Abelard Schuman, 1965), pp. 4, 10, 12, 18, 35~36, 175.

92) 파시즘을 표현한 전형적 문구인 '중간계급의 극단주의'는 다음을 참조. Seymour Martin Lipset, *Political Man* (8장 26번 주석 참조).

93) Richard F. Hamilton, *Who Voted for Hitler?* (Princeton: Princeton University Press, 1982), pp. 90, 112, 198, 228, 413~418.

94) Thomas Childers, *The Nazi Voter: The Social Foundations of Fascism in Germany, 1919~1933* (Chapel Hill: University of North Carolina Press, 1983), pp. 108~112, 185~188, 253~257 ; Jürgen Falter, *Hitlers Wähler* (Munich: C. H. Beck, 1991), pp. 198~230. 나치 돌격대는 실업 상태의 노동자들이 대부분이었다. 1921년 파시스트당은 당원의 15.4퍼센트가 노동자들이라고 주장했다. 다음 참조. Salvatore Lupo, *Il fascismo: La politica in un regime totalitario* (Rome: Donzelli, 2000), p. 89.

95) W. D. Burnham, "Political Immunization and Political Confessionalism: the United States and Weimar Germany," *Journal of Interdisciplinary History* 3 (1972), pp. 1~30; M. W. Richter, "Resource mobilization and Legal Revolution : National Socialist Tactics in Franconia," in Thomas Childers, ed., *The Formation of the Nazi Constituency* (Totowa, NJ: Barnes and Noble, 1986), pp. 104~130.

96) 종종 실업 상태이던 노동자들은 카라라 파쇼(fascio)의 가장 큰 구성원이었다. 그 지방의 라스(ras)이던 레나토 리치(Renato Ricci)는 채석장 주인들과 가깝기는 했지만 1924년 후반 일어난 40일간의 파업을 지지하였다. 다음 참조. Lupo, *Il fascismo*, pp. 89, 201 ; Adrian Lyttelton, *The Seizure of Power: Fascism in Italy, 1919~1929* (New York: Scribner's, 1973), pp. 70~71, 168, 170 ;

Sandro Setta, *Renato Ricci: Dallo squadrismo all Repubblica Sociale Italiano* (Bologna: Il Mulino, 1986), pp. 28, 81~100.

97) Childers, *The Nazi Voter*, p. 185; R. I. McKibbin, "The Myth of the Unemployed: Who Did Vote for the Nazis?" *Australian Journal of Politics and History* (August 1969).

98) Thomas Linehan, *East London for Mosley: The British Union of Fascists in East London and Southwest Essex, 1933~1940* (London: Frank Cass, 1996), pp. 210, 237~297. 영국파시스트연합(British Union of Fascists, BUF)은 공산주의자와 유대인이 케이블 거리 전투에서 역습을 가한 것에 대한 반발로 새로운 회원들을 대거 받아들였다(p. 200) (3장 참조).

99) Miklós Lackó, *Arrow Cross Men, National Socialists* (Budapest: Studia Historica Academiae Scientiarum Hungaricae No. 61, 1969); György Ránki, "The Fascist Vote in Budapest in 1939," in Larsen et al., *Who Were the Fascists*, pp. 401~416.

100) William Brunstein, *The Logic of Evil: The Social Origins of the Nazi Party, 1925~1933* (New Havens: Yale University Press, 1996). Brunstein은 나치에 참여한 사람들이 이성적인 선택을 했다며 열렬히 지지했는데, 나치의 강령이 독일의 문제에 대한 좋은 해결책이라고 믿었기 때문이었다. 이러한 방식과 자료는 계속 논쟁의 대상이 되고 있다.

101) Ian Kershaw는 자신의 저서 *Hitler: Hubris*, p. 46에서 동성애자라는 확실한 증거를 밝히지 못했다. Dr. Redlich는 히틀러를 강한 억제의 희생양으로 보았다. 아마도 히틀러의 생식기 기형에 바탕을 둔 주장인 듯하다. 비록 히틀러가 '〔이성애적인〕 유희 이야기를 많이 했음'에도 불구하고 그가 동성애자라는 주장은 배제될 수 없을 듯하다. Lothar Machtan은 히틀러가 동성애자였다는 기록을 찾기 위해 자료를 철저히 조사하여 그럴듯한 증거를 찾았다(하지만 그의 생각만큼 확실한 증거는 아니었다.) 다음 참조. *The Hidden Hitler*, trans. from the German by John Brownjohn (Oxford: Perseus Books, 2001).

102) Michael Kater, *The Nazi Party: A Social Profile of Members and Leaders, 1919~1945* (Cambridge, MA: Harvard University Press, 1983), pp. 194~198. Kater가 대공황 상태의 독일에서 나치 지도자들이 발휘한 사회적 능력을 과대평가했을 수도 있다.

103) 명망 있는 이상주의 철학자였던 조반니 젠틸레(Giovanni Gentile)는 강력한 국가를 통한 국민 통합의 필요에 집착했다. 그는 무솔리니 정권의 초대 교육부 장관을 지냈으며, 엘리트주의적 · 국가통제주의적 개혁을 시도했다. 1944년 당원들에 의해 처형되었다. 젠틸레의 마지막 자서전인 다음을 참조. Gabriele Turi, *Giovanni Gentile: Une biografia* (Florence: Giunti, 1995).

104) 토스카니니는 1919년 밀라노의 파시스트 명단 후보자였으나 서둘러 탈퇴하였다. 1931년 파시즘 신문에서 '타락한 탐미주의라는 명목 아래 정치를 넘어선 순수 탐미주의자'라는 비난을 받은 후 뉴욕에서 직책을 맡았다. 다음 참조. Harvey Sachs, *Music in Fascist Italy* (London: Weidenfeld and Nicolson, 1987), p. 216.

105) 3장 참조.

106) 1933년 10월 29일의 연설, in Hugh Thomas, ed., *José Antonio Primo de Rivera: Selected Writings* (London: Jonathan Cape, 1972), pp. 56, 57,

107) 3장 주석 78번 참조. Alice Kaplan은 자신의 저서에서 로베르 브라지야크의 파시즘은 정치, 경제, 윤리를 거의 언급하지 않은 채 '문학 평론가의 용어와 기준점인 이미지, 시, 신화에 의지하고 있다'고 주장했다. 다음 참조. Kaplan, *The Collaborator* (Chicago: The University of Chicago Press, 2000), p. 13.

108) 3장 주석 42번, 43번 참조.

109) Gentile, *Storia del partito fascista*, p. 57.

3장 뿌리 내리기

1) A. Gudmunssson, "Nazism in Iceland", in Stein U. Larsen, Bernt Hagtvet, and Jan Petter Myklebust, eds., *Who Were the Fascists. Social Roots of European Fascism* (Bergen: Universitetslaget, 1980), pp. 743~751. 1936년에는 단원 수가 3백 명에까지 이르렀다.

2) Keith Amos, *The New Guard Movement, 1931~1935* (Melbourne: Melbourne University Press, 1976)

3) 2장의 12번 주 참조.

4) 1940년 6월 10일의 연설. 다음 참조. Renzo De Felice, *Mussolini il duce*, vol. II: *Lo Stato totalitario, 1936~1940* (Torino: Einaudi, 1981), pp. 841~842. 영문판

은 다음을 참조. Charles F. Delzell, *Mediterranean Fascism* (New York : Harper & Row, 1970), pp. 213~215.

5) 1장 참조.

6) Sternhell은 생산자와 사회 기생충을 구분하는 것이 '파시즘 종합체 부상의 필수적 요소'였다고 본다. 다음 참조. Zeev Sternhell et al., *The Birth of the Fascist Ideology: From Cultural Rebellion to Political Revolution* (Princeton : Princeton University Press, 1994), p. 106.

7) 2장 참조.

8) "사회주의는…… 자유주의의 노예제를 반대하는 정당한 반작용이었다." 데 리베라는 1933년 10월 29일 팔랑헤 창당 연설에서 그렇게 말했다. 하지만 사회주의는 물질주의, 보복 감정, 계급 투쟁으로 인해 결함이 생겼으며, 국가와 교회를 둘러싸고 "좌파도, 우파도 아닌" 더 높은 이상주의로 대체되어야 한다. 다음 책 참조. Delzell, *Mediterranean Fascism*, pp. 259~266.

9) 히틀러와 무솔리니의 왕성한 선거 운동으로 보아 라 로크는 파시스트가 아니라는 주장도 있다.

10) 1921년 11월 7~10일 파시스트당의 새로운 강령에서는 파시즘이 당으로 거듭난다는 성명이 발표되었다. 다음 참조. Delzell, *Mediterranean Fascism*, pp. 26~27. 내부의 반대에 대해서는 다음을 참조할 것. Adrian Lyttelton, *The Seizure of Power* (New York : Scribner's, 1973), pp. 44, 72~75. Emilio Gentile, "The Problem of the Party in Italian Fascism", *Journal of Contemporary History* 19:2 (April 1984), pp. 251~274.

11) Emilio Gentile, *Le origine dell'ideologia fascista (1918~1925)*, 2nd ed. (Bologna : Il Mulino, 1996), pp. 128~133 : "L'antipartito."

12) Delzell, *Mediterranean Fascism*, p. 263.

13) 그 예로 네덜란드의 안톤 무제르트(Anton Mussert)가 세운 국가사회주의운동(Nationaal Socialisticsche Beweging)이 있다.

14) 그 예로 폴란드민족통합진영(Polish Camp of National Unity)이 있다.

15) 그 예로 벨기에에서 플라망어를 사용하는 지방의 Vlaamsch National Verbond과 네덜란드의 Verband van Dietsche Nationaal-Solidaristen(Verdinaso)가 있다.

16) 그 예로는 1941~1944년 나치 점령하 파리의 마르셀 데아(Marcel Déat)가 세운 국가인민연합(Rassemblement National Populaire)과 노르웨이의 비드쿤 크비슬

링의 국가통일당(Nasjonal Samling)이 있다. 드골 장군은 1947년 자신의 정치 운동을 프랑스공화국연합(Rassemblement du peuple Français)이라고 명명해 사람들을 놀라게 했다.

17) 2장 90번 주 참조.

18) 1장 '파시즘의 발명' 참조.

19) 단눈치오의 우스꽝스럽지만 진지하기 짝이 없었던 '카나로 공화국'에 대해서는 다음을 참조. Michael A. Ledeen, *The First Duce* (Baltimore and London: Johns Hopkins University Press, 1977), and John Woodhouse, *Gabriele D'Annunzio: Defiant Archangel* (Oxford: Clarendon, 1998). Pierre Milza, *Mussolini* (Paris: Fayard, 1999), pp. 242~250 and Michel Ostenc, *Intellectuels italiens et fascisme* (Paris: Payot, 1983), p. 122.

20) 2차 세계대전 후, 패전국인 이탈리아에게는 유고슬라비아가 피우메를 자국의 영토라고 주장하는 것을 막을 수 있는 힘이 없었다. 리예카로 개명된 이 지역은 오늘날 유고슬라비아에서 독립한 슬로베니아 공화국의 중요 항구 도시이다.

21) 피우메 인근에 위치한 몬테 네보소 산은 1920년 협약의 결과 이탈리아 영토가 되었기 때문에 단눈치오의 점령지로 주장될 수 있었다. 단눈치오의 성(城)인 일 비토리알레(Il Vittoriale)는 오늘날 민족주의자들이 반드시 찾는 성지가 되었다.

22) A. Rossi [Angelo Tasca], *The Rise of Italian Fascism*, trans. Peter and Dorothy Waite (New York: Howard Fertig, 1966), pp. 119~120 (orig. pub. 1938). 수치는 파시스트당 자료에서 인용.

23) Christopher Seton-Watson, *Italy from Liberalism to Fascism* (London: Methuen, 1967), p. 572, n. 2.

24) Paul Corner, *Fascism in Ferrara* (Oxford: Clarendon, 1976), pp. 123, 223.

25) Seton-Watson, *Italy from Liberalism to Fascism*, p. 616.

26) 3장 '파시즘의 개선 행진' 참조.

27) 4장 '무솔리니와 로마 진군' 참조.

28) 영문 번역판은 다음 참조. Delzell, *Mediterranean Fascism*, pp. 7~40.

29) Ibid., p. 39.

30) 당대에는 그런 의심을 품은 사람들이 많았다. Renzo De Felice, ed., *Il fascismo: Le interpretazioni dei contemporanei et degli storici*, rev. ed. (Bari: Laterza, 1998).

31) Frank Snowden, *The Fascist Revolution in Tuscany* (Cambridge: Cambridge University Press, 1989), and *Fascism and Great Estates in the South Italy: Auulia 1900~1922*(Cambridge: Cambridge University Press, 1986); Simona Colarizi, *Dopoguerra e fascismo in Puglia (1919~1926)* (Bari: Laterza, 1971).

32) 슐레스비히홀슈타인 지역이 나치즘으로 돌아선 것에 대한 고전적 연구는 나치가 정권을 장악하던 때 Rudolf Heberle이란 정치학과 대학원생이 작성한 박사논문이다. 얼마 안 있어 강제로 망명하게 된 그는 논문을 간결하게 정리해 출간했다. Rudolf Heberle, *From Democracy to Nazism: A Regional Case Study on Political Parties in Germany* (Baton Rouge: Louisiana State University Press, 1945). 전문은 다음을 참조. *Landbevölkerung und Nationalsozialismus: Eine sociologische Untersuchung der politischen Willenbildung in Schleswig-Holstein, 1918 bis 1932* (Stuttgart: Deutsche Verlags-Anstalt, 1963).

33) Phillipe Burrin, "Poings levés et bras tendus," in *Fascisme, nazisme, autoitarisme* (Paris: Seuil, 2000), pp. 183~209를 보면 이 영역에서는 독일 좌파가 선두 주자였음을 알 수 있다.

34) Thomas Childers, "The Social Language of Politics," *American Historical Review* 95:2 (April 1990), p. 342.

35) Henry A. Turner, Jr., *German Big Business and the Rise of Hitler* (New York: Oxford University Press, 1985), pp. 54, 339, 350. Turner의 연구가 믿을 만한 것은 그가 독일의 기업 관련 기록 문서를 누구보다 많이 조사했기 때문이 아니라, 나치가 기업에게서 받은 기부금의 규모를 정확히 파악하려면 다른 정치 단체와 비교해보아야 한다는 사실을 이해했기 때문이다.

36) Turner, *German Big Business and the Rise of Hitler*, pp. 95, 312.

37) Reinhard Kühnl, *Die nationalsozialistische Linke 1925 bis 1930*, Marburger Abhandlungen zur Politischen Wissenschaft, Band 6 (Meisenheim am Glan: Verlag Anton Hain, 1966); Peter D. Stachura, *Gregor Strasser and the Rise of Nazism* (London: Allen and Unwin, 1983). Otto Wagener에 관해서는 1장 주석 35번과, 5장 참조.

38) Peter Hayes, *Industry and Ideology: I. G. Farben in the Nazi Era* (Cambridge: Cambridge University Press, 1987), pp. 61~68. 이와 대조적으로 다임러 사(Daimler)는 주요한 후원자였다. 다음 참조. Bernard Bellon, *Mercedes in Peace*

and War (New York: Columbia University Press, 1990), pp. 218, 219, 264. 두 기업은 모두 나치 정권 치하에서 상당한 금전적 이익을 보았다.

39) Horst Matzerath and Henry A. Turner, "Die Selbsfinanzierung der NSDAP 1930~1932," *Geschechte und Gesselschaft 3:1* (1977), pp. 59~92.

40) 2장 '파시즘의 전조' 참조.

41) 이 주장에 대한 가장 권위 있는 표현은 다음 책에 등장한다. René Rémond, *Les Droites en France*, 4th ed. (Paris: Aubier, 1982), pp. 168, 195~230. "Roman Whitewash"는 p. 206 참조. Jean Plumyène and Raymond Lasierra, *Les fascismes français* (Paris: Seuil, 1963). 여기서는 "파시즘은 처음에 프랑스에서 낯선 현상이었다.(p. 15)"거나 "미약한 존재(p. 7)"로 발달하는 데 그쳤다는 등 둔감한 표현을 볼 수 있다.

42) Zeev Sternhell et al., *Birth*, p. 4. 다음도 참조할 것. Sternhell, *La Droite révolutionnaire: Les origines française du fascisme* (Paris: Seuil, 1984). Ernst Nolte는 샤를 모라스(Charles Maurras)의 악시옹 프랑세즈(Action Française)를 자신이 주장하는 파시즘의 세 얼굴 중 하나라고 보았다. Ernst Nolte, *Three Faces of Fascism* (2장 65번 주 참조). George Mosse는 자신의 저서에서 1900년 무렵까지는 프랑스와 빈에서 인종주의가 가장 크게 발달했다고 주장한다. 다음을 참조. George Mosse, *Masses and Man: Nationalist Perceptions of Reality* (New York: Howard Fertig, 1980), pp. 119ff, 164. *Toward the Final solution: A History of European Racism* (New York: Howard Fertig, 1975), pp. 157. 반론으로는 다음을 참조. Bernard-Henri Lévy, *L'Idéologie française* (Paris: Grasset, 1981).

43) Zeev Sternhell, *Neither Left Nor Right: Fascist Ideology in France* (Berkeley: University of California Press, 1988).

44) Sternhell이 인용했던 1930년대 작가들 중 한 명은 그를 상대로 프랑스 법원에 명예훼손 소송을 제기해 승소 판결을 받기도 했다.

45) 프랑스인민당(PPF)은 생드니 근교의 파리 노동계급에 뿌리를 두고 있다고 여겨졌다. 이곳에서 자크 도리오는 젊은 공산주의 지도자로 각광받았으며 1936년 극우로 전환한 후에도 계속해서 인기를 유지했다. 프랑스인민당의 또 다른 강력한 거점이었던 마르세유에서는 당의 급진주의자인 Simon Sibiani가 시장으로 선출되었다. 다음을 참조. Paul Jankowski, *Communism and Collaboration: Simon*

Sabiani and Politics in Marseille, 1919~1944 (New Haven: Yale University Press, 1989). 프랑스령 알제리에도 프랑스인민당의 거점이 있었다.

46) 불의 십자단 단원들은 색깔 셔츠를 입지 않는 대신 베레모를 쓰고 메달을 건 차림으로 행진했다. 이 점을 조언해준 Sean Kennedy 교수께 감사드린다.

47) 라 로크 대령은 페탱 장군의 '국가 혁명'과 1940~1942년에 히틀러가 장악한 유럽 내에서 중립적 협력을 했지만, 자신이 덕을 보았다고 생각했던 비시 정권에서는 아무런 역할을 하지 않았다. 프랑스사회당의 일부 당원들은 드골의 자유 프랑스에 합류하기 위해 즉시 런던으로 떠났고, 라 로크는 1942년 이후로는 영국에 정보를 제공했다. 그는 1943년 나치에 체포된 뒤 추방당했으며 1945년에 자유의 몸이 된 직후 세상을 떠났다.

48) Serge Berstein, "La France allergique au fascisme," *Vingtième siècle: Revue d'histoire 2* (April 1984), pp. 84~94.

49) Robert O. Paxton, *Peasant Fascism in France* (New York: Oxford University Press, 1997).

50) Richard Cobb, *The People's Armies: The Armées Révolutionnaires, Instrument of the Terror in the Departments, April 1793 to Floréal Year II* (New Haven: Yale University Press, 1987).

51) Laird Boswell, *Rural Communism in France, 1920~1939* (Ithaca, NY: Cornell University Press, 1998); Gérard Belloin, *Renaud Jean: le tribun des paysans* (Paris: Editions de l'Atelier, 1993).

52) 그러나 선거 결과 화살십자당이 의회에서 차지한 의석은 전체 259석 중 31석에 불과했다. 다음을 참조. Istvan Deák, "Hungary," in Rogger and Weber, *European Right*, p. 392.

53) Eugen Weber, "The Men of the Archangel," in *Journal of Contemporary History* I : 1 (1966), pp. 101~126. 4장 참조.

54) J.-M. Etienne, *Le mouvement rexiste jusqu'en 1940* (Paris, 1968), pp. 53~58; Danièle Wallef, "The Composition of Christus Rex," in Larsen et al., *Who Were the Fascists*, p. 517.

55) Herman Van der Wusten and Ronald E. Smit, "Dynamics of the Dutch National Socialist Movement (the NSB), 1931~1935," in Larsen et al., *Who Were the Fascists*, p. 531.

56) Sten Sparre Nilson, "Who Voted for Quisling?" in Larsen et al., *Who Were the Fascists*, p. 657.

57) Gerry Webber, "Patterns of Membership and Support for the British Union of Fascists," Journal of Contemporary History 19 (1984), pp. 576~600.

58) 41~43번 주 참조.

59) 3장 '실패로 끝난 프랑스의 파시즘' 참조.

60) 자세한 내용은 다음을 참조. Pierre Birnbaum, *The Anti-Semitic Moment: A Tour of France in 1898* (New York: Hill and Wang, 2002). 다음도 참조할 것. Stephen Wilson, *Ideology and Experience : Antisemitism in France at the Time of the Dreyfus Affair* (Rutherford, NJ: Fairleigh Dickinson University Press, 1982).

61) Panikos Panayi, ed., *Racial Violence in Britain, 1840~1950*, rev. ed. (London and New York : Leicester University Press, 1996), pp. 10~11.

62) Albert S. Lindmann, *The Jew Accused: Three Antisemitic Affairs - Dreyfus, Beilis, Frank* (Cambridge: Cambridge University Press, 1991).

63) Richard S. Levy, *The Downfall of the Antisemitic Political Parties in Imperial Germany* (New Haven: Yale University Press, 1975).

64) 이 주장은 1913년 자베른과 알자스 지역에서 독일군과 주민들이 충돌했던 악명 높은 사태에 의해 강화되는 경향이 있었다. 그러나 David Schoenbaum은 그의 저서에서 시민들이 어느 정도의 사법적 대책을 얻어냈던 최종 결과가 독일을 예외로 만들어주는 것은 아니라고 지적한다. 다음 참조. David Schoenbaum, *Zabern 1913* (Boston: Alan and Unwin, 1982).

65) 자유주의 정권이 어떻게 실패했는가라는 중요한 문제에 대해서는 신기할 정도로 연구된 바가 적다(파시즘 연구자들은 파시즘 지도자의 행동으로 모든 것을 설명하려는 경향이 강하기 때문일 것이다). 이 분야의 기초 연구로는 다음을 참조. Juan Linz and Albert Stepan, eds., *The Breakdown of Democratic Regimes* (Baltimore and London: Johns Hopkins University Press, 1978).

66) George Mosse, *The Nationalization of the Masses: Political Symbolism and Mass Movements in Germany from the Napoleonic Wars through the Third Reich* (New York: Howard Fertig, 1975).

67) Kevin Passmore, *From Liberalism to Fascism: The Right in a French Province,*

1928~1939 (Cambridge: Cambridge University Press, 1997), pp. 120, 152. 저자는 프랑스 내 파시즘 세력의 증가는 프랑스 보수파 정당들의 무능함과 직접적인 관련이 있다고 주장한다. 보수당 내 평당원들은 낡은 리더십에 반기를 들고 1930년대에는 새로운 반의회주의 '연맹(ligues)' 으로 옮겨가버렸다. 케릴리는 프랑스 민족주의 보수주의자로서는 드물게 그런 경향에 저항했다. 그는 비시 정권을 거부하고 1940년에 미국 뉴욕으로 망명했다.

68) 국민투표(plebiscite)는 원래 대중 투표를 통해 결정되는 문제를 일컫던 로마 공화국의 용어로, 프랑스 혁명을 통해 근대 정치사에 모습을 드러냈다. 만장일치로 결정을 내려야 한다는 제안이 있었지만 루이 16세가 재판을 받고 사형에 처해진 1792년에는 채택하지 않았다. 실패작으로 돌아간 1793년의 헌법에도 일종의 국민투표에 관한 언급이 보인다. 1800년에 나폴레옹 보나파르트 장군은 자신이 제1통령으로서 독재 권력을 장악하는 문제를 놓고 모든 남성들에게 찬반을 묻는 투표를 실시함으로써 국민투표를 근대적 모습으로 바꾸었다. 국민 투표는 교육을 많이 받은 소수를 통치자와 권력을 나눌 의원으로 선출하는 방식, 다시 말해 자유주의자들이 선호했던 기존의 투표 방식과는 대조적이었다. 나폴레옹은 황제 나폴레옹 1세라는 지위를 합법화하기 위해 조카인 나폴레옹 3세가 했듯이 다시 한 번 국민투표를 실시했다. 히틀러와 무솔리니는 나폴레옹 식의 국민투표를 그대로 채택했다.

69) 8장에 나오는 '비동시대성' 이론 참조.

70) José Ortega y Gasset, *The Revolt of the Masses* (New York: Norton, 1957) (orig. pub. 1932).

71) R. J. B. Bosworth, *Italy: The Least of the Great Powers: Italian Foreign Policy Before the First World War* (Cambridge: Cambridge University Press, 1979). 이탈리아의 경제 격차 해소 노력과 정치의 관계는 다음을 참조. Richard A. Webster, *Industrial Imperialism in Italy, 1908~1915* (Berkeley and Los Angeles: The University of California Press, 1975).

72) Arno Mayer, *The Persistence of the Old Regime: Europe to the Great War* (New York: Pantheon, 1981).

73) 수많은 독일 지방민들은 바이마르 독일의 도시들이 외국인들과 문화적 반항아, 동성애자들이 자유를 누리도록 해준다는 사실이 탐탁지 않았다. 1919년 이후 독일의 문화 붕괴 과정과 그 경로가 나타난 반동을 가장 잘 설명한 저서로는 다음을 참조할 것. Peter Gay, *Weimar Culture: The Outsider as Insider* (New York:

Harper & Row, 1968).

74) 코르닐로프 장군 주위에 몰려든 자원 부대에 대해서는 다음을 참조할 것. Orlando Figes, *A People's Tragedy: A History of the Russian Revolution* (New York: Viking, 1997), pp. 556~62.

75) "역사는 최소 저항이라는 선을 따라 움직여왔다. 혁명의 시대는 약한 고리를 통해 첫 발자국을 내딛는다." Leon Trotsky, "Reflections on the Course of the Proletarian Revolution" (1919). 다음 저서에 인용. Issac Deutscher, *The Prophet Armed: Trotsky, 1879~1921* (New York: Vintage, 1965), p. 455.

76) 독일에 대한 그런 연구라면 1장의 29번 주 참조. 독일 역사가 특히 파시즘이 발달하기 좋은 성격을 띤 '특별한 길(Sonderweg)'을 걸었다는 이론은 최근 들어 상당한 비판을 받았다. 최근의 비판에 대해서는 다음을 참조. Shelley Baranowski, "East Elbian Landed Elites and Germany's turn to Fascism: The Sonderweg Conterversy Revisited," *European History Quarterly* 26:2 (1996), pp. 209~40.

77) *The Prelude*, Book XI.

78) 감옥에서 사형(1945년 2월)을 기다리던 브라지야크는 향수 어린 어조로 "내가 젊었던 시절 전 세계 파시즘이 발하던 찬란한 빛…… 수백만의 열광, 빛의 성당, 전투에서 스러져간 영웅들, 깨어난 국가의 젊은이들 사이에 존재하는 형제애" 등에 관한 글을 썼다. René Rémond, *Les droites en France* (Paris: Aubier Montaigne, 1982), pp. 458~459.

79) Eve Rosenhaft, *Beating the Fascists? The German Communists and Political Violence, 1929~1933* (Cambridge: Cambridge University Press, 1983).

80) 1986년 6월 Ernst Nolte의 이 생각을 부활시키려는 시도가 있었다. 즉, 소련 공산주의자들이 휘두른 폭력('아시아식 행동')이 먼저 나치를 도발했기 때문에 나치의 폭력은 단순한 대응에 불과하다는 주장이었다. 이 주장은 독일에서 열띤 '역사학자들의 논쟁'을 일으킨 계기가 되었다. 다음을 참조. Charles S. Maier, *The Unmasterable Past: History, Holocaust, and German National Identity* (Cambridge, MA: Harvard university Press, 1988), pp. 29~30. Peter Baldwin, *Reworking the Past: Hitler, the Holocaust, and the Historian's Debate* (Boston: Beacon Press, 1990).

81) 나치에 대해 이 문제를 가장 면밀히 검토한 연구물은 다음을 참조할 것. Eric A. Johnson, *Nazi Terror: The Gestapo, Jews, and Ordinary Germans* (New York:

Basic Books, 1999). Cf. p. 262: "평범한 독일인들은…… 게슈타포가…… 자기에게 개인적으로 위협이 된다고 생각하지 않았다." 다음도 참조. Rovert Gellately, *Backing Hitler: Consent and Coercion in Nazi Germany* (New York: Oxford University Press, 2001).

82) 다음에 인용. Ian Kershaw, *Hitler 1889~1936: Hubris* (New York: Norton, 1999), p. 383. 포템파 사건의 살인범들은 히틀러가 정권을 잡자마자 풀려났다. 다음 참조. Paul Kluke, "Der Fall Potempa," *Vierteljarshefte für Zeitgeschichte* 5 (1957), pp. 279~297. Richard Bessel, "The Potempa Murder," *Central European History* 10 (1977), pp. 241~54.

83) Denise Detragiache, "Il fascismo feminile da San Sepulcro all'affare matteotti (1919~1925)," *Storia contemporanea* 14:2 (April 1983), pp. 211~50. Julie V. Gottlieb, *Feminist Fascism : Women in Britain's Fascist Movement, 1923~1945* (London: Tauris, 2001). 이 책에 따르면 영국파시스트연합의 10퍼센트는 여성이었는데, 이들은 여성 공산주의자를 구타하는 것을 특히 좋아했다.

84) 트라스포르미스모(Trasformismo)는 — 이 말은 1876년에 데프레티스 총리가 처음 사용했다. — 반체제 정당들을 제도 안으로 끌어들여 정치적으로 길들이는 것이었다. 졸리티가 사회주의자들에게 적용한 트라스포르미스모로 인해 개혁파 의회 사회주의자와 (청년기의 무솔리니 같은) 혁명적 생디칼리스트 등의 비타협파가 극명하게 나뉘어졌다. 사회주의자들을 상대로 성공을 거둔 졸리티는 파시스트들에게도 트라스포르미스모를 적용하고자 했다.

4장 권력 장악

1) 일부 파시즘 작가들은 5만~7만여 명의 검은 셔츠단원들이 10월 28일 로마에서 합류했다고 주장하고, 비토리오 에마누엘레 3세는 후에 자신이 진군을 막기 꺼려했던 이유를 설명하면서 10만 명이라는 수치를 거론했다. 그러나 면밀히 추정해보면 10월 28일 아침 로마의 성문 앞에 실제로 모였던 검은 셔츠단원의 수는 9천 명 가량에 불과하다. 로마에 주둔한 16보병 사단을 지휘했던 에마누엘레 풀리에제(Emanuele Pugliese) 장군 측에는 노련한 보병 9,500명과 기병 3백 명뿐 아니라 11,000명의 경찰병력까지 있었다. 게다가 풀리에제 측은 식량이 넉넉하고 무장도 잘 되어 있었으며, 통신과 방어에 있어 유리하다는 이점까지 갖추고 있었다.

Antonino Répaci, *La Marcia su Roma*, new edition (Milano: Rizzoli, 1972), pp. 441, 461~464.

2) Martin Broszat in Kolloquien des Instituts für Zeitgeschichte, *Der italienische Faschismus: Probleme und Forschungstendenzen* (Munich/Vienna: R. Oldenbourg, 1983), pp. 8~9. 간략한 영문 해설은 다음을 참조할 것. Christopher Seton-Watson, *Italy from Liberalism to Fascism* (London: Methuen, 1967), pp. 617~629.

3) '로마 진군'의 모습이라고 주장하는 사진은 대부분 이때 찍은 사진이다. 4장 '집권 후의 혁명' 참조.

4) 따라서 파시즘력의 다섯 번째 해(year V)는 1927년 10월 29일에 시작되었다. Emilio Gentile, *The Sacralization of Politics in Fascist Italy* (Cambridge, MA: Harvard University Press, 1996), pp. 90~98.

5) Mabel Berezin, *Making the Fascist Self: The Political Culture of Interwar Italy* (Ithaca, NY: Cornell University Press, 1997), pp. 80, 109, 111~112, 150. 1942년에도 20주년을 기념하여 똑같은 행사가 열렸다(p. 197). 다음도 참조할 것. Roberta Sazzivalli, "The Myth of Squadrismo in the Fascist Regime," *Journal of Contemporary History* 35:2 (April 2000), pp. 131~150.

6) 1차 세계대전 이후 유럽 지역의 안정 회복에 대해서는 다음을 참조할 것. Charles S. Maier, *Recasting Bourgeois Europe* (Princeton: Princeton University Press, 1975).

7) Harold J. Gordon, Jr., *Hitler and the Beer Hall Putsch* (Princeton: Princeton University Press, 1972)

8) 히틀러는 란스베르크 감옥에 수감되던 해에 *Mein Kampf*를 집필했으며 이때부터 자신의 신화적 이미지를 만들기 시작했다.

9) "우리는 합법적으로 권력을 획득하기 원한다. 하지만 권력을 획득한 후 그 권력으로 무엇을 하느냐는 우리만의 문제이다." 1931년 2월 5일 독일제국 의회 의사당에서 괴링이 한 연설 중. 인용은 다음을 참조. Kershaw, *Hitler, 1883~1936: Hubris* (New York: Norton, 1998), p. 704, n. 201. 히틀러는 1930년 9월 25일 라이프치히에서 열린 재판에서 자신이 일단 권력을 잡게 되면 "잘린 머리통들이 굴러다니게 할 것"이라고 위협했다. Max Domarus, *Hitler's Speeches and Proclamations, 1932~1945* (London: I. B. Tauris, 1990), p. 244.

10) 평균 집권 기간은 8개월 반밖에 되지 않았다. Karl Dietrich Bracher, Gerhard Schulz, and Wolfgang Sauer, *Die nationalsozialistische Machtergreifung*, (Frankfurt am Mein/Berlin/Vienna : Ullstein, 1962), vol. I, p. 32.

11) 1932년 당시 나치당과 공산당은 가장 최근에 생긴 정당인 반면 독일사회민주당은 역사가 가장 오래된 당이었다. Richard N. Hunt, *German Social Democracy, 1918~1933* (Chicago : Quadrangle, 1970), pp. 71~72, 86, 89~91, 246.

12) Erich Mathias and Rudolf Morsey, eds., *Das Ende der Parteien* (Düsseldorf : Droste, 1960). 이 책은 지금까지도 히틀러의 집권에 대한 각 정당의 반응을 가장 잘 보여주는 자료로 남아 있다. 영어 자료는 다음을 참조. Donna Harsch, *German Social Democracy and the Rise of Nazism* (Chapel Hill : University of North Carolina Press, 1993).

13) Conan Fischer, *The German Communists and the Rise of Nazism* (New York : St. Martin's Press, 1991). 교통 파업은 p. 177 참조.

14) Kershaw, *Hitler 1886~1936 : Hubris*, p. 368.

15) Emilio Gentile, *Storia del partito fascista, 1919~1922 : Movimento e milizia* (Rome-Bari : Laterza, 1989), p. 202.

16) Jens Petersen은 1920년대 초 이탈리아에서 일어난 모든 분쟁에서 총 1만 명 가량이 사망하고 10만 명 가량이 다쳤다고 추정한다. Kolloquien des Instituts für Zeitgeschichte, *Der italienische Faschismus*, p. 32. Adrian Lyttelton은 1921년에만 이탈리아에서 파시스트 폭력 사태로 인해 5백~6백 명이 사망했다고 추정한다. Adrian Lyttelton, "Fascismm and Violence in Post-War Italy : Political Strategy and Social Conflict," in Wolfgang J. Mommsen and Gerhard Hirschfeld, eds., *Social Protest, Violence and Terror in Nineteenth and Twentieth Century Europe* (London : Macmillan with Berg Publishers for the German Historical Institute, 1982), p. 262. 다음도 참조할 것. Jens Petersen, "Violence in Italian Fascism, 1919~1925," pp. 275~299 (특히 pp. 286~294).

17) 히틀러에게 총리 자리를 내어주는 것이 결코 불가피한 선택이 아니었다는 주장에 대한 가장 최근의 타당성 있는 설명은 다음을 참조. Henry A. Turner, Jr., *Hitler's Thirty Days to Power* (Boston : Addison-Wesley, 1996).

18) Bullock, *Hitler*, pp. 253, 277.

19) Bracher et al., *Die nationalsozialistische Machtergreifung*, p. 93.

20) Luigi Salvatorelli and Giovanni Mira, *Storia d'Italia nel periodo Fascista* (Torino: Einaudi, 1964), pp. 137~138. 앞으로 살펴보겠지만 파시스트가 집권해 있던 1924년 4월 6일 치러진 선거는 정상적인 과정을 거치지 않았다.

21) 이에 대한 가장 권위 있는 분석은 다음을 참조. Adrian Lyttelton, *The Seizure of Power: Fascism in Italy, 1919~1929*, 2nd ed. (Princeton: Princeton University Press, 1987). 권력 강탈이라는 표현은 고전으로 통하는 다음 저서의 제목에도 등장한다. Bracher et al., *Die nationalsozialistische Machtergreifung*.

22) Stanley Payne, *A History of Fascism, 1914~1945* (Madison, WI: University of Wisconsin Press, 1995). Payne은 권위주의 정권이 "파시즘을 유도했다기보다는 그에 대항하는 방어막 역할을 했다."(p. 312)라고 주장하고, "역설적이게도 파시즘이 권력을 잡기 위해서는 정치적 자유가 필요했다."(p. 252)라고 말한다. pp. 250, 326, 395~396, 492 참조.

24) Payne, *History*, p. 395.

25) 파시즘 세력을 감싸준 얇은 보호막은 안토네스쿠가 '지휘자(conducator)', 즉 지도자의 위치를 차지하고 있다는 사실이었다.

26) 비근한 예로는 1920년에 일어난 카프 반란(Kapp Putsch)이 독일 노동자 총파업 때문에 좌절된 경우를 들 수 있다.

27) 가장 유명한 예는 볼로냐 주지사였던 체사레 모리(Cesari Mori)다. 엄격한 금욕주의적 관료였던 모리는 사회주의자와 파시스트를 막론하고 무질서를 초래하는 세력을 용납하지 않았다. 모리는 1921년 11월 문제가 된 포 계곡 전 지역에 대한 비상 권한을 위임받고 질서를 회복하려 했으나, 그의 휘하에 있던 경찰이 파시스트와 결탁하고 말았다. 무솔리니는 모리 지사를 볼로냐에서 축출했지만 머지않아 그를 시칠리아로 보내 마피아 소탕 작전을 맡겼다. Christopher Duggan, *Fascism and the Mafia* (New Haven: Yale University Press, 1989), pp. 122~124 and *passim*.

28) Juan J. Linz, "Crisis, Breakdown, and Reequilibration," in Juan J. Linz and Alfred Stepan, eds., *The Breakdown of Democratic Regimes* (Baltimore: Johns Hopkins University Press, 1978), pp. 66, 70, 78.

29) William A. Renzi, "Mussolini's Sources of Financial Support, 1914~1915," *History*, 56:187 (June 1971), pp. 186~206.

30) Kolloquien des Institut für Zeitgeschichte, *Der italienische Faschismus*, p. 62.

Cf. 이와 비견되는, 무솔리니의 선택을 묘사하는 용어 "콤프로메소 아우토리타리오(compromesso autoritario, 권위주의적 타협)"에 대해서는 다음을 참조. Massimo Legnani, "System di potere fascista, blocco dominante, alleanza sociali," in Angelo Del Boca et al., *Il regime fascista*, pp. 418~426.

31) 2장 '파시즘의 전조' 참조.

32) Hannah Arendt, *Origins of Totalitarianism*, second enlarged edition (New York: Meridian Books, 1958), p. 375.

33) Henry A. Turner, *Big Business and the Rise of Hitler* (New York: Oxford University Press, 1985) pp. 95~99, 113~115, 133~142, 188, 245, 279~281, 287. 나치의 경제적 급진주의에 대한 기업들의 우려가 대부분 1932년에 심화되었다는 사실을 보여준다.

34) Federico Chabod, *A History of Italian Fascism* (NY: Howard Fertig, 1975), p. 43. (orig. pub. 1950). "공포는 소급된다."

35) 독일공산당은 1924년 12월(9퍼센트)부터 1932년 11월(17퍼센트)까지 독일에서 유일하게 지지율이 꾸준히 증가했던 정당이었다. 1932년 당시 독일사회민주당의 지지율은 1928년 기록한 30퍼센트라는 최고치에서 21퍼센트 정도로 떨어졌다.

36) Roberto Vivarelli, in Kolloquien des Instituts für Zeitgeschichte, *Der italienische Faschismus* p. 49. Vivarelli는 다음 저서에서 이 두 과정을 더욱 상세히 설명하고 있다. Vivarelli, *Il fallimento del Liberalismo* (Bologna: Il Mulino, 1981). 최근 저작으로는 다음을 참조. Paul Corner, "The Road to Fascism: An Italian Sonderweg?" *Contemporary European History* 2:2 (2002), pp. 273~295. 파시즘과 자유주의 이탈리아의 관계를 다루고 있다.

37) 1933년 1월 30일 당시 히틀러의 내각에는 나치 당원이 2명밖에 없었다. 경제부 장관인 발터 풍크(Walter Funk)와 내무부 장관인 헤르만 괴링이 그들이었다(내무부 장관은 경찰을 통제하기 때문에 매우 중요한 직위였다). 1922년 10월 30일 당시 무솔리니의 내각에는 파시스트가 3명밖에 없었으며 다른 당 출신 장관이 7명(자유당 1명, 국민당 1명, 민주당 3명, 인민당 2명), 군인 출신이 2명, 그리고 철학자인 조반니 젠틸레(Giovanni Gentile)가 있었다. 요직인 내무부와 외무부를 맡고 있던 무솔리니는 초기 연합 정부에서 히틀러보다 더 큰 권력을 가지고 있었다. Lyttelton, *Seizure*, pp. 96, 457.

38) Fritz Tobias, *Der Reichstagsbrand: Legende und Wirlichkeit* (Rastatt: Grote,

1962), and Hans Mommsen, "The Reichstag Fire and its Political Consequences," in Hajo Holborn, ed., *Republic to Reich: The Making of the Nazi Revolution* (New York: Pantheon, 1972), pp. 129~222, and in Henry A. Turner, Jr., *Nazism and the Third Reich* (New York: Franklin Watts, 1972), pp. 109~150 (orig. pub., 1964).

39) Sebastian Haffner, *Defying Hitler: A Memoir*, trans. from the German by Oliver Pretzel (New York: Farrar, Straus and Giroux, 2002). 훗날 이민을 떠나는 젊은 치안판사가 목격한 장면을 소름 끼치도록 자세하게 묘사했다.

40) 드레스덴의 프랑스어 교수 Victor Klemperer는 나치가 사용하는 언어의 타락상을 정기적으로 기록하면서 그것을 '링구아 테르티 임페리(Lingua Tertii Imperii, LTI)', 즉 '제3제국의 언어'라고 명명했다. LTI는 나치 선전원들이 즐겨 사용했던 과장되고 공허한 수사를 가리키지만 파시즘에만 한정된 것은 아니다. Klemperer, *The Language of the Third Reich: LTI, Lingua tertii imperii: A Philologist's Notebook* (New Brunswick, NJ: Athlone, 2000). Klemperer는 비유대인과 결혼한 유대인으로, 독일에서의 힘겨운 생활을 기록한 감동적인 수기로 유명하다.

41) 공식 집계에 따르면 사망자 수는 85명이며 그 중 50명은 나치 돌격대원이었지만 정확한 통계를 낸다는 것은 사실상 불가능하다. Kershaw, *Hitler : Hubris*, p. 517.

42) 6장 '급진화와 정상화의 딜레마' 참조.

43) Adrian Lyttelton, "Fascism: The Second Wave," in Walter Laqueur and George L. Mosse, eds., *International Fascism: 1920~1945* (New York: Harper, 1966), pp. 75~100, reprinted from *Journal of Contemporary History* 1:1 (1966).

44) Pierre Milza, *Mussolini*, (Paris: Fayard, 1999), p. 307

45) Ibid., p. 331.

46) 이러한 보수파 인사들에는 살란드라, 졸리티를 비롯해 막강한 권력을 지닌 밀라노의 코리에레 델라 세라(Corriere della Sera)가 있었다. 하지만 바티칸과 일부 대기업가들은 무솔리니를 제거하면 무질서 상태가 더욱 심화될 것이라고 경고했다. Seton-Watson, *Italy*, pp. 653~657.

47) B.C. 494년에 로마 귀족의 탄압을 피해 로마의 평민(plebs) 대표가 아벤티네 언덕으로 피신했던 사건을 본떠, 이렇게 결실을 맺지 못하는 움직임을 '아벤티네 분리

(Aventine Secession)' 라고 불렀다. 사회주의자, 이탈리아인민당 당원, 자유주의자들로 나뉘었던 이들은 합법성의 회복을 주장했지만 어떤 합의된 행동도 이끌어내지 못했다.

48) 4장 '가지 않은 길' 참조.

49) 7장 '비유럽권의 파시즘' 참조.

50) Gregory J. Kasza, "Fascism from Above? Japan's *Kakushin* Right in Comparative Perspective," in Stein Ugelvik Larsen, ed., *Fascism Outside Europe* (Boulder, CO: Social Science Monographs, 2001), pp. 183~232. 저자는 일반 대중의 파시즘 운동을 분쇄했지만 파시즘 정책을 차용했던 보수주의 정권을 보수주의와 파시즘 사이 제3의 길로 새롭게 분류해야 한다는 흥미로운 제안을 한다.

51) "나는 국가사회주의를 외국으로 퍼뜨리려는 어떠한 시도에도 완강히 반대한다." *Hitler's Table Talk*, trans. Norman Cameron and R. H. Stevens (London: Weidenfeld and Nicolson, 1953), p. 490 (entry for 20 May, 1942).

52) Robert O. Paxton, *Vichy France: Old Guard and New Order*, 2nd ed. (New York: Columbia University Press, 2001). pp. 267, 325.

53) 1943년과 1944년에는 2,500명 가량의 벨기에 남성들이 드그렐의 녹병단(Légion Wallonie) 소속으로 러시아에서 복무했다. 1943년 11월 국경 지역으로 보내진 2천 명 가운데 Lucien Lippert 사령관을 포함한 1,100명이 전사했다. Martin Conway, *Collaboration in Belgium: Léon Degrelle and the Rexist Movement* (New Haven: Yale University Press, 1993), pp. 220, 244.

54) 동부 전선에서 직접 싸움에 참가했던 유럽 파시즘 지도자는 자크 도리오뿐이었다. 도리오는 반(反) 볼셰비키 자원 군단(Légion des Volontaires Contre le Bolshevisme)의 부사령관으로, 프랑스인 6천 명과 함께 동부 전선에서 싸웠다. Philippe Burrin, *La dérive fasciste: Doriot, Déat, Bergery: 1933~1945* (Paris: Seuil: 1986), p. 431.

55) 4장 '가지 않은 길' 참조.

56) John R. Lampe, *Yugoslavia as History: Twice There Was a Country*, 2nd ed. (Cambridge: Cambridge University Press, 2000), p. 440.

57) Burrin, *La Dérive fasciste*, pp. 451~454. 여기서는 마르셀 데아나 자크 도리오 같은 프랑스 열성 협력자들을 '2차' 혹은 '파생' 파시스트라고 부른다. 이들에게

는 무솔리니와 히틀러에게서 공통적으로 찾아볼 수 있는 전쟁을 통한 팽창 욕구가 없었기 때문이다.

58) 3장 '실패로 끝난 프랑스의 파시즘' 참조.

59) Peter Baldwin, *The Politics of Social Solidarity: Class Bases of the European Welfare State* (Cambridge: Cambridge University Press, 1990).

60) 4장 '연합전선 구축' 참조.

61) 1920년부터 1922년까지 이탈리아 보수파의 선택이 좁아지는 양상에 대해서는 다음을 참조. Paolo Farnetti, "Social Conflict, Parliamentary Fragmentation, Institutional Shift, and the Rise of Fascism: Italy," in Juan J. Linz and Albert Stepan, eds., *The Breakdown of Democratic Regimes: Europe* (Baltimore: The Johns Hopkins University Press, 1978), pp. 3~33.

62) Adrian Lyttelton은 "이런 상황은 파시스트들의 승리를 가능하게 만들었지만, 파시스트들의 승리가 불가피한 결과인 것은 아니었다."라고 썼다. (*Seizure*, p. 77). 다음도 참조할 것. Turner, *Hitler's Thirty Days*.

5장 권력 행사

1) Franz Neumann, *Behemoth: The Structure and Practice of National Socialism, 1933~1944*, 2nd ed. (New York: Oxford University Press, 1944), pp. 291, 396~397.

2) Karl Dietrich Bracher, *The German Dictatorship: The Origins, Structure, and Effects of National Socialism*, trans. from the German by Jean Steinberg (New York: Praeger, 1970) (orig. pub. 1969), p. 492.

3) Martin Broszat, *The Hitler State: The Foundation and Development of the Internal Structure of the Third Reich*, trans. from the German by John W. Hiden (London: Longman, 1981) (org. pub. 1969), p. 57.

4) Hans Mommsen, "Zur Verschränkung traditionellen und faschistischen Führgungsgruppe in Deutschland beim bergang von der Bewegungs zur Systemphase," in *Der Nationalsozialismus und die deutsche Gesellschaft*, ed. by Lutz Niethammer and Bernd Weisbrod for Mommsen's sixtieth birthday (Reinbeck bei Hamburg: Rowohlt, 1991), pp. 39~66 [pp. 39, 40, 50에서 인용].

5) "Sulle origini del movimento fascista," *Occidente* 3 (1954), p. 306, reprinted in *Opere di Gaetano Salvemini*, VI: *Scritti sul fascismo*, Vol. III (Torino: Giulio Einaudi, 1974), p. 439. 이 책에서 Salvemini는 파시즘의 다양한 뿌리와 일련의 단계를 강조했다.

6) Alberto Aguarone, *L'organizzazione dello Stato totalitario* (Torino: Einaudi, 1965), pp. 271, 302. Curzio Malaparte는 '파시스트들이 통치하는 자유주의 정부'라고 경멸을 담아 말한 바 있다 (p. 247).

7) Wolfgang Schieder, "Der Strukturwandel der faschistischen Partei Italiens in der Phase des Herrschaftsstabilisierung," in Schieder, ed., *Faschismus als sozialer Bewegung: Deutschland und Italien im Vergleich*, 2nd ed. (Göttingen: Vandenhoeck und Ruprecht, 1983), esp. pp. 71, 90. 이 주장은 Jens Petersen과 Wolfgang Schieder가 다음에서 재차 내세운 바 있다. Kolloquien des Instituts für Zeitgeschichte, *Der italienische Fascismus: Probleme und Forschungstendenzen* (Munich: R. Oldenbourg, 1983).

8) Massimo Legnani, "Sistema di potere fascista, blocco dominante, allenanza sociali: contributo a une discussione," in Angelo Del Boca, Massimo Legnani, and Mario G. Rossi, eds., *Il regime fascista: storia e storiografia* (Bari: Laterza, 1995), pp. 414~445 (p. 415에서 인용).

9) Emilio Gentile, *La via italiana al totalitarismo: Il partito et lo stato nel regime fascista* (Rome: La Nuova Italia Scientifica, 1995), pp. 83, 136, 180.

10) 연출된 구경거리가 누구에게 어떻게 영향을 끼쳤는지를 생각하지 않고 문화적 시각에서만 본 연구가 부추긴 결론. 이 문제는 8장 '상반된 해석들'에서 좀 더 자세히 다룬다.

11) Ernst Fraenkel, *The Dual State* (New York: Oxford, 1941).

12) 나치 정권 내에서 치밀한 법 집행과 무법 상태가 공존했다는 사실은 참으로 놀랍다. 1938년 12월 나치 당원들이 상부의 지시 없이 개별적으로 휘두른 폭력에 피해를 입었던 유대인들 일부는 가해자들을 독일 경찰이 체포해 법정에 세우도록 하는 데 성공했다. 공교롭게도 이때는 유대인을 겨냥한 정부의 폭력이 수위를 높여가던 시기였다. 몇 년 뒤 어느 생존자가 회상했듯이, "제3제국에서는 비공식적 범죄가 금지되었다." Eric A. Johnson, *Nazi Terror: The Gestapo, Jews, and Ordinary Germans* (New York: Basic Books, 1999). pp. 124~125.

13) Ian Kershaw, *Hitler 1936~1945: Nemesis* (New York: Norton, 2000), p. 253.

14) 나치 독일에서 표준 국가가 존속했다고 해서 모든 관리들의 책임을 면제할 수 있다고 생각해서는 안 된다. 이들은 사실상 (특히 전쟁이 시작된 후로) 당내 동형 조직과 다름없이 잔인하고 제멋대로 행동했다. 그 예로 다음 저서를 참조. Nikolaus Wachsmann, "'Annihilation through Labour': The Killing of State Prisoners in the Third Reich," *Journal of Modern History* 71 (September 1999), pp. 627~628, 659. 다음 저서도 풍부한 사례를 소개한다. Robert Gellately, *Backing Hitler* (Oxford: Oxford University Press, 2001). '올바른' 직업 군대를 범죄적 성격이 강한 나치 친위대와 구분하여 자기 정당화를 시도해온 태도는 6장 77번 주석에 나오는 Omer Bartov의 저서에서 비판의 대상이 되었다.

15) 독재자들이 국가 비상 사태를 이용한 예로는 다음을 참조. Hans Mommsen, "Ausnahmezustand als Herrschaftstechnik des NS-Regimes," in Manfred Funke, ed., *Hitler, Deutschland und die Mächte* (Düsseldorf: Droster, 1976).

16) Emilo Gentile, "The Problem of the Party in Italian Fascism," *Journal of Contemporary History* 19:2 (April 1984), pp. 251~274.

17) OVRA라는 글자에 특별한 의미가 있는지, 있다면 어떤 의미인지는 확실치 않다.

18) 국영기업인 IRI(The Istrituro per la Ricostruzione Industriale)는 도산 위기에 처한 은행이나 기업을 도울 목적으로 1933년 1월에 설립되었다. 다음을 참조. Marco Maraffi, *Politica ed economiza in Italia. Le vicende dell' impresa publica degli anni Trenta agli anni Cinquanta* (Bologna: Il Mulino, 1990).

19) Gentile, *La via Italiano*, p. 185. 젠틸레는 '이중 국가' 모델을 사용하지는 않지만 이를 '전체주의의 진행 과정 가속화'로 본다.

20) Doris L. Bergen, *Twisted Cross: The German Christian Movement in the Third Reich* (Chapel Hill: University of North Carolina Press, 1996). 민족주의 때문에 정권에 순응했던 "지적이고 선량하며 명망 높은 〔루터교〕 신학자들"에 대해서는 다음을 참조. Robert P. Ericksen, *Theologians Under Hitler* (New Haven: Yale University Press, 1985) (p. 198에서 인용).

21) Carl J. Friedrich and Zbigniew K. Brzezinski, *Totalitarian Dictatorship and Autocracy*, 2nd ed. (New York: Praeger, 1965), Chap. 6.

22) 독일의 지방 카톨릭교도들이 나치에 보인 반응 — 정권에 대해서는 일반적으로 묵종하는 한편 교구 '영역'을 침범한 특정 조치에 대해서는 강력하게 반발했다. —

의 상세한 예를 보려면 다음을 참조. Jeremy Noakes, "The Oldenburg Crucifix Conflict," in Peter D. Stachura, *The Shaping of the Nazi State* (London: Croom Helm, 1978), pp. 210~233.

23) Martin Broszat는 (교회 등에 대한) 나치의 치밀하고 부정적인 영향을 적극적이거나 긍정적인 반대 개념인 '저항(Widerstand)'과 구별해 나타내기 위해 독일 의학 용어 '반항(Resistenz)'을 차용했다. 두 개념의 차이에 대해서는 다음을 참조. Ian Kershaw, *The Nazi Dictatorship: Problems and Perspectives of Interpretation* (London: Edward Arnold, 1989), p. 151.

24) Alf Lüdtke, *Herrschaft als sozialer Praxis*, Veröfffentlichen des Max-Plancks-Instituts für Geschichte #91, (Göttingen: Vandenhoeck und Ruprecht, 1991), pp. 12~14. Lüdtke는 막스 베버(Max Weber), 마르크스(Karl Marx), E. P. 톰슨(E. P. Thompson), 피에르 부르디외(Pierre Bourdieu)를 '전유'한다. 저자는 13세 때 좋은 뜻으로 시작했던 보이스카웃 주말 야영을 친구들이 소설 *Lord of the Flies*(파리대왕)의 내용과 비슷하게 변질시켜버렸던 개인적 경험을 끌어왔다.

25) Geoffrey G. Giles, "The Rise of the NS Students' Association," in Peter D. Stachura, ed., *Shaping*, pp. 160~85, and *Students and National Socialism* (Princeton: Princeton University Press, 1985), pp. 168, 175~186, 201, 228. 상세한 내용은 다음을 참조. Helma Brunck, *Die deutsche Burschenschaft in der Weimar Republik und im Nationalsozialismus* (Munich: Universitas, 1999).

26) 5장 '동조, 열광, 공포'와 6장 '급진화와 정상화의 딜레마'도 참조할 것.

27) 전시(戰時) 경험의 예로는 다음을 참조. Tracy Koon, *Believe, Obey, Fight: Political Socialization of Youth in Fascist Italy* (Chapel Hill: University of North Carolina Press, 1985), pp. 248. 개인적인 경험을 기꺼이 제공해준 Luciano Rebay에게도 감사의 뜻을 표하고 싶다.

28) 5장 '파시즘 통치의 성격' 참조.

29) Michael Burleigh and Wolfgang Wippermann, *The Racial State: Germany 1933~1945* (Cambridge: Cambridge University Press, 1991), p. 153, n. 1. 파시즘 정권들이 사회 조직이나 전문가 집단과 어떤 영향을 주고받았는지 좀 더 인류학적 정보에 입각한 연구.

30) Hannah Arendt, *Origins*, pp. 389~390, 395, 398, 402. Arendt는 '무정형성'이라는 표현의 공을 Franz Neumann의 *Behemoth*에 돌린다. Broszat는 이 표현을

자신의 저서 *The Hitler State* (p. 346)에서 다시 사용했다. Salvatore Lupo는 아렌트를 인용해 파시즘 이탈리아의 '끝없는 움직임에 대한 광기 어린 집착'을 지적한다. 다음을 참조. Salvatore Lupo, *Il fascismo: La politica in un regime totalitario* (Rome: Donzelli, 2000), p. 30.

31) 이는 1924년 6월에 마테오티가 암살된 뒤에도 왕과 보수파, 자유주의 진영 지도자들이 무솔리니 제거를 망설였던 이유를 설명해줄지 모른다. 4장 '집권 후의 혁명' 참조.

32) Jens Petersen은 더 나아가 파시즘 이탈리아에서 사실상 존재했던 '견제와 균형'에 대해 언급한다. Kolloquien des Instituts für Zeitgeschichte, *Der italienische Faschismus*, p. 25. 나치 독일은 히틀러와 당 활동가들에게 완전히 장악되었지만, 다음 연구 역시 참조할 필요가 있다. Edward N. Peterson, *The Limits of Hitler's Power* (Princeton: Princeton University Press, 1969).

33) Circular of 5 January 1927. 다음에서 인용됨. Aquarone, *L'organizzazione dello Stato tatalitario*, pp. 485~488.

34) 다음 연구를 참조. Victoria De Grazia, *The Culture of Consent: Mass Organization of Leisure in Fascist Italy* (Cambridge: Cambridge University Press, 1981).

35) Broszat, *The Hitler State*, pp. 218~219.

36) Emilio Gentile, *La via Italiana*, pp. 177, 179, 183.

37) Martin Clark, *Modern Italy, 1971~1982* (London: Longman, 1984), p. 237.

38) Broszat, *The Hitler State*, pp. 199~201.

39) R. J. B. Bosworth, *The Italian Dictatorship* (London: Arnold, 1998), pp. 31, 81. 파시즘 이탈리아에서의 의사 결정 과정과 무솔리니가 주장한 완전 통제권의 한계를 Edward N. Peterson의 *Limits*보다 잘 분석한 저작은 없다고 지적하고 있다.

40) '카리스마(Charisma)'는 막스 베버(Max Weber)가 고안한 용어다. 베버는 관료주의적 권위와 가부장적 권위, 카리스마적 권위를 구별한다. 그는 관료주의적 권위와 가부장적 권위는 안정적이며 경제 합리성에 기반을 두는 반면, 카리스마적 권위는 불안정하며 그 어떤 공식 구조나 경제 합리성과도 동떨어져 있다고 보았다. 카리스마는 뛰어난 개인적 능력을 지녔다는 지도자의 평판에 의존하는데, 지도자는 실제적인 일의 결과를 통해 자기의 능력을 거듭 입증해 보여야 한다. 베버

는 '카리스마'라는 표현을 기독교식 은총을 뜻하는 그리스어에서 빌려왔다. 다음을 참조. *From Max Weber: Essays in Sociology*, trans. ed., and with an introduction by Hans H. Gerth and C. Wright Mills (New York: Oxford University Press, 1946), pp. 79~70, 235~252, 295~296.

41) 이탈리아 파시스트당 간부들은 두체의 계승 문제에 포함된 헌법상의 문제들을 실제로 논의했다. 예를 들면 '두체'가 공직을 뜻하는 호칭인지 무솔리니 개인에게만 해당되는 호칭인지와 같은 문제였다. Gentile, *La via italiana*, pp. 214~216. 오직 히틀러만이 자기의 후계자를 직접 결정했다. 다음을 참조. Zitelmann, *Selbstverständnis*, pp. 393, 396.

42) 1920년대에 무솔리니를 추종하던 수많은 미국인들에 대해서는 다음을 참조. John P. Diggins, *Mussolini and Fascism: the View from America* (Princeton: Princeton University Press, 1972). 조지 버나드 쇼(George Bernard Shaw)나 영국 총리를 지냈던 데이비드 로이드 조지(David Lloyd George)를 비롯한 유럽의 추종자들에 대해서는 다음을 참조. Renzo De Felice, *Mussolini il Duce*, vol. I: *Gli anni del consenso*, 1929~1936 (Torino: Einaudi, 1974), pp. 541~587.

43) 5장 '파시즘 통치의 성격' 참조.

44) Joseph Nyomarkay, *Charisma and Factionalism in the Nazi Party* (Minneapolis: University of Minnesota Press, 1967). 저자는 지도자의 카리스마적 통치가 당내 파벌들이 명백한 반대 세력에 합류하지 못하도록 막았다고 주장한다.

45) Kolloquien des Instituts für Zeitgeschichte, *Der Italienische Faschismus*, p. 59.

46) 이 용어는 1969년에 Broszat가 *The Hitler State*(p. 294)에서 처음 사용했으며 다음 저작을 통해 그 뜻이 보다 명확해졌다. Peter Hüttenberger, "Nationalsozialistische Polykratie," *Geschichte und Gesellschaft* II:4 (1976), pp. 417~472. *From Weimar to Auschwitz* (Cambridge: Cambridge University Press, 1991)를 포함한 Hans Mommsen의 저서들과 다음을 참조할 것. Gerhard Hirschfeld and Lothar Kettenacker, eds., *Der Führerstaat: Mythos und Realität* (Stuttgart: Klett-Cotta, 1981). 흥미로운 대조 사례를 보려면 다음을 참조. Philippe Burrin, "Politique et société: les structures du pouvoir dans l'Italie fasciste et l'Allemagne nazie," *Annales: Oconomies, sociétés, civilisations*, 43 (1988), pp. 615~637. 이 개념을 파시즘 이탈리아에도 적용할 수 있는가라는 문

제에 대해서는 다음에 실린 토론을 참조. Kolloquien des Instituts für Zeitgeschichte, *Der italienische Fascichismus*. 특히 Jens Petersen과 Wolfgang Schieder의 글을 주목할 것.

47) Hans Mommsen은 '허약한 독재자'라는 표현을 다음에서 처음 사용했다. Hans Mommsen, *Beamtentum im Dritten Reich* (Stuttgart, 1966), p. 98 n. 26. 나치 통치 체제에 대한 훗날의 저작 *Herrschaftssystem*에서 Mommsen은 자기의 생각을 분명히 밝혔다. 히틀러는 "역사상 유례가 드물게 무제한적인" 권력을 보유했지만 그 권력을 혼란스러운 방식으로 행사했기 때문에 나치 독일에서 국가의 주된 특징, 다시 말해 여러 가지 길을 합리적으로 검토하고 자유롭게 선택할 능력을 빼앗아버렸다는 것이다. 다음에 나오는 언급을 참조. "Hitler's position in the Weimar System," *From Weimar to Auschwitz* (Princeton: Princeton University Press, 1991), pp. 67, 75. 나치 체제의 '국가성 상실(Entstaatlichung)'에 대해서는 다음을 참조. Mommsen, "Nationasozialismus als Vorgetäuschte Modermisierung," in Lutz Niethammer and Bernd Weisbrod, eds., *Der Nationalsozialismus und die Deutsche Gesellschaft: Ausgewählte Aufsätze* (Reinbeck bei Hamburg: Rowohlt, 1991), p. 409.

48) Ian Kershaw, *Hitler 1889~1936: Hubris* (New York: Norton, 1999), chap. 13, "Working Toward the Fuhrer," pp. 527~591.

49) 코민테른의 독일어판 출판물인 *Rundschau*(전망) 1933년 4월 12일호가 다음 저작에 인용되어 있다. Julius Braunthal, *History of the International, 1914~1943*, (New York: Praeger, 1967), vol. II, P. 394.

50) Karl Dietrich Bracher, Wolfgang Sauer and Gerhard Schulz, *Die nationalsozialistiche Machtergreifung* (Cologne and Opladen: Westdeutcher Verlag, 1960), p. 219.

51) 히틀러에 대한 독일 보수파의 복합적인 태도와 히틀러 견제 실패에 대한 훌륭한 개론서로 다음을 참조. Jeremy Noakes, "German Conservatives and the Third Reich: an ambiguous relationship," in Martin Blinkhorn, ed., *Fascists and Conservatives* (London: Allen and Unwin, 1990), pp. 71~97.

52) 부총리 집무실을 나치 돌격대(SA) 본부로 바꾸라는 히틀러의 지시를 받고서 막 화려한 경력을 시작한 젊은 건축가 알베르트 슈페어는 폰 파펜의 부관이었던 헤베르트 폰 보제(Hebert von Bose)의 사무실 바닥에 말라붙은 커다란 핏자국에서 눈

을 돌렸던 일을 회상한다. Speer, *Inside the Third Reich*, trans. from the German by Richard and Clara Winston (New York: Macmillan, 1970), p. 53.

53) 이 복잡한 문제에 대한 최근의 고찰로는 다음을 참조. Gerd P. Ueberschär, "General Halder and the Resistance to Hitler in the German High Command, 1938~1940," *European History Quarterly* 18:3 (July 1988), pp. 321~341.

54) Norman Rich, *Hitler's War Aims*, vol. II: *The Establishment of the New Order* (New York: Norton, 1974), pp. 60, 278. 이런 지명을 통해 리벤트로프는 자기의 제국을 외교관들은 물론 주된 적수인 힘러의 부하들로부터도 방어하고 있었다.

55) 예컨대 Arendt가 그러하다. [8장 32번 주 참조]. 반면, Emilio Gentile는 *La via Italiana al totalitarismo*에서 파시즘 정권이 교육을 확대하고 당 선전을 강화하여 완전한 전체주의를 이루고자 하는 야망을 품었다고 주장한다 (pp. 67, 136, 180, 254). 그러나 그도 야망의 실현이 '불완전한' 상태로 남았다는 사실은 인정했다. 전체주의는 8장에서 다룬다.

56) Adrian Lyttelton, *Seizure*, pp. 127, 273.

57) "Radicals". Clark, *Modern Italy, 1871~1982* (London and New York: Longman, 1984), p. 259에서 인용. Clark는 최고 정치 기관에 대해서는 이 판단이 정확하다고 생각했으나, 파시즘 이탈리아에서는 그 밖에도 나치 독일과 다른 새로운 면모가 많았다.

58) 3장 '파시즘의 개선 행진' 참조.

59) 3장 '파시즘의 개선 행진', 4장 '연합전선 구축' 참조.

60) 나치 간부들과 독일 박물관 소장을 목표로 한 점령지 예술품 약탈은 실직 상태이던 신비주의 예언가 알프레트 로젠베르크(Alfred Rosenberg)에게 1939년 이후 할 일을 만들어주었다. 로젠베르크 주위의 대립과 자리 다툼은 나치 정권의 '폴리오크라시' 적 면모가 발전하는 모습을 보여주는 좋은 예였다. 다음을 참조. Reinhard Bollmus, *Das Amt Rosenburg und seine Gegner: Zum Machtkampf im nationalsozialisticher Herrschaftssystem* (Stuttgart: Deutsche Verlags-Anstalt, 1979).

61) 4장 '집권 후의 혁명' 참조.

62) Emilio Gentile, *Le origini dell'ideologia fascista* (1918~1925), 2nd ed. (Bologna: Il Mulino, 1996), pp. 335~340 ("Farinacci e l'estremismo intransigente.") 영어 자료로는 다음을 참조. Henry Fornari, *Mussolini's Gadfly:*

Roberto Farinacci (Nashville, TN: Vanderbilt University Press, 1971).

63) Hans Buchheim, "The SS – Instrument of Domination," in Hemut Krausnick, Hans Buchheim, Martin Broszat, and Hans-Adolf Jacobsen, eds., *Anatomy of the SS State*, trans. from the German by Richard Barry, Marian Jackson, and Dorothy Long (New York: Walker, 1968), pp. 127~301. 아우슈비츠 강제수용소 경비들을 대상으로 한 1963년 재판 제출용으로 나치 경찰 체제를 연구한 저작인데 지금까지도 가장 권위적인 자료로 인정받고 있다.

64) Gellately, *Backing Hitler*, pp. 34~36, 87~89, 258.

65) Ibid., p. 43.

66) Ibid., p. 31.

67) 독일 대법원 소속 법관 122명 중 사회민주주의자는 1명뿐이었으며, 나치 당원은 2명뿐이었다. 나머지는 대부분 보수적인 민족주의자들이었다. Ingo Müller, *Hitler's Justice: The Courts of the Third Reich*, trans. Deborah Lucas Schneider (Cambridge, MA: Harvard University Press, 1991), p. 37.

68) Lothar Gruchmann, *Justiz im Dritten Reich: Anpassung und Unterwerfung in der Ara Gürtner* (Munich: Oldenbourg, 1990).

69) Guido Neppi Modona, "La magistratura e il fascismo," in Guido Quazza, ed., *Fascismo e società italiana* (Torino: Einaudi, 1973), pp. 125~181.

70) Robert N. Proctor, *The Nazi War on Cancer* (Princeton: Princeton University Press, 1999). 저자는 나치의 금연 운동이 세계적 수준의 독일 의학 연구뿐 아니라 히틀러 개인의 우울증 및 식생활과 관계된 변덕과도 관련이 있음을 보여준다(채식주의자였던 히틀러는 쇠고기 수프를 '시체 달인 물'이라고 말했다).

71) '의학적 살인'이라는 표현은 다음 저서에 등장한다. Robert Jay Lifton, *The Nazi Doctors: Medical Killing and the Psychology of Genocide* (New York: Basic Books, 1986), p. 14. 다음도 참조할 것. Michael Kater, *Doctors under Hitler* (Chapel Hill: University of North Carolina Press, 1989).

72) Edward Ross Dickinson, *The Politics of German Child Welfare from the Empire to the Federal Republic* (Cambridge, MA: Harvard University Press, 1996), pp. 204~20 (인용문 출처 p. 211).

73) Gallately, *Backing Hitler*, pp. vii, 51~67, 75, 80~83, 263.

74) 6장 75번 주 참조.

75) 4장 16번 주 참조.

76) 이 경험에 대한 고전적 저술로는 다음을 참조. Carlo Levi, *Christ Stopped at Eboli* (New York: Farrar, Straus, 1963).

77) 1926년과 1943년 사이에 이탈리아 정치 특별 법정(Stato)은 21,000건에 달하는 사건을 조사했다. 그 결과 1만 명이 구속이나 구류 처분을 받았다(Jens Petersen, Kolloquien des Instituts für Zeitgeschichte, *Der italienische Faschismus*, p. 32). 처형된 사람은 크로아티아나 슬로베니아의 분리주의자들이 대부분이었는데, Petersen이 제시한 수치는 다음 저작에서 확인되었다. Guido Melis in Raffaele Romanelli, ed., *Storia dello stato italiano dall' unità a oggi* (Rome: Donzelli, 1995), p. 390. 그러나 1940~1943년에는 이탈리아 내의 강제수용소가 50개 이상이었는데, 그 중 가장 큰 것은 칼라브리아의 페라몬티 디 타르시아(Ferramonti di Tarsia)였다. 다음을 참조. Bosworth, *Dictatorship*, p. 1; J. Walston, "History and Memory of the Italian Concentration Camp," *Historical Journal* 40 (1997), pp. 169~183.

78) Paolo Ungari, *Alfredo Rocco d l' ideologia giuridica del fascismo* (Brescia: Morcelliano, 1963), p. 64. Rocco는 1914년 이전 젊은 법대 교수였던 시절부터 이미 민족주의에 동조하는 입장을 취했다.

79) 히틀러는 전쟁에서 독가스 사용을 자제했지만, 무솔리니는 리비아인과 에티오피아인에게 독가스를 사용했다. 다음을 참조. Angelo Del Boca, *I Gas di Mussolini: il fascismo e il guerra d' Etiopia* (Roma: Editore Riuniti, 1996). 무솔리니는 또한 리비아에서 세누시족(族)을 강제수용소로 몰아넣었다.

80) Johnson, *Nazi Terror*, pp. 46~47, 503~504. 1942년 당시 쾰른에는 (외국인 노동자들을 제외한) 인구가 75만 명이었지만 배치된 게슈타포 장교들은 69명에 불과했다.

81) Tim Mason, "The Containment of the Working Class," in Jane Caplan, ed., *Nazism, Fascism, and the Working Class: Essays by Tim Mason* (Cambridge: Cambridge University Press, 1995), p. 238.

82) Giulio Sapelli, ed., *La classe operaia durante il fascismo* (Milan: Annali della fondazione Giangiacomo Feltrinelli, 20th year, 1979~80). 이 책은 이탈리아의 경우를 잘 보여준다.

83) Sebastian Haffner, *Defying Hitler* (New York: Farrar, Straus, Giroux, 2000),

pp. 257ff. 하프너는 1937년 영국으로 탈출했으며 1년 뒤 이 회고록을 썼다.

84) 이탈리아인들의 저항에 대해 어느 정도의 과대 평가가 주류를 이루었던 해방 후 20년 동안에는 이 의견에 동조하는 이들은 별로 없었다. Renzo De Felice가 다음 저서에서 국민적 합의가 이루어졌다고 논하자 격렬한 논쟁이 일어났다. Renzo De Felice, *Mussolini il Duce*, vol. I: *Gli anni del consenso* (Torino: Einaudi, 1974). 합의가 이루어진 과정에 대한 설명은 다음을 참조할 것. Philp V. Cannistraro, *La fabbricca del consenso: Fascismo e mass media* (Bari: Laterza, 1975). 합의의 결과는 다음 저서에 잘 나와 있다. Colarizi, *L' opinione degli italiani*. 가장 최근의 종합적 연구에 대해 알고 싶으면 다음을 참조할 것. Patrizia Dogliani, *Italia fascista 1922~1940* (Milan: Sansoni/RCS, 1999), chap. 3, "L' organizzazione del consenso."

85) Bosworth, *Mussolini*, p. 62.

86) 이 투표는 투표에 의한 선거라기보다는 가부(可否)를 정하는 국민투표에 가까웠다. 시민들은 후보 명단 전체에 대해 '좋다' 혹은 '싫다' 이외의 답을 할 수 없었다. 그럼에도 불구하고 투표 참여율은 89.63퍼센트에 달했고, 그 중 '싫다' 고 답한 사람은 2퍼센트에 해당하는 136,198명뿐이었다.

87) Marlis Steinert, *Hitler' s War and the Germans* (Athens, OH: Ohio University Press, 1977).

88) 독일 영화 *Die Kinder aus Nr. 67*(67번가의 아이들, 1980)은 베를린의 빈민층 아파트에 사는 소년 소녀들이 주위의 유혹과 친구들의 압력, 부모의 가치관과 강압 등의 영향으로 1933년 봄 히틀러유겐트에 가입해 조직에 적응해가는 과정을 섬세하게 그려 보인다.

89) 이 점을 잘 표현한 회고록으로는 다음을 참조. Melitta Maschmann, *Account Rendered* (London: Abelard-Schuman, 1965).

90) 독일의 어떤 젊은이는 이렇게 털어놓았다. "반격당할 우려 없이 마음껏 덤빌 수 있다는 사실은 참으로 기분이 좋다." Michael Burleigh, *The Third Reigh: A New History* (New York: Hill and Wang, 2000), p. 237. 싸움을 일삼는 사춘기 소년이 파시즘에 빠져드는 과정을 설득력 있게 그려 보인 사르트르의 짧은 창작 에세이도 참조. Jean-Paul Sartre, "L' enfance d' un chef."

91) Victoria De Grazia, *How Fascism Ruled Women* (Berkley and Los Angeles: University of California Press, 1992). 파시즘 제복을 입고 담배를 문 채 웃는 여성

이 나오는 표지 그림은 이런 모호성을 더할 나위 없이 잘 보여준다.

92) M. Carli, *Fascismo intransigente: Contributo alla fandazione di un regime* (Florence: R. Bemporad e Figlio, 1926), p. 46. 다음 저서에 인용. Norberto Bobbio, "La Culture e il fascismo," in Guido Quazza, ed., *Fascismo e società italiana* (Torino: Einaudi, 1973), p. 240, n. 1.

93) Ibid., p. 240.

94) 의사이자 화가였던 Carlo Levi가 그 예다. *Christ Stopped at Eboli*는 남부 산악지대의 마을에 '감금' 당해 지낼 때 쓰여졌으며 현대 이탈리아 문학의 걸작 중 하나로 인정받고 있다.

95) 로셀리 형제, 조반니 아멘돌라, 피에로 고베티(Piero Gobetti)가 그 예.

96) 2장 103번 주 참조.

97) Sandrine Bertaux, "Démographie, statistique, et fascisme: Corrado Gini et l' ISTAT, enter Science et Idéologie," *Roma Moderna et Contemporanea* 7:3 (September-December 1999), p. 571~598.

98) Gabriele Turi, *Il fascismo e il consenso degli intellettuali* (Bologna: Il Mulino, 1980). pp. 59, 63. 급진파 파시스트들은 이들의 존재에 저항했다.

99) Bobbio, "La Cultura," p. 112. 이들 중 3명은 *Enciclopedia Italiana*에도 기고했다. (Turi, *Il fascismo*, p. 63).

100) Monica Renneburg and Mark Walker, eds., *Science, Technology, and National Socialism* (Cambridge: Cambridge University Press, 1994).

101) John L. Heilbron, *The Dilemmas of an Upright Man: Max Planck as Spokesman for German Science* (Berkeley and Los Angeles: University of California Press, 1986).

102) Jerry Z. Muller, *The Other God that Failed: Hans Freyer and the Deradicalization of German Conservatism* (Princeton: Princeton University Press, 1987).

103) Carl Schmitt는 복잡한 현대사회에서는 효과적인 의사결정을 할 수 있는 '전체주의 국가' 가 필요하다고 주장했다. 이 분야의 연구에 대한 입문서로는 다음을 참조할 것. Richard Woolin, "Carl Schmitt, Political Existentialism, and the Total State," in Woolin, *The Terms of Cultural Criticism: The Frankfurt School, Existentialism, Poststructuralism* (New York: Columbia University Press,

1992), pp. 83~104.

104) Mark Walker, *German National Socialism and the Quest for Nuclear Power, 1939~1949* (Cambridge: Cambridge University Press, 1989). 저자는 하이젠베르크의 실수가 의도한 것이 아니었다는 주장을 설득력 있게 펼친다. Thomas Powers, *Heinsberg's War: The Secret History of the German Bomb* (New York: Knopf, 1993). Powers는 일부러 핵 개발을 지연시켰다는 하이젠베르크의 주장을 수용하는 쪽이다.

105) 괴벨스가 1933년 11월 15일에 제국음악회(Reichsmusikkammer)를 설립했을 때 '독일 음악의 10대 원칙' 중 한 가지가 발표되었다. 그러나 푸르트벵글러는 유대주의와 무조주의가 독일 음악과 양립할 수 없다는 내용의 훗날 발표된 원칙에 대해서는 반발했다.

106) 다음을 참조. Robert Craft, "The Furtwängler Enigma," *New York Review of Books* XL:16 (Oct. 7, 1993), pp. 10~14.

107) 1장 '파시즘의 이미지' 참조.

108) 1장 52번 주 참조.

109) 다음을 참조. Gellately, *Backing Hitler*, on "police justice" (pp. 5, 34~50, 82, 175, 258).

110) 파시스트당의 청년 조직은 1926년 교육부 산하의 오페라 나치오날레 발릴라(Opera Nazionale Balilla, ONB. 나폴레옹 침략에 항거하다 죽은 소년의 이름을 땄다)로 통합된 이후 전국적으로 퍼져나갔다. ONB는 8~18세의 소년 소녀를 모집했다(소녀들은 별도로 가입했는데 소년들에 비해 참가율이 낮았다). 이르면 6세부터 '늑대 클럽'에 가입해 활동을 시작할 수 있었다. ONB는 1937년 파시스트당의 통제 하에 조벤투 이탈리아나 델 리토리오(Gioventù Italiana del Littorio, GIL. 리토리오는 고대 로마제국에서 시가 행진이 있을 때 고관대작들의 앞에서 파스케스를 들고 행진했던 관리다)라는 단체로 재조직되었다. GIL은 (소년들의 경우) "믿자, 따르자, 싸우자"라는 좌우명과 더불어 갈수록 군사적 성격이 강해졌으며, 1939년 이후에는 가입이 의무화되었다. 대학생들은 그루피 우니베르시타리아 파시스타(Gruppi Universitaria Fascista)에 소속되었다.

111) Jeremy Noakes and Geoffrey Pridham, eds., *Nazism 1919~1945*, vol. 2: *State, Economy, and Society, 1933~1939: A Documentary Reader* (Exeter: University of Exeter Press, 1984), doc. 297, p. 417.

112) Karl-Heintz Jahnke and Micael Buddrus, *Deutsche Jugend 1933~1945: Eine Dokumentation* (Hamburg: VSA-Verlag, 1989), p. 15.

113) 다음에 인용됨. Arendt, *Origins*, p. 339. Arendt는 그의 말을 믿었다.

114) Mabel Berezin, *Making the Fascist Self* (Ithaca and London: Cornell University Press, 1997).

115) 여기서 파벌 싸움에 대한 루소의 두려움은 파시즘에 대해 희미하지만 개연성 있는 전조 역할을 하게 된다.

116) Glenn R. Cuomo, ed., *National Socialist Cultural Policy* (New York: St. Martin's Press, 1995), p. 107.

117) Alan E. Steinweis, "The Purge of Artistic Life," in Robert Gellately and Nathan Stoltzfus, eds., *Social Outsiders in Nazi Germany* (Princeton: Princeton University Press, 2001), pp. 108~109.

118) 일반적인 논의 중 가장 뛰어난 저작으로는 다음을 참조. Charles S. Maier, "The Economics of Fascism and Nazism," in Maier, *In Search of Stability* (Cambridge University Press, 1988).

119) T. W. Mason, "The Primacy of Politics: Politics and Economics in National Socialist Germany," in Caplan, ed., *Nazism*.

120) Sergio Romano, *Giuseppi Volpi et l'Italie moderne: Finance, industrie et Etat de l'ère giolittienne à la Deuxième Guerre Mondiale* (Rome: École française de Rome, 1982), pp. 141~152; Jon S. Cohen, "The 1927 Revaluation of the Lira: A Study in Political Economy," *Economic History Review 25* (1972), pp. 642, 654.

121) Peter Hayes, *Industry and Ideology: I. G. Farben in the Third Reich* (Cambridge: Cambridge University Press, 1987), p. 120.

122) 이 과정을 탁월하게 그려낸 저작으로는 다음을 참조. Hayes, *Industry and Ideology*.

123) Gerhard Th. Mollin, *Montankonzerne und Drittes Reich: Der Gegensatz zwischen Monopolindustrie und Befehlwirtschaft in der deutschen Rüstung und Expansion 1936~1944* (Göttingen: Vandenhoeck and Ruprecht, 1988), pp. 70ff, 102ff, and 198ff.

124) Gerald D. Feldman, *Allianz and the German Insurance Business*,

1933~1945 (Cambridge: Cambridge University Press, 2001). 수용소에 대해서는 pp. 409~415 참조. 다음 일기가 인용되어 있다. Otto Wagener, *Hitler aus Nächste Nähe*, ed. Henry A. Turner, Jr. (Frankfurt am Main: Ullstein, 1978), pp. 373~374. Wagener는 1945년에 독일이 패망한 후에도 줄곧 히틀러의 진정한 '국가사회주의적' 이상이 주변의 반동적 '국가사회주의자(Nazisten)'에 의해 가로막혔다고 믿었다(p. xi). '더러운 돈'에 대한 Wagener의 혐오감에 대해서는 1장 참조.

125) John S. Cohen, "Was Italian Fascism a Developmental Dictatorship?" *Economic History Review*, 2nd series, 41:1 (February 1988), pp. 95~113. 여기서 Cohen은 서로 다른 시기의 이탈리아 경제성장률을 비교한다. 파시즘을 '개발 독재'로 보는 시각에 대해서는 1장 48번 주와 8장 '상반된 해석들'도 참조할 것.

6장 급진화인가, 정상화인가?

1) Adrien Lyttelton, in Kolloquien des Instituts für Zeitgeschichte, *Der Italienische Faschismus: Probleme und Forschungstendenzen* (Munich: Oldenbourg, 1983), p. 59.
2) Giuseppe Bottai, "La rivoluzione permanente," in *Critica fascista*, 1 November 1926. 다음 저서에 인용. Alexander Nützenadel, "Faschismus als Revolution? Politische Sprache und revolutionärer Stil im Italien Mussolinis," in Christof Dipper, Lutz Klinkammer, and Alexander Nützenadel, eds., *Europäische Sozialgeschichte: Festshrift für Wolfgang Schieder* (Berlin: Dunker & Humblot, 2000), p. 37. 이 말은 트로츠키를 연상시키지만, 파시스트 행동대 출신에서 관료로 변신했던 Bottai는 파시즘 '영구 혁명'이 과거의 혁명과는 달리 국가의 영도 하에서 장기적 변화를 꾀한다고 설명했다. Jeremy Noakes는 독일의 사례를 명쾌하게 보여준다. 다음을 참조. Jeremy Noakes, "Nazism and Revolution," in Noel O' Sullivan, ed., *Revolutionay Theory and Political Reality* (London: Whatsheaf, 1983), pp. 73~100. 5장 '파시즘 통치의 성격'에 나오는 아렌트의 견해도 참조.
3) 이 용어는 8장에 정의해놓았다.
4) 프랑코의 스페인을 (적어도 1945년까지는) 파시즘적이라고 보고 그 근거로 살인도

불사하는 복수심, 문화적 순수성의 추구, 폐쇄적 경제 체제를 제시하는 뛰어난 저서로는 다음을 참조. Michael Richards, *A Time of Silence: Civil War and the Culture of Repression in Franco's Spain, 1936~1945* (Cambridge: Cambridge University Press, 1998).

5) 가장 최근의 자세한 전기로는 다음을 참조. Paul Preston, *Franco* (New York: Basic Books, 1994) (p. 330 인용). 대부분의 전기 작가들과 달리 Preston은 프랑코가 적어도 1942년까지는 추축국들과의 동맹관계에 적극적이었다고 묘사한다.

6) Ian Kershaw, *Hitler 1936~1945: Nemesis* (New York: Norton, 2000), p. 330.

7) Preston, *Franco*, p. 267.

8) Stanley G. Payne, *Fascism in Spain, 1923~1977* (Madison: University of Wisconsin Press, 1999), pp. 401, 445, and *passim*.

9) Antonio Costa Pinto, *Salazar's Dictatorship and European Fascism* (Boulder, CO: Social Science Monographs, 1995), p. 161.

10) Antonio Costa Pinto, *The Blue Shirts: Portuguese Fascists and the New State* (Boulder, CO: Social Science Monographs, 2000).

11) Costa Pinto, *Salazar's Dictatorship*, p. 204.

12) Roland Sarti, *Fascism and the Industrial Leadership in Italy, 1919~1940. A Study in the Expansion of private Power under Fascism* (Berkeley: The University of California Press, 1971), p. 51.

13) 4장 '집권 후의 혁명' 참조.

14) 5장 '지도자와 당의 권력 투쟁' 참조. 10년 동안 정치적 주류에서 밀려나 있던 파리나치는 에티오피아 전쟁을 통해 다시 유력자로 떠올랐다. 그는 에티오피아 전쟁 때 폭약을 써서 천렵을 하던 도중 사고로 한 손을 잃었다. 파리나치는 두체와 친밀한 사이를 유지했는데, 독일의 반대에 부딪혔던 1943년까지 더 과격한 정책을 취해야 한다고 끊임없이 주장했다.

15) Roland Sarti는 자기의 책[12번 주 참조]에 "파시즘 통치 하에서의 사적 권력 확장에 대한 연구(A Study in the Expansion of Private Power Under Fascism)"이라는 부제를 붙였다. 파시즘적 생디칼리슴에 대한 최근의 검토로는 다음을 참조. Adolfo Pepe, "Il sindicato fascista," in Angelo Del Boca Massimo Legnani, Mario D. Rossi, *Il regime fascista: Storia e storiografia* (Bari: Laterza, 1995), pp. 220~243.

16) 5장 '동조, 열광, 공포' 참조.

17) 피우스 11세는 루이지 스투르초(Luigi Sturzo)가 이끌던 말썽 많던 이탈리아인민당(PPI)의 해산을 이미 1926년에 받아들였다. 그는 나치 독일을 포함하여 유럽의 독재 정권들과 일련의 협약을 맺어서 카톨릭 정당 해산을 받아들이는 대신 카톨릭 운동과 교구 설립 학교의 존속을 보장받았다.

18) 다음 저작에 인용. Ruth Ben-Ghiat, *Fascist Modernities: Italy, 1922~1945* (Berkeley and Los Angeles: University of California Press, 2001), p. 13.

19) 6장 참조.

20) 5장 '파시즘 통치의 성격' 참조.

21) 6장 p. 382 참조.

22) 크로지크는 점차 힘을 잃어가면서도 마지막까지 재무장관 자리를 지켰다.

23) Robert Koehl, "Feudal Aspects of National Socialism," *American Political Science Review* 54 (December 1960), pp. 921~933.

24) Jeremy Noakes and Geoffrey Pridham, *Nazism 1919~1945*, vol. 2: *State, Economy and Society, 1933~1939. A Documentary Reader* (Exeter: University of Exeter Press, 1984), pp. 231~232.

25) 5장 46번 주를 참조.

26) *The Goebbles Diaries*, ed. Luis Lochner (New York: Doubleday, 1948), p. 314. 히틀러는 여기서 유대인 문제를 언급하고 있다.

27) A. J. P. Taylor, *Origins of the Second World War* (Nwe York: Atheneum, 1962), pp. 210~212, 216~220, 249~250, 278.

28) Galeazzo Ciano, *Diary 1937~1943* (New York: Enigma, 2002), p. 25 (1937년 11월 13일자 일기의 도입부).

29) Bruno Biancini, ed., *Dizionario Mussoliniano* (Milan: Unrico Hoepli, 1939), p. 88 (1934년 5월 26일 의회 연설).

30) 다음 예 참조. Edward R. Tannenbaum, *The Fascist Experience: Italian Society and Culture, 1922~1945* (New York: Basic Books, 1972), pp. 306, 329.

31) 표준으로 인정받는 연구로는 다음을 참조. Macgregor Knox, *Mussolini Unleashed* (Cambridge: Cambridge University Press, 1982). 그러나 Bosworth는 *Mussolini*에서 반대 의견을 제시했다. 1939~1940년의 무솔리니 치하 이탈리아가 1911년과 1915년의 자유 이탈리아보다 오히려 덜 호전적이었으며 참전 결정에 있

어서도 이탈리아 여론의 광범위한 지지를 받았다는 것이다(p. 370).

32) Robert O. Paxton, *Parades and Politics at Vichy* (Princeton: Princeton Univerity Press, 1966), pp. 75~81, 228~237, 321~343.

33) 8장 '상반된 해석들' 참조.

34) Karl A. Schleunes, *The Twisted Road to Auschwitz* (Urbana: the University of Illinois Press, 1970). Uwe Dietrich Adam, *Judenpolitik im dritten Reich* (Düsseldorf: Droste, 1972). 나치 반유대 정책의 단계별 변천사는 한 세대 전 이 두 저작에 의해 확립되었으며 지금도 대부분의 연구에 있어 개념적 기초를 이룬다. 다음도 참조할 것. Saul Freidländer, *Nazi Germany and the Jews*, vol. I: *The Years of Persecution: 1933~1939* (New York: HarperCollins, 1997). Peter Longerich, *Politik der Vernichtung: Eine Gesamtdarstellung der nationalsozialistische Judenverfolgung* (Munich: Piper, 1998).

35) 히틀러는 주어진 제안 중 '가장 덜 포괄적인' 것을 선택했다. Friedländer, *Nazi Germany and the Jews*, vol. I, pp. 148~49.

36) 1장 '파시즘의 이미지' 참조.

37) Jeremy Noakes and Geoffry Pridham, *Nazism: 1919~1945*, vol. II: *State, Economy, and Society, 1933~1939* (Exeter: University of Exeter Press, 1984), p. 559.

38) Götz Aly, "Jewish Resettlement: Reflections on the Prehistory of the Holocaust," p. 64, and Thomas Sandkühler, "Anti-Jewish Policy and the Murder of the Jews in the District of Galicia, 1941~1942," pp. 109~111, in Ulrich Herbert, ed., *National Socialist Extermination Policies: Contemporary German Perspectives and Controversies* (New York: Fischer, 1998).

39) 독일은 이탈리아 북부의 알토 아디게 지방과 발트 3국, 부코비나, 도브루야, 베사라비아 등 동유럽 지역에 살던 독일 민족의 '귀향'을 1939년에 무솔리니 및 스탈린과 협상했다. 고전이 된 저서로 다음을 참조. Robert L. Koel, *RKFDV: German Resettlement and Population Policy, 1939~1945* (Cambridge, MA: Harvard University Press, 1957). 다음 저작도 참조할 것. Götz Aly, *"Final Solution"*: *Nazi Population Policy and the Murder of the European Jews*, trans. from the German by Belinda Cooper and Allison Brown (London and New York: Arnold, 1999), esp. chap. 5. 개론으로는 다음을 참조. Aly, "Jewish

Resettlement," in Ulrich Herbert, ed., *Extermination Policies*, pp. 53~82.

40) Aly, "Jewish Resettlement," pp. 61, 69, 70. Aly는 여기서 '막다른 골목(blind alley)'이나 '도미노 정책(domino policy)'이라는 표현을 사용한다. 마다가스카르 이주 계획에 대한 권위 있는 저작으로는 다음을 참조. Magnus Brechtken, *"Madagascar für die Juden": Antisemitische Idee und politische Praxis, 1885~1945*(Munich: Oldenbourg, 1997).

41) 다음의 주요한 최신 연구 결과를 참조할 것. Herbert, ed., *Extermination Policies*.

42) Longerich, *Politik der Vernichtung*, pp. 369~410; Christian Dieckmann, "The War and the Killing of the Lithuanian Jews," in Herbert, *Extermination Policies*, p. 231; Sandkühler, "Anti-Jewish Policy," pp. 112~113.

43) David Irving, *Hitler's War* (New York: Viking, 1977), pp. 12~13. 1943년까지는 힘러가 책임자였다는 Irving의 주장은 신빙성을 잃었다. Irving은 훗날 부정론자(negationist)가 되었다.

44) Gerald Fleming, *Hitler and the Final Solution* (Berkeley and Los Angeles: University of California Press, 1984). 저자는 부인할 수 없는 증거들을 제시해 보인다.

45) Christopher R. Browning, "The Euphoria of Victory and the Final Solution: Summer~Fall 1941," *German Studies Review* 17 (1944), pp. 473~481.

46) Philippe Burrin, *Hitler and the Jews: The Genesis of the Holocaust* (London and New York: Edward Arnold, 1994).

47) Christian Gerlach, *Krieg, Ernährung, Völkermord: Forschungen zur deutschen Vernichtungspolitik im Zweiten Weltkreig* (Hamburg: Hamburger Edition, 1998), chap. 2: "Die Wannsee Konferenz, das Schicksal der deutschen Juden, und Hitlers politische Grundsatzentscheidung alle Juden Europas zu ermorden."

48) Michael Burleigh, *Death and Deliverance: "Euthanasia" in Germany c. 1900~1945* (Cambridge: Cambridge University Press, 1994) (수치는 p. 160 참조). 이 결정은 사실상 1939년 10월에 내려졌으며 뿌리를 살펴보면 개전일인 9월 1일까지 거슬러 올라간다. 훗날 당국이 독일 내 수감자들을 고의로 굶겨 죽인 경우와 동유럽의 점령지에서 회복 불능 환자 및 정신질환자를 죽인 경우까지 감안한

다면, 1945년 무렵까지 전체 희생자 수는 20만여 명에 달했다.

49) 다음을 참조. Helmut Krausnick and H. H. Wilhelm, *Die Truppe des Weltanschauungskrieges: Die Einsatzgruppen der Sicherheitspolizei und des SD, 1938~1942* (Stuttgart: Deutsche Verlags-Anstalt, 1981).

50) Wolfgang Benz, Hermann Graml, and Hermann Weiss, eds., *Enzyklopädie des Nationalsozialismus* (Stuttgart: Klett-Cotta, 1997), p. 815.

51) '중간 해법(intermediary solutions)'이라는 표현은 다음에 나온다. Götz Aly, "Jewish Resettlement," p. 69.

52) Mathias Beer, "Die Entwicklung der Gaswagen beim Mord an den Juden," *Vierteljahrshefte für Zeitgeschichte* 35:3 (July 1987), pp.403~18.

53) 1939년에 나치는 점령 폴란드 지역을 세 부분으로 나누었다. '바르테가우(Warthegau)'로 공식 재명명된 서부는 제국에 통합되었다. 동부는 스탈린이 장악했다. 마지막으로 남은 중부는 Hans Frank 지사가 통치하는 일종의 나치 식민제국으로, 폴란드어 이름조차 없었다. 나치는 이곳을 프랑스어를 따 만든 신조어인 '일반 정부(Generalgouvernement)'라고 불렀다.

54) Alexander Dallin, *German Rule in Russia: 1941~1945: A Study of Occupation Policies*, 2nd rev. ed. (Boulder, CO: Westview Press, 1981) (org. pub. 1957). 이 책은 아직까지도 나치 친위대의 소련 점령지 통치와 착취에 대한 필독서로 꼽힌다.

55) '아키톤(Akiton) 1005'는 동부 점령지의 폐쇄된 학살 시설들의 흔적을 은폐하려는 계획이었다(그 예로 헤움노 수용소는 1944년 9월에 폐쇄되었다). 필요한 인력의 대부분을 제공한 것은 최후까지 남아 있던 수감자들로, 이들은 일이 끝난 뒤 총살당했다. 그러나 전방에서 절실히 필요로 했던 인력인 (독일) 병사들이 이 은폐 작업을 맡아 했던 경우도 간혹 있었다. Walter Manoschek, "The Extermination of Jews in Serbia," in Herbert, *Extermination Policies*, p. 181.

56) 끔찍한 예들을 소개하는 다음 저서를 참조. Goldhagen, *Hitler's Willing Executioners*.

57) Ian Kershaw, *Popular Opinion and Dissent in the Third Reich: Bavaria 1933~1945* (Oxford: Clarendon Press, 1983), pp. 364~372, 377~378; O. D. Kulka, "The German Population and the Jews," in David Bankier, ed., *Probing the Depth of German Antisemitism* (New York: Berghahn, 2000), p. 276. 두 저

서는 대량 학살 소식이 '일반적으로' 퍼져 있었다고 본다.

58) 다음을 참조. Hans Buchheim, "Hardness and Camaraderie," in Helmut Krausnick, Hans Buchheim, Marin Broszat, and Hans-Adolf Jacobsen, *Anatomy of the SS-State* (New York: Walker, 1968), pp. 334~348.

59) 1932년 10월 25일자 연설. *Enciclopedia italiana*의 '파시즘' 항목 첫머리에도 비슷한 표현들이 등장한다.

60) 이 연설의 영문 발췌 번역은 다음 책에 실려 있다. Charles F. Delzell, ed., *Mediterranean Fascism* (New York: Harper & Row, 1970), pp. 199~200.

61) Luigi Golia and Fablo Grassi, *Il colonialismo italiano da Adua all' impero* (Bari: Laterza, 1993), p. 221.

62) Goglia and Grassi, *Colonialismo*, pp. 222, 234. 다음 역시 참고할 것. Nicola Labanca, "L' Amministrazione coloniale fascista: Stato, political, e società," in Angelo Del Boca, et al., *Il Regime Fascista*, pp. 352~395.

63) 다음 책에 나오는 표현. Renzo De Felice, *Mussolini: il Duce: Lo stato totalitario, 1936~1940* (Turin, 1981), p. 100.

64) Gabriella Klein, *La Politica linquistica del fascismo* (Bologna: il Mulino, 1986).

65) 가장 신뢰할 만한 최근의 기술로는 다음을 참조할 것. Michele Sarfatti, *Mussolini contro gli ebrei: Cronaca delle leggi del 1938* (Torino: Silvio Zamani Editore, 1994), and *Gli ebrei nell' Italia fascista: Vicende, identità, persecuzione* (Turin: Einaudi, 2000). 그 전에는 다음 두 저작이 권위를 인정받았다. Meir Michaelis, *Mussolini and the Jews* (New York: Oxford University Press, 1978), and Renzo De Felice, *The Jews in Fascist Italy: A History* (New York: Enigma Books, 2001). Sarfatti는 이들 저작에 비해 나치의 영향을 적게 다루는 대신 무솔리니의 반유대 정책에 대한 이탈리아 내 뿌리와 국민들의 지지를 자세히 다루었다. Sarfatti가 연구에서 내린 결론을 간략히 정리한 자료로는 다음을 참조. Sarfatti, "The Persecution of the Jews in Fascist Italy," in Bernard D. Cooperman and Barbara Garvin, eds., *The Jews of Italy: Memory and Identity* (Bethesda, MD: University Press of Maryland, 2000), pp. 412~424.

66) John P. Diggins, *Mussolini and Fascism: The View from America* (Princeton: Princeton University Press, 1972), p. 40.

67) '열등' 집단 전체를 말살하려는 계획까지 포함하여, 이탈리아 파시즘의 식민지 전

쟁과 함께 행해졌던 노골적 인종주의에 대해서는 다음을 참조. Angelo Del Boca, "La leggi razziali nell' impero di Mussolini," in Del Boca et al., *Il regime fascista*, pp. 329~351.

68) David I. Kertzer, *The Popes Against the Jews: The Vatican's Role in the Rise of Modern Anti-Semitism* (New York: Alfred Knopf, 2001). 교황청과 관계없는 자료까지 다소 포함하기는 했으나, 교황청에서 출판한 문헌에 나타난 반유대주의의 뚜렷한 증거를 모아놓은 책이다.

69) 교황청은 프랑스 비시 정부가 고용과 교육 측면에서 실시한 유대인 차별정책을 명백히 인정했다. Michael R. Marrus and Robert O. Paxton, *Vichy France and the Jews* (Stanford, CA: Stanford University Press, 1995), pp. 200~02.

70) Jonathan Steinberg, *All or Nothing: The Axis and the Holocaust, 1941~1943* (London: Routledge, 1991).

71) 경찰국장이었던 보치니는 1940년 6월에 무솔리니에게 전쟁을 지지하는 것은 반파시스트들뿐이라고 말했다. 전쟁을 하면 자기들이 미워하는 정권이 무너지리라 생각하기 때문이라는 것이었다. Claudio Pavone, *Una guerra civile* (Turin: Boringhieri, 1991), p. 64.

72) F. W. Deakin, *The Six Hundred Days of Mussolini*, (New York: Anchor, 1966), pp. 144~145. 보르게제 공은 이탈리아 레지스탕스를 탄압했다는 혐의로 1949년에 징역형을 선고받았으나 불과 10일 만에 출옥했다. 전후 그는 이탈리아의 네오파시즘 정당인 이탈리아사회운동당(Movimento Sociale Italiano, MSI) 소속 관리가 되었다. MSI에 대해서는 7장을 참조할 것.

73) Primo Levi, "The Art of Fiction, CXL," *Paris Review* 134 (Spring 1995), p. 202.

74) Sergio Luzzatto, *Il corpo di Mussolini: Un cadavero tra imaginazione, storia, e memoria* (Turin: Einaudi, 1998).

75) 나치 당국은 '두려움을 통한 힘' 이라는 정책을 내세워, 항복하려는 적도 모조리 죽여버렸다. 다음 두 저작을 참조. Antony Beevor, *Berlin: The Downfall, 1945* (London: Viking, 2002), pp. 92~93 and 127. Robert Gellately, *Backing Hitler*, pp. 236~242.

76) 6장 '홀로코스트를 어떻게 이해할 것인가?' 참조.

77) Bartov는 러시아 원정의 어려운 상황과 대량 학살 의도가 나치 친위대뿐 아니라 군대에도 얼마나 큰 타격을 주어 야만스러운 행위를 일삼게 만들었는지를 다음 저

작들에서 보여준다. Omer Bartov, *Hitler's Army: Soldiers, Nazis, and War in the Third Reich* (New York: Oxford University Press, 1991), and *The Eastern Front, 1941~1945: German Troops and the Barbarization of Warfare* (New York: Palgrave, 2001).

78) 5장 39번 주 참조.

7장 다른 시대, 다른 장소의 파시즘

1) Ernst Nolte, *Der Fascismus in seiner Epoch* (Munich: Piper, 1963), translated as *Three Faces of Fascism* (New York: Holt, Rinehart and Winston, 1966), p. 4.

2) 3장 66번 주 참조.

3) Ian Kershaw, *The Hitler Myth: Image and Reality in the Third Reich* (Oxford: Oxford University Press, 1987), pp. 221~222. 책에 따르면 1945년 봄 무렵에는 모든 고통을 히틀러 개인의 탓으로 돌리는 독일인들이 많았다.

4) R. J. B. Bosworth, *The Italian Dictatorship* (London: Arnold, 1998), pp. 28, 30, 61, 67~68, 147, 150, 159, 162, 179, 235. 개인 소비주의와 파시즘적 강제 사회의 양립 불가능성에 무게를 싣고 있다. 다음 저서는 순종적으로 길들여진 여자다움이라는 파시즘적 이상을 소비주의적 상업문화가 무너뜨려 가는 과정을 설득력 있게 보여준다. Victoria De Grazia, *How Fascism Ruled Women* (Berkeley and Los Angeles: the University of California Press, 1992), pp. 10, 15, *passim*. 다음도 참조. Stanley G. Payne, *A History Fascism, 1919~1945* (Madison: University of Wisconsin Press, 1995), p. 496.

5) Payne, *History*. 저자는 파시스트들이 소수나마 남아 있고 "새롭고 부분적으로 파시즘과 연관이 있는 권위주의적 민족주의"가 출현할 가능성은 존재하지만 1945년 이후로 "역사 속에 나타났던 특정 파시즘이 동일한 형태로 부활하는 일은 절대로 불가능하다."라고 결론내렸다. (pp. 496, 520).

6) 1943~1945년 무솔리니의 살로 공화국에서 하급 장교로 있었던 미르코 트레말리아(Mirko Tremaglia)는 이 시기에 이탈리아 의회의 대외정책 위원회장으로 선출되었다. 독일연방공화국(서독)에서 쿠르트 게오르크 키징거(Kurt Georg Kiesinger) 총리를 포함한 일부 관리들이 젊은 시절 나치 당원이었다는 것은 사실이다. 그러나 이들은 전후에는 네오나치 정당에 가담하지 않았으며, 독일 내 주 혹은 중앙 정부

에 실제로 참가한 네오나치 정당은 단 하나도 없었다.

7) *Patterns of Prejudice* 36:3 (July 2002). Roger Griffin이 쓴 극우 소집단(groupuscules)에 대한 특집 참조.

8) Martin A. Lee, *The Beast Reawakens* (Boston: Little, Brown, 1997).

9) Nolte, *Three Faces*, pp. 421~433.

10) Diethelm Prows, "'Classic' Fascism and the New Radical Right in Western Europe: Comparisons and Contrasts," *Contemporary European History* 3:3 (1994); Piero Ignazi, *L'estrema destra in Europa* (Bologna: Il Mulino, 2000).

11) 7장과 8장 참조.

12) *The Road to Wigan Pier* (New York: Berkeley Books, 1961), p. 176. 다음도 참조. *The Lion and the Unicorn* (1941), quoted in Sonia Orwell and Ian Angus, eds., *The Collected Essays, Journalism, and Letters of George Orwell*, vol. III: *My Country Right or Left, 1940~1943* (New York: Harcourt Brace, 1968), p. 93.

13) 독일연방공화국(서독)은 나치즘의 공공연한 표현을 모조리 불법화했지만 다당제는 허용했다. 따라서 명칭과 상징을 제외한 모든 측면에서 네오나치적인 극우 정당들이 합법적으로 존재했으며 나치 지하 세력의 활동도 활발했다. 이와 대조적으로, 독일민주공화국(동독)은 공산당과 사회주의통일당(Socialist Unity Party) 이외의 당은 인정하지 않았기 때문에 나치즘을 계승한 그 어떤 우익 조직도 공공연한 활동에 나서지 못했다. 동독은 나치즘이 자본주의에서 비롯되었기 때문에 서독에만 존재할 수 있다고 주장했다. 다음을 참조. Jeffrey Herf, *Divided Memory: The Nazi Past in the Two Germanies* (Cambridge, MA: Harvard University Press, 1997).

14) Payne, *History*, p. 500.

15) 1992년 의회선거에서 북부동맹(Lega Nord)은 북부에서 19퍼센트에 가까운 득표율을 기록하고 전국적으로는 전체 8.6퍼센트의 표를 얻었다. 이탈리아 남부의 사회 복지 비용을 감당해야 하는 북부 중소기업들이 인종주의에 가까울 정도로 과격하게 표현했던 불만을 이용한 결과였다. 다음을 참조. Hans-Georg Betz, "Against Rome: The Lega Nord," in Hans-Georg Betz and Stefan Immerfall, eds., *The New Politics of the Right: Neo-Populist Parties and Movements in Established Democracies* (New York: St. Martin's Press, 1998), pp. 45~57.

16) Tom Gallagher, "Exit from the Ghetto: The Italian Far Right in the 1990s," in Paul Hainsworth, ed., *The Politics of the Extreme Right: From the Margin to the Mainstream* (London: Pinter, 2000), p. 72.

17) Stanley Hoffmann, *Le mouvement Poujade*, Cahiers de la Fondation Nationale des Sciences Politiques 81 (Paris: Armand Colin, 1956).

18) 다음을 참조. Nonna Mayer, "The French National Front," in Betz and Immerfall, eds., *New Politics*, pp. 11~25; Paul Hainsworth, "The *Front National*: from Ascendancy to Fragmentation on the French Extreme Right," in Hainsworth, ed., *Politics of the Extreme Right*, pp. 18~32.

19) 다음은 훌륭한 입문서가 되어줄 것이다. Roger Eatwell, "The BNP and the Problem of Legitimacy," in Betz and Immerfall, eds., New Politics, pp. 143~155.

20) Stephen and Norbert, *My Father's Keeper: Children of Nazi Leaders* (Boston: Little Brown, 2001).

21) Piero Ignazi, "The Silent Counter-revolution: Hypotheses on the Emergence of Extreme Right-Wing Parties in Europe," *European Journal of Political Research* 22 (1992), pp. 3~34. 이런 주장의 대부분을 지지한다.

22) John M. Cotter, "Sounds of Hate: White Power Rock and Roll and the Neo-Nazi Subculture," *Terrorism and Political Violence* 11:2 (Summer 1999), pp. 111~140. Jeffrey M. Bale의 저작에서 참고문헌을 빌려왔는데, Bale은 '오이' 뮤직이 반드시 인종주의적이거나 폭력적인 것만은 아니라고 주장했다.

23) Susann Backer, "Right-wing Extremism in United Germany," in Hainsworth, ed., *Politics of the Extreme Right*, p. 102. 그 중 가장 충격적인 사건은 난민 숙소가 소이탄 공격을 받아 터키 여성과 어린이 희생자가 발생한 사건이었다. 소이탄 공격은 1992년 11월 함부르크 인근의 묄른에서 세 번, 1993년 5월 졸링엔에서 다섯 번 있었다.

24) *Internatioanl Heral Tribune*, June 14, 1994, p. 15.

25) 프랑스인을 우선 고용하고 외국인들을 이권에서 배제하는 것은 프랑스 국민전선(FN)이 내세운 강령의 중요한 요소였다.

26) 공산주의라는 적이 스러지자, 한때 반공산주의라는 공통점 때문에 마지못해 미국과 연대했던 일부 극우 단체들은 '미국식 물질주의'와 세계화된 대중문화에 대해

억눌렀던 혐오감을 표출하기 시작했다. 다음을 참조. Jeffrey M. Bale, "'National Revolutionary' Groupuscules and the Resurgence of Left-Wing Fascism: The Case of France's Nouvelle Résistance," *Patterns of Prejudice* 36:3 (July 2002), pp. 24~49.

27) Piero Ignazi, *L'estreme destra in Europe*, p. 12. 저자는 이 두 세대에 부합하는 극우 세력의 형태를 '전통적' 극우 세력과 '탈산업사회적' 극우 세력이라고 부른다. Pascal Perrineau도 같은 분류법을 사용했다.

28) 이는 다음 저서의 부제목이다. Hainsworth, ed., *The Politics of the Extreme Right*.

29) Paul Hainsworth, "The Front National from Ascendancy to Fragmentation on the French Extreme Right," in Hainsworth, ed., *Politics of the Extreme Right*, p. 18.

30) Pascal Perrineau, *Le Symptôme Le Pen: radiographie des électeurs du Front National* (Paris: Fayard, 1997). 저자는 국민전선(FN)을 지지한 유권자층을 다섯 가지 유형으로 나누는데, 좌파와 극우 진영에서 나온 지지표도 있지만 그 대부분은 주류를 이루는 보수파에게서 나온 것이었다. 다음도 참조할 것. Nonna Mayer, *Qui vote Le Pen?* (Paris: Flammarion, 1999).

31) 르펜은 프랑스 제5공화국을 '제6공화국'으로 대체하자는 이야기는 모호하게 얼버무렸지만, 경찰력 강화, '세계화'에 대항한 경제 및 문화 보호 조치, 시민을 위하지 않는 복지 국가는 사라져야 한다는 '국민의 뜻' 등 한정적인 변화는 강력히 주장했다. Hainsworth, "Front National," pp. 24~28.

32) Ibid., p. 20.

33) 베를루스코니는 이탈리아 언론을 대부분 장악하고 있었으며 큰 인기를 누렸던 축구팀 A.C. 밀란(Milan A.C.)의 구단주이기도 했다.

34) Piero Ignazi and Colette Ysmal, "Extreme Right Parties in Europe: Introduction," *European Journal of Political Research* 22 (1992), p. 1.

35) Tom Gallagher, "Exit from the Ghetto: The Italian Far Right in the 1990s," in Hainsworth, ed., *Politics of the Extreme Right*, p. 75.

36) 1990년 제17대 이탈리아사회운동당(MSI) 의회 대표들에게 설문조사를 실시한 결과, 스스로를 민주주의자라고 밝힌 의원은 전체의 13퍼센트에 불과한 반면 민주주의가 '거짓'이라고 응답한 사람은 50퍼센트에 달했다. 25퍼센트는 자기가 반유

대주의적 성향이라고 대답했고, 88퍼센트는 자기가 으뜸으로 참고하는 역사적 현상이 파시즘이라고 말했다. Piero Ignazi, *Postfascisti? Dal movimento sociale italiano ad Alleanza nazionale* (Bologna: Il Mulino, 1994), pp. 88~89.

37) 3장 '실패로 끝난 프랑스의 파시즘' 참조.

38) Prowe, "'Classic' Fascism and the New Radical Right," p. 296. 1925년까지 무솔리니가 국가의 경제 간섭을 줄이는 편을 선호한 것은 사실이다.

39) 2002년 7월 14일 파리에서 벌어진 프랑스 혁명 기념일 축하 행사 도중 자크 시라크 대통령에게 총을 쏜 막심 브뤼네리는 네오나치 행동대인 연합방어그룹(Group Union Defense, GUD)의 일원이었으며 히틀러의 자서전 *Mein Kampf*를 읽었다. 그는 또한 한때 르펜의 후계자였으나 이제는 주요 경쟁자가 된 브루노 메그레(Bruno Mégret)가 창설했으며 표면상으로는 좀 더 온건하다고 알려진 공화국운동당(Mouvement National Républican, MNR) 후보로 지역 선거에 출마한 적도 있었다. 다음을 참조. *Le Monde*, July 30, 2002, p. 7: "Entre mouvement ultras et partis traditionnels, des frontières parfois floues."

40) Marc Swyngedouw, "The Extreme Right in Belgium: of a Non-existent Front National and an Omnipresent Vlamms Blok," in Betz and Immerfall, eds., *New Politics*, p. 60.

41) Marc Swyngedouw, "Belgium: Explaining the Relationship between Vlaams Blok and the City of Antwerp," in Betz and Immerfall, eds., *New Politics*, p. 59.

42) Betz, *Radical Right-Wing Populism*, p. 139.

43) Prowe, "'Classic' Fascism and the New Radical Right," pp. 289~313. 저자는 강령은 유사하지만 환경에 근본적인 차이점이 있음을 밝히고 있다.

44) Hans Rogger, "Russia," in Rogger and Eugen Weber, eds., *The European Right* (Berkeley and Los Angeles: The University of California Press, 1966), p. 491, and *Jewish Politics and Right-wing Politics in Imperial Russia* (Berkeley and Los Angeles: The University of California Press, 1986), pp. 212~232.

45) Walter Laqueur, *Black Hundred* (New York: Harper Collins, 1993), pp. 16~28.

46) Michael Cox and Peter Shearman, "After the Fall: Nationalist Extremism in Post-Communist Russia," in Hainsworth, *Politics of the Extreme Right*, pp.

224~46; Stephen D. Shenfield, *Russian Fascism: Traditions, Tendencies, Movements* (Armonk, NY: M. E. Sharpe, 2001); Erwin Oberländer, "The All-Russian Fascist Party," in Walter Laqueur and George L. Mossse, eds., *International Fascism: 1920~1945* (New York: Harper, 1966), pp. 158~173. 모두 1930년대 러시아 이주민들 사이에서의 파시즘을 다루고 있다.

47) 자세한 내용은 다음을 참조. Cheles et al., *The Far Right in Western and Eastern Europe*.

48) Renzo De Felice, *Il Fascismo: Le interpretazioni dei contemporanei e degli storici*, rev. ed. (Bari: Laterza, 1998), p. 544. De Felice는 파시즘이 "1차 세계대전 후 유럽의 (도덕적 · 경제적 · 사회적 · 정치적) 위기와 떼어놓을 수 없는 관계"라고 썼다. 다음 저서도 참조할 것. Payne, *History*, pp. 353~354.

49) 8장 '파시즘의 경계' 참조.

50) Patrick J. Furlong, *Between Crown and Swastika: The Impact of the Radical Right on the Afrikaner Nationalist Movement in the Fascist Era* (Hanover, NH: University Press of New England, 1991).

51) Robert M. Levine, *The Vargas Regime: The Critical Years, 1934~1938* (New York: Columbia University Press, 1970), p. 88.

52) Ibid., pp. 83~85.

53) 바르가스는 1950년 10월 선거를 통해 다시 권력을 잡고 노동당 당수이자 '빈민의 아버지'를 자처하며 집권하다 1954년 8월 24일 군 쿠데타가 임박한 가운데 대통령 궁에서 자결했다. 다음을 참조. Robert M. Levine, *Father of the Poor? Vargas and his Era* (Cambridge: Cambridge University Press, 1998).

54) Levine, *Vargas Regime*, p. 36.

55) 1914년 아르헨티나는 세계에서 다섯 번째 혹은 여섯 번째로 부유한 국가였다. 광대한 팜파스 평원에서 생산한 쇠고기와 밀을 유럽에 수출하는 덕분이었다.

56) Robert D. Crassweller, *Perón and the Enigmas of Argentina* (New York: Norton, 1987). 2차 세계대전 동안 미국이 아르헨티나에 어떤 압력을 가했는지 잘 설명해놓았다. 다음 저서도 참조할 것. Arthur P. Whitaker, *The United States and Argentina* (Cambridge, MA: Harvard University Press, 1954).

57) 페론이 맡았던 또 다른 직책은 전통적으로 노동부 장관보다 권한이 컸던 전쟁부 사무총장으로, 군대 내 임명권을 좌지우지하는 직책이었다. 다음 2년 동안 페론은

또한 전쟁부 장관과 부통령을 겸임했다.

58) Joseph A. Page, *Perón: A Biography* (New York: Random House, 1983), p. 136n. 처음에는 경멸의 뜻을 담았던 이 표현을 페론주의자들은 오히려 자랑스럽게 사용했다. Daniel James, *Resistance and Integration: Peronism and the Argentine Working Class* (Cambridge: Cambridge University Press, 1988), p. 31.

59) James, *Resistance and Integration*, p. 11; Frederick C. Turner and José Enrique Miguens, *Juan Perón and the Reshaping of Argentina* (Pittsburgh: University of Pittsburgh Press, 1983), p. 4.

60) Crassweiler, *Perón abd the Enigmas*, pp. 106~109, 124.

61) 1953년 4월 15일에 페론주의 행동대원들은 사회당 본사와 귀족층 전용 경마 클럽에 불을 질렀다. Page, *Perón*, pp. 271~273. 그러나 페론 정권이 죽인 사람의 수는 1976년과 1983년 사이 아르헨티나 군사 독재 정권이 죽인 7천 명 가량에 비하면 얼마 되지 않는다.

62) 이 분야에서 고전이 된 저서로는 다음을 참조. Joseph R. Barager, ed., *Why Perón Came to Power: The Backgrounde to Peronism in Argentina* (New York: Knopf, 1968).

63) Gino Germani, *Authoritarianism, Fascism, and National Populism* (New Brunswick, NJ: Transaction Books, 1978). 사회학자인 Germani는 사회 동원의 시기를 기준으로 페론의 '국가 인민주의'를 파시즘과 구분한다. 페론이 대중 정치의 첫 단계라고 할 수 있는 '1차 동원'을 수행했지만, 독일의 경우에는 이미 존재하던 대중 정치를 재정비하고 방향을 바꾸려는 시도로서의 '2차 동원'이었다는 설명이다.

64) 페론주의의 아르헨티나에도 반유대주의는 존재했다. 1953년 4월 사회당 본사를 습격했던 우파 민족주의 조직들은 "유대인들아! 모스크바로 돌아가라!"라는 구호를 외쳤다. Page, *Perón*, p. 272. 바르가스의 브라질에서도 반유대주의적 면모를 다소 찾아볼 수 있지만, 두 정권 모두 정치 선전이나 대중의 지지를 호소할 때 인종주의를 중심으로 내세운 것은 아니었다.

65) J. M. Taylor, *Eva Perón: The Myths of a Woman* (Chicago: The University of Chicago Press, 1979), p. 81. 부에노스아이레스에서 브로드웨이 연극 무대에 이르기까지 다양하게 전해지는 에비타 전설을 가장 상세히 다룬 저작이다.

66) Ibid., p. 34.

67) Sandra McGee Deutsche, *Las Derechas: The Extreme Right in Argentina, Brazil, and Chile* (Stanford, CA: Stanford University Press, 1999).

68) Herbert S. Klein, *Parties and Political Change in Bolivia* (London: Cambridge University Press, 1969), pp. 235, 243~244, 372~374, and *Bolivia : The Evolution of a Multi-Ethnic Society*, 2nd ed., (New York: Oxford University Press, 1992), pp. 199~216.

69) Gregory J. Kasza, "Fascism from Above? Japan's *Kakushin* Right in the Comparative Perspective," in Stein Ugelvik Larsen, ed., *Fascism Outside Europe: The European Impulse against Domestic Conditions in the Diffusion of Global Fascism* (Boulder, CO: Social Science Monographs, 2001), pp. 183~232. 일본 학계의 동향을 살펴보고 제국주의 일본에 파시즘적이라는 평이 적합한지 상세히 분석하고 있다. 참고문헌은 Carol Gluck의 저서에서 빌려왔다.

70) Maruyama Masao, *Thought and Behavior in Modern Japanese Politics*, rev. ed., ed. Ivan Morris (New York: Oxford University Press, 1969), esp. chap. 2, "The Ideology and Dynamics of Japanese Fascism."

71) George M. Wilson, *Revolutionary Nationalist in Japan: Kita Ikki*, 1883~1937 (Cambridge, MA: Harvard University Press, 1969).

72) Ben Ami Shillony, *Revolt in Japan: the Young Officers and the February 26, 1936, Incident* (Princeton: Princeton University Press, 1973).

73) Miles Fletcher, *The Search for a New Order: Intellectuals and Fascism in Prewar Japan* (Chapel Hill: Universtiy of North Carolina Press, 1982).

74) Kasza, "Fascism from Above?" pp. 198~199, 228.

75) Herbert P. Bix, "Rethinking 'Emperor-System Fascism: Ruptures and Continuities in Modern Japanese History," *Bulletin of Concerned Asian Scholars* 14:2 (April~June 1982), pp. 2~19. 저자는 마르크스주의의 영향을 받아 이와 같은 주장을 되풀이하며 대부분의 서구학자들이 내놓은 반대 의견을 무시하고, 이들을 '다원론자들(pluralists)' 이라 불렀다. 계급적 이익의 역할에 대해서는 논란이 분분하다. Kasza의 "위로부터의 파시즘(Fascism from Above)?"은 자이바쓰(財閥, 일본의 거대 기업재벌을 일컫는 말)가 "(비록 양쪽 모두에게서 이득을 보기는 했으나) 밖에서는 팽창주의 정책에, 안에서는 군사화 정책에 일부러 제

대로 협조하지 않았다."라고 보았다(p. 185).

76) Gavan McCormack, "Nineteen-Thirties Japan: Fascism?," in *Bulletin of Concerned Asia Scholars* 14:2 (April~June 1982), p. 29.

77) Barrinton Moore, Jr., *Social Origins of Dictatorship and Democracy* (Boston: Beacon Press, 1966), pp. 228~313.

78) Paul Brooker, *The Faces of Fraternalism: Nazi Germany, Fascist Italy, and Imperial Japan* (Oxford: Clarendon Press, 1991).

79) R. P. Dore and Tsutomo Ouchi, "Rural Origins of Japanese Fascism," in James William Morley, ed., *Dilemmas of Growth in Prewar Japan* (Princeton: Princeton University Press, 1971), pp. 181~209. 여기서는 베링턴 무어의 패러다임을 일본의 경우에도 적용할 수 있는지를 엄격히 시험해본다.

80) 윌리엄 더들리 펠리의 사례에 대해서는 다음을 참조. Leo P. Ribuffo, *The Old Christian Right: The Protestant Far Right from the Great Depression to the Cold War* (Philadelpia: Temple University Press, 1983).

81) Nicholas Goodrick-Clarke, *Black Sun: Aryan Cults, Esoteric Nazism, and the Politics of Identity* (New York: New York University Press, 2002), pp. 7~15, 37~38.

82) Alan Brinkley, *Voices of Protest: Huey Long, Father Coughlin, and the Great Depression* (New York: Knopf, 1982) (라디오 청취 관련 자료는 pp. 83, 92). 렘케는 80만 표를 얻었다.

83) Brinkley, *Voices of Protest*, pp. 273~283. 롱과 커플린이 대중과 맺었던 카리스마 넘치는 유대 관계는 파시즘을 연상시키지만, 그들이 추구한 목표는 — 민족의 승리보다는 부자들로부터의 개인의 자유를 추구했다. — 파시즘과 상당히 달랐다고 결론 내린다. 고전이 된 다음 저작 역시 이들이 파시스트라는 혐의를 부인한다. T. Harry Williams, *Huey Long* (New York: Knopf, 1969), pp. 760~762.

84) Alan Crawford, *Thunder on the Right: The "New Right" and the Politics of Resentment* (New York: Pantheon, 1980).

85) 무솔리니와 히틀러에게 총기류는 남성성을 강조하는 중요한 상징이었다. 8장 59번 주를 참조.

86) Henry Louis Gates, Jr., "Blacklash," *The New Yorker*, May 17, 1993, p. 44.

87) Payne, *History*, pp. 16, 490, 516.

88) 일부 학자들에게 "1945년 이래 그 어떤 독재자보다" 독일 제3제국의 재현에 가깝다는 평을 받았던(Payne, *History*, pp. 516~517) Saddam Hussein의 이라크 독재 정권은 세속적인 바트당(Ba' ath Party)에 기반을 두고 시아파(Shi' ite) 근본주의를 궤멸시키려 들었다. Samir al-Khalil, *The Monument: Art, Vulgarity, and Responsibility in Iraq* (Berkeley and Los Angeles: University of California Press, 1991). 저자는 Hussein이 자신의 팔을 본떠 만든, 한 손에 하나씩 칼을 든 거대한 양팔이 바그다드 대로(大路) 개선문을 이루고 있는 모습을 묘사해 보인다. '파시즘' 이라는 표현은 사용하지 않았다.

89) 민족종교당(National Religious Party) 당수이자 Ariel Sharon 정권의 정무장관인 Effi Eitam 장군과의 인터뷰에서 인용한 표현. *Le Monde*, 7~8 April 2002.

8장 파시즘이란 무엇인가?

1) 그 예로는 다음을 참조. Zeev Sternhell, *Neither Left nor Right: Fascist Ideology in France* (Berkeley and Los Angeles: University of California Press, 1986), p. 270.

2) Wolfgang Schieder는 초기 파시스트당의 성격을 '권력을 위해 난투를 벌이는 구성원들이 엉성하게 모인 단체' 라고 기술했다. 다음 참조. Wolfgang Schieder, "Der Strukturwandel der faschistischen Partei italiens in der phase der Herrschaftsstabilisierung," in *Ibid.*, ed., *Der Faschismus als sozialer Bewegung* (Hamburg: Hoffman und Campe, 1976), p. 71.

3) 1장 '파시즘의 발명' 참조.

4) Bertolt Brecht, *The Resistable Rise of Arturo Ui* (London: Methuen, 2002, orig. 1941).

5) 1장 '파시즘의 발명' 참조.

6) 일부 신중한 마르크스주의자들은 이와 같은 교조주의를 피해 갔다. 그 중 이탈리아의 Antonio Gramsci는 파시즘 문화가 헤게모니를 장악한 현상의 배경과 한계를 밝혔다. Palmiro Togliatti는 *Lectures on Fascism* (New York: International Publishers, 1976) (orig. pub. 1935) pp. 5~7에서 파시즘이 대중에게 큰 호소력을 지녔다는 사실을 인정했다(그러나 두 사람 모두 오늘날 학자들에 비해 파시즘을 특정 계급에 한정된 현상으로 파악하는 성향이 있었다). 독일에는 철학자 에른스트 블로흐가 있다(p. 209). 1968년 이후 서구의 젊은 마르크스주의자들은 스탈린주의

노선에 비판적인 입장을 취했다. 그 예로는 다음을 참조. Nikos Poulantzas, *Fascism and Dictatorship* (London: Verso, 1979) (orig. pub. in France in 1970).

7) 다음을 참조. 3장 '파시즘의 개선 행진', 4장 '연합전선 구축', 5장 '파시즘 혁명'.

8) 5장 '파시즘 혁명' 참조.

9) Carl J. Friedrich and Zbigniew Brezezisnki, *Totalitarian Dictatorship and Autocracy* (New York: Praeger, 1965), p. 238. 저자들은 나치 독일은 자신감이 두려움으로 대체된 순간부터 "자본가이기를 거부했다."라고 주장했다. 자본주의와 파시즘의 "근본적인 양립 불가능성"은 — Payne의 저서 *A History of Fascism*, p. 100에 인용된 Alan Milward의 표현 — 나치즘 최후의 발작에는 적용될 수 있을지 몰라도 파시즘 정권이 정상적으로 기능하던 시기에는 해당되지 않는다.

10) 독일 외무부의 고위 관료 에른스트 폰 바이체커(Ernst von Weizsäcker)는 1939년 8월 23일 히틀러가 영국 대사인 네빌 헨더슨(Neville Henderson)을 자극해 격렬한 장광설을 유도해낸 일을 회상한다. 히틀러는 대사가 나가고 문이 닫히자마자 무릎을 치고 웃으며 이렇게 말했다. "체임벌린은 이런 말싸움을 견딜 재간이 없지. 영국 내각은 오늘밤에라도 무너질 거야." 다음 참조. Alan Bullock, *Hitler: A Study in Tyranny* (London: Odhams, 1952), p. 484. Kershaw는 그런 장면이 '일부러 꾸민 경우가 많았다' 라는 의견에 동의했다. 다음 참조. Kershaw, *Hitler 1889~1936: Hubris*, (New York: Norton, 1998), p. 281. 이와 유사하게, 닉슨 미국 대통령은 북부 베트남인들에게 미치광이로 보이고자 했다.

11) Kershaw, *Hitler: Hubris*, p. xxvi and *passim*.

12) Wilhelm Reich, *The Mass Psychology of Fascism*, ed. Mary Higgins and Chester M. Raphael (New York: Farrar, Straus Giroux, 1978) (orig. pub. in 1933).

13) Luchino Visconti가 제작한 The Damned(망령들)이 그 예다. Pier Paolo Pasolini의 작품세계에 대해서는 다음을 참조. David Forgacs, "Days of Sodom: The Fascist-Perversion Equation in Films of the 1960s and 1970s," in R. J. Bosworth and Ptrizia Dogliani, eds., *Italian Fascism: History, Memory, and Representation* (New York: St. Martin's Press, 1999), pp. 195~215. 이와 다른 시각에서 Saul Friedländer는 나치의 잔인성을 볼거리로 다루는 현상을 비판했다. 다음을 참조. Saul Friedländer, *Reflections of Nazism: An Essay on Kitsch and Death* (New York: Harper, 1984).

14) Robert Jay Lifton, *The Nazi Doctors: Medical Killing and the Psychology of*

Genocide (New York: Basic Books, 1986). 저자는 아우슈비츠에서 선별 과정에 참여했던 의사들이 끔찍한 업무와 퇴근 후의 정상적인 가정생활을 구분했던 놀라운 능력에 대해 상세히 연구했다.

15) Talcott Parsons, "Democracy and Social Structure in Pre-Nazi Germany," in Parsons, *Essays in Sociological Theory*, rev. ed. (Glencoe, IL: The Free Press, 1954), pp. 104~23 (orig. pub. 1942). 전반적인 서술로는 다음을 참조. Stephen P. Turner, *Sociology Responds to Fascism* (London: Routledge, 1992).

16) Ernst Bloch, *Heritage of Our Times*, trans. Neville and Stephen Plaice (Cambridge: Polity Press, 1991), part II, "Non-Comtemporaneity and Intoxication," pp. 37-185 (pp. 53, 57, 97에서 인용).

17) 산업화 이전 엘리트층의 불균형적인 발달과 생존에 대한 이론은 다음 논문에서 또 다시 강력하게 주장되었다. Jürgen Kocha, "Ursachen des Nationalsozialismus," *Aus Politik und Zeitgeschichte* (Beilage zur Wochenzeitung "Das Parlament") 21 (21 June 1980), pp. 3~15. 그에 대한 답으로는 다음을 참조. Geoff Eley, "What Produces Fascism: Preindustrial Traditions or a Crisis of the Capitalist State?" *Politics and History* 12 (1983), pp. 53~82.

18) 3장 '실패로 끝난 프랑스의 파시즘' 참조.

19) 이에 대한 고전으로는 다음을 참조. William Kornhauser, *The Politics of Mass Society* (Glencoe, IL: The Free Press, 1959). 그 전조가 된 것은 다음 저작에 나오는 표현이었다. Peter Ducker, *The End of Economic Man: A Study of the New Totalitarianism* (London: John Day, 1939), p. 53 : "사회는 더 이상 개인들이 공동의 목적을 위해 모인 공동체가 아니라 목적 없이 유리된 단일체들이 내는 무질서한 소음이다." 이런 접근법을 설득력 있게 논박한 학자도 있었다. 다음을 참조. Bernt Hagtvet, "The Theory of Mass Society and the Collapse of the Weimar Republic: A Re-Examination," in Stein Ugelvik Larsen, Bernt Hagtvet, and Jan Petter Myklebust, eds., *Who Were the Fascists: Social Roots of European Fascism* (Oslo: Universitetsforlaget, 1980), pp. 66~117.

20) Hannah Arendt, *The Origins of Totalitarianism*, rev. ed. (New York: Meridian Books, 1958). 특히 pp. 305~340의 '대중(the masses)'와 '군중(the mob)'에 대한 부분.

21) 나치가 어떻게 기존의 농촌 조직에 성공적으로 침투해 조직을 이용했는지 그 방법

에 대해서는 다음을 참조. Horst Gies, in "The NSDAP and Agrarian Organizations in the Final Phase of the Weimar Republic," in Henry Ashby Turner, Jr., *Nazism and the Third Reich*, (New York: Quadrangle, 1972), pp. 45~88. 나치가 '정치에 무관심한' 부자들을 어떻게 활용했는가에 대한 Rudy Koshar의 저작들도 참고할 것.

22) William Sheridan Allen, *The Nazi Seizure of Power: The Experience of A Single Town, 1922~1945*, rev. ed. (New York: Franklin Watts, 1984), p. 17. 사회주의와 비사회주의라는 평행한 세계와 나치가 그 양극단을 어떻게 이용했는지를 상세히 보여준다. pp. 15ff, 55, 298을 참조.

23) 1장 48번 주 참조.

24) Jon S. Cohen, "Was Italian Fascism a Developmental Dictatorship?" *Economic History Review*, 2nd series, 41:1 (February 1988), pp. 95~113. Rolf Petri, *Von der Autarkie zum Wirtschaftswunder: Wirtschaftspolitik und industrielle Wandel in Italien, 1935~1963* (Tübingen: Max Niemeyer, 2001). Petri는 파시즘 전시 경제 체제가 '재앙' 이었다는 의견에 동의하지만, 이탈리아가 1960년대에 공업국으로 떠오른 것이 파시즘 정권 당시의 경제 자립책에 어떤 영향을 받은 결과인지 판단하기는 불가능하다고 보았다.

25) 그 예로는 다음을 참조. Anthony J. Joes, *Fascism in the Contemporary World: Ideology, Evolution, and Resurgence* (Boulder, CO: Westview Press, 1978); A. James Gregor, *The Fascist Persuasion in Radical Politics* (Princeton: Princeton University Press, 1974).

26) Seymour Martin Lipset, *Political Man* (Garden City, NY: Doubleday, 1963), chap. 5, "Fascism - Left, Right, and Center." 다음을 참조. Arno Mayer, "The Lower Middle Class as Historical Problem," *Journal of Modern History* 75:3 (October 1975), pp. 409~436. 계층 문제를 진지하게 받아들이면서도 비판적으로 검토하고 있다.

27) 독일에 비하면 부정확한 편인 이탈리아 관련 수치에 대한 연구로는 다음을 참조. Jens Petersen, "Ellettorato e base sociale des fascismo negli anni venti," *Studi storici* 3 (1975), pp. 627~69. William Brustein, "The 'Red Menance' and the Rise of Italian Fascism," *American Sociological Review* 56 (October 1991), pp. 652~64. 저자는 1921년 선거에 합리적 선택 이론을 적용시킨 결과 유권자들은

사회주의를 두려워했을 뿐 아니라 파시스트당이 사유재산제를 옹호했기 때문에 파시스트당을 지지했다는 사실을 밝혀냈다.

28) Hans Mossen, "Zur Verschränkung traditioneller und faschistischer Führungsgruppen in Deutschland beim Ubergang von der Bewegung zur Systemphase," in Mommsen, *Der Nationalsozialismus und die Deutsche Gesellschaft: Ausgewählte Aufsätze*, ed. Lutz Niethammer and Bernd Weisbrod (Reinbeck bei Hamburg: Rowohlt Taschenbuch Verlag, 1991), p. 47. 저자는 1930년 9월 이전에는 충성을 다했던 당원들이 40퍼센트 정도에 불과했다고 주장한다.

29) Philipe C. Schmitter는 다양한 불만들을 '쓸어버렸던' 초기의 당과, 당이 정권을 장악한 이후 '무임 승차자들' 이 물밀듯이 밀려 들어온 현상을 날카롭게 대비시켰다. Philipe C. Schmitter, "The Social Origins, Economic Bases, and Political Imperatives of Authoritarian Rule in Portugal," in Stein U. Larsen et al., *Who Were the Fascists*, p. 437.

30) Mathilde Jamin, *Zwischen den Klassen: Zur Sozialstruktur der SA-Fürherschaft* (Wuppertal: P. Hammer, 1984); Detlev Peukert, *The Weimar Republic: The Crisis of Classical Modernity*, pp. 238, 255; Christoph Schmidt, "Zu den motiven 'alter Kämpfer' in der NSDAP," in Detlev Peukert and Jürgen Reulecke, eds., *Die Reihe fast geschlossen: Beiträge zur Geschichte des Altags unterm Nationalsozialismus* (Wuppertal: Peter Hammer, 1981).

31) Jens Petersen은 이 용어의 기원을 여러 저서에서 철저히 추적했다. 가장 최근작으로는 다음을 참조. Jens Petersen, "Die Geschichte des Totalitarismusbegriffs in Italien," in Hans Meier, ed., *'Totalitarismus' und 'Politische Religionen': Konzepte des Diktaturvergleichs* (Padeborn: Ferdinand Schöningh, 1996), pp. 15~36. 영문판은 다음을 참조. Abbott Gleason, *Totalitarianism: The Inner History of the Cold War* (New York: Oxford University Press, 1995), pp. 14~16.

32) E.g., Arendt, *Origins*, pp. 257~259, 308.

33) 다음 두 저작은 이탈리아 파시즘 통치에 전체주의적 성격이 완연했다고 강력히 주장한다. Dante L. Germino, *The Italian Fascist Party in Power: A Study in Totalitarian Rule* (Minneapolis: University of Minnesota Press, 1959); Emilio

Gentile, *La via italiana al totalitarismo: Il partito e lo stato nel regime fascista* (Rome: La Nuova Italia Scientifica, 1995).

34) Edward N. Peterson, *The Limits of Hitler's Power* (Princeton: Princeton University Press, 1969). 소련을 대상으로 하며 모든 것을 '위로부터의 압력'이라고 축소해버리기를 거부하는 연구물로는 다음을 참조. Sheila Fitzpatrick, *Everyday Stalinism* (New York: Oxford University Press, 1999) and *Stalin's Peasants* (New York: Oxford University Press, 1994).

35) Friedrich and Brezinski, *Totalitarian Dictatorship*, p. 22.

36) Benjamin R. Barber, "The Conceptual Foundation of Totalitarianism," in Carl J. Friedrich, Michael Curtis, and Benjamin R. Barber, *Totalitarianism in Perspective: Three Views* (New York: Praeger, 1969).

37) 예를 들어 Karl Dietrich Bracher는 파시즘보다는 전체주의라는 표현을 선호했다. 파시즘이라고 하면 독재정치 체제와 민주정치 체제의 차이점이 모호해진다고 생각한 것이었다. 마르크스주의자들은 독재정치와 민주정치가 모두 '부르주아 헤게모니'의 다른 형태일 뿐이라고 생각했다. 다음을 참조. Karl Dietrich Bracher, *Zeitgeschlichtlichen Kontroversen: Um Faschismus, Totalitarismus, Demokratie* (Munich: R. Piper, 1976), chaps 1 and 2, *Schlüsselwörter in der Geschichte: Mit einer Betrachtung zum Totalitarismusproblem* (Düsseldorf: Droste, 1978), pp. 33ff, *Zeit der Ideologien: Eine Geschichte politischen Denkens im 20. Jahrhundert* (Stuttgart: Deutsche Verlags-Anstalt, 1982), pp. 122ff, 155ff. 서독에 대한 반대편 예로는 다음을 참조. Reinhard Kühnl, *Formen bürgerlicher Herrschaft (Reinbeck bei Hamburg: Rowohlt, 1971)*.

38) 이는 다음 저서에서 나치의 사악함을 신랄하게 공격하는 이유를 설명해준다. Michael Burleigh, *The Third Reich* (New York: Hill and Wang, 2000). 다음도 참조할 것. Martin Malia, *Russia under Western Eyes* (Cambridge, MA: Harvard University Press, 1999), p. 331. Malia는 파시즘을 하나의 부류로 보는 시각을 거부한다.

39) Gleason의 *Totalitarianism*은 논쟁 전체의 진행 과정을 생생하게 그려 보인다.

40) Margaretta Buber-Neumann, *Under Two Dictators* (New York: Doubleday, 1949). 저자는 양쪽을 모두 경험하고 지금은 고전이 된 회고록을 남겼다. 여기서 말하는 수용소는 물론 아우슈비츠 같은 학살 전문 수용소가 아니라 다카우 같은

강제 노동 수용소다.

41) Stéphane Courtois et al., *The Black Book of Communism*, trans. from the French by Jonathan Murphy and Mark Kramer (Cambridge, MA: Harvard University Press, 1999), p. 15. 여기서는 "죽음을 주제로 하는 비교 시스템"을 바탕으로 "잔인성의 위계"를 정하려는 목적은 아니라고 주장하지만, 그럼에도 스탈린이 히틀러보다 네 배나 많은 사망자에 대한 책임이 있다고 본다.

42) 제거 대상에는 유대인뿐 아니라 슬라브인, 집시, 정신질환자나 회복 불능 환자, 여호와의 증인 등이 포함되었다. 동성애자도 제거 대상에 포함되는 경우가 많았다. 그러나 나치 정권은 독일 형법 175조를 적극 강제하여 수천 명의 동성애자를 투옥시키기는 했지만 그들을 처형하지는 않았다. 히틀러도 — 1934년 6월에 룀을 처형한 후에는 처형 이유를 동성애 때문이라고 내세우기는 했지만 — 룀의 악명 높은 동성애 성향을 대놓고 비난하거나 처벌하려 하지는 않았다. 다음을 참조. Kershaw, *Hitler: Hubris*, 348.

43) *The Black Book*, p. 168조차 일부 우크라이나 역사가들이 제기한 학살 혐의에는 비판적인 태도를 취한다.

44) Alan Bullock, *Hitler and Stalin: Parallel Lives* (London: HarperCollins, 1991). Bullock은 두 종류의 학살을 동등한 위치에 놓기를 거부한다. "집단 학살이 도구가 아니라 그 자체로 목적이 되어버린 홀로코스트와 맞먹는 [소련식] 등가물은 존재하지 않는다" (p. 974).

45) Hans Mommsen은 이러한 관점에서 전체주의 이론을 신랄하게 비판하였다. Mommsen, "The Concept of Totalitarianism versus the Comparative Theory of Fascism," in E. A. Menze, ed., *Totalitarianism Reconsidered* (Port Washington, NY: Kennikat Press, 1981), pp. 146~166. 좀 더 온건한 비판으로는 다음을 참조. "Leistungen und Grenzen nationalsozialistische Diktatur," in Meier, ed., *"Totalitarismus" und "Politische Religionen,"* pp. 291~300. 이 변화는 1970년대의 첨예한 대립 이후 독일학계의 갈등이 상대적으로 완화되었음을 반영한다.

46) 1926년 히틀러 본인이 '우리의 종교'라는 표현을 사용한 바 있다. Philippe Burrin, "Political Religion: the Relevance of a Concept," *History and Memory* 9:1~2 (Fall 1997), p. 333.

47) Burrin의 "Political Religion"은 가장 방대하면서도 깊이 있는 분석을 해냈다. 다음 두 저작 역시 이 시각을 뒷받침한다. Emillio Gentile, "Fascism as a Political

Religion," *Journal of Contemporary History* 190 (25) pp. 321~352: Michael Burleigh, *The Third Reich*, pp. 5, 9~14, 252~255. (Burleigh는 p. 816에 이 주제에 대한 연구 저작을 여럿 소개하고 있다.) 다음도 참조할 것. Meier, "*Totalitarismus*.".

48) Burleigh는 나치의 악행을 통렬하게 고발한 자신의 저작 *The Third Reich* (p. 255)에서 나치즘이 "뿌리 깊은 존재의 불안 속으로 파고 들어가 존재론적 위기에 대한 구원을 제시했다."라고 이야기한다.

49) Burrin, "Political Religion," p. 338.

50) 1장 '파시즘의 전략' 참조.

51) Roger Griffin, "The Reclamation of Fascist Culture," *European History Quarterly* 31:4 (October 2001), pp. 609~620. Griffin은 이것이 파시즘을 이해하는 '열쇠'라고 본다.

52) Bateson은 다음 저작에서 인용했다. Eric Rentschler, "Emotional Engineering: Hitler Youth Quex," in *Modernism/Modernity* 2:3 (September 1995), p. 31.

53) Luisa Passerini, *Fascism in Popular Memory: The Cultural Experience of the Turin Working Class* (Cambridge: Cambridge University Press, 1987).

54) Susan Sontag은 다음 저작에서 파시즘 미학의 정수를 끌어내려는 흥미로운 시도를 했다. Leni Riefenstahl, "Fascinating Fascism," in Susan Sontag, *Under the Sign of Saturn*, (New York: Farrar, Straus and Giroux, 1980). 그러나 강건한 영웅주의, 농촌 중심주의, 반지성주의는 독일에 가장 잘 적용될 것이다.

55) Bosworth는 이와 같은 주장을 펼치는 몇 안 되는 학자 중 한 명이다. R. J. B. Bosworth, *The Italian Dictatorship: Problems and Perspectives in the Interpretation of Mussolini and Fascism* (London: Arnold, 1998), pp. 159, 162, 179.

56) Murray Kempton, "Mussolini in Concert," *New York Review of Books* 30:6 (April 24, 1983), pp. 33~35. 나치가 독일에서 재즈 음악을 완전히 추방하려고 했으나 실패했던 사례는 다음을 참조. Michael H. Kater, *Different Drummers: Jazz in the Culture of Nazi Germany* (New York: Oxford University Press, 1992).

57) 볼리비아에 대해서는 7장 68번 주 참조. 중국의 경우는 다음 저작들 참조. Payne, *History*, pp. 337~338; Marcia H. Chang, *The Chines Blue Shirt Society:*

Fascism and Developmental Nationalism (Berkeley and Los Angeles: The University of California Press, 1985). Fred Wakeman, Jr., "A Revisionist View of the Nanjing Decade: Confucian Fascism," *China Quarterly* No. 150 (June 1997), pp. 395~430. Wakeman은 푸른 셔츠단을 명확한 파시스트로 보지는 않는다. 이 점에서 그의 조언에 감사를 표하고 싶다.

58) 다음에 실린 Salvemini의 하버드대학 강연. Gaetano Salvemini, *Opera de Gaetano Salvemini*, vol. VI, *Scritti sul fascismo*, vol. I, p. 343.

59) 파시스트 행동대원들에게 총이 '사랑의 대상'이 된 경우라면 다음을 참조. Emilio Gentile, *Storia del partito*, p. 498. 무솔리니는 1914년 사회주의자들과 결별한 뒤 이렇게 말했다. "내 손에 펜이 쥐어져 있고 호주머니에 리볼버가 들어 있는 한 그 누구도 두렵지 않다." 1920년대 초기에 그는 책상 위에 리볼버 한 자루와 탄창 두 개를 늘 놓아두었다. 1930년대에는 팔라초 베네치아의 으리으리한 집무실의 책상 서랍 속에 리볼버를 넣어두었다. (Pierre Milza, *Mussolini*, [Paris: Fayard, 1999], pp. 183, 232, 252, 442). 히틀러는 권총보다 사냥용 채찍을 선호했지만 (Kershaw, *Hitler*, vol. I, p. 188), 1942년 4월 23일 오찬을 함께 하던 이들에게 이렇게 말했다. "무기 소유는 남자의 긍지와 당당한 태도에 도움이 되네." (*Hitler's Table Talk*, trans. Norman Cameron and R. H. Stevens [London: Weidenfeld and Nicolson, 1953], p. 435.

60) 색깔 있는 셔츠는 좌파에서 비롯되었는데, 아마 가리발디의 "천인대(Thousand, 千人隊)"가 그 기원일 것이다. 천인대는 1860년 이탈리아 통일과 해방을 외치며 시칠리아와 나폴리 섬을 점령했던 자원병들로, 붉은색 셔츠를 입었다. '두체'라는 칭호 역시 가리발디에게서 비롯되었다.

61) Alan Bullock, *Hitler: A Study in Tyranny*, revised edition (London, 1962), p. 297.

62) 권위주의를 뚜렷한 하나의 통치 형태로 보는 Juan J. Linz의 분석은 이제 고전이 되었다. Juan J. Linz, "An Authoritarian Regime: Spain," in Erik Allardt and Stein Rokkan, eds., *Mass Politics: Studies in Political Sociology* (New York: Free Press, 1970), pp. 251~283, "From Falange to Movimiento-Organización: the Spanish Single Party and the Franco Regime, 1936~1968," in Samuel P. Huntington and Clement Moore, eds., *Authoritarian Politics in Modern Societies: the Dynamics of Established One-Party Systems* (New York: Basic

Books, 1970), and "Totalitarian and Authoritarian Regimes," in Fred I. Greenstein and Nelson W. Polsby, *Handbook of Political Science* (Reading, MA: Addison-Wesley, 1975). vol. III, esp. p. 264~350.

63) 여기서는 두 종류의 정권을 가르는 경계가 불분명하다. 실제로 원하는 바를 이루는 쪽이 없기 때문이다. 흥분한 대중 앞에서는 권위주의자들 또한 파시스트들처럼 뒤르켐적인 '기계적 연대'를 만들어내려고 할지 모른다. 다음을 참조. Paul Brooker, *The Faces of Fraternalism: Nazi Germany, Fascist Italy, and Imperial Japan* (Oxford: Clarendon, 1991). 또한 파시스트들도 '표면적'이고 '위태로운' 동의를 얻는 데 그칠 수도 있다. Victoria De Grazia, *The Culture of Consent: Mass Organization of Leisure in Fascist Italy* (Cambridge: Cambridge University Press, 1981), p. 20 and chap. 8, "The Limits of Consent." 나치 정권하의 독일 언론에 대한 상세한 연구인 Martin Broszat의 "Bavaria program"은 여론이 수동적이고 원자화되어 있었다고 결론짓는다. 다음을 참조. Ian Kershaw, *Popular Opinion and Dissent in the Third Reich* (Oxford: Clarendon, 1983), pp. 110, 277, 286, 389.

64) 이 예는 다음 저작에 흥미롭게 비교되어 있다. Javier Tusell Gomez, "Franchismo et fascismo," in Angelo Del Boca et al, *Il regime fascista*, pp. 57~92.

65) Michael Richards, *A Time of Silence: Civil War and the Culture of Repression in Franco's Spain, 1936~1945* (Cambridge: Cambridge University Press, 1998). 이 책은 경제·문화 자립과 국내 억압을 연결지어 살펴본다. 추정되는 사망자 수는 p. 30 참조. 관점을 달리해 적어도 1942년까지 이어진 프랑코와 추축국들 사이의 긴밀한 관계를 강조하는 연구로는 다음을 참조. Paul Preston, *Franco* (New York: Basic Books, 1994).

66) 다음은 팔랑헤 연구에서 빼놓을 수 없는 저작이다. Stanley G. Payne, *Fascism in Spain, 1923~1977* (Madison: University of Wisconsin Press, 1999) (인용 p. 401).

67) 6장 '급진화와 정상화의 딜레마' 참조.

68) 6장 '급진화와 정상화의 딜레마' 참조.

69) 다음 저작에 인용. Stanley Payne, *History*, p. 315. Gregory J. Kasza, "Fascism from Above? Japan's *Kakushin* Right in Comparative Perspective," in Stein Ugelvik Larsen, *Fascism Outside Europe* (Boulder, CO: Social Science

Monographs, 2001), pp. 223~232. Kasza는 일본의 예를 연구해서 전통적 보수주의와 파시즘 사이에 위치하는 새로운 범주를 제안한다. 청년 운동이나 조합주의 경제처럼 파시스트들이 사용한 수단을 일부 받아들이는 동시에 파시즘 운동을 억압하는 일당 독재 정권이 그것이다. 그가 든 예로는 일본, 포르투갈, 1939년의 폴란드, 에스토니아, 리투아니아가 있다. 여기에 바르가스의 브라질을 추가해도 좋을 것이다.

70) Franz Neumann, *Behemoth: The Structure and Practice of National Socialism, 1933~1944*, 2nd ed. (New York: Oxford University Press, 1944), p. 39. 파시즘 이데올로기에 대한 회의론은 좌파에만 국한되지 않았다. Cf. 전 단치히 상원 나치 의장의 입에서 나온 비난은 유명하다. Hermann Rauschning, *Revolution of Nihilism* (New York: Alliance/Longman's Green, 1939). 2장 p. 102에 인용된 Hanna Arendt의 평도 참조.

71) 1장 '파시즘의 전략' 참조.

| 파시즘 연표 |

1867년

• 미국에서 백인 우월주의 집단인 KKK(Ku Klux Klan)가 창설되다. KKK는 기능적으로 파시즘과 관련된 최초의 현상이라고 할 수 있다. KKK의 창시자들은 국가가 공동체의 정당한 이익을 지켜주지 못한다고 생각했다. 그들은 흰 가운과 모자로 제복을 차려 입고, 자신들의 운명을 위해 폭력이 정당화될 수 있다는 신념으로 무장했다. 이들의 주장은 파시즘 운동이 1차 세계대전과 2차 세계대전 사이의 유럽에서 기능하는 방법을 미리 보여준 일종의 예고편으로 평가받는다.

1894년

• 1906년까지 프랑스 전역을 뒤흔든 '드레퓌스 사건'이 일어나다. 이 사건은 당시 프랑스를 비롯한 유럽 전역에 일고 있던 심각한 반(反)유대주의와 민족주의 정서, 계급 갈등을 적나라하게 보여주는 사건이었다.

1911년

• 프랑스에서 '프루동 모임'을 통해 '국가사회주의(National Socialism)'가 처음으로 모습을 드러내다. 이 모임은 '유대 자본주의'에 대한 비난을 둘러싸고 '민족주의자와 좌익 반민주주의자'를 통합하기 위한 목적으로 만들어진 일종의 연구회였다. 모임을 주도한 조르주 발루아는 한때 '악시옹 프랑세즈(Action Française)'에서 활동했는데, 과격한 민족주의 · 반공화주의 단체인 악시옹 프랑세즈를 진정한 파시즘의 첫 번째

운동으로 여기는 이들도 많다.

1914년

• 6월 28일, 오스트리아 황태자 부부가 사라예보에서 세르비아 청년의 손에 살해당했다. 이 사건을 계기로 1차 세계대전이 일어났다.

1917년

• 러시아 혁명. '2월 혁명'이 일어나 니콜라이 2세가 퇴위하고 로마노프 왕조가 막을 내리다. 뒤이어 '10월 혁명'이 일어나면서 세계 최초로 공산주의 정권이 수립되었다. 볼셰비키 혁명의 성공은 유럽의 상류층과 중간계급에게 커다란 충격을 주었고, 사회주의자들에게는 새로운 힘을 주었다. 그러나 러시아 외의 다른 곳에서는 혁명이 성공하지 못했고 유럽은 자유주의, 보수주의, 사회주의를 중심으로 하는 여러 '이즘'들이 각축을 벌이는 혼란에 빠져들었다. 사회주의에 대한 공포는 파시즘의 등장과 세력 확장에 결정적인 역할을 했다.

1918년

• 1월 8일, 미국의 윌슨 대통령이 '민족자결주의'를 내용으로 하는 14개 조항을 발표하다.
• 1차 세계대전이 종결되면서 오스트리아-헝가리제국이 해체되다. 체코슬로바키아, 폴란드가 독립을 선언했으며, 오스트리아와 헝가리에서도 공화국이 수립되었다.

1919년

• 공식적으로 '파시즘'이 탄생하다. 1919년 3월 23일 이탈리아의 베니토 무솔리니는 밀라노의 산세폴크로 광장에서 약 1백여 명이 모인 가운데 "사회주의와의 전쟁을 선포"하였다. 이 때 무솔리니는 자신들의 운동을 '전우단'이라는 뜻의 '파시 디 콤바티멘토'(Fasci di Combattimento)라

불렀다.

- 6월 28일, 1차 세계대전을 마무리하는 조약으로 베르사유 강화 조약이 체결되다.
- 8월 11일, 독일에서 '바이마르 헌법'이 공포되다.
- 9월 12일, 이탈리아의 시인이자 모험가, 군인인 가브리엘레 단눈치오가 피우메(Fiume)를 점령하다. 단눈치오는 이듬해 1920년 12월까지 피우메를 통치했는데, 무솔리니는 훗날 이 시기에 단눈치오가 점령지에서 행한 제복 차림의 행진과 팔을 쭉 뻗는 식의 '로마식 경례', 구호 외치기 등을 모방하여 활용했다.

1920년

- 11월 21일, 이탈리아에서 포(Po) 계곡 사건이 일어나다. 1차 세계대전 후 실시된 첫 선거(1919년 11월)에서 승리를 거둔 이탈리아 사회주의자들이 포 계곡의 거대한 농촌 지역을 장악하면서, 지주들의 불만이 커졌다. 사회주의자들은 노동조합 등을 통해 농장주들을 압박했고, 위협을 느낀 지주들은 공공 당국의 무관심 속에 파시스트들에게 도움을 청했다. 그 결과 1920년 11월 21일부터 파시스트 행동대가 밤마다 지역 사회주의 사무실들을 약탈하고 불태우기 시작했다. 포 계곡의 검은 셔츠단은 소작농들에게 일자리와 농토를 제공하고 지주들의 편의도 보아주면서 점차 세력을 확장해나갔다.
- 2월 24일, 독일 뮌헨의 한 맥주홀에서 아돌프 히틀러가 '국가사회주의 독일노동자당'(National-Sozialistische Deutsche Arbeiter-partei, 일명 나치당)의 출발을 선언하다.

1921년

- 11월, 이탈리아의 무솔리니가 새로운 강령을 통해 파시즘 '운동'에서

'국가파시스트당(PNF)' 이라는 정당으로 변신을 선언하다.

1922년

• 10월 말, 무솔리니가 '로마 진군' 을 통해 총리직에 오르면서 최초의 파시즘 체제가 탄생하다. 이로써 사회주의자와 자유주의자가 이끌던 의회 정치 체제가 막을 내리고 파시즘 통치가 시작되었다. 로마 진군은 파시즘의 위협 앞에 공권력이 굴복함으로써 합법적으로 이루어진 권력 이양이었다.

1923년

• 11월 18일, 무솔리니의 로마 진군에 감명을 받은 독일의 히틀러가 뮌헨의 맥주홀에서 반란을 일으켰다가, 다음날 바로 시위대와 함께 체포되고 말았다. 그는 5년 징역형을 받았으나 8개월 만에 석방되었다(이때 감옥에서 《나의 투쟁(Mein Kampf)》이라는 책을 저술하기도 했다). 이 사건을 계기로 히틀러는 지방의 정치가에서 전 국민의 관심을 받는 인물로 떠올랐다.

1924년

• 6월 10일, 이탈리아사회당의 자코모 마테오티 서기장이 과격파 파시스트들에게 납치, 살해당하다. 이 사건은 무솔리니 정권의 잔인함을 보여준 것으로 국내외에서 큰 파장을 일으켰다. 처음에는 반대 세력들이 항의의 뜻으로 의회에서 자진 사퇴하는 등 무솔리니가 정치적으로 곤경에 빠지는 듯 보였으나, 무솔리니는 오히려 이 기회를 이용해 1925년 1월 일당 독재 체제를 구축했다.

1929년

• 10월 24일, 미국 뉴욕 주식 시장에서 주가가 대폭락하면서 '대공황' 이 시작되다.

1932년

- 7월, 포르투갈의 카르모나 대통령이 경제학 교수 출신 안토니우 데 올리베이라 살라자르를 총리로 임명하다. 집권 초에 포르투갈에서 가장 강력한 파시즘 조직을 뿌리 뽑아버린 살라자르는 잠시 동안 국가 통합을 위해 파시즘적 수단 – 조합주의 노동 조직, 청소년 운동(포르투갈 소년단(Mocidade Protuguesa)), 유명무실한 '유일당' 이며 당원들이 푸른 셔츠를 입었던 포르투갈 군단(the Portuguese Legion) 등 – 으로 '새로운 국가(Estado Novo)' 체제를 강화하려 하기도 했으나, 기본적으로 살라자르 정권은 반파시즘적이었다.
- 7월 31일, 독일 총선거에서 나치당이 37퍼센트의 지지를 얻어 제1당이 되다.
- 8월, 독일 슐레지엔에서 '포템파 사건' 이 일어나다. 이는 5명의 나치 돌격대원들이 슐레지엔의 포템파에 사는 폴란드계 공산주의 노동자를 살해한 사건이었다. 당시 나치당은 정부에 압력을 행사해 살인범들이 받은 사형 선고를 무기징역으로 감형시켰다. 포템파 사건은 내부의 적을 겨냥한 폭력이 합법화되는 파시즘 폭력의 본질을 뚜렷이 보여주었다.
- 11월, 미국에서 프랭클린 루스벨트가 대통령에 당선되다.

1933년

- 1월, 독일의 힌덴부르크 대통령이 히틀러를 총리로 임명하다.
- 2월 28일, 베를린에서 '독일제국의회 의사당 방화 사건' 이 일어나다. 이 사건이 공산주의자의 소행으로 밝혀지자 히틀러는 공산 혁명에 대한 공포심을 이용해 수권법(授權法)을 의회에서 통과시켰다. 이로써 히틀러는 독재 체제를 확립하게 되었다(3월 27일).
- 3월, 미국의 루스벨트 대통령이 뉴딜 정책을 시작하다.

1934년

• 6월 30일, 독일에서 '긴 칼의 밤(Nacht der Langen Messer)' 사건이 일어나다. '긴 칼의 밤'은 히틀러가 자신의 통치에 방해가 되는 에른스트 룀을 비롯한 나치 돌격대 내의 과격파들과 몇몇 보수파 인사, 군 장성 등을 잔인하게 살해한 사건이었다. 150~200명이 살해당한 것으로 알려져 있다. 이 사건 이후 히틀러에게 의구심을 품고 있던 이들은 모두 입을 다물게 되었다.

• 8월, 독일의 힌덴부르크 대통령이 사망하면서 히틀러가 총통 및 총리 자리에 오르다.

1935년

• 9월 15일, 독일에서 인종 차별법인 '뉘른베르크 법'이 선포되다. 뉘른베르크 법은 이민족 간의 결혼을 금지하고, 유대인들에게서 시민권을 박탈하는 등의 내용을 담고 있었다.

• 10월 3월, 이탈리아가 팽창주의 정책의 일환으로 에티오피아를 침략하다. 이탈리아는 1936년 5월 마침내 에티오피아를 병합하는 데 성공했다. 에티오피아를 침략하면서 무솔리니는 영국과 프랑스를 비롯한 국제사회에서 신뢰를 잃었으나 대신 국내에서 열광적인 지지를 이끌어낼 수 있었다.

1936년

• 7월, 스페인에서 내란이 일어나다. 2월 총선에서 정권을 잡은 좌파 인민전선 정부(제2공화정)에 대항해 국가주의자들(파시스트, 군부 세력, 로마 카톨릭 교회, 토지 소유자, 기업가 등)이 반란을 일으킨 것이었다. 반란 세력은 10월 프란시스코 프랑코 장군을 국가 주석으로 추대했으며, 독일과 이탈리아는 11월에 프랑코 정권을 승인했다. 내란은 1939년까

지 지속되었는데, 국제적으로 보수주의자 · 파시즘 이탈리아 · 나치 독일이 프랑코 장군의 반란 세력을 지원했고, 미국과 유럽 각국, 소련은 공화파를 지원했다.

- 10월 25일, 히틀러와 무솔리니가 '로마 – 베를린 추축' 을 결성하다.
- 11월 25일, 독일과 일본이 소련에 대항하기 위한 '반(反)코민테른 협정' 을 체결하다.

1938년

- 3월, 독일, 오스트리아 병합.
- 9월, 독일, 영국, 프랑스, 이탈리아가 '뮌헨 회담' 개최. 뮌헨 협정에 따라 독일이 체코슬로바키아 서쪽의 수데텐 지방을 합병하였다.
- 11월, 독일에서 9일 밤부터 10일 새벽까지 '수정의 밤(Kristallnacht)' 사건이 일어나다. 하룻밤 동안 독일 전역에 있는 유대인들이 급진적 나치당원들로부터 습격을 받아, 수백 채의 유대교 회당이 불타고, 7천여 개의 유대인 상점을 파괴되었으며, 2만여 명에 이르는 유대인이 수용소로 보내졌다. 또 91명의 유대인이 즉결 처형당했다.

1939년

- 스페인의 프랑코 장군이 내란에서 승리하다. 프랑코의 권위주의 독재 정권은 그가 사망한 1975년까지 지속되었다.
- 9월 1일, 독일이 히틀러의 명령에 따라 폴란드를 침공하면서 2차 세계대전이 일어나다.

1940년

- 5월과 6월에 네덜란드와 노르웨이가 차례로 독일에 항복하다. 6월 14일에는 독일군이 프랑스 파리에 입성, 22일에 독불 휴전 조약이 체결되었다. 이로써 프랑스에서는 제3공화정이 끝나고 친독 정권인 비시(Vichy)

프랑스 정권이 수립되었다.

• 6월 10일, 이탈리아의 무솔리니가 대연합국 선전포고를 발령하고 전쟁에 뛰어들다. 무솔리니는 이후 히틀러와 대등함을 과시하기 위해 침략 전쟁에 심혈을 기울였지만 승리를 쟁취하지 못한 채 오히려 대중의 열광과 인기를 잃어버렸다.

• 9월 27일, 독일과 이탈리아, 일본의 '3국 조약'이 조인되다. 이로써 2차 세계대전의 추축국이 결성되었다.

1941년

• 4월, 독일이 유고슬라비아와 그리스를 침략하다.

• 6월, 독소 전쟁 시작.

• 12월, 일본의 진주만 공습으로 '태평양 전쟁'이 일어나다.

1943년

• 7월, 연합군이 이탈리아 시칠리아에 상륙하다. 히틀러와 제휴한 것이 큰 화를 불러올 것이 분명해지자, 왕당파와 반대파 파시스트들이 국왕 에마누엘레 3세로 하여금 무솔리니를 파면하고 체포하게 하였다(7월 25일). 그 뒤 이탈리아는 연합군에게 항복을 선언했다(9월).

• 9월 12일, 히틀러가 특공대를 보내 감금되어 있던 무솔리니를 구출하다. 히틀러는 무솔리니를 살로 지역에 세운 새로운 파시즘 공화국('이탈리아 사회주의공화국')의 독재자 자리에 앉혀주었다.

1944년

• 6월 6일, 연합군의 노르망디 상륙 작전.

1945년

• 4월 28일, 무솔리니가 독일군 차량에 숨어 탈출하려다 이탈리아 파르티잔에게 발각되어 사형당하다.

• 4월 30일, 히틀러가 베를린의 총통 관저 지하 은신처에서 자살하다.
• 5월 7일, 독일, 연합군에 무조건 항복.
• 8월 6일과 9일, 미국이 일본 히로시마와 나가사키에 역사상 최초로 원자폭탄을 투하하다. 결국 일본은 8월 15일 무조건 항복을 선언했다.

| 용어 찾아보기 |

1차 세계대전(World War I) 23, 29, 31, 32, 36, 42, 63, 73, 77, 80, 83, 85, 93, 98, 101, 107, 109, 112, 114, 116, 118, 124, 131, 139, 147, 165, 166, 175, 184, 185, 186, 189, 190, 191, 196, 210, 214, 216, 233, 239, 240, 243, 244, 258, 316, 329, 352, 357, 378, 391, 392, 439

2차 세계대전(World War II) 42, 124, 139, 146, 179, 244, 273, 280, 342, 358, 367, 370, 378, 379, 396, 398, 402, 429, 431, 434, 435, 439, 443, 451, 473, 479, 485

ㄱ

갈색 셔츠단(Brown shirts) – 독일 246, 249

검은 셔츠단(Comicia Nera, Black shirts) – 이탈리아 40, 141, 147, 150, 152, 153, 175, 206, 211, 212, 213, 250, 251, 343, 354, 373

게슈타포(Geheime Staatspolizei) – 독일 281, 285, 309

결집된 열정(mobilizing passions) – 108, 109, 459, 488

공산주의(communism) – 57, 64, 67, 75, 88, 89, 171, 191, 192, 195, 196, 197, 198, 201, 238, 242, 243, 246, 248, 265, 266, 293, 310, 358, 386, 393, 401, 407, 422, 424, 426, 440, 441, 451, 473, 474,

공산주의자(communist) – 41, 128, 163, 164, 168, 179, 181, 197, 198, 201, 218, 220, 221, 223, 243, 245, 246, 315, 404, 412, 442, 451

공화당(Republikaner) – 독일 400, 418

구조주의(structuralism) – 290, 292, 348

구조주의자(structuralist) – 290

전국 공화파 선전센터(Progagation Center for National Republican) – 프랑스 187

국가사회주의(national socialism) 29, 122, 141, 199, 274, 280, 331

국가사회주의독일노동자당(National-Sozialistische Deutsche Arbeiter-partei,

NSDAP, 나치당) 78, 81, 82, 144, 159, 160, 162, 163, 197, 198, 200, 215, 216, 218, 219, 220, 222, 223, 225, 230, 232, 233, 236, 239, 245, 249, 265, 281, 284, 285, 293, 303, 304, 319, 330, 331, 343, 349, 384, 385, 480
국가사회주의운동(National Socialist Movement) – 영국 405, 417
국가주의적 생디칼리슴(national syndicalism) 44, 114, 124, 341, 485
국가주의적 생디칼리스트(national syndicalist) 32, 154, 458
국가통일당(Nasjonal Samling, NS) – 노르웨이
국가파시스트당(Partito Nazionale Fascista, PNF) – 이탈리아 40, 155, 158, 196, 225, 230, 265, 300, 301, 344, 345, 347, 375, 387
국민연합(Alleanza Nazionalle, AN) – 이탈리아 393, 413, 414, 417
국민전선(Front National, FN) – 프랑스 405, 410, 420
국민전선(National Front) – 영국 405, 406, 408, 417
권위주의(authoritarianism) 67, 167, 170, 186, 228, 254, 258, 259, 260, 263, 264, 268, 276, 286, 337, 338, 347, 419, 455, 466, 484, 486
근대성(modernity) – 45, 46, 47, 48, 184
근대화(modernization) – 45, 48, 188, 448, 468
급진시민당(Union Civica Radical) – 아르헨티나 435
급진화(radicalization) 46, 59, 68, 133, 291, 302, 342, 343, 344, 347, 348, 351, 356, 357, 358, 359, 366, 372, 373, 376, 379, 380, 382, 383, 385, 386, 403
기독교 신앙 수호자들(Defenders of the Christian Faith) – 미국 450
기독교민주당(Partito della Democrazia Cristiana, DC) – 이탈리아 207, 314, 347, 401, 412, 413
기독교사회당(Christlich-Sozialen' Arbeiterpartei) – 독일 121
긴 칼의 밤(Nacht der Langen Messer, Night of the Long Knives) – 독일 180, 249, 295, 300

ㄴ

나치 돌격대(Stürmabteilungen, SA) – 독일 104, 129, 164, 180, 222, 225, 230, 232, 234, 235, 249, 285, 293, 296, 300, 302, 326, 385
나치 친위대(Schutzstaffel, SS) – 독일 293, 303, 331, 361, 371, 418, 419, 442
남아프리카기독교국가사회주의운동(South African Gentile National Socialist

Movement) 431
남아프리카파시스트(South African Fascists) – 남아프리카공화국 431
낭만주의(romanticism) 55, 195
네덜란드국가사회주의운동(Dutch Nationaal Socialistische Beweging, NSB) 179
노동계급(working class) 31, 77, 90, 113, 118, 121, 122, 127, 162, 188, 189, 193, 195, 197, 237, 238, 263
노동총동맹(Confederación General de Trabajo, CGT) – 아르헨티나 436, 438
녹색 셔츠단(Green shirts) – 프랑스 173, 174, 175, 176
뉘른베르크 법(Nurenberg laws) 360, 376
뉴딜(New Deal) 정책 432

ㄷ

다문화주의(multiculturalism) 408, 409
단절의 섬(islands of separateness) 280, 281, 282
대공황(Great Depression) 43, 159, 160, 165, 167, 173, 174, 177, 180, 216, 217, 242, 332, 373, 407, 432, 434, 435, 445
대량 학살(mass murder) 36, 84, 305, 362, 367, 368, 370, 372, 476
대중 동원(mobilizing) 67, 365, 378, 395, 446, 448, 449, 471
대중사회(mass society) 194, 469
대중의 국민화(nationalization of masses) 186, 188, 189
대중 정치(mass politics) 53, 110, 112, 113, 118, 122, 134, 139, 187, 189, 194, 237, 396, 448
대천사 미카엘 군단(Legion of the Archangel Michael) – 루마니아 62, 077, 226, 227, 228, 255, 259, 455
도폴라보로(dopolavoro) 283, 284, 310, 326
독일공산당(Kommunistiche Partei Deutschlands, KPD) 218, 220
독일국가민주당(Nationaldemokratische Partei Deutschlands, NPD) 399
독일국가인민당(Deutschnationale Volkspartei, DNVP) 159, 162, 232
독일기독교민주당(Christlich Demokratische Union deutschlands, CDU) 399
독일노동자당(Deutsche Arbeiter Partei, DAP) 78, 80, 81
독일사회민주당(Sozialdemokratische Partei Deutschlands, SPD) 219, 220, 221, 399

독일제국 의회 의사당 방화 사건(Reichstag fire) 48, 245, 246, 278
독일제국당(Deutsche Reichspartei, DRP) 399
독재(dictatorship) 26, 35, 37, 45, 62, 75, 76, 97, 177, 186, 191, 192, 219, 224, 225, 226, 228, 234, 245, 253, 263, 265, 273, 274, 276, 280, 283, 286, 289, 293, 301, 308, 323, 327, 328, 332, 339, 340, 348, 349, 357, 383, 384, 417, 427, 428, 429, 430, 434, 435, 436, 438, 439, 441, 442, 443, 445, 446, 447, 449, 450, 453, 469, 470, 471, 483, 484
동방회(東方會) - 일본 446
동형 기구(parallel structures), 동형 조직(parallel organizations) 200, 201, 276, 277, 284, 285, 293, 295, 321, 324, 339, 342, 348, 371, 383, 486

ㄹ · ㅁ

라스(ras) 153, 234, 253, 284, 300, 301, 333, 343, 345, 349, 373
란트분트(Landbund) - 독일 160
러시아인민동맹(Union of Russian People, URP) 423
렉시스트당(Rexist) - 벨기에 177, 178
로마 진군(March on Rome) 40, 48, 205, 213, 275
리소르지멘토(Risorgimento) 34, 100, 104
마르크스주의(Marxism) 31, 193, 199, 200, 202, 238, 274, 278, 298, 338, 407, 473
마르크스주의자(Marxist) 37, 41, 60, 162, 163, 188, 202, 207, 208, 308, 443, 468, 469, 473
미래파(Futurism) 29, 31, 32, 105, 106, 107
민주주의(democracy) 26, 74, 76, 88, 94, 104, 105, 113, 114, 124, 141, 168, 169, 192, 193, 197, 202, 216, 220, 221, 231, 236, 239, 240, 244, 265, 292, 293, 322, 332, 337, 338, 344, 391, 410, 420, 422, 423, 424, 425, 430, 435, 436, 439, 441, 445, 447, 450, 456, 457, 458, 466, 471, 482, 483, 489

ㅂ

바이마르 공화국(Weimar Republic) 130, 159, 165, 193, 216, 217, 219, 221, 241, 278, 204, 206, 332
바이마르 헌법(Weimar Verfassung) 237

반유대주의(anti-Semitism) 41, 76, 78, 81, 91, 92, 117, 121, 134, 162, 172, 174, 183, 184, 376, 377, 381, 396, 400, 418, 433, 451, 469
범게르만주의(pan-Germanism) 77, 454
벚꽃회(櫻會) - 일본 445
보수주의(conservatism) 43, 44, 53, 59, 83, 88~90, 121, 193, 209, 211, 217, 242, 250, 255, 326
보수주의자(conservatist) 25, 26, 61, 66~68, 77, 88~90, 96, 100, 110, 112, 113, 120, 187, 194, 208, 213, 224, 228, 229, 233, 234, 237, 238, 239, 240, 243, 244, 246, 249, 261, 276, 297, 4640
볼셰비즘 운동(Bolshevik movement) 82, 98, 106, 193
볼셰비키 혁명(Bolshevik Revolution) 88, 114, 170, 191, 207, 244, 391, 392, 475
북부동맹(Lega Nord) - 이탈리아 402, 413, 421
불의 십자단(Croix de Feu) - 프랑스 142, 170, 171, 172
블람스 블록(Vlaams Blok) - 벨기에 419, 421
비동시대성(Ungleichzeitigkeit) 468
비밀군대(Orgaisation Armée Secrète, OAS) - 프랑스 403, 404
비시 (프랑스) 정부(Vichy France) 41, 172, 258, 357, 403, 484, 486

ㅅ

사회주의(socialism) 25, 28, 29, 34, 36, 41, 53, 75, 80, 83, 88, 89, 91, 102, 103, 105, 113, 116, 123, 127, 128, 141, 142, 144, 151, 152, 153, 156, 159, 193, 205, 209, 210, 217, 218, 220, 233, 240, 241, 243, 253, 310, 326, 327, 329, 344, 349, 436, 470, 487
사회주의자(socialist) 25, 32, 40, 41, 52, 61, 88, 89, 99, 101, 113, 127, 140, 150, 151, 152, 153, 154, 158, 168, 195, 201, 202, 207, 210, 216~218, 220, 228, 235, 239, 241, 251, 263, 266, 267, 269, 301, 309, 315, 343, 412, 414, 419, 470, 482
사회주의제국당(Sozialistische Reichspartei, SRP) - 독일 399
사회진화론(social Darwinism) 95, 96, 108, 109, 240
살로 공화국(Republic of Salò)=이탈리아사회주의공화국(Repubblica Sociale Italiana, RSI) 347, 380, 381, 382, 400, 402
새로운 국가(Estado Novo) 342, 434, 485

생디칼리슴(syndicalism) 26, 31, 93, 298, 345, 436, 454,
생디칼리스트(syndicalist) 29, 31, 32, 93, 148, 207, 287, 345
생산력주의(productivism) 123, 240
선전(propaganda) 41, 45, 53, 60, 80, 188, 189, 194, 205, 266, 282, 298, 316, 327, 351, 441, 448, 458, 479, 481
세계화(globalization) 45, 116, 393, 409, 410, 412
소련(Soviet Union) 59, 75, 80, 81, 89, 260, 279, 343, 362, 363, 365, 367, 368, 370, 383, 397, 407, 410, 422, 424, 425, 448, 473, 486
소비에트(soviet) 75, 89, 159
소비주의(consumerism) 393
소지주당(smallholders) 145
쇼와연구회(昭和硏究會) – 일본 446
숙련공(artisan) 41, 46, 78, 81, 189, 195, 322, 407, 469, 471
수정의 밤(Kristallnacht, Night of Broken Glass) 48, 49, 361, 372
스와스티카(swastika) 78, 313, 396
스킨헤드(Skinheads) 393, 397, 409, 420
스페인 내전(Spain civil war) 263, 338, 339, 342
시장 경제(market economics) 329, 425

ㅇ

아르디티(Arditi) 31, 34, 452
아메리카나치당(American Nazi Party) – 미국 450
아인자츠그루펜(Einsatzgruppen) 367, 368
아사우 인테그랄리스타 브라질레이라(Açao Integralista Brasileira, AIB) – 브라질 433, 434
아파르트헤이트(Apartheid) 377, 431, 432
악시옹 프랑세즈(Action Française) – 프랑스 121, 122, 142, 239
안락사(euthanasia) 297, 367
알 카에다(al-Qaeda) 454, 456
애국청년당(Jeunesses Partites) – 프랑스 167
영구 혁명(permanent revolution) 337

영국국민당(British National Party) 417
영국파시스트연합(British Union Fascists, BUF) – 영국 128, 133, 180, 181, 261, 262
오스트리아인민당(Österrteiche Volks Partei, ÖVP) 414
오스트리아자유당(Freheits Partei Österreiches, FPÖ) 393, 412, 414
우스타샤(Ustaša) – 크로아티아 260, 429, 430
유럽연합(European Union) 409, 425
은색 셔츠단(Silver shirts) – 미국 450
의도주의(intentionalism) 290, 347
의도주의자(intentionalist) 289, 290, 291, 365
의회사회주의(parliamentary socialism) 31, 123, 128
이게 파르벤(I. G. Farben) 163, 329, 466
이중 국가(dual states) 277, 279, 280, 298, 307, 359
이탈리아공산당(Partito Comunista Italiano, PCI) 243
이탈리아사회당(Partito Socialista Italiano, PSI) 44, 207, 210, 243, 251, 308, 400
이탈리아사회운동당(Movimento Sociale Italiano, MSI) 400, 401, 402, 412, 413, 416, 417
이탈리아인민당(Partito Populare Italiano, Popolari, PPI) 155, 158, 202, 207, 250, 267
인민전선(Front Populaire) – 프랑스 168, 172, 175, 582
인민주의적 독재(populist dictatorship) 276
인종 차별(racial discrimination) 317, 376, 377, 419
인종 청소(ethnic cleansing) 46, 127, 265, 343, 393, 427, 429

ㅈ

자본가(capitalist) 43, 60, 145, 262, 311, 327, 328, 345, 466, 471
자본주의(capitalism) 31, 32, 41, 42, 60, 89, 93, 121, 122, 132, 188, 193, 202, 298, 321, 328, 444, 447, 465, 466, 473
자영업자 투쟁 연맹(Fighting League of the Commercial Middle Class) –독일 163
자유군단(Freikorps) – 독일 80, 159, 192, 235, 452
자유민주당(Liberal Democratic Party, LPD) – 러시아 424
자유주의(liberalism) 25, 36, 53, 59, 64, 66, 83, 88, 91, 94, 99, 103, 105, 109, 115,

116, 121, 122, 156, 183, 185, 186, 187, 188, 189, 190, 192~194, 197, 201, 209, 244, 250, 266, 298, 304, 322, 324, 326, 332, 333, 338, 421, 422, 430, 431, 432, 456, 457, 481, 482, 488
전체주의(totalitarianism) 102, 275, 280, 297, 343, 358, 472, 473, 474, 475, 476, 477
정상화(normalization) 56, 68, 234, 237, 250, 397, 416, 417, 418, 423
정치 공간(political space) 83, 90, 140, 154, 174, 182, 192, 262, 263, 267
정화(purification) 99, 100, 103, 106, 267, 276, 322, 327, 337, 371, 395, 452, 453, 476, 482, 487
조국전선(Fatherland Front) – 독일, 오스트리아 80, 228
조합주의(corporatism) 104, 170, 311, 329, 342, 345, 403, 420, 432, 433, 438, 441, 446
좌파연합(Cartel des Gaushes) – 프랑스 167
중간계급(middle class) 25, 34, 61, 66, 86, 112, 113, 114, 121, 126, 128, 165, 176, 189, 191, 195, 197, 217, 220, 243, 262, 263, 439, 448, 471
중앙당(Zentrumspartei, 젠트룸) – 독일 217, 220, 237, 248, 249

ㅊ · ㅋ · ㅌ

천국군단국가(National Legionary State) –루마니아 227, 228
청년국가(Jeune Nation, JN) – 프랑스 403
카톨릭국민연합(Fédération Nationale Catholique, FNC) – 프랑스 167
카프의 반란(Kapp Putsch) – 독일 219
코르푸 사건(Corfu incident) 354
코민테른(Comintern, 공산주의 인터내셔널(Communist International)) 257, 292, 338
탈레반(Taliban) 454, 456
테러(terror), 테러리즘(terrorism), 테러리스트(terrorist) 37, 197, 199, 246, 260, 278, 293, 307, 396, 400, 403, 429, 452
토착아메리카당(Native American Party) – 미국 450
특권 국가(prerogative state) 277~280, 342, 345, 350, 358

ㅍ

파쇼(fascio) 27, 29, 87, 207
파스케스(fasces) 27, 28, 396
파시 디 콤바티멘토(Fasci di Combattimento) 29, 56, 73, 83
파시스트 민병대(Milizia) – 이탈리아 155, 253, 284, 375
파시스트 행동대(squadre) – 이탈리아 147, 151, 153~155, 205, 206, 207, 210, 232, 233, 234, 250, 251, 253, 298, 300, 301, 333, 370, 373, 385, 397
팔랑헤(Falange Española) 133, 142, 144, 191, 263, 339, 340, 455, 485
팜야트(Pamyat) – 러시아 424
팽창주의(expansionism) 29, 45, 124, 314, 337, 342, 383, 440, 442, 446, 448, 470
포르차 이탈리아(Forza Italia, FI) – 이탈리아 413, 414
포장마차 파수대(Ossebrandwag, OB) – 남아프리카공화국 431
폴리오크라시(poliocracy) 289, 290
표준 국가(normative state) 277, 278, 279, 280, 303, 339, 342, 345, 350, 358, 370, 371
푸른 셔츠단(Blue shirts) – 아일랜드 182
푸자드운동(Poujadism) – 프랑스 403
프랑스 혁명(French Revolution) 59, 66, 176, 321, 437, 477
프랑스공산당(Parti Communiste Française, PCF) 170, 176, 486
프랑스농민연합(Fédération Nationale des Exploitants Agricoles, FNEA) 175, 176
프랑스사회당(Parti Social Française, PSF) 142, 170, 172, 419
프랑스연대(Solidarité Française) 170
프랑스인민당(Parti Populaire Française) 170
프롤레타리아 혁명(proletarian revolution) 123, 293
프루동 모임(Cercle Proudhon) – 프랑스 122, 167
피우메(Fiume) 147, 148, 149, 150, 155, 205, 235

ㅎ

헤르샤프츠콤프로미스(Herrschaftskompromiss) 234, 267
혁명적 생디칼리슴(revolutionary syndicalism) 93, 454, 492
혈맹단(血盟團) – 일본 445

홀로코스트(Holocaust) 47, 291, 359, 360, 364
화살십자당(Arrow Cross) – 헝가리 128, 143, 177, 260
회색 셔츠단(Grey shirts) – 아이슬란드 139
히틀러유겐트(Hitlerjugend) 326, 479

| 인명 찾아보기 |

ㄱ

가텔리, 바르바토(Gatelli, Barbato) 154
감베타, 레옹(Gambetta, Léon) 117, 130
게오르게, 슈테판(George, Stefan) 92, 103
게이츠 2세, 헨리 루이스(Gates Jr, Henry Louis) 453
고노에, 후미마로(近衛文麿) 445, 446
골턴, 프랜시스(Galton, Francis) 95, 508
골드헤이건, 대니얼(Goldhagen, Daniel) 366
괴링, 헤르만(Göring Hermann) 130, 294, 296, 330, 331, 361, 528, 531
괴벨스, 요제프(Goebbels Josef) 49, 99, 130, 296, 320, 353, 361, 506, 546
굄뵈스, 귤라(Gömbös, Gyula) 76, 77
귀디, 라켈레(Guidi Rachele) 313
그라치아니, 로돌포(Graziani, Rodolfo) 375
그륀트겐즈, 구스타프(Gründgens, Gustav) 327
그리핀, 로저(Griffin, Roger) 65
기타, 잇키(北一輝) 444, 445

ㄴ

나카노, 세이고(中野正剛) 446
나폴레옹, 루이(Napoleon, Louis) 110, 111, 117, 119, 512, 525, 546
노이라트, 콘스탄틴 폰(Neurath, Konstantin von) 295, 350
노이만, 프란츠(Neumann, Franz) 274, 487
놀테, 에른스트(Nolte, Ernst) 90, 391, 394
니체, 프리드리히(Nietzsche, Friedrich) 91~93, 103, 497, 507, 508
니키슈, 에른스트(Niekisch, Ernst) 104

ㄷ

단눈치오, 가브리엘레(D' Annunzio, Gabriele) 128, 147~150, 154, 196, 199, 209, 235, 509, 520, 579
달라디에, 에두아르(Daladier, Édouard) 172
대처, 마거릿(Thatcher, Margaret) 64, 417

데 리베라, 호세 안토니오 프리모(de Rivera, José Antonio Primo) 133, 142~144, 191, 339, 340, 519
데 베키, 체사레 마리아(De Vecchi, Cesare Maria) 207, 208
데 보노, 에밀리오(De Bono, Emilio) 206, 208
데 스테파니, 알베르토(De Stefani, Alberto) 250, 344, 349
데 암브리스, 알체스데(De Ambris, Alceste) 148, 149, 331
데아, 마르셀(Déat, Marcel) 258, 519, 533
도데, 레옹(Daudet Léon) 142
도르제르, 앙리(Dorgères, Henry) 174~176
도리오, 자크(Doriot, Jacque) 170, 258, 259, 522, 533
돌푸스, 엥겔베르트(Dollfuss, Engelbert) 228, 263
두미니, 아메리고(Dumini, Amerigo) 131
뒤르켐, 에밀(Durkheim, Émile) 97, 324, 456, 574
드골, 샤를(de Gaulle, Charles) 288, 520, 523
드그렐, 레옹(Degrelle, Léon) 177~179, 258, 533
드레퓌스, 알프레드(Dreyfus, Alfred) 120, 121, 123, 184, 513, 577
드렉슬러, 안톤(Drexler, Anton) 81
들라크루아, 페르디낭 빅토르 외젠(Delacroix, Ferdinand Victor Eugéne) 195
디아스, 아르만도(Diaz, Armando) 212

ㄹ

라 로크, 장 프랑수아 드(La Rocque, Jean François de) 142, 170~172, 419, 507, 519, 523
라뒤리, 자크 르 루아(Ladurie, Jacques Le Roy) 175
라우티, 피노(Rauti, Pino) 417
라이히, 빌헬름(Reich, Wilhelm) 467
레냐니, 마시모(Legnani, Massimo) 275
레닌, 블라디미르 일리치(Lenin, Vladimir Illich) 58, 75, 88, 89, 93, 114, 115
레비, 프리모(Levi, Primo) 382
레이건, 로널드(Reagan, Ronald) 64
렌, 크리스토퍼(Wren, Christopher) 28
렘케, 윌리엄(Lemke, William) 451
로렌스, D. H.(Lawrence, D. H.) 107
로베스피에르, 막시밀리앙(Robespierre, Maximilien) 175
로셀리, 넬로(Rosselli, Nello) 308
로셀리, 카를로(Rosselli, Carlo) 308
로소니, 에드몬도(Rossoni, Edmondo) 240, 298, 331, 345
로젠베르크, 아르투어(Rosenberg, Arthur) 256
로젠베르크, 알프레트(Rosenberg,

Alfred) 198, 199, 215, 285, 541
록웰, 조지 링컨(Rockwell, George Lincoln) 450
롱, 휴이(Long, Huey) 451, 564
룀, 에른스트(Röhm, Ernst) 81, 129, 180, 248, 249, 505, 513, 571, 582
루덴도르프, 에리히(Ludendorff, Erich) 214, 215
루베, 마리누스 반 데어(Lubbe, Marinus Van der) 245
루소, 장 자크(Rausseau, Jean Jacque) 96, 509, 547
루스벨트, 시어도어(Roosevelt, Theodore) 96, 184, 288
루스벨트, 프랭클린(Roosevelt, Franklin) 288, 432, 451, 581
루이스, 윈드햄(Lewis, Wyndham) 107
룩셈부르크, 로자(Luxemburg, Rosa) 80
뤼거, 카를(Lueger, Karl) 77, 78, 79, 91, 121
르 봉, 구스타프(Le Bon, Gustave) 91, 94, 95
르펜, 장마리(Le Pen, Jean-Marie) 393, 408, 410~412, 418, 419, 559, 560
리벤트로프, 요아힘 폰(Ribbentrop, Joachim von) 200, 285, 295, 541
리틀턴, 애드리언(Lyttelton, Adrian) 289
리프크네히트, 카를(Liebknecht, Karl) 80
립셋, 세이모어 마틴(Lipset, Seymour Martin) 471

ㅁ

마르크스, 카를(Marx, Karl) 25, 27, 54, 58, 91, 238, 512, 537
마리네티, 필립포 톰마소(Marinetti, Filippo Tommaso) 32~34, 105, 107, 147, 199, 499, 502
마야코프스키, 블라디미르(Mayakovsky, Vladmir) 105
마이네케, 프리드리히(Meinecke, Friedrich) 36, 37, 465
마이트너, 리제(Meitner, Lise) 319
마치니, 주세페(Mazzini, Giuseppe) 87, 94, 95, 493
마테오티, 자코모(Matteotti, Giacomo) 131, 251, 252, 301, 308, 344, 349, 538, 580
만, 토마스(Mann, Thomas) 36, 318
만델라, 넬슨(Mandela, Nelson) 431
맥도널드, 제임스 램지(MacDonald, James Ramsay) 240
메그레, 브루노(Mégre, Bruno) 412, 560
메스트르, 조제프 드(Maistre, Joseph de) 102
메이슨, 팀(Tim Mason) 310~312
메이에르, 아르망(Meyer, Armand) 123
멘델, 그레고어(Mendel, Gregor) 99, 100
멩겔레, 요제프(Mengele, Josef) 305

모라스, 샤를(Maurras, Charles) 120~122, 142, 514, 522
모리스, 윌리엄(Morris, William) 130
모부투 세세 세코(Mobutu Sese Seko) 449
모세, 게오르게(Mosse, George) 108
모스카, 가에타노(Mosca, Gaetano) 97, 101, 104
모슬리, 오스왈드(Mosley, Oswald) 133, 180~182, 261
몬타넬리, 인드로(Montanelli, Indro) 347
몰트케, 헬무트 폰(Moltke, Helmut von) 297
몰트케, J. S. 폰(Moltke, J. S. von) 431
몸젠, 한스(Mommensen, Hans) 274, 291
무솔리니, 로마노(Mussolini, Romano) 481
무솔리니, 베니토(Mussolini, Benito) 28, 29~34, 36, 37, 39, 40, 44, 46, 52, 53, 55, 56, 58, 62~64, 73, 77, 82, 84, 87, 90, 92, 93, 94, 99, 104, 106, 116, 128, 130, 134, 140~144, 146~150, 154, 155, 156, 158, 167, 169, 170, 172, 173, 174, 180~182, 196, 197, 199, 201, 202, 204, 206, 207, 209, 210, 211~214, 221, 222, 225, 230, 232, 234~236, 237, 239, 240, 241, 244, 250~255, 264, 265, 268, 269, 274, 275, 278, 279, 280, 283, 284, 286, 288~291, 297, 298, 300~302, 304, 308, 310, 311, 313, 314, 328, 332, 333, 338, 343~350, 352~355, 373, 376, 378, 379, 380, 382, 384, 387, 392, 394, 397, 400, 405, 416, 417, 420, 432, 435, 436, 438, 439, 442, 447, 452, 454, 467, 470, 472, 477, 480, 483, 485, 487, 491~493, 495~499, 502, 503, 507, 508, 511, 515, 518~520, 525, 527, 530~533, 538, 539, 543, 550, 551, 554, 555, 556, 560, 564, 578~580, 582, 583, 584
무솔리니, 비토리오(Mussolini, Vittorio) 481
무솔리니, 알레산드라(Mussolini, Alessandra) 402
무솔리니, 에다(Mussolini, Edda) 316
무어, 베링턴(Moore, Barrington) 447, 448, 564
무제르트, 안톤(Mussert, Anton) 257, 519
뮐러, 헤르만(Müller, Hermann) 217, 218
미헬스, 로베르트(Michels, Robert) 97, 101
밀, 존 스튜어트(Mill, John Stuart) 54, 194
밀로셰비치, 슬로보단(Milošević, Slobodan) 264, 265, 426~429
밀리올리, 귀도(Miglioli, Guido) 205

ㅂ

바게너, 오토(Wagener, Otto) 330, 331, 495
바그너, 리하르트(Wagner, Richart) 91, 507
바레스, 모리스(Barrès, Moris) 92, 122, 514
바르가스, 제툴리오(Vargas, Get lio) 255, 433, 434, 441, 442, 561, 562, 575
바이하르트, 루이스(Weichardt, Louis) 431
발루아, 조르주(Valois, George) 122, 167, 577
발보, 이탈로(Balbo, Italo) 86~88, 153, 206, 208, 280, 349, 350
버크, 에드먼드(Burke, Edmund) 54
벌록, 앨런(Bullock, Allen) 224
벌린, 이사야(Berlin, Isaiah) 101
베르그송, 앙리(Bergson, Henri) 94
베를루스코니, 실비오(Berlusconi, Silvio) 393, 413, 414, 417, 599
베이트슨, 그레고리(Bateson, Gregory) 479
베치, 페루치오(Vecchi, Feruccio) 34
벤야민, 발터(Benjamin, Walter) 55
보노미, 이바노에(Bonomi, Ivanoe) 209
보시, 움베르토(Bossi, Umberto) 402, 413, 421
보어만, 마르틴(Bormann, Martin) 131
보치니, 아르투로(Bocchini, Arturo) 304, 345, 555
보카, 안젤로 델(Boca, Angelo Del) 377
보타, P. W.(Botha, P. W.) 432
볼페, 조아키노(Volpe, Gioacchino) 317
부시, 조지 W.(Bush, George W.) 64
부츠, 헤르만(Busch, Germán) 443
불랑제, 조르주(Boulanger, Georges) 118, 119
브라지야크, 로베르(Brasillach, Robert) 134, 196, 518, 526
브라허, 카를 디트리히(Bracher, Karl Dietrich) 274
브레진스키, 즈비그뉴(Brzezinski, Zbigniski) 280, 473
브레히트, 베르톨트(Brecht, Bertolt) 465
브로샤트, 마르틴(Broszat, Martin) 274
브롬베르크, 베르너 폰(Blomberg, Werner von) 295
브뤼닝, 하인리히(Brüning, Heinrich) 168, 218, 222, 230
블로크, 마르크(Bloch, Marc) 63
블로흐, 에른스트(Bloch, Ernst) 468, 469, 565
블룸, 레옹(Blum, Léon) 168, 169, 175
비바렐리, 로베르토(Vivarelli, Roberto) 244
비스마르크, 오토 폰(Bismarck, Otto von) 64, 111, 504
비앙키, 미켈레(Bianchi, Michele) 207, 208

ㅅ

사르트르, 장폴(Sartre, Jean-Paul) 92, 544
살가두, 플리니우(Salgado, Plinio) 432, 433
살라자르, 안토니우 데 올리베이라(Salazar, António de Oliveira) 255, 341, 342, 357, 386, 434, 485, 581
살란드라, 안토니오(Salandra, Antonio) 210, 211, 236, 532
살로시, 페렌츠(Szálasi, Ferenc) 143, 144, 177, 260, 322
살베미니, 가에타노(Salvemini, Gaetano) 274, 430, 482
샤르티에, 로제(Chartier, Roger) 59
소렐, 조르주(Sorel, Georges) 26, 27, 91~93, 103, 123, 508
쇠네러, 게오르크 폰(Schönerer, Georg von) 77, 91, 121, 506
쇤후버, 프란츠(Schönhuber, Franz) 419
쇼팽, 프레데리크 프랑수아(Chopin, Frédéric François) 195
슈뢰더, 쿠르트 폰(Schröder, Kurt von) 233
슈미트, 카를(Schmitt, Carl) 319
슈미트, 쿠르트(Schmitt, Kurt) 331
슈스니히크, 쿠르트 폰(Schussnigg, Kurt von) 228
슈타우펜베르크, 클라우스 솅크 폰(Stauffenberg, Claus Schenck von) 104
슈테네스, 발터(Stennes, Walter) 235, 299
슈테른헬, 체프(Sternhell, Zeev) 102, 105, 168, 169
슈퇴커, 아돌프(Stöker, Adolf) 121
슈트라서, 그레고어(Strasser, Gregor) 163, 166, 224, 249, 299, 331
슈트라서, 오토(Strasser, Otto) 163
슈트레제만, 구스타프(Stresemann, Gustav) 130
슈파나우스, 빌헬름(Spnnaus, Wilhelm) 78, 79
슈판, 오트마르(Spann, Othmar) 104
슈페어, 알베르트(Speer, Albert) 46, 291, 540
슈펭글러, 오스발트(Spengler, Oswald) 98, 103
슐라이허, 쿠르트 폰(Schleicher, Kurt von) 166, 221, 223, 234, 236, 269
스미스, 아트 J.(Smith, Art J.) 450
스미스, 제럴드 L. K.(Smith, Gerald L. K.) 451
스카베니우스, 에리크(Scavenius, Erik) 257
스코르체니, 오토(Skorzeny, Otto) 380
스타라체, 아킬레(Starace, Achille) 375
스탈린, 요시프(Stalin, Iosif) 37, 58, 259, 273, 288, 383, 465, 473~477, 553
시더, 볼프강(Schieder, Wolfgang) 234,

267, 275
시라크, 자크(Chirac, Jacques) 412, 560
시마, 호리아(Sima, Horia) 226, 227, 259

ㅇ

아데나워, 콘라트(Adenauer, Konrad) 399
아렌트, 한나(Arendt, Hannah) 56, 102, 240, 358, 384, 469, 548
아멘돌라, 조반니(Amendola, Giovanni) 472, 545
아민, 이디(Amin, Idi) 430
아이히만, 아돌프(Eichmann, Adolf) 361
아인슈타인, 알베르트(Einstein, Albert) 318
아쿠아로네, 알베르토(Aquarone, Alberto) 275
안토네스쿠, 이온(Antonescu, Ion) 227, 228, 259, 530
알미란테, 조르조(Almirante, Giorgio) 400, 416
에디야, 마누엘(Hedilla, Manuel) 340
에마누엘레 3세, 비토리오(Emanuele Ⅲ, Vittorio) 211, 225, 280, 373, 379, 527, 584
에베르트, 프리드리히(Ebert, Friedrich) 241
엘링턴, 듀크(Ellington, Duke) 481
엥겔스, 프리드리히(Engels, Friedrich) 25, 26
영, 오언 D.(Young, Owen D) 165
예이츠, 윌리엄 버틀러(Yeats, William Butler) 182
옐친, 보리스(Yeltsin, Boris) 424, 425
오더피, 이오인(O' Duffy, Eoin) 182
오웰, 조지(Orwell, George) 396, 452
우리부루, 호세 펠릭스(Uriburu, Jose Felix) 435
워즈워스, 윌리엄(Wordsworth, William) 195
윈로드, 제럴드 B.(Winrod, Gerald B.) 450
윌슨, 우드로(Wilson, Woodrow) 88, 89, 578
윙거, 에른스트(Jünger, Ernst) 199, 509
융, 에드가르(Jung, Edgar) 294, 295
이리고옌, 이폴리토(Yrigoyen, Hipólito) 435

ㅈ

제프리스, 레너드(Jeffries, Leonard) 453
젠틸레, 에밀리오(Gentile, Emilio) 275
젠틸레, 조반니(Gentile, Giovanni) 56, 131, 275, 317, 517, 518, 531, 536
젤란트, 파울 반(Zeeland, Paul Van) 179
조던, 콜린(Jordan, Colin) 417
졸리티, 조반니(Giolitti, Giovanni) 87, 148, 151, 158, 201, 208~210, 232, 235, 236, 527, 532

줄리에티, 주세피(Giulietti, Giuseppi) 128
지니, 코라도(Gini, Corrado) 317
지드, 앙드레(Gide, André) 92
지리노프스키, 블라디미르(Zhirinovsky, Vladimir) 424, 425

ㅊ

차보드, 페데리코(Chabod, Federico) 243
처칠, 윈스턴(Churchill, Winston) 288, 378
체임벌린, 아서 네빌(Chamberlin, Arthur Neville) 353, 566
체임벌린, 휴스턴 스튜어트(Chamberlain, Houston Stewart) 91, 505, 507
치아노, 갈레아초(Ciano, Galeazzo) 354, 356, 385

ㅋ

카롤리, 미할리(Karolyi, Mihaly) 74, 76
카르, 구스타프 폰(Kahr, Gustav von) 214, 248
카스텔노, 노엘 드(Castelnau, No l de) 167
칼라일, 토머스(Carlyle, Thomas) 96, 97
커플린, 찰스 E.(Coughlin, Charles E.) 451, 564
케렌스키, 알렉산드르(Kerensky, Alexander) 264
케릴리, 앙리 드(Kérillis, Henri de) 187, 525
케인스, 존 메이너드(Keynes, John Maynard) 409
코드리뉴, 코르넬리유(Codreanu, Corneliu) 61, 62, 226, 227
코르닐로프, 라브르 게오르기예비치(Kornilov, Lavr Georgyevich) 192, 264, 265, 526
쿤, 벨라(Kun, Béla) 75, 76
쿨리지, 캘빈(Coolidge, Calvin) 184
크로지크, 루츠 그라프 슈베린 폰(Krosigk, Lutz Graf Schwerin von) 350, 550
크로체, 베네데토(Croce, Benedetto) 36, 37, 104, 317, 465
크롬웰, 올리버(Cromwell, Oliver) 97
크비슬링, 비드쿤(Quisling, Vidkun) 179, 256, 257, 260, 519
클라우센, 프리츠(Clausen, Fritz) 257
클레망소, 조르주(Clemenceau, Georges) 88
키르도르프, 에밀(Kirdorf, Emil) 162
키플링, 러디어드(Kipling, Rudard) 96

ㅌ

탐브로니, 페르난도(Tambroni, Fernando) 401
테르보펜, 요제프(Terboven, Joseph) 256, 257
테세노, 하인리히(Tessenow, Henrich)

46
테일러, A. J. P(Taylor, A. J. P.) 353
테탱제, 피에르(Taittinger, Pierre) 167
토로, 다비드(Toro, David) 443
토스카니니, 아르투로(Toscanini, Arturo) 131, 518
토크빌, 알렉시스 드(Tocqueville, Alexis de) 26, 54
퇴니에스, 페르디난트(Tönnies, Ferdinand) 97
투라티, 아우구스토(Turati, Augusto) 345
투라티, 필리포(Turati, Filippo) 210
투지만, 프라뇨(Tudjman, Franjo) 429
트로츠키, 레온(Trotsky, Leon) 192, 193
트루먼, 해리(Truman, Harry) 241
티센, 프리츠(Thyssen, Fritz) 162
티소, 요제프(Tiso, Jozef) 259
티토, 요시프 브로즈(Tito, Josip Broz) 426

ㅍ

파레토, 빌프레도(Pareto, Vilfredo) 94, 97, 101
파리나치, 로베르토(Farinacci, Roberto) 153, 298, 301, 302, 345, 349, 549
파벨리치, 안테(Pavelič, Ante) 260, 429
파세리니, 루이자(Passerini, Luisa) 480
파스퇴르, 루이(Pasteur, Louis) 99, 100
파슨스, 탤컷(Parsons, Talcott) 468
파운드, 에즈라(Pound, Ezra) 106
파크타, 루이지(Facta, Luigi) 209, 210, 211
파펜, 프란츠 폰(Papen, Franz von) 163, 220~224, 230, 232, 233, 236, 249, 269, 292, 294, 295, 540
페더, 고트프리트(Feder, Gottfried) 163
페데르초니, 루이지(Federzoni, Luigi) 344
페론, 에바(Perón, Eva) 436~441
페론, 후안(Perón, Juan) 434, 442
페르미, 엔리코(Fermi, Enrico) 376
페인, 스탠리(Payne, Stanley G.) 454
페타치, 클라라(Petacci, Clara) 382
페탱, 앙리 필리프(Pétain, Henri Philippe) 41, 258, 357, 523
페테르센, 옌스(Petersen, Jens) 275
펠리, 윌리엄 더들리(Pelley, William Dudley) 450, 564
포드, 헨리(Ford, Henry) 130
포르투완, 핌(Fortuyn, Pym) 393, 414, 416
포슈, 페르디낭(Foch, Ferdinand) 88
푸르트벵글러, 빌헬름(Furtwängler, Wilhelm) 319, 320, 546
푸자드, 피에르(Poujade, Pierre) 403, 404
푸코, 미셸(Foucault, Michel) 92
푸틴, 블라디미르(Putin, Vladimir) 425
프라이어, 한스(Freyer, Hans) 319
프랑코, 프란시스코(Franco, Francisco) 143, 182, 191, 255, 263, 338~341,

356, 384, 386, 439, 485, 548, 574, 582, 583
프랑크, 한스(Frank, Hans) 362
프랭켈, 에른스트(Fraenkel, Ernst) 277, 278
프랭크, 레오(Frank, Leo) 184
프레시네, 샤를 드(Freycinet, Charles de) 118
프레촐리니, 조반니(Prezzolini, Giovanni) 34, 104
프레토, 롤라우(Preto, Rolao) 341
프로이트, 지그문트(Freud, Sigmund) 94
프리드리히 1세(Friedrich I) 97
프리드리히, 카를(Friedrich, Carl) 280, 473
프리치, 베르너 폰(Fritsch, Werner von) 295
플랑크, 막스(Planck, Max) 318
피노체트, 아우구스토(Pinochet, Augusto) 449
피니, 잔프랑코(Fini, Gianfranco) 402, 414, 416, 417, 418
피우스 11세(Pius XI) 248, 313, 315, 346, 377, 550
핀치, 알도(Finzi, Aldo) 40

ㅎ

하딩, 워런 G.(Harding, Warren G.) 184
하이네스, 에드문트(Heines, Edmund) 129
하이더, 외르크(Haider, Jörg) 393, 408, 414, 415, 418
하이데거, 마르틴(Heidegger, Martin) 318, 319
하이드리히, 라인하르트(Heydrich, Reinhard) 364
하이젠베르크, 베르너(Heisenberg, Werner) 318, 319, 546
하프너, 제바스티안(Haffner, Sebastian) 312, 313, 544
헤이스, 피터(Hayes, Peter) 329
호르티, 미클로시(Horthy, Miklós) 75, 77, 177, 259, 260
호메이니, 아야톨라 루홀라(Khomeini, Ayatollah Ruhollah) 454, 455
후겐베르크, 알프레트(Hugenberg, Alfred) 232, 248
흘링카, 안드레이(Hilinka, Andrej) 259
히틀러, 아돌프(Hitler, Adolf) 35, 36, 46, 48, 50, 52, 53, 56, 58, 62, 64, 78, 81, 91, 103, 104, 131, 142, 143, 144, 160~164, 166, 169, 173, 180~182, 196, 197, 199, 214~216, 218~222, 224, 225, 227, 230, 232~237, 240, 241, 244~250, 255~261, 264, 265, 268, 269, 274, 277, 278, 279, 281, 283, 287, 288, 290~300, 302, 303, 308, 314, 316, 319, 320, 325, 326, 328, 329, 331, 338, 348, 349, 350, 351, 353, 354,

355, 356, 359, 360, 362, 364, 365, 366, 372, 376, 378~380, 384, 386, 387, 392, 394, 397, 405, 418, 420, 429, 436, 438, 439, 442, 446, 447, 450, 452, 454, 467, 470, 473, 475~477, 479~481, 483, 485, 487, 493, 495, 497~499, 502~506, 508, 511, 517, 519, 523, 525, 527, 528, 529, 531, 533, 538, 539, 540, 542~544, 548, 550, 551, 556, 560, 564, 566, 571, 573, 579~585

힌데미트, 파울(Hindemith, Paul) 320

힌덴부르크, 파울 폰(Hindenburg, Paul von) 218, 220~246, 279, 294, 295, 581, 582

힘러, 하인리히(Himmler, Heinrich) 129, 131, 285, 303, 345, 362, 364, 541, 552

손명희
연세대학교 인문학부에서 서양사와 영문학을 전공했으며, 이화여대 통·번역대학원 번역학과를 졸업했다. 현재 전문 번역가로 활동 중이다. 옮긴 책으로 《알퐁스 도데 작품선》《내 인생을 바꾼 선택》《살인자들과의 인터뷰》 등이 있다.

최희영
연세대학교 화학공학과와 대학원을 졸업하였다. 이화여대 통·번역대학원 번역학과를 졸업한 뒤 전문 번역가로 활동하고 있으며, 현재 EBS 특선 다큐멘터리를 번역하고 있다.

파시즘

2005년 1월 10일 초판 1쇄 발행
2024년 5월 3일 2판 1쇄 발행

- 지은이 ———— 로버트 O. 팩스턴
- 옮긴이 ———— 손명희, 최희영
- 펴낸이 ———— 한예원
- 편집 ————— 이승희, 윤슬기, 양경아, 김지희, 유가람
- 본문 조판 ——— 성인기획
- 펴낸곳 교양인

우 04015 서울 마포구 망원로6길 57 3층
전화 : 02)2266-2776 팩스 : 02)2266-2771
e-mail : gyoyangin@naver.com

ISBN 979-11-93154-26-7 03340

* 잘못 만들어진 책은 바꾸어드립니다.
* 값은 뒤표지에 있습니다.